KB240092

한국교정발전론

한국교정발전론

장 세 석 지음

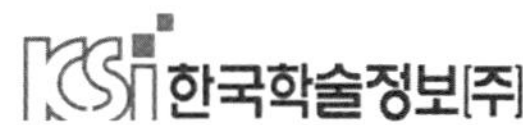

한국학술정보㈜

머리말

이 책은 한영대학교 경찰행정학과 전임교수로 재직하였던 저자가 1995년 2월경 연세대학교 법학석사학위논문 "사회보호법상 보호감호에 관한 연구"의 한국교정발전론 일부분과 20008년 도서출판 서울고시각 교정학개론 이론부분을 수정·통합하고 "수용자처우의 선진화 방안에 관한 연구"라는 제목으로 국립경상대학교 대학원에 제출한 박사학위논문을 기초로 수정·보완을 하여 출간하게 된 것이다.

저자는 1992년 법무연수원 교정간부후보생 제35기로 교정간부로서 실무경험을 토대로 형사사법(司法)적인 관점에서 범죄인의 범인(犯因)을 찾고자 하였다. 즉, 개인적 인격특징 및 환경조건을 포함한 여러 부분의 상호작용에서 파생되는 것으로 보고 있다. 범죄원인은 범죄인(犯罪人)·피해자(被害者)·방관자(傍觀者) 및 정치·경제·사회문화 등 주변 환경과 맞물려 발생되는 여러 사회현상 중에서 고찰되고 있다. 이러한 제 현상 가운데서 일탈·비행 등이 일정수준의 평균을 넘어 범죄행위로 객관화될 때, 국가권력이 진행되어 나아가는 것을 형사절차라 할 것이다.

과거의 국가권력은 지고(至高)한 국가의 힘을 백성들에게 인식시키는 방법으로, "범죄를 범하였던 자(범인)"에게 육체적인 고통을 가하고 그것을 백성들에게 위협하는 일반예방의 방식을 취하였다. 이에 반해 현재의 권력은 "범죄를 범하였던 자(수형자)"를 교화하여 사회에 복귀시키는 일련의 특별예방적 교화프로그램이다. 즉 범죄를 줄이고 재범률을 어떻게 감소시키느냐의 해답을 찾는 패러다임에 중점을 두었다.

이러한 권력과 달리 미래의 권력은 "좋은 사람(국가)"이 "나쁜 사람(범죄인)"들을 연구대상으로만 한정시키지 않아야 한다. 즉, 고정관념을 극복하며 그대로의 현실을 수용하면서 "피해의 경험이 있는 자(피해자)" 및 방관자를 포함한 모든 자들이 공범이라는 인식 하에 "어떻게 평화를 실현하느냐?"의 해법을 모색하는 평화공생범죄학(平和共生犯罪學)의 내용이 될 것이다.

형벌집행에 있어서도 현재의 행형은 처벌에 대한 개선(改善)보다는 '더 잘 처벌하기'

위한 권력으로 인식되고 있다. 그 결과 과밀수용과 악폐감염 그리고 수용자 폭력의 문제점이 크게 부각되고 있다.

이렇게 수용자처우가 처벌이라는 형벌의 단순한 목적에 중점을 둔다면 전술한 평화구현 범죄학이 달성될 수 없고 계속하여 범죄의 증가, 교정사고의 증가, 재사회화의 실패라는 결과를 양산할 것이다.

이러한 문제의 해결은 곧 교정처우와 연결된다고 본다. 일반적으로 교정의 주요 관점은 응보형주의와 교육형주의로 크게 구분된다. 응보형주의는 수형자의 처벌에 중점을 두었다. 교육형주의는 수형자의 재사회화에 중점을 두었다. 오늘날의 교정은 거의 대부분 국가에서 후자를 취하고 있다.

1950년 제정된 우리나라 구행형법도 단순구금을 통한 처벌보다는 교화, 개선에 대한 관심이 고조되자, 교육형주의를 지도이념으로 채택하였다. 그러나 1962년 이전에는 수형자를 수용하는 곳을 형무소라 하여 여전히 감옥적 기능이 강조되는 응보형주의가 지배하여 왔다. 실제 교육형주의를 취한 것은 1962년 이후라 할 수 있다. 이때 형무관을 교도관, 형무소를 교도소라 하여 교육형주의 이념에 입각한 교화목적으로 전환하였다.

현재 우리나라 '형의 집행 및 수용자의 처우에 관한 법률' 제1조(이하 형집행법)에서도 교정이념이 재사회화 및 교육형주의에 있음을 분명히 밝히고 있다. 즉 자유형의 집행 목적을 "수형자의 교정교화와 건전한 사회복귀를 도모하고, 수용자의 처우와 권리 및 교정시설의 운영에 관하여 필요한 사항을 규정함을 목적으로 한다."고 밝히고 있다.

또한 형집행법 제4조(인권의 존중)에서 자유형의 집행에 있어서 수용자의 인권은 최대한으로 존중되어야 한다고 천명하여 교정교화와 재사회화 과정은 수형자 기본권의 보장과 본인의 자발적인 참여를 전제로 이루어져야 한다는 것을 이념적으로 표방하고 있다.

이와 같이 교정이념이 수형자의 재사회화에 있음에도 불구하고 재범률은 갈수록 증가해 범죄의 누범화 현상과 중누범화 현상이라는 심각한 단계에 있다. 따라서 재범방지를 위한 교정의 목적과 수단을 전면적으로 재검토하고 수형자에 대한 과학적 관리 방안을 강구해야 한다는 주장이 제기되고 있다.

이러한 교정실패의 이유에는 다양한 원인이 있을 수 있지만, 대체적으로 시설의 과밀화와 획일화, 수용자처우의 부재 등을 들 수 있다. 그 외에도 교정활동자체에 있다는 주장이 있다. 따라서 진정한 교정과 재사회화는 수형자의 자발적인 참여와 처우의 다양화를 전제로 하여야 한다.

또한 형집행법 규정과 달리 수형자의 혼거수용으로 범죄학교라는 오명으로부터 자유롭지 못하다. 보호의 사회화 등이 제대로 되지 않은 것도 원인이 될 수 있다고 보인다.

수형자의 실질적인 재사회화가 당면과제라고 생각한다면 한국교정의 뉴 패러다임을 정립하는 데 있어서 반드시 해결되어야 하는 것으로서 과밀수용의 문제, 교정사고(수용자폭력)의 문제, 의료처우의 문제라 할 수 있겠다.

한국 교정의 문제점과 개선방안은 크게 세 개 부류의 흐름에서 제시되고 논의되어 왔다. 그중 첫 번째 그룹이 교정실무경험이 전혀 없는 유학파와 학계 쪽의 방안이라 하겠다. 그들의 방안은 무분별한 형사사법망(網)의 확대·미국의 엄벌주의 같은 신(新)이론 등이다. 하지만 이들의 주장은 아직까지 소개에 머물고 있는 실정이다.

두 번째 그룹은 풍부한 실무경험을 갖고 국내 유수 대학에서 이론을 겸비한 학자들이다. 그들의 주요 논거는 교정시설의 증설, 노인교도소의 신설, 교정연수부의 법무연수원으로부터 독립, 교정본부의 외청 독립, 교정대학 설립, 교정병원 설립, 교도관 정원의 확충과 같은 조직 확대 등이다.

세 번째 그룹은 국내 학위 취득 후 실무경험이 전무한 신진학자들이다. 그들은 주로 외국교정의 문제점과 개선방안에 주력한 결과 소중한 우리의 교정가치를 고찰하는 데 실패하고 있다.

이들의 주장은 우리의 당면한 현실과는 동떨어진 직역(職域)이기주의의 이익추구장과 같은 주장들로서 보다 근본적인 방안이 될 수 없다고 생각한다.

즉 첫 번째 그룹은 국제형사사법의 공조와 제도 검토는 중요하지만, 한국교정현실과 동떨어져 있고, 두 번째 그룹은 조직 확대를 위한 해소방안처럼 보임으로써 막대한 예산문제를 수반하며, 세 번째 그룹은 수용자의 처우와 권리주장에는 일조하지만 그것이 구체적인 형벌 집행으로 나타나는 부작용과 교정사고를 예측하지 못하였다.

한편 "범죄의 원인과 대책의 기본이론"이란 글에서 완전형사학의 입장을 들고 나온 신진규 교수의 독보적인 범죄대책이 교정부분에서 교과서처럼 정평서로 한때 평가받아 왔다.

그러나 그것 또한 형사사법 분야의 완전한 입장으로 정리하기 어려운 부분이 많다. 과학적 형사학과 신학의 만남이 완전형사학이라는 입장인데, 일견 타당하고 모든 사회과학의 결론이 종교적인 문제로 끝이 나는 것은 동의하지만 문제를 안고 끝날 뿐이지, 모든 문제를 풀어내는 완전형사학의 입장과는 거리가 있어 관념론, 독단론으로 빠질 위험이 있다.

즉 완전하다고 하는 그 완전(完全)이 완전하지 않음이 확인되었다. 가령 실천적 삶이 전제되지 않는 이상, 논문은 허구의 논문이 될 것이기 때문이다. E. Durkheim, E. Ferri 등도 범죄의 완전한 박멸을 부정하였다.

따라서 본 저서는 범죄도 사회 구성의 일부분이므로 단기적인 범죄와의 전쟁을 통한 범죄대책보다는 중장기적인 과제로 체계적인 접근을 시도하여 기존 교정(矯正)의 관점을 뛰어넘어 독창적인 아이디어와 내용으로 수용자처우에 있어 새로운 패러다임을 구축하고자 했다.

또한 학문이 학문 그 자체로 머물러서는 안 되고, 외국 교정을 참조는 하되 우리 소중한 가치를 지켜내면서도 늘 실무에 바람직한 방향으로 선도하는 연구자세로 모방, 응용, 창조의 단계를 거쳐 다시 직관, 총괄, 응용의 3단계로 창조적 대안을 찾고자 하였다.

끝으로 이 책의 발간을 계기로 저자가 한국교정발전에 더욱 매진할 것을 독자들에게 알리고자 한다. 또한 이 책의 출간은 처음 목차부터 결론의 도출까지 김태계 지도교수님의 가르침을 받아서 빛을 보게 되었음을 밝히며 고찰자의 자세를 가다듬을 수 있도록 인도하여 주신 은사님께 감사드리며, 또한 전국의 교정시설에 수용 중인 수용자와 그 가족 그리고 교도관의 처우개선과 수용자처우의 향상에 도움이 되었으면 한다.

2011년 10월

형사법박사 장세석

CONTENTS

제1장 수용자처우의 개괄적 고찰

본 장은 **뉴 패러다임 통합한국교정학**의 시작으로서 앞으로 보게 될 수용자 처우를 이해하기 위하여 수용자, 수형자 개념, 수용자 처우의 변천, 수용자 처우의 방향에 대하여 개괄적으로 살펴본다. 특히 수용자 처우의 변천에서 감옥개량운동의 선구자적 역할을 한 **'하워드'**의 사상을 통하여 오늘날 수용자 처우에 어떤 영향을 미쳤는가를 살펴보고자 한다. 또한 현재의 수용자 처우방법인 분류처우와 비교되는 분할처우의 방법과 특징 등을 독창적으로 제시하고자 한다.

제1절 용어의 개념

Ⅰ. 수용자와 수형자 개념

형집행법 제2조에 의하면, 수형자란 징역형·금고형 또는 구류형의 선고를 받아 그 형이 확정된 사람과 벌금 또는 과료를 완납하지 아니하여 노역장 유치명령을 받은 사람을 말한다. 이에 반해 수용자란 수형자·미결수용자·사형확정자, 그 밖에 법률과 적법한 절차에 따라 교도소·구치소 및 그 지소에 수용된 사람을 말한다.

형집행법에서 규정하고 있는 수용자에 대해서는 논리적 의미상 피수용자라 하여야 한다. 왜냐하면 수용자는 피동이 아니라 능동의 의미로 이해한다면 행형의 대상이 아니라 행형을 담당하는 공적인 업무를 수행하는 공무원이기 때문이다. 일본은 수형자와 미결구금자를 합쳐 '피수용자'라고 하고 있다.[1]

본고는 형집행법의 규정에 따라 수용자[2]로 한다. 이러한 수용자는 국가의 강제력에 의

---

1) 금용명, "일본 감옥법 개정의 연혁과 '형사수용시설 및 피수용자 처우 등에 관한 법률'의 개요 및 그 과제", 교정 제52권 제6호(통권 제386호), 교정협회, 2008. 6, 80쪽.

2) 교정학 및 교정복지학 교재 등에서는 수용자를 client로 설명하는 저서도 있다. Clemens Bartollas, Correctional treatment, Prentice-Hall, Inc, Englewood Cliffs, New Jersey, 1985, pp.255~256. 교정학에서 client란 남의 보살핌을 받는 사람, 피보호자, 예속자의 의미로 번역함이 타당하며, 일부 국내 교정학자들의 견해처럼 고객(顧客)으로 번역함은 형사법학적인 관점의 의역으로서는 적절하지 않다고 본다. 즉 교도관의 입장에서 client는 수용자라는 번역이 합당하며, 교정복지사나 교정상담사의 입장에서 client는 고객으로서의 해석이 가능할 것이다. client의 의미는 사회복지학에서 널리 쓰이는 사회복지의 수혜자를 말하며, 교정학에서는 client(a person who pays a professional person, esp. a person officer, for

해 교정시설인 교도소3)나 구치소에 구금되는 처분으로 헌법과 법률에 근거하여 수용된다.

교정학에서 수용의 근거에는 수용문서의 적정성을 보는 형식적 요건과 적법문서의 내용이 실제 사실과 일치하는가를 보는 실질적 요건이 있다. 두 요건이 충족되어야 수용자4)가 된다. 소장은 법원·검찰청·경찰관서 등으로부터 처음으로 교정시설에 수용되는 사람에 대하여는 집행지휘서, 재판서 그 밖에 수용에 필요한 서류를 조사한 후 수용한다.5) 소장은 수용자의 거실을 지정하는 경우에는 죄명·형기·죄질·성격·범죄전력·나이·경력 및 수용생활 태도 그 밖에 수용자의 개인적 특성을 고려하여야 하며6), 이때 수형자의 거실이 지정된다.

본고에서 수용자의 연구범위는 수형자7)에 한정하고, 미결수용자, 노역장 유치명령을 받은 자, 사형수, 이입자(移入者), 도주 후 72시간 이내에 체포되어 재 수용된 자 등의 구체적 처우의 내용은 제외하였다.

Ⅱ. 수용자처우와 교정의 개념

수용자 처우라고 할 때의 처우는 영어로 Treatment, 독일어로 Behandlung, 프랑스어로 Traitement로 사용되고 있다. 사전상으로는 대우하다, 치료하다, 취급하다 등의 의미로 해석되고 있다. 개인적으로 형집행법의 해석상 '취급하다'가 적당하다고 본다. 따라서 수용자 처우란 수용자의 인격을 고려한 취급을 말한다고 할 수 있다.8)

또한 수용자는 교정시설에 수용되어 있는 자를 말하므로 결국 수용자 처우란 교정시설

---

help and advice)를 수용자로 해석하여야 할 것이다.

3) 일본은 형무소라고 하며, 법무성 설치법 제9조 제3항에 따라 형무소, 구치소를 행형시설이라고 한다. 일본에는 교정시설이라 함은 형무소, 구치소, 소년원, 소년감별소를 통칭하여 말한다. 우리 경우 소년감별소는 소년분류심사원으로 개칭된 바 있다. 日本 法務省 矯政局, 矯正の現狀, 法曹時報 ,第55卷 弟5号, 2003, 64~71頁.

4) 일본의 경우는 수형자와 미결구금자를 합쳐 "피수용자"라고 한다.

5) '형집행법' 제16조에서 구행형법 제8조의 신입자의 정의를 구체화하고, '적법한 서류'를 '수용에 필요한 서류'로 변경하였다.

6) 현행 2008. 12. 22. 개정 법률은 혼거수용 시 고려사항을 혼거와 독거의 구별 없이 적용하도록 하고, '범수'를 '범죄전력'으로 변경하며, 죄명, 수용생활태도, 수용자의 개인적 특성을 고려사항에 추가하였다.

7) 2008. 12. 22.부터 전면 시행되고 있는 형의집행 및 수용자의 처우에 관한 법률 제2조 제1호에서 사용하는 용어, 수형자(受刑者)란 징역형·금고형 또는 구류형의 선고를 받아 그 형이 확정된 사람과 벌금 또는 과료를 완납하지 아니하여 노역장 유치명령을 받은 사람을 말한다.

8) 강영철, "행형의 목적과 처우의 인격화", 교정연구 제28호, 한국교정학회, 2005, 18쪽.

내의 처우, 즉 교정단계의 교정처우 또는 시설 내 처우를 말한다고 할 수 있다.9) 따라서 사회 내 처우와는 구별된다.

교정의 개념에 대해서는 네 가지로 구분되고 있다. 최협의 교정은 자유형의 집행만을 의미하며 관련 법률은 형의 집행 및 수용자 처우 등에 관한 법률이다. 협의의 교정은 최협에 미결수용이 포함되며 관련 법률은 최협의와 같다. 광의의 교정은 협의에 구금적(拘禁的) 성격의 보안처분이 추가되며 관련 법률로서 소년법과 치료감호법이 포함된다. 최광의(最廣義)의 교정은 광의개념에 사회 내 처우가 포함되며 관련 법률로서 보안관찰법과 보호관찰 등에 관한 법률이 더 포함된다.

우리나라와 일본은 교정과 보호를 분리하여 법무부 내에 교정본부와 범죄예방정책국을 따로 두고 시설 내 처우만을 교정이라고 보고, 사회 내 처우는 보호라는 용어를 사용하는 것이 일반적이었다. 오늘날의 교정의 개념은 앞서 구분한 대로 최광의로 해석하여 사회 내 처우까지 포괄하여 교정 또는 행형을 혼용하고 있다.

한편 현대 교정시설에서 교정과 교화를 목표로 한 수용자의 처우는 수용처우와는 구분되어야 한다. 수용자의 처우는 교정시설에서 일어나는 수용, 물품지급, 금품관리, 위생과 의료, 접견, 서신수수 및 전화통화, 종교와 문화, 특별한 보호, 안전과 질서, 규율과 상벌, 권리구제 등 수용자와 직·간접적으로 관련되는 모든 처우를 의미한다. 하지만 수용처우는 수용의 양태에 한정된다.10) 수용의 양태는 독거제, 혼거제, 엄정독거제, 완화독거제, 엘마이라제, 카테지제 등이 있다.

본고에서는 수용자처우를 시설 내에 수용되어 있는 수용자를 수용의 양태와 관련해서 어떠한 처우를 할 것인가에 대해서 한정하므로 시설처우라 하여도 접견, 상벌, 권리구제, 물품 등은 제외한다. 왜냐하면 본고에서 주장하는 수용자처우의 핵심은 분할처우인바, 분할처우의 성공은 곧 접견, 물품, 의료, 권리구제 등이 시설(施設)이 아닌 사회(社會)에서 수용자 스스로 해결이 가능하기 때문이다.

---

9) 森下忠, 刑事政策大綱, 成文堂, 1986, 128~129頁.

10) 이종갑·천정환, (신판)교정학, 대왕사, 2006, 160쪽.

제2절 수용자처우의 변천과 개선운동

Ⅰ. 수용자 처우의 변천

교화개선 사상이 싹트기 이전의 전통적인 교정시설의 모습은 그 규모가 우선 방대하며, 교도소사회가 철저히 격리되어 있었으며, 재소자들의 통신과 접견 등도 지극히 제한되었다.

철저한 구금에 따라 재소자와 교도관도 엄격하게 구분된 사회적 계층을 형성하였다. 계급과 훈육이 중시되어 재소자의 처우를 위해서라기보다는 구금의 확보가 우선적인 관심사였다.

국내외적으로 1950년대 이후 교정에 있어서도 많은 변화를 겪게 된다. 그중에서도 가장 중요한 변화는 역시 교화개선 또는 범죄자 처우사상의 도입이었다. 부정기형의 실시, 재소자에 대한 심사분류와 그 결과에 따른 처우, 그리고 교화 개선적 교정의 중요한 부분인 가석방의 시행 등으로 인하여 사회복지전문가, 상담전문가, 교육전문가, 그리고 심리학자 등의 처우전문인력이 교정인(矯正人)[11]에 가담하게 되었다. 이와 함께 외부세계의 교정시설 참여가 시작된 것도 바로 이 시기였다. 이로 인하여 더 이상 교정시설이 사회로부터 철저하게 격리되지 않았고, 이것은 시설의 여러 관행에 대단한 영향을 미치게 되었다.

이와 더불어 민권의 신장으로 수용자도 그들의 권익을 요구하게 되었다. 그 결과 지금까지 교정에 대해서는 3권분립의 원칙과 교정시설의 폐쇄성으로 지금까지 견지하였던 무개입의 원칙(hands-off)에서 벗어나 교정에도 개입하기 시작하여(hands-on) 교정시설이 이제는 시법부의 개입을 받고 헌법이 요구하는 바에 의하여 운영되기에 이르렀다.

그러나 교화개선사상에 대한 불만과 정치적 보수화 및 범죄현상의 악화로 교정에 있어서도 보수화의 바람이 일게 되었다.[12] 부정기형을 대신하여 정기형의 목소리가 많아지고,

---

11) 본고에서 교정인이라 함은 교정직원뿐만 아니라 갇힌 자, 풀린 자, 가둔 자, 후원자를 포함하는 광의의 개념으로 교도관으로 한정하지 않는다. 교정의 개방성 및 수형자의 주체성과 자발성을 전제로 하는 개념임을 밝힌다.

12) 법학자의 범죄정의는 구성요건에 해당하는 위법·유책행위지만, 김일수의 범죄에 관한 정의는 범죄란 인격적 관계의 단절과 파괴의 성격을 갖고 있다. 즉 넓게는 사회 일반이, 좁게는 범죄 피해자 개인과의 단절이요, 깊게는 내면의 진정한 단절(斷絶)이며, 높게는 신과의 단절을 의미한다. 신진규, 김일수 모두

엄벌주의[13)의 결과 수용인구가 급격히 증가하게 되었다. 그 결과 악폐감염[14)을 초래하고 시설에서 폭력과 폭동 등의 교정사고도 증대되었다.

Ⅱ. 구금모형의 유형

교정시설의 구금모형 변천과정을 보면, 대체로 관료모형(costodial), 교화개선(rehabilitation), 그리고 재통합(reintegration) 모형이 지배해 왔다.

관료모형은 기관장의 권위에 복종함으로써 교정시설의 보안, 훈육 그리고 질서를 강조하는 모형이다. 따라서 훈육이 엄격히 적용되고 대부분의 행위가 철저히 규제된다. 재소자의 무능력화, 제지, 응보, 그리고 사회의 보호를 목적으로 한다. 오늘날의 대다수 중구금교도소가 이에 속하는 것으로 볼 수 있다.

교화개선모형은 교정시설에 수용된 자 등을 개선시키기 위해 고안된 처우프로그램의 제고를 강조하는 시설모형이다. 교화개선모형의 교정시설은 보안과의 소 내 관리활동이 교화개선노력을 위한 기본적인 틀로 간주된다. 교정조직의 거의 모든 것이 교화개선을 지향해야 한다는 사상에 따라 전문적인 처우전문가가 다른 직원에 비해 더 높은 위상을 갖게 된다. 그러나 1980년대 이후 재사회화[15)의 문제점[16)과 교화개선 사상과 목적에 대

범죄문제의 근본적인 해결은 형사법학을 뛰어넘어 대신(對神)관계를 통해 해결하고자 한 부분은 일치한다. 김일수, "한국기독교교도소 모델과 이념적 기초", 소망교도소 홈피, 2011. 2, 4쪽.

13) 엄벌주의 문화적 배경은 D. Fogel의 정의 모델이 미국의 형사사법 전반에 영향을 미치고 있다. 한국의 형사사법은 일본의 영향으로 대륙법 계통의 영향을 많이 받았으나 오히려 미국의 제도가 많이 연구되고 있어 연쇄 살인범 등 강력범죄가 발생할 때마다 여론과 맞물려 엄벌주의 사고가 강조되는 측면도 있다. 2010년 현재, 미국 형사사법의 주류는 엄벌주의다. 이를 배경으로 나온 것이 삼진법이다.

14) 현대 교정의 문제점인 악폐감염에 대한 내용은, Z. Howard, Changing Lenses, Scottale (Pennsylvania: Herald Press, pp.35~39.

15) 행형의 궁극적인 목적은 수형자의 재사회화에 있기 때문에 수형자를 외부사회와 완전히 단절해서는 안 되고, 외부사회와의 관련을 계속 유지하여야 한다. '형의 집행 및 수용자 처우 등에 관한 법률'이 접견, 도서열람, TV시청, 신문구독, 라디오 청취, 외부통근제, 귀휴제를 인정하고 있는 것이다. 그러나 필자는 용어상으로 재사회화를 위해 "보호의 사회화"란 표현을 기존의 학자들은 사용하고 있으나 "처우의 사회화"라고 함이 타당하다고 본다. 보호의 사회화란 표현은 석방후인 사회 내 처우인 갱생보호나 보호관찰을 의미하기 때문이다.

16) 재사회화의 문제점으로 국가에게 범죄인을 강제로 사회규범에 적응시킬 수 있는 권리가 있는가 하는 점은 의문에 속한다. 무분별한 재사회화목적의 추구는 국가를 거대한 강제교육장으로 만드는 결과를 초래할 것이라는 비판을 받는다. 재사회화의 달성 여부에 대한 구체적 기준이 없기 때문에 국가형벌권이 자의적으로 확장될 수 있는 여지가 있는 것도 문제점의 하나이다. 푸코는 형벌의 신체침해를 노동력착취로, 정신침해를 이데올로기에 대한 길들이기로 보았다. 형사법의 사회국가적 배려는 수형자의 자유를 지나치

한 재인식의 필요성이 대두되면서 이 모형을 지향하는 시설이 감소추세에 있다.

재통합모형은 수용자가 언젠가는 사회로 되돌아갈 것이라는 사실을 인식하여 재소자와 소년원생을 개선하는 방법으로써 범죄자를 지역사회와 가족과 유대관계를 유지하는 것을 강조하는 교정시설의 모형을 일컫는다.[17] 지역사회교정의 목표와 구조에 연계되지만 교정 시설의 운영에 직접적인 영향을 미치고 있다. 물론 범죄자는 교정시설에 수용되지만 수용 의 경험이 사회로의 재통합을 지향하는 것으로 받아들여진다. 이들 교정시설은 재소자에 게 수용기간 동안 주체성과 자발성을 점증적으로 제공한다. 보호관찰 등으로 지역사회로 석방하기 전에 지역사회 교정센터(community correctional center)나 중간교도소(Halfway house) 또는 외부통근(work release) 등을 시키고 있다.

일종의 지역사회교정과 유사한 관점으로서 수용자가 사회와의 유대관계를 유지 발전시 키는 것이 매우 중요하다는 가정에 기초하고 있다. 따라서 재통합모형의 전적인 초점은 정상적인 생활을 되찾는 데 두고 있다.[18]

Ⅲ. 수용자 처우의 개선 운동

1. 존 하워드의 개선 운동

현대적 의미의 감옥제도의 발전에 있어 하나의 결정적 기여를 한 인물로서 영국의 사 회개혁가이며 Quaker[19]교도인 '존 하워드(John Howard)'이다. 그는 런던 동부 해크니 (Hackney) 지방에서 출생하였다. 1755년 포르투갈의 수도 리스본(Lisbon)에서 발생한

게 침해하지 않는 범위 안에서 당사자의 자발적 생활설계를 국가가 도와주는 형태로 이루어져야만 효과 가 있다는 점을 강조하고 있다. 배종대, 앞의 책, 2007, 71쪽.

17) Todd R. Clear and George F. Cole, American Corrections(2nd ed.), Pacific Grove, CA: Brooks/Cole Publishing Co., 1990, pp.282~283.

18) 이윤호, 중판교정학, 박영사, 2011, 61쪽.

19) 퀘이커(Quaker)는 17C에 등장한 기독교의 한 종파이다. 형제들의 단체(The Religious Society of Friends·Society of Friends)란 뜻을 가진다. 퀘이커(Quaker)라는 이름은 '하나님 앞에서 떤다'는 조지 폭스(George Fox)의 말에서 유래했다. 1650년대에 영국의 조지 폭스가 제창한 명상 운동으로 시작되었 다. 창시자 조지 폭스는 19세에 집을 나와 4년간의 구도여행을 통해 펜들 힐(Pendle Hill)이라는 산에서 환상을 보며 그리스도의 진리를 깨달았다. 퀘이커는 영국 정부에 의해 탄압받았으나, 퀘이커 신도 윌리 엄 펜이 불하받은 북아메리카 식민지 영토에 도시를 세움으로써 종교적 자유를 허용받았다. 바로 그 도 시가 펜실베니아 주이며 여기서 윌리엄. 펜이 주창한 구금제가 펜실베니아제이다. 국내 유명한 퀘이커 교도로서 씨알정신으로 유명한 함석헌(1901~1989) 선생이 있다.

지진피해자 구제를 위하여 리스본으로 가던 중 프랑스 개인 선박에 잡혀 피해자가 가해자로 조작되어 투옥당한 뒤, 출소되어 1773년 베드포드셔의 집행관이 되었다.

그 후 영국과 웨일스의 교정시설 실태를 시찰(視察)하고, 1777년에『감옥의 상태』[20] 제1판을 출판하였다. 그 후 대륙 제국의 교정시설을 참관(參觀)하여 1779년 및 1784년에 각각 제2판[21] 및 제3판[22]을 출판하였다.[23] 그는 동 저서에서 당시 감옥의 부패 및 수형자의 비참한 잡거 구금 상태를 호소함으로써 영국 정부와 영국 국민으로 하여금 감옥의 내부사정, 즉 가혹, 공포 및 무능에 눈을 뜨게 하였다.

또한 그의 저서에서 '훼네롱(Fenelon)' 대주교의 말을 자주 인용하고 있다. 훼네롱대주교는 마담귀용(Madame Guyon)의 가르침과 체험에 깊은 인상을 받은 당시 대단한 영적 인물이었다. 오히려 그 영성(靈性)으로 인하여 훼네롱의 책들은 성직자들의 많은 반대를 유발시켰다. 대주교에 영향을 준 1686년 마담귀용(Madame Guyon)은 1686년 체포되었고, 2년 후 귀용부인은 7개월간 어느 수녀원에 감금되었다. 그녀가 쓴 시 가운데 하나에서 그녀는 이렇게 썼다. 사랑이 나의 범죄를 구성하여 그들은 나를 여기 가뒀다.

이렇게 오랜 세월 갇혀 있어도 너무도 사랑스런, 내가 붙든 그분, 아직도 난 첨 왔을 때처럼 그분의 거룩한 불꽃의 주체이시다. 또한 사랑이여! 당신이 나를 희생의 제물로 정하셨다면, 오셔서 당신의 제물을 죽이시고 당신의 불로 예비하소서. "당신의 긍휼 깊음 속에 던져 넣으시고 나로 하여금 모든 혼들이 갈망하는 죽음을 죽게 하소서"라고 고백했다. 이처럼 Fenelon은 Madame Guyon의 영적 체험에 영향을 받아 "불쌍한 사람들의 상태로부터 눈길을 돌리는 것은 무감각에서가 아니라 그것을 보는 것이 자신들의 쾌락감정을 방해하기 때문이다."[24]라고 하였다.

Fenelon의 영향은 '존 하워드(John Howard)'가 박애주의적 실천적 삶의 토대가 되었다. 호와드의 사상적 배경이 어떠한가를 단적으로 잘 나타내고 있다 할 것이다. '벤담(J. Bentham)'은 그를 가리켜 "사도와 같이 살다가 순교자와 같이 간 사람(Man who died a martyr for one's faith after living an apostle)"이라고 극찬하였다.[25] 그륀후트(M.

---

20) 명칭은『The state of Prisons in England and Wales, With Preliminary Observations, and An Account of Some Foreign Prisons』이다.

21) 명칭은『The state of the prisons in England and Wales, with preliminary observations, and an account of some foreign 3 hundreds prisons』이다.

22) 1784년 제3판은『The state of the prisons in England and Wales, with preliminary observations, and an account of some foreign 3 hundreds prisons and Mental Hospitals through the touring prisons』이다.

23) 船山泰範, 刑法學講話 總論, 成文堂, 2010, 36頁: 신진규, 범죄학 겸 형사정책, 법문사, 1987, 578쪽.

24) J.Howard, The State of Prison, 1st ed. 1777, p.68.

Grünfut)는 그를 가리켜 "개인적이고 직접적인 경험결과를 수집·비교하는 실증적인 연구방법을 최초로 적용한 인물"이라고 하였다.26)

'존 하워드(John Howard, 1726~1790)'는 만년에 유행병에 관심을 두고 특히 격리병원의 실태를 조사하여 1789년에 이에 관한 저서를 출판하였다. 다음 해에 유럽과 아시아의 정신병원의 격리 실태를 조사하기 위하여 영국으로 감옥여행을 떠났다. 그 후에도 여러 차례에 걸쳐 8만 km의 유럽 감옥참관을 감행하다 열병에 걸려 러시아의 헤르손에서 1790. 1. 20. 열병환자를 간호하다가 그 환자보다 먼저 병사하였다.

이를 계기로 수형자의 처우는 대폭 개선되었고, 1866년 영국에 하워드협회가 설립되었다. 이 협회는 그의 인도주의를 본받아 그 후의 감옥개혁에 크게 공헌하였다. 동시에 그의 저서는 독일, 불란서 및 이태리 등에서 번역되고 이것이 도화선이 되어 유럽 제국 및 미국에서 이른바 '감옥개량운동(Prison Reform Movement)'이 요원의 불길처럼 일어났다.27) 그중에서도 가장 영향을 많이 받은 나라는 미국이었다.

2. 감옥참관의 시사점

독거제는 영국의 감옥개량가 존 하워드가 감옥참관을 통하여 이탈리아, 그리스, 러시아, 스페인, 폴란드바르샤바 등 수십 개국의 감옥을 참관하고 1777년 『감옥상태론』에서 잡거구금의 무질서와 비위생을 지적하면서 반독거제형태인 야간독거제를 주장하면서 처음으로 제기되었다.

존 하워드는 1778년 이탈리아를 입국하여 베네치아, 밀라노, 리보르노, 로마, 나폴리 등 주요 도시의 교도소를 두루 방문하였다. 그가 베테치아의 두칼레궁전 옆 교도소를 방문하고 시설이 매우 견고하다고 평가했다. 특히 구빈 감화원의 일부에는 소년교도소가 운영되었는데 존 하워드는 방문 당시 문 위에 새겨진 '게으를 때는 국가에 유해한 소년이지만 감화될 때는 국가에 쓸모 있는 사람이 된다.'는 법황 클레멘스 11세의 문구와 내부에 게시된 '훈육에 의해 불량자를 개선하지 못하면 형벌에 의해 이들을 구금하여도 그 효과가 없다'는 교정정책의 이념을 보면서 큰 감명을 받았음을 피력하였다.28)

---

25) J.Howard, The Works of Heremy //benthem, Vol, Ⅳ.Edinburg, 1843, S.121.

26) M.Grünfut, Penal Reform; A comparative Study, 1948, p.35.

27) 정진수·박양빈·이윤호·임재표·김종정·홍남식·이종택, "21세기 교정비젼과 처우의 선진화방안", 연구총서, 한국형사정책연구원, 2003, 165~166쪽.

28) 월간교정, 2009. 5, 32~33쪽.

또한 18C 러시아의 감옥참관을 하면서 당시 러시아의 교도소는 군대에서 관리하였으며 반역죄를 제외하고는 사형을 집행하지 않았음을 알게 되었다. 다만 '나우트(knout)'라고 불리는 태형은 매우 가혹해서 이로 인해 죽는 수가 많았다고 한다. 존 하워드가 리가교도소를 방문하여 태형관(笞刑官)을 만났을 때 어느 정도 매를 맞으면 사람이 죽을 수 있느냐고 질문하자 강골의 남자는 25대, 일반인은 20대를 맞으면 죽을 수도 있다는 답변을 들었다. 당시 리가교도소는 여느 러시아 교도소와 마찬가지로 채무자들이 다수 수용되어 토목공사 등 작업을 통해 변제토록 하였으며 상당수가 외국인이었다고 한다. 특이한 것은 살인 등 중범죄로 무기형을 받은 경우 그러한 표시를 양 뺨에 새겼다. 우리나라 고려, 조선시대의 자자형(刺字刑)[29]과 매우 유사한 제도였다고 한다.[30]

3. 존 하워드의 교훈

감옥참관의 결과 영국의 3개 도시 그리고 필라델피아협회의 주도하에 필라델피아시에 월넛(Walnut)교도소라는 독거감옥이 등장하였다. 월넛교도소는 중범죄자에 대해 주간, 야간 모두 독거구금을 하는 엄격한 방식을 택하였다. 이것을 펜실베니아제 또는 필라델피아식이라 부른다.[31]

하워드 이전에도 실무상 독거구금의 형태는 있었다. 1704년 교화 클레멘스 11세가 산 미켈레(San Michele) 소년감화원에서 소년에 대해 야간독거구금을 실시하였으며 1772년에서 1775년까지 간트(Gannd)교도소에서도 야간독거구금을 실시하였다.[32]

감옥참관의 결과 하워드의 구금철학은 미국에 가장 많은 영향을 끼쳤다고 한다. 그의 영향을 받아 월리엄, 펜 등에 의해서 감옥개선 운동이 활발히 전개되는 배경이 되었다. '존 하워드' 감옥여행의 결과 그의 주장을 종합하면 다음과 같다. ① 완전한 보안조치를 행할 것, ② 소거실의 충분한 공간과 만족할 만한 시설, ③ 교도관의 공적임명과 충분한 보수의 지급, ④ 독립된 행정관청에 의한 통제, ⑤ 분리수용 및 '낮에는 서로 어울리는 것을 못 막지만 밤에만은 반드시 독거하도록 할 것', ⑥ 가치 있는 노동이 모든 훈육방법의 골격을 이루도록 할 것 등이다.[33]

---

29) 얼굴에 묵침으로 글자를 새겨 넣는 형벌, 주로 절도범에게 장형, 도형, 유형에 부가하여 시행하였다.

30) 월간교정, 2009. 2, 32~33쪽.

31) 정영석 · 신양균, 형사정책, 법문사, 1992, 515쪽.

32) 송광섭, 범죄학과 형사정책, 유스티니아뉴스, 1998, 459쪽.

33) 신진규, 범죄학 겸 형사정책, 법문사, 1987, 579쪽.

그는 형벌을 개혁하는 문제에도 관심을 가져 부정기형제도의 도입, 응보형사상과 유형제의 반대와 사형제에 있어서도 '사형은 형벌이 아니다.'라고 하면서 인도주의적 관점을 줄곧 견지하였다.[34) 그는 이러한 주장을 전개하되 그의 기본 입장은 어디까지나 그 자신이 경험한 사실을 그대로 명확히 설명하는 것으로 일관하였다. 이러한 여러 조사결과를 종합적으로 논평하는 자리에서는 "만약 젊은 비행자의 현재와 장래에 파멸을 초래하는 것이 법관의 희망이면 그들을 게으름과 각종 악의 온상인 감옥으로 보내어서 그곳에서 오랫동안 지내게 하는 방법 이상을 발견할 수 없으리라."라고 기술하였다.[35)

Ⅳ. 현행법상 수용자의 수용방식

1. 운영상의 원칙

현행법은 독거수용을 원칙으로 하고 필요한 경우에 예외적으로 혼거수용을 할 수 있도록 규정하고 있다.[36) 실정법상의 규정은 독거수용을 원칙으로 하고 다만 필요한 경우에 한하여 예외적으로 혼거수용을 할 수 있도록 하고 있다. 따라서 제한해석 및 엄격해석이 필요하다.

독거수용자는 다른 수용자와의 접촉을 금하며 소환·운동·목욕·접견·교회·진찰 기타 부득이한 경우를 제외하고는 항상 독거시켜야 한다.[37) 독거수용기간은 계속하여 2년을 초과하지 못하며, 다만 소장이 특히 독거수용을 계속할 필요가 있다고 인정하는 경우에는 6개월을 연장할 수 있다(같은 시행령 제26조 제1항).

그리고 소년수형자[38)는 소장이 특별히 필요하다고 인정하는 경우를 제외하고는 6개월

---

34) 배종내 교수는 배종대, 형사정책, 홍문사, 2007, 24면에서 John Howard는 "사형을 제한, 폐지하는 것과 같은 형벌을 개혁하는 문제에는 아무런 관심도 보이지 않았다."고 서술하고 있다. 그러나 하워드는 베까리아처럼 형사법학을 한 인물은 아니었으나, 퀘이커교도(a group of religious christian)로서 정규교육이 아닌 충실한 가정교육을 받은 사회활동가였음을 알 수 있다. 베까리아처럼 사형폐지의 전면에 서지는 않았지만 사형제와 같은 형벌을 개혁하는 문제에도 분명한 관심을 가졌다고 본다.

35) 1779년에 공식 출판한 제2판, John Howard, 『The state of the prisons』(2nd ed., 1780), pp.13~14.

36) 형의 집행 및 수용자의 처우에 관한 법률 제11조 제1항.

37) 형의 집행 및 수용자의 처우에 관한 법률 시행령 제23조.

38) 소년수형자는 일반교도소에 수용하지 않고 분리주의를 취하고 있다. 형벌이 아닌 소년원송치와 같은 보호처분을 받은 소년의 경우는 소년원에 입원(수용)하게 된다. 소년원은 학교 또는 청소년 비행예방센터로, 소년감별소는 소년분류심사원으로 그 명칭이 변경되었고, 대전 의료소년원의 경우도 대산체육중고교

이상 독거수용해서는 안 된다(같은 조 제2항). 소장은 독거수용의 기간이 만료된 후라도 특히 필요하다고 인정하는 자는 야간에 독거실에 수용할 수 있다(동 시행령 제29조). 이 규정에 의하여 야간에 독거수용된 자가 취업하지 아니하는 때에는 주간이라도 독거실에 있게 하여야 한다(동 시행령 제30조).

하지만 소장이 수용자의 정신 또는 신체에 유해하다고 판단할 경우에는 수용자를 독거수용해서는 안 된다(같은 시행령 제25조). 수용자는 다른 법령 및 '형의 집행 및 수용자의 처우에 관한 법률 시행령'에 특별한 규정이 있는 경우를 제외하고는 다음 순위에 따라 독거수용 한다. 즉 ① 도주의 우려가 있는 자, ② 수용질서를 해칠 우려가 있는 자, ③ 미결수용자로서 증거 배제의 우려가 있는 자, ④ 다른 수형자에게 나쁜 영향을 미칠 우려가 있는 자, ⑤ 분류심사를 위하여 필요한 자, ⑥ 여죄사건이 계류 중인 자, ⑦ 수용생활에 적응하기 위하여 특히 안정이 필요한 자의 순서이다(형의 집행 및 수용자의 처우 등에 관한 법률 시행령 제24조).

이처럼 독거수용의 규정을 정하여 놓고 특별한 규정이 있는 예외적인 규정을 찾아서 운영상 혼거수용으로 일관하고 있다. 수용자의 인간다운 교정환경보다 당국의 효율성을 중시한 입장이라고 할 수 있다.

2. 혼거수용의 문제

1) 혼거수용의 일반적 문제점

혼거제의 가장 심각한 폐해는 감방동료의 간접경험을 통해 새로운 범죄수법을 익히는 이른바 교도소가 범죄공장(犯罪工場)으로 전락하는 문제이다. 이러한 문제점은 수형자를 무차별적으로 함께 수용하는 데서 비롯된다. 그렇다고 해서 모든 수형자에 대한 독거구금이 대안이 될 수 있는 것은 아니기 때문에 혼거제에 대한 다양한 개선책이 등장하고 있다. 예를 들면 혼거상태에서 상호 간의 교담을 제한하는 침묵제(일명 교담금지제), 주

로 개칭되어 사실상 소년원의 명칭은 각종 학교로 변경됨으로써 교육 및 치료, 보호복지의 개념이 강조되고 있음을 알 수 있다. 2007. 5. 현재, 청소년 비행예방센터는 부산, 창원, 광주, 청주, 대전, 안산 등 6개 센터가 있다. 각종 학교는 서울 고봉정보통신중고, 안양 정심여자정보산업학교, 춘천 신촌정보통신학교, 대덕 대산체육중고, 부산 오륜정보산업학교, 대구 읍내정보통신중고, 광주 고룡정보산업학교, 전주 송천정보통신학교, 제주 한길정보산업학교 등 9개 학교가 있다. 장기적인 과제로 사회 내에서 사회복지법인 또는 개인이 운영하는 각종 대안학교(alternative school)로 위탁하는 것을 고려해 볼 수 있다.

간에는 혼거제를 사용하고 야간에는 독방에 수용하는 반독거제가 있다. 그리고 분류제는 혼거제의 단점을 줄이고 장점을 극대화시키기 위하여 수용자를 분류하여 구금하는 것으로서 역시 혼거제의 대안으로 등장한 것이다.

2) 예외조항 남발운용의 문제점

현행 법률에 의하면 교정시설의 장은 시설 등의 사정에 비추어 필요하다고 인정할 예외적 경우에만 수용자를 혼거 수용할 수 있도록 되어 있다(위 법 제11조 제1항, 동 시행령 제31조). 하지만 현실은 수형자의 급증, 국가재정상의 이유 등으로 우리 행형실무는 혼거수용을 마치 원칙처럼 사용하고 있다.

'형집행법' 제14조에는 수용자는 독거수용함을 원칙으로 한다고 규정해 놓았지만 갈수록 증가하는 수용인구와 시설부족의 문제로 인하여 과밀한 혼거수용이 사실상 우리나라 교정의 현실이 되어 왔다. 과거 시행령에서 규정하고 있던 예외적 혼거수용의 사유를 일부 수정하여 법률로 규정함으로써 실무상 혼거수용, 예외적 독거수용의 원칙을 더욱더 고착화시키는 데 일조하였다. 혼거수용할 수 있는 사유를 포괄적으로, 즉 독거실 부족 등 시설여건이 충분하지 아니한 때, 수용자의 생명 또는 신체의 보호, 정서적 안정을 위하여 필요한 때, 수형자의 교화 또는 건전한 사회복귀를 위하여 필요한 때 등으로 규정함으로써 관행상 혼거수용의 대세를 인정해 버린 셈이다.

이러한 과밀혼거수용은 악폐감염 및 교정사고를 일으켜 수형자의 실질적인 재사회화의 달성에 걸림돌이 되므로 혼거수용의 근본적인 해소방안이 필요하게 된다. 이러한 문제를 풀기 위해 법률상 혼거수용을 금지해 놓고 있다. 즉, 노역장유치의 선고를 받은 자와 기타 수형자는 부득이한 사유가 있는 경우를 제외하고는 혼거수용하여서는 안 된다. 또한 신체장애자인 수용자와 기타의 수용자도 부득이한 사유가 있는 경우를 제외하고는 혼거수용을 금한다. 다만 간호에 종사하는 자는 예외로 할 수 있다(동 시행령 제32소). 혼서실에는 3인 이상의 자를 수용한다. 다만 요양 기타 부득이한 사유가 있는 경우에는 예외로 한다(동 시행령 제33조). 이러한 규정에서 보듯이 부득이한 사유에 한하여 혼거수용을 하고 대체적으로 독거수용으로 운용하라는 취지이다. 그러나 부득이한 사유가 아주 예외적으로 운용되는 것이 입법취지일 터인데, 부득이한 사유는 보편적인 현상으로 고착화되어 버렸다.

제3절 수용자처우의 방향

Ⅰ. 수용자처우의 기본적 관점

1. 수용자적 입장과 교도관적 입장

교정개혁이 중요하다고 말하는 사람은 많다. 그러나 교정개혁이 중요하다고 실감하고 실천하는 사람은 많지 않은 것 같다. 많지 않은 실천자 그룹에서도 관리자의 관점, 직원의 관점, 수용자의 관점으로 구분되고 있다. 국내의 교정관련 논문이 형식적으로는 거의 보편적, 객관적 입장을 강조하면서도 내용적인 면을 들여다보면 각자의 이익을 대변하는 것으로 귀결됨을 보아 왔다. 국내 교정논문의 주류는 교도관적 입장에서 서술되고 있었다. 즉, 인간이 생각하고 말하고 행동하는 모든 것은 자기이익(욕구)을 표현하는 것이고 각자 자기 집단의 이익 측면에서 행위가 이루어지고 있음을 확인하였다.

교도관의 측면에서도 관리자의 관점과 직원의 관점으로 구분되었다. 전자의 측면에서 발표되는 논문은 남상철, 정갑섭 등 대부분 현직 고위 교도관 출신 그룹이며, 후자의 관점에서 직원의 처우개선 등을 강조하는 논문은 많지 않았다.

가령 직원의 4부제와 관련해서도 관리자적 입장은 첫째, 교정사고의 발생 시 책임소재의 불분명 등의 논리개발로 완전한 4부제의 시행을 변형된 4부제[39]로 운영한다든지, 둘째, 시험승진을 면접승진으로 해서 영향력을 극대화하려는 것이라든지 셋째, 신규채용 시 체력검정을 통해서 다양한 인재의 진입장벽을 구축하는 것 등이다. 이러한 점을 주목하고 본고는 수용자적 관점에서 각 단계별로 구체적이고 현실적인 다양한 처우정책을 제안

---

39) 2010. 1. 1. 개정 시행 교도관직무규칙 제18조 보안근무자의 근무시간 제1항 제2호에서 제1부, 제2부, 제3부, 제4부의 4개 부로 나누어 서로 교대하여 근무하게 한다. 다만, 소장은 정복교도관의 부족 등 근무의 형편상 부득이한 경우에는 교대근무자를 제1부와 제2부의 2개 부 또는 제1부, 제2부 및 제3부의 3개 부로 나누어 근무하게 할 수 있다. 여기서 원칙 조항은 4부제이나 예외 조항에 근거하여 3부제적 4부제가 시행되고 있다. 모든 교정관계법령의 운영상의 문제이나 원칙 조항을 우선으로 하고 예외 조항에 따를 때는 근무의 형편상 부득이한 경우와 같은 추상적 개념보다는 구체적이고 명확한 경우에만 예외조항을 취할 수 있도록 개정되어야 할 것이다. 현재의 경우처럼 예외적인 조항을 취할 때는 부득이한 경우의 내용을 소명토록 소장의 재량을 제한할 필요가 있다. 교정수뇌부는 정상 출퇴근을 함으로 하급직원의 신체리듬을 전혀 고려치 않은 예외조항의 4부제로 열악한 근무환경을 직시하지 않고 있다. 어떻게든 자기 근무시간에 많은 인원을 있게 할 것인가의 결과, 나오게 된 것이 지금의 3부제적 4부제이다.

하면서 교정수뇌부의 직역이기주의를 파악하고 직원의 관점도 고려하였다.

2. 보수주의적 관점과 진보주의적 관점

한국교정에 있어서는 보수주의적 관점이 강조되어야 한다는 것이 지론인바, 미국교정의 새로운 이론들이 소개되면서 더불어 서구 여러 나라의 진보적 열린 교정의 내용들도 우리의 토양에 검증 없이 바로 적용할 것을 제안하는 발표들이 독창적인 연구물로 평가받고 있는 것도 사실이다.

즉, 수용자에게도 음주권, 흡연권, 섹스권 등을 갖도록 하여야 한다는 이론인 바, 특히 섹스권의 경우 사회에 있는 수형자 배우자의 경우는 범죄행위와 아무상관이 없는 데에도 성적 접촉권을 국가가 박탈함으로써 기본권을 침해받고 있기 때문에 허용해야 한다는 주장들이다.[40]

수용질서유지의 근간을 뒤흔들어 버리는 형사정책적 이론의 비교형량의 원칙을 도외시한 급진적 주장이라 할 수밖에 없다. 이러한 부분에 문제의식을 가지고 기본적으로는 합리적 보수주의적 관점을 견지하면서도 사안에 따라 진보주의적 교정의 요소도 참고하였다.

가령 1단계 처우인 시설 내 처우에서는 철저한 수용질서의 유지 속에서의 단계적 처우를 강조한 것 등이 그 일례이다. 부언하면 보수주의의 기조에서 법적 안정성과 사회방위의 이념을 지키면서도 진보적 교정학자들의 주장도 담아내는 분할처우제와 사회명령제가 그것이다.

즉 수용자처우의 문제점을 극복하면 음주권, 흡연권, 성적접촉권, 의료수급권 등의 문제가 2단계 처우를 통해서 동시에 개선되는 논리구조를 설명하고자 하였다.

더 부언하면 기존학자들의 논거처럼 계속구금만 고찰하다 보니 성적 접촉권 및 의료수급권 등 여러 문제가 대두되고 있다. 분할처우를 실시하면 시설이 아닌 사회 내에서 처우가 이루어지는 동안 수용자 스스로가 해결할 수 있는 여지가 생긴다. 이러한 것들이 주체성과 자발성을 존중하는 수용자적 입장의 창조교정(創造矯正)이다. 수용자적 입장의 교정은 국가재정의 부담으로 이어지는 것이 보수적 교정학자들의 고정관념이었다. 본고의 경우는 오히려 분할처우의 시행으로 지역경제 및 국가재정의 경감으로 이어지는 순환처우의 논리를 구축하고 있다.

---

40) 성적 접촉에 관한 외국교정의 사례는 한인섭, 신동아, 1997, 4, 434쪽 참조. 섹스권과 기본권 침해에 관한 논거는 천정환, 신교정학, 한국고시회, 2004, 204쪽 참조.

그 외에도 선별주의적 복지와 보편주의적 복지와 관련해서는 처우의 개별화 사상에 따라 맞춤형 교정복지를 지향(志向)하면서도 보편적 선별주의 교정복지 이념에 바탕을 두었다. 즉, 처음부터 보수와 진보의 틀에 갇히지 않으며 이념을 목표로 하지 않고 수단으로 활용함으로써 창조교정(創造矯正)을 모색하고자 하였다.

Ⅱ. 기존의 수용자처우 방법

1. 오번제(auburn system)의 검토

오번제는 미국 뉴욕주의 오번감옥에서 1823년 당시 소장이었던 린즈(E. Lynds)가 처음으로 실시하면서 붙여진 이름이다. 산업시대와 관계되는 이 제도는 19세기 미국의 지배적인 형태로 주간에는 혼거생활을 하게 하고 야간에는 독방에 구금하는 방식으로써 주간에 혼거수용할 동안에는 엄중한 침묵이 강요되었다고 하여 일명 침묵제라 한다.[41]

엄정독거제보다 완화된 구금형태라는 점에서 완화독거제라고 하며, 야간에만 독거하게 한다는 점에서 야간독거제라고 한다. 또한 엄정독거와 혼거제의 중간적 특징을 지닌다는 점에서 절충제라고도 한다.[42] 기존의 교정시설이 과밀수용으로 문제가 되어 뉴욕주에서는 Auburn에 새로운 주립교도소를 신설하기에 이르렀고, 과거 독거제의 성공에 힘입어 독거제를 도입하되 효과성을 검증하기 위해서 실험을 거치기로 하였다.

처음 8명의 재소자에게 노동이나 적정한 운동을 허용치 않은 채 자신의 거실에서 독거수용되었으나 피험자인 재소자들이 자살, 정신이상, 질병 등을 일으켜 그 실험은 실패로 끝나고 말았다. 그 후 Elam Lynds가 소장으로 부임하여 새로운 혼거제(congergate system)를 시행하게 되었다.

혼거제는 재소자들이 밤에는 각자 상호 격리된 채 자신의 방에서 독거하나 낮에는 말을 할 수는 없지만 동료재소자들과 함께 일을 하는 제도이다. Lynds는 재소자들은 대부분 어쩔 수 없는 사람들이기 때문에 작업능률의 향상이 교정시설의 목표가 되어야 한다고 믿었다. 이곳에서의 재소자들은 치료요법으로서뿐만 아니라 교정시설의 자족하는 방법으로 교도작업에 참여하였다. 정부가 상품제조자와 계약을 하면 업자가 재료를 제공하

---

41) 천정환 · 장세석, 교정학개론, 교육개발연구원, 2006, 128쪽.
42) 이경식, 메카교정학, 한국교육문화원, 2008, 378쪽.

여 교정시설에서 완제품으로 만들었다. 재소자들은 매우 엄격한 통제를 받았으나, 작업결과로 얻어진 돈의 일부를 스스로 관리할 수도 있었다.

따라서 재소자들에게 종교적 사회지향성이 강한 정직한 인간을 만드는 데에 중점을 두는 것이 아니라 산업시대 지향의 생산성 향상을 목표로 공동노동과 엄격한 훈육을 통해 복종적 시민을 만드는 데에 중점을 두었다. 그 이유는 공동작업을 통하여 독거수용에 따른 문제점이 해결되고 작업 중 엄중침묵을 강요함으로써 재소자간 통모나 범죄학습 등의 문제도 해결할 수 있기 때문이다.

엄정독거에 비하여 사회성훈련이 어느 정도 가능하기 때문에 보다 인간적이며, 작업 중 독거로 인하여 악풍감염의 문제가 해소되고, 집단작업을 통하여 상대적으로 엄정독거에 비해 사회화 과정이 가능하다. 정신건강이나 자살의 위험 등 주야엄정독거제의 폐해를 줄일 수 있다는 장점이 있다. 그리고 주간의 혼거시간 동안에는 공장에서 공동작업하는 것이 가능하였기 때문에 산업사회가 필요로 하는 노동력의 확보가 용이하다. 반면, 수용자 간의 의사소통을 금지하기 때문에 새로운 고통을 부과하는 단점도 지니고 있다. 즉, 오번제가 요구하는 혼거생활의 침묵은 인간의 본질적 인격성에 대한 침해로써 인간존엄에 반한다. 이처럼 운영상의 효율을 기하지 못하면 독거제와 혼거제의 단점이 동시에 나타날 수 있다.[43]

2. 누진처우제(Progressive Stage System)의 검토

누진처우제의 개념에 대해서는 학자들마다 조금씩 달리 표현하고 있는데 주요 학자들의 견해를 정리하면 아래와 같다. 이윤호는 수용자의 개선정도에 따라 구금을 완화하고 자유를 확대하는 등 교정처우를 단계별로 시행하여 최상급수용자에게는 조기석방까지도 허가할 수 있는 제도라 한다. 허주욱은 재판상 선고된 형기의 집행단계를 여러 개의 단계로 나누어 수형자의 개선정도에 따라 처우를 점차 완화하여 사회복귀의 목적을 달성하는 제도라 한다. 남상철은 재판상 선고된 형기를 수개의 단계로 나누어 각 단계별로 행형성적을 올리는 데 따라 수형자의 처우를 완화해 나가는 처우방법을 말한다. 배종대와 정승환은 처우를 여러 단계로 나누어 각 단계의 성적에 따라 1계급씩 승급하거나 강급시키는 방법을 말한다.[44] 이종갑과 천정환은 수형자에 대한 처우를 여러 단계로 나누고 각

---

43) 이경식, 앞의 책, 2008, 379쪽.
44) 이경식, 위의 책, 2008, 432쪽.

단계에서의 개선정도에 따라 다음 단계로 진급시켜 그에 상응하는 사회적 자유를 부여함으로써 효과를 증진시키고자 하는 제도로 설명한다.[45] 필자는 자유형집행의 전 과정을 분할하여, 수용자의 개선효과에 부응하여 순차로 상급으로 올라가면서 형벌의 엄정성을 완화하고 우대와 특전을 부여하며, 그 완화 또는 강화의 정도에 적정하게 책임을 묻는 처우방법을 누진처우제라 할 것이다. 이러한 누진처우제가 활성화되려면 필자가 제시한 분할처우제와 연계되어야 한다.

누진처우는 1840년 영국의 유형지 호주의 노포크(Norfolk)교도소에서 마코노키(A.Maconochie) 소장이 진급방법으로서 이른바, '점수제(Mark Syatem)'를 가석방과 결합한 것이 그 효시라 할 수 있다. 그 이후 이 제도는 영국에서 독거구금, 잡거구금 및 가석방이라는 3단계의 잉글랜드(England)제도로 발전하였다.

그 후 그로프톤경(Sir W. Crofton)에 의하여 제1단계는 '시험단계(probationary stage)', 제2단계는 점수제단계, 제3단계는 중간단계 그리고 제4단계는 '조건부 석방(conditional relrase)'이라는 4단계의 아일랜드제를 탄생시켰다. 이것이 바로 오늘날 누진처우의 창시라 할 수 있다. 이 아일랜드제의 성공은 세계 행형계의 지대한 주목을 받았다. 특히 미국에서는 마코노키의 점수제, 크로프톤의 아일랜드제 및 부정기형제와 결합하여 19세기 행형사상의 결정체라 할 수 있는, 이른바 엘마이라제를 확립하였다. 이 제도는 1870년 신시내티(Cincinnati) 감옥회의에서 누진처우의 채용이 결의되고 1876년 브록웨이(Z. Brockway)의 주도하에 그 유명한 엘마이라 감화원(Elmira Reformatory)에서 3단계의 누진처우로서 실시되었다.[46]

누진처우제는 일정 부분 그 장점에도 불구하고 다음과 같은 문제[47]가 제기된다.

첫째, 모든 수형자에게 획일적인 진급단계를 설정하여 개개 수형자에 대한 인격적 특성을 무시함으로써 처우의 개별화라는 본래의 취지에 반하게 된다.

둘째, 운영의 실제가 시설내의 질서유지수단으로 되고 형식적·획일적 평가에 의한 은혜적인 자유구속의 완화로 일관될 경우, 수형자의 재사회화라는 본래의 취지에 반하게 되고 결국 '선량한 수형자는 있어도 선량한 사회인은 없게 된다.'라는 비판이 제기된다.

셋째, 누진처우제도가 개방처우 내지 반자유처우와 필요적으로 연결되지 않을 경우에는 그 제도의 효과가 반감하게 된다. 누진처우제도의 가장 큰 문제점은 수형자에 대한

---

45) 이종갑·천정환, 교정학, 대왕사, 2006, 264쪽.

46) 박양빈, 교정처우의 개선책, 월간교정, 1994. 2, 24쪽.

47) 森下忠·森本益之, 受刑者の分類と累進處遇, 刑事政策, 1989, 189頁.

정확한 진단과 예측에 의한 사회복귀를 촉진하는 것보다는 교도소 내의 행상(行狀)의 정도에 따른 선인선과(善人善果)·악인악과(惡人惡果)라는 응보적 원리에 의하여 질서유지를 도모하고, 동시에 수형자 개개인의 인격조사와 특성에 의한 처우라기보다는 전 수형자를 동질적으로 평가함으로써 처우의 사회화 내지 개별화에 반한다는 것이다.

그러나 누진처우제도 자체의 교정정책상의 의의를 결코 과소평가하여서는 안 된다. 그것은 전술한 흠이 있음에도 불구하고 수형자의 개선에 이바지함과 동시에 집단처우에 있어서의 시설내의 질서유지에 크게 공헌한다는 사실은 일반적으로 인정되기 때문이다.

이러한 의미에서 일본 형사법안은 우리에게 시사하는 바가 크다. 즉, 동 법안에 의하면 단계적 처우와 누진처우를 절충하여 처우의 개별화를 원칙으로 하고(동법안 제48조 제1항) 획일적인 누진처우를 부정한다.

또한 수용자에게 정기적 처우조사결과에 따라 본인에게 적합한 처우를 한다(동 법안 제59조 제1항).48) 이처럼 운용상 효과를 얻으려면 교도작업은 물론 모든 분할처우는 누진처우와 반드시 연계시켜 실시되어야만 할 것이다.

3. 분류처우(Classification System)의 검토

분류처우라 함은 수형자를 분류하는 것에 머무르지 않고 수형자의 교화개선 및 사회복귀를 위해, 일정한 기준에 따라 분류하여 개별적 처우를 하는 일련의 조치와 교정성적에 따라 수시로 심사와 진단을 통하여 적절한 처우의 조정을 행하는 것을 의미한다.49)

이러한 넓은 의미의 분류도 다시 수형자의 성별, 연령 및 죄질 등을 기준으로 보안을 목적으로 하는 관리분류와 재사회화를 목적으로 하는 처우분류로 나누는바, 독일의 경우 분류를 '보안과 처우'의 관점에서 분류하는 것이라고 하는 것도 이러한 이유에서이다.50) 처우분류의 경우에도 미국 및 독일 '개별화(Individualization)'의 방식을 취하는데 대하여, 국제연합의 '피구금자처우를 위한 최저기준규칙'(제67조) 및 유럽은 '집단적 분류(Gruppierung)'의 방식을 취한다. 이러한 방식에 따른 현대의 행형사상에 의하면, 범죄자처우의 최종목표는 사회복귀이다. 그러므로 수형자의 사회복귀를 위하여서는 개개의 수

---

48) 정진수·박양빈·이윤호·임재표·김종정·홍남식·이종택, "21C 교정비전과 처우의 선진화방안", 연구총서, 한국형사정책연구원, 2003, 105~106쪽.

49) 이경식, 메카교정학, 한국교육문화원, 2008, 421쪽.

50) 신양균, "현행 수형자 분류 제도에 관한 검토", 교정연구 제3호, 한국교정학회, 1993, 114쪽.

형자의 인격적 특성 및 환경적·사회적 문제에 상응하여 가장 적정한 처우를 하는 것이 필요하다.[51]

　동시에 누진적으로 처우에 차이를 설정하고 처우의 누진적 차이에 상응하여 단계적으로 수형자의 생활을 사회생활에 접근하게 함은 당연한 요청이라 할 수 있다. 이를 처우의 다양화, 개별처우,[52] 개별처우의 원칙이라고 한다. 이러한 '처우의 개별화'를 위하여서는 '행형의 과학화' 요청으로서 '분류처우'와 '누진처우'의 문제가 제기된다.[53]

　분류처우는 수형자를 그룹(Group)으로 분류하여 그 '그룹'별로 계획적인 개별처우를 하는 제도이다. 이는 개별처우의 당연한 요청이기도 하다. 관리분류의 시작은 1595년 최초의 자유형 집행시설인 암스테르담감옥[54]에까지 거슬러 올라갈 수 있다. 개별처우를 위한 분류처우로서 확립된 것은 1920년대 미국에서 '의료모델(Medical Model of Intervention)'이 제시된 때이다. 그 후 과학적인 개별처우 또는 집단처우로서 각국에서 도입하였으며, 1955년 국제연합의 '범죄방지 및 범죄자처우회의'에서 결의된 규칙[55]에서 집단처우의 원칙을 채택하였다.

　분류처우의 문제점으로서는 처우의 개별화라는 이상에도 불구하고 분류처우에 대하여서는 다음과 같은 점이 지적되고 있다.

　첫째 교도소가 단성(單性)사회라는 것이 문제가 된다, 이 문제의 해결은 남자 교도소 내에 여자 구역을 설정하여 처우상 필요한 수형자에 대하여 같이 처우하게 하는 것이 효과적이다.

　둘째, 분류처우의 철저화는 전 주소지와 멀리 떨어짐으로써 가족과의 면회 등이 곤란하여 재사회화에도 지장을 가져온다.

---

51) 정진수·박양빈·이윤호·임재표·김종정·홍남식·이종택, "21C 교정비전과 처우의 선진화방안", 연구총서, 한국형사정책연구원, 2003, 101~102쪽.

52) 개별처우라는 용어는 역사적으로는 부정기형과 '패로울(Parole)'제도를 결합하여 범죄자처우 '처우기간 내지 형벌기간의 개별화'라는 의미로 이해되었다. 즉 자유형집행단계, (보호관찰부)선고유예·집행유예 선고단계 및 (보호관찰부)가석방단계에서의 범죄자처우의 이념으로서의 처우의 개별화였다. 이러한 제도의 사상적 배경은 18세기 후반 자연과학의 발달이었다. 즉 자연법칙은 사회현상 내지 인간활동에도 영향을 주어 인간행동을 생물학적·생리학적으로 설명하는 외에 사회학적으로도 설명하려는 시도가 나타났다. 이러한 행동과학의 발달은 범죄자처우의 분야에서 개별처우(individualized treatment)의 개념을 탄생하게 하여 "형벌은 범죄보다 범죄자에 적합하여야 한다." 하여, 이른바 개선 모델(Modlel)이 등장하게 된다. 일본개정형법초안 제47조가 범죄자처우의 원칙으로서 개별처우의 원칙을 다시 강조하는 것도 이러한 의미에서 이해가 간다 할 것이다.

53) 현재 선진외국에서는 '처우의 개별화'라는 처우이념에 따라 시설 내 처우 중 '분류처우'와 누진처우가 핵심적 과제로 된다. 박양빈, "교정교육의 내실화 방안", 제12회 학술발표회 자료, 한국교정학회, 1996, 12쪽.

54) 1597년 성별분류와 1603년 연령별분류를 실시한 시설이다.

55) 피구금자처우에 관한 최저기준규칙 제67~69조.

셋째, 초범자와 누범자를 분류수용함은 교도소의 '범죄공장'의 방지를 위하여 필요하다고 본다. 구금의 목적 내지 생활태도에 따라 분류처우하는 것이 교정처우의 측면이나 인권보장의 측면에서 형사정책적 관점에 더 부합될 것으로 보인다. 결국 분류처우제도의 가장 본질적인 문제점은 분류조사에 따르는 수형자의 인권문제와 분류처우에 따른 불평등의 문제라 할 수 있다. 따라서 종래의 형식적인 행동양식에 의한 분류방법으로부터 수형자의 인격적 특성에 따른 과학적 분류방법의 채택과 단계적 시설분류[56](초중구금, 중구금 및 경구금)에 의한 '단계적 수용처우' 등의 확립이 필요하다.

무릇 수형자의 분류처우란 수형자의 분류조사에 의한 판정결과에 의거하여 각각 적절한 분류그룹에 편입시켜 그 경비처우급에 대응하는 별개의 교도소 또는 동일교도소의 구획된 장소에 수용하여 본인과 교정에 가장 적합한 맞춤형처우분류를 의미한다. 한편 현재 우리나라의 교정시설은 초범·누범·특수기능 교도소로 나누어 그곳에 해당되는 수형자를 획일적으로 수용하고 있다.

수형자에 대한 과학적이고 합리적인 분류를 위하여서는 과학적인 분류와 개별처우가 중요하므로 동시에 단계적 교정처우를 통하여 자유제한을 순차적으로 완화(또는 강화)시키는 다음과 같은 개선책이 강구되어야 한다.

첫째, 관계법령의 정비이다. 현행 '형집행법'은 제1조(목적)에서 '수형자의 사회복귀'를 천명하고 있으면서도 '분류심사'에 대해서는 '소장은 수형자의 인성, 행동특성 및 자질 등을 과학적으로 분류심사 하여야 한다(동법 제59조 제1항).'라고 하는 근거규정만을 두고 있다. 따라서 수형자의 실질적인 개별처우를 담보하기 위한 분류의 기준·절차·내용 및 처우에 대한 내용이 규칙이 아닌 현행법률에 명문화하여야 한다.

둘째, 시설별 단계적 교정시설로의 전환이다. 현재의 대분류제도는 수형자사이의 악풍

---

56) 참고로 美연방교정시설은 수형자수와 수용경비의 정도에 따라 A, B, C, D, E, F급 등 6개 범주의 단계적 시설처우를 시행하고 있다. A급(초중구금시설, 超重拘禁施設, Super Maximum Security Correctonal Institute), B급(중구금시설, 重拘禁施設, Maximum Security Correctonal Institute), C~D급(중구금시설, 中拘禁施設, Middle Security Correctonal Institute), E급(경구금시설, 輕拘禁施設, Minimum Security Correctonal Institute), F급(개방시설,開放施設,Open Correctonal Institute)이다. 중구금시설은 5미터 이상의 높은 주벽 이외에도 2~3중의 견고한 외곽철조망을 가설하여 수형자의 도주방지 및 외부 침입에 대비하고 있다. 중·경구금 시설은 5미터 이하의 낮은 주벽 또는 시설에 따라 주벽 없이 외곽철조망으로 겉으로는 시설의 유형을 식별할 수 없도록 하였다. 개방시설은 주벽과 철조망시설을 하고 있지 않아서 시설 면으로는 일반 교정시설과는 거리감을 완전 해소하는 조치를 취하고 있다. 重구금교도소는 엄정한 경비 하에 죄질이 흉악하고 장기수를 수용한다. 中구금교도소는 경미한 범죄의 수형자를 수용하여 다양한 처우프로그램을 제공한다: 김동수, "우리나라 수형인을 위한 교정복지의 개선방안에 관한 연구", 대전대학교 석사학위논문, 2007, 10쪽.

감염방지, 범수에 상응한 교화프로그램의 시행을 위한 행형실무제도로서 전국의 교정시설을 특정한 목적으로 운영되는 특수기능 교도소와 일반시설로 나누어 일반시설은 초범·누범 교도소로 각각 지정하여 해당 범수의 수형자를 분리수용하는 시설별 처우제도를 말한다. 이처럼 범수만을 기준으로 하는 형식적이고 획일적인 수용분류를 지양하고 수형자에 대한 개별처우에 의한 단계적 교정처우가 바람직하다. 우리나라의 초범교도소와 선진국의 경구금교도소, 우리나라의 누범교도소와 선진국의 중구금교도소, 우리나라의 특수기능교도소와 선진국의 중구금교도소 및 초중구금교도소가 형식적으로는 각각 서로 비슷한 유형이라고 볼 수도 있다. 그렇지만 우리나라의 경우는 수형자의 범수만을 기준으로 하여 수형자를 거의 획일적으로 분류수용하고 있기 때문에 선진국에서 시행하고 있는 단계적 교정처우와는 많은 차이가 있다.

우리나라의 교정시설은 특수기능 교도소를 제도하고는 그 대소를 불문하고 기능면에 있어서 대동소이하기 때문에 현재와 같은 대규모 교정시설 아래서는 다른 해외 국가에서 실시하고 있는 이른바 단계적 교정처우도 어렵고, 수형자의 개개인의 특성에 상응한 개별처우를 실시할 수도 없는 실정이다.

따라서 초범이라고 하여 무조건 초범교도소에 수용할 것이 아니라 수형자의 죄질 등을 검토하여 누범교도소에 수용하는 것이 타당하다고 판단되면 누범교도소에 수용한 후 개전의 정이 현저한 자는 초범교도소로 다시 이송하거나 또는 초범의 죄질로 보아 초범교도소에 수용하는 것이 타당한 자는 1차적으로 초범교도소에 수용한 후 개선 가능이 현저한 자는 개방교도소로, 개전의 정이 없는 자는 누범교도소로 각각 조절 이송하는 것과 같은 형식으로 단계처우를 실시하는 것이다.57) 이것은 경비처우급의 취지에도 부합한다.

셋째, 분류제와 누진제의 상호 발전적 보완을 통한 악폐방지와 수형자에게 꿈을 심어 주는 적극 교정의 구현을 생각해 볼 수 있다. 시행규칙에 의하여 시행되고 있는 현행 분류조사제도는 형식적으로는 분류처우와 누진처우를 절충하여 운용하고 있다.

이는 누진처우를 위한 전제로서의 분류제가 아니라, 사회복귀와 교정발전을 위한 목적으로서의 분류제가 되어야 한다. 교정(행형)의 이념이 처우의 개별화, 처우의 다양화58)를 통한 수형자의 사회복귀에 있다면 분류제와 누진제의 절충보다는 누진처우제도를 폐지59)

---

57) 강영철, "자유형과 행형제도의 발전방향", 교정연구 제19호, 한국교정학회, 2003, 131~132쪽.

58) 1960년대 말~1970년대에 이미 이정찬 소장에 의해 처우의 다양화를 위한 상당한 정도의 가시적인 조치가 있었다. 교도소 주벽담장에 벽화를 그려 권위적이고 딱딱한 교정 분위기를 없애고, 시민들에게는 친근한 교정으로 다가가기 위한 노력이 있었다.

59) 누진제와 분류제의 관계에 있어서는 2가지의 학설이 있다. 강영철 등의 일원론적 관점은 누진제를 분류

하고 분류처우 중심으로 전환하는 것이 바람직하다는 주장도 제기되고 있다.[60] 그러나 분류제와 누진제를 서로 보완적으로 병존시켜 수형자의 개선의욕을 고취시키고자 하는 데 그 취지가 있다고 본다.

넷째, 수형자분류 전담기구의 조직강화 및 대규모 수용시설의 소규모 시설로의 전환이다. 교정본부는 교정행정을 총괄하는 중앙기구로 법무부장관과 차관 밑에 교정본부장이 있고, 교정본부장을 보좌하는 교정정책단장, 보안정책단장이 있다. 그 밑으로 각 소관업무에 관하여 정책을 입안하는 교정기획과, 보안과, 직업훈련과, 사회복귀과, 분류심사과, 의료과, 복지과의 7개과가 있다. 교정정책단장이 보안정책을 총괄하고 보안정책단장을 분류정책단장으로 하여 보안전문가보다는 분류심사와 처우전문가 증가배치하는 방안이다. 또한 분류심사과가 설치되지 않은 일반교정시설에서는 분류심의실을 보안과에서 독립시켜 과로 승격시키는 것이다.

국제연합의 수형자 처우최저기준 제63조 제3항은 "폐쇄시설에 있어서 수형자의 수는 개별처우를 방해할 정도여서는 아니 된다." 하면서 개별처우에 적정한 수용자수를 500명을 초과해서는 안 된다고 한다. 우리나라의 경우 교정시설[61] 중 3,000명 미만 2,000명 이상을 수용하고 있는 시설이 서울구치소, 안양교도소, 대구교도소, 부산구치소, 대전교도소 등 5개소, 2,000명 미만 1,000명 이상의 수용시설이 18개소나 된다.[62] 수용시설 500명 이하의 소규모를 통한 교정시설의 다양화, 전문화, 특성화는 21세기 한국교정의 과제이다.

4. 사견

사회화에 실패하고 감정조절 능력이 일반인에 비해 결여된 수용자의 혼거수용은 악폐

제의 일종으로 이해하고 누진제는 폐지되어야 한다는 입장이다. 김용준, 정순길 등의 이원론적 입장은 분류제와 누진제를 보완적으로 서로 병존해야 한다는 입장이다(박영규, "수형자에 대한 분류처우와 누진 처우", 한국교정학회소식 제33호, 한국교정학회, 2006, 7~33쪽). 전자는 소시설주의에 입각해 적극적 교육훈련에 중점을 둔 분류제가 등장함으로써 누진처우제도는 사실상 분류제로 흡수되어 그 의의가 상실되었다고 보는 학설이다. 후자는 대시설 수용주의에 입각해 분류기능을 악폐방지에 중점을 둠과 동시에, 시설 내 상하의 누진제도를 의식하여 이에 대한 필요성을 강조하는 입장이다. 교정의 방향이 소시설주의로 가야 되는 것은 맞지만 분류제와 누진제는 상보적인 관점에서 이해하면 이원론이 타당하다고 본다. 마치 수용질서가 전제된 교정이 가능한 것처럼 분류와 누진의 관계도 병존해야 한다고 본다.

60) 강영철, 위의 논문, 2003, 13쪽.

61) 2010. 3. 5. 현재 교정시설은 47개소이며, 지소까지 포함하면 51개소이다. 4개 지소는 서산지소, 평택지소, 논산지소, 천안지소가 있다(2011. 3. 기준, 지소는 천안지소가 천안교도소로 전환되어 **3개 지소임**).

62) 3,000명 미만 1,000명 이상의 각 청별 시설은 서울청 9명, 대구청 5명, 대전청 2명, 광주청 3명 등이다 (2011. 1. 28. 기준).

감염의 통로이기도 하다. 힘의 역학관계에 의한 다수 수용자는 소수의 폭력수형자에 의해 교정폭력의 희생자가 되고 있다. 이러한 구조적인 문제점을 바로 직시한 인물이 존 하워드임을 고찰하였다. 18C부터 지금까지 과밀혼거의 문제는 진행 중이며, 구금역사의 궤적을 통해 명확한 해답을 찾아내었지만 당국은 교정폭력의 원인제거에 소홀하고 있다.

새로운 형사사법망은 전통적처우의 가치를 재조명하는 경우에만 개발하고 운영상의 문제점을 개선하는 작업이 우선순위이다. 교정현실에서는 원칙과 예외규정이 바뀌는 경우가 있다. 가장 대표적인 것이 수용자의 자발성을 존중하지 않는 원칙적 독거제의 운영상의 문제이다. 그러나 막대한 예산의 문제와 관리자의 자질문제, 그리고 국민의 법 감정의 문제에 휘둘려 교정의 문제는 시대의 진보에도 불구하고 진전의 속도가 너무 느리다.

독거수용을 원칙적 독거수용으로, 혼거수용을 아주 예외적인 경우에만 혼거수용으로 하여야 한다. 오번제를 절충적 오번제로, 분류제를 절대적 분류제로 각 단행 법령에서 명칭의 변경을 제안한다. 사람도 호칭에서부터 서열이 결정되는 것처럼 수용자처우의 제목을 재정돈하고 그 명칭대로 운용할 것을 제안한다. 수용자 특성과 처우의 개별화를 고려한 구금방식이 '원칙적 독거제'이지만, 교정행정의 번잡성과 전문직원의 부족으로 단기적 접근법으로 해결될 수 있는 사안이 아니다.

그러므로 수용처우의 방향은 거실자기결정권(自己決定權)을 고려한 배방이 이루어졌으면 한다. 여기서 '거실자기결정권'참고제도란 생소한 용어는 필자가 정리하여 본 조작적 개념임을 밝힌다. 전면적 실시는 일대 교정행정의 혼란을 야기할 것이 분명하다. 시행 초기에는 강행이 아닌 임의 규정으로 시행하여야 할 것이다. 그 대상은 초범이며 단기수형자에 한하되 초범, 단기수형자라 하여도 격정, 인신범은 제외하여야 할 것이다.

반대로 장기수라 하여도 종교범, 확신범, 정치범 등 비파렴치범은 거실자기결정권을 존중할 필요가 있다. 독거, 혼거의 자기결정권을 최초 입소 시에 존중해 줌으로써 교정사고와 배방관련 교정비리를 미연에 방지해 보자는 것이다. 거실자기결정권 참고제도는 교정청문감사관[63], 24시간 무술기동타격대[64]와 배방전문직원제[65]의 운용과 더불어서 시행

---

63) 지방청이나 교정본부 직속으로 일선교정시설에 배치하여 소장의 지휘감독라인에서 제외시켜 재소자의 인권침해, 하급직원의 인권침해, 징벌, 특별사법경찰 업무 및 관리자의 권한남용 등의 사건까지 조사할 수 있는 권한을 고려해 볼 수 있다. 현재 유명무실한 일선 교정시설 특별사법경찰관의 업무를 활성화시키고 모든 시설 내 교정사고는 이들이 객관적 입장에서 접수받아 처리하는 시스템이다. 보안담당 교도관이 사건을 인지, 발견, 보고, 결재까지 처리하는 구조는 직원과 수형자 양자가 사적감정에 휘둘러 교정실패의 한 요인이 될 수 있다. 각 부별로 계장과 주임은 자기 근무 시간 내에 '교정사고'만 나지 않으면 된다는 무사안일주의를 부추기는 구조는 개선의 여지가 있다. 오로지 보안담당 교도관은 보안에 전념하여야 하므로 내부선발은 각 직급별 교정엘리트를 선발하여 교정관까지 한 보직을 보전해 주고, 외부선발은 5급 특채를 통해 교정청문감사관의 책임자로 배치하는 것을 고려해 볼 수 있겠다. 교정청문감사관은

할 것을 제안한다.

Ⅲ. 새로운 분할처우(分轄處遇)의 모색

1. 분할처우의 연원

수형자들이 교정되건 다시 타락하건, 그들 개인별로 얻어지는 결과에 따라 형벌의 형기가 조절될 수 있어야 한다는 것이 분할처우의 내용이다. 형벌의 주된 목적은 범죄인의 교정에 있으므로 어떤 수형자일지라도 그의 도덕적 갱신이 충분히 보증될 경우에는 수형자를 사회로 내보내는 것이 자연법의 원리일 것이다. 프랑스는 이미 1945년 행형관리법에서 수형자의 대우를 그의 태도와 뉘우치는 빛 정도에 따라 형기가 적용된다고 규정하였다.

이 법은 완전감금(시설 내 처우)에서 준석방(사회적 처우)에까지 망라되어 있다. 이 법에서 가석방(사회 내 처우)의 특전은 모든 유기 수형자에 확대된다고 천명함으로써 이는 '형벌조절의 대원칙'이 되었다.66)

일선 교정시설에 근무를 하면서도 소장의 지휘라인에서 제외시켜, 소장의 독단과 비리도 견제하는 역할을 부여함으로써 건강한 긴장관계를 유지시키는 방안까지 고려해 볼 수 있다. 5급 특별채용의 경우에도 사법시험합격자가 50%을 넘지 않도록 교정인재의 다양성 확보를 위한 장치가 필요할 것이다.

64) 교위를 책임자로 무술교도관 위주로 선발하여 교정사고 발생 시 즉시 현장에 투입하여 사태를 진압하는 것을 목표로 설치할 필요가 있다. 각 부별로 타격대를 운영하고, 타격대의 주 임무는 사태 진압까지만 한정한다. 이들로 하여금 개·폐방 시 보안취약시간대에 집중순찰을 강화함으로써 수용질서유지에 기여할 것으로 본다. 각 사동 및 출역장의 담당이나 관구교위에게 사건발견, 진압, 접수, 조사, 결재까지 짐을 줌으로써 문제수용자와 적당히 타협을 보는 사례는 감소할 것이다. 동료에게 떠넘기기 식 근무행태가 상당 부분 해소될 것으로 보인다.

65) 퇴근 시 출역수형자의 입방 거부 시 담당교도관이나 관구교위가 퇴근지연의 짐을 부담하게 됨으로, 수형자의 고충사항이 해결되기는커녕 입방거부로 징벌의 부담을 감내하는 경우가 있으므로, 관구교위가 배방전담직원에게 통보해서 처리하는 것이 배방전문직원제의 운영이라 하겠다. 배방전문 직원은 동료수용자의 폭력 때문인지, 동성애적 성적 욕구를 갖기 위한 교정행정의 농단인지를 파악해서 조치를 취하여야 할 것이다. 담당근무자 담당교위는 입실을 거부하는 재소자를 배방 전문직원에게 통보 또는 보고하면 되므로, 동료 폭력을 견디다 못해 입실을 거부하는 재소자에게 입방거부로 징벌을 주는 사례는 상당 부분 해소될 것이다.

66) Michel Foucault(오생근 역), 감시와 처벌 그리고 감옥의 역사, 나남출판, 2003, 412쪽.

2. 기존처우의 빈곤과 분할처우의 배경

범죄와의 전쟁을 불러일으키게 하는 증오범죄와 호기심을 자극하는 강력사건의 발생에 이어 등장하는 언론의 소위 범죄학자들에 의한 무책임한 "범죄학 만들기"와 즉흥적인 대책 짜깁기 등으로 이어지는 일련의 뿌리가 없는 범죄공학(犯罪工學)에는 철학적 사유나 예술적 가치가 개입될 여지가 없다.67) 또한 인간 모두가 체험하는 보편적인 삶의 형태의 중심이 되는 교정패러다임 하에서는 폐쇄성, 고정성의 틀을 탈피하기 어렵다. 동시에 검증되지 않는 미시적 통계놀이가 학문적 중심으로 착각되고 교정사고방지가 효율적 관리의 목표가 되는 풍토에서는 소위 철학적 범죄학은 영원한 노스텔지어적 이상향으로 남을 수밖에 없다. 따라서 기존 교정학의 전제와 실천적 규범이 더 이상 현실적으로 정당화되지 않는다는 비판을 통해 새로운 패러다임으로의 변증법적 논리형성과정을 거쳐야 한다.68) 구체적인 목표는 분할처우이며, 그 방법론으로 형사법학을 기초공사로 하여 인문학적 접근이 제시될 수 있다. 인문학적 접근의 주된 내용은 철학적 사유, 영성적 추구와 가치의 지향을 통해 분할처우와 교도소폐지의 창조적 배경이 되었다.

3. 분할처우의 창조적 개념

많은 기존 교정학자들은 교정이라는 개념을 정의하는 데 있어서 심도 있는 철학적 사고의 빈곤에 놓여 있어 직역이기주의의 이론을 짜맞추기에 분주하다. 급여인상과 조직확대가 그것이다.

부언하면 시간적 개념과 공간적 개념의 형(形)과 상(像)에서 고찰해 볼 때, 수용의 "전(前)과 후(後)", 교정시설의 "주벽 안과 주벽 밖", 사회적 정체성으로써 "좋은 사람과 나쁜 사람"으로 구조화된 왜곡된 질서로 구금된 시간 동안과 구금된 공간에로만 관심영역이 고정되어 있다.69) 이러한 문제의식을 가지고 교정당국이 교정의 모든 영역을 전부

---

67) 이백철, "철학적 범죄학의 정착을 위한 시론: 교정학의 지향점", 교정연구 제41호, 한국교정학회, 2009, 213~214쪽.

68) 이백철, "철학적 범죄학의 정착을 위한 시론: 교정학의 지향점", 교정연구 제41호, 한국교정학회, 2009, 213~214쪽 참조.

69) 라도삼, 가상공간에 대한 국가 권력-욕망론적 접근: 들뢰즈(Z. Deleze)·가타리(F. Guattari)의 욕망과 코드화이론을 중심으로, 1998 봄철학술대회, 한국언론학회, 1998, 121~141쪽; 라도삼, 기상공간의 전경과 삶의 단편들 -'리니지'를 중심으로-, 한국언론정보학보 제14호, 한국언론정보학회, 2000, 115~149쪽.

행사(行使)하려는 사고(思考)에서 교정사고(矯正事故)를 예비하는 것으로 파악하고 그 대안으로 분할처우를 모색하게 되었다. 분할처우라 함은 공간적 개념으로서는 시설처우에서 사회처우로 분할하자는 처우이며, 시간적 개념으로서는 시설에서의 수용기간을 분할하여 사회로 확대하자는 처우이다. 물적 개념은 인적 계호에서 물적 계호로 분할하는 것이며, 인적 개념은 막강한 소장의 권한을 담당직원에게 분할하는 것이다.

분할처우의 구체적 목표는 정문입소축소와 후문출소의 확대이며, 궁극적 목표는 사회복귀와 재범방지일 것이며, 이상적 목표는 미래의 교정인 교도소폐지론(矯導所廢止論)이다.

4. 분할처우의 방법

분할처우의 방법에는 순환적 처우와 통합적 처우가 있다. 전자는 시설처우,[70] 사회적 처우, 사회 내 처우[71]의 연계성 처우를 말한다. 후자는 3단계 처우를 분리해서 파악하는 것이 아니라 통합적으로 묶어서 파악하는 경우로 개선정도에 따라 완화처우와 강화처우를 유연성 있게 하는 방법이다. 분할처우의 주체도 교도관에 한정하지 않는다. 수용자에게 주체성과 자발성을 부여하여 문제에 갇히는 것이 아니라 스스로 문제를 풀어내도록 하는 처우이다.

5. 분할처우의 적용범위

대부분의 교정사고가 대규모시설에서 주로 발생한다는 현실을 감안할 때 시설의 규모를 작게 하여 감시감독과 보호기능을 향상시켜서 수용자의 관리와 통제 및 처우를 효율화시킬 필요가 있다[72]. 이러한 수용자 처우의 문제점을 극복하고자 나온 개념이 분할처우(分轄處遇)이다. 즉, 수형자로 하여금 합법적 행동을 하였을 때, 어떠한 이익이 오는지를 알게 하여 합법적 행동을 모델로 삼도록 자극을 주고 도와주어야 한다는 이념[73]이 바로 분할처우이념이다. 이윤호 교수는 현재의 수용공간은 생활공간이라기보다는 구금공간에 가깝기 때문에 소(小)교도소제를 통해 문제를 해결하고자 한다.

---

70) 교정시설 그 자체는 내(內)를 이미 포함하는 의미이므로 시설 내 처우를 시설처우라 한다.

71) 사회적 처우와 사회 내 처우를 총칭하여 사회처우라는 창조적 개념을 사용한다.

72) 이윤호, 중판교정학, 박영사, 2011, 211쪽.

73) 조준현, "행형의 이념·목적과 행형법 개정방향", 교정연구 제29호, 한국교정학회, 2005, 10쪽.

그러나 분할처우의 이념은 나누어서 관할한다는 사전적 의미처럼 시설뿐만 아니라 자유형의 기간까지도 분할하여 처우하자는 광의의 개념으로 접근하고자 한다. 분할처우의 협의의 내용에서는 야간수용제, 주간수용제, 주말수용제, 평일수용제를 살펴볼 것이다. 광의의 내용에는 사회명령제까지 분할처우의 범위를 고찰하고자 한다. 분류처우가 수용자에 대한 과학적 분류심사를 거쳐 시설의 특성에 맞게 수용자를 수용하고, 수용자의 특성에 따라 문제수용자와 일반수용자를 시설 내에서 분리수용함을 전제로 함에 반해[74], 분할처우라 함은 사회적 처우와 사회 내 처우를 전제로 해서 출발함이 다르다고 할 수 있다. 수용처우와 구분되는 점은 수용처우는 시설처우에서의 수용으로 한정되므로 구내작업, 직영작업, 내부진료를 선(先) 개념으로 보기 때문에 많은 시설처우의 문제점이 노출되고 있다.

분할처우는 수용처우에서 파생되는 문제를 풀어내는 새로운 대안으로 모색되는 처우이다. 즉, 내부진료를 외부진료로 구내작업을 구외작업으로 직영작업을 위탁작업으로 전환하여 사회(사회)의 전문인력을 활용하여 교정이 모든 처우를 전부하려고 하는 고정관념의 틀을 깨는 패러다임에서부터 출발한다.

분할처우는 수용처우의 문제점을 극복한 결과 시설처우를 사회적 처우와 사회 내 처우로 분할하여 직영에서 위탁으로 사회의 전문가 집단의 능력을 활용하여 실시하는 것을 전제로 한다.

분할처우는 교도관이 수용자의 모든 처우를 직접 관여하는 것이 아니고 다른 전문가 집단의 능력을 활용하므로 교정권력과 조직확대 방안과는 차이가 있다.

---

74) 이윤호, 위의 책, 2011, 212쪽.

제2장 시설처우전략의 주요쟁점과 사회처우전략의 방향

본 장에서는 서론에서 살펴본 바와 같이 한국교정의 뉴패러다임을 정립하는 데 있어 문제되는 주요 쟁점과 앞으로의 수용자 처우의 방향에 대하여 논하고자 한다. 주요 쟁점으로 제시하고자 하는 것은 과밀수용, 교정시설, 수용자 폭력이다. 특히 이 가운데 과밀수용은 수용자들의 인간으로서의 존엄과 가치를 철저히 무시하는 결과를 양산하기 때문에 이에 대한 문제와 선결과제에 대하여 심도 있게 살펴보고자 한다. 그리고 사회처우의 방향에 있어 정문입소 축소와 후문출소 확대에 대하여 우리나라 교정현실이 참고할 부분을 모색하고자 한다.

제1절 과밀수용의 주요 쟁점과 선결과제

Ⅰ. 과밀수용의 개념

형벌을 집행하는 관점에서 과밀수용의 개념[75]은 주로 두 가지 관점에서 파악한다. 첫째, 단순히 수용정원의 초과 여부를 기준으로 삼는 형식적 이해방법이다. 둘째, 인구 10만 명당 수용인원수와 같이 과밀 여부를 파악하는 실질적 이해방법이 있다.[76]

1. 형식적 이해방법

형식적 이해방법은 수용정원을 기준으로 삼아 과밀 수용 여부를 판단하는 방법이다. 즉 각 수용시설마다 미리 공식적인 수용인원을 규정해 둔다. 그 수용인원을 초과하면 곧 과밀수용으로 파악하는 방법이다. 수용시설 중 과밀수용으로 보는 것은 거실에 한정하지 않는다. 거실뿐만 아니라 작업장, 교육장, 편의시설도 사용인원이 많아질수록 상대적으로 부족현상을 보이게 되면 과밀수용으로 본다.[77]

---

75) 한영수, "과밀수용 해소방안의 모색", 형사정책 12-1, 한국형사정책학회, 2000, 63쪽; 연성진, "교도소의 과밀수용 해소방안", 범죄방지포럼 통권 제23호, 한국범죄방지재단, 2008, 51~62쪽.

76) 최응렬, "교정시설 과밀수용 실태와 형사법적 대응방안에 관한 연구", 교정연구 제18호, 한국교정학회, 2003, 204쪽; 김진혁, "교정사고의 대응방안에 관한 연구", 법학연구 제26집, 한국법학회, 2007, 320~331쪽.

또한 수용자들을 관리, 감독, 보호하기 위한 인력의 적정수준을 넘어서는 경우에도 과밀수용으로 본다. 교도관뿐만 아니라 교회위원, 종교위원, 의료인력 및 교육을 담당하는 전문 강사 등 각종 교정업무의 지원인력도 동시에 고려하는 방법이다.[78] 따라서 수용적정인원은 거실수용공간[79]에만 한정하지 않는다.

2. 실질적 이해방법

실질적 이해방법은 국민의 수에 비하여 지나치게 많은 인원이 교정시설에 수용되어 있는 상태의 경우까지 고려한 방법이다. 형사정책적 의미의 과밀수용의 개념이다. 인구수에 비하여 수용인원이 과다하다는 것은 자유형의 집행을 통해 이루고자 하는 형벌목적의 달성을 어렵게 할 정도로 많은 인원이 수용되어 있다는 의미이다. 과밀수용의 현상은 자유형이 선고되기 전 단계에서 세밀하고 충분한 형사절차적 여과과정이 이루어지지 않고 있음을 나타내는 것이다. 이것은 곧 사회적 갈등이 중간단계에서 정제되지 않은 채, 유입되고 있음을 뜻한다.[80]

이와 같이 범죄자에 대한 사회적 반응, 형사사법기관의 대응이 범죄 발생률보다 더 중요한 변수로 작용한다고 볼 수 있다. 실질적 접근방법에서 과밀수용의 의미를 이해한다는 것은 결국 보다 거시적인 관점에서 수용인원의 적정규모를 산출하고 이를 초과한 경우에 과밀수용상태로 파악하는 방법이라 하겠다. 즉 전체 형사사법체계 내에서 행형의 위상과 그 기능적 역할에 비추어 볼 때, 과다한 수용인원으로 인하여 합리적 행형정책의 수행이 현실적으로 어려워진 경우를 과밀수용상태로 진단하는 광의의 방법이다.[81]

가령 혼거실 정원이 10명이라 할 때, 연중 7~8명이 꾸준히 수용되어 있다면 동절기와 하절기에 따라 과밀 여부가 달라질 수 있다. 전자의 방법은 과밀수용이라 진단할 수

<hr>

77) 전수영, 교정제도개선과 민간참여방안, 한국학술정보(주), 2009, 66~67쪽.

78) 전수영, 교정제도개선과 민간참여방안, 한국학술정보(주), 2009, 67쪽.

79) 수용구분 및 이송·기록 등에 관한 지침 제82조(수용정원의 산정기준)는 아래와 같다. 수용거실의 기준면적은 벽기둥 기타 이와 유사한 구획의 중심선으로 둘러싸인 부분의 수평투영면적으로 한다. 다만, 혼거실 기준면적에는 관물대, 싱크대 설치 공간이 포함되고 화장실 면적은 포함되지 아니한다. 교정시설별 수용정원 산정기준은 독거실 1실당 1명, 혼거실 2.58㎡당 1명, 장애인 혼거실 3.3㎡당 1명(신축예정시설의 경우 4.3㎡ 1명), 외국인수형자 및 여자수용자혼거실 3.3당㎡ 1명, 병사혼거실 4.3㎡당 1명으로 한다고 개정하였으나 영미법계통의 나라와 비교해 볼 때 그 수용공간이 협소한 측면이 있다. 적정공간을 상향 조정하여 지침이 아닌 명령으로 규정할 것이 요구된다.

80) 최응렬, 앞의 논문, 2003, 204~206쪽

81) 전수영, 교정제도개선과 민간참여방안, 한국학술정보(주), 2009, 67쪽.

없지만 후자의 방법은 동절기는 과밀수용에 해당되지 않지만, 하절기의 경우에는 정원 이내인 경우라 하여도 수용자가 느끼는 주관적 감정이 중요한 판단의 척도가 되므로 과밀수용에 해당한다. 본고에서 고찰하는 창조교정은 형식적인 기준을 넘어 실질적인 경우의 수까지 고려한다. 즉 하절기의 경우에 귀휴를 확대실시하는 것도 실질적 의미의 과밀수용 개념을 이해하는 경우라 하겠다.

Ⅱ. 과밀수용의 원인

오늘날 사회가 다원화 및 산업화, 도시화, 인구증가 등으로 인하여 각종 범죄가 증가 일로에 있는 것이 현실이다. 첨단기술 등의 발전으로 컴퓨터 등을 이용한 범죄가 등장하는가 하면 예전에는 범죄로 인식하지 못했던 것들이 각종 형사정책망(網)의 확대로 범인의 양산을 촉진하고 있는 상황이다. 또한 교정시설의 부족, 교정인력의 전문화 미흡, 미결수용자의 급증, 자유형처분의 증가 등 여러 가지 원인이 시설의 과밀화를 촉진시키는 요소가 되고 있다. 여기서는 이들 원인들이 과밀수용과 어떤 연관성이 있는지 알아보고자 한다.[82]

1. 경제상황과의 연관성

경제의 호황국면에서는 생산이 증가하고 재고와 실업이 감소하며 소득이 상승하고 투자가 활발하게 진행되며 물가가 상승하며 청소년범죄가 증가하게 된다.

그러나 경기 후퇴국면에서는 기업의 자금부족현상이 심화되어 투자활동이 위축되며 노동에 대한 수요가 감소해 실업이 증가하고, 임금수준이 하락하며, 재고가 증가하고, 물가와 금리 등이 하락하게 된다. 따라서 경기변동은 경제의 각 부문에 현저한 변화를 야기할 것이고, 범죄를 포함한 사회 각 분야에도 여러 가지 영향을 미치게 된다는 것이다.[83]

실업률 상승은 개인과 가정에 대한 경제적 압박을 증대시키면서 주로 절도·사기·강도 등의 범죄에 큰 연관관계가 있다. 또한 좌절감의 증대로 직장이나 조직의 규범에서 일탈된 행동은 범죄를 일으킬 확률을 높인다는 연구결과도 있다.[84]

---

82) 전수영, 앞의 책, 2009, 71쪽.
83) 전수영, 위의 책, 2009, 72쪽.

이러한 좌절감과 상실감을 해소하는 방편으로 알코올과 약물중독을 상용화하는 경향이 증대되어 음주운전·강력범죄의 촉발 요인으로 작용하게 된다. 실제로 프랑스·독일·일본과 같은 주요국가의 경우 실업이 늘면서 절도·강도·살인·강간의 비율이 증가했다는 분석이 발표되었다.

우리나라의 경우에도 지난 IMF 경제위기로 인한 남편들의 실업증가로 가족구성원의 해체 및 생계형 범죄의 증가가 나타났다. 실업은 단순한 경제현상이나 경기변동 현상이 아니다. 개인의 생존권을 위협받고 가정이 파산위기로 몰면서 가족들의 생활질서가 붕괴된다. 사회적으로는 불안심리와 범죄화 현상이 확산된다고 볼 수 있다.

아래 <표 1>의 경우처럼 경기침체기간(1997~1998) 중 재산범죄인 절도범죄와 강도범죄가 증가한 것을 알 수가 있다. 이것은 1998년도 IMF 경제위기 기간 동안에 수형자가 증가한 측면도 없지 않다. 또한 강도, 살인, 강간 등 전체적으로 볼 때 수형자의 수는 꾸준히 증가한 것을 알 수가 있다.85)

이러한 중범죄자의 장기형 선고비율이 높음을 감안할 때 장기수의 누적으로 인한 수용인원 증가로도 해석이 가능하다. 경기침체기간 동안 전체범죄 중 재산범죄가 가장 두드러지게 증가한 사실과 경기침체기를 제외하고는 두 변수 간에 연관성은 크게 나타나고 있지 않다.

따라서 두 변수 간의 관계를 설명하기 위해서는 특정기간에 해당되는 한정적인 논리설정이 필요한 것으로 사료된다.86)

---

84) Barliw. H. D., "Introduction to Criminology"(5th ed), Scott, Foresman · Brown and Company, 1990, p.544; 최응렬, 앞의 논문, 2003, 212쪽.

85) 전수영, 앞의 책, 2009, 72~73쪽.

86) 최응렬, 앞의 논문, 2003, 208~213쪽.

<표 1> 5대 범죄의 연도별 발생건수 및 발생비율[87]

단위: 건(%)

연도	5대 범죄 발생건수 (발생비)[88]	살 인 발생건수 (발생비)	강 도 발생건수 (발생비)	강 간 발생건수 (발생비)	방 화 발생건수 (발생비)	절 도 발생건수 (발생비)
1997	92,507 (3,388.3)	789 (1.7)	4,282 (9.1)	5,665 (12.1)	776 (1.7)	80,995 (172.8)
1998	101,406 (3,757.9)	966 (2.1)	5,407 (11.5)	6,016 (12.8)	1,157 (2.5)	87,860 (187.0)
1999	95,797 (3,660.1)	984 (2.1)	4,712 (10.0)	6,410 (13.5)	1,107 (2.3)	82,584 (174.5)
2000	179,834 (3,893.3)	964 (2.0)	5,349 (11.1)	6,982 (14.6)	1,278 (2.7)	165,261 (352.2)
2001	184,017 (4,135.6)	1,064 (2.2)	5,546 (11.5)	6,911 (14.4)	1,375 (2.9)	169,121 (353.2)
2002	195,967 (4,100.5)	983 (2.0)	5,953 12.3)	9,435 (19.6)	1,388 (2.9)	179,208 (371.6)
2003	208,287 (4,142.3)	1,011 (2.1)	7,327 (15.1)	10,365 (21.4)	1,713 (3.5)	187,871 (388.3)
2004	174,389 (4,283.1)	1,082 (2.2)	5,762 (11.9)	11,105 (22.9)	1,590 (3.3)	154,850 (318.7)
2005	211,055 (3,882.3)	1,091 (2.2)	5,266 (10.8)	11,757 (24.1)	1,827 (3.7)	191,114 (391.8)
2006	211,753 (3,733.7)	1,064 (2.2)	4,684 (9.6)	13,575 (27.7)	1,685 (3.4)	190,745 (389.3)
2007	233,452 (3,987.7)	1,124 (2.3)	4,470 (9.1)	13,634 (27.7)	1,694 (3.4)	212,530 (431.1)
2008	544,527	1,109	4,811	9,833	305,508 (폭력)	223,216
2009	590,366	1,374	6,346	10,215	315,841 (폭력)	256,596

2. 교정시설의 불충분

    교정시설의 수용인원이 각 시설의 수용정원에 의해 정확히 맞아떨어지는 것은 현실적
으로 불가능하다. 시설의 신설 등에 대해 범죄인의 증가는 이를 훨씬 앞지르고 있기 때문

---

87) 대검찰청, 범죄분석, 1997~2010; 경찰청, 범죄분석, 2010.
88) 인구 10만 명당 발생 건수.

이다. 또한 교정시설의 건축 등에 소요되는 경비가 막대한 예산을 필요로 하기에 시설의 증축, 신축이 교정수요를 충족하기에는 예산상 및 사회적 여건이 부족한 것이 현실이다.

이런 교정시설의 부족이나 각 시설 간의 수용환경의 격차 심화 등으로 수용환경이 열악한 상태에 있는 수용자들은 정신적인 스트레스와 과밀에 따른 재소자 상호 간 및 교도관과의 관계에 있어서 폭력, 난동, 도주 등 심각한 교정사고를 유발할 수 있는 문제들이 나타나고 있다. 수용인원의 증가율에 비해 수용시설의 확충이 부족하기 때문에 과밀수용 현상이 빚어지고 있는 것도 하나의 요인이 된다. 교정시설의 신·증축은 막대한 국가예산을 필요로 하는데, 국가 정책입법자의 입장에서 볼 때에는 긴급한 예산사업이 아니기 때문에 종종 예산 배정에서 후순위에 밀리기 쉽다.[89]

우리나라에서는 일반회계 예산으로는 교도소의 신축이 어려운 점을 감안하여 1967년부터 '사법시설등조성법'과 '사법시설등특별회계법'에 기한 사법특별회계 예산으로 상당수의 교정시설을 신·증축하게 되었다.

그러나 1994년부터 사법특별회계가 폐지되고, '국유재산특별회계'로 변경[90]됨에 따라 시설확충을 위한 재원마련이 과거보다 어려워짐에 따라 신·증축이 난항을 겪을 것으로 보인다.[91] 선진국에서는 1개 기관 당 500명 정도를 수용하고 있으나, 우리나라는 아직도 2011년 1월 기준 1,000명 이상을 수용하고 있는 시설이 22개 시설에 이르고 있는 실정에 있다.

3. 분류제도의 미흡

우리나라 교정기관은 수용자들의 악성감염 방지 및 효율적인 교정처우를 위하여 1994년부터 수용자 대분류제도를 시행하였다.[92] 즉 이 제도는 전국의 교정시설을 초범시설, 2

---

89) 전수영, 교정제도개선과 민간참여방안, 한국학술정보(주), 2009, 73쪽.

90) 사법시설등조성법과 사법시설특별회계법에 의한 사법시설 등 특별 회계세입은 벌과금 및 몰수금의 30% 중 2/3에 해당하는 재원을 법무부 사법회계예산으로 편성하여 그동안 이 자금으로 교정시설의 신·증축에 운용하였으나, 국유재산관리특별회계법의 제정(1993. 12. 31. 법률 제4675호)에 의거 앞으로는 국유재산 매각대금 중 일부를 사법특별회계예산으로 운용하도록 변경되었다: 김효정, "문화적인 교정시설 조성방안 연구", 한국문화관광정책연구원, 2004, 11쪽.

91) 전수영, 교정제도개선과 민간참여방안, 한국학술정보(주), 2009, 74쪽.

92) 수용자 대분류제도는 법무부 예규 보안일 제386호(1994. 4. 7.)에 의거 실시하였는데, 수용자 상호 간의 악성감염방지와 개별처우에 적합하도록 미결수용자의 재판이 확정되면 수용자의 범수에 따라 시설을 구분하여 수용하고 또한 동일 시설 내에서도 수용자의 형기·죄질·범수·성별·연령 및 경력 등을 참작하여 분리수용 및 처우하는 제도이다: 김효정, 앞의 논문, 2004, 11~12쪽.

범소, 3범소 이상시설, 특수기능 교정시설로 구분하여 모든 수형자를 그 범수에 따라 해당기관에 수용, 그에 부응하는 적절한 교육 및 교화프로그램을 전문화함으로써 초범자들의 악폐감염을 방지하고 누범자들의 재범률을 줄이고자 하는 제도이다. 수용자 대분류제도에 따라 처우의 전문화를 위한 교정시설의 기능별 분류로 말미암아 불가피하게 수용밀도상의 편차가 생김으로써 시설에 따라서는 과밀수용상태가 심화된 곳도 나타나고 있다.

법무백서 교정시설의 기능별 수용밀도 편차에 따르면 구치소는 수용밀도가 2.85로 가장 높고, 교도소 중에서는 초범소가 2.67로 가장 높은 수치를 나타내고 있다. 이러한 대분류제도의 문제점을 조금이나마 해소하고 수형자들의 처우를 위해 전국 교정시설 수용구분에 관한 지침을 개정하였다.[93]

수형자의 교정시설별 분류수용은 수형자의 범수를 기준으로 하되, 범수별 인원 등을 감안하여 초범시설, 2범이상시설, 특수기능시설 등 **3종**으로 구분한다. 요즈음 수용정원은 변화가 없는데 수용자의 인권 등 제반 여건에 급격한 변화를 맞아 그보다 훨씬 수용밀도가 높아졌다.[94]

우리나라의 교정시설은 최근 특수기능 교정시설 전환 기관의 증가와 천안외국인교도소를 기관의 특성에 맞추어 거실에 침대를 사용할 수 있도록 하여 실질적으로 각 기관마다 수용밀도(3.3058㎡당 수용인원을 말함)에 있어서 큰 차이를 보이고 있는 실정이다.

2002년 8월에 법무부에서는 강원도에 소재한 원주교도소를 불치병인 후천성면역결핍증(AIDS) 수형자를 위한 치료기관으로 지정하여 2002년 9월부터 전국 교도소에 분산돼 있는 에이즈 수형자를 통합 수용하고 있다.

이런 불치병 환자들을 수용하다 보면 1인당 차지하는 수용면적이 다른 시설 등에 수용된 수용자들보다 훨씬 유리한 입장일 것이다. 이러한 요인들 하나하나가 과밀 수용의 원인이 되고 있다.

이러한 상황을 종합할 때 개정된 분류제도는 일시적으로는 효과를 거들지 모르지만 결과적으로는 시설상의 한계 때문에 좋을 결과를 얻기가 힘들 것이다. 폐쇄시설에 있어서 수형자의 수는 개별처우를 방해할 정도로 많지 않는 것이 바람직하다.

---

93) 법무부 교정국, "전국 교정시설 수용구분에 관한 지침", 예규 제600호, 2002. 5. 4.

94) 요즈음 여러 기관에서 범수, 죄명별(강력범, 재산범, 과실범 등) 등으로 분류 수용하여야 하나 수용인원의 증가로 말미암아 수용인원이 완화될 때까지 분류별 거실에 수용가능 인원을 초과 수용하는 사례가 빈번한 실정이다. 그중에서 가장 수용밀도를 높이는 사유로는 수용자들의 각 거실에 텔레비전 · 컴퓨터 · 식탁 등을 설치하거나 문제수형자들의 혼거실 거부(각 기관마다 독거실이 한정되어 있음) 등이다. 2001년 말 현재 전체수용 밀도(각 기관마다 차이가 많음)가 평당 3.26~4.34명을 기록하는 기관이 많다. 예를 들면 3.47평에 15명, 4.57평에 15명 등: 김효정, 앞의 논문, 2004, 11~12쪽.

따라서 일부 국가에서는 이와 같은 시설의 수용인원은 500명을 초과해서는 아니 되는 규정을 두고 있다. 또한 개방시설의 수용인원도 가능한 한 적어야 한다고 규정하고 있다. 일반 교정시설의 수용인원이 500명을 넘지 않는 정도가 적정하다는 점을 우회적으로 권고하고 있다. 개방시설의 수용규모도 동 규정의 취지에 따라 각 나라가 100명 내외를 적정인원으로 보고 있다.[95]

4. 엄벌주의의 부산물

외환위기가 닥치고 1년 후인 1998년 12월에 수용자수가 74,400명에 달할 정도로 교정시설의 상황악화로 사회문제화된 경험을 가지고 있는 우리나라는 그때만큼은 아니라 하더라도 현재도 여전히 교정시설은 수용능력의 한계를 훨씬 넘어선 과밀수용상태로서 교정처우의 효과를 의심받을 정도로 열악한 상황에 놓여 있다.

물론 과밀수용의 현상은 우리나라만의 현안은 아니다. 과밀수용의 개념을 실질적으로 이해할 때 세계최상이라고 할 정도로 심각한 미국의 경우에 범죄에 대한 강경정책이 과밀수용의 원인으로 진단된다. 즉 미국에서는 범죄의 증가에 따라서 각 매스컴들이 강력범죄를 중심으로 뉴스가치성에 초점을 맞추어 최악의 사건을 자극적으로 보도함으로써 대중들에게 범죄에 대한 진상을 왜곡시키고 공포심을 증폭시키는 요인을 제공하였다.

범죄자는 사회의 적으로서 제거되지 않으면 안 된다는 이러한 대중들의 범죄에 대한 강경대응요구가 심층적인 검토와 사회적 원인에 대한 분석과 반성 없이 정치권을 통해서 즉각 입법으로 반영되면서 의무적 양형법(mandatory sentencing law)이 제정되었다.

이에 따라서 일부 범죄에 대한 의무적 구금(mandatory incarceration)과 정기형제도가 도입되면서 법원의 양형에도 큰 변화를 미치게 되었다. 교정에서도 선시제(善時制, good time system)를 줄이고 조건을 엄격히 한 가석방의 소극적 운용 등으로 인해 실형의 선고와 장기수용의 변화가 시설 내 수용자 수의 폭발적 증가를 가져온 결과라고 할 수 있다.

특히 1990년대에 들어와서 동일한 유형의 범죄를 3번 반복하면 거의 영원히 교도소에 수용하여 사회로부터 격리시키는 삼진아웃제(three strikes and you're out)의 시행은 강경정책의 극단적인 예로 지적된다. 물론 범죄에 대해서 이렇게 강경하게 대응하는 배경에는 처벌보다 처우위주의 사회복귀모델이 범죄율과 재범율의 지속적인 증가로 인해 실패했다는 판단하에 1970년대부터 1980년대에 걸쳐서 형사정책의 보수화 현상이 심화되

---

95) UN 피구금자처우 최저기준규칙 제63조 제3항.

면서 수용자의 인도적 처우는 무시된 채 범죄자의 제거, 격리, 무해화를 통해서 범죄를 억압해야 한다는 억제모델이 자리하고 있다. 이러한 태도는 일회성이 아닌 장기지속적인 정책으로 확고하게 자리를 잡았다.

이렇게 본다면 미국의 실질적 교정시설의 과밀수용상태도 계속될 것으로 짐작할 수 있다. 미국의 수용자가 증가하는 이유는 체포와 구금의 증가, 필요적 실형과 장기수용의 관행, 마약 등 범죄의 전쟁, 주(州)의 정치적 분위기로 요약된다.

우리나라도 미국과 과밀수용의 원인을 찾는 데 있어서 큰 차이는 없다. 직접적으로 말하면 구속을 하고 실형을 선고해서 과밀수용되는 것은 당연한 거라고 할 수 있다. 이는 단순한 논리일 뿐이고 그렇게 되는 배경이 무엇인가 하는 점을 고찰하여 보는 것이 과밀수용의 원인을 찾는 일일 것이다. 범죄증가가 수용인구증가에 영향을 미쳤을 거라는 점도 납득이 가지만 반드시 그런 것은 아니다. 미국의 경우 범죄율의 증가에도 불구하고 수용률이 낮은 주(州)도 있고 범죄율이 비슷함에도 수용률이 세 배나 되는 경우도 있다.

즉, 범죄율과 수용률의 상관관계는 검증되지 아니한 잘못된 믿음이라는 지적이다. 범죄는 범죄와의 전쟁을 벌여서 완전히 소탕할 수 없다는 점을 국가권력은 이해할 필요가 있다.

정치인의 입장에서는 단기적인 가시적 효과를 국민에게 내놓고 싶겠지만 중장기적인 패러다임을 구축하는 것이 근본문제의 처방이라고 본다. 범죄도 하나의 사회문제로 보아야 한다. 사회적 환경의 개선을 통한 '한때 범죄를 범하였던 자(범죄자)'의 재사회화를 도모하고 더불어 살아가야 할 상대로 인식할 필요가 있다. 따라서 전쟁의 방법으로 완전히 물리칠 수 있다는 생각 그리고 '한때 범죄를 범하였던 자(범죄자)'는 인간도 아니기에 제거되어야 한다는 사고(思考)가 사고(事故)를 유발한다. 즉, 범죄에 대한 강경정책이 교정시설 수용인구의 증가를 가져온 오늘날의 미국이라고 생각된다.

우리의 경우도 이러한 고정사고(固定思考)가 무의식적으로 자리 잡고 있다. 엄벌주의의 과잉대응 정책에 기댄 결과가 교정시설의 과밀수용이라는 사회국가적 몸살의 결과로 나타난 것이라고 본다.96) 입법단계에서 수사공판단계에서 양형단계에서 집행단계에서 이러한 모습이 나타나고 있다. 이것이 곧 교정성과와 교정역량을 저하시키고 출소후의 재범으로 이어 주는 원조자가 될 수도 있다. 교정시설 과밀화의 이유의 주요한 변수 하나가 여기에 있다.97)

---

96) 한영수, 행형과 형사사법, 도서출판세광, 2000, 79쪽.

97) 전정주, "교정발전의 전제조건으로서의 과밀수용해소에 관한 연구", 교정연구 제29호, 한국교정학회, 2005, 191～192쪽.

Ⅲ. 과밀수용의 실태

2011. 3. 13. 현재 우리나라는 법무부 교정본부 산하 전국적으로 51개 교정시설에서 15,222명의 교정직공무원이 45,689명의 수용자를 담당하고 있다. <표 2>은 최근 15년간의 우리나라 1일 평균 수용인구와 그 추이, 그리고 수용정원에 대비한 수용률을 보여 준다. 수용인구는 IMF 시절인 98년과 99년의 경우를 제외하고는 증가세 없이 대체적으로 안정기조를 유지하면서 소폭으로 감소하고 있다.

하지만 수용률 면에서 보면 수용정원의 100%에 미치지 못한 예가 한 번도 없으며 현재 123%로 수치상으로는 정원의 23%를 초과하고 있으나 정원의 85～90%에 도달하면 과밀수용으로 볼 때 실질적으로는 50%를 초과하고 있다. 인원으로 보면 2004년도를 기준으로 형식적으로만 보더라도 11,034정원을 초과하여 수용되어 있으며,[98] 다시 2008년 소폭 증가하여 2009년에는 중폭 증가로 과밀의 정도는 아직도 개선되지 않고 있다.

<표 2> 교정시설 1일 평균 수용인원[99]

(단위: 명)

연도	1일평균 수용인원	수용내용					노역수
		수형자	미결수용자				
			계	피의자	피고인		
1995	60,166	33,381	26,785	3,158	23,627		486
1996	57,762	32,848	26,519	3,272	23,247		395
1997	59,327	33,123	25,825	2,253	23,572		379
1998	67,883	35,125	31,238	2,930	28,308		1,520
1999	68,087	38,324	28,609	2,547	26,062		1,114
2000	62,959	37,040	24,312	2,341	21,971		1,607
2001	62,235	37,036	23,763	2,485	21,278		1,436
2002	61,084	37,111	22,911	2,226	20,685		1,062
2003	58,945	36,458	21,253	2,897	18,356		1,234
2004	57,184	34,609	20,638	1,723	18,915		1,937
2005	52,403	32,933	17,293	1,341	15,952		2,177
2006	46,721	29,923	14,816	1,114	13,702		1,982
2007	46,313	31,086	15,227	996	14,231		1,797
2008	46,684	32,316	14,368	937	13,431		2,036
2009	49,647	33,179	16,288	998	15,290		1,896

※ 2010. 1일 평균 수용인원은 47,471

---

98) 전정주, 위의 논문, 2005, 183～189쪽.

<표 2>는 수용내용별 인구와 추이를 나타낸 것이다. 기결 구금률이 처음 56%에서 시작하여 현재 64%, 미결 수용률이 44%로 시작해서 현재 36%를 보이고 있다. 수용내용 면에서 볼 때 두 가지 특징을 읽을 수 있다 노역장유치처분을 받고 수용된 자 비율의 증감이 있으며 다른 외국에 비해서 미결 수용률이 높다는 점이다.[100] 즉, 우리나라 전체 수용인원은 1999년 이후 감소하는 추세에 있으나, 08년 이후 다소 증가하다가 09년에는 급격히 증가하는 추세를 보이고 있으며, 특히 미결수용인원은 09년에 큰 폭으로 증가하였다.

<표 3>은 인구 및 교도관 대비 수용인원을 나타낸 것이다. 수용자지수는 98년과 99년의 144를 제외하면 대체로 134에서 121을 보이다가 2004년에 119로 내려오고 있다. 말하자면 현재 인구 10만 명당 119명이 교정시설에 수용되어 있다는 이야기다.

<표 3> 교정공무원 대비 수용인원을 보면 2008년 3.2명으로 내려왔고, 최근 잇단 교정시설의 증설로 <표 3> 2011년 1월 기준은 대체로 3명대로 교정공무원 1명이 1일 평균수용자 3.0명을 담당하는 셈이 된다. 지속적인 교정시설의 증설이 예정되어 있어 2011년 말 완공 예정인 정읍교도소와 천안보호감호시설[101]이 개소되면 2명대로 진입할 전망이다.

그러나 여전히 다른 해외 국가에 비하면 교정직원 1인이 담당하는 수용자의 비율은 높다. 주요 외국에서는 다양한 자원봉사(自願奉仕), 즉 Think Tank(슬기아리)가 구성되어 교도관 업무의 보완재적인 부분을 보충하고 있음을 볼 때, 용도, 구매, 파견 등 수용자의 수용처우와 무관한 부서에 근무하는 교도관의 수치까지 포함한 통계이므로 수용자의 비율은 더 높다.

<표 3> 연도별 인구대비 수용인원[102]

(단위: 명)

연도 \ 구분	인 구	1일 평균 수용인원	인구대비 1일 평균수용인원(%)	교도관 정원	교도관 대비 평균수용인원
1996	45,524,000	59,762	0.13	12,013	5.0
1997	45,953,000	59,327	0.13	12,054	5.0
1998	46,286,000	67,883	0.15	12,329	5.5
1999	46,616,000	68,087	0.15	12,352	5.5
2000	47,008,000	62,959	0.13	12,347	5.1
2001	47,357,000	62,235	0.13	12,410	5.1

---

99) 법무연수원, 범죄백서, 2010.

100) 전정주, 앞의 논문, 2005, 184쪽.

101) 연합뉴스 "청송에 이어 천안에도 보호감호시설 설립된다", 2010. 12. 27.

102) 법무 연감, 2009.

2002	47,621,000	61,084	0.13	12,272	5.0
2003	47,859,000	58,945	0.12	12,490	4.7
2004	48,039,000	57,184	0.12	12,802	4.7
2005	48,138,000	52,403	0.11	12,859	4.1
2006	48,297,000	46,721	0.10	13,631	3.4
2007	48,456,000	46,313	0.10	14,296	3.2
2008	48,606,000	46,684	0.10	14,313	3.2

<표 4>는 2011년 1월 현재 우리나라 교정시설에서의 수용현황이다. 표를 보면 수용인원은 45,930으로 전국 교정시설 정원의 99.5%이다. 문제는 교정시설에 따라 차이가 크다는 것이다. 수용시설별로 보면, 부산구치소가 수용정원이 1,480명인 데 비해 2,066명으로 139.6%, 대전교도소 136.9%, 서울구치소 127.4%, 영등포구치소 140% 등으로 과밀수용이 27개 곳으로 나타났다.[103) 이에 반해 영월교도소는 42.0%,[104) 밀양구치소는 30.0%로 '텅 빈' 교정시설로 나타났다. 수용률 80% 미만인 과소 수용시설은 영월교도소와 밀양구치소 등 모두 19곳으로 나타났다.

<표 4> 수용자 인원 현황[105)

청별	구분	전체정원	거실면적 (m²)	수용정원	수용인원			특이사항		수용밀도 3.3m²	수용비율	1인당 수용인원
					계	기결	미결	무기	사형			
	총계	15,221	154,134.6	45,930	45,689	32,310	13,379	1,236	59	0.98	99.5	**3.0**
	본부	94	–	–	–	–	–	–	–	–	–	–
	연수원	39	–	–	–	–	–	–	–	–	–	–
서울지방교정청	소계	5,235	53,132.3	17,230	17,587	10,479	7,108	115	18	1.09	102.1	3.4
	서울청	40	–	–	–	–	–	–	–	–	–	–
	서울(구)	664	7,020.47	2,200	2,802	110	1,692	1	18	1.32	127.4	4.2
	안양(교)	504	4,607.45	1,700	2,012	1,634	378	13	0	1.44	118.4	4.0
	수원(구)	421	4,622.08	1,650	1,599	628	971	0	0	1.14	96.9	3.8
	성동(구)	432	3,873.72	1,270	1,434	571	863	0	0	1.22	112.9	3.3

---

103) 국내 교정시설 관련 지침에는 수형자 한 사람당 최소한의 생활면적으로 독일의 기준면적인 7㎡의 절반도 안 되는 2.58㎡, 약 0.78평 이상을 보장하도록 정하고 있다. 그러나 이마저 권고 상황에 그칠 뿐 부산교도소는 시설정원의 50%, 부산교도소는 12%를 초과 수용하고 있다.

104) 영월교도소는 2010년 10월에는 수용률이 16.8%였다. 2011년 법무부 국정감사 자료 참조.

105) 법무부 교정본부 자료, 2011. 1. 기준.

서울지방교정청	인천(구)	385	4,531.28	1,470	1,572	65	967	0	0	1.15	106.9	4.1
	영등포(구)	411	4,379.20	1,250	1,415	477	938	0	0	1.07	113.2	3.4
	화성(직)	320	5,007.98	1,610	1,234	1,005	29	25	0	0.81	76.6	3.9
	여주(교)	345	5,176.10	1,570	1079	1,033	46	7	0	0.69	68.7	3.1
	의정부(교)	366	3,332.75	1,130	1,205	686	519	1	0	1.20	106.6	3.3
	영등포(교)	374	2,332.13	900	918	917	1	15	0	1.30	102.0	2.5
	춘천(교)	290	2,513.04	720	863	638	225	2	0	1.14	119.9	3.0
	원주(교)	258	2,296.60	700	785	751	34	46	0	1.13	112.1	3.0
	강릉(교)	192	1,002.28	280	287	179	108	5	0	0.95	102.5	1.5
	평택(지)	101	807.00	280	172	57	115	0	0	0.70	81.4	1.7
	영월(교)	132	1,630.20	500	210	188	22	0	0	0.43	42.0	1.8
	소계	5,107	53,964.1	14,990	14,056	10,460	3,596	465	14	0.86	93.8	2.8
대구지방교정청	대구청	30	–	–	–	–	–	–	–	–	–	–
	대구(교)	543	5,166.51	1,720	2,193	1,732	461	122	11	1.40	127.5	4.0
	부산(구)	572	4,794.82	1,480	2,066	755	1,311	1	3	1.42	139.6	3.6
	경북1(교)	421	5,023.29	1,270	1,169	1,161	8	73	0	0.77	92.0	2.8
	부산(교)	369	3,587.19	1,140	1,177	1,177	0	79	0	1.08	103.2	3.2
	창원(교)	357	3,186.33	1,150	1,178	756	422	53	0	1.22	102.4	3.3
	포항(교)	299	4,424.79	1,300	832	750	82	27	0	0.62	64.0	2.8
	진주(교)	344	4,056.48	1,130	795	718	77	46	0	0.65	70.4	2.3
	대구(구)	277	2,594.04	810	987	338	649	0	0	1.26	121.9	3.6
	경북(직)	195	2,986.27	600	438	438	0	7	0	0.48	73.0	2.2
	안동(교)	300	2,476.88	650	669	628	41	30	0	0.89	102.9	2.2
	경북2(교)	264	5,205.51	560	285	285	0	6	0	0.18	50.9	1.1
	김천(소)	220	2,152.42	680	460	386	74	0	0	0.71	67.6	2.1
	경북3(교)	203	2,719.83	750	462	462	0	3	0	0.56	61.6	2.3
	울산(구)	188	1,374.98	450	505	186	319	0	0	1.21	112.2	2.7
	경주(교)	191	1,123.77	330	321	276	45	18	0	0.94	97.3	1.7
	통영(구)	160	1,434.43	470	324	236	88	0	0	0.75	68.9	2.0
	밀양(구)	174	1,656.57	500	195	176	19	0	0	0.39	39.0	1.1
대전지방교정청	소계	2,421	24,644.1	6,790	6,917	5,690	1,227	318	14	0.93	101.9	2.9
	대전청	28	–	–	–	–	–	–	–	–	–	–
	대전(교)	682	8,178.59	2,060	2,820	2,243	577	150	14	1.14	136.9	4.1
	천안(개)	102	1,193.40	300	217	217	0	0	0	0.0	72.3	2.1

대전지방교정청	청주(교)	295	2,448.33	750	957	670	287	57	0	1.29	127.6	3.2
	천안(교)	270	3,965.67	1,230	67	686	81	6	0	0.64	62.4	2.8
	청주(여)	208	2,438.04	610	638	626	12	40	0	0.87	104.6	3.1
	공주(교)	258	1,815.73	550	553	520	33	33	0	1.01	100.5	2.1
	충주(교)	167	1,483.20	410	314	225	116	0	0	0.76	83.2	2.0
	홍성(교)	218	1,165.57	330	383	332	51	32	0	1.09	116.1	1.8
	서산(지)	97	1,057.68	20	105	85	20	0	0	0.33	36.2	1.1
	논산(지)	96	897.90	260	136	86	50	0	0	0.50	52.3	1.4
소계		2,325	22,394.1	6,920	7,099	5,651	1,448	338	13	1.05	120.6	3.1
광주지방교정청	광주청	28	–	–	–	–	–	–	–	–	–	–
	광주(교)	480	4,333.20	1,380	1,913	1,424	489	100	13	1.46	138.6	4.0
	전주(교)	350	3,473.79	1,180	1,367	1,022	345	530	0	1.30	115.8	3.9
	순천(교)	328	4,566.33	1,300	1,303	1,161	142	58	0	0.94	100.2	4.0
	목포(교)	310	3,599.92	1,040	729	617	112	43	0	0.67	70.1	2.4
	군산(교)	269	2,528.56	770	817	672	145	63	0	1.07	106.1	3.0
	제주(교)	200	1,548.70	500	557	365	192	8	0	1.19	111.4	2.8
	장흥(교)	183	12.32	250	196	183	13	13	0	0.91	78.4	1.1
	해남(교)	177	1,631.30	500	217	207	10	0	0	0.44	43.4	1.2
소망(교)		(124)	–	300	30	30	0	0	0	0.00	10.2	0.2

<표 5>는 인구 10만 명당 각국의 수용자지수를 보여 주는 것이다. 이는 각국의 가시적 형벌정책, 형사정책을 파악할 수 있는 것으로 다소간의 기준일자는 다르지만 표에서는 최소 29명에서 최대 724명까지로 나타나 있다. 자세히 보면 미국이 724명으로 가장 높고 러시아가 2위로 566명이고, 싱가포르, 파나마, 남아프리카공화국이 300명대를 보여 주고 있다. 유럽에서는 영국과 웨일즈가 146, 네덜란드가 126을 보이고 독일과 프랑스, 스위스, 스웨덴은 80명대로 나타나 있다. 특히 우리와 사회구조 등 여러 가지 면에서 유사한 이웃 일본이 60명에 그치는 것은 눈여겨볼 만하다. 우리나라는 수용자지수 119명으로 대체로 높다고는 할 수 없으나 서부유럽보다는 높고 일본보다는 훨씬 높다. 우리나라는 전체 인구와 수용인구를 볼 때 서부유럽이나 일본에 비해서 너무 많은 사람들이 교정 시설에 수용되어 있는 것으로 나타나 있다.[106]

---

106) 전정주, 앞의 논문, 2005, 186쪽.

<표 5> 인구 10만 명당 각국의 수용자 인원 지수[107]

(단위: 명)

국 가	1. 미국	2. 러시아	3. 싱가포르	4. 파나마	5. 남아프리카
수용인원	724(2004)	566(2005.10.)	392(2004)	351(2005.10.)	344(2005.6.)
국 가	11. 멕시코	12. 이란	13. 우즈베키스탄	14. 브라질	15. 홍콩
수용인원	191(2005.3.)	191(2005.8.)	184(2003)	183(2004.6.)	170(2005.3.)
국 가	16. 쿠웨이트	17. 영국&웨일즈	18. 스페인	19. 사우디아라비아	20. 네덜란드
수용인원	148(2003)	146(2005.3.)	141(2005.10.)	132(2002)	127(2005.8.)
국 가	21. 포르투갈	22. 중국	23. 캐나다	24. 스리랑카	25. 오스트리아
수용인원	124(2005.8.)	118(2003)	116(2002.10.)	110(2003)	107(2005.9.)
국 가	26. 터키	27. 이태리	28. 독일	29. 프랑스	30. 필리핀
수용인원	95(2003.3.)	97(2004)	88(2005.3.)	86(2005.9.)	81(2002)
국 가	31. 스위스	32. 스웨덴	33. 노르웨이	34. 과테말라	35. 일본
수용인원	81(2004.9.)	81(2004.10.)	65(2004.9.)	61(2004.6.)	60(2005.1.)

※ 주1: 국가 명 앞의 숫자는 조사대상 38개 국가 중 순위를 나타낸 것임. 주2 : 수용인원난의 ( )는 기준일자를 표시한 것임.

<표 6>은 주요국의 교정현황을 보여 주고 있다. 우선 수용률을 보면 브라질이 1위로서 183%, 남아프리카가 164%로 2위, 싱가포르가 144로 3위, 이탈리아가 134로 4위로 나타났다. 프랑스, 스페인, 영국이 110%대, 스웨덴, 미국, 오스트레일리아, 독일, 일본이 100%대, 캐나다, 네덜란드, 스위스가 90%대로 나타나고 러시아는 80%를 보여 주고 있다. 교정시설의 수는 미국이 5,069개로 1위, 브라질이 868개로 2위, 독일이 237개로 3위이다. 우리나라와 수용인구가 비슷한 50,000명대인 이탈리아는 222개, 프랑스는 185개의 시설을 가지고 있다. '유엔피구금자처우최저기준규칙'에 따르면 한 시설당 500명을 초과해서는 안 된다고 권고하고 있다(동 규칙 제63조 제3항). 시설당 수용인구가 많다는 것은 수형자분류가 형식적으로 되기 쉬운 결과 개별처우도 어렵게 되며 교화프로그램보다 수용질서유지가 주된 업무가 되고 말기 때문이다.

따라서 한 시설당 몇 명을 수용하고 있는가 하는 것은 중요하다. <표 6>을 참조하여 계산해 보면, 싱가포르 1,122, 스페인 795, 러시아 782, 남아프리카 694, 영국 555, 미국 421, 일본 404, 브라질 381, 독일 339, 프랑스 286, 이탈리아 255, 캐나다 217, 네덜란드 203, 오스트레일리아 195, 스웨덴 87, 스위스 17명으로 나타나고 있다. 선진국 치고 500명을 초과하는 나라는 영국밖에 없다.[108]

---

107) 법무연감, 2010.

108) 전정주, 앞의 논문, 2005, 187쪽.

우리나라는 2011. 1. 28. 기준, 22개의 교정시설이 1,000명 이상을 수용하고 있으며, 특히 서울구치소와 대전교도소의 경우는 2,000명 이상을 수용하고 있다. <표 6>에서 살펴본 16개국과 비교할 때 가장 높은 수치이다. 그만큼 우리나라는 500명 내외의 수용시설은 드물고 대부분 대규모 시설로 되어 있으며 심지어 한 시설에 3,000명 가까운 인원을 수용하는 시설도 있다. 우리는 현재의 수용인구에서 볼 때 '유엔피구금자처우 최저기준규칙'이 권고하는 한 시설당 500명 수준으로 유지하자면 104개의 시설이 있어야 하고 따라서 차후 56개의 시설을 새로 설치하여야 한다. 다음 미결수용률에 있어서는 42%인 스위스를 제외하면 우리나라는 프랑스와 이탈리아와 같은 36%로서 최고 수치를 보여 준다. 대체로 20% 내외의 미결수용률을 나타내고 있음에 비해 싱가포르는 9%로 극히 낮은 수치를 보여 주고 있으며 일본은 15%로 우리보다 훨씬 낮다. 미결수용률이 높다는 것이 우리나라의 특징적 문제의 하나이다.109)

<표 6> 주요국의 교정 현황110)

나라	수용자수(명)	교정시설수	수용률(%)	미결 수용률
미국	2,135,901 (2004.12.31.)	5069 (2004)	108% (2003)	20% (2004.6.30.)
러시아	808,500 (2005.10.1.)	1034(2005.11.)	80% (2005.1.1.)	16% (2003.12.1.)
남아프리카	156,175 (2005.8.10.)	225 (2004.8.1.)	164% (2004.8.1.)	29% (2004)
영국&웨일즈	77,749 (2005.3.)	140 (2005.3.)	112% (2005.10.28.)	18% (2005.9.30.)
스페인	61,220 (2005.10.28.)	77 (2005.10.28.)	114% (2003.9.1.)	23% (2005.10.28.)
캐나다	36,389 (2003.3.31.)	168 (2003)	96% (2003.3.31.)	28% (2003.3.31.)
오스트레일리아	24,171 (2004.6.30.)	124 (2004.6.30.)	106% (2004.10.1.)	20% (2004.6.30.)
이탈리아	56,530 (2004)	222 (2004)	134% (2003.9.1.)	36% (2004)
네덜란드	20,747 (2005.8.)	102 (2004)	98% (2004.7.1.)	31% (2005.9.5.)
독일	80,413 (2005.3.31.)	237 (2004)	100% (2004.8.31.)	20% (2004.8.31.)

---

109) 전정주, 앞의 논문, 2005, 187~188쪽.
110) 국제감옥연구센터.

	52,908 (2005.9.1.)	185 (2002)	110% (2005.9.1.)	36% (2005.9.1.)
프랑스	52,908 (2005.9.1.)	185 (2002)	110% (2005.9.1.)	36% (2005.9.1.)
스위스	6,021 (2004.9.1.)	159 (2004.9.1.)	91% (2004.9.1.)	42% (2004.9.1.)
스웨덴	7,332 (2004.10.1.)	84 (2004.10.1.)	103% (2004.10.1.)	21% (2004.10.1.)
일본	76,413 (2005.1.1.)	189 (2005.1.1.)	106% (2005.1.1.)	15% (2005.1.1.)
싱가포르	16,835 (2004)	15 (2004)	144% (2004)	9% (2004.6.)
브라질	330,642 (2004.6.)	868 (2004)	183% (2004)	24% (2004.6.)

※ 주: ( )안의 숫자는 기준 일자를 표시한 것임.

Ⅳ. 과밀수용의 주요 쟁점

1. 외국 과밀수용의 문제

외국의 경우도 과밀수용으로 인한 교정시설의 공간부족은 교화업무에 심각한 문제점을 초래하고 있다. 수형자를 수용할 시설이 부족하다면, 교정하기 위한 활동공간이 확보되지 못할 것은 자명한 일이기 때문이다. 과밀수용은 적어도 상대적인 교정인력의 부족현상을 초래[111]하기도 하며, 수형자를 심사하고 분류할 업무도 형식화될 우려가 있다. 현재의 수용실태를 감안하면 행형의 본질적 기능을 상실하게 만들며 수용질서유지를 위한 구금위주 행형이 고착화되어 버린 측면도 있다.

교정시설의 과밀수용 문제는 우리만의 문제는 아니며, 서구의 경우 재범률의 증가와 함께 과밀수용은 80년대부터 심각한 사회문제로 대두되고 있는 실정이다. 특히 미국의 경우 각주 및 연방정부의 교정시설 수용자 수는 1980년대에 연평균 7~8%의 성장률을 보이면서 2배 이상 증가하게 되었다. 2000년대에는 수용인원이 200만 명을 웃돌아 사상

---

111) 교도관 1인당 담당해야 할 수용자의 수에 있어서 일본은 3.1명, 미국 2.8명, 호주 1.9명, 영국 1.5명 등에 비해 우리나라는 5~6명으로 일본과 영미법 계통 국가의 2~4배 정도 많은 인원을 담당하고 있다. 우리나라 교정시설의 공간 부족으로 현재 수용자 1인당 평균 0.5평에도 미치지 못하는 좁은 공간에서 생활하고 있다. 자세한 내용은 최응열·황영구, 앞의 논문, 2003, 20쪽; 주희종, "교정시설의 과밀수용 문제와 향후 교정정책의 방향", 교정연구 제8호, 한국교정학회, 1998, 403쪽 참조.

초유의 기록을 세우기도 함으로써, 각종 선거에서 조차 일부 입후보자들은 선거공약으로 교도소의 과밀수용을 자신이 해결하겠다고 공약으로 내세우기까지 하는 실정이다. 이처럼 미국의 경우 과밀수용에 따른 열악한 구금조건들로 인해 수용자들에 의한 집단소송이 한때 제기되었다.

결국 연방법원이 개입하는 사법적인 문제로 비화되어 1990년에 이르러서는 5개주를 제외한 모든 주들이 잔인하고도 비인간적인 처우를 금지하는 헌법조항에 위배되는 열악한 구금조건 때문에 수용자들에게 패소함으로써 법원의 시정명령을 받게 되기도 하였다.[112] 연방법원의 개입과 시정명령으로 인해 교정시설의 과밀수용 문제는 국가적인 관심사로 급부상하였다. 각 주들은 교정시설의 위기극복을 위한 대안마련에 부심하게 되었다.[113]

프랑스도 예외는 아니어서 현재 2008년 기준 모두 194개의 교도소가 있으나 과밀 수용으로 크고 작은 사고가 발생하고 있다. 2008년 한해에만 교도소 내에서 115건의 자살사건이 발생했으며 2009년 들어서도 이미 40~50건이 보고된 것으로 전해졌다.[114]

네덜란드의 경우는 탄력적 유연근무제 및 시간근무제의 활성화로 교도관의 과잉업무의 부담을 줄이면서, 전 세계에서 과잉구금의 문제가 없는 나라 중의 하나이다. 정원을 초과하면 교도소는 수용을 거부한다. 이때 수용예정자는 자신의 집에서 대기하다가 교도소에 빈 거실이 생기면 그 때 입소한다.[115]

독일 행형법은 거실의 필요면적에 대해 구체적으로 규정하고 있지는 않지만 동 시행령 제146조에서 과밀수용 금지규정을 두고 있다. 독일의 한 판례도 19.84입방미터의 단독실에 2명의 수형자를 수용한 것은 독일 기본법(헌법) 제1조에 규정된 인간존엄성의 존중원칙에 위배됨으로 위법이라고 판시한 바 있다.[116]

---

112) Blumstein, Alfred, 1983, "Prisons; Population, Capacity and Alternatives", in Crime and Public policy, edited by James Q Wilson. San Francisco; ICS Press, 1983; Austin, James, "Using Early Release to Relieve Prison Crowding"; A Dilemma in Public policy Crime and Delinquency, 32~40, 1986; Joo, Hee-Jong, "Parole Release and Recidivism"; Comparative 3 Year Survival Analysis of 4 Successive Release Cohorts of Property Offenders in Texas University of Texas at Austin. Doctoral Dissertation, 1993, cross reference.

113) 한영수, "과밀수용 해소방안의 모색", 한국형사정책학회, 형사정책 12-1, 2000, 1~15쪽.

114) 연합뉴스, 佛 교도관 시위 격화, "과밀 교도소 반대", 2009. 5. 7.

115) 이종갑·천정환, 형설교정학, 형설출판사, 2006, 164쪽.

116) KGZfStrVo 1980.191; 박재윤, 수형자의 권리와 권리구제제도, 국민대출판부, 1996, 77쪽.

2. 우리나라 과밀수용의 문제

'형집행법' 제14조(독거수용) 수용자는 독거수용 한다. 다만, "다음 각 호의 어느 하나에 해당하는 사유가 있으면 혼거수용 할 수 있다."라고 규정되어 있지만 우리나라 과밀수용의 현실은 위의 형의 집행 및 수용자의 처우[117)에 관한 법률 규정을 결과적으로 국가가 위배하고 있다.

그리고 '형집행법' 제4조[118)에는 이 법을 집행하는 때에 수용자의 인권은 최대한으로 존중되어야 한다고 규정하고 있지만 우리나라 현재의 과밀수용의 상태에서는 수용자의 기본적 인권의 보장은 아직도 만족스럽지 못한 상황이다.

이처럼 국가가 수용인원의 과밀 상태를 해소하지 않는 것은 수용자처우의 원칙[119)인 인도적 처우[120), 공평처우[121), 법적 지위에 따른 처우[122)가 잘 되지 못하는 반증이며, '형집행법' 제4조를 규정한 입법취지를 무색하게 함은 물론, 결과적으로 우리 헌법과 국제준칙이 보장하고 있는 피구금자의 인권에 대한 침해를 방관하고 있다는 결과가 된다.[123)

이러한 과밀수용문제는 재범률 및 운영경비의 증가, 형사정책의 보수화에로 회귀, 교정시설의 증설에 따른 국가 재정의 어려움으로 이어지고 있다.[124) 즉, 과밀수용에서는 당연히 교정시설의 운영이 더 악화되는 상황이 된다.[125) 또한 직·간접적인 교정사고의 원인이 되고 있다.[126) 이러한 시설의 과밀화와 교정사고는 선후를 따지기에 앞서 분리할

---

117) 처우의 성공요건은 기관장의 균형감각, 조직원의 자질, 시대정신에 부응하는 방향감각, 그리고 수형자 스스로의 갱생의지가 있다.

118) 구행형법 제1조의3의 인권존중부분을 분리하여 독립된 조문으로 개정법률 제4조에서 규정.

119) 배임호, 교정복지론, 양서원, 2007, 431~432쪽.

120) 헌법 제10조 인간존엄과 행복추구권, 제12조 신체의 자유, 제34조 제1항 인간다운 생활의 보장 등의 규정은 바로 인도적 처우의 근거가 된다.

121) 우리 헌법 전문과 헌법 제11조 제1항이 명시하고 있는 평등권 규정에 잘 나타나 있으며, UN인권B규약 제26조와 UN피구금자최저기준규칙 제6조도 이러한 공평처우의 원칙을 명시하고 있다. 이때의 평등 취급은 절대적 평등이 아닌 상대적 평등을 의미하는 것으로서 합리적 차별까지 금지하는 것은 아니다.

122) 피구금자는 그의 법적 지위에 상응하는 처우를 받아야 한다. 법적 지위는 개별처우 원칙에 따라 분류를 통해 각자 시설 안에서 권리, 의무의 내용이 다르게 되는 것을 의미함으로 과밀수용은 앞서 제시한 제 원칙에 위배되고 있다.

123) 한영수, 행형과 형사사법, 도서출판세광, 2000, 99~101쪽.

124) 김혜경, 앞의 논문, 2002, 20~21쪽.

125) 日本法務省 矯政局, 矯正の 現狀, 法曹時報, 弟55券 弟5号, 2003, 61頁.

126) 교정사고에 대한 내용은, 박상식, "교정공무원의 설문조사를 통한 교정의 발전방향에 관한 연구", 교정연구(제29호), 한국교정학회, 2006, 137~138쪽; 이종갑·천정환, 신판 교정학, 대왕사, 2005, 123~128쪽; 이언담, "교정사고를 경험한 교도관의 심리변화 및 적응과정: 근거이론적 접근", 경기대학교 박

수 없는 불가분의 관계를 갖고 있는 것이 사실이다. 대부분 전자를 후자의 원인으로 설명하곤 있지만, 후자도 전자를 부추길 가능성을 가지고 있다. 연도별 수용인원대비 교정사고현황은 <표 7>과 같다.

<표 7> 연도별 수용인원대비 교정사고현황[127]

연도	1일평균 수용인원	교정사고건수	수용자 1,000명당 발생건수[128]	비고
연평균	58,381	596	10.2	
2000	62,959	572	9.1	
2001	62,235	504	8.1	
2002	61,084	571	9.3	
2003	58,945	611	10.4	
2005	52,403	885	16.9	
2004	57,184	639	11.2	
2006	46,721	680	14.6	
2007	46,313	658	14.2	
2008	46,684	649	13.9	
2009	49,647	661	13.3	
2010	47,471	650	13.7	2010. 12. 31. 현

1) 과밀수용의 법률상 문제

과밀수용의 해소방안을 검토하기에 앞서 수용인원의 과밀상태가 야기할 수 있는 법률상의 문제점들을 먼저 지적하고자 한다. 특히 과밀수용이 형집행법상 구체적으로 어떠한 원칙과 규정에 저촉되는가를 살펴봄으로써 수용과밀 상태를 해소하지 않으면 안 되는 법률적 이유를 찾아보고자 한다. 형집행법에는 정원을 초과하여 수용하는 것을 직접적으로 금지하는 규정은 없다.

수용자 1인당 최저시설면적을 명시적으로 규정해 놓고 있지도 않다.[129] 또한 현재의

    사학위논문, 2008, 128쪽 이하 참조. 이언담은 동 논문에서 교정사고를 자살, 도주, 화재, 직원폭행 등 여러 유형으로 설명하고 있다.

127) 법무연수원 및 법무부 교정본부 통계, 2011.

128) 수용자 1,000명당 발생건수는 사고건수를 1일 평균인원으로 나누어 수용자 1,000명을 곱한 수이다.

129) 독일에서는 행형법 개정 과정에서 대체초안의 입안자들에 의해 재소자 1인당 주거면적을 10㎡으로 규정하자는 주장이 있었으나 관철되지 못하였다. 다만 독일 행형법 제144조 제1항에 "수용자가 주거하는

실무관행상 각 수용시설의 장에게는 수용정원을 아무리 초과하더라도 신규입소자의 입소를 거부할 권한이 없다.

따라서 정원초과 수용을 이유로 어떠한 행정적인 징계처분도 받지 않는다. 그러나 수용정원 초과의 정도가 심하여 그야말로 과밀수용의 단계에 도달한 경우 수용자의 기본적 인권은 물론 구별수용과 개별처우의 원칙이 침해될 소지가 크다.[130]

2) 과밀수용의 수용상 문제

우리 형집행법도 독거수용을 기본원칙으로 하고 있다. 즉 동법 제14조는 독거수용을 원칙으로 하되 예외적으로 혼거수용을 인정한다.[131] 다만, 혼거수용을 하더라도 이질적인 수용자를 서로 구분하지 않고 아무나 같은 방에 가두어서는 안 된다는 것이 바로 구별수용 원칙이다. 즉 예외적으로 혼거수용을 인정하되, 이때에도 구별수용의 원칙은 철저히 지켜져야 한다. 한 거실에 2~3명을 함께 수용하는 경우에는 형기·죄질·성격·범죄횟수·연령경력 등을 참작하여 서로 유사한 자들끼리 한 방에 기거할 수 있게 하는 것이 어려운 일은 아니다.

그러나 많게는 수십 명을 한 거실에 동시에 수용해야 하는 과밀수용의 상태에서는 이러한 구별수용이 물리적으로 불가능에 가깝다. 물론 모든 면에서 유사한 자들이라면 수십 명을 한 방에 기거하게 한다고 해서 구별수용의 원칙에 위배되는 것은 아니다. 그러나 절도범이라는 이유 하나만으로 연령과 성격이 전혀 다르고 범죄경력도 같지 않은 자들을 한 거실에 수용하는 것은 구별수용의 원칙을 침해하는 것으로 위법이다.

3) 과밀수용의 인권상 문제

개정 행집행법은 날로 증대하고 있는 수용자의 인권에 대한 사회적 관심을 수용자처우에 반영함으로써 질서와 인권이 조화되는 교정행정풍토를 조성하고, 수용자의 건전한 사

거실은 적당한 공간을 갖추어야 하며, 재소자의 건강을 위해 난방과 통풍이 잘 이루어져야 하고 바닥면적과 창문넓이가 충분하여야 한다."고 규정하고, 동조 제2항에 공간면적, 환기장치, 바닥면적, 창문크기에 관한 구체적인 사안은 연방법무장관이 연방상원의 동의를 얻어 부령으로 정하도록 되어 있다. 관례에 의하면 재소자 1인당 바닥 면적이 6~7㎡, 공간면적이 15~20㎡ 정도는 용인할 수 있는 수준이라고 보고 있다: Kaiser/Kemer/Schöch, Strafvollzug, 4.Aufl. 1992, S.193f: 한영수, 앞의 논문, 2000, 1쪽.

130) 한영수, 앞의 책, 2000, 1~15쪽.

131) 이호중, "구금형식과 구금완화", 형사정책연구 제10권 제4호, 한국형사정책연구원, 1999, 193~198쪽.

회복귀를 촉진하기 위해 '형집행법' 제1조의2를 신설하였다.

동조는 "이 법을 집행함에 있어서 수형자 또는 미결수용자의 기본적 인권은 최대한으로 존중되어야" 함을 선언하고 있다. 이 신설규정은 '피구금자의 인권'을 보장해야 한다는 헌법[132]과 국제법[133]상의 요청을 수용한 것으로서, 형을 집행하는 과정에서 수형자와 미결수용자의 인권을 최대한 존중해야 할 의무가 국가에게 있음을 분명히 밝히고 있다. 특히 민영교도소를 설치하고 운영함에 있어서 수용자의 기본적 인권이 민간위탁기관에 의해 침해되지 않도록 하는 데도 그 입법취지가 있다.

현재 우리의 교정시설은 예컨대 난방장치(병실 등 일부교정시설은 설치)도 제대로 설치되어 있지 않는 등의 아주 열악한 환경에 처해 있다. 이런 곳에 과다한 인원이 수용되어 숙식을 함께 해야 한다는 것은 최소한의 인간다운 삶마저 포기해야 함을 의미한다.[134] 문제는 수용밀도가 과연 어느 정도일 때 재소자의 기본적 인권이 침해받는다고 평가할 수 있는가 하는 점이다. 이와 관련해서는 재소자 1인당 수용시설면적 6~7㎡를 용인할 수 있는 최저수준으로 상정하고 있는 독일판례가 시사하는 바가 크다.[135]

우리나라의 경우 2011. 1. 28. 기준으로 할 때 1인당 수용인원이 3.0명이나 되었고, 수용자 1인이 확보할 수 있는 시설면적이 평균 0.98㎡에 불과하였다. 개별 수용시설에 따라서는 이보다 더 협소한 공간에서 지내야 하기도 했을 것이다. 물론 이와 같이 용인할 수 있는 수용밀도를 단순하게 독일의 그것과 비교하여 본다면 우리의 경우 용인할 수 있는 재소자 1인당 시설면적이 독일의 그것보다는 작을 것이라고 판단되기 때문이다. 그렇지만 0.5평도 채 안 되는 작은 공간만이 할당되어 있는 곳에서 하루 대부분의 시간을 보내야 한다면 우리나라 일반인들의 평균(최저)주거면적에 비추어 보더라도 인간다운 삶을 유지하기 위한 최저생활에 훨씬 미치지 못하는 것이라고 말할 수 있다. 즉 현재와 같은 과밀수용의 상태에서 수용자의 기본적 인권의 보장은 불가능에 가깝다고 보아야 한다.

따라서 '형의 집행 및 수용자의 처우에 관한 법률' 제1조의2에 명시된 '수용자의 기본

---

132) 수형자에 대한 신체적 자유의 제한이 적법한 절차에 따라 이루어지는 이상 그 자체가 크게 문제될 것은 없지만, 그러한 기본권제한에도 내재적인 한계를 지니고 있다(헌법 제37조 제2항). 국가는 수형자에 대해서도 인간으로서의 존엄과 가치를 잃지 않고 행복을 추구할 수 있도록 해야 할 의무가 주어져 있다(헌법 제19조).

133) 피구금자의 인권을 보장하기 위한 주요 국제선언과 규약에 대한 간략한 설명으로는 박찬운, "국제인권법으로 본 한국 행형제도의 문제점", 경원대학교 법학논총 제2호, 1995, 264쪽 참조.

134) Oberheim, Gefängisüberfüllung Ursachen, Folgen und Löglichkeiten in der BRD mit einem intermationalen Vergleich, 1985. S. pp.50~54.

135) 한영수, 앞의 책, 2000, 3쪽.

적 인권의 존중'은 수용시설의 확충 또는 수용인원의 감축을 통해 과밀수용의 문제를 해소할 것을 강하게 요구하고 있는 것이다. 수용인원의 과밀상태를 해소하지 않는 것은 동법 제1조의2를 신설한 입법취지를 무색하게 만들며, 결과적으로 헌법과 국제법이 보장하고 있는 수용자의 인권에 대한 침해를 방관하는 경우가 되고 수용자 간의 폭력환경을 조성하는 셈이 된다.

Ⅴ. 과밀수용의 선결과제

1. 기존의 주장에 대한 검토

과밀수용은 교정시설의 수형자들로 하여금 자신과 주변에 대한 통제불능의 느낌을 갖게 하고 하루일과나 그 밖의 개인적인 통제 등을 의지대로 수행할 수 없게 한다. 그리고 수형자에게 신체적, 정신적 자유공간의 축소를 가져와 이질적인 동료수형자 사이의 잦은 접촉으로 스트레스가 가중되며,[136] 수형자 사이의 긴장관계도 고조됨에 따라 폭행사고 등 교정사고를 유발시키는 원인으로 작용한다.[137] 우리나라에서 과밀수용과 교정사고 발생의 연관성에 대한 통계의 내용은 다음과 같다.

범죄백서[138]와 교정본부[139] 통계에 의하면 교정사고 발생과 과밀수용 간에는 어느 정

---

136) 국가인권위원회는 각 교정시설 소거실의 과밀 수용 문제 및 화장실 출입문 미설치 등 열악한 수용환경으로 인한 진정이 다수 접수됨에 따라, 2008. 10. 6.∼2008. 10. 10. 기간 중 서울지방교정청, 대전지방교정청, 대구지방교정청, 광주지방교정청 관할의 전국 14개 교정시설 소거실 환경에 대한 직권조사를 실시했다. 화장실 출입문 관련 국가인권위회 조사결과 3개 구금시설은 이미 천장까지 밀폐된 화장실 출입문을 설치 해 운영하고 있는 반면, 11개 구금 시설은 용변 시 신체 중요 부분만을 가릴 수 있도록 가로 80㎝×높이 75∼90㎝ 크기의 칸막이만 설치하고 출입문은 설치하지 않고 있었다. 수용자들은 면담 과정에서 낮은 칸막이가 신체를 가리는 효과만 있을 뿐 용변냄새나 불쾌한 소리가 그대로 들려 수치심과 당혹감, 불쾌감을 느낀다고 답했다. 교도관을 대상으로 실시한 설문조사에서도 교도관 64.2%가 화장실 출입문이 설치되어야 한다고 답변했다. 교정시설측은 화장실 출입문을 설치하지 않는 가장 큰 이유로, 자살 등 교정사고가 발생할 우려가 있다는 점을 제시하고 있다. 그러나 국가인권위원회 조사결과, 모든 소거실에 화장실 출입문을 이미 설치한 교정시설과 그렇지 않은 시설의 자살 사고 빈도에 차이가 없었다. 또한, 자살 등 교정사고 방지를 위해 비닐소재나 아크릴 등 반투명 재질 등을 사용할 수 있으며, 자살이 우려되는 수용자는 보호실 등에 수용하여 대면계호를 강화하는 방향으로 해결방안을 모색해야 할 것이다. 따라서 국가인권위원회는 소거실 내 화장실 출입문을 설치하지 않은 것은 수용자 관리상의 목적을 감안한다 해도, 헌법 제10조가 보장하는 인간으로서의 존엄과 가치, 행복추구권을 침해하는 것으로 판단했다.
137) 김혜경, "과밀수용의 해소방안에 관한 연구", 경기대학교 석사학위논문, 2002, 20∼22쪽.
138) 범죄백서, 2003, 285쪽

도 연관성이 있다는 것을 알게 되었다. 과밀수용 밀도가 올라간다고 해서 교정사고발생량이 반드시 증가하는 것은 아니라는 것은 1999년과 2000년의 통계를 통해 알 수 있다. 교정사고 발생과 과밀수용 간에는 그동안 축적된 국내외 연구결과와 전술한 <표 7> 연도별 수용인원대비 교정사고현황140)의 내용이 그것이다. 그러나 1999~2000년의 통계결과는 양자의 상관성이 희석되는 것이 아니라 교정사고의 발생은 과밀수용 외에도 다양한 변수가 있다.141)

그것은 필자가 1992. 7. 1. 법무부 청송제2(감) 제甲관구 관구교위 보직을 받아 약 1년간 관구 내에 수용자의 특성과 문제점에 관한 제반 동정사항을 면밀히 시찰142)하여 나간 후 교정발전5요소의 상관관계를 주목하게 되었다.

극히 추상적인 다양한 변수를 "사회적 환경의 개선"143)을 포함한 교정발전 5요소를 유기적으로 구체화144)시키는 것이다. 그러함에도 이윤호 교수는 수용사고의 상당 부분이 과밀수용으로 인하여 빚어진 사고라고 단정 짓고, 교정사고의 직접적인 원인으로 설명하고 있다.145)

---

139) 법무부 교정본부 자료. 2010. 12. 31.

140) 법무연수원 및 법무부 교정본부 자료. 2010. 12. 31.

141) 교정사고의 발생에 과밀수용이 중요한 변수임에 틀림없으나 교도관의 자질, 수용자의 공격 지수, 교정시설의 열악한 상황 등 다양한 변수가 공존한다.

142) 시찰이라 함은 수용자의 동정을 파악하는 계호행위를 말한다. 시찰의 목적은 수용자의 심리적·육체적 변화를 정확히 파악하여 그 결과에 따라 수용자 처우에 적정을 기하고, 수용생활의 안전을 도모하며, 각종 교정 사고를 미연에 방지하고자 하는 데 있다. 시찰방법은 인간의 5각 시각, 청각, 미각, 후각, 촉각을 통하여 철저하고 간단없이 이루어져야 한다. 수용자가 객관적으로 나타내는 동정파악이 시찰이라고 한다면, 정찰은 그 이면적 동정탐지를 말한다. 시찰의 착안점은 수용자의 처우상 불공평한 점이 있는가 여부와 수용자의 불만, 기타 교정사고 유발요인을 발견하는 데 두어야 한다. 시찰결과는 반드시 구두, 또는 서면으로 보고하는 것이 통례이며 신분장에 기재한다.

143) 사회적 환경의 개선을 위한 내용으로 싱가포르의 온정주의적 형사사법은 시사하는 바가 크다. 1819년 이후 영국의 식민지가 되었으며, 1959년 6월 새 헌법에 의해 자치령이 되었다. 1963년 말레이연방·사바·사라와크와 함께 '말레이시아'를 결성하였으나 1965. 8.에 분리 독립하였다. 19세기 초 건설 당시 유럽인·인도인·말레이인 등 종족별 주거지로 나뉘어 그 영향이 아직도 남아 있다. 1965년 독립 이전까지는 지역갈등이 가장 심각한 나라 중의 하나로 지역, 인종, 종교 간의 갈등이 심각하였다. 이에 정부는 지역갈등의 문제를 해결하기 위해 젊은 인재들을 국비로 영국, 미국 등에 대거 유학을 보냈다. 특히 영국의 지역갈등의 사례와 입법방향 및 미국의 정의모델을 도입하여 강력한 형사사법정책을 추진하였다. 그 결과 아시아에서 치안이 가장 잘 확보된 나라로서 평가받고 있다. 싱가포르의 형사정책이 성공하게 된 배경에는 미국의 엄벌주의뿐만 아니라 아시아적 온정주의 모델을 동시에 그들 역사적, 문화적 배경에 맞게 접목하였기 때문이다.

144) 새로운 대안으로써 구성한 교정발전5요소라 함은 ① 시지변수(제도), ② 中指변수(矯正人), ③ 환지변수(건축시설), ④ 소지변수(사회적 환경의 개선), ⑤ 무지변수(갱생의지)를 말한다. 여기서 이 요소들이 하나가 될 때, 주먹이 되어 힘을 발휘할 수 있다. 어느 지수 하나도 소홀히 할 수 없다. 파슨즈의 시스템 논리를 정리한 주먹의 가속도 원리인 것이다: 자세한 내용은 guideposts, True stories of hope and inspiration, 2008, pp.176~178 참조.

또 다른 독창적 연구결과물로서 천정환 교수의 견해가 있다.[146] 그는 과밀수용은 교정사고의 직접적 또는 중요한 원인이 아니라 교정사고의 발생에 영향을 줄 수 있는 하나의 생태적 요인 또는 유발단서에 불과하다는 것이다. 즉 교정사고의 발생에 가장 직접적이며 중요한 원인은 수용자의 공격지수라는 기존 교정학에서 아주 새로운 개념을 들어 설명하고 있다. 평소에 공격성이 낮은 자라도 좌절감을 느끼게 될 수가 있고, 이때 그가 그 좌절감을 의도적 또는 비의도적으로 보느냐에 따라 공격지수가 달라질 수 있고, 그 좌절감이 절대적 좌절감보다는 상대적 좌절감일 때 공격지수가 더 높을 수도 있다고 보며, 또 좌절에 대한 반응으로 공격적 행동을 학습했느냐 여부에 따라 공격지수가 달라질 수 있으며 수용자의 기대수준과 개인적 성격특성, 공격적 행동 뒤의 보상 여부, 공격유발단서의 존재 여부 등에 따라 수시로 공격지수는 변할 수 있다고 설명한다.

결과론적으로 공격지수의 중요성을 강조하면서도 교도관변수, 수용시설 변수, 문화적 변수의 개념을 추가하면서 동시에 다양한 변수의 영향을 받을 수 있음을 밝히고 있다.

2. 기존의 주장에 대한 비판

본고는 기존의 주장을 순서대로 이윤호·김혜경·천정환으로 분류하여 그들 견해의 간과한 점을 보충하고 한국교정현실에 무리 없이 반영될 수 있는 새로운 대안을 소개하고자 한다.

우선 전자(이윤호)의 견해는 과밀수용으로 교도관과 수용자 사이의 긴장관계를 먼저 들고 나왔는데 본질보다는 본질의 결과 파생되는 2차적 문제에 더 접근됨으로써 가장 주목해야 할 수형자 상호 간의 갈등구조를 먼저 주목하지 않았다는 부분이다. 그리고 과밀수용으로 교도관과 수용자 사이의 긴장관계를 어떻게 풀 것인가가 현실적이지 못하다.

중자(김혜경)의 견해는 과밀수용에 대한 미국 교정현실[147]의 소개에 머물다 보니 과밀수용이 교정사고의 직접적 원인이라는 것이고 이것을 우리나라의 교정현실에 어떻게 접목시킬 것인가에 대한 후속절차가 빈약하다는 것이다. 21C 한국교정의 새 패러다임을 설정하기 위해서는 대륙법 계통이나 영미법 계열의 제도를 이해하는 것은 중요하다고 본

---

145) 이윤호, 교정학개론, 박영사, 2002, 105쪽.

146) 천정환, "우리나라 교정의 발전방안에 관한 연구", 경상대학교 박사학위논문, 2004, 16~19쪽.

147) 미국에서는 교정시설 4등급 운영제를 실시함으로써 효과를 거두고 있다. 즉, 초중구금시설, 重구구금시설, 中구금시설, 개방시설로 구분하고 있다. 우리나라의 경우는 대부분 重구금시설에 치중하고 있는 실정이다.

다. 외국의 제도를 연구하는 것은 취사선택해서 우리 실정에 맞도록 교정현실에 반영하기 위함일 것이다. 단순 소개나 번역에 함몰되지 않도록 경계하면서 외국에서 잘 다듬어진 제도들을 조심스럽게 접목시키고자 하는 자세가 더 중요하다. 물론 외국에서 성공한 제도라고 해서 우리 현실에서 성공한다는 것은 꼭 아니다. 교정발전 5요소에서 지목한바, 그중 4요소가 다르기 때문이다. 바로 이런 부분들을 주목하지 못하게 됨으로써 과밀수용이 직접적 원인이라는 것인데 그러면 어떻게 할 것인가가 구체적이지 못하고 현실적이지 못하다.

마지막으로 후자(천정환)의 견해는 독창적인 연구의 결과물이라고 본다. 공격지수라는 개념을 가지고 상당한 논리적 구조를 형성하였다고 본다. 또한 교정사고는 과밀수용 외에도 다양한 변수의 영향을 말하면서도 교정사고의 발생에 가장 직접적이며 중요한 원인을 수용자의 공격지수라고 하였다. 그렇다면 과밀수용과 교정사고의 해소 방안으로써 수용자의 공격지수를 낮추거나 제어하는 연구 성과물이 해소 방안으로써 제시되어야 함에도 주간구금제도, 교대구금제도, 의료 특별선시제도를 대안으로 제시함으로써 제시된 문제점에 대한 해소방안이 나오질 못하였다.

범죄원인론에서 소질론[148], 환경론[149], 통합론[150], 학습론[151], 교육론[152], 상황론[153] 등으로 발전하고 있는 상황에서 소질론에 근접한 공격지수 개념은 너무 전근대적 관점을 부각시키고 있다는 점이다. 현재 미국범죄학의 큰 흐름은 스나입스 등이 주창하고 나온 통합론적 관점이다. 따라서 과밀수용과 교정사고의 문제 해결은 통합론적 관점과 동시에 필자가 명상학습법을 통해 연구 중인 상황론적 접근법으로 풀어 나가는 것이 옳다고 본다.

---

148) 이탈이아 범죄학의 중심테마는 소질론으로서 롬브로소를 대표로 한다.

149) 프랑스 범죄학의 중심테마는 환경론으로 라까샤뉴를 그 대표자로 한다.

150) 통합론은 독일의 통합론과 오스트리아의 통합론이 있다. 독일의 경우는 소질과 환경으로 환경의 비중이 더 크며, 오스트리아의 경우도 소질과 환경으로서 여기는 소질의 비중이 크다.

151) 미국범죄학의 중심테마는 학습론이다. 서덜랜드를 그 대표자로 본다. 미국범죄학의 최근 동향은 독일과는 다른 스나입스 등의 통합이론이다. 자세한 내용은 장세석, "통합범죄론에 관한 연구", 교정복지학회 창간호, 한국교정복지학회, 2005, 63~78쪽 참조

152) 본고는 우리나라 범죄학의 중심테마는 교육론으로 본다.

153) 본고는 현대 범죄학의 중심테마로 상황론을 주목하고 있다.

3. 기존 개선방안의 고찰

1) 외국 개선방안의 고찰

수형자 처우에 대한 기존 이론의 대표적인 것은 무능력화 정책(Null Strategy), 선별적 정책(Selective Stratege), 정문정책(Front-door Stratege)과 후문정책(Back-door Stratege), 형사사법협의체 구성, 교정시설의 증대 등이다. 이러한 주장은 Alfred Blumsten이 대표적이다.[154]

첫째, 무능력화 정책(Null Strategy)은 교정시설이 증가하는 재소자만큼 더 소화시킬 수밖에 없다는 무익한 전략으로 추가비용부담이 없어 정치적으로 수용하기 쉬운 전략이지만 장기적으로는 수용자가 교도소를 통제하고 교도관은 비도덕화되기 쉽고 교도소 폭동이 야기될 우려가 있다. 결국 수용한계에 이르면 비폭력 범죄자는 대부분 보호관찰 등으로 전환될 수 있다고 본다.

둘째, 선별적 무능력화 정책(Selective Incapacitation Strategy)이다. 이 정책은 강력범죄자만을 선별적으로 수용하여 시설공간을 보다 효율적으로 운영하자는 것이다. 즉, 강력범죄의 대부분을 선별하여 필요한 만큼 구금함으로써 전체 강력범죄 중 상당부분을 차지하는 이들에 의한 강력범죄는 예방될 수 있으므로, 범죄감소 효과 및 과밀수용해소에 기여할 수 있고 결과적으로 교정시설의 수용인구를 줄일 수 있게 되어 과밀 수용이 어느 정도 해소될 수 있다는 논리이다. 하지만 이 정책은 일부 범죄만을 무능력화시킬 수 있다는 단점이 있다.[155] 따라서 상습범은 범행기술이 교묘하고 잘 붙잡히지 않아 효과가 별로 없다. 그리고 법률적인 문제가 있다. 즉, 처벌이 현재 범죄의 사회적 위해 정도에 비례하여 부과되지 않는다. 과거의 범죄경력과 재범가능성에 근거하여 행위에 대한 책임위반의 문제가 있다. 또한 윤리적인 문제가 있다. 양정(量定)이 개별범죄자의 사회인구학적 속성들에 의해 결정되는 과정에서 소외된 계층에게 불리하게 작용하고 있는 점과 이러한 양정정책의 정당성 여부의 문제가 있다. 그 외에도 기술적인 문제로 예측의 부정확성의 문제가 있다.

셋째, 정문과 후문정책이다.[156] 정문정책은 범죄자를 보호관찰, 가택구금, 벌금형, 사회

---

154) Alfred Blumsten, "Prisons: Population, Capacity, and Alternatives", James and Wilson(eds), Crime and Public Polic Policy, SF: ICS Press, 1983.

155) Alfred Blumsten, Jaqelin, and Daniel Nagin, Deterrence and Incapacitation: Estimating the Effects of Sanctions on Crime Rates, Washington, D. C.: Nationnal Academy of Science, 19879, p.69.

156) 이윤호, 앞의 책, 2002, 96~97쪽

봉사명령, 수강명령, 사법형 외부통근제 등 비구금적 제재로 전환시켜 과밀문제를 해결하자는 것이다. 후문정책은 일단 수용된 범죄자를 보호관찰부 가석방, 행정형 외부통근제, 선시제도 등을 이용하여 새로운 수용자를 위한 공간 확보를 위해서 그들의 형기종료 이전에 미리 출소시키자는 방안이다. 그러나 이들 대안들은 단지 일부 경미범죄자나 초범자들에게만 적용 가능한 한계를 가지고 있다.[157] 또한 가석방정책이나 선시제도의 확대 실시는 과밀수용에 대한 신속하고 용이한 임시방편으로 이용되고 있는 반면, 회전식 교도소문 증후군이라는 비판도 받고 있다.[158]

넷째, 형사사법협의체 정책이다. 형사협의체 구성은 경찰, 검찰, 법원, 교정, 즉 형사정책의 4두마차가 각자 나아가는 것이 아니라 범죄예방정책국까지 포함한 형사법발전체계 5요소가 순환적 연계구조로 나가야 한다. 즉, 경찰의 전환(Diversion), 검찰의 기소, 법원의 선고 시 교정시설의 수용능력을 고려하고, 교정은 가석방을 늘리고, 보호는 그들이 다시 수용되지 않도록 사후보호에 만전을 기해 과밀수용을 해소하자는 방안이다.

마지막으로 가장 단순하고 평범한 방안은 교정시설을 증대하고 다양화[159]하자는 것이다. 교정시설을 신설해 수용능력을 확충하여 수용밀도를 낮추는 것을 말한다. 이 전략은 수용시설 경비부담의 문제와 시설이 증설되어도 교정당국의 관료제적 경향으로 인해 바로 과밀수용 현상이 재현될 것이라는 비판이 있다.[160] 그러나 지금까지 위에서 언급한 과밀수용의 해소방안은 극히 한정된 교정인력으로 방식에 그 한계성을 지니고 있을 뿐만 아니라 형사사법 발전체계 5요소의 유기적 연계성의 결여로 정책상의 문제나 시행상의 한계성을 지니게 되어 새로운 과밀수용 해소방안이 전개되고 있다.

---

157) 김혜경, 앞의 논문, 2002, 38~39쪽.

158) 장광근, 교정학, 문성사, 2007, 424~425쪽.

159) 교정시설 다양화의 정책이 당국에 의해 받아들여져서, 외국인 교도소가 국내에 처음 문을 열었다. 법무부는 2010. 2. 23. 오전 이귀남 장관과 19개 나라 주한 외교사절 등 300여 명이 참석한 가운데 '천안외국인교도소' 개청식을 열었다. 기존 천안소년교도소의 시설을 활용해 개청한 천안외국인교도소는 모두 1,230명을 수용할 수 있는 규모이며, 현재 외국인 수형자 591명과 내국인 263명 등 모두 854명이 수용돼 있다. 한식과 외국인식 등 2가지 식단을 제공하는 외국인교도소는 영어과 중국어 등 4개권 방송을 시청할 수 있도록 했으며 각종 직업훈련과 한글강좌 등도 운영한다는 방침이다. 법무부는 "외국인 전담 교정시설이 설립된 것은 세계 처음"이라며 "외국인 수형자 처우를 위한 새로운 모델이 될 것으로 기대한다"고 말했다. '문화 공존' 세계 최초 외국인교도소 문 열어, 노컷뉴스, 2010. 2. 23. 14:45.

160) 장광근, 앞의 책, 2007, 425쪽.

2) 국내 실정법상의 개선방안

(1) 특정범죄에 대한 과잉 대응자제

인구나 범죄의 증가가 없어도 범죄에 대한 국가기관의 대응 여하에 따라 수용인원의 증감을 가져올 수 있다. 수사단계에서 불필요한 구속을 하고 법관이 자유형의 선고를 선호한다면, 그 결과는 구치소나 교도소로 유입되는 인원의 증가로 나타나기 때문이다. 즉 국가기관의 엄벌주의의 산물로서 범죄에 대한 필요 이상의 과잉 대응이 문제된다. 범죄를 박멸하자는 것도, 방치하자는 것도 아닌 적정주의(適正主義)와 정벌주의(正罰主義)가 요구된다.

(2) 특별형법을 통한 가중처벌 완화

우리나라의 입법자는 정치·사회적 상황에 따라 수많은 특별형법을 양산하여 왔다. 특별형법의 제정·개정을 통하여 일반법인 형법 전에 규정된 법정형을 상향조정하였다. 이처럼 형을 가중하는 대표적인 특별법으로는 '폭력행위 등 처벌에 관한 법률', '특정범죄 가중처벌 등에 관한 법률', '특정 경제사범 가중처벌 등에 관한 법률', '성폭력 범죄의 처벌 및 피해자 보호 등에 관한 법률' 등을 들 수 있다.[161]

앞에 예시한 형사특별법들은 범죄구성요건 면에서 일반법인 형법각칙과 중복적으로 규정되어 있는 경우가 많으며, 적용대상이 광범위하고 포괄적이라는 특징을 갖고 있다. 특히, 문제는 이러한 특별형법이 일반형법의 불완전한 규정을 보완하고 특수범죄에 대한 대응을 용이하게 하려는 본래의 기능을 수행하기보다는 중형으로 무장된 특정법률의 제정·개정을 통해 불필요한 형사사법망(網)을 양산하고 있다는 점이다.

형법전의 규정으로 대처하여도 충분한 범죄임에도 불구하고 형을 가중하는 특별법을 제정함으로써 범죄억지에 만전을 기하고 있다는 정치적인 선전효과만을 거두고 있다.[162] 따라서 현행 특별형법에 의한 가중처벌은 대부분의 경우 범죄에 대한 국가의 과잉반응의 표현이라고 볼 수 있다. 이러한 과잉대응은 수사와 재판단계에서는 높은 법정형으로 인하여 인신구속을 용이하게 만들고, 형의 선고단계에서는 양형의 왜곡을 초래하는 악영향을 낳고 있다. 먼저 입법단계에서 특별형법, 예컨대 '특정범죄 가중처벌 등에 관한 법률',

---

161) 이기헌, "형법 및 형사특별법상 유사처벌조항 정비방안", 형사정책연구 6권 3호(통권 제23호), 한국형사정책연구원, 1995, 43쪽.

162) 이기헌, 앞의 논문, 1995, 24~25쪽.

'특정 경제범죄 가중처벌 등에 관한 법률', '성폭력범죄의 처벌 및 피해자보호 등에 관한 법률' 등의 제정·개정으로 지나치게 높아진 법정형의 상·하한선을 합리적으로 조정할 필요가 있다.

그동안 특별형법에 이해 과도하게 상향조정된 법정형으로 인해 수사와 재판단계에서는 정문확대에 기여하기도 하고, 형의 선고단계에서는 양형의 왜곡을 초래하였다. 자유박탈처분의 활용빈도를 높여 정문입소 축소전략의 실패를 자초하였다.

범죄구성요건에서 일반법인 형법각칙과 중첩되어 있고, 적용대상이 광범위하고 포괄적인 특징을 지니고 있는 특별형법을 개폐하거나, 최소한 그 해당법규의 법정형을 과감히 낮춘다면 형사사법체계의 왜곡현상을 완화시켜 줄 뿐만 아니라 정문정책의 성공을 기대할 수 있다고 본다. 현재는 이에 대한 논의가 차츰 나타나고 있는 실정이지만 아직은 그 움직임이 미약한 실정이다.[163]

(3) 자유형벌의 개선

① 민영교도소의 확대

교도소 내 과밀수용 해소를 위한 또 다른 하나의 방안은 민영교도소[164]의 신설 및 확대이다. 교정시설 신축에는 막대한 재정이 소요되는데 이러한 재정조달 방법을 국가 예산에만 의존하는 데는 한계가 있으므로 최근 미국·영국·호주 등 일부 서구 국가에서는 교정시설의 건축 및 운영을 민간회사에서 시행할 수 있도록 허용하고 있는데 이를 민영(사설)교도소라고 한다. 우리도 아가페 민영교도소[165]가 2010. 12. 1. 아시아 최초로 문을 열었다.

이 제도가 성공적으로 추진·시행된다면 교정시설 부족으로 어려움을 겪고 있는 교정당국에 새로운 돌파구가 될 수 있다.[166] 교정시설의 기능을 보다 다양화하는 계기가 될

---

163) 전수영, 우교정제도개선과 민간참여방안, 한국학술정보(주), 2009, 78쪽.

164) 민영교정은 전 미연방대법관 워런버거가 처음 주장한 개념으로 1980년대에 본격적으로 도입하기에 이르렀으며 미국의 경우 성인범의 약 2%, 소년범의 절반가량을 민간교도소에 수용하고 있다. 민영교도소의 설립 취지는 국가의 재정적 부담을 덜면서 교정시설을 확충하는 데 있다.

165) 본 교도소는 기독교 신앙에 입각한 신앙훈련, 생활훈련, 재활훈련 등을 시행하며, 잔여형기 1년 이상 7년 이하의 20세 이상 성인남성 3백 명을 수용할 예정이며 약물사범, 공안사범, 조직폭력 사범 등은 수용대상에서 제외된다.

166) 소망교도소가 공공교도소의 재판(再版)이 되어 버린다면 공공교도소의 과밀 해소에 기여하는 것으로 그 소임은 끝이 난다. 아가페의 성공을 위해서 가장 중요한 사실은 크고 작은 교정사고(矯正事故)와 갈등(葛藤)은 이미 예고되어 있다는 것이다. 어떠한 조직이나 사고나 갈등은 일어난다. 공공교도소도

것으로 보인다.167)

필자는 몇 가지 예상되는 문제점을 지적하고자 한다.

첫째, 수용대상을 재범의 위험성이 애초부터 현저히 떨어지는 수형자만을 받음으로써 기독교 교도소의 원래 의도와는 달리 출소자들의 재범률이 현저히 떨어지는 사례를 홍보할 가능성이 있다.

둘째, 감독관의 파견을 받음으로 공공교도소가 해결하지 못하였던 나쁜 관례를 수용할 가능성이 있다. 감독관은 사사건건 보안을 최우선의 가치로 삼고 소망교도소가 역점을 두고 있는 자원봉사 및 교정프로그램에 대해서 이해하지 않으려는 태도를 어떻게 풀어낼 것인가의 문제이다.

셋째, 보안에 조그만 문제 하나라도 생기면 그 문제를 침소봉대하여 공공교도소의 재판(再版)을 만들려 할 것이다. 교정에 있어서 보안과 수용질서유지는 교정의 생명처럼 중요하다. 그러나 또 중요한 가치가 있는데, 그것이 바로 교정교화, 회복적 정의, 교정의 사회화이다.

이러한 가치를 동시에 소중히 판단하는 이념이 소망의 이념이라면 담당직원에서 소장까지 교도관(矯導官)의 경험이 전무(全無)한 상담, 복지, 신학, 교육 등 다방면의 다양한 집단과 계층, 장애인, 비장애인, 고령자, 참신한 젊은이 등 구별과 차별을 없애고 선발해야 한다. 따라서 교도관 채용의 요건을 참조는 하되, 답습해서는 안 된다. 특히 체력 검정은 폐지해야 한다.

② 불구속수사의 확대

국내 전체 수용자 중 41.5%를 차지하고 있는 미결 수용자를 줄이는 것은 교정시설 내

일어나고, 아가페도 예외는 아닐 것이다. 경미한 보안사고에 아가페 수뇌부는 흔들려서는 안 된다. 수뇌부는 담당직원과 달리 소망의 이념을 잘 이해하고, 신학, 법학 등 이론과 실무에 능한 조직의 구원투수여야 한다. 단 矯正의 최고위직 경력은 소망의 패러다임과 일치하지 않는다. 평생을 교정의 담 안에서 오로지 보안전문가로서 담 밖의 다른 측면을 보지 못하는 답답함이 있으므로 이 점을 유의해야한다. 일본에서는 이미 이 점을 주목하기 시작했다. 가령, 특정조직에 외부전문가를 15%가 넘지 않는 범위 내에서, 채용토록 하는 입법사항은 우리도 적극 활용할 때이다. 우리 현실에 당장 도입하면 대단한 부작용을 수반할 것으로 생각된다. 자기분야에 전문가가 아니라는 논리로 조직적인 반발을 자행할 것이며, 저항이 약한 조직에서만 외부전문가의 유입이 이루어질 것으로 보인다.

167) 교정행정이 추구해야 할 일 중에서 중요한 것 중의 하나가 교정시설의 기능과 형태를 다양화하는 것이다. 지금의 교도소나 구치소와 같이 획일적인 기능과 구조를 가진 교정시설이 아니고 보다 특화된 기능을 가진 교도소, 그리고 보다 인본주의적 기능이 갖추어진 구치소의 등장은 필연적이다. 왜냐하면 정보화가 진행되면서 일반 국민들의 욕구가 다양화되고 있는 추세를 보면, 수용자들의 욕구 또한 그렇게 변화해 갈 것이기 때문이다. 민영교도소의 설립은 이와 같이 교정시설과 교정처우를 다양화한다는 맥락에서 이해할 필요가 있다.

과밀수용 해소를 위한 가장 바람직한 방법으로 불구속수사의 확대이다. 그러나 불구속 수사에서 오는 행정력 낭비와 국민들의 범 감정 등을 고려할 때 일본과 같이 시행하기는 어렵다고 해도 앞으로 과실범이나 벌금형 해당자, 경미한 범죄의 초범자 등에 대해서는 불구속 수사를 확대해 가는 방안이 검토되었으면 한다.

그리고 집행유예 사회봉사명령제도를 확대하는 것이다.168) 불구속 상태로 재판을 받도록 하는 것이 국민 인권보호 측면에서나 수용처우의 합리화 측면에서 바람직할 것으로 보인다. 또한 수용자에 대한 사회처우 방안 중의 하나인 사회봉사명령제도를 보다 폭넓게 실시하는 방법도 과밀수용 해소를 위해서뿐만 아니라 사회처우라는 측면에서도 바람직한 대안이라고 생각된다.

③ 신속재판의 진행

재판의 신속한 진행으로 법원에서 형사사건 재판에 소요되는 기간을 단축시킨다면 미결 수용자 과밀해소에 크게 기여를 할 수 있을 것으로 생각된다.169) 이 문제는 법관의 업무량 경감을 위해 법관 증원이나 법원 증설 등의 문제와 맞물려 있어 형사사법기관 간의 실질적인 공조가 반드시 필요한 사안이다. 형사사건에 대한 신속한 재판의 진행은 결국 국민의 권리의무의 신속한 실현과 분쟁처리를 촉진함으로써 인권보호에도 기여하게 되는 것이다.

④ 장기형벌의 개선

과밀수용의 또 다른 원인은 수형자의 **시설처우기간**이 길다. 각 수형자의 시설처우기간은 원칙적으로 법원에서 개별적으로 선고되는 형기의 장단에 따라 결정된다. 장기형의 증가로 인한 수용과밀화 현상은 장기간 지속되는 경향을 지니고 있다. 반면, 단기형의 급격한 증가로 인한 수용인원의 과밀상태는 단기간에 해소될 수 있는 가능성이 있다는 점에서 이와 다르다, 일단 장기형이 선고되면 장기간에 걸쳐 그 영향을 미친다는 사실이다.

---

168) 현행 형법은 벌금형의 선고유예는 인정하나 집행유예는 인정하고 있지 않다(형법 제59조). 벌금형보다 무거운 자유형에는 집행유예를 인정하면서도 벌금형에는 이를 적용하지 않는 것은 형평에 반할 뿐만 아니라, 집행유예제도의 형사정책적 목표를 벌금형에 대하여 부정할 이유가 없다. 벌금형에 대하여 집행유예를 인정하고 있는 국가는 오스트리아(형법 제34조 제1항), 일본(형법 제25조 제1항) 등이 있다: 정영석·신양균, 앞의 책, 353쪽; 배종대, 앞의 책, 2007, 328쪽.

169) 소송촉진에 관한 특례법 제21조(판결 선고기간)에 의하면 "판결 선고는 제1심에서는 공소가 제기된 날로부터 6월 이내에, 항소심 및 상고심에서는 기록의 송부를 받은 날로부터 각 4월 이내에 하여야 한다."고 규정하고 있다.

따라서 형의 선고단계에서 처음부터 장기형의 선고를 회피하는 것이 현재뿐만 아니라 미래의 과밀 수용문제를 해소하는 길이 된다. 장기형을 회피한다는 것은 상대적으로 단기형을 부과하는 것을 의미하며 이것은 곧 장기수형자의 누적 증가현상을 방지하는 가장 좋은 방법이다. 형사정책적인 관점에서 보더라도 형의 선고단계에서의 형기단축이 반드시 일반예방효과를 저하시킨다고 말할 수는 없다. 일반예방효과는 형기의 장기보다는 법집행인 형사소추의 일관성과 확실성 여부에 의하여 더 큰 영향을 받기 때문이다.

그러나 형법(제72조 제1항)상 유기자유형의 경우에는 형기의 1/3과 단기자유형의 경우에는 10년을 복역하면 가석방이 허용되고 있으므로 조건부 조기석방의 형태로 구금기간의 단축이 가능하다. 즉 형집행기관에 의한 형기의 실제적 조정이 이루어진다.[170]

따라서 각 수형자의 시설처우기간은 기본적으로 법원에서 선고된 형량은 정문정책으로 조정하고, 교정기관은 후문출소의 확대로 조정이 가능하다.

제2절 현행 교정시설의 주요 쟁점과 선결과제

Ⅰ. 교정시설의 개념

교정시설이라 함은 협의의 개념 정의로는 자유형의 집행을 받은 자를 수용하는 시설을 말하며, 광의의 개념 정의로는 자유형 수형자 이외에도 형사피의자와 형사피고인 및 사형 선고를 받은 자를 수용하는 국가시설을 말하고, **최광의**의 개념 정의로는 광의의 교정시설에다가 보호재의 직접생산과 관계되는 보호시설인 소년원과 소년분류심사원 및 보호감호소, 치료감호소 등을 포함한다. 이 개념이 오늘날 통설이다.[171]

배종대 교수는 행형시설에 대한 정의를 형사소송절차 및 형집행을 보전하기 위한 물적인 계호시설과 관리직원의 결합체로 운용되는 국가시설이라 정의하면서도 우리나라의 행형시설에 교도소, 구치소, 보호감호소, 소년원을 포함시키고 있다.[172]

---

170) 한영수, 행형과 형사사법, 세창출판사, 2000, 185~203쪽.

171) 김용래 · 장세석, 시스템교정학, 고시연구원, 2000, 378~385쪽; 장세석 · 고광도 교정학개론, 서울고시각, 2008, 106~110쪽.

이종갑, 천정환 교수는 소년교도소는 형의 집행과 관계되는 국가시설로 보는 데에는 일치하고 있으나 소년원은 형벌의 집행과 무관하기 때문에 배종대와 다른 행형시설이 아닌 보호시설로 정의하고 있다.[173]

일본은 교도소 대신에 형무소라고 하며, 법무성설치법 제9조에 의해 형무소와 구치소를 합쳐 행형시설이라 하고, 형무소, 구치소, 소년원, 소년감별소를 합쳐 교정시설이라고 한다. 시설적인 측면에서는 행형시설과 교정시설을 명확히 구분하면서 인적인 측면에서는 모두 형무관으로 통일하고 있다.

반대로 우리나라의 경우는 행형시설과 교정시설이 형법학자와 교정학자에 따라 혼용되고 있으며, 인적인 측면에서는 1962년 이후 형무관의 명칭을 교도관으로 통일하였다.

이처럼 교정시설, 행형시설, 보호시설의 구분이 통일되어 있지 않으나, 대체로 행형시설은 곧 교정시설이며 보호시설은 일원주의[174]적 관점에서 접근하면 행형시설이자 교정시설로 볼 수 있으나, 이원주의[175]나 대체주의[176]적 관점에서 접근하면 보호시설은 교정시설이 될 수 없다. 즉 후자의 경우에서 고찰하면 소년원은 보호시설이지 교정시설은 될 수가 없다고 본다.

다수설적 관점은 최협의의 교정시설이란 교도소를 의미할 것이고 최광의 교정시설이라 함은 배종대의 견해처럼 소년원도 행형시설에 포함될 수 있다. 따라서 교정시설은 교정재의 생산과 직접 관계되는 행형시설과 보호재의 생산[177]을 목적으로 하는 보호시설을 모두 포함하는 개념으로 관계된다.

---

172) 배종대, 앞의 책, 2007, 128쪽.

173) 이종갑 · 천정환, 앞의 책, 2005, 67쪽.

174) 일원주의는 선택선고주의(das einspurige system)라고도 한다. 이 주의는 형법상의 제재로서 형벌과 보안처분의 본질상 차이를 부인한다. 주로 목적형, 교육형론자들에 의해 주장된다.

175) 이원중복집행주의(das zweispurige system, dualismus)라고도 한다. 응보형론자 및 일반예방론자들이 이 견해를 주로 취하고 있다.

176) 대체주의는 이원대체집행주의(das vikariierende system)라고도 하며, 형벌과 보안처분의 본질을 엄격히 구분하는 이원주의적 입장을 취하면서도 그 집행에 있어서는 일원주의적 태도를 수용하는 주의를 말한다.

177) 이종갑 · 천정환, 앞의 책, 2006, 67쪽 이하에서 소개된 교정경제학의 용어를 인용.

Ⅱ. 국내 교정시설의 주요 쟁점

1. 교정시설의 대형화

2010. 2. 기준 46개 시설 가운데 1,000명 이상을 수용하는 곳이 26개소(65.9%)로 대부분을 차지하고 있다. 이 가운데 2천 명 이상 3천 명 미만 수용시설이 4개소이고 3천 명 이상 수용하는 시설이 4개소에 이르렀으나, 2011년 2월 현재 3천 명 이상 수용하는 시설은 없어졌다. 대규모 집단수용은 우선 수용질서를 유지하기가 곤란하다. 보안상의 부담을 가중시키며 교정처우 면에서도 분류수용과 특성에 따른 개별처우를 어렵게 하기 때문에 많은 진전을 가져온 것은 사실이다.[178) 그러함에도 국제적인 표준기준에는 못 미쳐 소교도소제로 나가는 것은 지속적이고 장기적인 과제라는 것이 지배적이다.

2. 시설 유형의 획일화

현대 교정시설은 시설처우에 있어 분류처우, 누진처우 등 수용자 개개인의 특성 및 성향을 고려하여 처우하는 것을 원칙으로 하고 있다. 이에 따라 시설적 측면의 고려가 우선되어야 할 것임에도 불구하고 유사한 건축유형을 가지고 있다. 즉, 우리나라의 전통적 교정건축은 일자형 사동을 병렬하는 전주형 교도소가 대부분이다.[179) 이 구조는 통풍이나 채광 등 위생적 측면에서는 유리한 점도 있으나 감독측면에서는 많은 계호인력이 필

---

178) 이순길 · 김용준, 이론 및 실무 교정학, 고시원, 1997, 182~183쪽.

179) 우리나라 교정시설은 일반적으로 전주형, 일자형, 전화번호부 판박이형의 배치이다. 산업화시대까지는 상층, 하층의 2층 구조였다. 청송의 경우는 상층, 중층, 하층의 3층구조이며, 민주화 이후 최근 교정시설은 초고층의 경향을 보이고 있다. 수원구치소의 신축이 그 예이며, 도심 신축교정시설의 새로운 문제점으로 운동공간의 부족이 지적되고 있다. 외국의 경우는 원형형태의 교정건축이 주를 이루는데, 벤담이 최초로 고안한 파놉티콘형이 있다. 파놉티콘형 교도소는 중앙에 감시초소를 설치하고 외곽에 원형으로 수용시설을 배치함으로써 감시의 효율성을 극대화하기 위한 교정건축구조를 말한다. 원형교도소 건축을 처음 고안한 자는 18C 벤담에 의해서다. 원형건축의 완전한 건립은 그의 사후 후계자들에 의해 이루어졌다. 우리나라의 경우 원형 교정시설은 5국시대 뇌옥(牢獄)의 경우도 원형(파놉티콘형)이었다고 한다. 벤담과 우리의 다른 점은 전자의 경우는 거실을 포함한 건물 그 자체가 원형이고, 우리의 경우는 건물은 전통한옥의 형태이면서 그 건물을 에워싸는 담장이 원형으로 설계되었다. 원형주벽은 고려, 조선시대까지 계속 이어졌음을 알 수 있다. 월간교정 08년 7, 8호 등에서 평양옥, 강진옥 등 원형옥을 설명하면서 벤담보다 앞선 행형제도임을 설명하고 있으나 전체 건물과 부분 건물로 나누어 설명하면 벤담의 주장이 분명 우리보다 앞선 주장이다. 그러나 우리의 건물은 서양건축처럼 원형 관공서 건물은 없었기 때문이다.

요한 단점이 있다.[180] 특히 이러한 선형의 수용블록은 끝에 위치한 소거실의 감시가 어려운 점이 있다.

모든 수용자의 이동은 주복도를 통하여 이루어지므로 최근에 중시되고 있는 자치활동이 가능한 다목적 공간이나 수용동 시설은 거의 찾아볼 수 없다.[181] 최근 외국 OECD 교정시설의 경우는 벤담[182]의 파놉티콘 감옥의 영향을 받아서 보안의 목적을 충족하면서도 수용자의 활동에 어느 정도 자유를 부여하고 있다. 교정(矯正)의 특수성 중 교정사고 방지를 위한 보안이 최우선이긴 하나, 국내 교정시설은 수용동의 형태나 배치가 20C 초에 머물러 수용자의 행동공간이나 감시하는 담당직원의 관구실 같은 근무 공간이 수용질서와 교화의 효율성을 담보하기에는 부적합하다.

3. 교도소와 구치소의 미분화

우리나라는 대부분의 교정시설이 구치소기능과 교도소기능을 같은 시설에서 하고 있다. 어떤 시설은 교도소이면서 수형자보다는 미결수용자를 더 많이 구금하고 있는 실정이다.

우리나라 교도소 중에 미결을 수용하지 않는 시설은 4개소에 불과하다. 최소 120명에서 많게는 1,600명 이상을 수용하는 교도소도 있다. 미결수용에 따른 출정, 입출소 관리, 접견 등 관련 업무에 인력과 시설역량을 소모하게 되어 있는 구조이다.

그러므로 교도소 본연의 교정기능은 그만큼 어려워지고 있는 것이다. 따라서 구치소 기능과 교도소 기능은 반드시 시설분리가 이루어져야 한다.[183]

4. 맞춤형 수용자처우의 개별화에 미흡한 시설

국내 교정시설은 수용자의 특성보다는 보안(保安) 위주로 설계되어 있다. 구금에 의해 수용자들이 겪을 수밖에 없는 심리적 박탈감을 가중시킬 것으로 판단된다. 기결과 미결,

---

180) 배종대, 앞의 책, 2007, 415쪽.

181) 문영삼, "교정시설의 거주공간 계획에 관한 연구", 홍익대학교, 박사학위논문, 2006, 104쪽.

182) J. Bentham(1748~1832)는 베까리아로부터 큰 영향을 받아서 공리주의란 최대다수의 최대행복이라 하였다. 푸코는 다수의 최대행복이라는 미명하에 소수의 최대불행을 부채질하였다고 비판하였다. 푸코는 벤담이 파놉티콘을 가장 이상적인 감옥형태라고 주장하자, 이를 두고 권력 수단이 폭력에서 감시로 변모한 가장 대표적인 본보기라고 하였다: 배종대. 앞의 책, 2007, 24~25쪽.

183) 이순길 · 김용준, 앞의 책, 1997, 182~183쪽.

남성과 여성, 병약자는 각기 다른 상황과 행동 유형을 가지고 있다. 우리나라 교도소는 이 모든 수용자들을 하나의 시설에 수용하고 있다. 또한 독거실과 혼거실, 그리고 징벌실을 하나의 수용동에 같이 계획하여 수용자 간 악폐감염 및 강압감을 줄 것으로 본다.

수용자별 개별화된 교정프로그램운영이 가능하기 위해서는 수용자 특성별 분류를 통하여, 별도의 교도소를 계획하여야 할 것이며, 거실의 경우 단위 수용동에서는 동일한 조건을 만들어 주는 것이 타당하다고 판단된다.

또한, 최근의 국내 교정시설 역시 기존 시설과 마찬가지로 혼거실 위주로 수용실이 구성되어 있다. 폭력지향 주류수용자에게 혼거실이 유리할 수 있으나, 혼거실은 수용자 간 악폐감염의 차단에 취약함은 통설이다.

또한 거주공간으로서 필수적인 개인의 프라이버시와 자기 공간의 독자성을 확보할 수 없다. 이에 따라 수용자 간 긴장감이 상승할 수 있을 것이며, 궁극적으로는 혼거실 위주가 아닌 독거실 위주의 수용실 구성이 이루어져야 한다. 혼거수용실의 경우도 자신만의 공간을 구성할 수 있는 방법을 고려해야 할 것이다.[184]

5. 교정시설 신·개축전담부서의 부재

우리나라 교정시설의 수용실 구조는 혼거실과 독거실이 6:4로 배분되어 있으나 전국 각 시설별 배분화는 일정하지 않다. 대부분 우리나라 교정시설은 그 특성을 감안하여 객관적이고 타당한 근거에 의해 독거실, 혼거실 비율 및 면적을 산정하지 않고 있다.

특히 수용실의 면적은 각 교정시설마다 구구하고 한 시설 내에서도 평형이 다양하다. 이는 교정건축의 설계단계에서 당해 교정시설에서 시행될 각종 교정프로그램에 대한 상세한 자료가 제공되지 못한데 그 원인을 찾을 수 있다.[185] 그 외에도 전문 교정건축을 전담하는 관련부서가 없기 때문에 빚어진 결과라고 본다. 교정건축에 있어서는 교정건축 전문가가 적극 참여하여 초기 계획단계에서 면밀히 검토할 수 있어야 할 것이다.

---

184) 문영삼, 앞의 논문, 2006, 104~105쪽.

185) 이순길·김용준, 앞의 책, 1997, 184쪽.

Ⅲ. 국내 교정시설 거주 공간 개선방안

1. 소규모 수용시설의 신축 및 확대

현대 교정시설은 성별, 신체적·정신적 능력, 위험정도, 전과기록, 그리고 특별한 필요에 따라 수용자를 분류하고 분리 수용한다. 수용자의 분리 수용은 수용자를 다른 수용자, 또는 수용자 자신에 의한 위험으로부터 보호할 필요에 의해 이루어진다. 수용자는 분류등급에 따라 보안등급과 교정처우가 다른 시설에 수용된다. 또한 단일 시설 내에서도 수용 동을 세분화하여 수용자별 특성에 부합하는 처우가 가능하도록 하여야 힐 것이다.

현대 교정처우의 원칙은 과학적 분류를 통하여, 특성별 분리 수용하고 이에 따른 적정처우의 시행에 있다. 이를 위해서는 우선 수용자 특성별 처우가 가능한 수용규모 계획이 전제되어야 한다. 생활공간의 규모와 관련된 수용효과는 환경심리 연구가들에 의한 다양한 실험을 통하여 밝혀졌으며,[186] 요약해 보면 교정시설의 규모는 다음 여러 가지 측면에서 중요하다. 대규모의 시설에서 수용자들의 행동은 개인적인 선택에 의한 자의적 표현이 아닌 철저히 계획되어진 비자발적 움직임이다.

대규모의 시설은 개개 수용자들에게 무력감, 삶의 무의미, 고독, 좌절감 등을 느끼게 하는 구조로 설계되어 있다. 대규모이고 고립된 시설은 수용들이 병영사회에 와 있다는 박탈감을 느끼며 사회에 대한 반감을 증대시킴으로써 사회재적응의 달성에 저해가 된다.

이와 같이 시설의 수용규모의 크기는 시설의 목표에 반작용한다.[187] 교정시설의 수용인원이 너무 많으면 안 된다는 것은 통설이다. 최적의 수용인원에 대한 견해는 다르다. 이에 수용자와 직원 간 관계개선을 도모하고, 수용자의 자발적 행동 유도 및 수용자의 박탈감을 해소할 수 있는 시설 규모의 세분화가 요구되며, 이를 위한 교정 각 시설의 전체 수용규모와 수용 동 및 수용 블록의 규모에 대한 기준이 마련되어야 할 것이다.[188]

2. 소시설 보안별 차별화의 확대

보안은 교정의 생명과도 같다. 교정시설의 목적은 수용자의 사회적 격리와 교화에 있

---

186) 이민아, 노인요양시설 활동공간의 구성유형과 형태별 위계적 특성 연구, 한국가정관리학회지 제26권 제 5호(통권 제95호), 한국가정관리학회, 2008, 195~209쪽.

187) 윤홍섭, 환경심리학, 도서출판 성원사, 1995, 428쪽.

188) 문영삼, 앞의 논문, 2006, 105~106쪽.

으나, 우선 구금이 확보된 연후에 모든 교정의 운영이 시작되는 것이다. 보안의 제1원칙은 구금의 확보이고 제2원칙은 수용질서의 유지라고 할 수 있으며, 전자는 수용자 신병의 시각적 장악, 신병인도의 철저, 신병 이동시 감시 철저를 들 수 있고, 후자는 좌석 및 교담의 단속, 용변의 단속, 외부와의 접촉단속, 구령에 의한 지휘체계 확립, 일과표에 의한 질서정연한 동작, 수용자의 번호에 의한 호칭 등을 들 수 있다.189)

그러나 이러한 보안은 수용자들이 느끼는 가장 큰 박탈감인 움직임의 자유 부족과 주변 환경에 대한 조절의 무능력감을 유발한다. 교정 시설 내 개인 및 집단 활동을 위한 편리한 상호 접촉은 어렵게 설계되어 있다. 수용자들이 직원의 감시에 의해 행동이 너무 많은 제약을 받을 때, 공격과 폭력을 유발하는 좌절감이 발생한다. 또한 수용자 자신의 개인적 환경 제어190)에 대한 무능력감이 좌절감을 유발시킨다.191) 이러한 좌절감을 가장 손쉽게 해결할 수 있는 변화는 교정시설의 보안 수준을 낮추는 것이다. 즉, 구금과 보안의 수준에 따라 수용자에게 수용이 미치는 영향이 적을 뿐 아니라 각종 고통과 박탈의 정도도 적어지기 때문에 그에 대한 반응으로서의 좌절감도 정도가 낮아질 것이다.

그러나 모든 시설의 보안등급을 낮출 수는 없을 것이며, 수용자의 분류에 의해 수용자 특성을 반영하여 보안 등급을 결정해야 할 것이다. 엄중보안시설은 수용자의 이동과 수용자 간 접촉을 최소화시켜야 할 것이며, 중간보안시설은 엄중보안시설보다 완화된 시설 유형과 감시 유형을 채택해야 할 것이다.

또한 경보안시설과 개방시설의 경우는 수용자의 사회적응에 우선순위를 두고 건전한 인간관계형성 및 사회 환경적응을 도모할 수 있도록 보안 등급별 유형을 적용하여야 할 것이다.

3. 시설 적응의 도모를 위한 거주 공간의 확대

1) 빛과 색의 활용을 통한 시설 적응의 도모

수용자들이 구금 중 교정시설 환경에 긍정적으로 적응하도록 시설 유지 및 운영에 효율성을 제고하여야 한다. 교정시설의 최종목표는 사회 내 적응을 통해 재범을 범하지 않

---

189) 이순길 · 김용준, 교정학, 국시원, 1999, 319~320쪽.
190) 개인적 환경 제어의 요소에는 공기흐름과 온도의 조절, 라디오, TV 전등을 켜고 끄는 것 등이 있다.
191) Leslie Fairweather and Sean McConville, Prison Architecture, Architectural Press, 2000, p.45.

게 하는 것이다. 수용자들은 여러 가지 이유로 사회에서 적응치 못하고 범죄를 저지르고 수용된 자이다. 이러한 수용자들이 사회에 적응할 수 있는 사고체계와 정서상태를 고려해서 사회에 복귀한 뒤에도 정상인으로 생활할 수 있도록 도와주는 것이 교정 시설의 역할이다. 즉, 교정시설은 시설 운영에 필요한 긍정적인 교도소화를 조성해야 한다. 이를 위해 빛과 색의 활용은 중요하다. 시각적 경험은 외부로부터 가장 많은 정보를 얻게 해 주는 감각기관이다. 우리가 수용하는 정보 가운데 약 90%가 시각을 통해 정보를 얻고 있다.[192] 90% 정도의 정보를 얻기는 하지만 다른 감각기관의 도움이 반드시 필요하다. 인체는 몸 전체가 빛에 대한 광반응을 하고 있다. 커튼을 치고 잠을 자도 아침이 되면 일어나게 되는 것은 인체가 빛에 대한 생체적 광반응을 하기 때문이다. 실내나 시설의 조도를 높여 보다 강한 빛을 받도록 하면 범죄가 그만큼 줄어들게 된다. 교정시설이 전부 밝은 조명을 사용하는 것은 외부의 공격이나 침입을 사전에 미리 감지하고자 하는 목적을 가지고 있다.[193] 반대로 실내를 어둡게 해 놓을 경우에는 범죄가 늘어날 가능성이 상대적으로 높아진다. 이처럼 색은 빛과 함께 인간의 심리를 움직이는 중요한 요소이다. 검정색은 외관상으로 축소를 나타내며, 인간의 심리를 우울하고 정적으로 만든다. 흰색은 순결함과 건전함을 느끼게 해 주며, 청색은 청량함과 신선함을 느끼게 한다. 녹색은 안정감과 편안함을 느끼게 하며, 붉은색은 강렬함과 정렬, 흥분을 느끼게 만든다.[194] 주로 수용자의 수의(囚衣)는 전술한 부분이 반영되고 있다. 그러나 교정건축은 이러한 부분이 고려되고 있지 않다. 대부분의 교정시설은 회색으로 획일화되어 있다. 청량함과 신선함을 느끼게 하는 조경은 전무한 상태이다. 보안에 방해가 되기 때문에 교도소에는 나무가 살지 않고 수용자만 산다.

 시설에서 잘 적응할 수 있도록 적절한 색과 빛의 활용을 통해 환경을 조성해 주어야 한다. 수용자가 시설에 적응하지 못하면 본인이 피해를 받는 것은 물론이지만, 다른 수용자들에게도 커다란 피해를 주는 이중의 손실이 발생하기 때문에 시설에서의 수용자의 적응은 무엇보다 중요하다.[195]

---

192) G. M. Carter, Designing Safe Environments IV; Sample Size Requirements(Santa Monica, California: Rand Corporation), 1978, pp.513~514.

193) L. Bickman, Discouraging Crime Through City Planning(Berkeley, CA: University of California), 1991, pp.9~13.

194) G. M. Carter, Designing Safe Environments IV; Sample Size Requirements(Santa Monica, California : Rand Corporation), 1978, pp.514~515.

195) 김자경, "교정시설 내에서의 수형자의 행동, 의식 및 적응유형과 자아방어기제간의 관계연구", 고려대학교 석사학위논문, 2000, 2쪽.

또한, 재소자들에 대한 교정(矯正)정책이 비교적 잘 이루어지는 교도소에서만 수형기간 말기에 재사회화 현상이 나타난다. 형벌 위주의 정책을 실시하는 교도소에서는 오히려 수형 말기에 교도소화 현상이 더 심화된다고 한다.[196] 즉, 수용자의 시설 적응과 시설처우가 수용자의 재사회화와 밀접한 관계를 가지고 있음을 알 수 있다. 이러한 측면에서 수용자가 시설에 잘 적응할 수 있는 최소한의 생활환경 조성은 필수적이다.

4. 상호 접촉 기회부여를 위한 거주 공간의 확대

수용자 간 비공식규율은 사회적인 비난을 회피한다. 자신의 범행을 정당화하기도 한다. 수감의 고통을 완화하고 무너진 자아상을 회복하는 긍정적 역할도 수행한다. 그러나 교정시설은 폭력과 공격성을 억제하기 위해 감시가 이루어진다. 이는 시설 사용자 간 일상적 접촉을 감소시킨다. 형식화된 위계질서 속에서 인간관계를 맺게 해 주는 것이 공식조직의 목적이다. 교도관의 역할이 교정시설 내에서 중요하다는 것을 재검증해 주는 것이다. 수용자와 교도관 간의 친밀한 관계설정이 필요함의 증거라 할 수 있다. 또한 박탈의 원인이 교정시설 내 생활적응과 밀접한 관계가 있으며, 박탈의 원인을 제거하면 보다 시설 생활에 잘 적응할 수 있을 것이다.

지금까지는 교정시설 내에서 수용자 상호 간의 소통은 악풍감염 등의 이유로 금지되어 왔다. 교정행정의 방향이 재사회화라고 한다면 과학적인 분류를 통해 수용자 간과, 수용자와 직원 간 커뮤니티형성이 가능하도록 재조성되어야 한다. 사회적 활동이 개인 간의 의사소통으로부터 시작되듯이 교정시설도 사용 주체 간 상호 소통과 협력의 관계가 중시될 수 있도록 다양한 거주공간의 확대가 조성되어야 할 것이다.

5. 문화적인 교정시설의 건축

1) 지역사회와 함께하는 교정시설의 조성

교정시설 환경에 대한 개선이 시설에서 생활하는 수용자와 직원뿐만 아니라 지역사회와 함께하는 문화적인 교정시설을 조성할 필요성이 있다. 즉, 지역 주민들이 친근감을 가

---

196) 이윤호·공정식, 분류처우론-교도소의 범죄심리, 동현출판사, 2000, 107쪽.

지고 지역사회 활동에 참여할 수 있는 다양한 방안들을 강구해 보자는 것이다. 이러한 시설이 지역사회 속에서 안정적으로 자리 잡기 위해서는 주민들에게 유익한 시설이 되도록 하여야 한다. 주민들에게 교정시설이 실질적인 도움이 될 수 있도록 하면 교정시설에 대한 이미지가 많이 향상될 것이다.[197] 가령, 시설 내에 있는 주차장, 헬스장, 테니스장 등의 시설을 주민에게 개방하는 것이다.[198]

문화적인 교정시설을 조성하여 기대할 수 있는 효과로는 최소한의 인간적인 존엄성을 인정받는 물리적인 환경에서 생활함으로써 사회와의 단절에서 오는 소외감이나 불안감이 줄어들어 교화프로그램에 대한 수용정도와 사회적응력이 높아지는 것을 기대할 수 있다.

그리고 시설의 환경개선을 통해 맞춤형 교화프로그램을 실시할 수 있는 여건이 마련되면 자신이 흥미를 느끼는 분야의 기술이나 지식을 습득하는 데 보다 관심을 기울임으로써 재범의지를 약화시키는 긍정적인 교정효과를 기대해 볼 수 있다.[199]

보안상의 문제가 대두 되겠지만 이를 개선하고 정착시킨다면 교정시설도 훌륭한 문화 휴식공간이 될 수 있을 것이라는 주장이 있다.[200] 결국 문화적인 교정시설을 조성하는 것은 수용자들의 생활환경을 쾌적하게 만들어 시설 내의 규범을 준수토록 유도하고 출소 후의 재범을 감소시키는 방향으로 우리 사회에 긍정적인 영향을 미칠 것이라고 기대할 수 있다.

또한 시설의 환경을 개선하는 것은 교정시설의 운영과 수용자에 대한 관리를 용이하게 함으로써 교화와 재사회화를 촉진하고 수용자들에 대한 우리 사회의 관심을 확인시켜 줌으로써 사회에 대한 적응력을 높여 줄 수 있을 것으로 기대된다.

2) 다목적실과 소규모샤워실의 설치

단순한 여가활동과 교육 및 프로그램 활동을 위해, 가변성이 있는 다목적실이 데이룸에 인접하여 설치한다. 다목적실은 일상적으로는 TV 시청실 등으로 활용되며, 특별한 장비가 필요치 않는 일반 교정교육이 이루어질 수 있도록 계획한다. 미국의 경우 일반적으로 탈의 공간을 포함하여 수용자 9명당 1개의 샤워 부스를 설치하도록 하고 있다.

---

197) 조성룡, "시민과 수용자가 함께하는 문화 교정", 교정 통권(제337호), 2004, 132쪽.
198) 전수영, 교정제도개선과 민간참여방안, 한국학술정보(주), 2009, 98~99쪽.
199) 전수영, 교정제도개선과 민간참여방안, 한국학술정보(주), 2009, 99~100쪽.
200) 김효정, "문화적인 교정시설 조성방안 연구", 한국문화관광정책연구원, 2004, 55~88쪽.

수용자의 사생활을 고려하고, 수용자와 직원 간의 있을 수 있는 성적 문제를 예방하기 위해 가림막이 설치되어 있으며, 샤워 중 감시의 효율성을 고려하여 상하가 오픈된 출입문을 설치하고 있다. 그러나 국내 교정시설은 다인이 동시에 사용할 수 있는 샤워실로 설치되어 있어, 의도하지 않은 수용자 간 접촉과 감시의 부재를 초래할 수 있다.201) 다수의 수형자가 이용하는 샤워 공간은 수증기에 가려 익명성이 보장되므로 계호직원 감금 등 대형 교정사고의 개연성이 상존한다. 샤워 공간의 과밀화도 교정사고와 연계될 수 있다.

다수인원을 동시에 입욕시킴으로써 수증기 등이 가려 사실상 시각계호의 사각지대로 방치되고 있는 측면이 있다. 일부 적극적 담당 교도관은 욕실 내에서의 계간(鷄姦) 등 교정사고를 방지하기 위해 후미 구석진 공간까지 들어와 근무하다 직원 위해(危害) 등 대형 교정사고의 원인을 제공할 수도 있다. 1인1실, 5인1실, 10인 1실 등 샤워 공간의 소규모화와 다양화가 요청된다. 쾌적한 근무환경은 직원에게는 근무의 효율성을 증대시키고, 수형자에게는 공격지수를 감소시켜 수용자 폭력을 줄일 수 있다고 본다.

3) 직원 및 수용자 개인공간의 확대

수용실은 교정시설과 교정철학의 변화가 직접적으로 반영되는 곳이기도 하다. 거주시설에서 사적인 생활은 침실을 중심으로 이루어진다. 데이룸과 다목적실이 동적이고 개방적인 데 대해 사적인 공간은 정적이고 독립성이 있어야 한다. 잠을 잘 때는 누구나 혼자이다. 취침이라는 행위는 본래의 성격에서 혼자의 것, 즉 개실(個室; private room)이어야 한다. 또 개실인 침실은 개인적인 일이나 사고 또는 휴식 등 개인 생활을 확보하는 장소이기도 하다. 자기의 방을 갖는 다는 것은 사람의 자율(Self-Control)이라는 점에서 필요한 물리적 요건이다. 이것은 인격형성에도 크게 영향을 준다.202) 과밀수용은 대부분의 교정시설에 심각한 문제이다.

과밀수용은 수용자들에게 절망적인 조건을 주며, 직원들에게 많은 어려움들을 야기한다. 과밀수용의 주요 영향을 프라이버시의 부족과 일반적 인간 행동의 능력 감소이다. 과밀수용은 긴장과 공격성을 기른다. 밀도와 박탈감은 직접적인 관계가 있다. 수용자간 경계가 없으면, 혼거실 수용자는 독거실 수용자보다 스트레스를 많이 받는다. 현재 대부분의 국내 교정시설은 다기능의 거실, 즉 '행위의 혼재'에서 오는 비위생적 공간, 번잡함,

---

201) 문영삼, 앞의 논문, 2006, 128~129쪽.
202) 이광노, 건축계획, 문운당, 2005, 36쪽; 이광노, 건축계획과 설계강론, 대우출판사, 2008, 38쪽.

거실로서의 고유기능 상실 등으로 인해 관리통제, 안전 등의 문제가 발생되고 있다. 수용실은 대부분 취침, 집필, 식사, 휴식 등 다용도 좌식생활을 하고 있으며, 융통성과 경제적인 면에서 유리할 수 있으나, 반면 취침 시에 비위생적이다.

수용자의 재사회화를 목적으로 한다면, 자기반성의 기회를 제공하고 자기만의 공간을 가짐으로써 프라이버시 확보가 가능한 독거실이 가장 타당하리라 판단한다. 경제적 여건에 의하여 혼거실을 계획한다면, 지금과 같은 좌식 수용실은 수용자 집필, 휴식 등 인간으로서의 최소한의 요구를 수용하기 힘들며, 수용실 내 모든 수용자가 같은 행동을 취하게 될 수밖에 없다.

입식 수용실은 가구에 의해 자기만의 공간을 확보할 수 있으므로, 어느 정도 프라이버시 확보 및 개인 영역 공간을 조성할 수 있으며, 이에 따라 수용자의 물리적 박탈감을 해소할 수 있을 것이다. 이에 수용실은 수용자 개인생활공간으로 계획되어져야 할 것이다.

이를 위해서 우선 입식 생활을 전제로 침대로 구성된 수용실을 제안한다. 단위수용실은 개인적 공간으로 구성하여 혼재되어 있는 수용실의 기능을 분화해야 할 것이다. 현재 수용실은 대부분 취침, 집필, 식사, 휴식 등 다용도 좌식생활을 하고 있으며, 융통성과 경제적인 면에서 유리할 수 있으나 반면 취침 시에 비위생적이다. 입식생활은 활동이 편리하고 취침 시에 위생적이나, 평면계획상 가구의 크기에서 생기는 면적의 증가를 초래한다. 그러나 쾌적한 환경조성은 현대 교정시설의 필수라 사료되며 이에 따른 입식 생활의 적용이 타당하리라 사료된다. 또한 다인이 사용하는 좌식 혼거실은 수용자 집필, 휴식 등의 개인적 요구를 수용하기 힘들며, 수용실 모든 수용자가 같은 행동을 취하게 될 수밖에 없다. 이에 혼거실은 입식생활과 동시에 각 개인별 칸막이를 설치하여 심리적 안정감과 프라이버시가 확보될 수 있도록 계획되어야 할 것이다.203)

왜냐하면 과밀한 수용은 인간의 성향을 불안정하게 하고 공격적으로 만들 뿐 아니라, 고통을 느끼게 함으로써 반항심을 불러일으키고 사회화에 역행하기 때문일 것이다. 개인 공간으로서 수용실의 구성은 수용자의 박탈감 해소를 도모할 수 있을 것이다. 수용자도 인간이며, 교정시설은 수용자가 거주하고 재사회화되는 거주 공간이라 생각한다면, 수용실 역시 수용자 거주에 합당한 면적을 확보함이 바람직할 것이라 사료된다. 최소한 인간으로서 인간이 활동하고 취침할 수 있는 공간을 확보해야 한다는 것이며, 이를 위해서는 최소주거 면적의 확보가 필요하다고 하겠다. 최근 국내 교정시설의 12개 독거실 사례를 분석한 결과 평균 면적은 4.25㎡이며, 외국 교정시설의 21개 독거실의 평균 면적은 7.25

---

203) 문영삼, 앞의 논문, 2006, 129~130쪽.

㎡로, 국내 교정시설의 독거실 면적은 선진 교정시설과 비교하여 협소함을 알 수 있다. 선진 교정시설의 수용실 면적 기준은 벽체 등을 제외한 순수한 실바닥 면적을 기준으로 하고 있으나, 국내 교정시설은 벽체 중심으로 면적 기준을 규정하고 있다. 이에 국내 교정시설의 면적을 순 바닥 면적으로 재산정한 것이며, 피트면적은 제외한 것이다. 교정시설의 수용실은 인간이 생활하는 거주공간이라는 측면에서 일반 주택의 주거 면적 기준과 수용실 면적기준을 비교해 본 결과, 영국의 경우 주택법(1985)에 의하여 일반 주택의 1인 침실의 경우 주거면적은 6.5㎡를 최소 주거 면적으로 산정하고 있다. 영국 교정청의 수용실의 면적 기준은 1인실의 경우 6.8~7.2㎡로 일반 주택의 최소 침실면적에 부합하는 수용실 면적 기준 채택하고 있다. 영국은 1987년에 교도소 건축위원회가 설립하고, 교도소 설계 지침(PDBS; Prison Design Briefing System)을 공표하였다. 이를 기준으로 영국 교도소청은 안전수용실(safe cell)이라고 하여 수용실 내 자살방지와 인간적 환경조성을 위한 표준 수용실 타입을 제시하였다.[204]

미국의 경우도 공중위생국의 일반 주택의 1인 침실 기준은 6.84㎡이고 미국 ACA의 독거실 면적기준은 6.5㎡로 규정하고 있다. 독일의 경우 수용실의 기준을 구체적으로 제시하고 있으며, 천장(天障)의 높이를 2.5m로 가정하여 산출한 것이다.[205] 이와 같이 선진 교정국가는 독거실의 면적기준을 일반 주거기준 1인 침실 기준과 유사하게 규정하고 있다. 이에 반해, 국내 일반 주택의 최소 1인 침실 면적은 인체 공학을 바탕으로 5.76㎡을 제시하고 있으나,[206] 독거실에 대한 규정[207]은 일반 독거실을 4.62㎡(1.4평), 보호실 4.62㎡, 엄정독거실 3.63㎡, 징벌실 2.97㎡로 정하고 있다. 인간이 거주하는 침실이라기보단 단순 구금시설이라는 측면에 머물고 있는 실정이다.

독거실의 기준 면적은 거주공간으로서 일반 주택의 침실면적과 유사하게 재조정하는 것은[208] 추후 나아가야 할 바른 방향이기는 하나, 예산상의 문제, 다른 사회보호시설과의 형평성의 문제뿐만 아니라 국민의 법감정상의 문제가 있으므로 교정건축시설 신축 시만이라도 사회유사화 원칙과 인체공학, 시대의 흐름을 반영한 시설로 거듭 태어나기를 기대해 본다.

기존 교정시설의 경우에도 관리자나 기관장의 교정건축시설에 대한 문제점과 열린 교

---

204) Leslie Fairweather and Sean McConville, Prison Architecture, Architectural Press, 2000, pp.39~40.

205) 한상훈, "외국의 교정현황에 관한 연구", 형사정책연구(제43호), 한국형사정책연구원, 2000, 173쪽.

206) 건설교통부, 서민 주거복지 확대방안, 2004. 6. 8.

207) 법무시설 기준 규칙, 2002. 12. 30, 법무부 훈령 제475호.

208) 문영삼, 앞의 논문, 2006, 131~132쪽.

정에 대한 이해만 있어도 독거실의 다양화와 침실의 점진적 확보는 어렵지 않다.

목공, 건축, 조적, 미장 등의 기능을 보유한 수용자의 기능활용을 모색해 볼 수 있다. 교도작업을 통한 그들의 기능향상에도 일조하며 동시에 시설의 점진적인 개선도 가능하다고 사료된다.

제3절 수용자폭력의 검토와 선결과제

Ⅰ. 폭력수용자의 개념과 현황

1. 형사정책학적 개념

대부분의 인간은 기회주의적 일반인(기회형)과 정직한 일반인(동조형)이다. 그다음이 합법적 수단을 상실한 개혁형과 폭력형 및 도피형으로 인적 구성이 분포되어 있다고 본다.[209] 바람직한 사회는 기회형과 동조형의 역할이 지배적인 사회이고, 나머지 유형은 동조형이나 기회형과 함께할 수 있는 사회처우가 필요하다고 본다. 구금시설에서는 약간의 편차가 있지만 약 70% 내외가 개혁형이며, 그다음이 폭력수용자이다. 바로 소수의 폭력사용의 수형자가 다수를 장악하여 주도권을 행사하게 된다. 이러한 폭력범죄는 육체적 손상을 가져오고, 정신적·심리적 압박을 가져온다. 물리적 강제력인 폭력을 수단으로 하여 가해자가 피해자에게 범하는 범죄이다. 즉, 가해자의 피해자에 대한 폭력행위가 없으면 성립되지 않는 것이 폭력범죄인 것이다. 폭력수용자의 폭력원인으로 사회문화적 측면과 신체심리적 측면으로 구분해 볼 수 있다. 전자의 경우 사회문화적 관점은 사회구조

---

209) 동조형을 정직한 일반인과 상황에 따라 비합법적인 수단을 사용하는 기회주의적 일반인으로 다시 구분하였다. 필자의 적용유형인 상황적 기회구조이론은 아래와 같다. 바로 이들을 기회형, 즉 상황인으로 규정하고 자기의 이익을 위해서는 마약의 수수, 사용은 물론 폭력까지도 쓸 수 있는 신 유형의 개념을 설명하고자 한다. 우리 사회의 대부분의 인간은 기회형으로서, 상황에 따라 어떤 수단도 사용할 수 있는 유형으로 보고 있다. 이들은 자기의 이익에 따라 행동하므로 그 행동의 결과를 놓고 고민하는 유형을 말한다. 즉, 이들은 공정하고 엄격한 법의 집행이 언제나 정확하다면 불법과는 거리가 먼 유형이다. Cloward와 Ohlin은 인간의 유형을 4유형으로 어느 정도 결정론적 관점에서 규정함으로써 폭력수용자, 노숙자 같은 도피형도 기회형이나 순응형으로 변화될 수 있는 상황논리의 부재를 간과하였다고 본다.

적인 측면에 요인을 초점으로 삼는 것이다. 즉, 사회의 산업화, 도시화가 급격히 진행되면서 나타나는 아노미현상 및 급격한 전통 문화의 변화, 가치관의 갈등 등 여러 사회현상으로부터 야기되는 것에서 폭력행위의 동기를 찾는다는 측면이다. 후자의 경우 폭력사범은 형사처벌보다는 인격장애(Personality Disorder) 및 정신병질 등 의학적 치료를 요하는 Client로 취급되어야 한다는 견해가 확산되어 왔다. 습벽적 폭력이 질병이라면 신체적, 생화학적 이상상태가 규명되어야 한다.

폭력범을 처우하는 데 있어서는 우선 폭력범죄의 특성에 대해서 살펴보아야 한다. 즉, 사건의 발생상황을 살펴 그 폭력성을 억제하고 개선에 도움을 주는 방안을 찾아보아야 하는 것이다. 폭력범죄는 보통 세 가지 측면에서 살펴볼 수 있는데, 가해자와 피해자의 관계, 폭력 발생 시 피해자의 행동반응, 피해자의 피해 정도가 그것이다. 이러한 결과는 폭력범죄에 있어서는 명확하게 가해자와 피해자를 논하기 어려운 측면도 있다.

2. 교정학적 개념

법무부령에서 규정하고 있는 구체적인 정의는 다음과 같다. 상습규율위반수형자라 함은 형집행관련 법령에 규정된 규율을 3회 이상 위반하여 관심대상자로 지정된 형의 집행 및 수용자의 처우에 관한 법률 시행규칙 제210조 제1호 내지 제6호에 해당하는 수형자를 의미한다. 즉, 다른 수용자에게 상습적으로 폭력을 행사하는 수용자, 교도관 등을 폭행하거나 협박하여 징벌을 받은 전력이 있는 사람으로서 같은 종류의 징벌대상행위를 할 우려가 큰 수용자, 수용생활의 편의 등 자신의 요구를 관철할 목적으로 상습적으로 자해를 하는 수용자, 다른 수용자를 괴롭히거나 세력을 모으는 등 수용질서를 문란하게 하는 조직폭력수용자와 조직폭력사범으로 행세하는 수용자, 상습적으로 교정시설의 설비·기구 등을 파손하거나 소란행위를 하여 공무집행을 방해하는 수용자를 말한다. 〈표 8〉은 교정시설에서 상해, 폭행이 63.2%로 나타났다.

<표 8> 교정시설 범죄유형별 사고현황[210]

연도	계	도주	자살	화재 (방화)	병사	폭행 치사	폭행 상해	직원 폭행	소란 난동	기타
계 (%)	5,961 (100)	11 (0.3)	108 (1.8)	12 (0.1)	205 (3.4)	3 (0.1)	3,766 **(63.2)**	705 (11.8)	220 (3.7)	933 (15.6)
2000	572	2	12	2	21		333	37		165
2001	504		7	1	21		332	41		111
2002	571	1	8	1	17		332	92	6	114
2003	611	2	5	2	26	1	404	115	16	40
2004	639	1	12	1	27		432	81	18	67
2005	885	4	16	1	16		573	128	91	56
2006	680	1	17	3	16	1	418	92	50	84
2007	658		16	1	18		412	73	32	106
2008	649	1	16	2		0	401			224[211]

Ⅱ. 수용자폭력의 문제와 개선방안

1. 폭력예방을 위한 상담기법 활용

인간행위의 기본 근저는 사람의 성(性)은 원래 악하며, 선하게 되는 것은 인위적인 노력에 의한 것이라고 한 중국 전국시대 순자(荀子)의 인성론(人性論)을 지지, 계승한 이사(李斯)·한비자(韓非子)·법가(法家)의 성악설적 입장이 다수 교정인에게 주목을 받고 있다. 특히 상습규율위반자는 일반인에 비해 상대적으로 논리보다는 힘에 의존하려는 경향이 더 높으며 폭력 성향을 보이는 것으로 보고되고 있다. 또한 사회나 교정시설이나 절도, 강도, 사기범에 비해 폭력행위가 더 관대하게 취급되는 경향이 있다. 폭력수용자는 재산범 등 다른수용자에 대해 우월의식이 자리 잡고 있다. 이런 현상을 어떻게 조명하고 관리하느냐는 수용자 폭력행위 방지와 관련성이 크다. 그것에 대한 대안은 폭력의 사용으로 단기적인 효과보다는 즉각적인 불이익이 오게 하는 교정환경의 개선을 모색할 필요가 있다. 즉, 주먹은 가깝고 법(法)은 멀어서 폭력의 사용은 일정부분 사용자에게는 폭력

---

210) 법무연수원 및 법무부 교정본부 통계, 2009.
211) 2008. 기타 224명에는 병사, 오인석방, 소란난동 등 포함.

의 사용으로 단기적인 이익이 있는 것은 분명하다. 가령 거실이나 작업장 내에서 자신의 입지를 강화한다든지, 자신의 요구조건을 관철시키는 비합법적인 수단을 사용하는 데서 그 문제점이 있다. 또 다른 문제점으로서는 교도관과 관련되는 부분이 있다. 가령 사람마다 고유한 진동이 있는데, 그 진동을 "어떻게 맞출 것인가"가 교도관의 임무임에도 수용자의 성악설적 입장의 소질적 측면만 탓하는 교정현실의 문제점이 있다. 즉 에너지가 강한 수용자의 에너지 분출의 방향을 "어떻게 틀어 줄 것인가"의 고민의 흔적이 없는 문제점이 있다.

개선방안은 아래와 같다. 수용자들의 폭력성향은 명백히 프로그램화되었거나 자동적인 반응은 아니므로 수용자들의 폭력성은 예방되거나 적어도 감소될 수 있다.

심안해 보면 첫째, 폭력행위자를 처벌하고 유인적 행위를 학습시키며 동일화를 차단시키는 것이다. 이 방법은 학습론적 입장으로 처벌이 효과적이기 위해서는 공격행위를 하는 경우 처벌받을 가능성이 매우 높다는 것을 인식하도록 하는 체제를 갖추어야 한다. 그리고 처벌의 효과를 높이기 위해서는 다음과 같은 조건이 충족되어야 한다. ① 처벌은 즉각적이어야 한다. ② 처벌의 강도가 강해야 한다. ③ 처벌은 틀림없이 행해져야 한다.[212] 그러나 현실적으로 교정시설 내에서 수용자 폭력을 감소하기 위한 수단으로 사용되고 있는 징벌(Discipline)의 집행이 위 조건들을 충족하고 있는지를 검토해 보아야 하겠다.

둘째, 감정의 정화(Catharsis)가 필요하다. 다시 말해서 노여움을 방출할 수 있는 기회를 부여하는 것이다. 스트레스가 쌓인 사람에게 심한 운동을 하게 함으로써 열기를 빼주는 것에는 두 가지 이점이 있다. 정서적 긴장을 감소하게 하고 그러면 차후 공격적 행동을 덜 하게 된다. 이러한 감정 정화방법이 어느 정도 효과가 있기는 하지만 장기적이고 근본적인 방법은 될 수 없다. 근본적인 방법은 분노를 가지게 된 원천을 제어하는 것이지만 수용자들을 대상으로 하기에는 한계가 있다. 그러나 수용자들에게 운동시간을 적정하게 부여하는 것도 폭력행위를 예방하는 하나의 방법인 것만은 틀림이 없다.

셋째, 개별심리요법(心理治療, psychological therapy)의 활용을 통한 공격지수의 제어를 고려해 볼 수 있다. 개별심리용법에는 교류분석(transactional analysis)과 현실요법(reality therapy)이 있다. 전자는 美 정신의학자 버언(E. Berne)에 의하여 창시된 인간행동의 이론체계이다.[213]

교류분석은 문제수용자로 하여금 자신의 과거경험이 현재 행위에 미친 영향을 일종의

---

212) 이훈구, 사회심리학, 법문사, 1999, 269~270쪽.
213) 장세석 · 고광도 교정학개론, 서울고시각, 2008, 282쪽.

녹음을 재생하듯이 되돌려 보도록 한다. 그것은 인간의 기억은 초기 아동기의 사건, 그 사건의 의미, 그리고 그 사건에 대한 느낌 등을 기록하는 일종의 녹음테이프처럼 기능하기 때문이다.

즉, 모든 사람은 자신이 과거에 경험한 유사한 사건을 다시 직면했을 때 그 사건에 대한 녹화테이프를 돌려보는 경향이 있다. 당연히 문제수용자는 그가 범죄라는 자기 파괴적인 행위를 했기 때문에 자신의 과거 테이프를 되돌리면 그는 일종의 패배자가 되는 것이다.

그래서 상담자는 이들 문제수용자로 하여금 과거에 대한 부정적인 장면들은 지워 버리고 그들도 승자가 될 수 있으며 인생의 목표를 성취할 수 있다는 것을 확신하도록 가르치는 것이다.214)

후자인 현실요법215)은 Glaser가 주창한 것으로, 모든 사람은 기본적 욕구를 가지고 있으며, 자신의 욕구를 수행할 수 없을 때 무책임하게 행동한다는 가정에 기초하고 있다. Glaser는 정신병이나 신경병, 범죄나 비행 등 불합리한 부적응 행동은 스스로 욕구를 충족할 수가 없는 불완전감의 결과라고 한다. 따라서 치료자는 욕구충족을 할 수가 없어서 고립 혹은 변칙적인 특이한 상태에 있는 이들의 처지를 충분히 알고, 처음에는 환자를 있는 그대로 수용하며,216) 어느 정도 환자와 어울려 제2, 3단계에서는 현실적인 행동에 책임성을 가지도록 가르친다.217)

이러한 현실요법에서 Glaser가 발전시킨 것이 선택이론이다. 선택이론이란 외부에서 주어진 자극에 반응하며 산다는 외부통제이론과는 상반된 것으로, 우리가 자발적으로 거의 모든 행동을 선택하고 있음을 말하는 내부통제이론이다. 선택이론218)은 가까이 지내는 데 문제가 있는 사람들이 흔히 사용하고 있는 외부통제심리학을 대신하는 새로운 심리학을 제안하고 있다.

성공적인 삶을 살아가기 위해 수용자와 직원은 서로 잘 지내는 방법을 배워야만 한다. 그러나 대부분의 불만족스러운 관계를 해결하기 위해, 원인을 상대에게 돌리고, 강요하

---

214) 이윤호, 교정학, 박영사, 1995, 124쪽.

215) 현실요법의 3R이라 함은 현실적이고(realistic) 책임 있는(responible) 올바른 행동(right action)에 의해서 충족될 수 있는 상관성(relatedness)과 공경(respect)을 기본적 욕구로 가정한 것이다.

216) 이윤호, 앞의 책 ,1995, 122~123쪽.

217) 장세석 · 고광도 앞의 책, 2008, 283~284쪽.

218) 1995년 한국상담심리학회 주최 세미나에서 Glaser 박사가 서강대에서 처음으로 자신의 선택이론을 소개하였다. 물론 선택이론은 여러 학자가 다양한 형태로 발표하고 있으나 Glaser 박사가 현실요법과 연계하여 주장한 것은 서강대에서의 발표가 처음이라고 한다: 진희경, 현실요법, 경찰(교정)상담을 위한 심화교육, 한국상담전문가연합회, 2011. 2. 12., 79~80쪽.

고, 처벌하는 외부통제의 방법은 수용자와 수용자 간, 수용자와 직원 간에 필요로 하는 인간관계를 파괴시킨다. 왜냐하면 서로가 원하는 일을 하도록 다른 사람을 밀어붙이기 때문이다.

자신을 무력적으로 통제하력 드는 폭력수용자나 직원과는 좋은 관계를 유지하기 어렵기 때문에 이것이 바로 수형자의 자발성과 주체성 확보의 이유가 있다 할 것이다.

넷째, 문제수용자 폭력행위의 유형별 개별처우를 크게 3가지로 구분해 볼 수 있겠다. 알코올 또는 약물중독 폭력행위 문제수용자,[219] 조직폭력 문제수용자, 상습누범 폭력 수용자 등으로 구분하여 그 원인에 부합한 교회(敎誨)[220]프로그램이 필요하다. 전자의 경우는 위기 극복을 위한 재활원조의 방법에 다양한 프로그램이 있는데 그중, 장기거주 프로그램은 병원, 요양소, 중간처우소, 주간석방센타에서 실시된다. 싱가포르, 파키스탄, 버마, 홍콩, 인도, 말레이시아 등에서 널리 활용되고 있다. 사회 내 처우 통원 프로그램은 시설 내 처우의 폐해인 악폐감염을 회피하기 위한 것으로 조기의 발견과 적절한 개입이 중요하다. 파키스탄, 멕시코, 스위스, 태국 등에서 활용되고 있는 프로그램이다.

또한 갱생보호[221](更生保護) 프로그램은 일정한 기간 동안 적절한 시설에 정규적으로 방문하는 것이다. 그 대상자를 프로그램에 지속적으로 참여시키는 것이 중요한 과제이다. 중자와 후자의 경우는 일반 교정시설에서 분리하여, 특히 분계된 장소나 분리된 시설에 수용하여 전자의 경우에 적용하는 위기 극복을 위한 재활원조(再活援助)의 방법을 같이 모색할 필요가 있다. 별도의 시설에 수용하여 단계적으로 엄벌주의와 온정주의를 그들의 행위에 따라 적절히 단계적 완화(강화)처우를 취할 필요가 있다고 본다.[222]

다섯째, 수용자 체육행사[223] 같은 동적 교정에서 요가·명상과 같은 정적 교정으로 나

---

219) 약물중독현상의 심리생리학적 설명으로 널리 받아들여진 이론 중의 하나가 신체적 의존이론이라 말할 수 있다. 바로 신체적 의존이론에 의하면 장기적인 약물사용으로 인하여 나타나는 신체적 의존 때문에 중독자들은 약물복용과 금단증상의 악순환을 계속하게 된다. 즉, 약물복용을 중단할 때 나타나는 금단 증상의 고통을 줄이거나 없애기 위하여 다시 복용하게 됨으로써 신체적 의존상태에서 벗어날 수 없게 된다는 이론이다: 김상기, "마약류 수형자의 수용실태 및 처우 개선방안", 월간교정, 2006. 1, 88-89쪽.

220) 교회(敎誨)라 함은 수형자를 갱생시키기 위하여 덕성을 함양하고 정신 감화를 함으로써 인격도야와 개과천선을 촉진하려는 교화의 한 수단으로 수형자의 정신적 결함을 교정하고 정상적인 자아 발견을 양성시켜 윤리적인 사회생활에 적응하도록 종교, 기타의 방법으로 교화하는 방법이다: 허주욱, 교정보호학, 박영사, 2010, 437쪽.

221) 법적인 구금 상태에서 풀려나온 출소자의 건전한 사회 복귀를 위하여 사회에서 보호하는 일. 보호의 방법은 직접 보호와 관찰 보호가 있다. 한국갱생보호공단은 갱생 보호 사업을 담당하는 법인이며, 법무부 장관의 감독을 받는다. 임의적인 원칙이다.

222) 이훈구, 사회심리학, 법문사, 1999, 269~276쪽.

223) 수용자체육대회는 수용자들에게 경기를 통해 질서의식과 공동체의식을 함양하기 위하여 실시하고 있으며, 교정참여인사 활동 중 가장 많은 인원이 참여하고 있는 분야 중 하나이다. 행사에 필요한 상품지원

늚의 기술에 대한 이해와 훈련의 장을 제공하는 것이다. 아무리 가난해도 맘이 있는 한, 모든 것을 나눌 수 있다. 근원적인 마음을 나눌 때, 물질적인 것은 자연히 그림자처럼 따라온다고 한다. 나눠 가질수록 우리 잔고가 줄어들 것 같지만, 나눌수록 우리가 더 풍요로워질 수 있다는 실천적 삶의 모습을 보여 주는 훈련의 장을 제공하고 보상함으로써 수용자에 대한 폭력성을 줄이는 다양한 기법 등에 대한 프로그램이 폭력행위 감소에 유용할 것이다. 그 밖에도 수용자들의 긍정적인 생각과 기분을 만들어 내는 행동변화가 목적인 교정상담224)의 활성화를 주문한다.

이러한 교정상담기법들은 수용자들의 폭력행위를 줄이는 데 기여할 것으로 보인다. 전술한 대로 기존의 논문은 폭력의 원인을 수용자적 측면에서 대부분 접근하고 있다. 열악한 교정환경 및 교정서비스의 부재에서도 고찰될 수 있는바, 폭력행위의 예방은 현재, 여기서, 교도관부터 시작된다는 기존 발상의 전환이 요청된다.

교도관은 수용자의 만족을 그의 보람으로 삼고, 모든 일을 수용자의 입장에서 생각하고 실천하며, 수용자의 의견을 존중하고 열린 맘으로 경청한다. 수용자의 불평, 불만 해결에 최선의 노력을 다하며, 수용자와의 약속을 소중히 여기고 늘 지킨다. 또한 경험적 선입관을 버리고 교정제도 개혁에 앞장서며, 수용자의 만족을 위하여 부단한 자기개발에 전력하는 자세를 갖는다면 폭력행위는 상당 부분 감소할 것이다.

은 물론 수용자들과 함께 어우러져 선의의 경쟁을 통해 사회규범을 배워 나가도록 한다는 의미에서 수용자들에게 보이지 않는 부문에서 교정교화 효과가 있다고 보는 대부분 교정학자들의 다수설적 견해이다. 필자의 반론은 다음과 같다. 응보형주의 시대 교정의 산물이라고 본다. 현대의 교정은 총집교회에서 개인교회의 모습으로 발전하고 있음에 비추어 다수 수형자의 체육행사는 축소하는 방향이 타당하다고 본다. 다수의 수형자는 동적 성향이 강한 기질의 소유자이므로 정적 성향의 교정프로그램을 개발하여야 하는데 그렇지 못하다는 것이다. 그리고 매일 운동시간이 주어져 실시되므로 단체행사는 대형교정사고의 위험성을 늘 안고 있으므로 그 위험성을 최소화할 필요성이 있다. 또한 남성의 증거로서 공격성 찬양의 장이 되어서 전체 체육행사를 통하여 새로운 영웅과 서열이 정리되는 경우와 악폐감염의 우려를 지적할 수 있다. 또한 지역사회와 교정위원에게 부담이 되며, 담당 계호 직원도 업무의 부담으로 평상시 교정업무에 지장이 초래될 수 있다. 또한 부정 물품의 반입과 반출로 하급직원의 검신, 검방 업무가 증대됨으로 하급직원의 업무의 과밀화를 초래하여 교정발전을 저해하는 요인으로 작용할 수 있다. 대형행사를 자제하므로 경비절감의 효과가 있어 그 비용으로 직원업무의 과밀해소에 기여하는 방향으로 예산의 집행이 바람직하다. 일선 기관장은 눈에 보이는 전시교정에서 내실 있는 침착한 정적교정으로 방향을 돌릴 수밖에 없도록 '간섭주의' 교정이념이 상대적으로 더 중시되었으면 한다.

224) 김종운, 교정상담의 이론과 실제, 2011 춘계워크숍, 한국교정상담학회, 2011.

2. 원활한 수용자소통의 활성화 문제

1) 소통의 부재

우리나라 교정처우 대상 수용자 중 63.7%가 재범 이상이다.225) 이들은 합법적인 수용생활을 지향하면서도 교도소 문화를 최대한 이용하는 수용자들이다. 지금 국내 교정시설에는 이처럼 교정처우하기 어려운 누범자의 증가를 비롯하여 교정시설의 과밀화로 교정직원의 업무가 갈수록 가중되고 있다. 교정의 관리자 그룹은 대부분 정복교도관이어서 수용질서유지 이외에 상담, 교화, 교정의 사회화 등에는 관심이 부족하고 관심이 있다 하여도 조직의 묘한 특성상 잘 수용되지 않는다. 이러한 여러 가지 관행과 현실로 교정직원들이 수용자들과 대화를 할 수 있는 기회는 그만큼 줄어들 수밖에 없는 것이다.

대화의 장이 마련된다 하여도 진정성이 담보되어야 할 것이다. 가령 말을 걸면 말 상대를 해 주는 것 같으면서도 서둘러 대화를 거두려고 하는 점, 깊은 대화를 하면 반드시 그 말 속엔 빈정거림이 있다는 점, 어떤 모임이든 끼워 주지를 않는다는 점, 눈에 보이지 않는 무서운 냉대226)가 수용자 간, 수용자와 직원 간 소통을 막아 교정사고로 이어진다는 것이다.

이러함에도 수용자 상담철저는 서류에만 철저하고, 오히려 실질적 상담을 선호하는 직원은 수용질서유지를 잘못하고, 징벌집행과 문서의 기록227)을 많이 할수록 유능한 교도관으로 평가되는 교정현장이 더 문제이다. 즉, ‘소통단절의 장막’을 교정 스스로 치는 관리자의 운영상 문제점이 있다. 이러한 교정현실에 문제를 제기하는 교도관은 가차 없이 징계228)의 칼을 내민다.

---

225) 2010. 12. 31. 교정본부 수용자 수용현황 통계자료 참조.

226) 이적, 민통선 예수(상), 아이디얼북스, 141쪽.

227) 조선시대에도 번문욕례(繁文縟禮, red tape)란 말이 많이 쓰였음을 정약용의 목민심서, 경세유표에 잘 나타나 있다. 電子문서의 시대에도 전자문서 결재 외 구두보고와 서면구두보고가 동시에 이루어지고 있다 교정 직원의 업무부담은 외부적인 요인이 분명하지만 내부적인 요인도 잔재되어 있다. 수용자 상담을 활성화하기 위해 상담기록부라는 것이 있지만 기록하는 것이 상담하는 것 보다 더 중요한 가치로 전도되어 있다. 교도소에 비치되어 있는 모든 서류대로 근무할 수 없는 그런 구조이며, 관리자의 직원 길들이기 이외에 불필요한 서류가 없는지 문제를 제기한다. 원래 교정의 근대적 뿌리는 일제에 의해 시작되어 관리자는 일본인, 하급직원은 조선인으로 조직되어 수형자의 질서유지뿐만 아니라 직원의 질서유지 또한 필요한 결과 나온 것이 결재서류였다고 하면 반드시 정리되어야 할 대상이다. 그러함에도 현실이 그렇지 못함은 관리자는 결재서류가 자신의 권위를 지켜주기 때문이다.

228) 징계는 공무원의 의무위반에 대하여 공무원관계의 목적을 달성하기 위하여 국가가 그의 사용자로서의 지위에서 과하는 행정상 제재를 말한다. 대법원은 징계의 정의와 관련해 징계는 공무원관계의 질서를

실무의 이해를 토대로 문제를 제기하고자 한다. 이러한 문제는 직원과 수용자 간의 신뢰구축도 저해하여 수용자 폭력행위 방지에 장애가 되고 있다. 다음은 교정직원 징계처분과 관련된 사실관계와 판례이다.229)

2) 관련판례의 사실관계

1989. 10. 31.부터 ○○교도소에서 정복교도관으로 근무 중인 교도관 甲씨는 행형법 제7조에 따라 제정된 교도관직무규칙230)과 교도관점검규칙231)에 의하여 행하여지는 교도관의 점검사항 중 교도수첩과 비상준비금의 점검은 그 합리성과 필요성이 없고 오히려 헌법이 보장하는 개인의 사생활의 자유를 침해하는 것이라고 하면서 1994. 6. 17. 및 1994. 6. 20. 아침 점검과 훈련에 불참하였을 뿐만 아니라, 배치교위 및 당직교감이 그 점검의 합법성을 교육하면서 점검참석을 지시하였으나 이마저도 거부하였다. 이에 ○○교도소장이 교도관 甲의 이와 같은 행위는 국가공무원법 제56조 및 제57조의 공무원으로서의 성실의무 및 복종의무에 위반된다는 이유로 정직 1개월의 처분을 하자 甲은 이러한 징계처분이 위법하다며 ○○교도소장을 상대로 법원에 징계처분 취소소송을 제기하였다.

3) 판결내용

대법원에서는 아래와 같은 이유로 甲의 주장은 이유 없다며 원고패소 판결한 원심232)을 확정하였다.233) 행형법, 교도관직무규칙, 교도관점검규칙과 업무일지 및 교정수첩관리지침 등 관련 규정에 의하면, 근무자세 점검에 있어 원고가 휴대하고 다녀야 할 교도수첩은 위 관리지침에 따라 지급되고 있고 그곳에는 계호준칙 및 교도 관련 법령이 게재되어 있을 뿐만 아니라 법무부 지시공문 기타 상관의 교육 및 지시사항 등을 적도록 되어

<hr>

유지하고 기강을 숙정하여 공무원으로서의 의무를 다하게 하기 위하여 과하는 제재라고 판결한 바 있다: 대판, 1983. 6. 28, 83누130.

229) 신용해, "교도관 징계처분과 관련된 판례 연구", 법무부 교정본부, 2010. 2.

230) 1991. 3. 14. 법무부령 제348호로 개정된 후의 것임.

231) 1984. 5. 17. 법무부령 제261호에 의하여 개정된 후의 것임.

232) 대전고법 1995. 3. 24, 94구2693.

233) 대판 1996. 4. 12, 95누5752.

있는 메모지가 있어 이를 활용하여 교도관으로서의 자세를 확립하고 그 근무내용을 숙지하도록 하기 위하여 교정공무원의 직무의 특수성 때문에 필요하여 그 휴대를 강제하는 것이고, 비상준비금의 경우도 업무수행 중 예견되는 재소자의 도주사고, 응급환자 발생 등의 돌발적인 사태의 발생 시에 필요한 교통비 등 긴급한 상황에 신속히 대처하기 위한 필요성에 의하여 비상준비금을 항상 휴대하도록 의무화한 것임에 비추어 볼 때 원고에게 교도수첩 및 비상준비금의 휴대의무와 점검에 응할 의무를 부과한 위 교도관점검규칙이 개인의 사생활의 자유를 보장한 헌법이나 법률에 위반되어 무효라고 볼 수는 없다고 판단하였다. 이를 관련 규정 및 기록에 비추어 살펴보면 원심의 위와 같은 판단은 옳다고 여겨지고 교도수첩 및 비상준비금의 휴대의무와 점검에 응할 의무를 부과한 위 교도관점 검규칙이 개인의 사생활의 자유를 보장한 헌법이나 법률에 위반되어 무효라는 취지의 상고이유의 주장은 이유 없다 할 것이다.[234)

4) 판례평석

교도관 점검은 과장이나 당직주무 교정간부의 판단에 따라 일과 후에 시작된다. 통상 야근 근무 후 아침 9시에 퇴근하여 수면이나 다음 근무를 위해 휴식을 취한다. 그러나 교도관 점검집합은 퇴근이 지체되므로 피로가 누적된다. 점검집합은 비간부인 하급직원만 병영식으로 도열하여 교정사고 방지에 관한 훈시를 듣고 끝나기도 하지만, 앞으로, 좌로, 우로, 수첩, 호루라기 명령에 따라 민첩하고도 일사불란하게 움직이는 '소위병정놀이'이다. 60∼70년대까지만 하여도 학력 및 지적수준이 낮아 재교육 차원에서 이러한 점검이 필요했을 것이다. 뒤에 후술한 일제의 교정간부가 조선인 비간부의 길들이기 차원에서도 필요하였다. 지금도 관리자의 입장에서는 교도관점검규칙으로 직원을 길들이고 있다.

오히려 이러한 규칙은 보안(保安)과 교정(矯正)에 위협적인 존재로 다가오고 있다. 교정의 어려운 현실은 외부적인 요인도 있으나 교정 스스로 문제를 만들어 그 문제 속에서 같이 힘들어하는 것이다. 교도관점검규칙이 교정조직이 강화되는 방향으로 가야지 직원을 위협하는 수단이 되어서는 곤란하다. 관리자의 명에 의해 '수첩'하면 수첩을 꺼내어 하늘 높이 올리고, '호루라기'하면 민첩하게 꺼내어 힘껏 불어대는 직원만이 살아남는 조직이라면 더욱더 교정의 획일화로 나갈 수밖에 없다. 불만을 갖지 않고 미리 예측함으로써 비번근무를 활용하고 보안근무의 충격을 완화시켜 주는 관리자의 노력이 요구된다.

---

234) 대판 1996. 4. 12, 95누5752.

하급직원의 열악한 근무환경과 관리자의 숨은 의도를 간파하지 못한 판례로 본다. 이처럼 열악한 근무환경을 교정(矯正)이 스스로 만들어 놓고 처우개선, 급여인상, 조직 확대를 주장하는 것은 본질이 전도된 것이다. 경찰 등 다른 조직에 비해 근무환경이 열악한 것은 사실이다. 교정인재의 획일화가 교정인재의 다양화로 가야 함에도 안착하기 어렵게 스스로 문제를 만들어 내는 구조이다. 따라서 大法院 1996. 4. 12, 선고 95누5752 판결과 大田高法 1995. 3. 24, 선고 94구2693 판결은 시대의 흐름을 읽어내지 못하는 내용이라고 본다. 즉, 헌법상 개인의 사생활의 자유보장이 관리자의 주관적 판단보다 앞서야 함에도 관리자의 내면을 읽어내지 못하고 형식으로 내세운 성실의무, 명령복종의무 위반으로 단정해 버리는 대법원의 태도 또한 깊은 내면을 이해하지 못한 판결이라고 본다.

3. 교화프로그램과 사회적 환경의 개선

교도소 내의 수용자 간 위계질서를 폭력수용자들이 주도함으로써 수용자 간 폭력의 문제를 더 어렵게 만드는 원인이 되고 있다. 직원 또한 일정부분 그러한 주도권을 관행적으로 묵인함으로써 문제해결이 어려워지고 있다. 또한 폭력행위 방지를 위한 맞춤형 교화프로그램이 전무함과 담당 전문직원의 확보가 되어 있지 않다는 것이다. 사회적 환경은 음주와 폭력은 재산범에 비하여 상대적으로 관대하다는 것도 문제이다. 폭력과 음주의 양은 호탕함과 남성의 증거로서 척도의 기준으로 보는 사회현상과 더불어 음주와 폭력행위에 대해서는 경찰의 조사단계에서부터 그럴 수도 있다는 관대함도 우리가 풀어야할 문제의 하나이다.

전술한 문제점의 대안으로 각종 치료프로그램을 활용하는 방안을 제안한다. 심리요법,235) 집단심리치료236) 및 미술치료와 음악치료를 교정현장에 접목하였으면 한다. 미술

---

235) 심리치료란 치료자가 내담자의 행동을 돕거나 바꾸거나 개선하는 것을 목적으로 계획적인 대인관계 상호작용을 하는 것을 말한다. 일반적으로 언어적 의사소통이 위주가 되는 면담을 포함하나 단순한 대화는 아니며 걱정하지 말라는 충고나 경고와도 다르다. 기본적으로 심리치료는 치료자와 내담자 사이에서 비롯되는 독특한 관계를 내포하지만 이 관계는 내담자가 맺는 기타 다른 사람과의 관계와는 몇 가지의 특징적인 차이가 있다. 내담자는 다른 사람과 관계를 맺는 방식으로 치료자와 관계를 맺으려 하겠지만 관계의 목적, 자기표현의 기회, 내담자에 대한 치료자의 깊은 관심과 인간 행동의 이해 등이 이 관계를 독특한 관계로 만든다. 내담자는 치료자를 대할 때도 일상생활 속에서 다른 사람을 대하는 방식과 같이 대하지만 치료자는 다른 사람들이 반응하는 방식으로 반응하지 않는다. 마약수용자의 심리치료는 약물남용을 하게 된 억눌린 감정을 확인하여 상담, 행동교정, 자기최면, 이완훈련, 묵상 등을 활용하여 그러한 감정을 해소시키는 것이다. 주로 정신과 의사나 심리학자가 심리치료를 담당하지만, 종교인이 심리치료에 참여할 수 있다.

236) 집단심리요법(集團治療, group therapy)으로서 현재 많이 활용되고 있는 상담치료기법으로 집단지도상

치료라 함은 그림, 조소, 디자인 따위의 미술활동을 통해서 심신의 어려움을 겪고 있는 사람들의 심리를 진단하고 치료하는 것을 말한다. 약물을 사용하지 않는 심리치료라는 점에서 일반 의사들이 하는 치료와 다르다. 한국에는 1992년부터 미술치료가 본격적으로 도입되기 시작하여 지금은 재활, 정신질환 따위의 분야에서 응용되고 있다. 하는 일은 이를 적용하는 분야에 따라 약간 차이가 있다. 어느 분야에서나 미술활동을 통해 심리적인 장애가 있는 내담자의 심리를 분석·진단하고 치료한다는 점에서는 다를 바가 없다. 과거에는 정신병이나 발달장애 따위의 언어적 접근이 어려운 영역에 주로 적용되었다.

하지만 지금은 일반적인 부적응이나 부모교육, 일반인의 자아성장, 아동의 자신감 키우기, 수형자의 교정 분야로까지 확대되고 있다. 그 대상도 아동, 노인시설 수용자에 이르기까지 넓어지고 있다. 이 용어는 1961년 미국의 美 울만(Ulman)이 미술치료회보(Bulletin of Art Therapy) 창간호에서 처음 사용했다.237)

전인교육을 위해서는 학과교육뿐만 아니라 예체능의 균형을 갖춘 인성교육이 중요하다는 경험적 보고238)가 있다.

수형자의 경우 예능 쪽의 어릴 적 경험은 대부분 결여되어 있다. 인성교육에 있어서 음악치료의 경우 최근 미국에서 입증되고 있다. 특히 일리노이(Illinoi)주립大를 비롯하여 음악치료학(Music Theraphy) 강좌가 개설된 학교는 30여 개 대학에 이르고 있다고 한다. 영국, 캐나다, 오스트레일리아, 남아메리카 여러 나라, 일본, 대만에서도 그 영역을 확대하고 있는 실정이다. 음악치료를 간단히 설명하면 '치료를 위한 음악의 사용'이라고 할 수 있다.239)

호작용(guided group interaction)과 심리극(psychodrama)을 대표적으로 들 수 있다. 집단치료의 가장 대표적인 형태는 치료공동체(Therapeutic Community)이다. 치료공동체는 약물중독자의 성격유형을 변화시키려고 노력하고 약물중독의 심리적인 원인을 해소하기 위한 집단거주프로그램이다. 치료공동체(Therapeutic Community)의 구성원은 약물을 사용하지 않는다는 것을 비롯한 자율적인 규칙에 따라야 하고, 규칙을 어긴 구성원에게는 그에 따를 법칙이 주어진다. 치료공동체에는 약물중독자뿐만이 아니라 예전에 약물중독자였던 일반인이 치료전문가로 참여하기도 한다. 치료공동체에서의 주요 지침은 약물 사용을 금지하고, 그 이행 여부를 감독할 것, 정신의학, 정신건강, 교육학 등의 전문가 집단의 협조를 수용할 것, 지역 주민들의 능동적인 참여를 확보할 것, 역할모델을 부여하며, 사회적으로 책임 있는 행동을 고취할 것, 평범한 믿음과 재사회화를 강조하는 친사회적인 가치체계를 강조할 것, 동료 간의 상호 지원과 치료적 환경조성을 촉할 것, 행동과 태도의 변화에 대한 자기발표의 기회를 제공할 것, 치료에 대한 동기를 인식하고, 현재의 행동에 집중하고, 자기고백을 인정하는 것을 강조하였다. 이러한 치료공동체는 6월 내지 24개월이 걸리는 프로그램인데, 약간 명의 마약중독자만이 함께 거주하면서 치료를 받을 수 있고, 경제적 비용이 많이 든다는 것이 문제점으로 지적되고 있다.

237) 우리나라 최초의 미술치료사 인증제도를 실시하고 있는 대구사이버大 미술치료학과가 있다.

238) 모태범·이상화, 영광의 뒷이야기 인터뷰, kbs news, 2010. 2. 19(09:01)

239) 최병철, 음악치료학, 학지사, 1999, 12쪽; 한송희, "음악치료학 과정에 관한 실태조사연구", 전남대학교 석사학위논문, 2009, 40쪽.

음악치료학 전공자들은 병원, 정신 · 신체장애인시설, 교도소 등에 진출하여 활약하고 있는데, 병원에서는 교통사고로 후유증에 시달리고 있는 환자에게 그림과 음악을 통하여 심리적 치료를 시도하고 있다. 그리고 일리노이(Illinoi)주와 캘리포니아 주 등, 수 개주의 교도소에서도 치료사들이 수용자들의 심신안정과 심리적 좌절을 극복하는 프로그램에 종사하고 있다.

음악치료학은 일반적으로 생각하는 것보다 정신적 장애가 있는 수용자 치료와 교정 · 교화에 크게 기여할 수 있을 것이라는 연구 결과가 보고되기도 하였다. 또한 최근 美 캘리포니아 州교정국에서는 수용자 정신건강프로그램(Mental Health Program)에 관심이 높아지고 있다. 캘리포니아 교정센터에서는 1994년부터 이 프로그램을 수용자들에게 적용하고 있으며, 캘리포니아 주 소속 교정시설에 수용된 160,000만 명 수용자(Jail은 불포함) 중에서 10~11%에 해당하는 수용자가 Mental Health Service를 받고 있다.

그리고 이 분야에 종사하고 있는 전문직원은 정신과 의사 135명, 심리학전공 박사 225명, 정신과 전공 사회사업석사 약 120명이며, 그 밖에도 간호사, Recreational Therapist, Psychiatric Technician 등이 100여 명, 그 외에 Clerical 등을 합해서 모두 900여 명이 참여하고 있다.

이 프로그램의 시행목적은 심리적으로 불안정하거나 정신적으로 장애 있는 수용자, 약물남용자, 자살우려자, 폭행우려자, 심한 불구자로 타 수용자에게 위험한 수용자를 대상으로 상담과 약물치료를 통하여 수용생활에 적응할 수 있도록 돕는 한편, 교정공무원을 대상으로 위와 같은 문제수용자들의 상담 및 처우방법에 대해서 교육을 담당하고 있다. 적용의 문제점은 전문직원채용, 즉 음악치료사240) 등과 같은 예산의 확보문제, 그리고 전문직원과 교정공무원 사이에서 발생하는 갈등이 문제로 지적되고 있다.241)

---

240) 음악을 매개로 하여 몸과 마음의 병에 시달리는 환자의 건강을 회복할 수 있도록 도와주는 일을 전문으로 하는 사람을 말한다. 미국 · 영국 · 캐나다 · 오스트레일리아 등 선진국에서는 이미 일반화된 직업으로, 한국에는 1990년대 초반에 도입되었다. 이들은 정신병원이나 지역사회 건강센터, 청소년 치료센터, 마약이나 알코올 재활센터, 양로원 · 특수학교 · 요양원 · 실버타운 등에서 장애아동 · 정신질환자 · 치매노인 · 불안증환자 들과 함께하면서 음악을 통해 질병을 치료하거나 회복할 수 있도록 돕는 일을 한다. 환자들에게 악기를 마음껏 다루어 보게도 하고, 노래 부르기, 작곡 및 연주 등 다양한 음악 활동을 통해 과학적이고 체계적으로 치료해야 하기 때문에 음악지식은 물론 심리적인 면에서도 전문적인 지식이 요구된다.美의 경우 많은 대학에 음악치료학과가 있어 60학점 이상을 이수하고, 1,200시간 이상 병원 임상과정을 거쳐 자격시험에 통과하면 공인 음악치료사가 될 수 있다. 또 주전공 악기를 제외한 1~2종 악기의 연주 실력을 인정받아야 하며, 대학원에는 석사 · 박사 과정도 개설되어 있다. 유럽에서는 대학원 과정을 중심으로 하고 있는데, 우리의 경우에는 1996년 숙명여대에 처음으로 음악치료대학원이 개설되었다.

241) State of cdlifornia, Department of Corection, The Mental Health Services Delivery system(MHSDS): Program description and the synopsis of the Special Master's recommendations, 1999, p.35.

Hepbun(1985)은 장래 수용자 관리에 있어서 가장 중요한 힘은 수용자가 가지고 있는 문제를 정확하게 진단하고 그러한 문제를 해결할 수 있는 능력과 전문성의 소유 여부에 달려 있다고 주장하고 있다.[242] 그러므로 과거와 같이 주먹구구식 교정처우가 아니고 과학에 바탕을 둔 교정처우제도를 도입하는 방안이 지금부터 준비되어야만 교도소 내 폭력을 감소시키고 교정업무를 성공적으로 수행할 수 있을 것으로 생각한다. 또한 출소자에 대한 냉대와 가볍게 여김은 인격에 무시로 그에 반작용을 수반하는바, 교정의 문제는 교정만의 문제가 아니어서 사회적 환경의 개선, 출소자에 대한 인식의 전환이 필요하다.

Ⅲ. 선결과제(사건)

교정시설에서 규율과 질서가 유지되어야 하는 것은 교정의 가장 중요하고 기본적인 전제조건이다. 수용질서를 위해서는 직원과 수용자 모두에게 신상필벌주의를 적용하여야 함에도 제도적으로 그렇지 못하다는 데 문제점이 있다. 폭력수용자와 직접적 대면의 최일선에 있는 담당근무자의 동정시찰[243] 철저가 폭력예방의 관건이다. 그러나 열악한 근무조건과 관리자의 자질향상 없는 철저한 동정시찰의 요구는 자발성과 주체성이 결여되므로 성과를 담보할 수 없는 구조이다. 폭력수용자도 폭력을 행사함으로 얻은 이익과 폭력을 행사하지 않음으로 얻은 이익이 어느 것이 더 효용의 가치가 있는가에 따라 행위함으로 반드시 폭력을 야기한 자에 대해서는 징벌 등, 강력한 후속조치가 선행되어 일반예방과 특별예방을 취해야 함에도 직원은 직원대로 자기 근무시간만 때우면 되고, 폭력수용자는 폭력을 행사함으로 계속 자기의 입지를 굳힘으로써 상당한 이익을 취하는 구조로 되어 있다.

수용자들의 규율위반 행위가 발생하는 것은 수용자들의 의도적인 행동에 의해서일 수

---

242) 이현욱, "수형자의 방어기제에 관한 소고", 月刊교정, 1996, 9, 53쪽 이하 재인용.

243) 시찰이라 함은 수용자의 동정을 파악하는 계호행위를 말한다. 시찰의 목적은 수용자의 심리적 육체적 변화를 정확히 파악하여 그 결과에 따라 수용자 처우에 적정을 기하고, 수용생활의 안전을 도모하며, 각종 교정사고를 미연에 방지하고자 하는 데 있다. 시찰방법은 인간의 5각, 즉 시각, 청각, 미각, 후각, 촉각을 통하여 철저하고 간단없이 이루어져야 한다. 수용자가 객관적으로 나타내는 동정파악이 시찰이라고 한다면, 정찰은 그 이면적 동정탐지를 말한다. 시찰의 착안점은 수용자의 처우상 불공평한 점이 있는가 여부와 수용자의 불만, 기타 교정사고 유발요인을 발견하는 데 두어야 한다. 시찰결과는 반드시 구두, 또는 서면으로 보고하는 것이 통례이며 신분장에 기재한다: 법무연수원, 계호근무준칙, 1992, 14면 참조.

도 있고, 교도소 생활에 잘 적응하지 못하여 발생할 수도 있다는 점에 유의하여야 한다.244) 이와 같이 수용생활에 잘 적응하지 못하는 수용자는 대화를 통해서 그 원인245)을 찾아 문제를 해결하여 주어야 한다. 일선 교정(矯正)에 종사하는 교정공무원들의 다수 견해는 직원과 수용자 간에 대화를 갖는 것은 수용관리 효율화 및 폭행, 교정사고방지와 교정시설 안정에 매우 중요하다는 것이다. 그런데도 불구하고 교도시설에서 직원과 수용자 간에 대화가 제대로 이루어지지 못하고 있는 이유는 현실적인 업무부담의 문제가 있다.

2011. 1. 28. 법무부 교정본부 기준 1인당 수용인원은 3.0명이다. 그러나 일일 사동이나 작업장에서 근무하는 교도관 1명은 보통 적게는 1~3명, 많게는 20명 이상 50명을 초과하는 수용자를 담당하고 있는 것이 일선교정시설의 실정이다. 이와 같은 근무환경 아래에서 직원과 수용자 간 심층적인 대화를 기대하는 것은 무리가 있다. 그러므로 우리나라 교도소의 현실을 감안한 대책으로는 우선 교도관들의 업무부담을 분할처우의 확대로 경감시켜야 한다. 교도소 환경을 대화가 가능한 환경으로 바꾸어 나아가는 것도 선결과제이다.

이와 같은 환경개선과 더불어 폭력을 줄이기 위한 직원·수용자 간은 물론 수용자·수용자 사이의 비폭력대화(非暴力對話)246)훈련이 요구된다. 현행 문제수용자 상담·보고문제도·소장면담247) 등을 보다 구체적으로 시행할 수 있는 다각적인 방법을 모색하

---

244) 심영희, "재소자의 생활실태 및 의식에 관한 연구", 1992년 3권 4호(통권 12호), 한국형사정책연구원, 1992, 209쪽.

245) 인간은 원래부터 악을 행할 가능성을 가지고 있으며, 사회통제 및 사회적 연대와의 결속력이 약하거나 단절될 때에 폭력, 일탈, 비행, 합의범죄 행위 등을 하게 된다고 보고 있다. 따라서 사회통제이론의 주요 변수는 행동을 규제하며 약물남용에 대한 본능적 욕구를 억제하는 사회적 통제력이다. 사회통제이론의 주창자들은 관습적 개념으로부터의 일탈은 문제로 보지 않고, 오히려 쾌락적 약물사용과 같은 일탈 행동의 유혹을 당연시한다. 바로 사회통제이론에 의하면 약물사용을 초래하는 것은 대부분의 일탈행동과 같이 순응을 초래하는 사회통제의 부재로 보고 있다: 장세석, 교정학개론, 서울고시각, 2008, 194~195쪽.

246) 폭력의 결과는 말에 의해서 시작된다고 한다. 이러한 폭력적인 언어는 관계를 단절시키며 마음을 상하게 하고 질병까지 만들어 낸다. 이것을 자칼(jackal)의 언어라 하는데, 자칼의 언어에는 판단·평가·비교·경쟁·낙인찍기·명령·지시·강요·중화기술 등이 있다. 반대로 기린(giraffe)의 언어에는 자기인정, 내 책임, 공감, 협력, 선택, 느낌, 감사, 자연스런 관찰이 있다. 즉, 관리자는 자기의 생각과 의견을 쉽게 표현하지 말고 자연스런 관찰자로서 기다림의 미학 훈련이 필요하다고 한다. 이화자, 비폭력대화, 경찰(교정)상담을 위한 심화교육, 한국상담전문가연합회, 2011. 2. 12., 97~100쪽.

247) 교정행정의 체계와 수용자의 권리구제절차는 체계적으로 잘 정비되어 있다. 그러나 이러한 절차가 교정현장에서 역동적으로 살아 숨 쉬어야 함에도 그렇지 못하다. 살아 숨 쉴 수 있는 시스템이 작동될 수 없는 구조이다. 가령 수형자가 담당직원에게 소장면담을 신청하면 권위에 대한 도전으로 인식되므로 면담신청의 결과가 전무한 실정이다. 대부분 직원면담으로 문제를 풀어내고 있는 실정이다. 소장 면담을 활성화하기 위해 몇 가지 문제점을 개선해야 한다. 첫째, 특정교도관에게 소장면담 신청이 쏠리게 되면 다른 보안업무를 경감시켜 주는 시스템이 되어야 한다. 4부제의 맹점에서 일어날 수 있는 부분이다. 다시 말하면 소장면담 신청이 올라오면 직접 처리하거나 보고하는 시스템은 개선되어야 한다. 바로 전술한 교청관이나 교회사에게 통보하는 시스템이어야 한다. 혹자는 이런 2원체제가 "더 많은 문제가 있지

는 노력이 필요하다. 자격 있는 전문상담직원을 채용하여 일선 교정기관에 배치하고, 모든 교정공무원에게도 상담기법을 재교육 프로그램에 포함시켜 지속적으로 교육하여야 할 것으로 생각한다.

제4절 사회처우(社會處遇) 전략의 방향

교정처우전략에는 다양한 경우의 수를 모색하여 볼 수 있겠으나 통설적 관점에서의 내용은 시설처우에서 사회처우로 발전하는 사회처우전략일 것으로 본다. 사회처우전략은 교정시설 정문의 측면에서 고찰하면 정문입소를 줄이는 방안일 터인데, 이른바 이것을 정문축소정책으로 한다. 반면 후문확대정책이라 함은 이미 형벌을 받고 교정시설에 수용된 수용자에 대해서는 가능한 시설 내에서의 수용기간을 단축시키고 남은 기간은 사회처우를 실시하여 시설처우의 문제를 풀어보자는 정책이다. 과거의 교정처우전략인 집합적 무능력화는 모든 강력범죄자를 선별함이 없이 장기간 구금함으로써 범죄를 예방하는 것이었다. 현재의 전략인 선별적 무능력화는 강력범죄자 중에서 과학적 예측으로 재범의 위험성이 높은 자만을 장기간 선별적으로 구금하고 그 이외의 자는 사회처우전략으로 전환시켜 범죄를 예방하는 것이다. 선별적 무능력화제도를 도입할 경우에 발생할 수 있는 문제가 장래의 범죄예측의 잘못으로 발생되는 잘못된 긍정(false positive)과 잘못된 부정(false negative)의 문제가 있다.

전자는 재범의 위험성이 없음에도 불구하고 있는 것으로 예측하여 장기간 구금되는 경우이다. 이는 법적, 윤리적, 도덕적 문제를 야기할 수 있고 아울러 개인의 자유와 인권을 침해하게 되는 문제점을 야기한다.

후자는 재범의 위험성이 있음에도 불구하고 없는 것으로 예측하여 사회에 방치됨으로써

않느냐' 반문하지만 교정(矯正)현실은 그렇지 않다. 현 시스템은 담당직원이 사건을 접하면 보고, 결재, 종료, 즉 퇴근 이후까지 문제를 풀어야 하므로 소장면담이 기능한 많이 나오지 않도록 엄벌주의로 일관할 수밖에 없는 구조이다. 특히 문제 수형자의 경우 교정(矯正)을 희화화, 낭만화할 불순한 의도로 권리구제절차를 수단화하여 온정주의적 교도관을 농락화하는 경우도 있다. 따라서 기소와 재판이 분리되듯이 면담접수와 면담처리는 반드시 담당직원이 분리되어야 한다. 그리고 면담접수와 면담처리의 결과는 평점에 반영하면 소장면담이 많이 활성화될 것으로 보인다.

사회가 범죄의 위험에 노출되는 경우이다. 미래의 처우전략은 잘못된 부정은 최소화되어야 하고 잘못된 긍정의 증가도 발생하지 않는 축소정책과 확대정책의 균형감각일 것이다.

먼저 제3장에서는 정문입소 축소전략의 내용으로 지역사회교정(community-based corrections)을 통한 기존방안의 하나인 원상회복(comeback or rehabilitation) 집중감독 보호관찰, 주간보고센터와 지역사회 거주 교정, 일수벌금제도(number of days penalty)와 전자감시제도(electronic surveillance system)를 고찰할 것이다. 그리고 후문출소 확대전략(back-door strategy)으로는 다양한 개방처우의 확충, 외부통근제의 확대실시, 귀휴제의 확대실시, 가족만남의 집 활성화, 석방자 보호의 활성화에 대해서 살펴보고 추후 운영상의 정책 제안을 제시하고자 한다.

Ⅰ. 정문입소 축소전략(front-door strategy)

1. 원상회복

1) 원상회복의 개념

다양한 형사제재수단의 하나인 원상회복이라 함은 "특정범죄에 이해관계가 있는 당사자들이 함께 모여서 범죄의 결과와 그것이 장래에 대하여 가지는 의미를 어떻게 다룰 것인지를 해결하는 과정"이라고 정의내리고 있다.[248] 여기서 특정범죄에 이해관계가 있는 당사자들이란 일반적으로 가해자와 피해자를 포함하는 것은 물론, 나아가 그들의 가족과 지역사회의 구성원들까지 포함하는 것으로 본다.[249] 이러한 의미에서 범죄로 인한 갈등의 해소에 기여하는 가해자의 피해자에 대한 급부라고 정의하기도 한다. 원상회복은 범죄자가 피해자에게 이행하는 급부의 내용이 중요하다. 주로 민법상의 손해배상 내지 절취한 물건의 단순한 반환 등을 의미한다.[250]

---

248) 원상회복의 개념과 관련하여 현재 UN 비정부기구 동맹(Alliance of NGOs)이 1995년 산하기구로 결성한 '회복적 사법에 관한 실무단'이 채택한 정의가 통용되고 있다; 도중진·원혜욱, "보호관찰단계에서 회복적 사법이념의 실천방안", 연구총서, 한국형사정책연구원, 2006, 197쪽.

249) 도중진·원혜욱, "보호관찰단계에서 회복적 사법이념의 실천방안", 연구총서, 한국형사정책연구원, 2006, 197쪽; 조성용, "독일 형법의 원상회복제도", 법학논총 제31권 제1호, 단국대학교, 2007, 121쪽.

250) 김재중, 형벌제도 개선방안, 한국학술정보(주), 2008, 211쪽.

2. 원상회복의 형법적 대응수단으로써의 효용성

1) 가해행위자 측면

이러한 원상회복은 집행에 있어서 비용이 거의 들지 않고, 낙인(labelling)을 주지 않으며, 범죄피해자들에게 보상을 해 주는 장점이 있다. 또한 원상회복의 한 형태로 사회봉사명령을 선고받은 범죄자들은 학교나 병원 그리고 사회요양시설 등에 봉사를 하여야 하지만 그로 인하여 구금형을 피할 수 있고, 정부는 범죄자를 구금하지 않음으로써 많은 비용을 절감할 수 있으며, 동시에 지역사회는 필요한 자원을 이용할 수도 있는 것이다.[251]

2) 피해자 측면

피해자는 범행의 직접적인 관련자임에도 불구하고 형사법에서 경시되어 왔다. 기존의 전통적인 형사법 체계는 국가와 범죄행위자 간의 독점적인 관계에만 국한되었기 때문이다. 그동안 피해자에게는 형사절차에서 배제되어 사법적(司法的) 회복의 길이 차단되어 있었다. 즉 범죄행위자는 형법이 관할하고, 피해자는 민법이 관할한다는 양분체계는 원상회복을 어렵게 만들고 말았다. 또한 형벌권의 주체로서 국가와 행위자의 일면적인 관계는 범행으로 인하여 발생한 갈등을 해소할 가능성을 박탈하였다. 피해자는 오히려 지속적인 제2차 피해자화 과정을 겪게 된다. 특히 성폭행과 폭력사건의 경우가 수사편의주의에 휘둘려 쌍방 책임비율로 기소되는 경우가 있어 왔다. 법(法)평화를 구현하기 위해서는 피해자보호가 가장 우선되어야 한다. 즉, 형법의 관할은 행위자에게만 고정시켜서는 안 될 것이다.

3) 정문축소(正門縮小)로서 적합성

원상회복의 한 형태인 가해자-피해자 화해로 인하여 사회의 안정성과 평화의 분위기를 조성할 수도 있다. 원상회복의 효과에 관하여 미국의 금전적 원상회복을 살펴보면 전체

---

251) 곽병선, "보호관찰제도의 현황과 문제점 및 개선방안", 법학연구 제7집, 한국법학회, 2001, 381~400쪽; 한지영, "불법행위의 구제방안으로서의 원상회복에 대한 검토", 창작과 권리 제61호, 세창출판사, 2010, 105~131쪽.

보호관찰 사건의 약 30%에 대해서 부과되고 있으며, 전체 명령자의 약 60%가 3년 이내에 부과된 모든 금액을 납부한 것으로 알려졌다. 금전적 보상이 요구되면 보호관찰소는 일반적으로 원상회복명령을 피하려고 하는 범죄자에 대해서 법관은 원상회복명령의 금액을 확보하기 위해서 때로는 최소 임금만을 받는 사회봉사나 공공근로작업의 소득으로부터 보상액을 지불하라고 명령하기도 한다. 또한 독일의 가해자-피해자 화해에 관한 경험조사의 경우에는 화해처우가 정상적으로 실시되었을 때 가해자의 67%, 피해자의 65.9%가 긍정적인 평가를 내린 것으로 나타나 가해자-피해자의 관계개선에 효과가 탁월한 것으로 판명되었다.252)

이처럼 원상회복은 전통적 형사제재에 비하여 행위자가 자발적인 책임인수를 통하여 스스로 범죄행위를 극복할 수 있는 기회를 부여해 준다는 효용성이 있다. 예방적 형벌목적의 수행에 손색이 없을 뿐만 아니라 형벌목적 상호 간의 모순을 해소해 줄 수 있는 대안이기도 하여 형벌로 적합하다.253)정문축소에 부합하는 새로운 대안 중의 하나이기도 하다.

Ⅱ. 집중감독보호관찰

1. 집중감독보호관찰의 개념

집중감독보호관찰이란 보통의 보호관찰보다는 감독이나 제한이 많은 교정방안이며, 범죄자의 치료보다는 통제와 감독을 더욱 강조하는 프로그램이다. 일반적으로 집중감독보호관찰의 전략은 후문확대전략(後門擴大戰略)과 정문유보전략(正門留保戰略)으로 구분하여 설명된다. 후문확대전략은 교도소에 수감되는 범죄자의 수를 통제하는 것으로 위험성이 낮은 범죄자를 교도소 구금에 상응하는 기간 동안 집중감독보호관찰로 전환하여 수용자의 수를 줄이고자 하는 수용전략이다. 정문유보전략은 이미 보통의 보호관찰이나 가석방을 선고받은 범죄자들이 제시된 규칙을 지키지 않았을 때, 집중감독보호관찰로 전환하는 것을 의미한다.

---

252) 도중진·원혜욱, 앞의 논문, 2006, 212쪽에서 재인용.

253) 김재중, 형벌제도 개선방안, 한국학술정보(주), 2008, 218~219쪽.

2. 운영실태

집중감독보호관찰은 미국 연방 차원에서 운영되기도 하며, 주(state) 차원에서 운영되기도 한다. 약 45개 주에서 보호관찰관 1인당 15명 내지 40명의 보호관찰자를 대상으로 하여 보호관찰관의 밀착감시를 하고 있다.254) 이 프로그램은 보통의 보호관찰에 비해 더욱 처벌적이고 통제가 강한 것이 특징이다. 도주나 재범위험성이 높은 중(重)범죄자에 대한 감독을 증가하는 방안으로 보호관찰관의 담당건수를 줄임으로써 많은 시간을 담당 범죄자를 감독하는 데 사용하거나 보호관찰관과 범죄자의 접촉빈도를 증가함으로써 더욱 더 집중적으로 감독을 하도록 하는 것이다. 이러한 집중감독보호관찰 프로그램은 교도소가 직면하고 있는 수용처우 문제에 대응하여 계속적으로 확대되고 있는 추세이다. 왜냐하면 범죄자들을 구금하지 않고, 엄격한 감시하의 지역사회에 놓아둠으로써 처벌비용을 줄이는 것을 물론 구금에 상응하는 효과가 있다고 보이기 있기 때문이다.255)

또한 집중감독보호관찰의 시행은 형사사법 망(網)을 확대하면서 그중 망(網)의 강화를 통하여 범죄 억제에 기여할 수 있다는 장점도 있다. 이것은 집중감독보호관찰의 감독효과와 관련된 것이다. 즉 일상의 보호관찰을 통해서는 범죄 감시망에 포착되지 않을 가능성이 있지만, 집중감독보호관찰을 적용하면 밀착감시를 하여 범죄를 범하는지에 대한 감독을 철저히 함으로써 범죄의 발견이 더욱 용이해진다.

3. 문제점

이러한 장점에도 불구하고 집중감독 보호관찰 프로그램에 대하여 다음과 같은 비판이 제기되고 있다. 많은 교정학자들은 집중감독 보호관찰 프로그램이 범죄자의 사회복귀에 효과적으로 기여함으로써 재범률을 낮추고, 교정비용의 감소에도 일조를 한다고 믿었다.

그러나 교정기관들이 효과적인 집중감독보호관찰 프로그램을 유지하고 발전시키는 것은 어렵다고 하면서 다음과 같은 결과를 제시하였다. "집중감독 보호관찰 프로그램은 범죄자들이 치료에 더욱 열심히 참가하도록 고무시키고 치료의 참가는 재범율의 감소에 영

---

254) 곽병선, "보호관찰제도의 현황과 문제점 및 개선방안", 법학연구 제7집, 한국법학회, 2001, 381쪽.

255) 곽병선, "사회 내 처우로써 전자감시에 의한 보호관찰의 도입방안", 형사정책 제13권 제2호, 한국형사정책학회, 2001, 79쪽; 한영수, "강력범죄의 재범방지를 위한 새로운 모색: 독일의 형기(감호)종료 후의 행상감독(집중보호관찰)제도를 중심으로", 범죄예방 정책연구 통권 제20호, 법무부 범죄예방정책국, 2008, 49~89쪽 참조.

향을 준다. 그러나 집중감독 보호관찰 그 자체로는 재범률을 낮추는 것도 수용인구를 낮추는 것도 아니며 다른 프로그램과 적절히 혼합·적용되었을 때 효과가 있다."라는 것이다.256)

이렇듯 집중감독보호관찰의 효과가 여러 프로그램의 접목 가능성과 관계가 있다면 이들 프로그램을 접목하였을 경우의 교정비용을 생각할 필요가 있다. 이와 관련, 캘리포니아에서 시행된 구금형과 집중감독 보호관찰의 비용조사 결과 주 교도소에서의 1년간 구금비용은 19,300$, 전자감시 가택구금 8,500$, 집중감독 보호관찰 2,000$로 나타났다.257) 이것은 집중감독보호관찰 프로그램에 전자감시가택구금을 합하여도 구금형보다는 비용이 절감된다는 것이다.258)

4. 입법적 검토

개개 범죄사안 별로 사회처우전략을 달리해야 할 것이다. 가령 재산범의 경우는 전술한 원상회복을 검토하고, 성범죄의 경우는 일정 기간 동안 가출소 또는 분할처우의 기간 중에 집중보호관찰이 유효할 것이다. 사회적 위험성은 미미하나 상습적으로 경미한 범죄나 비행을 저지르는 자에 대하여, 시설처우 대신 기존 요양보호센터나 사회복지법인 등에 처우를 분할하는 것을 검토할 필요가 있다. 순환처우를 통하여 완화처우와 강화처우를 병행하여 개선정도에 따라 처우의 내용을 달리해야 할 것이다. 주간보고센터는 관에서 민으로 운영의 주체가 분할되므로 이것도 분할처우의 한 형태가 될 것이다. 다만 이들을 처우할 전문인력의 확보문제와 관련규정을 어떻게 담아내느냐의 법률적인 문제 그리고 국민정서상의 문제도 같은 맥락에서 파악해야 하는 측면이 있다.

---

256) 곽병선, "보호관찰제도의 현황과 문제점 및 개선방안", 법학연구 제7집, 한국법학회, 2001, 381쪽 이하; 곽병선, "사회 내 처우로써 전자감시에 의한 보호관찰의 도입방안", 형사정책 제13권 제2호, 한국형사정책학회, 2001, 79쪽 이하 재인용.
257) 곽병선, "보호관찰제도의 현황과 문제점 및 개선방안", 법학연구 제7집, 한국법학회, 2001, 381쪽 이하; 곽병선, "사회 내 처우로써 전자감시에 의한 보호관찰의 도입방안", 형사정책 제13권 제2호, 한국형사정책학회, 2001, 79쪽 이하 재인용.
258) 月刊교정, 2005. 6, 90~91쪽.

Ⅲ. 일수벌금제도

1. 일수벌금제도의 내용

가장 유망한 구금의 대체방안 중 하나로 일수벌금제를 들 수 있다. 체계적인 벌금이라고도 불리는 일수벌금제는 범죄자의 재정능력과 범죄의 심각성에 따라서 조정되어 집행되는 금전적 처벌이다. 이 처벌은 유럽에서 시작되어 미국으로 전파되었으며 현재 미국에서는 교통범죄와 같은 경미한 범죄를 넘어서 여러 범죄에 적용되고 있다. "일수벌금제는 사회에 대한 범죄자의 책임의식을 반영하는 금전적 부담이라는 점에서 범죄를 억제하고 범죄자의 경제적 영향에 따라 실질적인 평등의 개념을 적용하여 처벌의 공정함을 반영한다. 또한 시행에 필요한 비용이 들지 않아 매우 경제적이며, 일수벌금의 납부가 제대로 시행되지 않았을 경우의 대체수단이 적절히 시행된다면 법원에 대한 신뢰성 또한 제공할 수 있다."고 하였다.259) 일수벌금제도에서의 벌금의 양형은 총액제도에서와는 다르게 3단계로 나누어서 행해지게 된다.

제1단계에서는 법관이 양정의 일반원칙, 즉 특별예방과 일반예방의 필요와 범죄의 심각성, 범죄인의 과거기록을 고려하여 일수를 결정하고,

제2단계에서는 범죄인의 경제여건을 참작하여 하루의 벌금액, 즉 일수정액을 결정한다. 가령 법관이 30일 결정한 경우 1일의 벌금액을 상·하한 중에서 5만 원으로 결정하였다면 그 액수는 150만 원으로 하는 방식이다.

제3단계에서는 일수와 일수정액을 곱한 벌금액을 수형자가 바로 납부할 수 있는가를 고려하여 일시불로 완납하게 할 것인가, 납부완화를 허용할 것인가 결정하는 것이다.260) 부자는 1일 벌금액이 많기 때문에 빈자보다 더 많은 벌금을 부과받는다. 또한, 어떤 범죄자가 3일의 형벌을 치러야 한다고 가정할 때, 인턴사원의 경우는 9만 원(3일 3만 원)이 되고 같은 범죄에 대한 대표이사에게는 90만 원(3일 30만 원)이 책정됨을 의미하는 것이다.

이와 같이 일수벌금제는 평등의 개념에 대해서 개별화된 정의의 원칙을 조성하는 것이다. 즉, 공정함의 반영, 희생평등원칙과의 조화라고 하겠다.261)

---

259) 이주희, "단기자유형의 대체수단", 한양법학 제21집, 한양법학회, 2007, 697~716쪽.

260) 김재중, 형벌제도 개선방안, 한국학술정보(주), 2008, 144쪽.

261) 장세석·고광도, 교정학개론, 서울고시각, 2008, 398쪽.

2. 일수벌금제도의 효용성

위에서 설명한 바와 같이 일수벌금은 벌금양의 산출에 있어 범죄자 매일의 수입에 근거하며 판사가 범죄의 속성뿐만 아니라 범죄자의 지불능력도 고려하여 결정하기에 우리가 시행하고 있는 일관된 벌금체계와는 상이하다. 다시 말하면, 일반적으로 부과되는 벌금은 범죄자체의 속성에 근거하고 있으므로 수입이 낮은 범죄자에게는 심각한 재정적 벌로써 과한 부담이 되기도 하고 부유한 범죄자에게는 재정적 처벌이라고 볼 수 없는 경우도 많은 것이다. 미국의 경우, 비록 지금은 일수벌금제가 시행되고 있으나 과거 일률적 벌금제가 시행될 때에는 다양한 범죄자에게 어느 정도의 벌금을 부과하여야 하는가에 대하여 법원의 결정에 회의적이었기 때문에 벌금은 미국의 교정 대체수단으로 적절한 자리매김을 하지는 못하였다. 이와 같은 결과는 구금의 대체수단으로써 일수벌금제가 합리적이며, 적절한 처벌의 효과를 지니고 있다는 것을 반영하는 것이라 보인다.

일수벌금제는 범죄자가 가족의 요구를 수용할 수 있도록 사회에 머무르게 한다는 점에 있어 사회의 안정성 측면에서도 효과적이라 할 수 있다.

또한 일수의 긍정적인 측면으로 가장 먼저 불법과 책임이 동일한 행위는 행위자의 경제적 능력과 상관없이 일수에 따라 동일하게 처벌받게 됨으로써 벌금형에 있어서도 자유형에서와 같은 정의가 실현된다는 것이다. 일수는 벌금의 부과과정을 투명하게 함으로써 벌금의 일수와 일반형사사법제도에 대한 신뢰를 증대시키고 부과된 벌금은 범죄자의 재산의 차이를 고려하고 있다는 것을 입증할 수 있다는 장점이 있다.[262]

그리고 일수금액의 산정은 경제적 능력을 기초로 하여 결정되므로 법관은 정당한 벌금형의 산정을 위한 기준을 얻게 되면 경제적 능력에 적합한 벌금형을 부과함으로써 빈부차이에 관계없이 형벌의 목적을 달성할 수 있다. 동시에 대체자유형의 집행가능성을 현저히 감소시켜 단기자유형의 폐해를 줄일 수 있을 뿐 아니라 벌금형 미납시의 환형 유치에 대한 기준이 명료하게 해결될 수 있다.[263]

마지막으로 소수의 범죄자들을 교정처우 하기 위한 많은 인력과 비용이 투입되어야 하

---

262) 이경재 역, "약물범죄수익에 대한 몰수", 형사정책연구 제4권 제3호, 한국형사정책연구원, 1993, 211쪽; 도중진·박광섭, "범죄수익 몰수자산기금 도입방안: 각국의 입법동향과 우리나라에의 시사점", 형사정책연구 제18권 제3호 통권 제71호, 한국형사정책연구원, 2007, 1437~1468쪽.

263) 강동범, "형법개정과 형사제재제도의 개선방안: 재산형의 문제와 개선방향 -벌금형을 중심으로-", 형사정책 제5권, 한국형사정책학회, 1990, 77쪽 이하; 강영철, "재산형의 문제점과 노역장유치의 개선방안", 교정연구 제40호, 한국교정학회, 2008, 9~33쪽 참조.

는 시설 내 처우의 문제, 특히 과밀수용의 문제를 해결하는 형사정책적 효과를 기대할 수 있다. 벌금형제도의 발전적 검토, 특히 일수의 도입은 추후 모든 형벌의 자리를 선점할 것이란 기대가 있다. 선진 자본주의 사회에서 일수벌금제의 등장은 다른 형벌들의 자리를 대체할 것이란 성급한 판단도 있다.

3. 일수벌금제도의 문제점

박기석 교수는 "벌금형 개선방안" 서두에서 가령 재산이 10배 더 있다고 하여 동일한 범죄를 저질렀을 때, 벌금을 10배 부과받는다면 부의 축적이 정당화되는 자본주의를 부정하는 것이나 다름없다고 한다.264)

이는 양정에 있어서 경제적 능력의 의미를 지나치게 강조하게 되는 폐단을 지적하고 있다. 또 실제의 운용에 있어 비난가능성에 의하여 일수를 정하고 다음으로 피고인의 능력을 살펴 일액을 정하여야 하는데 법관이 먼저 벌금형의 총액을 정하고 이를 일수와 일수정액으로 분할하여 선고함으로써 본래의 취지를 상실시킬 위험성이 있다는 것이다. 일수의 기초가 되는 경제력에 대한 정확한 조사가 매우 어렵다는 것도 그 한계로 지적될 수 있다.

경제력에 대한 조사를 위하여 본인의 협력뿐만 아니라 금융기관, 국세청, 정부기관의 협력이 필수적이나 우리는 이러한 연계시스템이 부족하여 정확한 경제적 판단이 어렵다는 주장이 있다. 우리나라 국민연금, 의료보험을 실시하는 과정에서 자영업자 등의 소득을 파악하는 것이 불가능하여 그러한 비판이 주장되고 있다.265) '일수'가 희생평등의 원칙과 조화시킬 수 있다고 하지만 벌금형의 본질을 '일정액의 재산의 박탈'에서 구하는 한, 기교적인 고려를 통하여 외관적 평등의 착각을 이용하고 있음에 지나지 않으며 또한 벌금형에 있어서는 결국 자기가 얼마를 납부하였는가, 다른 사람은 얼마를 납부하였는가가 주된 관심사이기 때문에 일수벌금의 이념이 정착하기에는 어려움이 있다는 점도 부정할 수 없을 것이란 주장이 있다.266) 뿐만 아니라 포르투갈, 스웨덴, 오스트리아, 독일 등에서 실제 운영의 결과 대단히 번잡하고 복잡하며 합리적 운영이 어려운 사례가 많았다.

---

264) 박기석, "벌금형 개선방안", 형사정책 제12권 제2호, 한국형사정책학회, 2000, 7~21쪽.

265) 김재중, 앞의 책, 2008, 145~146쪽.

266) 박기석, 위의 논문, 2000, 7~21쪽; 강동범, "형법개정과 형사제재제도의 개선방안: 재산형의 문제와 개선방향 -벌금형을 중심으로-", 형사정책 제5권, 한국형사정책학회, 1990, 77쪽.

4. 일수벌금제도의 도입논쟁

배종대, 박기석 교수 등은 범죄와 관련이 없는 경제력의 차이가 범죄효과인 형벌의 양을 결정하는 주된 변수가 된다는 것이다. 책임원칙에 반하기 때문에 부당하다는 논거를 내세우고 있다.[267] 일수를 시행하는 국가들과 달리 우리나라의 경우 개인의 경제력에 대한 정확한 판단자료가 없는 상황이어서 일수의 도입을 부정하는 견해가 있다.[268] 범죄인이 불법행위한 책임을 정확히 표시할 수 없고 벌금형의 산정에 범죄인의 빈과 부의 격차를 고려할 것을 강제할 수 없으므로 빈자에게는 단기자유형의 전환을 강제하고 부자에게는 형벌의 목적을 달성할 수 없다는 비판을 동시에 받고 있다. 형벌의 개별화라고 하는 기본입장에서 볼 때 '일수'에 대한 비판은 매우 사소한 것이며 피고인의 경제사정에 대한 조사도 피고인의 경제적 지위, 납세액 등을 고려한다면 일정한 판단기준을 찾아내는 정도는 어려운 일이 아니라는 논거를 들어 일수제의 도입을 주장하는 학자들이 많다.[269]

서보학도 자산상태파악을 정확히 할 수 없기 때문에 일수벌금제 도입이 불가능하다고 하는 것은 부당하다고 한다.[270] 뿐만 아니라 일수는 형벌의 개별화 요구에 부합하며, 벌금형으로 자유형만큼의 위하기능이 가능하다고 본다. 특히 이욕적인 범죄자인 경우는 그 타당성이 충분하다고 본다.

5. 적용범위의 확대 필요성

단기자유형의 폐해와 과밀수용의 해소 방안으로 주목하게 된 형벌이 벌금형제도이다. 오늘날 오히려 자유형보다 널리 사용되고 있는 독립된 형벌제도로서 자리 잡고 있다. 총액제는 희생평등의 원칙과 맞지 않아 일수제에 대한 논의가 더 활발하다. 효율적인 제도의 운용이 될 수 있도록 벌금의 액수를 현실화하는 제도개선이 있어야 할 것이다. 그리고 일수제가 단기자유형의 문제점을 극복하는 대체수단이 되기 위해서는 자유형만을 법

---

267) 배종대, 형사정책, 홍문사, 2008, 325~326쪽; 박기석, 앞의 논문, 2000, 7~21쪽, 20~21쪽.

268) 김재중, 앞의 책, 2008, 147쪽.

269) 정영석, 형사정책, 법문사, 1988, 278쪽; 김일수, "형법개정과 제재제도의 개선방향", 형사정책 제5호, 한국형사정책학회, 1990, 19쪽.

270) 김차동, 공정거래법상 형벌(양벌)규정 개선방안에 관한 검토 -헌법재판소 2007. 11. 29, 2005헌가10 결정을 중심으로-, 경제법연구 제9권 제1호, 한국경제법학회, 2010, 190~217쪽; 서보학, "벌금형제도 소고: 비판과 입법론적 대안", 형사정책 제10호, 한국형사정책학회, 1998, 82~83쪽.

정형으로 규정하고 있는 가벼운 범죄에는 벌금형을 선택형으로 규정할 필요가 있다.

자유형만이 규정되어 있으나 그 성격상 벌금형을 부과하여도 지장이 없는 범죄에 대하여는 벌금형을 선택형으로 규정함으로써 상황에 따른 적절한 양정이 이루어질 수 있을 것이다. 이와 같은 가벼운 범죄의 예로서는 단순폭행, 모욕죄, 명예훼손죄, 교통범죄, 과실범죄, 친고죄, 반의사불벌죄 등을 들 수 있다. 1995년 개정형법에 그 일부가 반영되어 벌금형을 법정형으로 두게 되었다. 벌금형을 법정형으로 두게 된 범죄는 공무집행방해, 사문서위조, 자격모용에 의한 사문서작성죄, 명예훼손죄 등이다. 모든 비범죄화 대상 범죄는 선택형으로 입법하는 것이 필요하다는 주장이 많다.271)

벌금형이 법정형으로 규정되어 있지 않음으로 인하여 발생하고 있는 문제점, 즉 악폐감염, 가정파탄, 낙인효과, 시설 내 수용처우의 문제를 더 이상 악화시켜서는 안 될 것이다.

Ⅳ. 전자감시제도

1. 기존 전자감시제도의 검토

1) 전자감시제도 개관

전자감시제도(electronic montoring system)는 일정한 조건으로 (가)석방된 범죄자가 지정된 시간에 지정된 장소에 있는지 여부를 확인하기 위하여 범죄자의 손목 또는 발목 등에 전자감응장치를 부착시켜 유선전화기 또는 무선장비를 이용하여 원격 감시하는 새로운 제재유형의 하나이다. 이러한 전자감시제도는 미국의 경우 51개 주(state) 중에서 43개 주에서 사용되고 있는 것을 비롯하여 오늘날 세계적으로 대략 10여 개 국가에서 시행되고 있다.272)

현재 전자감시제도는 형사소송 절차에서 유·무죄확정 전 재판진행 중에 있는 자에게 미결구금에 대신하여 일정한 조건하에서 실시되거나, 법원의 판결에 따른 유죄확정 후

---

271) 김재중, 앞의 책, 2008, 143쪽.

272) Ed Mortimer and Chris May, "Electronic Monitering in Practice; The second year of trials of curfew orders", A Research and Statistics Directorate Report, Home Office, 1997, pp.3~4에 의하면 1983년 미국 뉴멕시코 주에서 시작되어 현재 영국, 스코틀랜드, 프랑스, 이탈리아, 오스트리아, 캐나다, 이스라엘, 네덜란드, 스웨덴, 독일, 싱가포르 등에서 시행되고 있다.

형벌집행의 단계에서 집중감독 보호관찰 프로그램(intensive supervision program)이나 가택구금명령 등 다양한 프로그램과 결부되어 실시되고 있고, 가석방자나 소년비행자, 여성범죄자, 음주관련범죄자 등 각 시행국가의 제도적 특성에 따라 다양한 집단을 대상으로 실시되고 있다.

우리나라의 경우는 스프링강(鋼)을 삽입한 기존의 강도 4배 높인 전자발찌가 보급되었다. 스프링강(鋼)이 들어가 쉽게 끊을 수 없는 신형 전자발찌를 보급하였다.[273] 신형 전자발찌는 우레탄 재질의 종전 제품보다 강도가 4.4배 높다. 법무부 관계자는 "전자발찌 훼손 사례가 잇따라 신형 제품을 개발했다."고 설명했다. 지금까지 전자발찌를 끊고 달아났다 붙잡힌 성범죄자는 모두 13명에 이른다. 2008년 9월 전자발찌제도가 시행된 뒤 지금까지 818명[274]이 전자발찌를 찼다.

2) 전자감시 대상자

전자감시의 대상자로는 일반적으로 재범위험성이 낮고, 폭력적이지 않은 자로서 본인이 희망하는 경우가 일반적이다.[275] 전자감시 대상자가 되기 위한 개별적인 적합성의 검토는 모든 실시국가에서 차이점을 보이고 있으나 나름대로 다음과 같은 공통점을 찾아볼 수 있다.

첫째, 프로그램 대상자는 단기자유형에 선고되었거나 혹은 잔여 형이 얼마 남지 않은 경우에 고려되어질 수 있다. 다른 기준이 충족된 경우에 스웨덴에서는 3개월까지, 네덜란드에서는 12개월까지의 단기자유형을 선고받은 자를 여기에 포함시키고 있다.

둘째, 전자감시 대상자들은 재범 및 사회적 위험성이 농후한 중한 범죄에 의하여 형을 선고받은 자들이 아니어야 한다.

셋째, 전자감시 대상자는 알코올중독 혹은 마약중독자가 아니어야 하고, 전자감시를 통한 재택구금 기간 동안 알코올과 불법적인 약물을 복용해서는 안 된다.[276]

---

273) 중앙일보, 2010. 10. 26.

274) 중앙일보, 2010. 10. 26.

275) 홍정원, "성인 보호관찰대상자 지도, 감독, 원호 등 보호관찰기법에 관한 연구", 법무연구 제25호, 법무연수원, 1998, 248쪽; 이창한, "보호관찰제도 운영 성과분석", 보호관찰 제9권 제1호, 한국보호관찰학회, 2009, 63~83쪽 참조; 한영수, "보호관찰관련 법률의 제·개정의 역사와 보호관찰제도의 발전", 보호관찰 제9권 제1호, 한국보호관찰학회, 2009, 22~60쪽 참조.

276) 유석원, "미국의 사회 내 처우에 관한 연구", 저스티스 제35권 제6호(통권 제70호), 한국법학원, 2002, 207~234쪽; 허경미, "현행 보호관찰제도의 실태 및 개선방향에 관한 연구", 계명대학교 계명법학 제

넷째, 전자감시 대상자는 정해진 주거지에서 살아야 하며, 일정한 직업을 가지고 일을 하거나 혹은 반나절 정도의 규칙적인 활동을 해야만 한다. 여기에서 의미하는 활동에는 직업교육이나 재교육 및 네덜란드와 스웨덴에서처럼 사회봉사명령의 집행도 포함된다.

다섯째, 전자감시 대상자는 전화가 있어야 한다. 왜냐하면 기술적인 감시시스템이 전화선을 필요로 하기 때문이다.

여섯째, 함께 사는 가족 혹은 다른 동거자도 또한 전자감시에 동의해야만 한다. 왜냐하면 정해진 시간에 집에 머물러 있어야 하는 대상자로 인해, 동거자에게도 영향을 미칠 수 있기 때문이다. 뿐만 아니라 대상자가 거주하는 집이 타인의 소유인 경우에는 집주인도 전자감시에 동의를 해야만 한다. 위반사항이 발생하는 경우 감시자가 시간에 관계없이 대상자의 집에 수시로 들어갈 수 있어야 하기 때문이다.

마지막으로, 전자감시 대상자는 기술적인 통제로 인하여 부수적으로 일상생활을 침해받을 수 있는 포괄적인 지시사항에 동의한다는 의사를 표시하여야 한다. 위와 같은 전제조건을 충족하여도 미국의 경우는 마약판매, 폭력, 미성년자 성폭력전과가 있는 자는 대상에서 제외된다고 한다.277)

그리고 초범자의 경우라 하여도 가정폭력, 가정 내 노인 학대, 가정 내 아동학대, 자녀의 지속적인 학습강요로 심리적 폭력, 가정 내 동물학대 수용자의 경우 등은 초기의 단계에서 배제하여야 할 것이다. 그리고 범죄의 구성요건에 해당되지 않는다 하여도 심리적 폭력 우려의 개연성이 농후한 음식의 지나친 참견자 및 주거공간의 과민성 정리 정돈자 · 자녀나 동생의 휴식 없는 지속적 학습폭력 강요자는 배제하는 것이 타당할 것으로 본다.

판단 기준은 가족 구성원의 의견과 수용자의 면접을 통해 결정하여야 하며 기속보다는 자유재량에 의한 판단이 이루어져야만이 재범의 위험성을 줄이고 실효성을 담보할 수 있다고 본다. 가족 구성원의 동의가 아주 중요한 판단의 자료가 되겠지만 동의가 가택구금의 독립변수가 되어서는 곤란하다. 왜냐하면 두려움 때문에 동의할 수 있고, 또 반대로 복수나 격리를 위해 동의하지 않을 수도 있다. 그럼으로 정교한 후속조치가 필요하다고 본다.

3) 전자감시 기간

전자기기를 이용하여 대상자를 일정시간 동안 감시하기 때문에 대상자는 많은 심리적

14집, 계명대학교 사회과학연구소, 2010, 163~180쪽 참조.

277) 유석원, "미국의 사회 내 처우에 관한 연구", 저스티스 제35권 제6호(통권 제70호), 한국법학원, 2002, 208쪽.

압박감을 받게 된다. 더구나 격리된 곳이 아닌 사회 속에서 정상적인 생활을 영위하면서 전자감시의 조건을 이행하는 것은 더욱 쉽지 않으리라고 본다. 1989년 미국 사법연구소가 조사한 당시까지의 미국에서의 평균 전자감시 기간은 79일이었고 영국의 경우 전자감시에 의한 가택구금의 경우 60일 미만이었으며, 전자감시에 의한 통행금지의 경우 평균 5~6개월이었다. 가석방 시 전자감시를 받도록 하는 방향으로 제도운영을 한다고 전제하였을 경우 잔여형기의 전체 기간을 전자감시에 의한 가택구금을 한다면 대상자에게 엄청난 심리적 부담감을 주게 될 것이다.

따라서 잔여 형기 중 일정 기간만을 전자감시에 의한 보호관찰을 받도록 하고 보호관찰관이 전자감시가 필요하지 않다고 판단하는 경우 전자감시가 동반되지 않는 일반 보호관찰로 변경할 수 있도록 하는 것이 타당하다.[278]

2. 외국의 전자감시제도

1) 미국의 전자감시제도

미국에서의 최초의 전자감시프로그램의 운용은 1984년 플로리다 주 팜비치 카운티에서 실시되었고, 1985년 불과 2~3개의 주에서만 실시되고, 대상자도 200~300명에 불과하였으나 1989년에는 미국 전체 50개 주 가운데 37개 주가 실시하였고, 대상자도 6,500여 명으로 확대되었다.[279] 이와 같이 전자감시가 급격하게 확대된 이유는 네 가지로 살펴볼 수 있다.

첫째, 전자감시가 교도소의 과잉구금을 완화할 수 있다. 1970년대에 들어서 범죄가 증가함에 따라 새로운 교도소를 더 많이 건설하여야 한다는 주장들이 제기되었다.[280] 그러나 이러한 수용공간의 확대는 오히려 실형판결을 증가시키는 결과를 낳기 시작하였다. 이와 같은 악순환 속에서 교도소건설을 중지하는 한편, 구금장소를 교도소에서 자택으로 옮긴다는 발상의 전환이 생겨났다. 공공의 안전이라는 관점에서 가택구금을 하였을 경우 불안을 주는 대상자에게 더욱 감시기능을 높이는 방법으로 등장한 것이 바로 전자감시이다.[281]

---

278) 김재중, 형벌제도 개선방안, 한국학술정보(주), 2008, 191~192쪽.

279) Renzema, M. and D. T. Skelton, The Use of Elextronic Monitering by Criminal Justice Agencies 1989, kutztowm University Foundation, 1990, pp.5~6.

280) R. Del Carmen and J. Vaughn, "Legal Issues in the Use of Elextronic Survillance in Probation", Federal Probation, 1986 Vol. No.2, p.60.

둘째, '법과 질서'의 유지라는 관점에서 범죄자의 엄격한 처벌을 요구하는 시민감정이 높아졌다는 점이다. 엄격한 처벌의 요청은 형을 장기화시켜, 결과적으로 교도소의 과밀화 문제를 남기게 되었다. 그러나 한편에서는 일반시민의 입장에서 범죄자에 대한 재정부담은 최소한으로 되어야 한다고 주장하는 목소리도 증가하였다. 이와 같은 엄격한 처벌의 요구와 비용절약의 요구는 상호 배척되지만 전자감시는 구금비용을 절약한다는 경제성의 요청에도 부응하고, 전기기기에 의하여 범죄자의 통제를 강화한다는 점에 있어서 엄격한 처벌의 요구도 동시에 수용한 것으로 볼 수 있다.

셋째, 과학기술이 급속하게 고도로 발전하고 있는 상황 속에서 교정보호 분야에도 첨단 과학기술이 도입되어야 한다는 사회적 분위기이다.

넷째, 교도소의 과잉구금이 중대한 사회문제로 부각되던 차에 교정 분야의 참여가 경제성이 있다고 판단한 민간기업의 판단이 일치하여 '교도소의 민영화'가 미국 각지에서 현실로 이루어졌다. 전자감시는 보호 영역에 대한 민간자본의 진출을 의미한다.

바로 이러한 맥락에서 '민간개입'의 발상에 주목한다. 단순히 전술적인 정책을 몇 개 바꾸는 정도라면 모르겠으나 해결해야 할 일의 프레임 자체에까지 닿아 있는 것이라면, 해 오던 조직보다 새로운 조직이 나을 수도 있다는 사고이다. 분명 국가 주도의 교정행형은 안정적일 뿐 변화에는 친숙하지 않다. 반면, 몸이 가벼운 민간은 적어도 뉴 패러다임의 면에서는 관료를 앞지른다.

서양의 교정史가 패러다임의 변화를 추구할 때마다 항상 민간을 앞세웠던 것은[282] 바로 이러한 민간의 변화주도력과 적응력에 기인한다. 새로운 패러다임은 국가주도보다 민간이 낫다는 것이 패러다임의 역사에서 입증되고 있다.[283]

이와 관련하여 Greenwood는 "개혁가는 정부에서는 찾을 수 없고 민간기업에서 찾아

<hr>

281) 김재중, 형벌제도 개선방안, 한국학술정보(주), 2008, 193쪽; 김재중, "성폭력범죄자에 대한 전자감시제도", 법학연구 제18집 제1호, 경상대학교 법학연구소, 2010, 203~231쪽; 윤영철, "우리나라의 전자감시제도에 관한 비판적 소고" -특정 성폭력범죄자에 대한 위치추적 전자장치 부착에 관한 법률을 중심으로-, 형사정책연구 제19권 제3호, 한국형사정책연구원, 2008, 201~226쪽

282) 교도소 중 가장 오래된 영국의 런던 후라도엘 교정원(The House of Correction)도 민간에 의해 설립, 운영되기 시작한 것이다: Pieter Spierenburg, "The Body and The State: Early Modern Europe", Noval Morris and David J. Rothman (eds.), The Oxford History of The Prison, Oxford University Press, 1998, pp.61~65). 17C에 들어와 수용자의 노동력을 해외 식민지 개척에 사용하려 한 때에도, 국가주도가 아니라 민간주도였다. 사회내처우의 시초로 불리는 보호관찰제도 역시 민간 자원봉사자, John Augustus를 통해 최초 실험되었던 것이다. 오늘날 잔존하는 식민지에 있어서는 그 정책의 주체가 대개는 국가이지만, 이전에는 영국·프랑스·네덜란드 등의 동인도회사와 같이 국왕으로부터 특허장을 받은 민간 식민지회사가 정책주체가 되었다. 역시 그 선두에는 민간 자본가들을 세웠다. 국가와 민간자본가는 사랑의 푯말을 든 선교사를 앞세워 최종 마무리는 국가가 정리하는 것이 역사의 교훈이었다.

283) 김일수, "한국 기독교 교도소 모델과 이념적 기초", 소망교도소 홈피, 2011. 2, 124쪽 재인용.

야 한다. 왜냐하면 정부는 비용을 절감한다거나 효율성을 높여야 한다는 점에 대한 인센티브가 없기 때문이다.”라고 하고 있다.

(1) 전자감시프로그램위반자에 대한 조치

전자감시프로그램은 대상자의 준수사항위반을 방지하고, 범죄인으로부터 시민을 보호하고, 신뢰성을 유지하는 일이 무엇보다 중요하다. 이를 위해서는 준수사항을 위반하는 자에 대하여 즉시 교도소나 구치소에 수용하는 것이 가장 간편한 방법이겠으나 전자감시가 시설의 과밀화를 해결하기 위한 것이 주목적이기 때문에 현실적으로 그렇게 하지 못하고 있다. 사법연구소의 조사에 의하면 전자감시프로그램 위반자에 대해 대체로 유연한 조치를 취하고 있는 것으로 나타났다. 예컨대 위반자에 대해 전자감시사무소에 보고의무를 강화하거나, 사회봉사활동시간을 늘리거나, 교도소 이외의 지역사회 교정시설로의 일시적인 수용을 명하는 경우가 많았다.

(2) 다른 프로그램과의 병행 여부

현재 전자감시프로그램을 운용하고 있는 지역에서 정기적인 약물검사를 실시하고 있는지의 여부를 물어보았다. 회답이 있었던 182개 지역 중 33개의 지역이 약물검사를 정기적으로 시행하지 않는다고 답하였고, 66개의 지역이 전자감시 대상자에게 정기적으로 약물검사를 시행하고 있고, 기타 일부 지역은 전자감시 대상자 중 일부만을 무작위로 선택하여 실시한다고 답변하였다.

(3) 전자감시비용부담

3분의 2 이상이 전자감시의 비용을 대상자에게 청구하고 있고, 그 요금은 전자감시 장치의 임대료를 충분하게 지불할 수 있을 정도였다. 비용의 월정액은 다양하였고, 비용을 청구하고 있는 프로그램의 4분의 2 정도가 월 100 내지 300달러를 청구하고 있으며, 4분의 1이 100달러 이하, 나머지 4분의 1이 300달러 이상을 청구하고 있다.

2) 영국의 전자감시제도

1982년 범죄자전자감시협회(Offender Tag Association, 이하 OTA라 함)가 설립되었고 이 단체를 중심으로 구금의 대체수단과 범죄를 줄이기 위한 수단으로서 전자감시가 추진되었다. OTA는 선데이 타임지의 기자이며 소설가 그리고 교화위원인 톰 스테이시에 의해서 창설되었고, 이후 정치가를 비롯하여 전과자, 교회 성직자, 대학교수, 전자산업의 대표자, 그리고 교도관인 스테팬 튜민 등이 참여하였다.

처음에는 보호관찰소나 기존의 형벌개량운동가, 시민단체 등에 의해서 강한 반대가 있었으나 시간이 흐르면서 점차 지지를 받았다.284) 영국 정부도 처음에는 OTA의 활동에 거의 관심을 기울이지 않았으며, OTA가 내무성에 제출한 최초의 계획은 가택구금이 형벌로서 불충분한 제도라는 이유로 거부되었다. 그 후 1984년 내무성은 OTA의 종전의 계획을 재검토하였다. 영국 하원도 교도소의 과밀현상에 관한 보고를 받고 미국이나 캐나다의 전자감시프로그램이 영국에서도 적용 가능한지의 여부를 평가할 목적으로 연구해야 한다는 결론에 이르렀다.

1988년 영국 정부는 '형벌, 구금 및 지역사회(Punishment, Custody and the Community)'라는 보고서에서 비구금적 처우수단의 채택에 관한 논의를 환기하면서, 그 한 방법으로 전자감시에 관심을 보이고 전자감시는 범죄를 줄이고 교도소의 과잉구금을 완화하는 방안이 될 수 있다고 보고하였다. 전자감시는 14세에서 16세까지의 소년범죄자들에 대한 구금형의 유력한 대체수단이 될 수 있고, 동시에 범죄자의 '감시와 처벌 그리고 통제'를 임무로 하는 종래의 보호관찰소의 역할을 '조언과 지원 및 보살핌'을 하는 기관으로 변혁하는 효과도 얻을 수 있다고 하였다. 보고서의 내용은 개략적으로 다음과 같다.

"전자감시는 범죄자에게 자신의 자택에 머물도록 요구하는 명령을 집행하는 데 필요하다. 미국에서도 범죄자를 자택에 머물도록 하는 목적으로 이용되고 있다. 전자감시는 그다지 제한적인 처우가 아니며, 범죄자의 소재를 추적하는 데 도움이 될 수 있다. 또한 전자감시는 그 자체로 재범을 방지할 수는 없지만 법원이 구금의 정당한 다이버젼(diversion)이라고 인정하는 한도에서는 범죄를 행하는 기회를 제한할 수 있는 제도가 될 수 있다."

이 보고서로 인하여 영국에서 전자감시에 대한 논의가 활발해졌다.

전자감시에 대하여 영국의 보호관찰관협회(National Associaton of Probation Officers)는 자신들의 종전의 지위 및 역할이 크게 변화될 것으로 예상하여 처음에는 반대하였다. 이와 같은 일련의 논의과정을 거치고 전자감시제도 시찰단을 미국에 보내어 조사케 한 후 1989년 보석석방자를 대상으로 전자감시를 최초로 시험실시하였으나 성공하지 못했고,285) 1991년 형사사법법(Criminal Justice Act)의 개정으로 전자감시를 조건으로 하는

---

284) Carnings, J., "Electronic Monitering; A Chief Probation Officer's Perspective", in Russel, K. and R. Lilly(eds.), The Electronic Monitering of Offenders, Leicester: Leicester Polytechnic Law School Monograph, 1989, pp.83~89.

통금명령을 법에 명문화하였다. 1995년 7월부터 1997년 6월까지 맨체스터, 노포크, 버크셔에서 1, 2차에 걸쳐 실험적으로 통금명령을 실시하였다. 위 지역에서의 시험적 실시가 성공적이라는 평가가 나오자 1997년 7월 가석방자들에 대하여 전자감시에 이한 가택구금을 시험실시하였고, 1998년 범죄와 비행에 관한 법률(Crime & Disorder Act)을 제정하고, 1999년 1월 28일부터 전국적으로 실시하였다.

3. 전자감시 프로그램의 방식

1) 단속적 감시시스템

단속적 감시시스템은 중앙감시컴퓨터가 무작위로 또는 선정된 시간에 범죄자를 전화로 호출하여 그 응답 여부를 통해 소재 여부를 확인하는 것이라 할 수 있다. 이러한 전화호출에 전자감시 대상자는 반드시 반응을 보여야 하며, 전화호출에 반응하는 방식에 따라 두 가지로 나눌 수 있다.

하나는 전화호출이 있는 경우 범죄자의 팔이나 발목에 장착된 팔찌 모양의 전자감응장치를 자신의 주거지에 설치되어 있는 전화기에 부착된 검지기 안에 넣어 중앙감시컴퓨터에서 자동 확인하는 방법, 즉 검은색 플라스틱제의 팔찌 모양의 전자감응장치를 범죄자의 팔목에 부착시켜 컴퓨터가 전화호출을 한 경우 해당 범죄자는 전자감응장치를 탐지기 가운데 넣어서 확인시키는 방식이고 또 다른 하나는 전화로 범죄자에게 일정한 질문을 하여 전화 응답 시 미리 중앙감시컴퓨터가 기억하고 있는 음성으로 확인하도록 하는 방법과 거기에서 발전된 것으로 전자감시 대상자의 주거지에 화상전화를 설치하여 대상자 스스로가 중앙감시컴퓨터에 전화하여 자신의 모습을 보여 줌으로써 소재 유무를 화인시키는 방법이 있다.

이러한 단속적 감시시스템의 장점은 기술적으로 복잡하지 않고 비교적 가격도 저렴하며 오류도 적은 것으로 발표되고 있다.[286] 그러나 이 방법의 가장 큰 단점으로는 대상자를 철저히 감시하는 것이 불가능하다. 따라서 단순과실범 등 경미한 범죄를 범하였던 자에게만 적용이 가능할 것이다.

---

285) 김혜정, "전자감시제도의 적용가능성에 대한 검토", 형사정책연구 제12권 제2호, 한국형사정책연구원, 2000, 15쪽에서 재인용.
286) 김재중, 형벌제도 개선방안, 한국학술정보(주), 2008, 198~199쪽.

2) 계속적 감시시스템

현재 가장 많이 사용되고 있는 계속적 감시시스템은 범죄자의 발목 또는 손목 등에 소형 발신기를 착용하게 하여 그 발신기가 일정한 시간 간격으로 무선신호를 자동 발신하면 지정된 주거지 전화기에 부착된 수신 장치가 그 신호를 탐지하여 이를 중앙감시컴퓨터에 전송하고, 중앙감시컴퓨터는 전송된 사항과 해당 전자감시 대상자에게 주어진 지시사항을 대조하여 위반사항 여부를 감시하는 방식이다.[287) 대상자가 지정된 범위를 이탈하였다가 복귀하거나 신체에 부착된 송신기를 무단 변경하면 주거지에 설치되어 있는 수신기는 자동적으로 중앙컴퓨터에 송신하게 된다.

이러한 계속적 감시시스템이 전술한 감시시스템과 달리 철저한 감시를 할 수 있다는 장점이 있다. 이러한 긍정적인 측면에도 불구하고 문제점으로는 무엇보다도 텔레비전이나 비디오 혹은 부엌용 전자장치 등을 통해 신호가 끊기는 등의 오류 발생가능성이 크다는 것이다. 그러나 지금까지 15년 가까이 계속적 감시 시스템이 활용되어 기술상·운영상의 시행착오를 거쳐 이러한 오류를 해결하고 있다고 한다.[288)

3) 탐지시스템

탐지시스템이라 함은 전화기를 사용하지 아니하고 대상자에게 부착된 소형발신기가 계속적으로 무선신호를 발하면 대상자의 주거부근을 순회하는 감시자의 차량에 부착된 수신기나 혹은 감시자가 소지하고 있는 휴대용 수신기로 대상자의 소재 유무 여부를 확인하는 방식이다. 이 방식은 취업 등 대상자가 사회에 적극적으로 참여하여 적응할 수 있는 기회를 제공한다.

만약 대상자가 준수사항을 위반했을 때 순회하는 감시자가 즉각 대상자의 주거지를 확인하는 등으로 대응함으로써 구금에 대한 대안으로 사회 속에서 지도·감독하는 것을 용이하게 하고 있다. 이러한 탐지시스템은 소재 유무뿐만 아니라 위치 파악까지 가능하다. 나아가 지정된 장소를 벗어나는 경우 경보음을 보내서 그에 따른 적절한 제재조치를 할 수 있도록 하고 있다.[289)

---

287) 최연희, "우리나라 사회 내 처우프로그램에 관한 연구", 성균관대학교 박사학위논문, 1993, 214쪽.
288) 김재중, 앞의 책, 2008, 199~200쪽.
289) 김재중, 위의 책, 2008, 200~201쪽.

이러한 탐지시스템 이외에 무선 송·수신 기록감시시스템이란 것도 있다. 이 또한 전화를 사용하지 않는 무선 통신에 의한 시스템운영방식으로 대상자에게 부착된 발신기의 무선신호를 대상자의 주거지 또는 승인된 장소에 설치된 탐지장치가 일차적으로 수신하여 기록하고, 다시 이를 무선신호를 중앙감시컴퓨터에 중계함으로써 대상자의 정보를 수신하고 네트워크의 구성원 간 커뮤니케이션의 조정 기능도 수행한다.[290]

4. 전자감시제도를 통한 기대효과

첫째, 전자감시라는 통제를 통하여 사회보호에 소홀하다는 비판을 받고 있는 사회봉사명령의 문제점을 해결하고 있다. 전자감시 가택구금은 범죄자의 원활한 사회복귀, 즉 재사회화에 이바지하는 반면에, 범죄예방을 통한 사회안전의 보호에 소홀하다는 비판을 받고 있는 기존의 사회 내 처우가 가지고 있는 단점을 자유를 제한하는 분명한 자유 제한적 제재수단인 전자감시라는 통제를 통하여 사회안전의 보호라는 문제점을 해결하고 있다.[291]

둘째, 교정시설의 과밀수용 완화로 인한 비용절감의 효과가 있다. 전자감시제도를 통해 시설 내에 구금할 범죄자를 사회 내에서 처우할 수 있다면 그에 따라 과밀구금을 완화하는 효과를 가져올 수 있다. 또 전자감시제도는 필요적 구금형의 집행과 직접적으로 비교하여 비용절감이 될 뿐만 아니라, 전자감시 대상자가 일정한 전자감시비용을 지불하도록 하여 예산의 절감효과를 가져올 수 있다.

셋째, 원활한 재사회화의 추구에 기여한다는 것이다. 일반적으로 자신의 주거지에서 형을 집행받게 되어, 기존의 시설 내 구금을 통해서 발생했던 사회와의 단절을 회피할 수 있고, 비록 제한된 범위이기는 하지만, 자신의 일상생활을 그대로 유지할 수 있음으로써 사회복귀가 원활하게 될 수 있다. 특히 시설 내 구금을 통해서 나타나는 낙인효과를 회피하고 범죄인이 위해적인 교도소 문화에 접하지 않게 되어 구금에 따른 폐해를 줄일 수 있게 된다.[292]

마지막으로 자유형의 다이버전을 통한 형사제재의 다양화에 기여할 수 있다. 사회처우의 가장 큰 특징은 무엇보다도 처우방법의 다양화라고 할 수 있다. 전자감시제도도 교도

---

290) 김재중, 형벌제도 개선방안, 한국학술정보(주), 2008, 201쪽; 이윤호·이수진, "와이브로의 초기인증에 적합한 명세기반의 침입탐지시스템", 정보보호 제20권 제2호, 한국정보보호학회, 2010, 23~31쪽.

291) 김혜정, "전자감시제도의 적용가능성에 대한 검토", 형사정책 제12권 제2호, 한국형사정책연구원 2000, 118쪽.

292) 김재중, 위의 책, 2008, 201~203쪽.

소 점진적 축소의 다양한 대안 가운데 하나의 유형으로 형사사법망의 단순한 출현에 그치지 않고, 자유형을 대신하는 형사제재의 효율화에 기여할 수 있다.

5. 전자감시제도 도입과 관련한 문제점

첫째, 인권침해 가능성의 문제이다. 전자감시는 기계에 의한 인간의 감시라는 점에서 인간의 존엄성을 해칠 가능성이 높다는 것이다. 그러나 이러한 인권 침해적 요소가 있다는 지적은 전자감시제도의 취지나 외국에서의 실제 운영사례에 대한 충분한 이해의 밑바탕이 없는 데서 유래하는 오해라고 본다. 왜냐하면 전자감시제도는 징역, 금고 등 자유형에 처할 범죄인에 대하여 본인의 동의하에 교도소에 수감하는 것 대신 사회에 석방하여 사회, 가정생활을 할 수 있게 하면서 그에 대한 조건으로 일정한 시간에 지정된 주거지에 상주하여야 할 의무를 부과하고 이를 전자장비를 통해 확인하는 것에 불과하기 때문이다.

둘째, 사생활 침해문제, 형기의 장기화, 원조보다 감시에 중점[293]을 둔다는 문제뿐만이 아니라, 가택구금 상태에서의 암수[294] 문제, 범죄의 본질이 경시된다는 주장[295]도 있다. 특히 사생활침해 문제의 경우는 전자장비를 이용하여 범죄자를 감시한다는 점에서 문제가 제기되기도 한다. 그러나 전자감시제도는 시설 내 구금을 통해 나타나는 인간 자유의지의 침해보다는 훨씬 더 인간적이며 사회 내 적응 가능성이 높다는 점에서 전자감시가 시설 내 처우에 비하여 사생활 침해 정도나 인권침해 정도는 미약하다고 본다. 전자감시제도의 사생활침해가능성 문제와 관련하여 미국연방대법관은 Knotts사건 판결[296]에서 영장 없이 전자감시장치에 의하여 행하는 감시행위는 육안에 의해 동일정보를 획득할 수 있을 때에는 미국수정헌법 제4조에 위반되지 않는다고 하였고, 또한 영장이 없더라도 대상자의 동의에 의해 전자감시장치를 부착한 것 자체는 헌법에 위반되지 않으나, 육안에 의한 감시로는 동일정보를 얻지 못하는 경우에 영장 없이 전자장치에 의해 감시하는 것

---

293) 배종대, 형사정책, 홍문사, 2007, 490~499쪽.

294) 원래 암수의 용어는 정영석·신양균 교수가 처음으로 사용하였다. 그런데 배종대 교수는 "숨은 범죄"라는 개념을 쓸 것을 주장한다(배종대, 형사정책, 홍문사, 2007, 59쪽). 박상기 교수는 암수란 실제로 범죄가 발생하였음에도 범죄통계에는 나타나지 않는 범죄라고 한다(박상기, 형사정책, 형사정책연구원, 1998, 22쪽). 송광섭교수는 암수란 실제로 발생하였지만 수사기관에 인지되지 않았거나 인지되기는 하였으나 아직 검거되지 않아 범죄통계에 나타나지 않는 범죄를 말한다고 표현하고 있다(송광섭, 형사정책, 유스티니아누스, 1998, 177쪽).

295) 배종대, 앞의 책, 2007, 491쪽.

296) United States v. Knotte, 460 U. S. 276(1983).

은 대상자의 사생활을 침해하는 것으로 허용되지 아니한다고 하고 있다.297)

셋째, 낙인효과의 회피가능성의 문제이다. 대상자가 자신의 주거지에서 형사제재를 받기 때문에 낙인효과를 회피할 수 있다는 생각은 어쩌면 지나치게 단순한 생각일 수 있다. 왜냐하면 전자감시장비로 인해 주변사람들로부터 범죄자라는 낙인을 받을 수 있기 때문이다.298) 또한 전자감시로 인해 다른 가족이 받을 수도 있는 정신적인 고통이 시설 내 구금의 경우 발생할 수 있는 가정파괴의 경우보다 덜 심각하다고 단언할 수도 없다고 한다. 그러나 시설 내 구금을 집행당하고 사회에 복귀할 때에 받는 범죄자로서의 낙인과 전자감시로 인하여 받는 정신적 고통은 비교할 수 없이 전자가 클 것은 자명하다. 전자감시를 받는 사람의 가족, 직장관계인들은 이미 그 사실을 모두 인식하고 있으므로 더 이상 낙인찍힐 가능성도 많지 않다고 생각된다.

넷째, 전자감시 기술의 신뢰성 문제가 제기되고 있다. 전자감시제도 제1세대방식은 전자기기에 의하여 범죄자의 소재를 확인하는 것으로, 보호관찰과 같이 사람에 의한 관찰에 있어서도 실수가 있는 것과 마찬가지로 처음에는 감시장치의 고장으로 인해 오류를 범할 가능성을 배제할 수는 없었다. 그러나 현재는 기술의 발달로 발신기에 입력된 내용을 변조 및 위조, 발신기를 벗겨내는 것이 용이하지 않다고 한다.299)

과거의 제1세대방식에서 제2세대방식으로 발전하여 현재는 제3세대방식이라고 할 수 있는 발전된 장비가 본격 보급되어 있다.300)제2세대방식에 의하면 단순한 소재 유무뿐만 아니라 Grobal Position System방식301)을 이용하여 위치파악까지 하는 단계이며, 여기에서 더 나아가서 소위 제3세대방식302)이라고 하여 위치파악은 물론 물리적으로 충격을 가할 수 있는 시스템까지 발전되어 왔다. 또한 앞으로는 위성을 이용하여 감시망의 확대 내지는 정확성까지 확보하려는 단계에 있다고 한다.303)

---

297) United States v. Knotte, 486 U. S. 705, 104 S. Ct. 3296(1984).

298) 정완, "미국의 전자감시제도", 형사정책연구 제10권 제1호, 한국형사정책연구원, 1999, 193쪽.

299) 김재중, 앞의 책, 2008, 206~208쪽.

300) 뉴시스, 법무부, 제3세대 전자발찌 오늘부터 보급, 2010. 10. 26.

301) GPS방식은 1970년대 미국 국방부가 군사목적으로 개발한 첨단항법 장치로 4~8개의 인공위성으로부터 신호를 받아 위치를 파악하는 시스템이다. 오차 범위 3미터 이내의 물체의 위치ㆍ속도를 정확히 파악할 수 있으며 주로 자동차ㆍ선박ㆍ항공기의 항법장치로 활용되어 왔다.

302) 성폭력사범들에 대한 전자발찌 훼손이 어렵도록 스프링강을 삽입한 제3세대 전자발찌를 2010. 10. 26. 오후 위치추적 중앙관제센터에서 시연하고 있다. 법무부는 26일부터 전자발찌의 훼손이 어려운 제3세대 전자발찌를 본격 보급한다. 강화된 전자발찌 내부에는 두 겹의 스프링강과 훼손감지센서가 함께 삽입됐으며, 초기 발찌와 비교해 강도가 4.4배 향상돼 절단이 어려워졌다. 이 외에도 법무부는 현 위치추적중앙관제센터의 화재 등으로 인한 관제업무 중단을 방지하기 위해 제2관제센터를 추가로 설치하기로 했다: 뉴시스, 법무부, 제3세대 전자발찌 오늘부터 보급, 2010. 10. 26.

다섯째, 교육형주의의 개념에 반한다는 것이다. 이종갑·천정환은 전자감시를 사실상 구금으로 보고 다음과 같은 주장을 하고 있다. 수형자를 교정교화해 재사회화시킨다는 교정재의 생산 개념은 사회적 개념을 전제로 하여, 능력 있는 교정직원에 의해 교정재가 생산될 수 있다고 보고 있다. 전자감시대상자를 홀로 그의 집에 두고 원격지에서 소재확인만 하는 것은 사실상 구금이고, 교육형주의에 반한다는 논거를 들고 있다.304)

그러나 이러한 논거는 형벌의 다양화에 반하며, 분할처우를 어렵게 하고, 교정만능주의에 치우쳐 오히려 수형자의 주체성과 자발성을 경시한 교정일방주의라 할 것이다. 대부분의 수형자는 시설보다 사회를 선호할 것이고, 현대의 교정은 인적 계호에서 물적 계호로 나아감을 간과하고 있다.

6. 전자감시제도 적용범위에 관한 검토

전자감시제도 적용범위에 관해서는 다음과 같은 몇 가지로 요약할 수 있다.

첫째, 단기자유형의 문제점을 부분적으로 해소할 수 있다.305) 우리나라의 경우 대부분 구속수사를 원칙으로 하고 있기 때문에 미결구금 기간을 형량에 산입하고 나면 6개월 미만의 단기자유형을 선고하는 것은 아무런 의미가 없고, 이로 인하여 오히려 형량을 다소 늘려서 선고하는 경향을 초래할 수 있다고 한다.306) 자유형 자체에 대한 근본적인 회의와 함께 시설 내 처우의 변화와 발전으로 인하여 단기자유형에 대한 논쟁은 더욱 복잡하게 되었다. 단기자유형은 비록 단기일지라도 자유박탈로 인한 구금에 기인한 심리적 충격, 사회와의 관계단절, 교정시설의 하위문화에 동화되는 현상 등과 같은 자유형의 일반적인 문제점과 함께 단기형으로서의 특수한 문제를 함께 지니고 있다.

그러나 이미 오래전부터 단기간의 구금은 범죄자를 교정교화하기보다는 오히려 구금에 따른 악풍감염의 문제점이 더 심각하다는 논란이 있어 왔다. 단기형에 대신하여 전자감시에 의한 가택연금을 실현하게 되면 이는 폐쇄교도소, 개방교도소에 이은 제3의 행형모델이 될 수 있다.

예를 들어 스웨덴에서는 3개월 이하의 단기자유형이 선고될 경우 전자감시를 받으며

---

303) 김재중, 앞의 책, 2008, 208~209쪽.
304) 이종갑·천정환, 교정학, 대왕사, 2005, 418쪽.
305) 전수영, 교정제도개선과 민간참여방안, 한국학술정보(주), 2009, 138~139쪽.
306) 한영수, 행형과 형사사법, 세창출판사, 2000, 253~254쪽.

재택 감금하는 것으로 형의 집행을 대신하고 있다. 이러한 전자감시를 받는 자 중에는 음주운전자가 다수이고 폭행, 상해죄를 범한 자도 상당수 있다고 한다. 생각건대, 실형을 선고하면서 집행을 전자감시에 의한 재택 감금하는 방식도 있겠지만 구속피고인에 대하여 단기자유형에 처한 경우 구치소에서 교도소로 이송하지 않고 즉시 가석방을 허가하여 전자감시에 의한 재택구금을 실시하는 것도 하나의 방법으로 도입할 만하다.[307]

둘째, 전자감시조건부[308] 집행유예나 가석방의 부과조건으로 활용한다.[309] 형법 제62조의2(집행유예)와 제73조의2(가석방)를 수정 입법하는 방식으로 형의 집행이 유예되거나 가석방된 자에 대하여 그 기간 중 보호관찰은 물론이고 전자감시를 받을 수 있도록 함으로써 전자감시제도를 도입하는 것이 현실적이고 용이한 방식이라고 한다.[310] 전자감시제도를 도입하여 보호관찰관의 감시기능을 강화하면 실형이 선고될 자에 대해서도 전자감시를 조건으로 하는 집행유예가 선고될 가능성이 많아 정문입소 축소전략이 확대될 것으로 본다. 또한 가석방이 어려웠던 자에게도 전자감시를 조건으로 조기석방이 가능해져 후문출소 확대전략이 성공을 거둘 것으로 보인다.

셋째, 미결구금의 대안으로 활용할 수 있다. 일반적으로 교도소의 수용인구 중 미결수용자가 차지하는 비율이 상당히 높다. 2004년 한 해 동안 1일 평균 교도소 수용인원 57,184명 중에서 미결수용자는 18,915명으로 약 33%를 차지하고 있다.[311] 2009년에는 49,647명 중에서 15,290으로 더 증가하였음을 알 수 있다.[312] 일반적으로 구속피고인 중에서 약 1/4만이 실형을 선고받았을 뿐, 나머지 4분의 3은 집행유예, 벌금형 등으로 석방되어 실제로 구속할 필요가 없었던 것으로 보인다. 따라서 실질적으로는 구금이 필요 이상의 자유박탈처분으로 보인 미결수용자에게 일정한 조건하에 전자감시 가택구금을 통해 미결구금을 대체하는 것으로 할 때, 상당한 과밀구금의 완화를 기대해 볼 수 있다.[313] 또한 이 제도가 안고 있는 문제점과 우리나라의 실정을 고려하여 도입한다면 엄청난 재정을 절감하는 효과가 있을 것이다.[314]

---

307) 김재중, 형벌제도 개선방안, 한국학술정보(주), 2008, 203~204쪽.

308) 전수영, 교정제도개선과 민간참여방안, 한국학술정보(주), 2009, 139쪽.

309) 김재중, 형벌제도 개선방안, 한국학술정보(주), 2008, 204~205쪽.

310) 한영수, 행형과 형사사법, 세창출판사, 2000, 253~254쪽.

311) 법무연수원 범죄백서, 2005, 254쪽.

312) 법무연수원 범죄백서, 2010, 269쪽.

313) 김재중, 형벌제도 개선방안, 한국학술정보(주), 2008, 205쪽.

314) 전수영, 교정제도개선과 민간참여방안, 한국학술정보(주), 2009, 139쪽.

넷째, "범죄나 비행을 경험하였던 개성이 강한 소년"에 대한 대책으로 유용하다. 그러한 소년의 경우 보호관찰을 받거나 소년원에 유치하게 하는 처분 외에 보호관찰을 하면서 사회봉사명령, 수강명령을 받도록 하는 것이 보호처분의 전부이다. "전술한 소년"의 경우 개선가능성이 충분하여 초기단계에서 피어그룹(또래집단)과 어울려 비행을 저지르는 것을 상당 기간 제어해 준다면 청소년의 범죄억제력은 충분히 예상될 수 있다. 전자감시를 통하여 소년에 대해 외출금지를 실시한다면 동적성향이 강한 소년을 정적 성향의 소년으로 변화시켜 균형감각을 갖게 하여 유효한 청소년범죄 대처방안이 될 수 있을 것으로 판단된다.

마지막으로 우리나라의 경우도 이미 조선시대부터 외국의 전자감시에 버금가는 다양한 대체형벌이 시행되었음을 알 수 있다. 충군, 천도, 안치315)가 그것인바, 특히 안치의 경우는 전자적인 현대장비 대신 천혜의 자연조건을 활용한 절도안치 경우라든지, 위리안치의 경우는 가시나무를 경계구역설정으로 활용한 경우라 하겠다.

V. 후문출소 확대전략(back-door strategy)

1. 다양한 개방처우의 확충316)과 개선방안

1) 개방처우의 개념

개방처우의 개념은 광의의 개념과 협의의 개념으로 구분할 수 있다. 전자는 개방시설에서 처우뿐만 아니라 폐쇄시설에서도 실시하고 있는 외부통근제, 귀휴제, 부부접견제,

---

315) 유배죄인에게 어느 정도 은전을 베푸는 본향안치, 집 주위에 가시나무로써 담장을 치고 그 경계안에서만 살게 하는 위리안치, 죄인을 외딴 섬에 격리시키는 절도안치(絕島安置)가 있었다.

316) 개방시설의 확충을 각국에 권고사항으로 결의한 국제기구는 1955년 "제1회 UN범죄 방지 및 범죄자처우회의"이다. 개방시설처우와 관련하여 결의한 국제회의는 아래와 같다. "1950년 제2회 국제형법 및 형무회의"는 '개방시설은 어느 정도로 전통적인 교도소를 대신할 수 있는가?'라는 문제를 제기하여 개방시설 이론과 실제에 관해 국제적으로 처음 논의하고 결의하였다. 1957년 제2회 UN아시아지역 범죄예방 및 범죄자처우회의에서는 수형자 구외작업의 활성화를 위해 개방교도소제를 최대한 활용할 것을 권고하였으며, UN도 '분류심사에 의하여 수용적응이 있고 개방시설에 수용함이 적합하다고 판단되는 자로서 수형자의 형사상 또는 행정상의 범주나 형기의 장단에 관계없이 수용자가 개방시설에 수용할 경우 다른 시설에 수용하는 경우보다 사회적응이 달성될 가능성이 클 때, 가능한 의학적, 심리학, 사회적 조사에 기초를 두고 행한다.'고 결의한 바 있다.

가족만남의 집, 주말구금제 등과 같은 반자유처우 또는 중간처우 집과 같은 중간처우[317]
까지도 포함한다.

후자인 협의의 개방처우는 개방시설, 즉 행형에 영향을 미치지 않는 범위 내에서 높은
외벽, 쇠창살, 자물쇠 등을 제외한 시설에서 수용자가 의도하면 항상 도주가 가능하나,
다만 자율과 신뢰관계에 기초하여 처우하는 것만을 개방처우라고 한다. 이와 같이 간단
히 개방처우를 정의하기는 어려운 일이나 전통적 폐쇄시설에서 시설 내 처우의 폐해를
제거하여 그 생활조건을 일반 사회생활에 근접시킴으로써 수형자의 재사회화 내지 개선
효과를 얻고자 하는 처우방법을 개방처우라고 보는 것이 일반적이라고 한다.[318]

2) 처우근거

'형집행법' 제57조(처우) ① 수형자는 제59조의 분류심사의 결과에 따라 그에 적합한
교정시설에 수용되며, 개별처우계획에 따라 그 특성에 알맞은 처우를 받는다.
② 교정시설은 도주방지 등을 위한 수용설비 및 계호의 정도(경비등급)에 따라 다음 각
호로 구분한다. 다만, 동일한 교정시설이라도 구획을 정하여 경비등급을 달리할 수 있다.
③ 수형자에 대한 처우는 교화 또는 건전한 사회복귀를 위하여 교정성적에 따라 상향
조정될 수 있으며, 특히 그 성적이 우수한 수형자는 개방시설[319]에 수용되어 사회생활에
필요한 적정한 처우를 받을 수 있다.[320]
④ 수형자는 교화 또는 건전한 사회복귀를 위하여 교정시설 밖의 적당한 장소에서 봉사
활동, 견학 그 밖에 사회적응에 필요한 처우를 받을 수 있다.

---

317) 중간처우란 일반사회와 범죄자 간의 교류확대를 통한 범죄자의 사회복귀를 용이하게 하기 위한 제도로
서 시설 내 처우와 사회 내 처우의 중간형태 내지 결합형태라고 할 수 있다. 중간처우의 형태는 그 내
용에 따라서 시설 내 중간처우와 사회 내 중간처우로 분류할 수 있다. 시설 내 중간처우는 개방처우,
즉 외부방문이나 일시출소, 귀휴, 외부통근, 학업 등과 같이 시설 내의 수용자들에 대한 개방처우를 말
한다. 사회 내 중간처우는 소송 전 중간처우와 소송 후 중간처우로 구별할 수 있고 전자는 미결구금자
에 대한 중간처우이며 후자는 보호관찰자나 가석방자 그리고 형의 분리선고를 받은 자 등에 관한 중간
처우를 말한다: 홍봉선, "출소자 복지증진과 갱생보호사업의 활성화 방안", 교정연구 제14호, 한국교정
학회, 2002, 143~175쪽.

318) 김용준 · 이순길, 교정학, 국시원, 2000, 626쪽.

319) 개방시설의 연원은 19세기 중엽 아일랜드에서 해군대령 출신 마코노키가 가석방 前단계에서 실시한 중
간교도소제에서 찾고 있다. 순수한 교정시설인 개방시설에서 수형자들에게 개방처우를 처음 실시한 것
은 19세기 말 스위스의 비쯔빌 교도소(Witzwill prison)이다.

320) 형집행법 제57조 제2항 제1호에서 개방시설은 "도주방지를 위한 통상적인 설비의 전부 또는 일부를 갖
추지 아니하고 수형자의 자율적 활동이 가능하도록 통상적인 관리감시의 전부 또는 일부를 하지 아니
하는 교정시설"이라 정의하고 있다.

⑤ 학과교육생·직업훈련생·외국인·여성장애인·노인·환자 그 밖에 별도의 처우가 필요한 수형자는 장관이 그 처우를 전달하도록 정하는 시설에 수용되며, 그 특성에 알맞은 처우를 받는다. 다만, 전담교정시설의 부족 그 밖의 부득이한 사정이 있는 경우에는 예외로 할 수 있는 규정을 두고 있다.

3) 처우효과

개방시설의 처우효과는 시설처우의 완화, 사회복귀준비, 갱생의욕의 함양, 처우의 개별화, 보호의 사회화 등을 들 수 있다. 형벌의 인도화(人道化)와 교정에 대한 신뢰감을 얻을 수 있다. 단기자유형의 가장 큰 문제점의 하나로 지목되어 온 악폐감염의 폐해를 줄일 수 있다. 수용자의 심신건강에 유리하다. 규율위반으로 인한 처벌감소 및 보안직원과 교화직원 간의 갈등해소에 도움이 된다. 개방된 처우인 만큼 교정과밀화 현상의 폐해를 극복할 수 있다. 개방처우 기간 동안 완전구금 시 시설 내 의료처우의 문제점인 번잡함과 경직성을 해결할 수 있을 것이다.

4) 문제점과 개선방안

일반국민의 법 감정에 부응하지 못하고, 형벌개념의 혼란만 초래할 수 있다. 지역사회의 반대에 직면할 가능성이 있으며, 도주 및 외부인과 부정한 접촉을 할 우려가 있다. 이러한 예상되는 몇 가지 문제점을 도출할 수 있겠다.

그러나 철저한 분류심사에 따라 교정사고의 유발지수가 높은 수형자는 배제하고 일반국민의 법 감정에 부응해야 하므로 언론과 지역사회의 여론을 잘 수렴하여 무엇보다도 '피해를 당하였던 자'의 이해와 동의가 전제가 된다면 다양한 형사사법망의 확대를 통하여 인권침해의 소지가 없도록 체계적이고 과학적인 처우기법으로 확대해 나가야 할 것이다. 즉 후문출소의 축소는 하수도 없는 거대도시와 같다 할 것이므로 후문출소의 확대를 통한 사회처우로 개선방안을 모색하여야 할 것이다.

2. 외부통근작업제의[321] 확대실시와 개선방안

종래 외부통근작업[322](이하 외통) 운영규칙에 따라 운영해 오던 외통의 법적 근거를 마련하기 위하여 제5차 개정 행형법[323] 제35조 제2항에서는 "수형자의 사회복귀와 기술습득을 촉진하기 위하여 필요하다고 인정되는 경우에는 외부기업체 등에 통근작업하게 할 수 있다."라는 규정[324]을 신설하였다. 동조 제3항에서는 "제2항의 규정에 의한 통근작업에 필요한 사항은 법무부장관이 정한다."라고 하는 규정을 신설하였다.[325] 다만 현행 외통은 교도작업의 일환으로 운영되고 있다.

본래 외부통근작업제도는 수형자의 기술습득과 사회적응력의 함양이라는 취지에서 교도작업과 분리하여 독립해 우영되는 제도이다. 그러므로 외통을 본래의 취지에 맞도록 교도작업과 분리하여 시행하는 것이 취지에 부합되는 것으로 사료된다.[326] 그 대상도 대폭 늘려 확대 운영하는 것이 바람직하다는 주장[327]이 많다.

따라서 외부통근작업운영규정[328] 제4조(선정요건) 제1항 '외부통근자는 5년 이내에 가석방이 가능한 18세 이상 60세 이하인 자로서 다음의 요건을 갖춘 자 중에서 선정한다.'는 규정을 개정할 필요가 있다. 2010. 1. 1.부터 적용되는 '고용상 연령차별금지 및 고령자 고용촉진에 관한 법률'의 위배이다. 70세의 고령수형자도 60세 이하인 수형자의 건강을 유지할 수 있으며, 70세 고령수형자의 의지와 자발성을 교정당국은 존중해 주어야 하므로 굳이 선정요건에서 배제시킬 필요는 없다고 본다. 다만 외통 출역 시 작업의 내용

---

321) 정진수 · 박양빈 · 이윤호 · 임재표 · 김종정 · 홍남식 · 이종택, "21세기 교정비젼과 처우의 선진화방안", 연구총서, 한국형사정책연구원, 2003, 115～116쪽.

322) 외부통근작업은 수형자를 주간에는 감독자 없이 시설외의 직장에 통근시키고, 야간과 휴일에는 시설 내에서 생활하게 하는 제도이다. 주간가석방제도(Day Parole), 호스텔제, 반자유제, 반구금제, 통근형제란 명칭으로도 불리고, 영국에서는 외통수형자를 Hostel이라고 부르는 특수시설에 수용하여 호스텔제라고 한다.

323) 법률 제4936호, 1995. 01. 05.

324) 외부통근제에는 행정형 외통(미국), 사법형 외통(유럽), 혼합형 외통(노스캐롤라이나 州 등 미국의 일부 州) 3가지 유형이 있다. 행정형 외통의 경우는 법원이 유죄 확정자에게 형벌의 일종으로 외부통근형을 선고하여 외부통근을 실시하는 제도이다. 사법형 외통의 경우는 일반적으로 널리 활용되고 있는 외통으로 사회에서 작업종료 후 야간에는 반드시 교정시설에서 생활하게 하는 제도를 말한다. 혼합형외통의 경우는 사법형과 행정형을 혼합한 형태이다. 즉 법원은 형벌의 일종으로 통근형을 선고하고, 교도소가 가석방위원회의 허가를 얻어 외부통근을 실시하는 형태를 말한다. 우리는 중자의 경우에 근접한 제도라 하겠다.

325) 법무부, 국민의 정부 교정행정의 개선방안, 2003, 73～74쪽.

326) 정진수 · 박양빈 · 이윤호 · 임재표 · 김종정 · 홍남식 · 이종택, "21세기 교정비젼과 처우의 선진화방안", 연구총서, 한국형사정책연구원, 2003, 116쪽.

327) 강영철, 자유형과 행형제도의 발전방향, 교정연구 제19호, 한국교정학회, 2003, 137쪽.

328) 법무부예규 689호, 2003. 12. 29.

과 통근 거리 등을 감안하여 고령자의 특성과 적성에 합당한 외통의 출역이 되어야 할 것이다.

대상자 선정의 확대와 더불어 외부통근작업의 내용도 개선할 부분이 있다. 가령 수형자의 주체성이 반영되지 않는 국가세입증대 위주로 실행되어 왔다. 사회 적응력 배양이라는 목표를 설정하여 별도의 기구, 별도의 회계, 사회적 처우에 합당한 전문 인력이 부족한 상황이다. 작업 직종의 전문화가 필요함에도 대부분 단순노무 3D업종이거나 출소 후에도 연계가 가능한 직종이 아닌 사양산업이라는 점이 문제점으로 지적되고 있다.329) 도주의 우려 등 교정사고를 최소화하는 범위에서 수형자에게 외통의 기회를 확대함은 교정당국 위주의 행정에서 수형자의 주체성과 자발성을 존중하는 열린 교정의 단면이기 때문이다.

또한 동조 제1항 제1호의 규정, 형기의 1/3 경과 규정을 삭제하고 구외공장 취업수형자의 경우 10년 경과한 무기수형자의 경우 10년 경과 규정을 5년 경과 규정으로 개정함으로써 무기수형자의 선정기준도 완화할 필요성이 충분하다고 본다. 외부통근 기간과 시간도 야수제와 휴수제의 시간을 고려함으로써 외부통근의 새로운 유형으로 주말외부통근제의 실시를 제안한다. 금요일 오후 9시에 출소시켜 월요일 10시에 집결케 하여 귀휴제의 장점과 외부통근 교도작업의 장점을 동시에 주목한 새로운 대안이다.

예상되는 문제점으로, 출역하는 외부공장에 반드시 숙소가 있어야 하며, 주말에 출역하므로 주말에 휴식하는 일반인과 상대적 박탈감이 존재하고 주말에 공장을 가동시키는 기업이 적어 원래의 취지를 살릴 수 없으며, 원칙적 기독교 신앙인에게는 주일성수가 곤란하므로 갈등이 있다. 역시 도주의 우려 등 많은 계호인력이 필요하다는 문제점은 충분히 예상할 수 있다.

이러한 문제점에도 불구하고 필자는 철저한 분류심사로 도주와 계호인력의 문제를 극복하고, 외부통근자 및 보안교도관의 동의를 전제로 제도의 취지에 공감하고 주말의 집중적인 근무를 통해 주중을 자기발전에 활용하려는 보안교도관을 배치하여야 할 것으로 본다. 그들의 주체성과 자발성을 중심으로 근무의 효율성을 높일 수 있는 부분은 관리자의 의지도 한몫할 것이다. 일방통행의 도입을 배제해야 할 것이며 자발적 참여를 유도하여 문제점은 최소화하고 효율성은 증대시키는 운영상의 발전적 방안을 동시에 모색해야 할 것이다.

---

329) 김동수, "우리나라 수형인을 위한 교정복지의 개선방안에 관한 연구", 대전대학교 석사학위논문, 2007, 97쪽.

3. 귀휴제도의 확대[330]실시와 개선방안

1) 일반귀휴제도

우리나라 귀휴제는 다른 개방처우제에 비해 상대적으로 일찍부터 시행되어 왔다.[331] 1962년부터 행형법에 귀휴제도를 도입, 귀휴시행규칙의 시행으로 귀휴제가 시행되어 왔다. 그러나 다분히 은전적인 성격이 강하였고 귀휴자의 전체 재소자에 대한 비율은 극히 낮았다. 영향력 있는 유전자(有錢者)만이 모든 절차와 요건을 갖추어 교정을 움직여 혜택을 누릴 수 있었다. 즉, 이 제도는 극소수의 수형자만이 누릴 수 있는 특혜에 불과한 정도였다.[332] 다행히 2000년 이후 크게 증가하여[333] 귀휴제가 실질적 사회적 처우의 하나로서 자리매김하고 있다.

반면 귀휴의 일반적 문제점으로 지적되어 온 도주사고 발생 시 책임을 지지 않을 목적으로 적극적, 역동적 교정을 기피하고 소극적, 부작위 교정으로 일관한 측면이 있으므로 각 지방교정청장은 산하 교정시설 장의 귀휴실시 현황을 파악하여 수용자별 귀휴현황 순서를 매년 공표할 필요가 있다. '형의 집행 및 수용자의 처우에 관한 법률' 제77조에서 일반귀휴 요건을 완화하고 예외규정을 규정함으로써 경미하고 재범의 위험성이 없는 단순과실 단기자유형 수형자의 경우도 포함시킬 필요가 있다.

즉, 귀휴허가 요건을 대폭 완화하여 도주사고를 일으킨 전력이 있는 수형자와 피해자와의 감정 등 귀휴를 특별히 제한할 필요가 있는 경우를 제외하고는 모든 수형자가 귀휴의 혜택을 받을 수 있도록 하는 것이 바람직하다는 주장[334]이 많다.

교정을 역동적인 현장으로 변화시키기 위해서는 귀휴처우 평등의 원칙[335]을 귀휴시행

---

330) 김동수, 앞의 논문, 2007, 121쪽.

331) 1913년 미국 위스콘신 州의 후버법(Huber Law)에서 비롯되어 1918년 미시시피에서 처음으로 귀휴제가 실시되었다는 제1설과 1922년 프로이센의 "교도소 직무 및 집행규칙"이 귀휴제도의 시초라고 주장하는 제2설이 있다. 필자는 프로이센의 "교도소 직무 및 집행규칙"이 최초라는 데 동의하는 입장이다. 후버법에서 논의되고 제정된 것이 맞지만 교정시설에서 규칙으로 실시된 것은 프로이센으로 본다. 존 호와드의 독거주장 이전에도 분명 독거제를 주창한 인물이 있었고, 사형폐지도 베까리아 이전에 많은 사람들이 외쳤지만 최초의 인물은 하워드와 베까리아이다. 공증되고 검증된 발표의 시점과 구체화된 시기를 기준으로 해서 제2설이 타당하다고 본다. 그러나 귀휴제와 외부통근제도를 처음으로 규정한 법을 묻는다면 후버法이 타당하다. 교도소 직무 및 집행 규칙은 후버법이 아니라 부령이기 때문이다.

332) 강영철, "수형자의 개별처우와 교정시설 및 처우의 다양화", 교정연구 제43호, 한국교정학회, 2009, 58쪽.

333) 법무부, 국민의 정부 교정행정의 개선방안, 2003, 67쪽.

334) 김화수, "한국개방처우제도의 발전방안에 관한 연구", 단국대대학원 박사학위논문, 2000, 231~232쪽.

규칙[336])과 귀휴심사위원회규칙[337])에 명문화하여 처우의 다양화는 활성화시키되 처우의 차별화는 없도록 해야 할 것이다. 귀휴의 활성화로 인하여 시설에서 빠져나가는 인원만 큼 휴일구금[338]) 수형자를 구금함으로써 과밀화 해소에도 기여하리라고 본다.

2) 주말귀휴제도

(1) 현행귀휴제의 검토

석방을 앞둔 수형자들이 주말에 가정을 방문하게 하는 사회 친화적 교화프로그램의 하나로서 사회 유사화 원칙의 이념에 따라 2002. 10. 1.부터 주말귀휴제를 시행하고 있다. 이 제도는 수형자들에게 사회적응훈련의 기회를 더욱 넓힌다는 점에서 의의가 있다고 하겠다.[339]) 대상자는 "1년 이상 복역하고 일정기간을 경과한 2급 이상의 모범수형자"가

---

335) 예를 들면 甲, 乙, 丙이 같은 사동 같은 공장에 출역 중인바, 갑과 을은 누진계급 3급이고, 병은 누진 계급 2급이며, 갑과 을은 6개월 이상 복역한 수형자로서 그 형기의 1/3을 경과하고 행형성적이 우수한 자로서 배우자의 직계존속이 사망하여 5일 이내의 특별귀휴를 허가 받았다. 병은 1년 이상 복역한 수 형자로서 그 형기의 1/2를 경과하고 행형성적이 더 우수한 자로서 병 역시 배우자의 직계존속이 사망 하여 갑과 을이 귀휴를 다녀온 직후 귀휴 허가 신청을 하였으나 귀휴심사위원회의 의결결과는 귀휴허 가였으나 소장의 불허 결정에 의해 장례식에 다녀오지 못한 경우를 제약할 필요가 있는 경우가 필자가 언급하고 있는 귀휴평등 처우의 원칙이다. 이 원칙은 우리 헌법에서도 강조되는 이념이다. 귀휴뿐만 아 니라 교정의 모든 원칙에 확대 적용할 필요가 있다. 즉, 절차와 내용이 적법하지만 비례성의 원칙과 균 형감각을 크게 상실한 결정에 대해 일선 교정현장에서 바로 권리구제가 가능토록 해야 할 것이다. 즉, 소장으로부터 독립된 교정감제도의 신설이 요구된다. 이러한 귀휴처우 평등의 원칙은 소장의 재량을 제 한하는 내용으로 교정비리의 상당부분이 해소될 것으로 사료된다.

336) 법무부령 제549호, 2004. 04. 03 개정.

337) 법무부훈령 제572호 2005. 07. 21 개정.

338) 새로운 제도 도입 시 몇 가지 예상되는 문제점을 추론할 수 있다. 예를 들면 같은 거실을 같이 사용하 지는 않지만 교차 사용함으로써 개인 물품 분실 및 훼손, 부정물품 반입, 지역주민과의 마찰, 잦은 입 · 출입으로 기존 수형자와의 범죄모의 가능성, 교정업무의 번잡성등을 예시할 수 있다. 그러나 과밀수용 해소와 지역상권 활성화, 수형자의 자력 갱생의지 고취 등 순 기능적 가치에 주목하고 문제점은 극소화 시켜 나가는 적극교정이 요청된다. 일례로 청송의 경우 5공 초기 주민의 상당한 반대가 있었으나 청송 진보의 상권에 많은 영향을 주어 한국교정의 메카로 자리 잡았다. 중범죄자의 입 · 출입으로 지역정서 에 악영향을 미칠 것으로 보았으나 가출소에 의한 청송진보면에서의 강력범죄는 지금까지 단 한 건의 사례도 보도된 바가 없다. 출소자들 사이에서 하는 말은 고향에 가서도 청송 쪽은 쳐다보지도 않는다고 함으로 그들은 작업상여금(피감호자는 근로보상금)을 출소 직후 대부분 청송에서 소비하고 지체 없이 청송을 떠남으로써 지역정서에 별 영향이 없다는 것이고, 오히려 몇 십대 일의 어려운 관문을 뚫고 입 문한 몇 백 명의 교정엘리트를 상주케 함으로써 그들이 지역사회에 나름대로 상당한 역할을 하는 것으 로 보도되고 있다. 지정수(교정부이사관) 소장 등은 지역 학교와 자매결연을 맺어 주기적으로 장학금을 전달하고 지역사회와 교정계에서 교정엘리트로 주목받고 있다.

339) 법무부, 국민의 정부 교정행정의 개선방안, 2003, 69쪽.

해당된다.

허가기간은 토요일 오후부터 일요일 오후까지 1박 2일이 원칙이나 연휴기간에는 2박 3일의 범위 내에서 소장이 정할 수 있도록 하고 있다. 다른 수형자와 형평성을 고려하여 수형자 1인당 1년에 10일을 초과하지 않는 범위 내에서 횟수 제한 없이 허가할 수 있도록 하였다.

이 제도는 21세기 한국교정의 뉴 패러다임을 지향하는 선진교정으로 나아가기 위한 초석을 마련한 아주 바람직한 개방처우제도라는 평가가 있다.[340] 그러나 아래와 같은 문제점이 있다.[341] 주말귀휴제도 등에 관한 법적 근거가 하위법령인 부령의 규정이 아닌 법률에 근거하게 하여 한국교정에 확고한 법적 단계를 선점하였으면 한다. 또한 '주말수용제' 및 '가족만남의 집 운영'과 상호 연계시켜 교정시설의 과밀화 현상에 기여토록 하기 위해서는 관련 규정을 다음과 같이 정비할 필요가 있다.

(2) 귀휴관련법령의 개정방향

'형집행법' 제77조 제1항은 귀휴의 형식적 요건을 다음과 같이 규정하고 있다.

소장은 6개월 이상 복역한 수형자로서 그 형기의 1/3(21년 이상의 유기형 또는 무기형의 경우에는 7년)이 지나고 교정성적이 우수한 사람이 다음 각 호의 어느 하나에 해당하면 1년 중 20일 이내의 귀휴를 허가할 수 있다.

구체적인 요건은, ① 가족 또는 배우자의 직계존속이 위독한 때, ② 질병이나 사고로 외부의료시설에의 입원이 필요한 때, ③ 천재지변 그 밖의 재해로 가족, 배우자의 직계존속 또는 수형자 본인에게 회복할 수 없는 중대한 재산상의 손해가 발생하였거나 발생할 우려가 있는 때, ④ 그 밖에 교화 또는 건전한 사회복귀를 위하여 법무부령으로 정하는 사유가 있는 때이다.

이러한 규정을 다음과 같이 개정했으면 한다. 즉 1호·2호·3호의 임의규정을 강행규정으로 완화하여 소장의 재량을 축소할 필요가 있다. 또한 형의집행 및 수용자의 처우에 관한 법률' 제77조 제2항 제1호 가족 또는 배우자의 직계존속이 사망한 때와 제2호 직계비속의 혼례가 있는 때의 경우는 위 제1항의 요건을 충족할 경우는 강행규정으로 완화

---

340) 강영철, 앞의 논문, 2003, 135쪽; 정진수·박양빈·이윤호·임재표·김종정·홍남식·이종택, "21세기 교정비전과 처우의 선진화방안", 연구총서, 한국형사정책연구원, 2003, 117쪽.

341) 귀휴제의 문제점과 개선방향에 대해서는 신치재, "수형자의 귀휴제도에 관한 고찰", 형사법연구 제21권 제1호, 한국형사법학회, 2009, 469~490쪽; 박영규, "형의 집행 및 수용자의 처우에 관한 법률상의 수형자의 귀휴제도의 개선방안", 경기대학교 법학논총 제9호, 경기대학교 법학연구소, 2009, 57~79쪽 참조.

하고 그렇지 못할 경우에만 제 사정을 참작하여 소장에게 재량을 인정하는 방향으로 개정할 필요가 있다.

(3) 독려 및 감독기능의 강화방안

대상자의 요건을 도주 및 재범의 우려가 없고 범죄피해자와 그 가족의 동의가 가능한 모든 수형자로 확대한다. 금요일 오후 9시에 출소시켜 월요일 10시에 집결케 하여 거실 공방을 경제적으로 활용하므로 과밀화해소에 실익이 있으며, 출퇴근 시간을 피해 교통을 고려하며, 그들이 친구, 지인, 가족 등과 접촉함으로 교정의 사회화는 물론 입출소시 지역경제에도 도움을 줄 수 있다고 본다. 그리고 가능한 여름휴가기에 집중적으로 실시하여 과밀수용의 폐해가 심각한 계절에 실질적 입장에서 과밀수용 대책까지도 고려한 기간 선택이 반영되었으면 한다.

인권을 강조하는 시대상황과 맞물려 나온 제도라는 의구심을 갖지 않도록 가장 활발하게 실시하고 있는 기관에 대해서 역시 인센티브를 주는 제도적 장치가 필요한데, 지방교정청보다는 교정본부에 데스크 포스팀(TFT)을 구성하여 독려하고 감독하는 기능을 갖추었으면 한다. 지방청 역시 수용질서유지에 치중하여 아무런 사고 없이 기간을 끝내고 교정본부에 진입하려 하기 때문에 본부에 두는 것이 바람직하다.

그 외에도 전술한 부분이 운영상 활성화되기 위해서는 형집행법 제77조 제2항을 아래와 같이 신설할 필요가 있다. 도주사고의 위험성과 책임추궁으로 소극적으로 운영되는 교정현실을 개선하기 위함인바, "귀휴기간 중 발생한 도주사고에 대해 중과실(重過失) 이상의 책임이 있는 경우를 제외하고는 인사, 징계, 성과급 등에서 불이익한 처분을 할 수 없다."라는 별도 조항을 신설하였으면 한다.

4. 가족만남의 집 활성화방안

1) 의의 및 연혁

"가족만남의 집" 내용이라 함은 수형자에게 완전한 부부접견을 별도의 분리된 장소에서 일정기간 동안 허용함으로써 원만한 가족관계를 유지하도록 하는 것이다. 이 제도는 남미제국의 엘살바도르, 멕시코, 콜롬비아, 아르헨티나, 브라질 등에서 널리 시행되고 있다. 미국의 경우는 미시시피 주(州) 레드하우스(Red House)에서 비공식적으로 시행되다가 1959년에 이것이 공식화되었다.342) 시행 초기에는 수형자의 가족관계 단절방지 내지 교화개선보다는 흑인들의 노동력 향상을 위해 창안되었다. 그 후 점차 백인 남성수형자까지 확대 시행되었다. 교정시설 내의 각종 교정사고가 성적(性的) 긴장감에 기인한다고 보는 견지에서 이 제도의 도입이 긍정적으로 검토되어 왔다.

2) 시행규칙 제89조와 수용자 사회복귀지원 등에 관한 지침의 내용

어떻든 교정의 사회화, 개방화343) 시대에 부응하여 법무부는 출소 후 사회복귀에 가장 중요한 요소인 가족과의 유대관계 유지 및 강화라는 명분으로 교정시설 주벽344) 밖에 1999. 6. 부부만남의 집345)을 설치하였다. 부부만남의 집은 각 지방교정청별로 1개 기관씩 선정하여 1999. 6. 대구, 대전, 안양, 광주(교) 등 4개 교정기관에 설치한 이후, 2003년에 부부만남의 집을 가족만남의 집으로 확대개편하였다. 기혼과 미혼의 차별을 전제로 함으로 명칭을 부부에서 가족으로 변경함으로써 미혼의 경우나 배우자가 없는 이혼자의 경우까지도 해당됨으로 차별의 문제를 해소하였다.

따라서 부부특별 면회제도를 확대, 개편한 가족만남의 집은 우리나라의 독특한 사회적 처우제도의 하나이다. 마산(교)(2000. 8.)과 청주(교)(2001. 11), 춘천(교)(2007. 11.)에 추가로 설치하여, 법무부는 재원으로 복권기금을 확보하고 '가족만남의 집' 설치의 확대를 추진하였다. 교정기관 신설 및 이전 건축 시 가족만남의 집을 의무적으로 설치하도록

---

342) 신진규, 범죄학 겸 형사정책, 법문사, 1987, 663쪽.

343) 교정의 사회화, 개방화와 관련하여 교정행정의 민간인 참여제도가 있다. 1983년 교정의 사회화를 교정의 역점시책으로 정하였다. 1970년부터 실시하여 오던 독지방문위원제도를 교정위원제로 개편하여 지역사회내의 덕망 있고 재소자 교정에 열의가 있는 인사들을 교화위원, 종교위원으로 증원하여 외부 인사의 교정참여 활동을 유도하였다. 2005. 12. 31. 현재, 교화위원 2,252명 등 교정위원이 약 4,557명이 전국 교정시설에서 수형자를 위한 교화활동 및 교정행정에 기여하고 있다. 그러나 문제점으로, 직함만 받고 활동이 전무한 경우가 대부분이며, 지역사회에서 특별면회 등의 과시용으로 활용됨이 없도록 실질적인 활동이 되도록 독려하는 제도적 장치가 반드시 필요하다. 교정위원과 교화위원의 활동이 실무에서는 거의 대동소이하므로 하나로 통합하고 전문인사로 충원하여 교정의 취약분야를 담당케 함으로써 교정의 실질적 효과를 높이도록 해야 한다.

344) 교정시설의 가장 높은 외벽, 콘크리트 마지막 담장을 말한다. 추후 확대 설치되는 가족 만남의 집은 주벽 안에 설치될 움직임도 있다고 하므로, 만약 주벽 안에 설치가 된다면 교정시설 내 임으로 사회적 처우가 아니라 시설처우가 된다. 내용적인 측면을 강조한다면 여전히 사회적 처우로 보아도 무방할 것이다.

345) 부부특별면회제(conjugal visiting system)라고도 한다. 즉, 부인이 있는 수형자의 경우 그 부인과 완전한 부부적 면회를 허용하는 제도를 말한다. 우리의 경우는 외국의 사례보다 더 진일보한 경우이다. 교도소 주벽 밖의 부지에 침실, 부엌, 욕실과 전화 등 주거에 필요한 비품이 갖춰진 43제곱미터(13평 규모, 방 2개)의 일반 가정집 형태의 단독주택이다. 음식물의 반입과 취사가 허용되며 전화사용 등 자유로운 생활이 보장되고 있다.

하였다. 이러한 노력의 결과 가족만남의 집은 2009년 기준 현재 43개소가 설치되었다. 가족만남의 집 운영지침[346] 제4조(대상자)는 6개월 이상 복역한 수형자로서 그 형기의 1/3(21년 이상의 유기형 또는 무기수는 7년)을 경과한 자로서 개방처우급 · 완화경비처우급 이상이어야 한다. 그러나 교화를 위하여 특히 필요한 경우에는 일반경비처우급 이하의 수형자도 소장의 허가를 받으면 이용이 가능하다. 1박 2일을 원칙으로 한다. 특히 필요한 경우는 1일 연장이 가능하다.

3) 효율적 측면

이 제도가 수형자의 성적 긴장감을 해소한다. 부부관계의 유대감을 증대시킨다. 사회적으로는 장기 수형으로 인한 가정파탄을 막고 안정적 수용생활로 유도하는 측면이 있다. 또한 성적(性的) 욕구의 자연스런 표출로 동성애[347] 행위,[348] 즉 계간(溪姦) 등을 방지하며 수형자의 사회적응능력 향상과 인권개선에 크게 기여[349]하고 있다는 점에서 가족만남의 집 시설은 전국 교정기관으로 확대 실시[350]되고 있는 것은 고무적인 것이다.

4) 운영상의 입법정비와 발전적 검토

형기의 경과 기간을 3월 이상 복역한 수형자로 하며 무기수는 5년으로 완화하고, 동 지침 제9조(이용기간) 1박 2일을 3박 4일로 늘림으로써 뒤에 후술할 주말수용제와 연계

---

346) 법무부 예규교화 제674호, 2003. 10. 06. 개정.

347) 성대상 도착(倒錯)의 하나인 동성애(homosexuality)는 완전동성애자, 정신적 양성(兩性)자, 기회적 동성애자 로 구분된다. 전자는 동성만이 성욕의 대상이 되고 이성은 혐오의 대상이 될 뿐이다. 중자는 동성 · 이성 다 같이 성욕의 대상이 되는 자, 후자의 경우는 이성을 접촉하기 어려운 특수한 상황, 중세의 경우는 병영 · 사원 · 수도원, 현대는 교정시설 등에서 대용적으로 일시 동성을 성 대상으로 하나, 시설에서 나오면 다시 정상으로 되는 자이다.

348) 동성애 행위는 교정시설 내의 힘의 논리에 의해서 약자, 특히 신입자가 희생되는 경우가 많고 수형자 사회에서 심신의 약화는 물론 삼각관계에 의한 자살 또는 연적(戀敵)을 제거할 목적으로 살인사건으로 발전될 수 있어서 문제된다. 일부 외국에서는 교정시설에서의 동성애가 독립적인 범죄를 구성하는 경우가 있다. 우리 군(軍)행형법에서도 별도의 독립적인 범죄로 처벌하고 있다. 우리나라의 교정시설에서는 법적 규제 대상이 되기보다 행정적 규제 대상이 되고 있다. 물론 교정시설이라 하여도 상대의 의사와 무관하게 폭행 협박을 수단으로 계간한 경우는 강제추행죄의 죄책을 질 것이다.

349) 정진수 · 박양빈 · 이윤호 · 임재표 · 김종정 · 홍남식 · 이종택, "21세기 교정비전과 처우의 선진화방안", 연구총서, 한국형사정책연구원, 2003, 118쪽.

350) 김동수, 앞의 논문, 2007, 123쪽.

할 필요가 있다. 가족만남의 집 운영으로 사회처우 된 기간 동안, 다시 주말수용자를 교차(交差) 시설처우하므로 과밀화 현상의 해소에도 기여할 수 있다.

3박 4일351)의 일정은 주5일제가 일반화됨으로써 월(月)요일 오후 9시부터 목(木)요일 아침 10시까지 허용하는 경우와 금요일 오후 9시부터 월요일 아침 10시까지 허용하는 두 가지 안(案)을 동시에 활용할 필요가 있다. 두 가지 안의 동시 활용은 수형자 가족에게 면회선택권을 주면서 교정당국은 거실의 활용도를 높여 과밀화 해소와 사회처우에 기여한다.

외곽에 계호직원이 배치되고 도주의 우려가 없는 수형자를 철저한 분류심사를 거쳐 시행하므로 교정사고의 우려가 걸림돌이 될 수 없다.

Ⅵ. 사견

각종 전환제도의 유기적 활용과 전자감시 가택구금이 과밀수용 해소를 위한 단기적인 대안으로 논의되고 있다. 비용이 저렴하고 범죄위험이 증가하면 구금형으로 다이버전이 용이하기 때문이다. 또한 엄격한 감시와 행동규제로 범죄예방 및 지역사회 안전에 기여할 수 있고, 응보적 측면과 범죄의 무능력화 및 사회복귀를 긍정적으로 충족시킬 수 있는 장점이 있다. 또한 중장기적인 관점에서 보면 교정의 민영화, 지역사회 교정, 다양한 중간 처벌 등의 개발을 통해 과밀수용 해소를 위한 장기적이고 지속적인 중장기 전략을 검토할 필요가 있다.

다만 형사사법망의 확대와 강화는 인권침해와 상충되지 않도록 정교한 정책이 개발되어야 할 것이다. 가장 현실적인 대안은 교정 전 단계인 사법기관에서 구속영장실질심사 강화로 불구속수사제도를 정착시키는 일이다. 가석방 정책의 탄력적 운용과 음주운전자 및 재산범 등에 대해서는 전자감시 가택구금제의 도입이 필요하고, 상습성과 위험성이 상대적으로 덜하고 피해자와 합의가 이루어진 모든 범죄에 대해서는 과감히 벌금형으로 대체함이 바람직하다고 본다.

---

351) 운영지침 제9조의 개정으로 3박 4일로 확대된다면 주중(週中)과 주말(週末) 동시에 3박 4일제로 운영할 필요가 있겠다. 빈 공방은 주말수용자를 교차 수용하는 방안과 또는 여직원휴게실, 보안 간부의 금연회의실로도 활용할 수 있다. 가족만남의 집이 주중에서 주말까지 계속 이용되는 것은 아니므로 빈 거실의 발생 시에는 직원과 수용자가 교차 사용하므로 시설공간의 활용도를 극대화할 수 있고, 수용자와 직원 간의 두터운 벽도 허물 수 있을 것이다.

벌금부과 시 희생평등의 원칙에 따라 '범죄를 범하였던 자'의 경제 사정을 고려한 벌금부과가 이루어져야 한다. 벌금불납의 경우에도 일률적으로 교정시설에 구금하여 노역을 부과치 말고, 후술한 기업연수명령, 농촌봉사명령, 공공근로명령, 효행봉사명령제 등의 입법으로 사회 안에서 대체할 필요가 있다.

또한 정문(正門)에서 수용자의 수를 감소시키려면 지속적인 석방자 보호정책이 활성화되어야 한다. 사후상담프로그램을 운영하며 주로 마약중독자들의 갱생과 그 가족까지 상담 및 사회복귀를 위한 여러 가지 지원을 하고 있는 싱가포르의 Counselling & Aftercare Division[352]의 프로그램 참고는 재범방지에 시사점이 있다. 싱가포르 열린 교정의 성공적 안착모델은 단순한 선진교정의 제도적 도입이나 제도개선으로 성공한 것이 아니고 그 중심에는 늘 한 인물이 있었다.[353]

인물이 제도를 만들고 그 제도는 역시 사람에 의해서 운용되므로 지도자의 자질과 엘리트 공무원의 육성, 그리고 교정공무원의 처우향상은 이광요(李光耀)[354]의 법치철학에서 타산지석(他山之石)으로 참고할 가치가 있다고 본다. 이러한 싱가포르 갱생보호회의

---

352) 싱가포르 갱생보호공단 상담 및 사후관리부(Counselling & Aftercare Division)를 말한다. 사후 상담프로그램을 운영하며 주로 마약중독자들의 갱생과 그 가족까지 상담 및 사회복귀를 위한 여러 가지 지원을 한다.

353) 이광요는 한때 노동사건 전문변호사였기에 처음에는 노동자에게 무척 우호적이었지만 차츰 기업가들에게도 유리한 정책을 펴게 되며, 무분별한 노사분규를 강력히 억제하기도 하였다. 대신 서민생활 안정을 위해 영구임대주택 보급확대, 적극적인 물가안정정책을 펴는 등 자본가, 노동자 양쪽 모두를 위하는 정책을 폈다. 또한, 싱가포르 인구에서 소수를 차지하는 말레이계, 인도계의 권익 향상과 복지증진에도 노력을 하는 등, 싱가포르 내 각 민족 간의 화목과 단합을 위한 정책을 적극적으로 펼쳤고, 그 결과 예전에 비해 인종갈등문제가 많이 개선되었다. 이런 식으로 국민을 위한 진심어린 정책을 편 덕분에 이광요는 30여 년간이나 심각한 저항 없이 장기집권을 할 수 있었다. 비록 그동안 일부로부터 너무 독선적이고 강압적인 정책이라느니 하는 비판을 받긴 했지만 일부에서는 그를 독재자로 보는 시각도 있는데, 그를 굳이 독재자로 불러야 한다면 '청렴한 독재자'라고 표현하는 게 더 정확할 것이다. 그의 주요 정책은 다음과 같다. 첫째, 엘리트 공무원의 육성이었다. 둘째, 엄격한 법과 제도의 시행이었다. 넷째, 자유민주주의 발전이었다. 일찍 공산주의와 결별하고 민주주의적인 제도와 틀을 키우는 데 큰 공헌을 했다(李光耀 자서전, 문학사상사, 1999, 223쪽 이하).

354) 아시아 공산주의자들의 청렴함을 상징한 인물이 중국의 毛澤東과 월남의 胡志明이었다. 반면 蔣介石 군대는 부패의 대명사가 되었다. 李光耀가 싱가포르를 청렴한 나라로 만들어야겠다고 결심한 가장 큰 이유도 여기서 나왔다. 공산주의자들과 대결하여 이기려면 부패문제를 해결하지 않으면 안 된다고 생각했다. 공산당 세력은 이광요의 영국 유학 경험, 골프를 치고 부르주아 생활을 하는 것을 비판했으나 그를 부패로 공격할 순 없었다. 싱가포르엔 영국 식민지 행정기구에서 만든 부패조사국(Corrupt Practices Investigation Bureau: CPIB)이 있었다. 이광요(李光耀)는 이 기구에 反부패 척결의 全權을 맡겼다. 1960년에 법원은 자신의 월급에 비해서 지나친 호화생활을 하는 것 자체를 부패의 증거로 인정하기 시작했다. 李光耀는 자신의 친구나 장관들에 대한 수사를 막기는커녕 장려했다. 그는 高位공직자들이 명예와 사명감에만 의존한 채 쪼들리는 월급쟁이 생활을 견디게 하는 것은 비현실적이라고 생각했다. 그렇게 하면 人材가 공무원 사회로 들어오지 않는다. 지도자의 결심, 공정한 엄벌주의, 공무원 대우 개선, 수사기관의 독립성, 깨끗한 선거 등이 종합적으로 어우러져 싱가포르로 하여금 아시아의 부패고리에서 벗어나게 만들었다: 이광요, 위의 책, 1999, 221쪽.

특징은 교도소에서부터 민간회사와 합작형태 등으로 작업장을 직영하고 있으며 그 수익금을 출소자 보호활동에 활용하고 있고, 출소한 후에도 곧바로 취업이 가능한 현실성 있는 직업훈련 및 기업체와 연계한 취업알선 활동 등으로 요약할 수 있다.

이는 기업체 등과의 연계활동이 극히 미미한 우리의 실정과 비교할 때 참으로 시사하는 바가 크다고 하지 않을 수 없다. 출소자가 생래적, 유전적 소질에서 범죄가 초래되었든, 환경적 요인에 의한 학습에 의한 범죄이든 그것은 영구인격적인 것이 아니며 사회적 책임(社會的責任, Social responsibility)에 의하여 원조와 적절한 생활지도를 할 때 비로소 진정한 인간의 상대적 균등기회를 마련해 주는 것이라 할 것이다. 장애인이나 노약자가 사회적으로 보호를 받는 것처럼 사회적응에 애로를 보이는 상대적 약자인 출소자에게 적절한 사회적 책임(社會的責任)에 의하여 보호를 해 주는 것은 전체 공동체 사회의 발전을 위하여 너무나 타당한 일이며 형사정책적 요청이라 할 수 있다.

전과자라는 이유로 사회에의 부적응 상태를 방치한다면 그것은 인간의 존엄성에 대한 훼손이며 나아가 건강한 사회로의 보편적 가치를 손상시키는 잘못된 정책임을 부인할 수 없을 것이다. 출소자가 우리 사회에 기여하며 스스로 자립하는 건전한 시민으로 거듭나기 위해서는 취업을 통한 경제적 자립은 필수불가결한 것이다. 그러한 갱생보호대상자들의 건전한 시민으로의 성숙을 위한 국가적 차원의 범죄예방을 위해서는 갱생보호대상자에 대한 실질적 원호기관인, 특히 만기출소자에 대해서는 유일한 한국법무보호복지공단의 역할과 위상이 바로 서서 갱생보호대상자(更生保護對象者)에 대한 종합복지센터로서 자리매김은 필수적인 것이다. 앞서 제기한 여러 문제와 대안은 교정의 의지만으로 풀 수 있는 사안이 아니므로 대단히 현실적인 내용이면서도 관료제의 부정적인 측면과 직역이기주의(職域利己主義)의 높은 파고(波高)의 극복문제가 과제로 남게 된다.

제3장 수용자처우의 선진화 방안

본장은 본 논문에 있어 가장 중요한 장으로서 앞에서 본 내용을 기본으로 하여 수용자들의 처우를 어떻게 하면 현실에 맞게 처우할 것인가를 나름대로 대안을 제시하였다.

구체적으로 시설 내 처우(제1 처우), 사회적 처우(제2 처우), 사회 내 처우(제3 처우)의 3단계로 나누어 각 단계에서의 창조적 대안을 제시하였다.

제1 처우의 주요 내용으로서 배방(排房)전담교도관제의 전문화와 확대실시를 제안하였다. 여기서 배방이라 함은 거실지정을 의미하는데, 거실지정은 의미의 전달은 쉬우나 수용자의 자기결정권이 배제된 어감으로 배방으로 정리하고자 한다. 교정청문감사관제의 실시와 긴급구원의 종 설치를 제안하였다. 선시분할처우제의 도입으로 수용자로 하여금 "나는 무엇을 어떻게 할 것인가?"를 스스로 찾아내는 선시분할처우 제도를 창조적 대안으로 모색하였다. 제2 처우에서는 24시간 완전구금의 기존 틀을 깨고, 주간수용, 야간수용, 주말수용으로 악폐감염, 수용자폭력, 교정의료의 문제를 해소하고자 하면서, 철저한 분류심사를 통한 과학적인 전제조건하에서 점진적 시행을 제안하였다. 제3 처우에서는 사회교육명령제를 고찰하면서 순환처우(완화 또는 강화)와 동시에 시행할 것을 고찰하였다.

제1절 시설 내 처우(施設 內 處遇, institutionalization treatment)의 창조적 대안

시설 내 처우의 핵심은 개별처우와 분류처우이다. 수용자 분류수용은 범죄원인과 대책에 관한 과학적인 인식을 기초로 한국 교정의 과학화라는 관점에서 중요한 제도이다. 그러나 분류사의 부족 및 분류기자재의 불비, 더 나아가서 분류처우를 수용할 수 없는 시설 구조로 인해 분류처우제는 소기의 목적을 달성하지 못하고 있는 실정이다. 과학적인 분류수용은 수용자 간 폭력행위 방지를 위해서 반드시 필요한 제도이다.

Ⅰ. 국내외 기존학자들의 방안

수용자 분류는 1595년 암스테르담 징치장에서 남녀 혼거의 폐해를 없애기 위해 1598년에 여자용 방적감을 설립한 것이 그 효시이다. 그 후 1703년 로마 산 미케레 소년감화원에서 소년감화 교육시설을 설립하였고, 1623년에 창설되었다. 1775년에 재정비된 벨기에의 간트교도소, 그리고 1790년 미국 필라델피아의 Walnut Street교도소에서 일종의 수용자 분류처우를 시도하였다.355) 수용자 분류처우(Classification Treatment)를 과학적으로 시행하기 위해서는 먼저 교정시설을 일정수준까지 확충하여 수용밀도를 낮추어야 한다. 분류사의 정원을 500명 이상으로 증원하며, 분류전담조직이 없는 교정기관에 분류심사과 신설을 마무리하여야 한다. 분류심사업무가 형식적으로 운영되는 관행을 개선해야 한다. 무엇보다도 교회사, 분류사, 의무직의 소장진급의 문호가 확대되어야 한다.

또한 분류제도가 단순히 수용자의 지능검사, 적성검사 등 몇 가지의 지필 검사와 일부 기구검사 결과로 나타난 자료에 의하여 수용자의 인격진단이나 처우문제를 결정하는 것은 매우 위험한 일이다. 복잡 미묘한 인격구조의 동태성을 정확히 분석할 수 있는 새로운 기법들은 검사 결과에 대한 연구와 자료 축적을 통하여 국내 수용자들에게 가장 알맞은 분류방법을 창안해야 한다. 그 외에도 현재의 교정시설의 구조를 보다 더 다양화·전문화·현대화가 교정선진화의 주요 과제임은 다시 강조할 필요가 없다고 본다.

따라서 우리나라356)도 시설별 분류수용과 병행하여 시설 내에서도 단계별 처우 및 단위사동 처우를 병행실시하고, 시설별 수용인원도 500명 내외357)로 조정해 나가야 한다. 장기적으로는 카티지제358) 및 독거실의 확충 등으로 수용자 폭력행위를 효과적으로 방지

---

355) 강영철, 앞의 논문, 2003, 60~66쪽.

356) 우리나라에서는 1432년 7월 11일(세종 14년), 왕이 전지를 내려 '옥에 구금되어 있는 남·여 수용자와 범죄의 경중에 따라 수용자를 구분하여 거실을 정하도록 하였고, 겨울에는 따뜻하고 여름에는 시원한 옥을 사용하도록 하라.'라고 하였는데 지금부터 567년 전의 일이다. 이것은 네덜란드 암스테르담 징치장에서 남녀 수용자를 분류수용한 것보다 무려 163년 앞섰으며 문헌상으로 전해오는 국내 수용자 분류의 효시이다.

357) 1955년 UN '범죄방지 및 범죄자처우회의'에서 결의한 '피구금자처우에 관한 최저기준규칙' 제63호 제3항에서 교정시설 당 수용정원을 500명으로 권고하고 있다.

358) 카티지제(cottage system)는 기존의 행형제도가 주로 대형화 또는 집단화를 전제로 하여 획일적으로 운용됨으로써 많은 폐해를 낳았음에 착안하여 이러한 폐해를 줄이고자 시도된 소집단처우제도이다. 1854년 미국 오하이오 주 랭커스터에서 처음 시행되었다. 1904년 뉴욕 주의 주버나일 어사일럼(Juvenile Asylum)에서도 이를 채택하였다. 이 제도는 수형자를 개별특성에 따라 20~30명 단위의 카티지로 나누어서 각 카티지별로 행형내용의 강도를 달리하는 접합한 처우방법을 적용함으로써 효과의 극대화를 꾀하고자 하였다. 그러기 위해서는 이에 필요한 과학적 처우방법의 개발과 전문인력의 양성이 필수요건

하고 재사회화에도 기여할 수 있게 될 것으로 본다.

Ⅱ. 배방전담교도관제의 전문화와 확대실시

교도소의 과밀수용으로 시설 내 협소한 거실공간은 상상을 초월할 정도로 교정사고[359]가 빈발하고 있다고 한다.[360] 과밀수용된 혼거실의 구체적인 폐해사례를 직접 면담[361]을 통하여 소개하면 아래와 같다.

"이불을 뒤집어 씌워 놓고 짓밟기 시작했다. 갑자기 숨통이 막혀 왔다. 감방 안에서 이불을 뒤집어 씌워 놓고 두들겨 패는 모다구리(몰매)는 일제 때부터 내려온 감방전통의 체벌이었다. 즉, 소리 나지 않게 두들겨 패는 요령이 있었다. 나는 그때 고함과 괴성을 질렀다. 감방안의 작은 체제는 정부 당국과 맞물려 있었다. 당국은 감방을 통괄하려면 질서를 잡아야 했다. 감방간수(공무원)는 방장(선임수용자)에게 각 감방의 질서를 위임시켜 놓고 있었다. 그러고 보면 감방의 구조적 모순은 정부당국과 맞닿아 있다 하여도 잘못된 표현이 아닐 것이었다."[362]

이처럼 수용자 상호 간의 수형자 부문화[363]가 오랜 관행으로 되어 처음 거실에 들어온 자는 '수형자 강령(계율)'[364]을 암송하고 식사, 용변, 취침을 제외한 거의 모든 시간

인데, 이것은 곧 국가의 재정적 부담능력과 직결되는 문제이다.

359) 부당하거나 불법하게 물리적인 강제력을 다른 재소자나 직원에게 행사하는 것으로써 폭행처럼 직접 물리력을 행사하는 경우는 물론이고, 강요나 협박 또는 공갈 등도 포함하는 것을 폭력사고라 하였다; 이윤호, 교정학개론, 박영사, 2002, 99쪽.

360) 이인철, 교정선교와 한국교회, 도서출판쿰란, 2004, 45쪽.

361) 2011. 1. 16. 민통선 평화교회, 이적 목사, "감정을 다스려라", 설교 제목 중 일부 발췌.

362) 이적, 민통선예수(상), 아이디어북스, 2008, 201~202쪽.

363) Sutherland와 Cressy의 수형자 사회부문화 연구로서 합법주의 부문화 범죄주의 부문화 수형생활 부문화가 있다. 전자는 외부사회와 강한 유대관계를 이루고 있고 중자는 사회에 나가서도 범죄생활을 계속할 생각을 갖고 있는 자들이며 후자는 교도소화가 아주 잘된 범죄자들이다: 장세석, 교정학개론, 서울고시각, 2008, 142쪽.

364) Sykes와 Messinger의 수형자 강령에 관한 연구가 있다. 1강령, 다른 동료의 이익을 방해하지 마라. 2강령, 다른 동료와 싸움을 억제하라. 3강령, 다른 동료를 속이거나 때려 자기 이익을 추구하지 마라. 4강령, 울지 마라. 5강령, 죄를 시인하는 행위를 하지 마라. 6강령, 교도관의 권위를 인정하지 마라. 이처럼 수형자 사회에서 부문화에서의 계율과 공식적으로 지킬 수밖에 없는 재소자 준수 사항이 있다. 수형자의 부문화나 자신들의 계율은 여러 가지가 있을 수 있으나 Sykes와 Messinger의 수형자 강령에 관한 연구가 가장 많이 소개되어 있다. 우리나라 수형자 계율은 각 시설마다 약간의 차이는 있겠지만 대체적으로 선임의 말에 복종할 것, 교도관을 간수로 칭할 것(미국의 교도관의 권위 부정), 소변 시 앉아서 처리할 것 등 주로 시설 내 약자, 즉 새로 입방 및 출역한 자 들이 짊어져야 하는 고통인 것이다: 장세석,

은 벽면을 보고 정좌한 자세로 앉아 선임자의 말에 따라 행동해야 한다.

여기 입방 순간부터 행동이 민첩하지 않거나 그들만의 부문화에 반기를 들면 가차 없는 수용자 폭력이 자행된다는 것이다. 정치, 경제 거물급 화이트칼라 수형자와 조직폭력 수형자는 교도소 폭력의 피해자와 무관하다.

화이트칼라범은 입소부터 출소까지 '형의집행 및 수용자의 처우에 관한 법률'의 원칙에 따라 독거수용이 잘 지켜지고 있으며, 요시찰 수형자 신창원 등 일부 수형자를 제외하고는 혼거수용이 일반적이고, 징벌 등 특수한 상황을 제외하고는 혼거수용되고 있는 실정이어서 그들이 교도소 폭력을 주도하고 수용질서유지를 좌우한다.

배방전담의 확대가 필요한 이유는 주간 작업을 끝내고 폭력이 두려워 일과 후 입방을 거부하는 수형자는 전 교정시설에서 흔히 직면할 수 있는 문제이다. 담당 보안교위는 첫째, 왜 입방을 거부하는지, 어떤 폭력이 자행되었는지에 대한 기초조사를 하고 관련 수형자를 격리수용 조치 후 익일 보안과에 보고하는 경우. 둘째, 입방거부자를 수용질서문란자로 규정하고 조사실에서 바로 징계절차를 준비하는 경우. 셋째, 입방거부 수형자를 설유하여 입방거부행위를 스스로 철회토록 하는 경우. 이 3가지 상황은 담당 교도관에 따라 다르게 처리될 수 있음으로 배방전담을 확대함으로써 교정의 일관성을 유지하기 위해서다.

현재의 교정시스템으로서는 중자, 후자의 절차로 사례를 실무에서 해결하는 경우가 많다. 따라서 교정사고는 증폭될 수밖에 없는 구조이므로 전자의 절차로 해결되기 위해서는 전담을 둠으로써 보안교도관의 수용질서유지에도 도움이 될 것으로 본다. 개폐방시가 보안 취약시간대임으로 이때 주로 입방거부자가 많으므로 바로 전담에게 통보 또는 지시하고 입실거부 사유조사와 보고, 결재를 배방전담이 처리토록 하는 것이다. 관구교위는 입실거부 발생 시 전담에게 통보만 하므로 보안 업무에 더 집중할 수 있기 때문이다.

<표 9> 징벌사유별 현황에서 입실거부가 "개별"로는 7.11로 1위이며, "상습규율위반"으로는 수용자폭행과 기타사유에 이어 3위로 나타남을 알 수 있듯이 입실거부에 대한 원인이 과밀수용도 한몫함으로써 국가가 제공하는 부분도 있어 배방전담의 확대가 필요할 것으로 보인다. 이영희의 징벌과 관련한 조사에서는 상습규율위반자의 65%가 입실거부를 한 적이 있으며, 이 가운데 48%는 4번 이상을 입실을 거부한 것으로 조사되었다.

입실거부사유로는 첫째는 성격상 혼거생활에는 적응하기 불가능하다고 생각되는 사례이다. 둘째는 거실과 작업장에서 생활하는 데 필요한 6~7만 원의 영치금이 없어 독거실에 가기 위해 일부러 교정사고를 일으키는 경우이다. 셋째는 다른 수용자와의 갈등으로

____

교정학개론, 서울고시각, 2008, 142~143쪽.

같이 있으면 사고 날 것 같아서가 가장 많은 사유였다고 한다.[365] 징벌사유로는 대부분 입실거부에 집중되어 있음을 볼 때, 과밀수용이나 동료수형자의 폭력회피 수단으로 입실을 거부하다 징벌로 몰리는 경우가 없는지 선행연구가 없다. 이영희의 연구도 그러한 원인이 수형자의 비합리적 신념에 있다고 보고 있다. 이영희의 연구는 다양한 원인 중의 하나일 것이다. 오히려 가장 중요한 요인은 위의 입실거부사유 중에서 후자일 경우가 많았음을 보아 왔다. 전자와 중자의 경우도 후자의 경우를 에둘러서 표현한 내성적 수형자의 지나친 자기학대의 강조로 보인다.

이 경우에도 육체적ㆍ정신적 약자가 시설 내의 피해자로 되는 경우가 많음을 보아 왔다. 이영희[366]와 필자는 주된 원인을 달리하므로 전자의 대책은 인지-행동치료 집중교육 프로그램으로 재구성하여 비합리적 신념을 감소시키기 위한 교육을 실시하자는 것이고, 필자는 독거실의 확대와 최초 입소 시 거실자기결정권의 존중ㆍ배방전담제의 확대를 제안하는 것이다.

<표 9> 징벌사유별 현황[367](1인당 평균)

징벌사유	취업수	미지정	개별	상습규율위반
입실거부	0.02	0.68	**7.11**	2.80
수용자폭행	0.24	0.38	0.55	3.49
직원폭행	0.04	0.02	0.00	0.17
작업거부	0.02	0.26	0.78	0.07
기타사유	0.22	0.54	1.15	5.15

교육형주의의 교정이해도가 높은 소장에 따라 배방전담을 중요시하는 사례가 없는 것은 아니지만 기존의 전담 역시 전자, 중자의 절차를 선호할 것임으로 자기평가의 보고나 근무일지의 처리결과에 따라 반드시 승진 및 인사에 인센티브를 주는 제도적 장치와 전담에 걸맞은 권한을 부여하는 정비가 동시에 선행되어야 할 것이다. 즉, 보안전담은 보안에 집중토록 하기 위해 배방에 관한 결재와 징벌요구에 관한 결재를 배방전담과 징벌전

---

365) 이영희, "상습규율위반자 교정시설 적응력향상 프로그램 개발 및 효과에 관한 연구", 교정연구 제45호, 한국교정학회, 2009, 73쪽.

366) 이영희는 주된 원인을 미시적 측면, 수용자의 개인적 측면을 주목한 반면, 본고는 개인적 요인을 부분적으로 수용하면서도 거시적 측면, 즉 수용자의 주체성과 자발성이 배제된 교정전략의 부재에서 그 원인을 찾는다.

367) 이영희, "상습규율위반자 교정시설 적응력향상 프로그램 개발 및 효과에 관한 연구", 교정연구 제45호, 한국교정학회, 2009, 75쪽.

담에게 전문화하기 위해서도 배방전문전담의 확대와 전문화가 필요하다고 본다.

Ⅲ. 교정청문감사관제의 실시

수형자 상호 간의 갈등 및 인권침해문제, 수형자와 교도관 사이의 갈등 및 인권침해문제를 극소화하기 위해 교정청문감사관제(이하 교청감)의 운영을 주문한다. 실질적 운영의 성과를 거두기 위해서는 소장의 지휘감독으로부터 독립된 기구여야 한다. 교청감은 지청장, 지검장으로부터 특별사법경찰관리로서 임명받도록 관련법령을 보충할 것이 요구된다. 소속은 지방 교정청 직속으로 하고 선발은 교정본부에서 선발할 것을 주문한다.

교도, 교사, 교위, 교감 중에서 선발하여 그들 직급 간의 차이를 최소화하고 팀제로 운영한다. 징벌혐의자의 '교정청문감사관 필요적 경유제도'를 실시함으로써 징벌위원회에 회부하기 전에 교청감을 경유함으로써 수형자의 권리구제에도 기여할 것이다. 교청감은 매분기별로 업무성과에 따른 책임소재로 이익, 불이익 인사상 조치가 이루어져야 하며, 동시에 소장으로부터 독립된 관계로 정교한 업무 규정이 선행되어야 한다. 수형자 불시 신검을 매일 1회 이상 실시토록 규정하며, 폭행사고 발견횟수를 승진에 반영한다. 모든 거실, 작업장, 복도, 화장실 등에 폭행사고 등 교정비리 신고를 즉시 할 수 있는 포스터를 상시 부착하고 제보가 오면 바로 처리되어야 할 것이다. 제보당사자에 대해서는 관련자와 바로 분리수용조치가 취해져야 할 것이다.

Ⅳ. 긴급 구원의 종(bell of salvation) 설치

악폐감염 및 시설 내 폭력 제어시스템은 독거제가 그 대안이지만 막대한 예산과 당장 시행하기 어려우므로 배방전문교도관제와 더불어 모든 거실 및 작업장에 구원의 종(bell of salvation)이 설치가 되었으면 한다. 수용자뿐만 아니라 담당교도관도 화재, 폭동, 인질 등 비상시 활용이 가능할 것이다.

시설 내에 minority group[368]의 인권신장에 기여하고 교정폭력으로부터 한발 비켜설

---

368) 소수자집단(少數者集團, minority group)이라 함은 육체적·문화적 특질 때문에 다른 사람들과 구별되고 불평소수자 집단이 있다는 것은 보다 높은 사회적 지위와 보다 큰 특전을 가진 우세한 무리가 있

수 있는 계기가 될 수 있다고 본다. 기존의 학자들이 제기하는 교도소의 증설과 독거제 실시의 확대 등은 해소방안은 분명하지만 현실적이지 못하고 예산의 문제에 봉착하게 된다. 보안교도관의 숭고한 교정정신 함양과 교도관의 자질향상, 수형자 상호 간의 인성함양의 문제도 충분히 동의하지만 추상적이고 장기적인 과제이며 당장 접목해 볼 수 있는 새로운 대안이 아니므로 필자는 '배당전담, 교정청문감사관제, 구원의 종' 같은 현실적이고 관리자의 의지에 따라 실현 가능한 대안을 제시하였다. 새로운 대안은 실시에 앞서 부작용을 최소화하기 위해 세부적인 절차가 충분히 검토되어야 함은 분명하다. 예를 들어 배방전담과 보안교도관의 갈등, 교청감과 보안교도관의 갈등문제, 구원의 종(bell of salvation) 설치 시 위치, 작동방법, 상황별 횟수의 고지 등뿐만 아니라, 교정행정을 희화화 · 낭만화할 불순한 의도로 벨을 진동케 한 행위 등의 부작용은 예견 가능한 것임으로 더 구체적인 후속 연구가 뒤따를 것으로 본다.

V. 선시(善時)분할처우제의 도입

1. 기존 선시(善時)제도의 검토

선시제라 함은 수형자가 교도작업에 자발적으로 참여하고 수용질서 유지에 기여하고 기타 선행을 하는 경우 교정시설 내에서의 석방시기를 앞당겨 주는 제도를 말한다.[369]

다는 것과 불가분의 관계가 있다. 소수자 집단은 반드시 구성원의 수가 적다는 의미는 아니다. 이 점은 식민지에서 인구가 많은 토착민이 인구가 적은 통치자로부터 차별대우를 받는 사실로도 알 수 있다. 이처럼 식민지에서의 토착민을 비롯하여 백인이 우세한 미국에서의 흑인, 프로테스탄트가 우세한 서양 각국에서의 유대인이나 또는 가톨릭교도, 일본의 미해방(未解放) 부락민 등이 전형적인 소수자집단이다. 또 때로는 동성애와 심신장애인 등을 소수자 집단으로 보는 경우도 있다. 본문에서 minority group 이라 함은 거실이나 작업장에서 주도권을 장악하여 폭력을 일삼는 조직폭력수형자 등으로부터 피해를 입거나 그 개연성이 농후한 상태에 방치되어 있는 수형자를 말한다.

369) 선시제는 형기 그 자체가 감경되는 것이 아닌 점에서 감형과 구별된다. 가석방 구별에 있어서 선시(善時)는 형기를 실질적으로 단축시켜 석방하고 가석방(가출소, 가퇴원 등)은 형기 중 남은 기간을 사회 내 처우로 형의 집행방법을 달리하는 것임으로 분명한 차이가 있다. 선시는 요건이 충족하면 반드시 석방해야 하지만, 가석방은 요건이 충족되어도 임의적으로 결정함에 그 차이가 있다. 선시는 선행 등 현재까지의 업적을 기준으로 실시하지만, 가석방은 행장이 양호하고 개전의 정이 현저하고 재범위험성이 없다고 인정되는 때에 실시한다. 그리고 누진제와의 차이에 있어 선시는 형기를 실질적으로 단축시키는 효과가 있는 반면, 누진은 개선 노력을 유발하는 효과는 있지만 형기를 단축시키는 효과는 없다. 선행보상제도 (good time system), 일명 선행감형제도라고도 한다. 교도소의 규칙을 잘 준수하고 작업에 자발적으로 참여하고 그 실적이 우수하며 그리고 기타 선행을 행하는 수형자에게 그 대가로 일정한 수형기간을 단축

가석방제도가 실시되기 이전인 19C 초에, 은사를 남용하지 않으면서 정의모델의 산물인 정기형주의의 엄격성을 완화하기 위해 고안된 제도이다. 이는 형기 자체가 단축되는 것이 아님으로 단지 선행 때문에 석방시기가 앞당겨지는 것이다.370) 오늘날 많은 국가들이 과밀수용의 해소방안으로 이러한 선시제도와 유사한 여러 제도들을 활용하고 있다.371)

가령 스리랑카 선시제도는 규율을 준수하고 교정사고 없이 무사히 복역 시 3일에 1일씩 석방시기가 단축되어 형기가 3월인 사람이 무사고로 복역 시 2월이 경과하면 조기출소가 가능하고, 이 외에도 독립기념일 등 경축일에는 은사가 실시되어 복역기간이 단축되는 것이 관례라고 한다.372)

스페인도 선시제를 채택해 연 최고 170여 일의 형기가 줄어들게 됨으로 형기의 감축은 판사가 결정함으로써 삼권분립에 위배되지 않고 선시제를 운영하고 있다고 한다. 미국의 엘도라도 교도소도 선시제를 채택하고 있는데 1년에 54일까지 단축이 가능하다고 한다.373) 이처럼 외국의 교정은 수형자가 열심히 일한 만큼 직접 형을 감면받는 선시제도가 운영되어 수형자가 성실한 작업태도를 보인다고 한다.374) 영국은 행형법률 제5조에서 수형자는 선행과 근면성의 정도에 따라 형의 감면을 받을 수 있다고 규정함으로써 자발적 선행과 근면성을 유도하고 있다.375)

말레이시아는 교정시설의 과밀수용을 해소하기 위한 방안의 하나로 수형자 자신의 노력에 의한 新시설의 건설로 원시설의 과밀 상태를 경감시키는 한편 조인트 벤처 프로젝트(Joint Venture Projet)를 실시했다. 이것은 수형자를 우리나라 행정형 외부통근제의 유

시켜 주는 제도를 말한다. 가석방제도는 형기 중 사회처우로 형 집행 방법이 전환된다는 점에서 선행보상제도와 구별된다. 이 제도는 수형자의 자발적 개선노력에 동기를 부여할 수 있다는 점에서 긍정적 측면이 없는 것도 아니지만 다음과 같은 단점 또한 내포하고 있다. 우선 행기단축의 기준이 명확하지 않고, 이것은 행정권의 자의적 행사와 결합하여 결국 사법권을 침해할 수 있는 소지를 다분히 내포하고 있다. 나아가서 외형적 태도의 변화가 내면적 변화를 담보할 수 있는 것은 아니기 때문에 경우에 따라서는 외면적 연기에 능한 교활한 수형자가 선시제에 의해 조기 석방되는 일도 배제할 수 없다.

370) 국내 일부 논문과 저서에서는 선시제를 소개할 때, 형기자체가 감축되는 것으로 원문을 잘못 번역한 나머지 오류를 범하고 있음을 알 수 있다. 말레이시아의 제도(교정, 1993. 10, 72~73쪽)를 소개하면서, 말레이시아의 제도는 "과밀수용의 해소에는 기여하지만 순수한 선시제는 아니다." 하면서 그 이유를 국내 일부 논문 중에서는 말레이시아의 경우는 형기가 감축되는 것이 아니기 때문에 순수한 선시제가 아니라는 주장도 있지만 필자는 견해를 달리한다.

371) 배종대 · 정승환, 행형학, 홍문사, 2002, 146쪽.

372) 월간교정, 1999. 6, 129쪽.

373) 월간교정, 1995. 11, 53쪽.

374) 월간교정, 2003. 2, 101쪽.

375) 진정한 선행이 아니라 의도된 선행임을 들어 교활한 수형자가 악용할 우려가 있음을 예로 비판적 측면을 예로 드는 경우(장광근, 앞의 편저, 2007, 507면)도 있다. 위선이냐 선행이냐의 판단 기준이 모호할 뿐더러 설령 위선으로 판단된다 하여도 선시제를 부정할 정도의 사안은 아니라고 본다.

형처럼 시설 내376) 또는 시설 외377)에 설치되는 민간기업의 작업장에 취업시키는 것으로 특히 시설 외에서 행해지는 조인트 벤처 프로젝트는 과밀수용해소에 기여함과 동시에 수형자를 사회 유사화 원칙에 따라 사회와 근접한 환경에 거주케 해 개선을 용이하게 하고 있다. 그중 캐나다의 사탕 플랜테이션 농장에서는 늘 300명의 수형자가 거주하며 교도작업에 종사하고 있다.378) 이스라엘의 경우에도 1987년부터 시작된 사회봉사작업법률에 따라 6개월의 징역형을 받은 수형자는 본인의 동의에 의해 법원이 징역형을 사회봉사작업으로 전환할 수 있게 하여 구금을 최소화379)하여 교정시설의 과밀화 현상을 어느 정도 해소하고 있다.

일본의 경우는 선시제 외에도 폭넓은 사회 내 처우로 발전하고 있다.380) 또한 형사소송법 제482조 제2호에서 검찰관은 70세 이상인자는 자유형의 집행을 완화할 수 있다고 하고 있다. 이는 오늘날 일본에서 급증하고 있는 노인수형자의 현실에381) 비추어 볼 때 결과적으로 과밀수용의 해소에 기여한다고 할 수 있다.

2. 창조적 대안: 선시(善時)분할처우제

누진계급 향상과 행정형 사회명령제, 가석방 등에 일정부분 혜택을 줌으로써 '자발적 인성훈련의 장'을 교정시설이 마련하여 주는 제도이다. 따라서 선시 자원봉사제382)는 다

---

376) 출역하는 작업장이 교정시설 내에 설치되어 있다면 시설 內 처우이다. 그러나 그 작업장이 외부 일반회사의 자금에 의해 설치되고 일반회사 구성원과 같이 작업이 이루어진다면 내용적으로는 외부통근형과 같은 사회적 처우의 일종이다. 말레이시아의 경우 시설 外에 설치되는 민간기업의 공장에 취업하고 교정시설 안에서 취침이나 휴식을 하지 않는다면 이것은 사회 내 처우이다. 우리나라 원주(교), 군산(교) 등 일부교도소에서 시행하는 외부통근 작업(노동)을 마치고 교정시설 안으로 다시 들어옴으로써 분명한 사회적 처우의 내용이 되겠다.

377) 사회 내 처우의 하나이다.

378) 월간교정, 1993. 10, 72쪽.

379) 월간교정, 1991. 5, 103쪽.

380) 菊田幸一外, 犯罪學, 圖書出版 北樹, 2003, 6頁.

381) 日本法務省 矯正局, 矯正の 現狀, 法曹時報, 弟55卷 弟5号, 2003, 59頁.

382) 법무부 제2519경비교도대 소대장으로 근무 시 출소자를 면담하는 자리에서 직원으로부터 부당한 처우는 없었지만 지시만 있고 소통이 없었다는 것을 확인하였다. 범죄자는 불우이웃에 관심이 없을 거라는 직원의 고정관념은 고장 난 관념이고, 관심이 있다 하여도 콕 찔러 보는 관심일 거라는 편견을 발견하였다. 그것은 남은 영치금을 불우한 이웃에 썼으면 좋겠다고 담당직원에게 말하자 묵살되었다는 것이다. 이와 같은 사례는 그동안 교정현장에서 극히 드문 경우이고, 교도관의 고정관념과 교정시스템의 문제로 파악하고 그때 선시자원봉사제를 착안하게 되었다. 이러한 경우는 즉시 보고함으로 바로 평점에 가점을 부여하고 퇴근시간에 영향을 받지 않도록 하기 위해서 구체적인 처리 절차는 교화과 직원에 의해서 이루어져야 한다. 교무과 직원도 업무의 증가가 아니라 근평의 증가가 되도록 하여야 할 것이다.

른 사회명령제와 같이 독립된 형태의 제도가 아니라 사회명령제로 나가기 위한 부수적인 제도이다.

그러므로 후술한 사회명령제처럼 사회 내 처우가 어디까지나 교정시설 내에서 이루어지는 처우의 하나이다. 예를 들면 장기기증, 헌혈, 동료재소자에 대한 배려, 교도관의 업무협조, 교정사고방지, 불우이웃돕기 등 일정 행위 시마다 담당직원이 평가하여 선행과 봉사를 제도적·인위적으로 유도하는 것을 말한다.

예상되는 문제점으로는 교도관의 자의적인 평가와 공정성의 문제 그리고 교정행정의 번잡성 등을 충분히 예견할 수 있다. 그 외에도 허주욱, 남상철, 이순길 등 대부분의 교정학자들은 다음과 같은 문제점을 추가하여 제기한다.[383] 즉 교도소 생활에 능통한 교활한 수형자가 외면상 행상(行狀)의 양호로 조기 석방될 경우, 출소 후 오히려 재범의 우려가 있으며 외형적 선행이 내면적인 개선 및 사회 적응 능력이 함양되었다고 보장할 수 있는지의 문제점을 제기하고 있다.

따라서 기존의 선시제도와 다른 점은 아래와 같다. 기존의 선시제는 3권 분립 위배논란과 무기수(단기수형자)는 제외되지만 새로운 선시자원봉사제는 모든 수형자에게 적용되며 3권 분립 위배의 논란을 피하여 형기 그 자체가 단축되는 것은 아니고 다만 시설 내 처우의 기간을 단축시킴으로써 위배 논란을 피할 수 있는 제도라 하겠다. 반드시 시설 내에서 단계적 처우와 사회적 처우, 사회처우와 결부시켜 시행할 것을 제안한다. 그러면 바로 사회 내로 기존의 제도처럼 석방되는 것이 아니므로 단계적 이동을 통해 교활한 수형자의 선행이 어느 정도 선별 가능하리라고 본다.

조기 석방될 경우의 우려는 그 선행이 위선(僞善)이냐 적선(積善)이냐의 분별의 문제인데 시설(施設)뿐만 아니라 사회(社會)에서도 같은 문제가 발생하고 있다. 가령 2010년과 2011년 전·현직 대통령과 정치인의 전 재산 사회환원이 그 일례라 하겠다.[384] 진보논객을 자처하는 진중권의 경우, 사회환원의 진정성의 문제를 부각시켜 비판하였다. 그러나 이 내용을 자세히 들여다보면, 진중권의 경우는 위선(僞善)도 적선(積善)도 도선(盜善)도 없는 부작위(不作爲) 그 자체였다. 도선자(盜善者)[385]보다는 부작위가 나을 것이고, 부작위보다는 위선이 나을 것이고, 위선보다는 적선의 행위가 가장 지향해야 할 가치임에는 틀림없다. 설령 위선의 경우라 하더라도 남을 잘되게 하는 결과라면 아무것도 하

---

383) 이 부분은 통설이며, 통설에 대한 반론은 아직 발표되지 않고 있다.

384) 조선일보, 원희룡, 'YS처럼 전재산 사회 환원하겠다', 2011. 6.

385) 다른 사람의 선행을 훔치는 자를 말한다.

지 않는 부작위 그 자체보다는 가치선점이 그 우위일 것이다.

그리고 선시행위의 결과를 가지고 위선이란 평가를 할 수 있는바, 애초부터 수형자의 모든 행위를 위선이라 함은 결과 없는 원인의 성급한 판단일 뿐이다. 그러므로 수형자의 선행을 무조건 교활하다 하여 미리 배제할 필요는 없다고 본다. 이 제도가 정착되기 위해서는 의무만 부과하고 업무량이 많아지면 교도관은 어떻게든 묵살하거나 결재를 가지고 트집만 잡으려 할 개연성이 있으므로 실적 평가를 통해 담당직원에 대한 근평 시 우대조치가 이루어져야 할 것이다.

Ⅵ. 사견

국내 교도소의 최근 실상을 보면, 과밀수용으로 인하여 수용자들이 생활하는 데 필요로 하는 최소한의 소거실[386] 공간이 확보되지 못하고 있다.[387] 교도소란 곳은 오래전부터 지금까지 수용자들의 폭력행위를 방지하기 위하여 여러 가지 대책을 수립·시행하고 있음에도 불구하고 교정직원과 수용자 모두가 보호받기 어려운 장소인 것만은 틀림이 없다. 그것은 과밀수용, 수용자들의 폭력적 성향, 비정상적인 사회환경, 교정시설의 물리적·구조적 불완전성 등, 이 모든 요인들이 수용자의 폭력적 환경을 조성하는 데 밀접하게 관련되어 있기 때문이다. 그래서 법과 합리적 규정에 부응하는 교도소를 유지하기란 결

---

386) 소거실(小居室)이라 함은 실무상 용어로서 1~2인 독거실과 3~5인 수용거실을 포함한 개념이다. 법무부가 정한 시설면적기준은 혼거실 1인당 기준 면적이 2.58㎡(0.78평)이다.

387) 국가인권위원회는 각 교정시설 소거실의 과밀 수용 문제 및 화장실 출입문 미설치 등 열악한 수용환경으로 인한 진정이 다수 접수됨에 따라, 2008. 10. 6.~2008. 10. 10. 기간 중 서울지방교정청, 대전지방교정청, 대구지방교정청, 광주지방교정청 관할의 전국 14개 교정시설 소거실 환경에 대한 직권조사를 실시하였다. 과밀(過密)수용 관련 조사대상 시설 중 4개 교정시설은 면적이 2.48㎡~3.22㎡(약 0.75평~0.98평) 정도 되는 소거실에 2~3명을 수용하고 있어 취침용 매트리스(1개당 면적 1.32㎡)를 펴지 못하고 접거나 포개 사용하고 있었다. 특히, 2개 구금시설은 면적 3.22㎡(0.98평)인 조사·징벌거실에 3명을 수용하거나 면적 5.32㎡(1.61평)인 거실에 4명을 수용해 1인당 면적이 약 1.08㎡(0.33평)에 불과한 경우도 있었다. 국가인권위원회는 이러한 과밀수용은 구금시설이 협소하다는 사정을 고려하더라도 '헌법' 제10조가 보장하는 인간으로서의 존엄과 가치, 행복추구권을 침해하는 것으로 판단하였다. 한편, 이와 같은 소거실 과밀 수용은 부족한 독거실의 대체 수단으로 소거실이 운영되고 있고, 단순 입실거부자에 대해서도 조사·징벌실 수용이 빈번하다는 데에 일부 원인이 있다. 따라서 근본적으로 독거실 확충 등 시설개선이 수반되어야 할 것이나, 단시일 내에 해결을 기대하기 어려우므로 우선적으로 과밀 수용이 특히 심각한 조사·징벌거실에 대한 과밀해소 방안을 강구해야 할 것이다. 따라서 국가인권위원회는 법무부장관에게, 2인 이상 수용되는 거실에는 화장실 출입문을 설치할 것과, 단순 입실거부자의 경우 입실거부 즉시 조사·징벌실에 수용하는 대신 거실을 다시 배정할 때까지 임시 대체거실에 수용하도록 조치하는 등 조사·징벌실 과밀수용 해소방안을 강구할 것을 권고하였다.

코 쉬운 일이 아니다. 이와 같은 환경에도 불구하고 모든 수용자들은 폭력행위로부터 보호받을 권리가 있다는 사실을 유념해야 할 것이다.

수용자 간의 폭행은 밝혀지지 않는 암수, 불계(不計)의 경우가 더 많을 수 있다. 왜냐하면 수용자 간의 폭행은 공개된 사무실이나 교도소 청사 앞뜰에서 발생하는 것이 아니라 구석진 거실이나 작업장의 창고, 창문틀 밑, 화장실 등 은밀한 곳에서 일어나는 경우가 대부분이기 때문이다. 그러나 지금까지 현황조사와 각종 자료분석을 통하여 연구한 결과 국내 교도소에서 발생하는 수용자 간의 폭력행위를 최대한 감소시킬 수 있는 방법은 다음과 같은 내용으로 요약할 수 있다.

첫째, 교정시설의 혼거수용 환경을 개선해야 한다. 앞서 말한 것과 같이 가령 여름철에 3명을 수용하면 적정한 거실임에도 2명을 초과한 5명을 수용하면서 수용질서유지에 많은 문제가 발생하게 된다. 즉 힘 있는 수용자 2명은 바로 누워 잠을 자게 되지만 나머지 3명은 자리가 좁아서 소위 칼잠을 자야 하는 현실은 수용자 간의 갈등을 심화시키고, 더 나아가서 수용자 간에 폭행사고를 유발하는 원인의 하나가 되고 있다. 결국 이 문제는 과밀수용문제이다. 과밀 수용은 현실적으로 수용자 간 갈등의 가장 큰 문제가 되고 있다.

둘째, 독거실 또는 소규모 혼거실을 확충해야 한다. 수용자의 특성은 자존심이 강해서 남에게 지기 싫어하고, 특히 재범 이상자의 경우 행동이나 성격이 일반인과는 달리 급하고 참을성이 부족하며 남과 타협하는 데 아주 서툰 것을 볼 수 있다. 이러한 사람들을 적응훈련도 없이 혼거 수용하는 것은 폭력의 여건을 국가나 교정당국이 제공하는 것이며 또 다른 제2의 형벌을 추가하는 것이나 다름이 없다. 따라서 문제수용자를 효율적으로 관리할 수 있도록 독거수용실과 소규모 혼거수용실을 각 교정기관의 기능에 맞추어 확충해야 할 것이다.

셋째, 효과적인 분리수용관리 처우시스템(Treatment System)을 갖추어야 한다. 세계 어느 나라와 비교해도 국내 교도소의 보안은 높은 수준에 있는 것으로 평가할 수 있다. 그러나 수용자 상호 간의 폭행을 방지하기 위해서는 교정기관별 수용구분의 재검토가 필요하다. 현재 전국의 3범 이상 수용자를 수용하는 대구·대전·안양·광주교도소 등은 모두 수용정원 2,300명 이상의 초대형 교정시설로 수용인원이 많은 데서 오는 부담과 함께 중범자를 수용·관리해야 하는 이중의 부담을 안고 있다. 초대형 교정시설의 수용밀도를 줄이기 위한 방안으로 중범자로서 상습규율문란자는 경북북부제2교도소[388])에 수용함을

---

388) 우리나라의 가장 대표적인 엄정독거 전용시설이다. 이곳 정문 표어는 "여러분의 귀한 가족 사랑과 정성으로 보살피겠습니다."로 참관, 시찰, 순열자의 시선을 끌고 있다.

제시하고자 한다. 물론 현재도 상습규율문란 특정강력범을 이곳에 수용하고 있으나 독거구금 위주의 격리구금에 그치는 수준임으로 맞춤형 특별교화프로그램을 도입할 것을 주문한다. 타인을 폭행, 위협하는 상습범에 한하여 이곳에 수용하고 부트캠프 전문교도소로 지정하여 해병대, 해군 UDT, 공수부대출신 무술교도관 등으로 배치하여 전국교정시설의 상습폭력범은 이곳에 집중수용하여 주간에는 육체훈련, 야간에는 정신교육을 실시한다.

오히려 독거구금을 줄이고 혼거제를 실시하고 규율위반자만 독거구금한다. 모든 상습폭력범은 A급(육체훈련 8시간, 정신훈련), B급(육체훈련, 야간정좌), C급(육체훈련, 야간관구 內 독보허용, TV, 라디오청취, 인터넷), D급(훈련면제, 명상, 묵상, 독서, 관용부 가능), E급(육체훈련보조, 사회처우 사회명령대기)으로 단계적 처우를 실시하며, A급의 기간은 그 형기의 1/3을 최소요건으로 경과케 하여야 하며, 규율 위반 시에는 바로 강급이 가능하며 무술교도관은 보안관리과장을 팀장으로 하여 9~7급 중에서 교관을 선발하고 과장, 소장의 직보체계에 따라 인권이 침해되지 않게 유념하면서도 짜임새 있는 프로그램이 되도록 하며, 담당교관은 일정기간 경과 후 승급 등 자긍심을 갖도록 확고한 제도적 정비가 필요할 것이다.

'그 이외의 상습질서문란자'는 경북북부제3교도소389)에 수용하여 그들과 다른 처우가 이루어져야 할 것이다. 현재 이곳에(제3교) 수용되어 있는 피보호감호자, 2범 이상 수형자, '그 이외의 상습질서문란자'는 분계수용으로 하여야 할 것이다. 경북북부제1교도소390)에는 초범자와 대구지방법원 의성지원 제1심 피의자 및 피고인만을 수용하여 재범이상의 수형자로부터 악폐감염을 차단하여야 할 것이다.

경북직업훈련교도소는 제1교ㆍ제2교ㆍ경북북부제3교도소의 모든 수형자 중 행형성적이 우수한 제1급 수형자를 수용하여 사회복귀에 필요한 집중적인 맞춤형 직업훈련을 실시할 필요가 있다. 이처럼 전국의 모든 교정시설은 시설별로도 경북북부의 경우처럼 단계적 처우를 실시하고, 한 교도소 내에서도 징벌실, 병동, 일반사동을 다시 세분하여 중(重)구금-중(中)구금-경(經)구금의 5구분 3단계 처우가 가능하도록 교정시설의 기능을 개편하는 것을 제안한다. 그리고 교정조직 내 감독체제를 다시 정비해야 한다는 것이다. 교도, 교사, 교위, 교감, 교정관, 서기관의 일선 직급체계를 관리자-중간간부-실무자 등의

---

389) 81. 10. 2. 청송제3보호감호소로 개칭하였다. 83. 3. 9. 청송제2보호감호소로 개칭, 04. 12. 31. 청송보호감호소로 개칭, 05. 8. 15. 청송제3교도소로 개칭, 2010. 8. 2. 현재의 명칭인 경북북부제3교도소로 개칭되었다.

390) 81. 12. 2. 청송제1보호감호소로 개칭된 후, 2010. 8. 2. 경북북부제1교도소로 그 명칭과 기능의 일부가 변경되어 현재에 이르고 있다.

형태로 단순화하는 것이다.391)

넷째, 일선 교정직원들의 사기392)를 진작해야 한다. 교도소에서 수용자들의 경우 인권 문제를 그들의 수용생활 편의를 도모하는 데 악용할 수 있다는 것이다. 이러한 교정기관 내 분위기는 결국 일선 교정직원들을 보신주의에 빠뜨릴 수 있고, 수용질서 유지까지도 위협받고 있는 현실이다.393) 또한 수용자들은 근무에 충실한 교도관의 감시감독 및 제재를 달갑게 생각하지 않고 있다. 무고한다거나 폭행 또는 테러를 자행하여 감시감독을 교묘히 피하도록 함으로써 수용생활의 편리를 추구하려 하고 있다는 것이다.394)

따라서 교정직원들이 수용자들의 위협성 청원이나 고소·고발에 적극적으로 대처할 수 있도록 전술한 교정(矯正)청문감사관395) 중에서 변호사자격 소지자를 각 지방교정청 단위로 배속시키는 방안이다. 직원과 수용자, 수용자와 수용자 사이에서 발생하는 분쟁

---

391) 일부 교정직원들에 의하면 현재 일선교정기관에는 중간 감독층은 없고 일선 담당직원과 보안과장이 있을 뿐이라고 하여 중간 감독기능이 확대와 계급의 세분화를 주장하는 견해도 있으나, 직급체계의 축소, 단순화가 효율적이라는 연구가 있다. 행안부와 경찰청도 직급체계의 축소를 검토 중에 있다. 다음은 행안부 직급체계 단순화에 관한 보도내용이다. 고위공무원을 제외하고 3~9급으로 나눠진 공무원의 직급체계를 2~4단계로 단순화하는 방안이 추진된다. 현재 공무원의 직급은 고위공무원단(옛 1~2급) 아래 3급 부이사관, 4급 서기관, 5급 사무관, 6급 주사, 7급 주사보, 8급 서기, 9급 서기보로 나눠져 있다. 개편안은 이 직급체계를 관리자-실무자, 관리자-중간간부-실무자 등의 형태로 단순화하는 것이다. 행안부는 직급이 단순화되면 승진 적체가 해소되고 서열 위주의 폐쇄적인 공직문화가 개선될 수 있을 것으로 보고 있다. 행안부는 직급체계 개편이 채용과 인사, 보수, 연금 등 여러 부문과 연계됨에 따라 부처 간 협의를 거쳐 올 하반기 정기국회에서 관련법을 개정하고 나서 이르면 내년부터 시범 실시할 방침이다. 대학교수 등 전문가를 2~3년간 과장급 이상 공직자로 채용하는 인사 방안도 함께 검토하기로 했다. 행안부 관계자는 "공무원 조직을 성과 위주로 효율적으로 운영하기 위해 직급 체계를 줄이는 방안을 모색하고 있다."며 "하반기쯤 개편 방안이 정해질 것"이라고 말했다: 연합뉴스, 2010. 2. 24.

392) 교도관의 사기문제는 악의적인 수형자가 떨어뜨리는 경우도 있지만, 교정에 의해서 발생되는 사기문제도 있다. 양면적(兩面的) 시각에서 접근해야 한다. 발표된 통계만을 가지고 논한다면 문제 수용자의 교도관에 대한 위협으로 사기가 저하된다고 하는데 본질이 전도된 것이다. 수형자의 입장을 대변할 연구와 통계가 부족하며, 수형자의 인권침해 사례는 훨씬 더 암수적이기 때문이다.

393) 임재표, "교도소 내 수용자 폭력행위에 관한 연구", 형사정책연구총서, 한국형사정책연구원, 1999, 217 ~218쪽.

394) 송병채. "노역장환형유치제도의 교정처우 문제점과 개선방안에 관한 연구", 연세대학교 석사학위논문, 2008, 55~56쪽.

395) 행안부는 올해 시행되는 민간 경력자 5급 일괄채용시험과 특채 제도 개선을 골자로 한 '공무원 임용령'과 '공무원 임용 시험령' 개정안을 입법예고한다고 12일 밝혔다. 현재 민간 경력자가 5급으로 특채되기 위해선 관련 분야에서 3년 이상 '관리자 경력' 또는 박사 학위가 필요했지만, 이번 개정안에 따라 10년 이상 현장 경험을 쌓은 경우에도 응시가 가능해졌다. 또 올해부터는 5급 특채를 각 부처가 따로 선발하지 않고, 행안부가 공고에서 시험, 부서 배치까지 모두 주관하기로 했다. 이와 함께 행안부는 채용과정에서 특혜 논란이 발생하지 않도록 외부인사가 3분의 2 이상 포함된 채용점검위원회를 설치·운영해 공정성을 높이기로 했다. 노컷뉴스, 2011. 1. 12.; 교정관특채의 경우도 행안부가 직접 뽑고 '경력'과 다양성을 중시할 것으로 보아 교정청문감사관제를 실시한다 하여도 사시합격자만을 선호했던 교정본부의 입맛에 제동을 걸어 투명성, 공정성, 다양성이 확보될 것으로 보인다.

등 소송업무를 법률 전문가들이 담당함으로써 직원과 수용자의 인권도 실질적으로 보호하는 장치를 마련하자는 것이다.

다섯째, 교정공무원에게 인센티브제도(Incentive System)를 도입해야 한다. 경구금시설에 근무하는 직원보다 중구금시설에 근무하는 직원들에게 더 많은 수당이 지급되어야 하고, 관용부 사동에 근무하는 직원보다는 중범 미지정 사동에 근무하는 직원이 더 많은 수당을 받을 수 있고, 또한 다음 인사에서 우대받을 수 있어야 한다. 수년 전만 해도 가끔 구설수에 올랐던 교정공무원에 의한 수용자 폭행사례[396]는 이제 일선교도소에서 찾아보기 어렵다.[397] 그러나 아직도 수용자에 의한 수용자의 폭행사례는 근절되지 않고 있다.

여섯째, 수용자들의 폭력성을 완화할 수 있는 치료 및 교화프로그램을 개발하고 활용해야 한다. 현재 실시하고 있는 수용자에 대한 직업훈련, 학과교육, 사회참관과 같은 것은 매우 현실성 있는 프로그램이지만 정신적으로 상처가 큰 수용자들이 관심을 가지고 자발적으로 참여할 수 있는 치료적 프로그램(Remedial Program)의 개발이 요망된다. 미국의 사례를 참조하여 최근 우리나라에서도 시도하고 있는 웃음치료, 심리치료, 미술치료, 음악치료(Music Therapy), 맨탈헬스(Mental Health)도 이러한 의미에서 새로운 교화프로그램으로 평가받고 있다. 일곱째 교도소 내에서 수용자들이 자발적으로 선행을 하고 규율을 준수하며 스스로 변화를 모색할 수 있도록 동기를 부여하기 위해 봉사원[398]평점선시제 도입이 필요하다.[399] 여덟째 폭력수형자에 대한 적정처벌[400]로 교정폭력을 미연

---

396) 임재표, 위의 논문, 1999, 218쪽.

397) 교도소 내 수용자 폭력행위에 관한 연구, 218~219쪽. 혹자는 이와 같이 짧은 시간 내에 큰 변화가 있게 된 것은 교정공무원의 의식이 바뀌었다기 보다는 책임을 회피하려는 소극적이고 보신주의 근무 자세를 가진 직원이 그만큼 많아지고 있다는 것이다. 이러한 분위기를 바로잡기 위해서라도 어려운 일, 책임이 큰일을 하는 직원에 대해서는 합리적인 방법으로 우대할 수 있도록 하는 방안이 마련되어야 한다는 주장도 있다. 그러나 필자는 우수인력의 교정계 신규 채용으로 교정공무원의 인권에 관한 의식이 변하고 있다는 징표로 사료되며, 인권위의 역할도 일정부분 교정의 변화를 유도하였다고 본다.

398) 형의 집행 및 수용자 처우 등에 관한 법률 제85조(봉사원 선정) 참조.

399) 작업장에서의 폭행사고는 봉사원(작업반장)에게 책임을 물어 교체시키는 불이익 처분을 도입하는 내용과 반대로 분기별로 폭행사고가 일어나지 않는 작업장이나 소거실을 선정하여 작업장의 봉사원(반장)이나 소거실의 봉사원(실장)에게 이익을 주는 시스템의 도입을 말한다.

400) 폭력 사건에서 정당방위를 하거나 싸움을 말리다 사건에 연루될 경우에는 형사 입건에서 제외될 전망이다. 2011. 3. 4. 경찰청 수사구조개혁팀에 따르면, 오는 2011. 3. 7.부터 이 같은 내용의 '폭력 사건 정당방위 처리 지침'을 시행하기로 했다. 경찰에 따르면, 그간 폭력사건이 발생했을 때 상대방의 폭력을 막거나 싸움을 말리다 물리력을 행사한 사람도 폭력을 행사한 사람과 똑같이 입건이 됐다. 하지만 앞으로 '침해를 방어하는 경우, 침해를 도발하지 않은 경우, 먼저 폭력을 행사하지 않은 경우, 폭력 정도가 침해보다 중하지 않는 경우, 흉기나 위험한 물건을 사용하지 않은 경우, 침해가 종료된 후에 폭력을 행사하지 않은 경우, 상대방 피해가 본인보다 중하지 않은 경우, 전치 3주 이상 상해를 입히지 않은 경우'에 대해서는 형사 입건이 되지 않는다. 경찰은 이 지침이 정착되면 폭력 사건의 피해자가 범죄자로 취급되는 억울함이 해소될 뿐 아니라 일상적인 폭력 사건도 줄어들 것으로 기대하고 있다. 경찰 관

에 방지할 수 있는 시스템의 재정비가 선행되어야 한다. 가령 재소자 준수사항의 시대상황에 맞는 개정과 수용자 폭력 처벌 시스템의 2원적 구조는 반드시 필요하다.

　사실 일반인(동조형)이든 폭력형(폭력수용자)이든 문제가 없는 사람은 없다. 만약 문제가 없는 사람이라면 '그는 문제가 없다'라는 것이 문제일 것이다. 즉, 모든 인간은 크고 작은 문제를 안고 살아간다는 내용이다. 보편적으로 동조형은 대화로 문제를 풀기 위해 노력하지만, 폭력형 수용자는 예외적인 수단을 더 선호하여 폭력이란 수단을 사용한다. 폭력으로 이익을 취할 수 있기 때문이다. 폭력의 사용으로 반드시 불이익이 온다면 폭력의 사용은 줄어들 것이다. 질투는 천개의 눈을 가졌지만 제대로 보는 눈은 하나도 없다고 한다. 조그마한 질투나 자극에도 감정의 제어가 현저히 결여된 폭력수용자에게는 질투와 자극의 원인제공을 차단하여야 한다. 모든 폭력의 시작은 말(言)에 의해 원인이 제공되므로 형집행법 제105조 제3항을 424)주석401)과 같이 개정하였으면 한다.

　수용자 폭력문제402)는 한두 가지 대안으로 해결할 수 있는 간단한 문제는 결코 아니다. 교정학자와 정치인의 노력으로 앞선 새로운 패러다임의 교정제도가 도입되었다 하여도 그 제도를 집행하는 교정수뇌부와 소장의 전환의 발상이 없이는 소기의 성과를 거둘 수 없음은 자명하다. 따라서 그들을 견제하는 또 다른 제도의 개발과 안착이 중요하

계자는 "일반 사회에 '맞는 게 상책'이라든지 '싸움은 말리지도 참견하지도 말아야 한다'는 그릇된 인식이 자리 잡았다"며 "앞으로 폭력 사건의 사정을 구체적으로 살펴 범죄로 취급하면 안 될 정당방위를 가려내기로 했다"고 말했다(헤럴드경제 2011. 3. 4.). 폭력사건은 피해자와 가해자의 명확한 한계 설정이 곤란한 부분이 많았고, 쌍방 싸움 사건은 정당방위가 인정되지 않는다는 대법원 판례가 명확한 한계 설정을 더 어렵게 하는 데 일조하였다. 수사실무에 있어서도 실체적 진실의 규명보다 수사편의주의를 더 선호하여 피해자에게도 절묘한 신문으로 '자신은 맞지 않았느냐'로 질문하여 맞고소를 유도하여 어려운 진실 규명 대신 편한 쌍방책임으로 사건을 해결하여 왔던 관행의 문제점을 직시한 경찰수사구조 개혁팀의 의지로 보인다. 생각을 조금 바꿔 보아도 수용자 폭행사고도 대부분 쌍방 불이익처분으로 사건이 종결되는 경우가 허다하다. 폭행주도자는 이 점을 악용하여 폭행피해자를 같이 걸고 넘어가므로 일방폭행사건을 단순 싸움 사건으로 종결하는 사례가 없도록 하여야 할 것이다. 폭력사건 시 '정당방위'는 형사입건 안 한다는 것은 지극히 당연한 형사법의 논리이지만, 입증이 어렵고 사법경찰관이 어떻게 질문하느냐의 의지에 따라 결과가 달라지기 때문에 운용상의 문제와 감독이 더 중요하다. 반드시 적정처벌이 이루어지면 수용자 폭력이 감소할 것으로 보인다.

401) 법 제105조 제3항 "수용자는 교도관의 직무상 지시에 복종하여야 한다."를 수용자는 교도관의 직무상 지시에 복종하여야 하며, 다음 각 호의 행위를 하지 않는다.
　　1. 다른 재소자를 먼저 폭행(暴行)하거나 방어 폭행을 하는 행위
　　2. 전ㆍ현직 국가원수에 대한 정치(政治)철학을 다른 재소자에게 강요하는 행위
　　3. 다른 재소자에게 특정종교(宗敎)를 비방하거나 강요하는 행위
　　4. 특정지역과 지역민을 혐오하는 말이나 특정지역(地域)을 찬양하는 행위를 강요하는 행위
　　5. 교도관과 동료를 평가(評價)하는 행위
402) 폭행을 유발하는 동기가 천정환 교수는 개인의 공격지수에 주목한 바 있음을 주장하였다. 그 개인의 공격지수는 환경적인 요인에 영향을 받을 수 있는바, 필자는 수용자의 대표적인 영향요인 중의 하나가 교정시설의 과밀화로 보았다. 과밀화 해소는 일정부분 수형자의 공격지수를 감소시킬 수 있다고 본다.

다.[403] 뿐만 아니라 사회적 환경의 개선과 더불어 상대에 대한 존중은 타인에 대한 인정에서 시작되므로, '수용자도 나만큼 중요하고 소중한 사람이다'라는 교정인의 전환의 발상이 선행되어야 한다. 이러한 발상으로 교정인(矯正人)의 적극적인 근무자세가 더불어 확립되어야 할 것이다. 이처럼 우리가 이 문제를 자세하게 진단하여 핵심적인 문제를 개선하고 수용자 처우에 보다 적극적인 관심을 가지고 모색해 보면 교정사고는 상당부분 줄어들 것으로 사료된다.

제2절 사회적 처우의 창조적 대안

전술한 바와 같이 시설 내 처우의 문제점을 지적하였다. 그 대안은 사회적 처우이면서 사회 내 처우임은 기존 학자들의 일치된 견해이다. 사회적 처우[404]와 사회 내 처우를 어떻게 할 것인가에 대해서는 다양한 연구들이 논의되고 있다. 사회 내 처우는 보호관찰 및 사회봉사명령 등이 안착의 단계에 와 있지만 사회적 처우 부분은 상대적으로 활성화되지 못하고 있는 것도 사실이다. 이러한 논의의 연장선상에서 새로운 대안을 주장하면 각자 입장에 따라 유불리(有不利)를 모색하기 시작하는 바람직하지 못한 풍토가 있다. 교정사고에 대한 책임의 문제와 적극교정에 대한 의지의 결여라고 본다.

또한 교정본부와 범죄예방정책국의 분리로 순환처우를 어렵게 하는 것도 그 원인의 하나이다. 이러한 순환처우와 통합처우를 위해서는 교정복지청(矯正福祉廳)의 외청 독립을 조직확대 차원으로 접근할 것이 아니라 악폐감염과 교정사고의 고리를 차단하는 시발점으로 삼아 아래의 분할처우제를 제안한다.

---

403) 교정본부나 지방교정청의 직속으로 교정청문감사관을 일선 교정시설에 파견 근무시켜, 소장의 특이사항을 월별 보고토록 하여 견제토록 하는 장치와 처우의 다양화를 활성화하기 위한 청별 일선기관장별 사회적 처우, 사회 내 처우 실적평가·교정사고 발생 빈도 평가 등을 실시하여 적정한 긴장관계를 유지시키는 방안을 검토해 볼 수 있다.

404) 시설 내 처우를 원칙으로 하는 사회적 처우와 사회 내 처우를 원칙으로 하는 사회적 처우가 있다. 전자의 경우는 개방교도소, 외부통근제, 가족 만남의 집 운영제 등이 이에 속하며, 후자의 경우는 다목적 센터, 석방전 보도센터, 집단처우센터, 중간처우의 집 등이 이에 속한다: 장광근, 앞의 책, 2007, 690~691쪽.

Ⅰ. 분할처우제(split accommodation system)의 제 유형

1. 야간수용처우제(night-accommodation, day furlough)

야간수용 주간처우제라 함은 일정한 양형 기준에 의해 선고된 수형자에 대하여 밤 8시까지 교정시설 내로 집결케 하고 교정상담, 요가, 명상, 묵언 등을 하게 하고 자정 이후에는 취침케 하고 5시 기상 후 6시에 가정(직장)으로 퇴근케 하는 제도이다. 주말 및 모든 법정공휴일은 시설에 수용하지 않고 사회 내 처우의 프로그램에 의해 진행되어 후술한 휴일수용 평일처우제(휴일수용제)와 연계되므로 시설의 과밀화를 해소할 수 있다.

조기 기상으로 수용자의 나태한 습벽을 제거하고 동시에 출퇴근이 분산됨으로써 교통의 과밀화 현상 해소에도 기여하며, 야간수용제 수용자의 경우는 정상적인 직장생활이 가능함으로 가족의 경제적 곤란을 초래치 아니함과 특히 경미한 가정폭력 범죄자에게 유용한 제도이다. 밤과 낮은 직장과 교정시설을 출퇴근하므로, 가정에서 언어폭력, 시선폭력, 심리적 폭력의 기회가 차단되며, 당분간 가정을 떠나서 가족을 뒤돌아보게 되는 참회와 회개의 시간을 갖기 때문이다.

판사가 판결과정에서 야간수용 주간 처우제를 조건으로 한 형의 선고를 하는 경우와 교정시설에서 개선의 여부를 보아 가며 법무부에서 결정하는 경우를 고려해 볼 수 있다. 전자의 경우는 판결 전 조사업무의 증가로 법원의 업무가 그만큼 증가되고 대상수형자와 일반국민에게는 형벌의 위하적 효과가 낮은 문제점은 있다. 후자의 경우도 교도관의 의견서가 중요한 판단자료가 되어서 공정성의 문제와 자의적인 판단의 문제가 발생할 소지가 있다. 이러함에도 야간수용제는 교정시설 내의 수용처우 문제를 일정부분 해소할 수 있고, 상대적으로 완전구금제보다는 교정사고의 방지에 유리하며 행형경비 등이 절약되므로 교정경제에 도움을 준다. 그리고 기존의 직장생활을 유지함으로써 사회와의 단절이 방지되며, 그리고 다양한 교정처우와 교정의 사회화 정신에 부합되며 대상자의 특성에 따라 상담 등 맞춤형 처우가 행하여짐으로써 처우의 개별화 이념에 부합한다.405)

그러나 야간수용제는 국내 기존의 이론에서 제기되고 있는 것처럼 형벌집행의 통일성이 저해되고, 시설 내 수형자의 상대적 박탈감을 유발케 함은 물론 역시 도주의 우려 등 교정사고의 발생 가능성은 과제로 남는다. 그리고 범죄피해자의 정서적 감정이 치유되지

---

405) 장세석 · 고광도, 교정학개론, 서울고시각, 2008, 395쪽.

않는 상태에서 국민과 사회의 부정적인 감정이 발생할 여지가 있으며, 형벌의 위하적 효과가 적어 재범의 가능성도 있다. 출퇴근 수형자가 출근 시 가져오는 부정물품에 대한 검사 등 보안업무가 증대되고, 출퇴근 수형자가 기존의 시설 내 처우 수형자와 접촉차단 등 기술적인 문제가 있다. 또한 일반국민과 사회의 여론이 호의적이지 않을 것이며, 책임감이 희박하여 관급품과 대여품의 관리가 곤란하다.

뿐만 아니라 결근, 지각 등 형기 계산의 복잡성, 교정공무원의 근무 형태의 복잡성 등 시행상 많은 문제점을 예상할 수 있다. 따라서 교정시설 신설 시 ① 야간수용제, ② 주간수용제, ③ 주말수용제, ④ 평일수용제 전담시설을 설치하여 거실하나를 가지고 4개 파트가 빈 공간을 이용함으로써 과밀수용과 교정폭력의 근본문제를 획기적으로 개선하는 계기로 삼아야 한다. 교정공무원 근무의 번잡성 문제도 ①, ②, ③, ④ 중 직원이 선택케 함으로써 현재 4부제의 고질적인 문제점의 해답을 찾을 수 있다. 현재 4부제의 형태로는 교도관의 자질향상이 어려운 구조이다. 교육의 기회나 대외 활동 시 휴일이 들쭉날쭉하여 예측이 어렵고, 수용자는 같은 계급, 네 명의 보안직원으로부터 지시를 받아야 하므로 책임소재의 불분명이 가장 큰 문제점으로 다양한 접촉을 통한 수용자 처우는 하되, 책임의 주체는 단일화를 할 필요가 있다.

현재의 근무형태는 오전, 오후, 밤, 휴일을 4개조가 교대로 도는 형태임으로 소장이나 보안과장의 입장에서는 전 직원을 직접 통제할 수 있는 구조이지만 절대 다수의 교도관이나 교정발전에는 개선해야 할 부분이다.

따라서 운영에 있어서 담당교도관의 견해가 반영된 제도개선이 필요하며, 수용자에 대해서는 단순 구금 위주에서 다양한 교화프로그램의 개발을 통해 새로운 제도가 정착되도록 하여야 것이다.

2. 주간수용처우제(day-accommodation, night furlough)

필자가 제시하는 주간수용 휴일처우제(이하 주간수용제)라 함은 일정한 양형 기준에 의해 선고된 수형자에 대하여 오전 7시까지 교정시설 내로 집결케 하고 주간에만 작업, 교육, 상담, 명상(묵언) 등을 하고 오후 4시에는 가정으로 퇴근케 하는 제도이다. 주간수용 휴일처우제 또한, 주말 및 모든 법정공휴일은 시설에 수용하지 않는 제도이다. 사회 내 처우의 프로그램에 의해 진행되어 후술한 휴수제와 연계되므로 시설의 과밀화를 해소할 수 있다. 조기출근으로 수용자의 나태한 습벽을 제거하고 동시에 출퇴근 시간이 분산

됨으로써 교통의 과밀화 현상 해소에도 기여한다.

그러나 주간수용제는 국내 기존의 이론에서 제기되고 있는 것처럼 형벌집행의 통일성
이 저해되고, 시설 내 수형자의 상대적 박탈감을 유발케 함은 물론 역시 도주의 우려 등
교정사고의 발생 가능성은 과제로 남는다. 그리고 범죄피해자의 정서적 감정이 치유되지
않는 상태에서 국민과 사회의 부정적인 감정이 발생할 여지가 있으며, 형벌의 위하적 효
과가 적어 재범의 가능성도 있다.

또한 국내외에서 새로운 대안으로 발표되고 있는 주간구금제의 유사이론 이라는 비판
도 있다. 그러나 기존의 제도는 분할처우의 이념이 배제되어 순환처우와 연계처우의 부
재로 분명한 수용상·처우상 차이가 있다. 기존 교정학이나 관련법령에서는 구금과 수용
을 혼용하여 사용하지만 본고는 수용과 구금은 원래 다른 의미406)이므로 수용과 구금의
이념대로 다른 처우를 제시하였다.

3. 주말수용처우제(weekday furlough)

주말수용제라 함은 일정한 양형 기준에 의해 선고된 수형자에 대하여 금요일 밤 8시
까지 교정시설 내로 집결케 하고 교정상담, 명상(묵언, 묵상) 등을 실시하고 자정 이후에
는 취침케 하여 월요일 아침 5시 기상 후 6시에 가정으로 퇴근케 하는 주말수용 3박 4
일 처우제도를 말한다. 야간수용제, 주간수용제는 모두 주말에는 사회처우로 전환됨으로
써 주말에 비어 있는 공방을 활용하므로 과밀화 현상에 기여하고 교정시설의 증설이 아
닌 기존 시설의 탄력적 운용으로 경비를 절감하는 획기적인 제도이다. 독일에서 시행했
던 기존의 주말구금407)은 토요일, 일요일 등에만 교정시설에 구금시키고 그 밖의 날에는
사회에서 직장생활, 가정생활을 계속하게 하는 제도408)임에는 다를 바가 없다 할 것이다.

---

406) 구금은 피고인 또는 피의자를 구치소나 교도소 따위에 가두어 신체의 자유를 구속하는 강제처분. 형이
확정되지 않은 사람에 대하여 집행하며, 형이 확정되면 구금 일수를 계산하여 형을 집행한 것과 동일하
게 취급한다. 그러나 수용은 구금을 포함한 광의의 개념으로 신체의 자유를 구속하는 것뿐만이 아니라
그 이후의 교육형주의 이념을 어떻게 펼칠 것인가의 방법론의 영역까지 포함되는 것으로서 구별의 실
익이 있다.

407) 주말구금제는 1949년 독일 소년재판소법에서 처음 실시되었다고 한다. 그 후 1956년 독일 형법초안에
서 채택되었고, 1960년 이후의 형법개정초안에서는 관료들이 그 번잡성을 이유로 문제점이 노정되자
포기되었다. 프랑스는 1961년 "프랑스형무, 형사입법회의"의 안으로 주말구금과 단속구금법안이 제출
되어 많은 논란 끝에 입법화의 과정을 거쳤으며, 벨기에에서는 1963년 주말구금제와 반구금제가 채택
된 바 있다. 영국의 경우는 1948년 형사재판법에서 채택된 "attendence center"도 그 한 유형으로 볼
수 있겠다. 우리는 어떠한 형태의 주말구금제도도 법안으로서 논의된 바가 없으며, 다만 필자가 발전된
형태의 새로운 대안으로 소개하고 있다.

그러나 주말수용처우제도는 주말구금과는 처우의 내용을 달리하고 있다. 즉, 주말구금은 주간수용, 야간수용 등 연계처우(완화 또는 강화처우)와 같은 후속조치가 없어서 크게 활성화되지 못하였다.

그러나 주말수용처우제는 단순한 주말구금을 지양하고 수용자의 개선의지를 관찰하면서 처우의 강(강화처우)과 약(완화처우)을 유연성 있게 조절해 나가는 것을 원칙으로 한다. 가령 주말수용 중 주중에 추가형을 받게 되면 추가형과 기존의 주말형벌까지 포함하여 분할처우 없는 완전주야구금으로 전환하는 강화처우를 예고함으로써 질서유지를 확보하게 된다.

반대로 전술한 선시제와 결합시켜 행상(行狀)이 우수한 수용자에게는 주말수용 중 시설 내에서의 상당한 자율을 허용함으로써 강온전략을 통한 시설처우의 창조적 대안이라 할 것이다. 휴일구금이란 토, 일요일과 그 밖의 공휴일도 포함하는 경우를 가리키고, 단속구금(imprisonment discontinu)이란 외국의 경우 봄, 여름의 휴가기 또는 연말연시 휴가기 등 비교적 긴 휴가기간 중 구금생활을 하도록 하는 제도이다.[409]

하지만 그 역시 수간수용제 등 연계처우가 이루어지지 않아 크게 활성화되지 않고 있어서 연계처우와 순환처우를 전제로 한 주말수용처우제가 대안일 것으로 사료된다.

4. 평일수용처우제(weekday-accommodation, holiday furlough)

평일수용제라 함은 법원의 판결 전 조사제도를 통해서 법원의 선고에 의해서 실시된다. 법원의 선고에 의해 수용되는 첫 주 금요일 늦은 9시에 출소하여 월요일 이른 7시까지 귀소하는 형태의 수용제도이다. 재범 및 도주의 우려가 없는 1년 이하의 단기자유형을 받은 수형자를 대상으로 실시하며, 지각, 결근, 교정사고 유발 수형자는 휴일 출소 없는 계속구금으로 전환이 가능하다.[410]

법원은 주간수용제, 야간수용제, 휴일수용제에 관한 선고를 하고 재범, 도주, 교정사고 유발 수형자의 경우 휴일 없는 계속구금으로의 전환이 가능하므로 수용질서유지에도 기여하는 제도이다. 계속구금의 전환은 교정의 판단에 의해서 실시하며, 교정의 자의적인

---

408) 신진규, 형사정책, 법문사, 1985, 583쪽.

409) 신진규, 앞의 책, 1985, 583쪽.

410) 필자는 제1단계 완전구금제보다 완화된 제2단계 주5일계속수용제(평일수용제) 제3단계 휴일수용제의 단계적 완화구금제의 실시를 제안한다.

판단이나 형평성의 문제는 주오제의 예상되는 문제점이 될 수 있으나 전술한 교청감, 관리자의 자질향상, 교정에 대한 개입주의의 강화로 최소화할 수 있다.

분할수용제의 대상은 정치범, 종교범, 사회적 비난이 적은 경제사범 등에 대해서 실시할 것을 제안한다. 특히 정치범의 경우 정치탄압의 오해에서 비켜설 수 있고, 집권권력자는 정적에 대해서 관대하다는 부드러운 카리스마의 효과를 거둘 수 있으며, 정치범 또한 주말 사회 내 처우를 통하여 가족과 정치동지들과의 접촉이 가능하므로 새로운 대안으로 활용가치는 크다고 본다. 분할수용제 대상자의 전제 조건은 도주우려, 재범의 위험성, 직접적 피해자와 국민의 법감정을 고려하여야 한다.

이러한 전제 조건에 문제가 없다면 단기수형자에게만 한정할 필요는 없다. 1년 이상의 비교적 중형을 선고받은 자라 하여도 그 부작용과 혼란을 최소화할 수 있다면 적용 가능하다.

사회적 비난의 대상이 적은 주간수용제의 대상 수형자의 교정시설도 기존의 일반 교정시설과는 비교적 사회유사화 원칙에 근접한 교정시설로 신축 또는 개축하여 교정시설의 다양화 취지에 걸맞게 하여야 할 것이다.

가령 실정법을 위반한 범죄인이라 하더라도 국민적 동정의 대상이 강한 프레임 업(Frame up)에 의해 희생된 정치인이나 전통의학의 최고 인술을 펼치고 있으나 제도권 내의 국가인정 자격이 없는 연유로 실형을 받는 경우가 있다.

또한 도덕적, 윤리적으로 비난의 가능성은 없으나 부득이한 실정법 위반의 경우 법관까지도 실형을 선고할 수밖에 없는 수형자에 대한 특별교정시설을 신설할 타당성은 있다고 본다.

일례로 외국의 경우411)는 호텔412)에 버금가는 교정시설로 처우의 개별화 사상에 부응하고 있다. 실시대상은 행형성적 우수자 중 자기형기의 1/2 경과 시 휴일수용제로 전환되는 단계적 처우를 병행한다. 이러한 평일수용제 역시 교정시설의 과밀화와 수용질서유지의 두 가지 문제점을 동시에 해소할 수 있는 제도이다. 자기형기 1/4 경과 시 행형성

---

411) 2001년부터 형벌개혁에 관한 여러 방안이 제시되었는데 그중 한 가지로 대졸자와 정부 고위급 수감자에 대한 특별교도소제도가 제시됐다: 남미로닷컴, 2010. 6. 3.

412) 현대 미술관을 떠올리게 하는 화려한 건축 디자인에 실내에는 도서관, 체력 단련실, 음악 연주실 등을 갖춘 '럭셔리 교도소'가 화제다. 웬만한 호텔을 능가하는 이 건축물은 다음 달 1일 문을 열 예정인 노르웨이의 '할덴 교도소'로, 이 교도소의 건축비는 13억 크로네(약 2,500억 원)이며, 교도소 내외부를 장식하는 예술 작품에만 600만 크로네(약 12억 원)가 들었다. 120만 제곱미터가 넘는 부지에 건설된 교도소에는 총 252명의 죄수가 수용되는데, 교도소의 담장 및 정원에는 재소자들을 위해 그림, 조각품 등 각종 예술 작품이 즐비하다. 또 정원을 조망할 수 있는 대형 창문이 있는 각 방에는 평면 TV가 설치되어 있다. 죄수들은 도서관, 축구장, 체력 단련실, 기도실 및 악기를 연주할 수 있는 스튜디오도 사용할 수 있다(PopNews, 2010. 3. 4.).

적 우수자 중에서 관용수형자를 선발하여 운전, 단순사무, 기능업무 및 조무직렬의 업무에 해당되는 모든 영역을 관용수용자로 대체함으로써 교정경비절감과 질서유지에 기여할 수 있다. 이른바 관용작업출역제도(이하 관용제)라 함은 행형성적 우수자에 의해 선발된 행정형 관용제로 실시하며, 교정당국은 직원의 근무환경 개선에 도움이 되며, 수형자는 공적인 업무담당으로 인한 자긍심을 고취할 수 있다고 본다.

Ⅱ. 실시방법: 사법형 · 행정형 · 혼합형 분할수용방식

1. 사법형 분할수용제

이 제도의 대상자는 주로 경미한 단순과실사범, 교통사범, 단순폭력, 생계형 재산범죄 등 자유형 선고자를 대상으로 실시하되 실시하는 방법은 판사가 판결과정에서 분할수용제를 조건으로 한 형의 선고를 하는 경우로 한다. 법원이 유죄의 선고를 함과 동시에 그 유죄확정자에게 분할수용을 동시에 선고하는 것을 말한다.

가령 유죄확정자 甲에게 징역 3년을 선고하면서 징역 3년을 분할수용 집행토록 하는 방식을 말한다. 또는 징역 3년을 선고하면서 2년은 주야 계속구금을 시설 내에서 실시하고 남은 1년만 야간에만 집행토록 하는 방식까지 사법부가 결정하는 제도를 말한다.

그 대상은 특정강력범, 성추행범, 가정폭력사범이나 일반 폭력사범은 제외하여야 할 것이다. 시행 초기부에 폭력사범에게까지 적용하여 분할수용 시 사회 내에서 고소인 등에게 복수폭력의 자행 시 부작용만 극대화될 우려가 있으므로 초기에는 신중한 소극적 시행이 타당하다고 본다. 개방교도소나 과실전담 교정시설을 중심으로 점진적으로 실시하면서 예상되는 문제점을 최소화할 필요가 있겠다.

주간수용, 야간수용, 휴일수용, 평일계속수용의 여부까지 법원이 판단하는 방식이다. 사법방식의 경우는 객관적이고 중립적인 판사가 선고하므로 대상자의 선발에 있어 교정공무원의 자의에 의한 선발이라는 문제점은 해소되나, 판결 전 조사업무의 증가로 법원의 업무가 그만큼 증가되고 대상수형자와 일반국민에게는 형벌의 위하적 효과가 낮은 문제점은 있다.

사법방식은 형법의 개정을 통하여 가능한 것이고, 형벌체계의 혼란과 사법부의 형사정책 및 교정복지에 대한 이해 부족으로 파레토 최적 효과인 새로운 대안이 그들에 의해 희화화의 대상으로 수용되기 어려운 측면이 있다.

2. 행정형 분할수용제

법원은 현재와 같이 자유형만을 선고하고, 시설 내 처우의 기간과 사회적 처우의 결정
은 전적으로 교정당국에 일임하는 방식이다. 즉, 형벌 집행 도중에 교정시설 또는 법무부
가석방심사위원회 등의 행정기관에 의해 실시되는 방식을 말한다.413) 재범우려와 도주의
가능성이 없는 1급수형자에 한하여 행정방식으로 시설 내 처우를 사회적 처우, 사회 내
처우로 전환하여 처우하는 방식을 말한다.

물론 현재도 가석방, 가출소, 가퇴원 등의 사회 내 처우가 실시되고 있으나 재범의 우
려, 교정사고의 발생, 기관장으로서의 문책책임사유 등의 문제로 활성화되지 못하고 있
다. 여기서 말한 행정형 분할수용제라 함은 현재의 가석방과는 차이가 있다. 즉, 반드시
제1단계 시설 내 처우에서 제2단계 사회적 처우의 단계를 거쳐서 재범의 위험성 등 과
학적 평가를 통하여 제3단계 필자가 제시한 사회명령제, 즉 사회 내 처우로 전환하자는
데 그 차이가 있다.

회복적 사법의 정의개념을 도입하여 피해자 및 지역사회와 합의프로그램의 단계를 이
수하고 재범의 위험성이 현저히 제거될 때 실시하는 조건으로 시행함이 국민정서법에도
부합할 것으로 사료된다. 따라서 기존의 가석방제도의 모조품이라는 비판이 제기될 수는
있다. 심안해 보면 그 성격과 내용·교정이념414)을 달리하고 있다.

행정방식은 모든 처우의 문제를 교정당국에 전적으로 일임하는 방식이므로 시설 내 처
우의 기간뿐만 아니라 주간수용, 야간수용, 휴일수용의 결정까지 교정 자체 분류심사를
통해 결정하는 방식을 말한다. 이 방식은 수용질서유지에는 도움이 되나 교정당국의 자
의적인 판단으로 인권침해의 소지가 있다. 행정방식의 성과를 보아 가면서 추후 사법방
식·혼합방식으로 확대를 고려해 볼 수 있다.

3. 혼합형 분할수용제

전술한 사법형 분할수용제와 행정형 분할수용제를 혼합한 방식을 말한다.415) 법원은

---

413) 장세석·김용래, 시스템교정학, 1999, 531쪽.
414) 기존의 가석방제도는 전통적 사회복귀이론에 기초하나 필자가 주장하는 분할수용제나 사회명령제는 회
　　복적 사법이론에 기초하고 있다.

분할수용을 행정부가 적용하여도 좋다는 뜻을 밝혀서 교정본부에 통보하면 교정본부가 분할수용을 집행하는 것은 물론이고 법무부 가석방심사위원회가 결정으로 반드시 사회 내 처우의 전단계로 분할수용을 허용하는 방식을 말한다. 즉, 분할수용은 법원의 결정에 의해 실시하되 그 기간, 방법 등은 교정당국의 판단에 따라 시행되는 방식을 말한다. 가령 징역 3년을 선고하면서 1년은 시설 내 처우이고 2년은 '분할수용'을 조건으로 한 분할수용제를 선고하는 경우를 고려해 볼 수 있다. 분할수용 기간 중에도 과실범을 제외한 자유형의 선고 시 분할수용은 철회되고 남은 기간은 시설 내 처우로 전환되어야 할 것이다.

Ⅲ. 분할수용의 적용단계

1. 시설 내 처우에서의 분할수용

교정시설은 수형자를 유형별로 경범죄 수형자와 강력범 수형자 군[416]으로 분할하여 처우를 달리하여야 하는바, 전자의 경우를 원칙적 분할수용의 대상으로 한정하여야 할 것이다. 예외적으로 경범죄 수형자라 하여도 도주전력과 고소인, 고발인에 대한 보복, 협박의 현저한 가능성이 있다면 제외시켜야 할 것이며, 강력범의 경우라 하여도 도주우려가 없으며, 피해자와의 합의 및 피해자의 동의가 있는 경우 협박, 보복, 도주, 재범의 우려가 없다면 분할 수용의 대상에 포함하는 것을 신중히 검토할 필요가 있을 것이다.

또한 도주우려의 판단이 교정당국의 자의적인 판단이 되지 않도록 하여야 할 것이며, 피해자의 합의나 동의의 경우도 유전자(有錢者)가 유리하고 무전자(無錢者)가 불리한

---

415) 장세석 · 김용래, 위의 책, 1999, 531쪽.

416) 유형별 처우시설의 확보와 관련하여 다수설적 입장은 처우시설의 신설을 주장한다(이순길 · 김용준, 앞의 책, 773~774쪽). 실무에서뿐만 아니라 학계에서도 조직확대 차원의 신설 · 증설 · 확충을 주장하고 있다(이영근, "한 · 중 · 일 형사사법제도에 관한 비교연구", 교정연구 제29호, 한국교정학회, 2005. 49쪽; 박상식, 앞의 논문, 2005, 136쪽). 그러나 신설과 확충은 예산상의 문제와 타 부서와의 형평성, 추후 구조 조정의 필연적인 결과를 초래하므로 기존 시설의 효율적인 활용방안을 먼저 모색하였으면 한다. 가령 현재, 甲 · 乙 · 丙관구 중에서 甲 · 乙관구는 자치형 관구로 활용하고 丙관구만 시설을 분계하여 강력범 수형자 처우를 실시하면 될 것으로 사료된다. 또한 시설의 증설과 확충이 필요한 경우에도 시공과 시행을 분할하는 것 같이 시설의 장과 교정본부는 교정건축에 관한 소견만 제시할 뿐이며, 업체 선정과 결정에 관한 모든 권한은 제3의 기관에 아웃소싱하여 교정건축시설공단이 주관하게 하면 교정시설의 증설요구는 절실한 경우에만 제기될 것이다. 마찬가지로 가족만남의 집 증설뿐만 아니라 교정시설의 증 · 개축, 보수의 경우까지 제3의 기관에 위탁하여 교정은 교정에만 전념하면 교정비리의 상당 부분도 해소될 것으로 보인다.

현실적인 문제의 경우까지 과학적으로 고려되어야 할 것이다. 즉, 도식적으로 합의서(동의서)의 존재, 부존재의 여부로만 결정해서는 곤란하다. 형식뿐만 아니라 그 내용까지도 고려하여 처우에 반영할 것을 주문한다. 이러한 적정하고 합리적인 교정당국의 결정에 따라 분할수용처우 수형자들은 자율배식으로 공동식사를 하고 일과 종료 후 자율활동을 할 수 있게 한다. 야간 불침번 근무 등 활동을 자율적으로 결정해 수용자들이 사회성과 책임의식을 기를 수 있도록 돕는다. 또 자율학습실, 외국어 교육반, 미장, 조적, 타일, 용접, 목공 등 취업 연계형 자격증 취득반 등을 운영해417) 교정사고나 주의, 경고 등 벌점 없이 자율형 교정프로그램을 이수한 수용자를 대상으로 하여 제2단계 평일수용처우제를 적용하여 점차 완화(또는 강화)시켜 주는 처우를 실시하는 것이다.

2. 사회적 처우에서의 분할수용

처우의 진전결과를 보아 가면서 제2단계는 주간수용처우제로 전환하고 제3단계는 야간수용처우제로 한다. 제4단계는 휴일수용처우제로 하여 출소를 염원하는 수용자에게 스스로의 노력으로 사회화의 방안을 해결토록 하는 것이다. 또 생각을 조금 바꾸어서 도주 등 교정사고 발생뿐만 아니라, 규정과 준수사항 불이행 시 벌점초과자에 대해서는 다시 시설 내 처우로 전환하는 순환처우의 형태를 동시에 모색하여야 할 것이다.

3. 전제조건

1) 피해자와의 합의와 원상회복의 정도

시행 초기에는 가족, 피해자, 지역사회, 유관기관 등의 동의를 전제로 소극적으로 실시할 것을 주문한다. 특히 피해자와의 합의에 있어서는 유전자(有錢者)가 유리할 것이므로 합의서와 진정서의 존재 유무(有無)가 절대적인 기준이 되어서는 곤란하다. 합의의 결과(結果)뿐만 아니라 내용(內容)이 더 중요할 수도 있다. 또한 원상회복의 정도에서는 재산범의 피해자와 인신범의 피해자는 구분될 것이며, 인신범의 경우는 피해자의 주관적인 척도가 반영되어야 할 것이다.

---

417) 국내 최초 자치형 교도소, 영월교도소 개소 관련 기사 참조(매경, 2011. 2. 11.).

2) 철저한 분류심사와 교정기관의 공정성

분할수용의 적용단계에서 교정행정의 번잡성과 도주 등 교정사고의 전반을 예측할 수 있는바, 철저한 분류심사가 이루어져야 한다. 교정의지가 결여된 마약, 조직폭력, 유아 성폭행범 등은 제외되어야 할 것이며, 초기에는 교통 등 과실범과 단기자유형 대상으로 어차피 소극적으로 이루어져야 할 것이다.

직장생활의 유지를 희망하는 수용자에 대해서는 야간수용처우제나 휴일수용처우제만을 실시할 수도 있다.

단계별 심사결정은 교정당국이 하도록 하는 것을 원칙으로 한다. 수용자에 대한 상황을 잘 파악하고 있음으로 담당직원의 의견서가 가장 중요한 판단자료가 되어야 한다. 물론 교정기관의 자의적인 판단이나 교정권력의 남용을 제어할 수 있는 제도적인 장치가 성패의 관건이 될 것이다.

3) 수용자의 갱생의지

도주우려나 재범의 가능성이 희박한 수용자의 갱생의지가 전제되어야 한다. 새로운 분할처우를 역이용하여 교정당국을 희화화 · 낭만화하는 또는 분할처우 기간 동안 사적 복수심을 충족하는 기회로 활용한다면 의미가 없다. 환언(換言)해서 전술한 전제조건을 모두 충족하였음에도 24시간 계속구금을 수용하는 것은 국가권력의 남용의 문제로 수용자의 몫이 아닐 것이다.

Ⅳ. 예상되는 문제점

1. 법률적인 문제

분할처우는 법률적인 문제가 있을 수 있다. 분할처우에서의 형의 집행을 자유형이라고 볼 수 있느냐의 문제이다. 사법방식은 법원이 형을 선고하기 때문에 문제가 없으나 행정방식의 경우에는 문제가 될 수 있다.

후자의 경우는 행형방법이 아니라 교정당국이 자유형의 집행 중 일정기간의 잔형기를 석방기일까지 외부통근을 허용하는 제도로서 유럽의 대부분 국가들과 미국의 시카고 등 일부 주에서 시행하고 있다. 이 방식은 교정당국이 사법부를 무시하고 임의로 자유형의 집행방법을 변경하고 있다는 비판의 소리가 나올 수 있기 때문이다. 필자가 제안하고 있는 분할수용제와 외부통근제는 몇 가지 차이점이 있지만 법률적인 문제의 직면은 차이점이 없다.

특히 도주사고의 경우 법률상의 문제로서 '분할수용제'를 실시함에 있어서 도주사고의 발생가능성을 충분히 예견할 수 있다. 그러므로 도주사고의 책임한계 설정이 되어 있지 않으면 사고발생 시마다 문제의 제기가 될 수밖에 없다. 도주사고 발생 시 분할처우 수형자의 처벌을 어느 정도 하여야 할 것인가의 문제가 제기된다. 담당 직원 처벌의 문제도 똑같이 대두되는데 사회적 처우, 즉 분할수용제에 있어서의 구금의 법률관계는 시설 내 처우에 있어서의 그것과 조금도 다르지 않다는 것이 많다고 한다.

심안(審按)해 보면 수용자들이 교도소에 도착하자마자 그들이 첫 번째로 원하는 것은 출소(出所)이다. 분할수용제는 그들의 염원(사회로 가는 것)을 일정부분 수용하면서도 과밀해소와 경비절감 등 긍정적 측면이 많다. 도주의 경우는 분할수용 없는 즉시 시설처우로 전환되므로 도주의 결과 얻어지는 이익과 도주를 하지 않음으로 해서 얻어지는 이익이 어느 쪽이 더 유리한가는 수용자의 몫이 될 것임에도 사고 발생 시 가장 중요한 쟁점이 될 것이다.

2. 형기계산 및 직원근무형태의 문제

주간수용 및 야간수용 그리고 주말수용의 경우 형기계산의 문제가 대두될 것이다. 또한 직원근무형태의 문제도 순환식 4부제로 할 것인지, 아니면 주간, 야간, 주말 고정식으로 할 것인지의 문제를 해결하여야 하는 과제가 있다.

1) 형기계산의 문제

형기계산의 문제는 우선 시설처우와 사회처우의 기간을 구별함이 없어야 분할처우의 이념에 부합한다. 수용자가 시설에 있었느냐, 사회에 있었느냐를 구분함이 없이 1일로 계산하면 형기계산의 번잡함을 단순화할 수 있다. 그냥 형기계산의 복잡함을 고민 없이 단순화하자는 것이 아니라 시설처우의 대안으로서 사회처우를 활성화하자는 데 더 큰 의미가 있을 것이다.

현재 교정관련법령에서 시행하고 있는 귀휴제와 사회견학의 경우에도 형기계산에 포함하고 있는바, 주간수용제 등 분할처우의 시행에 있어서도 사회처우의 기간을 형기에 포함하자는 것이다.

2) 직원근무형태의 문제

(1) 기존근무형태의 문제점

직원근무형태의 문제는 수용자처우 못지않게 직원처우개선의 문제와 흐름을 같이하고 있다. 분할처우가 활성화되면 직원근무형태의 새로운 변화도 모색되어야 할 것이다. 가령 현재 4부제의 문제점은 한 수용자에 대해서 1부에서 4부의 직원이 교대로 보안에 투입됨으로써 교정사고 발생 시 직원책임 회피의 문제가 발생한다. 따라서 주간수용전담, 야간수용전담, 주말수용전담으로 근무신청을 받아서 근무배치가 이루어지면 직원책임 하에서 책임과 권한의 한계가 분명해질 것이다. 이러한 문제점의 극복에도 불구하고 직원근무형태의 또 다른 문제가 대두될 수 있다. 특히 **고정식** 야간수용전담의 경우 담당직원은 늘 야근만 해야 하는 문제가 있다.

(2) 직원근무형태의 새로운 방향

기존의 순환식 4부제는 전술한 대로 여러 문제점이 노출되고 있는바, 새로운 근무형태인 고정식 담임제의 보충을 제안한다. 순환식 4부제와 고정식 담임제를 절충하여 각각의 단점을 교차보충(交差補充)하는 형식의 근무형태를 도입하였으면 한다.

그러므로 주간수용처우제를 원칙적으로 운영해야 한다. 극히 예외적으로 주간수용 인원의 1/3을 초과하지 않는 범위에서 야간수용제의 운영이 특별한 경우에 이루어져야 한다. 즉 야간수용의 축소이다. 수용인원의 축소뿐만 아니라 야근직원의 축소와 야간근무시간의 축소까지 고려한 제안이라 할 수 있다. 사법방식보다는 행정방식으로 해야 주야수용 수급조절이 가능하다. 이렇게 되면 교도관의 야간근무가 획기적으로 개선될 것이다.

3. 국민정서상의 문제

형벌의 응보감정이 팽배한 나라에서는 행형에 있어서 분할처우제의 실시는 국민정서법과 상충할 수 있다. 교정의 새로운 패러다임을 이해하지 못한 국민들은 수용자 처우의 지나친 개방화는 수용질서를 어지럽히며, 국민의 법 감정에 부응하지 못한다는 비난을 제기한다. 범죄의 직·간접적인 피해자와 그의 가족들은 이러한 문제점을 더 심각하게 제기할 수 있다. 특히 국민과 언론은 도주 등 교정사고에 대해서 더 민감한 반응을 보이고 있기 때문이다. 그러하므로 시행 초기에는 국민정서상의 문제를 고려해 볼 때, 분할처우제의 실시를 소극적으로 운용하여도 충격적인 방안으로 바라보는 현실적인 문제가 있다.

따라서 분할처우라고 하여 수형자를 마음대로 내버려 두거나, 온정주의적 태도로 나아간다는 것은 아니다. 행형의 목적으로 분할처우를 취하더라도 소정의 기간 동안 자유의 제한과 엄정한 규정준수는 당연하다. 철저한 분류심사를 전제로 일관된 원칙 아래에서 분할처우가 이루어지는 것이기 때문이다. 다만 구금을 통한 수용질서유지 그 자체를 목적으로 삼고 무의미한 고통과 악폐감염의 통로를 제공하는 것을 교정(행형)의 내용으로 해서는 안 된다는 것이다. 수용질서유지는 하나의 수단이며, 궁극적인 목표가 아니므로 그들이 처우(처벌)가 끝난 후 사회로 나가 다시 낙오되지 않도록 하는 교정이 더 우위의 가치선점에 있기 때문이다. 이제 형벌의 완화는 주된 흐름이며 처우(처벌)과정 자체도 점차 완화되고 있는 흐름이기 때문에 국민의 정서적인 문제를 창조적인 대안으로 변화시키는 노력이 국민정서법보다도 더 중요한 문제가 되어야 할 것이다.

4. 교정시설 보안에 대한 문제

맞춤형 처우를 지나치게 강조하다 보면 다양한 형벌집행에 있어서 계호와 보안을 허술하게 생각하게 되는 문제가 있다.418) 즉, 도주자가 발생할 우려가 있으므로 철저한 준비와 계호(戒護)가 요구되고 있다는 것이다. 그러나 지나치게 도주를 우려한 나머지 사회처우제도 본래의 취지에 합당한 운영을 하지 못하고 있다는 비판이 제기되고 있다.419) 특히 교도소의 사회복귀 팀에서는 외부통근 작업요건을 완화하여 확대운영을 하려고 하지만 보안파트에서는 교정사고를 우려하여 축소 지향적으로 운영하고 있는 실정이어서 운영상의 심각한 문제점이 있다. 영국, 미국, 호주, 스웨덴 등에서는 전술한 외국의 열린

---

418) 조준현, "행형의 이념·목적과 행형법 개정방향", 교정연구 제29호, 한국교정학회, 2005, 11~12쪽.
419) 이 점에 대해서는 김기현·김용준·이윤호·조준현 등 다수의 학자들이 같은 입장이다. 그러나 구체적으로 방법론에 있어서는 분할처우나 순환처우 같은 새로운 패러다임은 제시되지 않고 있다.

교정에서 보듯이 무계호 사회적 처우제도가 활성화되고 있다.

우리는 아직도 지나친 보안관념을 가지고 있어 사회적 처우를 극히 제한적으로 운영하고 있다. 처우의 내실화보다는 몇 명을 실시하고 있다는 등의 실적통계주의와 정책홍보에 관심이 많다.

5. 수용자 권리주장 욕구의 분출문제

지금까지의 교정은 구금시설 내에서만 수용생활이 가능하였다. 수용자의 권리침해가 발생하여도 권리구제절차의 번잡성과 장애요소가 많아서 무전무권(無錢無權)자의 경우는 교정권력(矯正權力)에 침묵할 수밖에 없었다. 이러하므로 외형적으로는 수용질서유지가 잘 되는 것처럼 보였다. 다양한 교정의 문제는 수면 안에 거대한 바위처럼 잠재되어 있을 뿐이었다. 분할처우가 활성화되면 수용자 욕구의 분출문제가 수면 위로 부상하는 계기가 되어서 수용자의 권리침해 및 처우개선에 관한 권리주장이 봇물을 이룰 것으로 예상된다. 흔히 이러한 개혁적인 제도의 시행 초기에 일부 교도관은 과거의 교정이 좋았다는 비논리로 교정개혁에 맞서는 경우의 문제도 발생할 것이다.

이러한 폭발적인 욕구분출의 문제는 비정상적인 현상이 아니라 정상적인 현상으로 받아들여질 때 교정의 문제에 대한 답이 나올 것으로 보인다.

V. 사견

전술한 분할수용제(split accommodation system)의 제 유형은 교정시설 내의 과밀화 현상을 해소할 수 있다.

과밀수용이 해소됨으로써 교정사고의 방지에 유리하며 국가경비 등이 절약되므로 교정경제에 도움을 준다.[420]

그리고 단기자유형이 가지는 문제점[421]을 상당 부분 극복할 수 있고, 사회와의 단절이

---

420) 森下忠, 刑事政策大綱, 成文堂, 1993, 57頁.

421) 단기자유형의 주요 폐지 논거는 아래와 같다. 개선, 교화효과를 기대할 시간적 여유가 없어서 특별예방적 효과가 없다. 경미한 범죄인데도 범죄자와 가족은 심한 정신적 부담을 안게 된다. 전과자로 낙인받아 재범의 우려가 있으며 사회화를 곤란하게 한다. 혼거수용(imprisonment without solitary confinement) 시 악폐감염의 우려 및 수형자의 개별적 처우 시간이 부족하다는 논거가 있다.

방지되며, 수형자는 가정에서 출퇴근하므로 가족과의 유대도 시설구금보다 상대적으로 강화된다. 또한 다양한 교정처우와 교정의 사회화 정신에 부합되며 대상자의 특성에 따라 교육 및 상담 등이 행하여짐으로써 처우의 개별화 이념에 부합한다.[422]

기존의 형사사법 체계는 법관이 5년을 선고하면 가출소를 제외한 특별한 경우를 제외하고는 교정(矯正)은 형벌 집행의 역할에 한정되었다.

가령 절도범 甲을 시설 내 처우, 사회적 처우, 사회 내 처우의 기간 비율을 어떻게 할 것인가에 대한 전문영역은 교정이므로 사법방식에서 점차 행정방식·혼합방식으로 확대하여 시설 내 폐해의 문제점을 최소화하여 보자는 것이다.

이러한 분할수용제(split accommodation system)의 시행은 한국교정의 일대 대변혁임에 틀림없다. 이처럼 기존 학자들의 우려되는 부분을 최소화하기 위해서는 초기 실시에 있어서는 지극히 소극적, 점진적으로 실시하여야 할 것이다. 기존 체제가 흔들릴 것이라는 판단이 성숙하지 못한 가설일 뿐이라는 검증의 문제를 해결하기 위해서도 초기 시행 시에는 도주의 우려가 없는 단기자유형 및 단순과실범으로 한정되어야 할 것이다.

또한 관련 법규를 만들 때 교정상 처우과정을 투명하고 엄격히 할 필요가 있다. 결근이나 지각으로 일정횟수를 초과할 경우와 벌칙, 범칙금, 시설 내 수용방법 등에 대한 예상치 못한 문제점이 나올 수 있다. 특히 대상자가 분할수용제를 선호하지 않는 경우 의사를 존중할 것인지 명령의 형식을 갖추어 집행을 강행할 것인지, 의사를 존중한다면 시설 내에서 어떤 교정프로그램을 실시할 것인지 등, 정교한 규정을 두어야 하는 과제가 있다.

제3절 사회 내 처우(제3단계)의 창조적 대안: 사회명령제

본고에서 처음 제시하는 사회명령제는 기존 사회봉사명령제의 모조품이란 비판을 받을 수 있다. 따라서 기존 제도와 그 성격을 발전적으로 달리하고 있다. 현행 사회봉사명령제는 당사자의 동의를 필요로 하지 않지만 당사자뿐만 아니라 직접적 범죄 피해자의 동의까지 요함으로써 끝까지 거부하는 범죄자까지 사회봉사를 요구하는 것은 본래취지에서

---

422) 장세석·고광도, 교정학개론, 서울고시각, 2008, 395쪽.

벗어나는 일이므로 대상자에서 제외시키며, 사회명령 대상자는 일반 기업과 교정시설 내 작업상여금의 중간적 급여가 지급됨을 원칙으로 하고 있는 것 등이다.

사회명령제는 4가지로 분류하며 기업연수명령제, 농촌봉사명령제, 공공근무명령제, 시설봉사명령제로 구분한다. 대상자 선정은 가장 중요한 문제로 대두되며 대상자 선정에서 고려하여야 할 전제 조건으로는 대상자의 적성, 교육수준, 본적, 주소, 거소, 나이, 성별, 명령기간, 약물중독 여부, 동적 성격 또는 정적 성격의 구분을 참고하여 법원에 의해 자유형과 함께 선고되며, 다만 그 집행을 시설에서 하지 않고 사회에서 대가를 치르는 것이다.

위치를 선정하는 데 있어서는 지역사회의 성격, 지역사회와의 관계, 봉사현장 및 건물 등을 고려하여야 한다. 즉, 사회재적응과 사회복귀가 최종 목표라는 점에서는 지역사회의 성격, 지역주민의 정서를 파악하는 것은 매우 중요하다. 또한 위치선정에서 우선되어야 할 부분은 사회적으로 유용한 자원을 활용할 수 있는 곳이라야 한다. 즉, 교통시설, 편의시설, 취업 및 교육기회 가능지역, 의료 및 각종 사회복지시설 등이 포함된다. 여기서 대상자들에게는 사회재적응을 위한 과도기적 단계에 있으므로 정교한 프로그램과 일정한 통제가 요구된다. 기본적인 통제로는 출퇴근 규칙, 위반 시 3진 아웃[423]에 따라 즉시 시설처우로 전환, 사회명령자준수사항 등을 통하여 이루어지며 이와 같은 통제와 절제된 생활을 함으로써 습관적인 소모적 생활태도를 개선시키고 범죄유발적 환경과 차단하며 지역사회와 불필요한 마찰을 사전에 제거한다.

---

423) 삼진법은 상습범 또는 재범자들에게 재활, 갱생의 기회를 주는 것을 거부하고 이들을 사회로부터 격리시킴으로써 선량한 사회 구성원을 보호하고자 하는 제도이다. 이는 그 입법 배경에서 살펴보면 사회 구성원들을 선량한 시민과 계속적 범죄자로 나눈 후 범죄자들을 사회에서 격리시킨다는 단순 논리에서 출발한 것으로서 세계에서 가장 다원화되어 있을 뿐만 아니라 형사 절차에서 피고인의 인권을 가장 잘 보호하고 있다는 미국에서 이러한 법률이 시행되고 있다는 것은 어느 면에서 놀랄 만한 일이다. 허나 이러한 삼진법의 입법을 이해하기 위해서는 위 입법 뒤에 있는 범죄에 대한 미국의 고민을 이해하여야만 한다. 미국이 형사절차에서 피고인의 인권 보호를 강화하는 동안 계속 증가하여 온 강력범죄는 이미 미국에서 인내하기 어려운 수준에 도달하여 있다는 것이고, 이에 따라 앞으로 미국은 형사소송에 있어서의 피고인의 인권 보장보다는 범죄로부터 국민을 보호하기 위한 방향의 입법을 계속할 것으로 전망된다. 그리고 이러한 문제는 비단 美의 것이 아니라 계속 증가하고 있는 범죄에 대한 대책이 절실히 요구되고 있는 우리나라에도 머지않아 중요한 주제로 등장할 것이다. 앞으로 형사법의 장기적인 발전 방향을 결정함에 있어서 피고인의 인권보장에만 치우치지 않고 선량한 시민의 보호라는 형사법의 기본 이념에도 무게를 둠으로써 양자의 효율적인 균형을 도모할 수 있는 합리적인 논의가 필요하다고 생각된다. 더 자세한 내용은 김종구, "미국의 삼진아웃법제에 대한 비교법적 고찰", 법학연구 제30집, 한국법학회, 2008, 327~346쪽 참조.

Ⅰ. 사회봉사명령제에 대한 기존의 주장에 대한 검토

1. 사회봉사명령제의 도입배경

오늘날 형사제재를 운용함에 있어서 응보주의보다는 그 재발방지와 범죄인의 재사회화를 통한 재범방지에 중점을 두고 있다. 범죄인에 대한 처우수단으로서의 시설 내 처우는 지금까지 가장 우월한 위치를 차지하였으나 오히려 악폐감염과 범죄학습을 초래하는 결과로 나타났다.424) 이러한 시설 내 처우의 문제점을 개선하기 위한 노력의 하나로 사회적 처우와 사회 내 처우가 추진되었다. 이러한 사회 내 처우 중의 하나가 바로 사회봉사명령이다. 우리나라에서는 1989년 소년법에 사회봉사명령제를 첨으로 도입하여 시행하고 있었다. 이것을 1995년 개정형법에 따라 성인에 대해서까지 확대하였다. 1996년 보호관찰 등에 관한 법률을 개정하여 1997. 1. 1.부터 시행하기에 이르렀다.425) 그 후 대법원은 바로 형사사건과 보호사건에서 보호관찰, 사회봉사명령, 수강명령 등과 관련한 사무처리지침을 만들어 형사사건에서 선고유예, 집행유예를 선고하는 경우와 보호사건에서 각종 보호처분을 명하는 경우 그 대상자의 사회복귀를 도모하고 범죄나 소년비행을 예방하기 위하여 사회봉사명령을 적극 활용토록 하고 있다.426)

2. 선진외국의 사회봉사명령제도

영국의 사회봉사명령의 결정은 법원의 고유권한에 속하는 독자적인 형벌수단이다. 즉, 하나의 범죄에 대해 다른 형벌과 명령을 병과할 수 없도록 되어 있다. 구금형에 처할 수 있는 범죄로 유죄평결을 받은 때에 선고할 수 있는 독립된 처분이다. 그 대상은 16세 이상의 범죄자이고, 사회봉사 시간의 범위는 40~240시간의 범위에서 법원이 정한다. 사회봉사명령에 적합한 자로는 고립되고 소외된 자로서 봉사를 수행하면서 자신감을 가질 수 있는 자, 자기 인생에 적절한 사회적 기회가 제공되지 않아 범죄를 범한 자, 범죄의 중대성은 인정되나 안정된 생활환경에 있는 자 등이다.

독일의 사회봉사명령은 독립된 처분이면서도 동시에 부가처분이 이루어지기도 한다.

---

424) 오재환, "범죄인의 사회 내 처우제도의 성립과 정당성", 조선대 사회과학연구, 1992. 6, 13~14쪽.

425) 김재중, 앞의 책, 2008, 162쪽.

426) 김재중, 위의 책, 2008, 162쪽.

즉, 사회봉사명령이 벌금미납에 대한 환형처분일 때에는 실질적으로 독자적인 형벌 수단이 된다. 그러나 기소유예, 공판절차중지, 형의 선고, 집행유예, 선고유예, 가석방 등에 따른 조건이 될 때에는 일종의 부가처분으로 된다.

미국에서는 대체적으로 보호관찰 집행유예의 한 조건으로 사회봉사명령을 실시하고 있다. 그 밖에 유럽의 네덜란드, 룩셈부르크, 노르웨이, 등에서 사회봉사명령은 사면의 조건으로 이용되며 이 경우 사회봉사명령은 구금형이나 벌금형의 사면조건으로 부과된다. 이처럼 사회봉사명령에 대한 내용은 아직 이 제도를 시행하고 있는 나라마다 형벌체계, 행형실무, 사회적, 문화적 환경이 다르고 운영실태 또한 차이가 있기 때문에 그 개념이 아직 통일적으로 정리되지 않고 있다.[427] 그러나 일반적으로 사회봉사명령이라 함은 유죄가 선고된 범죄인에게 구금[428] 또는 벌금[429][430] 대신 일정기간 동안 무보수노동에 종사토록 의무를 부과하는 제재라고 정의할 수 있다.[431] 이 제도는 1972년 영국에서 실시된 제도로서 보호관찰제도의 일부로 활용되고 있고 21세기 사회 내 처우의 중심적 위치를 차지하고 있다.

3. 우리나라 사회봉사명령제도

1) 소년법상 사회봉사명령

소년에 대한 사회봉사명령은 가정법원 또는 지방법원의 소년부가 이를 관할하며(소년법 제32조 제2항), 단기보호관찰 또는 보호관찰처분에 부가하여 명해야 한다. 또한 소년부판사가 봉사명령을 결정으로서 처분하며(동법 제32조 제1항),[432] 대상자의 선정, 봉사시간의 결정, 봉사시설·장소의 지정, 봉사명령의 고지 등의 절차를 거쳐야 한다. 봉사명령의 운영에 있어서 가장 중요한 것이 바로 대상자의 선정이다.

---

427) 배종대, 형사정책(제8판), 홍문사, 2011, 500쪽 이하.

428) 특히 자유형의 폐를 극복하기 위한 대안으로 사회봉사명령을 활용하고 있는 국가로는 영국, 미국, 호주, 독일, 프랑스, 덴마크, 네덜란드, 룩셈부르크, 노르웨이, 포르투갈 등이 있으며, 일본의 경우는 대체로 우리보다 형사법의 제·개정과정이 더 보수적이어서 2007 기준 현재 논의 중이다.

429) 사회봉사명령을 벌금미납에 대한 대체적 제재를 하고 있는 국가로는 독일, 이탈리아, 스위스 등이 있다.

430) 벌금의 경우 사회봉사명령은 독립된 처분으로서 부과되거나 집행유예에 따른 부과처분으로서 집행된다.

431) 배종대, 앞의 책, 2011, 500~501쪽.

432) 우리나라에서는 현재 서울가정법원, 대구·부산·광주지방법원 소년부지원, 대전·춘천·청주·전주 지방법원 등 8개소에 소년부가 설치되어 있다.

대상자 선정에 있어서는 3단계를 거쳐야 하는데 1단계로 소년에게 보호처분의 필요가 인정되어야 하고, 2단계로 단기보호관찰 또는 보호관찰처분을 하며, 3단계로 봉사명령을 부가하여 명할 수 있다. 소년에 대한 명령의 대상자 선정에는 적격성의 판단이 중요하다.

이를 위해 소년부는 조사 또는 심리를 함에 있어서 정신과의사·심리학자·사회사업가·교육자 기타 전문가의 진단 및 소년 분류 심사원의 분류심사결과의 의견을 참작하여 (동법 제12조), 의학·심리학·교육학·사회학 기타 전문적인 지식을 활용하여 소년과 보호자 또는 참고인의 성행·경력·가정상황 기타 환경 등을 구명토록 노력해야 한다(동법 제9조).

소년법 제32조 제1항[433] 제3호의 처분은 14세 이상의 소년이어야 하며(소년법 제32조 제3항), 동법 제32조 제1항 제2호의 수강명령은 100시간을, 동법 제32조 제1항 제3호의 사회봉사명령은 200시간을 초과할 수 없으며, 보호관찰관이 그 명령을 집행할 때에는 사건 본인의 정상적인 생활을 방해해서는 안 된다(소년법 제33조 제4항). 봉사의 유형으로는 ① 자연보호활동, ② 복지시설 및 단체 봉사활동, ③ 공공시설봉사활동, ④ 병원지원활동, ⑤ 공익사업 보조활동, ⑥ 농촌봉사활동, ⑦ 문화재보호봉사활동, ⑧ 행정기관 지원 기타 지역사회에 유익한 공동분야 업무 지원활동 등이다. 이러한 작업은 개별적인 경우마다 달라질 수 있다.

2) 형법상 사회봉사명령

성인에 대한 사회봉사명령은 형의 집행을 유예하는 때에 부과할 수 있다. 그 대상자는 다음의 기준에 따라 선정하여야 한다. 사회봉사명령은 원칙적으로 보호관찰을 명하는 모든 대상자에 대하여 부과할 수 있으며, 구체적으로는 ① 자신을 비하하거나 목적 없이 생활하면서 자신의 능력을 모르는 때, ② 사회적으로 고립되어 있거나 단편적인 행동양식을 가진 때, ③ 근로정신이 희박하고 다른 사람의 재산을 탐내거나 직무와 관련하여 부당한 대가를 받은 때, ④ 음주·무면허운전 등 중대한 교통법규를 위반한 때, ⑤ 기타 봉사명령을 부과하는 것이 적절하다고 판단되는 때 등이다. 그러나 마약이나 알코올중독으로 범

---

433) 2008. 6. 22. 시행, 소년**교정**과 보호를 위한 법률 제32조 제3항에서 소년부 판사는 심리 결과 보호처분을 할 필요가 있다고 인정하면 결정으로써 다음 각 호의 어느 하나에 해당하는 처분을 하여야 한다. 1. 보호자 또는 보호자를 대신하여 소년을 보호할 수 있는 자에게 감호 위탁, 2. 수강명령, 3. 사회봉사명령, 4. 보호관찰관의 단기보호관찰, 5. 보호관찰관의 장기보호관찰, 6. 아동복지법에 따른 아동복지시설이나 그 밖의 소년보호시설에 감호 위탁, 7. 병원, 요양소 또는 보호소년 등의 처우에 관한 법률에 따른 소년 의료보호시설에 위탁, 8. 1개월 이내의 소년원 송치, 9. 단기 소년원 송치, 10. 장기 소년원 송치가 있다.

죄를 범한 때, 상습적이거나 심한 폭력 또는 성적 도착에 의한 범죄를 범한 때, 정신질환이나 심한 정신장애의 상태에 있는 때, 육체적 장애로 인하여 주어진 작업을 수행할 수 없는 때 및 보안관찰의 대상이 되는 공안 범죄를 범한 때에는 대상자에서 제외된다.

사회봉사명령의 시간은 최대 500시간까지 명할 수 있으며(보호관찰 등에 관한 법률 제59조 제1항), 집행유예 기간 내에 이를 집행하여야 한다(형법 제6조의2 제2항). 또한 법원은 봉사를 명하는 판결을 선고한 때부터 10일 이내에 판결문등본을 피고인의 주거지를 관할하는 보호관찰소장에게 송부하여야 하며(보호관찰 등에 관한 법률 제60조 제1항), 그 의견 기타 봉사명령에 참고가 될 만한 자료를 첨부할 수 있다(동 법률 제60조 제2항). 사회봉사명령의 종료는 봉사명령의 집행을 완료한 때, 형의 집행유예 기간이 경과한 때, 형법 제64조 제2항의 규정에 의하여 집행유예의 선고가 취소된 때 및 봉사명령의 집행 기간 중 금고 이상의 형 집행을 받게 된 때이다(동 법률 제63조).

4. 사회봉사명령제의 기존평가와 문제점

사회봉사명령제의 이념적 요소는 범죄에 대한 처우, 범죄 피해자에 대한 배상, 범죄자의 사회에로의 복귀로 요약된다. 현대 국가들이 사회처우를 보호관찰과 가석방 중심으로 운영해 오면서 보다 효과적인 다양한 기법을 추구해 왔다. 그 결과, 영국에서 성공을 거두면서 급속하게 발전된 것이다. 사회봉사명령제는 전통적인 형사정책으로 부터의 획기적인 이탈[434] 또는 코페르니쿠스적인 전환의 발상, 사회처우의 결정체 등이라고 평하기도 한다.[435] 그러나 범인에 대한 처우형태로서 노동에 의한 공공봉사명령 발상은 새로운 사실이 아니다. 그 사상적 연원은 유형, 범죄자의 해군징용, 사형수의 군대징용 등을 그 공통적 사상기반으로[436] 들고 있는 경우도 있다.

우리의 경우도 조선시대 유형과 충군 등 유사한 제도가 실시된 바 있다. 영국에서 처음 제안된 것은 1970년 발행된 보고서 영국형벌 자문위원회의 "비구금형과 반구금형"이었다. 이 보고서는 교정시설 과잉구금의 회피 내지 축소로서의 사회 내 처우 확대 방안으로 제안하였다. 그 다음 해 내무성에서 실무상의 문제점을 검토하여 수정을 거쳐 형사재판법안의 기초로 하였다. 1972년에 형사재판법이 제정되었고 사회봉사명령은 당초 6개 지역에

---

434) 이무웅, 보호관찰제도론, 풍남출판사, 1991, 206쪽.

435) Home Office, Community Service Order, 1975, p.7.

436) 이무웅, 위의 책, 1991, 206쪽.

서 시범실시를 거쳐 1975년에 전국확대방안을 세우고 1979년 전국적으로 실시하였다.[437]

이 제도를 각국이 도입하는 이유로는 인도주의 경향, 자유형의 효과에 대한 회의, 국가 예산 절감 및 교정시설의 과밀화 현상에 기여하기 때문이다. 범죄자에게 가지는 교정효과 는 사회적 책임의 조장, 다른 봉사자들과의 접촉, 여가의 선용, 새로운 경력, 근로습관의 회복 등으로 볼 수 있다.[438] 이러한 사회봉사활동의 효과에도 불구하고 다음과 같은 문제 점이 제기되고 있다. 사회봉사명령은 지역과 국가마다 상이하여 일반적으로 통용되는 기 준 및 통일성이 미흡하고 지역사회에 기반을 둔 다른 처우와 같이 유용성을 실증하기 어 려운 점이 있으며 단기자유형의 대체방안으로 기대만큼 제대로 활용되지 못하고 있다.

또한 명령 위반 시 처리기준이 자의적이며 법관의 사회봉사 작업시간 산정기준 및 대 상자 선정이 불명확하고 공정한 운용이 어렵다. 그리고 정상적인 작업활동을 저해할 우려 가 있다. 또한 무보수로 근로에 종사시키는 것은 형평성의 문제[439]뿐만 아니라 정상적인 작업활동의 저해를 초래하여 필자가 뒤에 후술한 새로운 방안으로 나아갈 필요가 있다.

사회봉사명령이 수용처우의 문제를 실질적으로 해결하기 위해서는 각 단행 법률[440]이 규정하고 있는 사회봉사명령의 내용이 그 법의 목적과 내용에 맞게 집행되어야 함에도 거의 대동소이함은 개선되어야 할 부분이어서 새로운 사회명령제를 제안하게 되었다.

5. 기존 수강명령제도의 검토와 창조적 대안: 사회교육명령제

1) 수강명령의 법적 성질

형법에 의해 형의 집행유예와 결합하여 선고되는 수강명령은 형의 집행유예의 보완조 치에 해당한다.

---

437) 전수영, 교정제도개선과 민간참여방안, 한국학술정보(주), 2009, 141쪽.

438) 정동기, 사회봉사명령 및 수강제도, 법무자료 제135집, 법무부, 1990, 98~108쪽.

439) 수형자, 미결수용자, 피치료감호자 등도 작업상여금 또는 근로보상금을 지급받음으로써 실질적인 금전 보수를 받으므로 상대적으로 그들보다 경미하고 사회적 위험성이 경미한 사회봉사명령 대상자에게도 적절한 보수 형태의 금전을 지급함으로써 가족의 경제적 파탄과 능동적 봉사로 전환하는 제도적 계기 를 만들어야 한다.

440) 사회봉사를 규정한 각 법률은 아래와 같다.
보호관찰 등에 관한 법률 제30조·제59조, 형법 제59조의2·제62조의2, 소년법 제32조 제3항·제33 조, 성폭력범죄의 처벌 및 피해자보호 등에 관한 법률 제16조, 가정폭력범죄의 처벌 등에 관한 특례법 제40조·제41조, 청소년의 성보호에 관한 법률(2005. 12. 29. 개정) 제14조·제15조, 성매매 알선 등 행위의 처벌에 관한 법률 제14조·제15조, 치료감호법 제32조, 보안관찰법 제4조·제5조.

즉, 이 경우의 수강명령은 종래 단순히 형 집행유예의 재판을 하면서 범죄자를 사회로 석방하는 데 따르는 사회적 위험을 방지하면서 범죄자에게 유용한 재사회화 처우를 실시하기 위한 제도로서 적용한다. 이러한 작용은 형 집행유예와 결합되는 보호관찰의 경우와 동일하다.

단지 보호관찰의 내용은 형 집행유예 피고인에게 보호관찰의 감시와 원호를 받게 하는 비교적 광범위한 내용을 담고 있는 것인 데 비해, 수강명령은 일정한 장소에 출석하여 일정한 처우적 강의를 받게 하는 한정적인 것에서 양자는 약간 다를 뿐이다. 따라서 수강명령은 항상 형 집행유예부 보호관찰과 직접 또는 간접으로 관련되어 있다고 할 것이다.441)

2) 현행 수강명령 프로그램의 유형

수강명령프로그램의 내용은 다섯 가지로 구분된다. 내용별로 프로그램의 수가 많은 순서에 따라 살펴보면, 첫째는 정서장애 관련 프로그램이며, 둘째는 약물남용 관련 프로그램이며, 셋째는 준법운전프로그램이며, 넷째는 성폭력 치료프로그램이며, 마지막으로는 앞의 네 가지 분류에 해당하지 않는 프로그램이 있다. 다섯 번째 분류에 속하는 프로그램에는 충효예절이나 서예, 가야금 연주 등이 속하는데, 이 프로그램들은 간접적으로 정서순화를 목적으로 한다는 점에서는 정서장애 관련 프로그램과 공통점을 갖지만 접근 방법에서 차이를 보인다.442)

3) 현행 수강명령의 개선방안

첫째, 프로그램 개발 및 대상자 집단 구성의 세분화이다.443) 수강명령프로그램은 그 내용별 유형에 있어서 분화가 잘 되어 있고, 대상자의 집단 구성에 있어서도 동질적으로 세분되는 것이 가장 이상적이다. 현재 운용되고 있는 소년을 대상으로 한 수강명령 프로

---

441) 문정민, "수강명령제도의 현황과 개선책", 교정연구 제38호, 한국교정학회, 2008, 57~82쪽; 손동권·최영신, "수강명령프로그램의 운용실태와 개발방향", 한국형사정책연구원, 1997, 39쪽.

442) 손동권·최영신, 앞의 책, 1997, 84쪽에 의하면 정서관련 프로그램은 공동체훈련, 정신과적 치료, 인성교육, 욕구조절훈련 등에 중점을 두고 있다고 한다.

443) 김재중, "형벌제도 개선방안", 한국학술정보(주), 2008, 186쪽 이하; 윤덕경·김인숙, 성폭력범죄자 처우과정에서의 문제점 및 개선방안 -보호관찰, 사회봉사·수강명령 집행을 중심으로-, 한국보건사회연구원, 2007, 221쪽 이하; 프로그램 대상자의 적정한 선정과 분류가 미흡함은 이종갑·천정환도 문제점으로 지적하고 있다(이종갑·천정환, 신판교정학, 대왕사, 2005, 380쪽).

그램은 약물남용 대상자를 위주로 한 것이 가장 많고, 이 외에 그 대상자의 특성을 특별히 고려하지 않은 심리치료프로그램이 있으며, 성폭력프로그램이 소수 존재한다. 소년 수강명령 대상자 중에는 성폭력 사범이 매우 높은 비중을 차지하는데도 프로그램은 그 수요에 맞게 운용되지 못하고 있으며, 특히 수강명령 대상자의 상당한 비율을 차지하고 있는 절도나 폭력사범의 특성을 고려한 프로그램은 매우 제한적이다. 따라서 이들을 고려한 프로그램이 개발될 필요가 있다. 그리고 아직은 소년들을 대상으로 하는 준법운전프로그램이 활발하게 시행되고 있지 않지만 오토바이 이용자나 승용차 운전자의 연령 저하로 이에 대한 수요가 증가할 가능성이 높아 소년을 대상으로 하는 준법운전프로그램이 개발되어야 할 것이다. 성인의 경우에는 단지 준법운전프로그램 정도만 전문성을 갖고 시행되고 있다.444) 성인 성폭력 사범을 대상으로 한 프로그램은 기존의 소년을 대상으로 하는 프로그램에 기반을 두어 이를 발전시키는 방향으로 개발이 모색되어야 한다.

둘째, 수강명령 집행을 위한 전문인력의 확보이다. 현재 수강명령프로그램은 대부분 해당 지역에서 협력기관을 지정하여 그 집행을 위탁하는 방식으로 운영되거나 보호관찰소에서 자체적으로 개발한 자체 프로그램을 집행하고 있다. 앞서 각 보호관찰소의 관할 지역에 따라 소년에 대한 보호처분 시 수강명령 병과율에 큰 차이가 나타난다는 것이 통계를 통해 알 수 있는 바와 같이 지역별로 수강명령에 대한 관심도가 크게 다르다. 이는 각 보호관찰소별로 집행 가능한 프로그램이 어느 정도 개발되어 있는가와 관할법원 판사들의 수강명령에 대한 인식에 좌우된다. 그리고 이 두 요소는 상호 적극적으로 영향을 미친다. 보호관찰소에 따라 수강명령의 집행이 어느 정도 활발하게 이루어지는가는 대개 수강명령 집행을 담당하는 보호관찰관의 역량에 좌우되는 경향이 크다. 프로그램을 위탁할 만한 적당한 협력기관을 발굴해 내는 일도 보호관찰관의 관심과 역량에 좌우된다.

셋째, 프로그램 진행자에 대한 감독과 재교육의 문제이다. 수강명령프로그램은 물론이고 모든 교육프로그램은 그 프로그램을 진행하는 담당자의 질에 의해 좌우된다. 같은 내용의 프로그램이라도 그것을 누가 실시하느냐에 따라 프로그램의 효과가 크게 달라지기 때문이다, 그런데 현재 우리나라의 경우 협력기관에 수강명령을 위탁하는 경우, 프로그램 진행자에 대한 통제를 할 수 없는 상황이다. 수강명령 프로그램의 효과를 높이고자 한다면 정부는 자체 프로그램의 진행을 점차 축소하고 위탁 프로그램의 진행을 확대할 필요가 있다. 위탁 프로그램의 진행자에게는 항상 새로운 정보와 지식을 제공하면서도 위탁 프로그램 간 경쟁과 평가를 통해 매년 재계약 여부를 결정하여야 한다.

---

444) 김재중, 앞의 책, 2008, 187쪽.

4) 창조적 대안: 사회교육명령제(social-education order)

성인에 대한 사회교육명령과 소년에 대한 사회교육명령으로 분리해서 실시하되, 특히 소년의 경우에는 보호자교육명령을 부과하여 실시하였으면 한다. 사회교육명령제도의 하나인 보호자교육명령이라 함은 독립적인 보호자교육명령과 '소년에 대한 명령과 동시에 부과되는 보호자교육명령'의 두 가지 종류를 생각해 볼 수 있다. 전자든 후자든 이러한 교육명령은 첫째, 부적절한 자녀양육이 청소년비행의 원인을 제공하였다는 점이다. 둘째, 부적절한 자녀양육은 보호자교육 프로그램에 의해 바람직한 방향으로 변화될 수 있다. 셋째, 보호자의 자녀양육기술이 변화되면 청소년비행을 감소시킬 수 있다는 가정에 근거하고 있다. 물론 이러한 가정들은 과학적으로 검증되지는 않았지만 우리나라 아버지학교[445]운영의 성과에서 새로운 대안으로 생각해 보았다. 이미 사회와 시설에서 아버지학교의 프로그램을 통해 울 수 있었고 감동을 받아서 새로운 인생을 살겠다고 다짐하는 모습 속에서 전인적 거듭남의 태도를 보여 주는 면을 볼 수 있었다고 한다.[446]

그러나 예상되는 문제점으로 교육명령제가 근거하고 있는 청소년비행의 원인에 대한 가정과 강제적인 검증되지 않는 내용, 그리고 인권침해의 문제를 둘러싼 법률적 논점과 함께 보호자교육명령제도의 실시는 많은 현실적인 문제가 있을 것으로 예상된다. 보호자의 동의를 전제로 하면서도 처음에는 소극적 실시를 통하여 시행착오를 최소화하여야 할 것이다. 보호자 동의 없는 강제적 교육명령은 주체성과 자발성의 결여로 교육명령의 원래 소기의 목적을 달성하기 어렵다. 보호자의 동의를 전제로 한 교육명령의 이수자에게는 교육기간에 상응하는 시설처우와 사회처우의 기간을 경감시켜 주어서 교육명령의 활성화를 기하였으면 한다.

그 외에도 전술한 바와 같이 보호관찰소 자체 프로그램의 진행에 있어서도 한계가 있

---

445) 자녀를 좀 더 이해하고 가까이 다가갈 수 있는 아버지학교가 2003년 여주교도소에서 문을 열었다. 2005년에는 진주, 안양, 공주, 천안개방교도소 및 육군교도소에서 개설되었다. 2006년에도 광주, 원주, 경주, 영등포, 대전교도소에 개설되었다. 여성수형자를 대상으로 한 어머니학교도 2005년 여주교도소와 청주여자교도소에서 더불어 개설되었다. 법무부 연수원에서 고급공무원들을 대상으로 열린 아버지학교가 관리자 수료과정에 도입되었으며 그동안 약 2,000여 명의 재소자들이 수료하였다. 아버지학교가 진행되는 동안 교도소 안의 많은 아버지들이 정체성을 깨닫고 가족들에게 용서를 구하며 아버지의 위치로 돌아올 수 있었다. 깨어졌던 가정이 회복되는 기적을 체험한 재소자들에게 새로운 용기와 희망을 주고 더불어 더 많은 교정 시설로 확대되길 바라는 소망도 품게 되었다. 또 아버지학교를 수료한 재소자들의 성숙하고 변화된 모습에 새로운 교정프로그램의 대안으로 법무부의 주시를 받고 있다. 아버지학교는 막힌 담을 넘어서 화해자의 역할을 잘 감당하고 아버지학교의 비전을 사회 속에 더욱 널리 알리는 계기가 되고 있다. 군대에서도 지속적으로 아버지학교가 진행되고 있다.

446) 이영희, 앞의 논문, 2009, 52쪽.

다. 임상심리, 사회복지, 전문상담, 교정상담, 교정심리 등 고도의 전문성이 요구되는 프로그램을 일반직 공무원이 수행함으로써 전문성 결여라는 비판을 받아 왔다. 이러한 비판을 의식하여 사회복지사와 임상심리사 그리고 교원자격 소지자를 특채하여 오고 있으나 관료제로 인하여 가시적인 효과는 나타나지 않고 있다.

따라서 이미 전문성이 검증되어 있고 치열한 경쟁을 통한 구체적인 노하우가 검증된 사단법인이나 사회복지 관련 유관단체로 위탁하는 것이다. 즉, 수강명령 프로그램 개발은 전문적인 지식을 필요로 하기 때문에 그에 필요한 지식을 갖추고 있지 않은 관료집단에서는 단독으로 섬세한 맞춤형 프로그램 개발이 어렵다. 우리나라 보호관찰 조직이 스스로 맞춤형 수강명령 프로그램을 운영할 만한 여건이 되어 있지 않고, 여건이 구비된다 하여도 운영상의 문제점이 나타날 수밖에 없다. 왜냐하면 경쟁과 보상이 없기 때문이다. 그러므로 한국청소년연구원, 한국형사정책연구원, 대학 관련학과의 연구팀 등 기존의 연구기관이나 사단법인을 활용하여 외부기관에 위탁 개발하여 실시하는 방안을 고려해 볼 수 있다

가령 사단법인이나 연구기관, 대학 등의 신청을 접수 받아서 성폭력프로그램은 한국양성평등교육진흥원 및 각종 아버지학교에 신청을 받아 위탁하는 것을 모색해 볼 수 있다. 약물남용 대상자 프로그램은 마약퇴치운동본부에 위탁하고, 절도나 폭력사범의 프로그램은 한국민간조사협회에, 정서장애 관련 프로그램은 국제레크리에이션협회에 위탁하는 것을 고려해 볼 수 있다. 심리치료프로그램은 한국상담학회나 한국상담전문가연합회에 위탁한다. 준법운전프로그램은 도로교통관리공단이나 전문학원에 분할함으로써 분할처우의 범위를 확장하는 것을 새로운 대안으로 주문하고자 한다.

열거한 법인이나 기관들은 재계약을 위해 다양한 프로그램을 개발할 것이다. 높은 평점을 받기 위해 내실 있는 교육(수강)을 실시할 것이다. 그 외에도 공조직의 구조조정과 다양한 일자리 창출, 예산절감 및 사회교육명령으로 실질적 수강명령의 집행 등 부수적인 효과를 기대해 볼 수 있다. 기존 보호관찰 조직은 경쟁, 채찍, 보상이 미약하므로 한계가 있다.

예상되는 문제점으로 첫째, 위탁비용의 예산상의 문제이다. 둘째, 위하력의 문제와 교육과정의 형식화이다. 셋째, 이해당사자인 관료집단의 반발이다. 전자의 경우는 법령의 정비로 사회복지 관련 예산에 준하여 집행하며, 중자의 경우는 감독기능의 강화와 각 단체 간의 경쟁유도와 실적평가로 해결할 수 있다. 이미 시설처우에서 민영소망교도소의 설치로 분할처우가 시작되었다. 사회처우도 검증된 법인이나 기관의 신청을 받아 민간에

넘겨서 기존의 보호관찰관은 법인의 감독과 평가자로서의 역할로 한정하였으면 한다. 후자의 경우는 교정과 보호의 통합과 더불어 직원의 처우개선으로 해결이 가능할 것이다.

Ⅱ. 사회명령제(community order system)의 제 유형

1. 기업연수명령제

앞서 언급한 야간구금, 주간구금, 휴일구금, 평일구금은 반드시 시설 내에 들어가는 것이 전제되는 처우의 내용이지만 후술할 내용들은 교정시설의 입출소와 무관하게 어느 정도 형벌의 위하력을 보이면서도 악폐감염을 방지하고 가장 현실적으로 교정시설의 과밀화 현상을 해소할 수 있는 새로운 대안이라고 본다. 경미한 범죄인 등 일정 기준의 범죄인에게 평소와 같이 일상적인 사회생활을 영위토록 허용하면서 법령이 정하는 연수비용을 받으면서 기업체의 요청에 의해 본인의 동의를 구한 뒤 연수할 것을 명령하는 기업연수명령제를 제안한다.

이 명령은 법원에서 기업연수명령만 부과할 수도 있고, 형벌, 보안처분, 집행유예, 선고유예와 같이 병과해서 부과할 수도 있도록 입법화할 필요가 있다고 본다. 가출소 시에는 남은 형기 기간 동안 연수명령을 조건으로 행정처분으로 그 집행이 이루어져야 하겠다. 기업과 연수자의 자발적인 동의를 전제로 하고 관련기업에 대해서는 세금감면 등 실질적인 혜택으로 연수명령제도의 활성화를 위해 세부내용을 구체화할 필요가 있다.

각 대중소(大中小)기업의 신청을 받아 기업연수 프로그램의 내용과 실적을 평가하여 실시하되, 연수프로그램은 기업의 자율에 맡기며 교정과 보호는 각 업체별 또는 지역단위로 감독관을 파견하여 실질적인 기업연수가 이루어지도록 원조와 감독의 역할로 제한하는 것을 모색해 볼 수 있다.

예상되는 문제점과 입법방향은 아래와 같다. 문제점으로 다수 학자들은 유관기업 선정의 문제와 프로그램을 담당할 전문인력의 문제를 제기하곤 한다. 그러나 필자가 제기한 분할처우를 전제하지 않고 기존의 보호관찰 인력으로 국한하는 데서 문제의 해결을 어렵게 하고 있다. 따라서 공조직에서 사기업으로 업무를 분할함으로써 기업선정의 문제와 전문인력의 문제를 동시에 해결할 수 있다고 본다. 가령 두산인프라코어(주) 기술교육센터를 활용한다든지, 각종 노동부 지정 직업전문학교의 취업능력 향상교육 프로그램을 활용하는 것이다.

이미 검증된 전문인력이 갖추어져 있어서 공무원이 직접 재교육을 받아 담당하는 것보다 효율적이라고 보며, 기업, 정부, 수형자 등 3자가 이익을 선점하는 패러다임으로 보고 있기 때문이다. 다만 극심한 취업난으로 인하여 국민의 법감정447)으로부터 유리될 수 있는 문제의 여지는 있다.

연장선상에서 죄를 지은 자에게 취업과 급여를 지급함은 그 범죄 피해자 및 가족의 법감정은 더 큰 문제로 지적될 수 있다. 따라서 기업의 신청이 있다 해도 일반인이 취업을 기피하는 3D업종의 기업을 우선하여 배정하고 연수비용은 기업이 지원하는 데 있어서 민간기업의 월급여와 교정시설의 작업상여금을 고려한 중간단계로 책정함이 타당할 것으로 본다.

2. 농촌봉사명령제

종교범, 확신범, 노역장 유치명령을 받은 자, 비파렴치범이면서 초범인 수형자를 농촌뿐만 아니라 산촌, 어촌 등에 투입하여 농사일을 돕게 하는 제도이다. 저출산 초고령화의 영향으로 2000년 이후 한국의 농촌에는 젊은 농업인의 부족으로 활력이 없어 이들을 투입함으로써 파레토 효율(Pareto efficiency)448)의 효과를 거둘 수 있다고 본다. 농촌 봉사명령제도도 본인의 동의를 요건으로 하면서 동시에 마을 주민의 신청을 받아서 명령함을 원칙으로 한다. 본인의 동의와 마을주민의 신청 두 가지 요건을 충족함과 동시에 처우의 다양화 원칙에 따라 마을간사, 자경부분, 위탁부분으로 구분하여 투입하는 것을 고려해 볼 수 있다. 테마마을 조성과 관련하여 시행 중인 마을 간사의 급여는 교도작업 상여금과 형평성을 고려하여 급여의 20%는 마을공동기금으로 한다.

---

447) 미국의 경우에도 사회 내 처우의 프로그램들은 지역사회에 위험한 존재가 될 것이라는 가정에 따라 종종 반대를 불러일으키고 대체 프로그램을 위한 계획들에 반감을 가진다. 주민과의 법감정을 어떻게 해소하고 지역사회의 협조를 구하는 노력은 사회명령제의 성패를 좌우한다. 자세한 내용은 장세석, "경호 직무분야 발전방안에 관한 연구", 국제경호협회, 제5차 정기학술발표회, 2006, 139쪽.

448) 로잔학파에 속하는 이탈리아의 경제학자 빌프레도 파레토(Vilfredo Pareto, 1848. 8. 20.～1923. 7. 15.)의 '사회의 오펠리머티(ophelimity: 만족을 주는 힘)의 극대'라는 개념에서 유래한 자원배분의 가장 효율적인 상태를 말한다. 파레토 최적상태(Pareto optimum)라는 개념은 '이용 가능한 자원의 질과 양, 기술수준 및 소비자의 선호가 주어져 있을 경우, 어떤 다른 사람의 경제적 지위를 하락시키지 않고서는 어떤 사람의 경제적 지위의 향상이 불가능한 상태'라 정의된다. 경제적 후생을 모든 사회구성원의 효용수준에 의존시키고 더욱이 효용의 양적 측정이나, 서로 다른 개인 간의 효용비교가 불가능하다는 입장에 입각한 가장 기초적인 후생기준이 파레토 기준이다.

자경부분은 피봉사명령자가 가옥 및 전답을 직접 구입하여 농사일에 전념토록 하여 매년 그 수입의 10%를 마을공동기금으로 납부한다. 위탁부분은 위탁자와 피봉사명령자가 각각 50%씩 균분하며 마을공동기금 부담은 면제하는 조건으로 한다. 비교적 경미한 범죄를 범한 단기수형자에 국한하나 장기형의 경우도 피해자와 합의, 비파렴치범, 도주의 우려가 없다고 분류되는 경우는 그 대상에 포함시켜서 개인적 효용의 증대 외에 정(正)의 외부효과를 발생시켜 여러 사회적 효용의 증대를 창출할 수 있다. 바람직하지 못한 과밀수용, 악폐감염 등 부수적 병폐의 발생을 차단하여 사회적 손실의 발생을 최소화하므로 국가,449) 주민, 지역사회, 피봉사명령자 모두가 이익을 선점하는 제도의 장점이 있다.

3. 시설봉사명령제

시설봉사명령제라 함은 초중등 학교폭력방지 보안요원, 산불방지, 해양오염방지, 중소기업 구인난 해소 등에 피투입명령자를 활용함으로써 교정시설의 과밀화 현상을 해소함은 물론 기피하는 3D업종의 인력을 재배치함으로써 국가의 예산 절감 및 경제 활성화에 기여하는 제도이다. 사회복지시설 등의 요청에 의해 철저한 분류심사를 거쳐 피투입명령자와 그 직접적 피해자의 자발적 동의를 받아 시설에 근무토록 하는 내용을 고려해 볼 수 있겠다. 먼저 시설 내 처우 수형자 중 철저한 분류심사, 평가를 통해 행정방식으로 시행하여 보다가 형벌, 보안처분, 선고유예, 집행유예, 가석방 등과 병과하여 선고할 수 있는 사법방식까지도 확대해 볼 수 있다.

단순과실범의 경우는 국책사업투입명령 하나만 선고할 수도 있다. 복무분야는 그들의 동의와 적성, 건강, 특기 등을 고려하여 사회복지시설뿐만 아니라 보건의료, 국책사업현장, 교육문화, 환경안전 등으로 분류하여 근로에 임하게 하는 것을 고려해 볼 수 있겠다.

예상할 수 있는 문제점으로 국민의 법감정에 부응하지 못하고, 특히 직접적 범죄피해자의 2차 피해의 가능성이 있다. **사회처우**의 피해갈 수 없는 문제점으로 도주의 우려 등을 들 수 있다. 피명령자의 공공근무를 관리 감독할 전문요원의 확보가 문제점으로 대두될 수도 있다는 점이다. 그 외에도 지각, 결석을 여러 번 하여 재수용된 경우 형기계산이 번잡스럽고, 공공근로 시 동료와 감독자와의 잦은 마찰, 그리고 기능의 차이로 인한 근로보상금450)의 등급책정의 어려움 등이 있다. 이러한 연유로 오늘날 구금의 대체 처분을

---

449) 일본의 경우는 도시에서 농촌으로 이주해 농사를 짓는 이들에게 이르면 2012년부터 약 5년간 연간 100만 엔, 우리 돈 약 1,300만 원씩 수당을 주는 귀농 정책을 발표했다(YTN. 2011. 1. 11.).

시행하고 있는 나라들은 교정의 효과에 대해서 분명한 결과의 발표를 유보하고 있는 것도 현실이다.

아직 단정적으로 대체처분이 구금형에 비해 효과적이라고 말할 단계는 아니지만 우리의 경우 교정시설의 과밀화로 가석방과 보호관찰의 시행이 매년 증가하고 있는 추세임은 분명하다. 그러므로 시설 내 처우에서 사회 내 처우의 전환이 절실하다고 하겠다. 최소한의 비용으로 최대한의 교정효과를 달성하기 위해서는 고비용의 구금을 대신할 수 있는 다양한 대체처분을 우리 실정에 맞게 생각해 본 것이 바로 공익근무명령제 등이다. 교정의 효과는 일반적으로 재범율과 경제적 비용으로 평가되므로 예상되는 문제점을 고려하고 철저한 과학적 분류를 통해 대상자를 선정해야 할 과제가 있다. 시설봉사명령은 그 외에도 부모와 노령자 학대 등 가정폭력ㆍ학교폭력 범죄를 저지른 자에게 효행교육과 함께 노인복지, 경로시설, 노인요양원 및 요양보호[451]를 필요로 하는 가정 등에서 '효행봉사활동' 등을 실시토록 하는 방안[452]을 모색해 볼 수 있다. 성인보다는 청소년들에게 우선적으로 적용하면 사회복지의 사각지대가 상당 부분 해소될 것으로 보인다. 지역사회와 양 당사자의 신청과 동의를 전제로 하여 실시하되 소망재활원 같은 유관기관이 후원과 지도를 하고 법무부가 감독을 하는 시스템을 고려해 볼 수 있다.

시설처우의 소망교도소와 같이 **사회처우**의 요양보호센터와 같은 사회복지법인을 활용해 보자는 것이다. 도주 등 사고발생과 실적 미비시 정부 지원을 축소하고 법인 간 경쟁을 유도함으로써 공공근로와 같은 형식적인 처우가 되지 않도록 해야 한다.

이러한 효행봉사명령은 사법방식과 행정방식 양자를 병행하되, 전자의 경우는 철저한

---

450) 수형자는 작업상여금, 피보호감호자는 근로보상금으로 칭하고 있으므로 공공근로명령의 대가(代價)는 공공보상금이란 명칭이 적정하다고 사료된다.

451) 고령화 사회로 급속하게 진전함에 따라 요양보호가 필요한 노인의 생활 자립을 지원함으로써 가족의 부담을 줄여 주고, 늘어나는 노인 요양비와 의료비 문제에 적절하게 대처하고자 도입된 공적 제도이다. 요양보호가 필요한 노인은 급격하게 늘어나고 그 비용도 크게 증가하고 있고, 반면에 핵가족화와 여성의 사회참여 증가 등으로 가정 내에서 이들을 요양보호하기에는 한계가 있어, 2007. 4. 노인장기요양보험법이 제정되어 2008. 7. 노인장기 요양보험제도가 시행되었다. 이 제도는 신체적ㆍ정신적 기능 장애를 기준으로 수발 비용을 지급하며, 주로 비의료적 서비스로 구성되어 있다는 점에서 질병치료를 목적으로 하는 건강보험과 차이가 있다. 장기요양신청 대상은 스스로 일상생활이 곤란한 65세 이상 노인과 치매, 뇌혈관성 질환, 파킨슨병 등 노인성 질환을 가진 65세 미만자이며 신청접수는 국민보험공단 지사에 설치된 장기요양보험 운영센터와 시ㆍ군ㆍ구 읍ㆍ면사무소, 동 주민센터에서 할 수 있다. 신청인의 심신상태를 조사하여 '장기요양인정점수'를 산정하여 등급을 판정하며, 요양 1∼3등급으로 판정받을 경우 장기요양급여 서비스를 이용할 수 있다. 장기요양급여는 재가급여, 시설급여, 특별현금급여로 나뉘고, 재가급여에는 방문요양, 방문목욕, 방문간호, 주ㆍ야간보호 등이 있다. 시설급여는 노인의료복지시설에 입소하여 신체활동지원, 심신기능의 유지ㆍ향상을 위한 교육ㆍ훈련 등을 제공하는 것을 말한다.

452) 연합뉴스, 2010. 3. 16.

판결 전 조사를 통하여 실시하고 후자의 경우는 수용질서 유지확보와 사법방식에서 판결 전 조사의 흠결을 보완하는 측면에서 실시할 필요성이 있다.

시설봉사명령이 선고될 수 있는 범죄로는 아래에서 제시한 봉사명령에 부적합한 자453)를 제외한 1년 이하 단기자유형에 해당하는 수용자뿐 아니라 사형, 무기수를 제외한 1년 이상의 수형자라 하여도 수용시설 후 철저한 분류심사에 의해 행정방식 효행봉사명령에 적합한 자로 판명되면 행정형454) 봉사명령제를 실시한다. 개별적으로 노인들을 위한 정원 가꾸기, 시골집 수리, 말벗, 아동복지시설에서 아이돌보기 노인복지시설에서 노인수발들기 등으로 한정한다.

우리나라에 이 제도를 도입하려면 먼저 관계법령에 규정이 있어야 한다. 형사법에 규정하여 법원의 결정에 의한 사법(司法)방식과 '형벌의 집행 및 수용자 처우에 관한 법률'에 규정하여 법무부의 결정에 의한 행정(行政)방식을 생각할 수 있다. 우리 형사법에 새로운 형태의 사회명령제를 추가하는 것은 형법에 규정된 형벌론의 체계를 크게 변화시켜 미리 예상하지 못한 부작용이 클 것이므로 '형집행법'에 규정하여 과실범 및 도주의 우려가 적은 일정한 요건을 충족하는 수형자를 대상으로 한다. 이러함이 형사법체계의 안정이라는 측면과 교정의 사회화 측면을 동시에 고려한 형사법 망의 발전적 검토라 하겠다.

어차피 사회명령대상자의 형벌기간은 단기자유형의 피해를 극복하기 위한 대안으로 실시될 것이므로 새로운 대안으로서 무리 없이 도입이 가능할 것이다.455) 시행 초기에는 단기자유형을 받은 자만으로 한정하여 행정방식으로 실시하되, 점차적으로 국민의 법 감정과의 조화 여부를 고려해 가면서 사법방식도 도입하여 교정시설의 정문에서부터 과밀구금을 해소하고, 장기수형자의 석방 전 귀휴허가나 사회견학제도와 병행하여 기존의 사회처우제를 확대 개편하여 활용함으로써, 교정시설의 후문에서도 과(過)체중된 수용인원을 줄여 나가야 할 것으로 사료된다.

---

453) 효행봉사명령을 수행하려는 불순한 동기가 있는 자, 주어진 노동을 감내할 수 없을 정도의 신체장애가 있는 자, 마약이나 알코올중독자, 상습폭력행위자로 감정조절 능력이 현저하게 결여되어 분란을 일으킬 개연성이 농후한 자.

454) 행정형 효행봉사명령제는 행형의 목적을 실현하는 데 있어 가장 본질적인 제약요소를 어느 정도 풀어내는 한국교정의 뉴 패러다임으로 설정될 수 있다. 행형의 목적에도 불구하고 범죄인에게 주어진 형량의 절대성 때문에 더 구금이 필요 없는 교정된 수형자를 형기종료까지 불필요하게 수용함으로써 과밀수용, 교정사고, 교정인권에 역행한다든가 또는 이와 반대로 교정이 안 된 수형자라도 종료가 되면 반드시 출소시켜야 한다는 제도상의 갈등을 뉴 패러다임의 설정으로 최소화가 가능하다고 본다. 즉, 교정된 수형자의 경우 형기 종료 전이라도 백도어 전략인 행정형으로 가석방하고, 형기 종료 시에도 교정이 안 된 수형자의 경우는 그 책임은 일정부분 국가와 사회에 있음으로 교정복지적 관점에서 접근하여 재범의 미혹에 빠지지 않도록 다양한 석방자 보호의 프로그램을 구체화할 필요가 있다.

455) 허주욱, "교정제도의 개선방안에 관한 연구", 강원대학교 박사학위논문, 1998, 128쪽.

Ⅲ. 실시방법: 사법형 · 행정형 · 절충형 사회명령제

1. 사법형 사회명령제

판결 전 조사를 통하여 판사가 판결과정에서 사회명령제를 전제조건으로 형의 선고를 한 경우의 방식으로서 처음부터 시설 내 처우와 사회적 처우를 배제한 사회명령제를 말한다. 사법형 사회명령제의 입법론적 발전방향으로 첫째, 독자적인 주형으로서 사회명령제, 둘째, 선고유예부 사회명령제, 셋째, 벌금, 범칙금 미납의 대체수단으로서 사회명령제 등을 고려해 볼 수 있다. 전자의 경우는 형벌의 다양화와 악폐감염이라는 측면에서는 독립된 형벌로 규정하는 것도 고려해 볼 수 있다. 명령은 그 자체가 형벌로서의 충분한 이념, 내용을 포함하고 있다. 독립 형벌로서의 명령이야말로 자유형을 대체할 수 있는 이념에 부합한다. 중자의 경우에 있어 선고유예는 집행유예와 마찬가지로 보호관찰과 결부되어 발전된 제도이다. 선고유예 시 집행유예의 경우보다 더 다양한 부수처분을 할 수 있도록 하기도 하는데 이것이 선고유예부 사회명령제이다. 우리나라에서도 부수될 수 있는 선고유예제도를 구비하게 되면 그 구체적 사안에 따라서는 선고유예제도가 더 쉽게 활용될 수 있는 가능성이 있다. 후자의 경우에 있어 벌금미납의 대체수단으로서의 사회명령은 무전(無錢)의 이유로 시설처우로 환형(換刑)되는 것을 방지해 준다는 점에서뿐만 아니라, 사회정의라는 관점에서 볼 때도 벌금형 자체의 불평등을 해소해 주는 역할을 하고 있다.456) 이러한 사법방식은 형법 개정을 통해 각칙에 관련규정을 두어야 하는 입법상의 문제와 판결 전 조사 업무의 증대, 전담기구 및 명령프로그램의 부재 등이 선결과제로 남아 있다.

2. 행정형 사회명령제

일단 일정한 기준 이하의 형이 확정된 자를 교도소에 수용한 뒤 분류심사, 평가 후 적격대상자를 선발해 실시하는 선(先) 시설 내 처우 후(後) 사회명령제의 실시를 조건으로 한 교정당국의 의사를 존중하는 방식457)과 처음부터 교정당국의 의사와 무관한 경우 2가

---

456) 김재중, 앞의 책, 2008, 180쪽.

457) 가석방 등의 결정을 전적으로 교정행정에 맡겨져야 한다는 논거의 행정방식을 선호하는 주장으로 박상식 교수의 견해가 있다: 박상식, "교정공무원의 설문조사를 통한 교정의 발전방향에 관한 연구", 교정

지가 있다. 전자의 경우는 협의의 행정방식이며 광의의 행정방식으로 구분할 수 있다. 즉, 기소유예처분을 하면서 동시에 사회명령을 부과하는 제도이다.458) 우리나라의 경우 소년범에 대하여 기소유예를 하는 경우 소년범 및 보호자의 서약서를 징수하여 재범을 막으려는 노력을 하고 있는바, 사회명령제를 부수처분으로 하게 하여 재범을 막으려는 특별예방의 이념에 맞아 기소유예를 보다 확대할 수 있는 방안으로 보는 견해가 있다.459) 이 경우는 행정방식이면서도 사법형처럼 사회처우를 전제로 한다. 사회명령은 형기의 장단기를 고려치 않고, 과실범, 확신범, 종교범 등으로 한정한다. 유관기관과 마찰의 가능성이 있는 상해, 폭행, 폭력범과 공공시설의 안전과 재산을 침해하는 재산범은 단기의 경우라도 제외한다. 사법방식에서 판결 전 조사의 흠결을 보완하는 측면에서 행정방식으로 실시할 필요성이 있다. 교정시설에 수용된 수형자의 경우도 가급, 나급에 한하여 행정형 사회명령제에 따라 잔형기를 공공시설에서 근무를 통해 대체토록 한다. 특히 시설에 수용된 수형자의 경우는 사회명령제로 대체되기 위해서 누진계급 향상에 주력할 것이다. 이는 곧 수용질서 유지에 도움이 될 것이다. 또한 사회처우로 대체됨과 동시에 교정시설의 과밀수용이 해소되는 부수적인 효과가 발생한다.

3. 절충형 사회명령제

절충형이라 함은 사회명령에 대한 결정은 법원이 하되 시설 내 처우의 기간과 사회명령의 기준 등을 교정이 판단하고 결정하는 방식이다. 3방식 모두 유관기관과의 공식적 혹은 비공식적 긴밀한 협조관계가 이루어지도록 하는 의뢰관계와 가족과 지역사회와의 관계, 기술 습득 가능성, 정신건강, 신체조건, 피사회명령자의 교육수준과 적성, 개전의 정뿐만 아니라 재범가능성 유무 등을 종합적으로 판단하여야 할 것이다. 사회 내 처우의 새로운 대안인 사회명령제는 행정방식을 우선으로 하여 '형의 집행 및 처우 등에 관한 법률'을 약간만 손질하여 행형성적이 우수하고 재범의 위험성이 없는 국민의 법감정과 유리되지 범위 내에서 초기에는 소극적 실시를 하여 그 성과를 검토하면서 확대할 필요가 있다. 사회명령제의 행정방식은 교정사고 방지와 수용질서유지, 선시자원봉사제의 시

연구 제30호, 한국교정학회, 2006, 132쪽.

458) 사회명령조건부 기소유예의 도입은 선도조건부 기소유예와 그 법적 성격과 내용을 달리한다. 기소유예 자체가 불기소처분이므로 기소의 성격이 강한 사회명령을 부과하는 것은 신중할 필요가 있다. 다만 소년의 경우는 기소성격의 사회명령이 아닌 선도를 조건으로 하므로 소년보호에 더 적합하다고 본다.

459) 김재중, 앞의 책, 2008, 177쪽.

너지효과뿐 아니라 과밀해소에 기여하는 해소방안이 될 수 있다. 행정방식의 성과를 보아 가면서 추후 형법의 개정 시 사법방식의 부수적 처분으로도 확대를 고려해 볼 수 있다. 가령 징역 5년을 선고하면서 피고인의 제 특성을 고려하여 사회명령 3년을 부과한다. 이때 사회명령 3년은 징역 5년에 포함되어 실질적 시설 내 처우는 2년이 되는 방식을 논의해 볼 수 있다는 것이다. 이때에도 금치처분 3진아웃제를 적용하여 상습 수용질서 문란자는 사회명령 3년이 철회되며, 출소 후 사회명령 기간 중에도 과실범을 제외한 자유형의 선고 시 사회명령은 철회되고 남은 사회명령의 기간도 시설 내 처우로 전환되는 형태이다.

4. 3단계 분할처우(分轄處遇)의 방식

사회명령을 독자적인 주형으로서 고찰해 볼 수 있으나, 관점을 달리하여 자유형의 집행 장소를 교도소에서만 한정할 필요는 없다고 본다. 즉, 사회적 처우, 사회 내 처우의 기간을 자유형의 기간으로 간주해 보자는 것이다. 가령 현행 법률체계에서도 귀휴기간이나 사회견학의 기간을 자유형의 집행기간에 산입하고 있다. 필자가 제시하고 있는 3단계 분할처우라 함은 아래와 같다. 사형, 무기를 제외한 모든 형벌을 3단계로 분할처우하자는 것이다. 즉, 자유형 3년을 선고받으면 1단계(시설 내 처우 1년) · 2단계(분할수용 1년) · 3단계(사회명령 1년)로 분할처우 하는 것인바, 악폐감염과 교정사고의 상당 부분이 해소될 것으로 보인다. 단계별 처우의 기간을 그 형기의 1/3로 하는 사법방식에 교정당국의 판단을 존중하는 행정방식을 혼합하는 것이 어떨까 한다. 가령 1단계 시설 내 처우의 기간도 그 기간의 1/3 경과 시 2단계 처우가 가능토록 하는 것을 검토해 볼 수 있다. 이 부분은 사법부 판단이 훼손될 것이라는 우려를 어떻게 불식시킬 것인가의 문제가 대두된다. 기존의 형사사법 체계는 법관이 5년을 선고하면 가출소를 제외한 특별한 경우를 제외하고는 교정(矯正)은 형벌 집행의 역할에만 한정되었다. 가령 절도범 甲을 시설 내 처우, 사회적 처우, 사회 내 처우의 기간 비율을 어떻게 할 것인가에 대한 전문영역은 교정이므로 사법방식에서 행정방식의 재량을 확대하여 시설 내 폐해의 문제점을 극복해 보자는 데 있다. 3단계 분할처우의 방식이 자리를 잡는다면 후술할 교도소폐지론(矯導所廢止論)의 주장도 조심스럽게 대두될 전망이다.

Ⅳ. 예상되는 문제점

1. 국민의 법감정의 문제

우리나라 사람들은 극적인 것을 좋아하고, 자극적인 상황을 즐긴다고 한다.460) 조폭이 변화되어 성직자가 된 이야기, 사형수가 죽기 직전 개종하고 수많은 수용자에게 전도한 내용들이 관심을 끈다. 부산 김길태 사건의 선정적인 보도를 접하면서 보호감호의 부활을 염려하였던 것이 현실화되고 있는 것은 국민의 정서를 여과 없이 바로 담아내기 때문이다. 이러한 국민정서를 걸러내는 제도적 장치가 필요함에도 표를 의식한 정치권은 포퓰리즘을 극복하려는 노력에 앞서 오히려 이러한 상황을 이용하여 이득을 취하려는 경향이 있다. 모든 국민정서가 다 반영되어서는 곤란하며, 반드시 역기능과 순기능이 있으므로 자유민주주의의 가치와 정의에 대한 국민정서는 반영하되, 정제되지 않는 무비판적 국민정서는 배제의 대상이지, 반영의 대상은 아닐 것이므로 가혹한 계속구금은 전술한 3단계 분할처우의 방식으로 완화되어야 할 것이라고 본다. 영국에서도 호스텔제를 한때 축소하려 하였다. 그러나 예상되는 역기능이나 우려보다는 순기능이 많으므로 오히려 점차 그 이용도가 늘어나는 추세이다. 이러한 일반적인 흐름에서도 예상되는 문제점으로서 국민의 법감정의 문제인바, 사회명령제의 운영으로 도주자가 발생하여 또 다른 범죄를 저지른다면, 국민의 불안과 각종 언론매체로부터의 비난을 어떻게 감내할 것인가의 과제가 있다.

2. 도주의 문제

도주의 경우는 지체 없이 시설구금으로 대체되며, 무단결근과 지각의 경우는 3진아웃제를 참조하여 지각 3회는 결근 1회, 무단결근 3회 시 바로 도주로 간주하여 시설에 구금되며 출소 시까지 사회명령제의 부적격자로 관리한다. 사회명령집행관과 공공시설주의 서면경고 3회 시에도 3진 아웃이 적용된다. 서면경고 해당사유는 별도의 규칙으로 제정해서 집행관과 시설주의 자의적인 판단이나 감정적인 관리가 되지 않도록 하여야 한다. 피사회명령자의 경우 정당한 지시에 따를 수밖에 없는 시스템의 개발과 동시에 위법 부당한 관리자의 지시도 이루어지지 않도록 한다.

대부분 집행대상자는 시설구금보다는 사회명령제를 선호할 것으로 사료된다. 그러나

---

460) 강영중, 예수 파티, 전주대 출판부, 2010, 4쪽.

일부대상자는 교정시설에 수용되어 일반 사회인과의 접근을 꺼리는 경우도 있을 수 있으므로 반드시 당사자의 **동의(同意)**를 전제로 실시하여야 함이 사회명령제의 위헌성 여부를 비켜갈 수 있고 효율성의 증대를 가져올 수 있다고 본다.461)

3. 안전사고에 대한 문제

사회명령 이행 시 안전사고에 대한 적절한 대처방안의 문제점을 예상해 볼 수 있다. 명령집행 시 안전사고는 늘 상존해 있는 것이다. 그러므로 이에 대한 배상기준이 정립되어야 할 것이다. 이에 대해서는 3가지의 방안을 생각해 볼 수 있다. 첫째, 국가예산 중 응급구호비를 다소 증액하여 경미한 부상의 경우에는 응급구호비를 사용토록 하고, 중상, 장애, 사망 시의 경우에는 국가배상법에 의한 배상신청을 하는 방안을 고려해 볼 수 있다. 둘째, 협력기관에 근로보상금의 전술한 일정비율을 제공하면서 안전사고에 대비하여 보험료로 매월 적립하는 방안을 생각해 볼 수 있다. 셋째, 국가에서 예산을 확보하여 피명령자에 대하여 보험에 가입토록 하는 방안이다. 필자가 제시한 사회명령제의 법적 성격을 부가적 처분으로 본다면 위의 방안 전자, 중자, 후자 중 하나를 택하게 될 것이라 보이는데 이에 관하여서는 국가가 단체상해보험에 가입함으로써 후자의 방안을 채택하고 있으므로 사회명령제의 도입 시에도 준용이 가능하리라고 본다. 또한 농촌봉사명령제의 예상되는 문제점은 주민과의 갈등으로 재범의 위험성이 있으며, 피봉사명령자의 사적 감정 침해와 명예의 보호에 취약할 수 있다. 역시 범죄피해자의 법 감정에 위배되며 10%와 20%의 기금납부를 회피하거나 농업경영수입을 불투명하게 보고할 가능성이 상존한다. 일부 피봉사명령자는 지역 주민(기업체 직원, 관리자)과의 융화가 어려울 정도의 독특한 성격 소유자로 주민을 먼저 무시하거나 그들을 가르치려 함으로써 갈등의 원인을 먼저 제공할 수 있다는 문제점이 있다.

그러나 정교한 입법과 연구, 그리고 철저한 분류심사를 통하여 문제점을 최소화할 필요가 있다. 예를 들면 피해자의 동의를 전제로 해서 법감정의 위배 문제를 극소화하고 피보호명령자의 명예 보호를 위해 상피제를 적용해 보는 것을 고려해 볼 수 있다. 주민과의 갈등이 증폭되어 주민 2/3 이상의 요구가 있으면 지역을 교체하며, 주민의 요구에 의해 3번 이상 교체되었을 때에는 지체 없이 남은 기간을 시설처우로 전환하는 것 등이다.

---

461) 김재중, 앞의 책, 2008, 169~170쪽.

4. 교정사고에 대한 직원책임의 문제

시설처우나 사회처우 중에 도주나 자살 등 교정사고 발생 시 직원의 책임에 대해서는 고의나 중과실 이외의 경우에는 여론에 밀려 또는 명령라인에 있다는 것만으로 인사상 불이익이나 징계가 이루어지지 않도록 명문규정이 있어야 한다. 그렇지 않으면 모든 새로운 교정 패러다임은 대단히 소극적으로 운용될 것이다. 우리의 경우는 시설처우(施設處遇)건 사회처우(社會處遇)건 교정사고가 나면 여론에 밀려 여러 명의 직원들이 문책을 당하게 된다. 사고 발생 시마다 공직기강 확립이 등장하게 되는데, 주로 하급직원만 기강의 대상이고 그들만 다치게 되는 경우를 보아 왔다. 정확한 중과실(重過失) 이상의 규정위반이 증명되지 않는 경우에는 직원책임을 물어서는 안 될 것이다. 왜냐하면 수용자 처우의 안착을 위함이지 직원을 편들기 위함이 아니다. 반면 뇌물수수, 수용자의 인권침해, 하급직원 대한 직장폭력 등은 정벌주의(正罰主義)로 나아가야 할 것이다.

V. 사견

위에서 언급한 제도들이 내실 있게 집행하는 데에 필요한 인력과 예산이 부족하다는 것은 기존 발표의 공통된 주장이다. 현재 법무부 보호국이 보호관찰과 함께 사회봉사명령을 집행하는 과중한 업무에도 불구하고 보호관찰관은 부족하여 형식적 집행에 그칠 우려가 적지 않다. 범죄인의 사회복귀를 돕기 위해서는 처우의 개별화에 부응한 다양한 수단은 물론 충분한 전문성을 갖춘 실무가들을 많이 확보하는 것이 중요하지만 그렇지 못한 실정이다. 이 사람들의 감독과 원조 없이 명령에 수반하는 노동만을 통해 사회복귀를 기대하기는 어렵다462)고 한다. 또한 장기적으로는 보호직과 교정직의 순환보직을 통해 보호의 전문화, 처우의 다양화, 처우의 사회화에 기여하였으면 한다. 그 외에도 명령시간의 결정에 대한 구체적, 통일적 지침마련, 형기 계산의 복잡성, 대상자 선정 기준의 통일, 작업의 종류선정과 다양화, 사회명령장소 확보 등 법률적, 현실적 문제463)가 있음에도 찬

---

462) 배종대, 앞의 책, 2007, 508-509쪽.

463) 교정수뇌부와 정책결정권자의 의지 결여도 현실적인 문제의 하나이다. 그 일례로 5공 초기 최고통치자가 교정수뇌부를 접견하는 자리에서 "교정의 현안 중에서 무엇이 가장 시급한가"라는 질문을 받고, 교정공무원법 제정 같은, 교정발전 전체의 이익을 위한 건의를 하지 않고 자기들이 직접적 이익을 얻을 수 있는 고위직 승급설정의 문제를 건의함으로써 교정공무원법의 제정, 특정적 전환, 경찰, 소방에 준한

찬히 들여다보면 그러한 과제들은 최소화할 수 있다. 즉 힘들고, 위험하고, 인체에 유해한 작업 환경은 심각한 취업난 속에서도 구인난을 겪고 있다. 농촌도 일손이 부족하며, 국책사업 건설 현장도 기력이 왕성한 젊은 인재들이 진입을 꺼리고 있다. 따라서 이들의 동의하에 사업현장에 투입하여 국가는 경비를 절감하고 교정시설의 과밀화를 해소하며 악폐감염을 차단함으로써 이익이 있다. 범죄자는 구금되지 않음으로써 자유롭고, 사회명령을 통해 일정부분 수익을 창출하여 가족의 경제적 파탄을 방지하며, 범죄피해자는 가해자의 일정 수익(10%)을 지급받음으로써 피해감정이 완화되며, 사회복지시설 관계자는 저렴한 임금으로 경비절약의 효과가 있다.

우리나라에서 사회명령제를 운용하려면 먼저 관계형사법령에 규정이 있어야 하는데, 형법에 규정하여 사법부의 결정에 의하는 사법방식464)과 '형의 집행 및 수용자 처우에 관한 법률'에 규정하여 법무부의 결정으로 시행하는 행정방식 두 가지를 생각할 수 있다. 전자의 독립된 형벌로 도입하게 될 경우에 사회명령제에 처할 수 있는 범죄를 형법각칙에서 개별적으로 규정해야 하는 입법기술상의 문제뿐만 아니라 기존 자유형과의 관계에서도 문제가 될 것이며, 형사정책상 실무에서 응보적 사고가 현저한 시점에서 독립된 형벌로 나아가는 것은 형벌적 성격만이 지나치게 강조되어 독자적인 주형으로서 사회봉사명령이 사회복귀의 목적이 희석될 우려도 있다는 지적이 있다.465) 즉, 전자의 경우 사회내 처우라는 새로운 형태의 형을 추가하는 것 자체가 형법에 규정된 범죄와 형벌의 체계를 크게 변화시켜 예상치 못한 부작용이 클 것이므로 '형의 집행 및 수용자 처우에 관한 법률'에 규정하여 일정한 요건에 해당하는 수형자를 대상으로 소극적 시범실시하는 것이

교도관의 처우개선 등은 반영되지 않았다. 이처럼 대부분의 관료집단은 자기이익과 직접적인 관계가 없는 부분은 관심을 두지 않고 경시해 버리는 타성이 있는 바, 2006년 전남도 대불공단 전봇대사건이 좋은 본보기이다.(각종 규제 얽힌 대불공단 전봇대, 2008.01.18. KBS1TV뉴스9, MBC뉴스 데스크, SBS 8시 뉴스) 그 전신주가 뽑힘으로 운전자, 지역주민, 회사관계자 모두 win-win하는 결과였으며 그것이 보도됨으로써 국민의 공감을 받자 유일한 피해자는 관료와 입장을 달리하는 정당 수뇌부였다. 실제로 반대정당의 책임자 한 사람이 방송에 나와서 대통령이 전봇대를 왜 뽑느냐, 그건 그 분이 할이 아니다. 맞는 말이다. 그러나 복지부동, 허가와 인가를 조건으로 관계자들을 피곤하게 함으로 전봇대는 그 자리에 계속 서 있었다. 교정의 전신주를 제거하고 공정(公正)교정의 진입은 자율성의 논리보다는 외부감시장치의 강화로 개선하였으면 한다. 수용자 및 직원의 처우개선 보다는 교도소의 증설, 조직의 확대로 인한 영향력 행사 등 고위층의 이익과 관계되는 일에만 요구하는 경향이 있다.

464) 김재중 교수는 단기수형자의 경우 독립된 형벌로서 활용한다면 사회봉사명령은 자유형을 대체하는 새로운 대안으로 보고 있고, 또한 형기의 6개월 이하의 단기자유형을 선고받은 자를 대상으로 하는 형기기준에 따르고 있다. 본고는 형기기준보다는 파렴치, 비파렴치범 기준과 교정사고발생 위험성 등 범죄의 내용기준이 우선이라고 보므로, 비록 단기수형자라 하더라도 격정범, 인신범, 성관련 범죄자는 제외하고, 장기라 하여도 종교범, 확신범, 모든 과실범 등 형기 중심이 아닌 범죄의 성격과 내용 중심이 더 우선되어야 한다고 보고 있다: 김재중, 앞의 책, 2008, 182쪽.

465) 유숙영, "사회봉사명령의 집행현황과 효율적인 운용방안", 형사법연구 제16호, 한국형사법학회, 2001, 220쪽.

형벌체계의 안정이라는 면에서나 열린 교정의 사회화면에서나 바람직하다고 본다.

시행 초기에는 단기자유형의 선고를 받은 자를 대상으로 한정할 것이며, 그 성과를 보아 가며 장기 수형자의 경우도 기존의 귀휴허가나 사회견학제도와 병행하여 활용한다면 '형의 집행 및 수용자 처우 등에 관한 법률'을 조금만 개정하여도 무리 없이 사회처우의 새로운 대안인 '사회명령제'의 안착은 가능할 것이다. 그러나 이러한 새로운 대안의 도입 없이도 경찰과 검찰과 법원과 교정당국이라고 하는 형사사법기관이 조금씩만 더 형사정책적 관심을 기울인다면 새로운 형사사법 통제망을 이 사회에 확장하지 않고서도 현재 주어진 형사사법시스템 안에서 얼마든지 과밀수용의 문제를 해소해 나갈 수가 있을 것이다.466) 즉, 다시 정리하면 교정목적을 달성하는 가장 기본적인 조건은 교정시설이었다. 과밀수용에서 출발하는 우리나라의 교정위기의 극복은 교정역량의 극대화와 뉴 패러다임을 통한 것이었다.

그 전제조건으로서 교정시설의 수용밀도를 낮추는 것이었고 수용시설 공간을 확보할 수 있는 방안으로 다양한 단계적 처우 및 분할수용제와 사회명령제의 실시를 제안하였다. 결과적으로 범죄에 대한 엄벌주의가 부른 과잉대응이 수용자처우 부재의 원인이었음을 지적하였다. 바로 형사사법절차의 마지막 단계인 교정기관에만 잘하라고 해서는 안 되는 이유가 여기에 있다 할 것이다.

제4절 교정행정의 선진화 방안

I. 수용자적 측면에서의 검토

1. 주체성과 관련된 측면

우리나라 '형의 집행 및 수용자 처우에 관한 법률' 제1조(목적)467)는 "이 법은 수형자

---

466) 전정주, "교정발전의 전제조건으로서의 과밀수용해소에 관한 연구", 교정연구 제29호, 한국교정학회, 2005, 177~207쪽.

의 교정교화하며 건전한 사회복귀를 도모하고, 수용자의 처우와 권리 및 교정시설의 운영에 관하여 필요한 사항을 규정함을 목적으로 한다.”라고 규정하고 있다. 그리고 교도관 직무규칙 제33조에는 교도관은 수용자를 지도한다는 규정이 있고, 동 규칙 제34조에는 교도관은 수용자에 대해 철저한 생활지도를 한다는 규정이 있어, 우리의 교정관계법령은 철저히 수형자의 주체성과 자발성을 도외시하고 교정의 주체를 교도관으로만 한정하고 있다. 법무부가 발간한 “교정현장상담”이란 책자에는 교정상담이란 수용자를 지도 관리한다는 개념으로 규정해468) 교정직원이 수용자보다 우위에 있다는 것을 전제로 하여 교정의 주체가 교도관에 있음을 밝히고 있다.

또한 같은 책자에서 법무부가 모범사례로 들고 있는 교정상담사례들에는 교도관은 반말로 하고, 수용자는 존칭어를 사용하는 대화체로 되어 있어 교정당국의 수용자에 대한 시각의 단면을 알 수 있다.

교정실무에 있어서도 교정클라이언트인 수용자를 대면할 때 절도(節度) 있고 위압적인 자세로 계호업무를 담당하는 교도관을 관리자들이 선호하는 경향이 있다.469) 또한 교정담당 공무원을 “교도관”이라고 표현하는 데서 알 수 있듯이 여기에서 교도관이라는 표현은 공무원이 수형자를 바른 길로 이끌고 지도한다는 뜻이 내포되어 있다. 즉, 수형자의 주체성과 동의가 전제되지 않는 객체로서 존재함을 알 수 있다. 또한 법무부가 교정의 날, 즉 10월 28일470)을 제정하고 그 기념으로 문예 등을 현상 공모할 때도 응모자격으로 교도관과 교정위원 등 기존의 교정의 주체에만 자격을 주고 일반국민과 수용자는 응모자격에서 제외시켜 교정의 동행자로서 수용자는 완전히 제외됨을 알 수 있다.

그리고 교정실무에 있어서도 교도작업의 선택에 있어 수형자의 의사가 거의 반영되지 않으며 수형자의 적성과 소질에 맞도록 작업이 지정되어야 함에도 현재의 상황은 세입목표 달성을 위한 작업실시의 차원에서 일방적인 작업지정에 그치고 있다.471) 따라서 교정의 여러 과정에 있어서 수형자의 동의와 주체적 참여가 많이 제한되고 있음을 알 수가 있다.472)

이렇게 한국 교정의 현실에 있어서 수형자는 자신의 의사가 반영되지 않은 채 철저히

---

467) 개정 법률(2010. 12. 30. 시행)에서 수용자의 처우와 권리 및 교정시설의 운영 부분이 새롭게 추가되었다.

468) 법무부 교정국교화과, 교정현장상담, 2002, 4쪽.

469) 천정환, 앞의 논문, 2004, 49쪽.

470) 법무부훈령(제526호) 교정의 날 규칙, 10월 28일을 ‘교정의 날’로 한다. 서기 1946년 교정의 날을 제1주년으로 한다. 교정의 날은 매년 10월 28일 교정관련 종사자들의 사기를 높이고 재소자의 갱생의지를 촉진시키기 위한 날이며, 28일의 의미는 두 팔로 보듬자는 온정주의적 요소의 의미가 있다고 한다.

471) 부정방지대책위원회, 행형부조리 실태 및 방지대책, 감사원, 1994, 83쪽.

472) 천정환, 앞의 논문, 2004, 49쪽.

지시의 대상으로만 존재하고 참여감을 느끼지 못하면 사기가 저하됨은 물론이고 동기부여가 되지 않는다. 또한 상호 협조적인 문화가 아니라 지시하고 지시받는 권위적 문화만 수형자에게 내면화되어 민주적 형태의 학습을 한 내용으로 하는 사회화에 역행할 수가 있다. 만약 교정에 있어서, 수형자의 주체적 참여가 실질적으로 인정되면 그는 소속감과 참여감 및 자아 긍정관념을 갖게 되어 동기부여가 되고 그러한 참여감과 소속감은 교정교화에 있어서 긍정적 요인이 되어 사기가 증가된다. 그러한 사기의 증가는 교정교화의 효과를 양적 및 질적으로 증가시켜 교정사고율, 귀휴실적, 교도작업실적률과 같은 교정교화의 효과를 증가시켜, 궁극적으로는 재사회화라는 최종생산물의 생산성을 양적 및 질적으로 증가시켜 다른 조건이 일정하다면 재범률을 감소시킬 수가 있다.[473]

2. 사회유사화 원칙과 관련된 측면

수용자의 자발적 참여를 유도하기 위해서는 교정의 환경이 사회와 유사해야 한다는 사회유사화 원칙을 구현할 필요가 있다. 이를 위해 현재처럼 남자 교도소에는 거의 남자직원들만으로 교정서비스를 생산하는 것은 교도소 내의 사회유사화 원칙에도 반하고 그러한 교도소 내에서 부자연스럽고 편중된 성비는 수형자의 진정한 교화에 도움이 안 되며 수형자의 자발적 참여에 한계가 있다. 특히 여성교도관의 존재는 상황의 긴장을 완화할 수 있다.[474]

따라서 현재 남성 교도소에도 일정한 비율의 여성 공무원의 배치가 필요하며, 그렇게 하기 위해서는 현재 시행되지 않고 있는 양성평등 채용목표제[475]를 교정직류·교회직류·분류직류 등에도 시행하여 여성공무원의 채용목표를 최소한 30% 이상으로 유지하도록 한다. 그리고 사회유사화 원칙[476]과 관료제의 대표성의 제고를 위하여 사회적 소수자

---

473) 천정환, 앞의 논문, 2004, 49쪽.

474) Andrew Coyle, A human rights approach to prison management, International center for prison studies, 2002, p.22.

475) '양성평등채용목표제'는 성비 불균형 해소를 위해 남녀 모두의 최소 채용비율을 설정하는 제도이다. 이 제도는 공무원 채용시험에 남성이든 여성이든 어느 쪽이 합격자의 70%가 넘지 않도록 하는 것으로, 여성이나 남성이 합격자의 30%가 못 되었을 때 가산점을 주어 합격자의 성비를 조정하는 것이다. 2003년부터 5·7·9급 공무원 채용 시 적용되는데, 지난 2000년부터 공무원시험에서 남성의 군가산점을 폐지한 후 9급 교육행정직과 일반행정직 등 일부 모집단위에서 여성합격률이 70%를 넘는 등 남성들이 역차별을 받고 있다는 지적에 따라 새로 마련된 제도로, 1996년부터 실시된 여성채용 목표제가 양성평등채용 목표제로 전환하는 것이라 볼 수 있다. 공안직군인 검찰직, 교정직, 소년보호직에는 양성평등채용목표제가 적용되지 않는다.

의 공직취업지원에 관한 법을 만들어 극빈층, 혼혈아, 탈북자, 환경미화원, 농업인, 어업인 등의 가족이 교정직에 응시할 때는 일정점수의 가산점을 줄 필요가 있다. 현재 장애인은 교정직의 경우는 의무채용비율에서 제외되고 있지만 교정업무에 지장이 없는 일정비율의 장애인477)을 선발할 필요가 있다. 또한 교정직 응시자격 중에서 현재는 신체조건의 제한을 두고 있으나 교정직과 소년보호직에서 요구하는 신장, 체중, 흉위 등의 신체조건은 인적계호에 치중한 과거의 산물이고 물적 계호가 급속히 발전하고 있는 현대교정행정에서는 크게 중요시되지 않고 있다.

또한 신체조건이 열등하다고 계호업무를 잘 수행하지 못하리라는 편견은 사라져야 한다. 또한 교도소 내의 사회유사화 원칙에 따라 교정공무원의 신체도 다양화해질 필요가 있다. 왜냐하면 현재의 엄격한 신체조건은 공무담임권과 평등권 등을 규정한 헌법에 위배될 우려가 있으며 신체적 우위자만 아니라 신체적 열위자나 장애인 교도관도 수용자들이 보게 된다면 심리적 측면 등 여러 면에서 교정의 효율성이 증대될 수 있고 수용자의 자발적 참여도 유도할 수 있다고 보기 때문이다. 또한 수용자를 현장에서 교화하는 교정위원의 성별 구성 비율이 남성 위주로 되어 있어478) 이러한 남성 위주의 교정위원제도는 교정의 사회유사화 원칙에도 어긋나 수용자의 자발적 참여를 유도하는 데 한계가 있다.

우리나라는 외국과479) 달리 남성교도소 내부의 교도관은 대부분이 남성으로 되어 있는 데다가 외부와 교통하는 교정위원마저 대개가 남성 위주로 공급되었다는 것은 오랜

---

476) 사회유사화 원칙과 관련된 측면의 내용은 천정환, 앞의 논문, 2004, 59~61쪽.

477) 영국은 교도관의 응시자격에 성, 연령, 성적성향, 장애 등과 관계없이 지원이 가능하다: 박원규, "영국 교도관학교 시찰기", 교정 제9호, 2002, 45쪽.

478) 정진수, "민간자원봉사활동의 실태와 개선방안", 연구총서, 한국형사정책연구원, 2001, 125쪽.

479) 우리나라는 교정관료의 대표성과 관련해 특히 성(性)에 의한 대표성이 아주 부족해 외국과 많이 차이가 나는데 독일의 테겔 교도소에는 여성교도관들이 남자 수용자들을 관리하며(교정, 2000. 4, 104쪽), 미국이 캘리포니아 교정국 산하의 베카빌 교도소에는 여자교도관들이 포승 등 보안 장비를 갖고 남성수형자를 계호하며(교정, 2001. 5, 51쪽), 미국 텍사스 주의 교정시설에도 여자 직원이 남자 수형자를 계호하며(교정, 2003. 2, 106쪽), 이탈리아의 레비비아교도소는 공무원 중 50%가 여성이며(양봉태, 구미교정제도 1995. 11, 43쪽), 미국의 알렉산드리아 구치감에는 여자공무원이 남성수용자의 계호 외에도 직접 신체검사까지 하며(양봉태, 구미교정제도, 교정, 1995. 10, 89쪽), 중국은 전체교도관 중 25%가 여성이며 호주의 교도소에는 여자가 남자교도소에서 일하는 것이 일반화되어 있고 캐나다에서는 여성교도관이 급증하자 남자수용자들의 불평에 대해 대법원은 교도관의 권리는 수용자의 우려보다 우선하다고 했으며(교정, 1997. 12, 94쪽), 미국의 엘도라도 교도소에는 문제수용자의 수용사동 등, 보안상 아주 위험한 근무처에도 여성교도관이 근무하며(양봉태, 위의 논문, 교정, 1995. 9, 70쪽), 미국 텍사스 주의 교정시설에는 여자 교도관의 비율이 30%에 이르며(이용배, 미국의 교정제도, 교정, 1996. 4, 96쪽), 스웨덴에서 가장 중범죄자를 수용하는 쿰라교도소에는 여성 직원이 40%이며(한인섭, 스웨덴방문기, 신동아, 1997. 4, 436~445쪽), 캐나다의 프레리 지방교정청에는 전체직원 중 여성 직원이 60% 이상을 차지하여(이정숙, "캐나다 교정청 연수기", 월간교정, 2002. 3, 37~38쪽) 우리와 좋은 대조를 보여 주고 있다.

세월 동안 이성과의 대화가 단절되어 성적 박탈감을 느끼는 수용자에게는 교화의 효과가 그렇게 크지는 않을 것으로 생각된다.

다른 모든 조건이 같다면 남성교정위원보다는 상대적으로 부드러움과 섬세함과 모성보호 본능을 가진 여성교정위원이 남성수용자에게는 교정의 목적에 더 생산성을 올릴 수가 있다. 따라서 현재의 남성 위주의 교정위원 현황은 문제가 있다고 생각되므로 개선안으로는 일정한 비율의 여성교정인원을 확보할 정책이 있어야 한다.480)

그리고 교정당국의 일방주의(一方主義) 문제를 제기할 수 있다. 즉, 항상 교정교화의 생산주체로만 되어 수형자에게 지시를 내리고 감독하는 등 모든 업무를 교도관에게 부담시키면 그것은 교도관과 조직에 지나친 과부하(過負荷)를 주어 교도관과 교정조직의 업무가 증가되어 이것도 교정업무의 과밀화에 일조하므로 교정사고 유발의 한 요인이 될 수도 있다. 다시 말해서 본질적인 교도관의 업무는 교정교화의 목표달성이지만 이것의 주체를 교도관에게만 부담시키면 수형자에 대한 지시, 통제, 감독, 상관에 대한 보고, 통솔업무 등의 파생적 업무가 더 증가하게 되고 본질적 업무와 파생적 업무를 합친 총 업무가 증가하게 된다.

이런 현상은 해당 교도관과 교정조직에 부담을 주어 교도관의 증가와 교정조직이 확대될 수 있는 빌미를 제공하게 되고, 이것은 관료제의 속성과 결부되어 계속 교정조직이 확대될 수밖에 없는 악순환이 계속된다.481) 또한 지시, 감독 등의 비본질적, 파생적 업무는 교정의 목표가 아닌데도 계량화가 쉽고 가격이 싸 쉽게 구할 수 있어 오히려 지시나 통제, 감독 등이 교정의 생산목표가 될 수 있는 목적 전치현상이 발생될 수가 있다.

만약 교정교화의 효과에 있어서 수형자의 주체성과 자발성을 폭넓게 인정하고 수형자가 자발적 형태를 가진 자라고 가정한다면 교도관은 종래의 파생적 업무인 지시나 통제, 감독 등의 업무에서 조금 해방되어 본래의 업무인 교화나 교정상담 등 정신적 재사회화에 가용자원을 많이 투입할 수가 있다. 또한 교화나 교정상담에 있어서도 수형자의 자발적 참여를 쉽게 이끌어 낼 수 있어 교정환경이 개선된다고 본다. 그리고 지금처럼 교정교화의 주체를 교도관으로 한정시킨다면 그 전제가 교도관이 항상 도덕적 우위로 무장되고 교정상담 등 질 좋은 교정서비스의 전문생산능력이 있어야 한다.

그러나 현실적으로는 그동안 가끔 있어 온 일부 교도관의 부조리와 국어, 영어, 국사 등 교양과목 위주로 선발되어 온 교도관들이 교정복지학,482) 교정심리학,483) 상담심리학,

---

480) 천정환, 앞의 논문, 2004, 59~61쪽.
481) 천정환, 앞의 논문, 2004, 50~51쪽.

교육학 사회복지학 등의 과학적, 전문적 지식이 많지 않다는 사실은 현재 교도관 중심의 교정교화 효과의 한계를 보여 줄 수 있다. 왜냐하면 교정심리학과 교정상담학의 측면에서는 수형자의 자발적 참여가 없는 교정과 교화는 무의미하다는 것을 보여 주고 있기 때문이다.484)

Ⅱ. 교도관과 관련된 측면의 검토와 개선방안

1. 교정관계법령의 문제

먼저 "형집행법"에서 지나치게 교도관 중심의 규정을 수용자의 동의와 자발적 참여를 전제로 한 내용으로 개정할 필요가 있다. 가령 형집행법의 목적을 규정한 제1조에는 "수형자의 교정교화와 건전한 사회복귀를 도모하고"라고 규정하고 있어 수형자를 교정의 객체로만 단정하므로 同 규정을 "수형자를 수용하여 그의 자발성을 기초로 교정할 수 있다."로 개정할 필요가 있다.

천정환 교수는 "수형자를 수용하여 그의 자발성을 기초로 교정한다."라고 하는데,485) 주체성과 자발성을 강조한 추세이므로 강행규정보다는 임의규정이 타당하다고 본다. 교정은 생물과 같아서 교정주체의 상황론이 늘 고려되어야 할 것이기 때문이다.

동법 제63조 제1항에 나오는 "소장은 수형자로 하여금 건전한 사회복귀에 필요한 지식과 소양을 습득하도록 교육할 수 있다."라는 규정에 "교육주체는 수형자의 자발성에 근거한 교육"이라는 내용으로 할 필요가 있다.

그리고 교도관직무규칙 제4조에는 교도관의 상관에 대한 복무자세와 교정행정의 능률성과 교도관 개인이 가져야 할 정신적 자세만 규정되어 있지 수용자와의 기본관계에 대

---

482) 교정복지란 사회사업방법론을 활용하여 범죄인이 사회에 적응하여 활동할 수 있도록 돕는 활동이다: 최옥채, 교정복지론, 아시아 미디어 리서치, 2001, 57쪽.

483) 교정심리학은 범죄심리학과 관련 깊은 심리학의 한 분야이다. 범죄자·비행소년을 교정·재교육하고 갱생시켜 건전한 시민으로서 사회에 복귀시키는 것을 연구 목적으로 한다. 범죄자를 교정하기 위해서는 범죄의 원인 연구와 함께, 그 사람이 다시 범죄를 저지르지 않게 하는 교육도 필요하다. 따라서 범죄심리학은 물론, 아동·청년·교육·임상·사회 등의 심리학뿐만 아니라 정신의학·사회학 등 광범위한 지식을 필요로 하는 학문이다. 또한 교정심리학은 범죄심리학 이상으로 교정직원의 교정실무와 밀착한 관계에 있다: 日本法務省矯正研修所, 矯正心理學, 財團法人 矯正協會, 2000, 62頁.

484) 천정환, 앞의 논문, 2004, 51쪽.

485) 천정환, 앞의 논문, 2004, 51쪽.

한 언급이 없다.

따라서 동 규칙 제4조에 "교도관은 수용자의 주체성과 자발성을 존중해야 한다."라는 조항을 규정할 것을 제안한다. 이념적으로 수형자도 교정의 동행자임을 밝힐 필요가 있다고 본다. 동 규칙 제11조에도 "수용자에 대한 호칭은 번호로써 부른다."라고 되어 있는 것은 주체성 및 자발성과 관계되는 인격권을 침해할 우려가 있으므로 "수용자에 대한 호칭은 성명으로써 부르는 것을 원칙으로 한다."라고 개정할 필요가 있다.

다음으로 수용자에게 감화를 줄 수 있는 품성과 개방적이고 열정적인 자세를 가진 자원을 교정직공무원486) 또는 교정위원으로 흡수할 필요가 있다. 교정행정은 수용자의 교정교화와 건전한 사회복귀 도모가 강조되는 가치적 성격이 있다.487)

따라서 일반행정과 교정행정은 본질적인 차이가 있다. 그러므로 일반직공무원의 정원요건과 임용시험날짜를 같이하는 것은 교정행정의 특수성을 간과한 것이다. 교정공무원 채용에는 그 특수성이 인정되므로 소방, 경찰, 군인, 교육처럼 '교정공무원법'을 별도로 제정하여 전체정원과 임용방법 등을 달리하여야 한다.488)

현재 특정직에 준한 업무를 수행하고 있음에도 일반직공무원으로 분류되어 있어서 개선할 부분이라고 본다.489) 즉, 비교육적 성격이 강하고 집행적 성격이 강한 일반 행정부분의 고전적 원리로 기능했던 관료제이론을 교정부문에도 그대로 적용해 복잡하면서도 치료적·교육적·복지적 성격이 강한 교정490)의 모든 문제를 관료제 이론으로 해결하기

---

486) 교정공무원 정원현황은 아래와 같다. 정원 14,890, 정복교도관 13,809, 교회 327, 분류 258, 의료 193, 기능직 614, 기타 311 등이다.(교정본부 2010. 6월 기준) 교도관이라 함은 아래의 업무를 담당하는 공무원을 말한다. 수용자의 구금 및 형의 집행, 수용자의 지도, 처우 및 계호, 수용자의 보건 및 위생, 수형자의 교도작업 및 직업능력개발훈련, 수형자의 교육, 교화프로그램 및 사회복귀 지원, 수형자의 분류심사 및 가석방, 교도소, 구치소 및 그 지소의 경계 및 운영, 관리, 그 밖의 교정행정에 관한 사항: 교도관직무규칙(2010. 1. 1. 시행) 제2조.

487) 2010. 12. 30. 시행, 형의 집행 및 수용자의 처우에 관한 법률 제1조.

488) 천정환, 앞의 논문, 2004, 51쪽.

489) 전술한 교도관과 관련된 측면의 이 부분에 대해서는 전통적 주류 교정학자군인 이정찬, 허주욱, 이순길, 김용준, 정갑섭, 김화수, 이윤호 등을 위시하여 개혁적 신진학자군인 이종갑, 이언담, 천정환, 필자 등도 견해를 같이하고 있다.

490) 교정은 correction을 번역한 것으로 원래는 의학적 영향을 받은 용어로 인간의 질병이나 성격을 고치는 뜻 인데 최근에 와서 미국교정의 이론과 실제를 지배하는 관념이 되었다(森下忠, 刑事政策入門, 成文堂, 1989, 128頁). 1942년 '조선 소년령', '조선 矯正원령' 및 '교정원관제'를 공포하면서 주로 그 당시에는 소년에 대하여 사용된 것이 최초이다. 그해 서울에 '경성교정원'을 개설한 것이 矯正용어 사용의 처음이다. 1945년 교정원이 다시 소년원으로 개칭되었고, 1958년 '신소년원법'이 제정되었다. 이후 1988년의 전면 개정 등 을 거쳐 현재의 '소년원법'이 시행되고 있다. 그러나 현재는 소년의 보호에는 교정이란 용어가 쓰이지 않고 성인에 대하여 교육형주의 이념이 강조되면서 일반화되었다. 교정학의 등장은 1955년 이후 'UN범죄예방 및 범죄자 처우회의'의 영향을 받아 행형학보다는 교정처우론을 중시하게 되면서 행형이라는 용어에 대체하여 교정이라는 용어를 널리 사용하게 되었다.

에는 한계가 있어서 교정공무원법의 제정과 집행은 주된 과제이다.

2. 교정직원 획일화의 문제

교정수요의 한 축인 국민의 입장에서 볼 때는 국민들은 질이 좋은 교정행정을 원하며 교정행정에 적합한 사람들이 교정직에 진출하기를 바라고 있다. 그런 점에서 연령제한의 상한선 위에 있는 자들이 질이 좋은 교정서비스의 한계생산량을 증가시킬 수 있다면 그런 자들의 공식적인 교정 현장의 진출에 찬성할 것이다. 상식적으로 생각해도 다양한 경험을 가진 원숙한 중·장년층이 나이 어린 공무원보다 사회의 여러 현장에서 여러 한계상황을 극복하지 못한 수용자들의 교화에 훨씬 도움이 될 수도 있기 때문이다. 질서유지와 상명하복을 중시하는 일반 행정분야에서는 신입 공무원이 상관보다 나이가 많으면 관료제의 속성상 여러 문제점491)이 나타날 수도 있지만, 교정행정 분야는 수직적, 관료제 조직보다는 교정직원 한 명 한 명이 교정서비스 생산에 중심이 되는 팀제나 수평적 조직이 더 어울린다고 생각된다.

한편 미국의 경우를 살펴보면 교도관이 되는 데 특별한 제한조건은 없다. 나이가 많아도 신체적 조건만 되면 누구나 신청하여 교도관 연수과정을 받을 수 있다.492) 캐나다는 교도관이 되는 데 성별과 연령의 아무런 제한이 없어 50대에 비로소 교정에 들어온 신입직원도 있으며,493) 뉴질랜드도 채용연령에 아무런 제한이 없어 50이 넘은 사람들이 신규교도관으로 들어온다고 한다.494)

---

491) 교정조직의 관료제에는 규칙에의 동조과잉, 형식주의, 사무처리의 복잡, 책임의 회피 등이 나타난다: 日本.法務省 矯正硏究所, 矯正社會學, 財團法人 矯正協會, 1997, 39頁.

492) 오광운, "미국 텍사스 교정 연수기", 월간교정, 2003. 2, 109쪽.

493) 이정숙, "캐나다 교정청 연수기", 월간교정, 2002. 3, 36쪽.

494) 2010. 7. 1.부터 '연령차별금지 및 고령자 고용촉진법'이 시행되고 있다. 아직도 경찰, 국정원 등 권력기관에서는 효율성 및 위계질서 등을 이유로 위 法을 위반하고 있다. 교정은 법의 취지를 수용하면서도 영리한 방법으로 체력검정을 실시하여 고령자와 장애인을 배제하고 있다. 보안만을 중시한다면 젊은 (무술)교도관이 꼭 필요하겠지만 교정의 영역은 너무나 방대하여 필요 없는 사람이 없을 정도로 외국의 경우처럼 문호를 개방하여야 한다. 프랑스 행정직의 경우는 30세 이하로 자격을 제한한다. 그러나 교정직의 40대, 50대에도 문호가 개방되어 있다. 그만큼 다양한 경험과 경륜을 요하는 것이 교정임을 잘 설명하고 있다. 유럽 대부분의 나라가 이와 같거나 유사하다. 영국의 경우 교정직은 57세까지 응시가 가능하고 실제 55세의 신규 교도관이 채용되기도 한다. 면접에서 고령을 이유로 배제하지 않는다. 미국과 캐나다는 교정직은 물론 다른 공직입문도 연령제한 자체가 없다. 60세에 교정직에 입문하는 경우도 있다고 한다. 벨기에, 뉴질랜드의 경우는 수형자출신 교도관을 선발하여 주정문출입에 근무자로 배치할 정도로 교정의 문호가 개방화되어 있다 한다. 그동안 우리는 헌법의 공무담임권을 침해받고 있었지만, 대부분의 나라는 그런 제한을 두지 않거나 대폭 완화하고 있다고 한다: 이종갑·천정환, 형설교정학,

또한 교도관이 교정현장에서 수용자의 주체적이고 자발적인 심리상태를 이해하기 위해서는 교도관에게 교정심리학[495]과 교정상담학 등의 지식이 필수적인데도, 현재 교정공무원 채용시험과목은 교양과목 위주로 되어 있다. 교정서비스 생산에 있어 수용자의 주체적 참여에 장애가 있을 수 있다.

따라서 현재 국어, 국사, 영어, 교정학개론, 형사송법개론 필기과목 중에서 국어, 국사, 영어를 선택으로 하며, 대신 제1선택은 헌법·형법·행정법 중 택1, 제2선택은 교정복지학·교정상담학·교정심리학·사회복지학·교육학개론 중 택1, 제3선택은 국어·국사·영어 중 택1로 하여 다양하고 유능한 인재를 유인토록 선택 과목의 폭을 넓혀 주어야 한다. 현행 특채의 경우도 교정학과 형사소송법으로 되어 있어 경찰, 검찰, 법원 준비생에 유리한 입문 통로이다. '권력지향성 구성원'으로 획일화되어 교정 본래의 목적에 배체되어 조직의 장애가 될 수 있다.

교정학을 필수로 하되 교정학의 범위도 교정상담·교정심리·교정복지 부분이 강조될 수 있도록 출제비중을 높여야 한다. 형사소송법을 형사법으로 하여 형법을 추가하고, 교육학·사회복지학·상담학·심리학을 선택과목으로 하여 검경, 법원 준비생의 진입장벽을 줄이고, 교육과 복지 상담마인드를 갖춘 다양한 인재의 진입 통로를 넓히는 것을 주문한다. 교정인재의 획일화는 교정조직의 자발성을 해치고 늘 교정의 권력화[496]를 시도함으로써 '특수 교육인(敎育人)상 정립'에 배치되는 경우가 있다.[497] 이러한 획일화의 만연은 사회환경과 맞물려 있다.

가령, 영미나 유럽의 나라를 여행하면서 보면 그들은 다양성과 평등성을 존중하는 문

형설, 2005, 117쪽; 영훈, "뉴질랜드 연수기", 월간 교정, 1996. 9, 62쪽.

495) 범죄인의 교정을 위해서는 심리학이 제공할 수 있는 내용과 방법을 체계화하는 것이 필요하다: 日本矯正研究所, 矯正心理學, 財團法人 矯正協會, 2000, 65頁.

496) 제65주년 교정의 날 기념 학술·문예 공모전에서 학술부문 장려상을 수상한 논문에서 **교도관**이라는 명칭을 국가공권력을 상징하는 의미가 강한 경찰, 즉 법무경찰로 바꿀 것을 제안한다: 목영훈, "한국행형의 새로운 지평선", 교정 2011. 1, 34쪽.

497) 목영훈은 "그동안 교정행정의 위상이 저하될 수밖에 없었던 원인은 국가형벌권을 바탕으로 한 사법적 정의실현이라고 하는 본연의 소임은 저버리고 교정교화를 내세우며 엉뚱한 곳에서 명분을 찾으려고 애썼기 때문이다. 조직의 이념적 목표를 어디에 두느냐에 따라 조직의 명칭이나 권한에 있어서 엄청난 차이가 나게 된다. 교정교화를 이념으로 한 구시대의 권한인 계호권은 사법경찰권이 포함되지 않은 불완전한 공권력이므로 사법적 정의를 이념으로 하는 정당한 권한, 즉 사법경찰권을 포함하는 완전한 공권력인 경찰권을 요구한다. 사법적 정의 실현이라는 시대의 이념과 이를 뒷받침할 경찰권은 한국 행형의 새로운 지평을 여는 견인차가 될 것이다. 교정교화를 포기하는 순간 간수로 전락할 것이라고 우려하는 경우도 있을 것이다. 이러한 주장에 대해 지금의 교도관이야말로 '지키는 권한' 이외에는 아무 권한도 없는 그야말로 교정교화의 이름을 한 간수라고 말하고 싶다. 한국 행형의 새로운 지평은 교정이념을 버리지 않는 이상 열리지 않는다."고 하고 있다: 목영훈, 앞의 논문, 2011, 34쪽.

화임을 알 수 있다. 즉, 하녀처럼 무릎 꿇고 손님을 접대하는 나라는 우리밖에 없음을 알 수 있다. 그들의 식사문화나 기내에서는 부담스런 친절은 없다. 그들 나라에서의 승무원 연령대는 다양하고 외모도 다양하여 편안함을 읽어 낼 수 있다. 우리의 항공사와 백화점의 경우 연령대와 외모가 획일화로 고착되어 가고 있어, 이러한 사회적 환경의 영향을 직·간접적으로 받아 교정직원의 획일화, 시설의 획일화를 더욱 부추기고 있다.

직훈교사, 기사 등의 필기시험이 없는 제한특채는 인사위원회 및 면접시험위원은 전원 외부인사 또는 검증된 아웃소싱업체에 의뢰하여 투명하게 채용함으로써 오해의 소지를 줄여 나가야 할 것으로 사료된다. 그리고 개방형 직위를 제외한 직급은 교도로 단일화하고 직급도 실무자, 중간관리자, 관리자의 3단계로 하여 팀원과 팀장 그리고 교도소장의 체계를 제안한다. 모든 교도관이 동고동락하는 체제, 함께하는 교정이 되어야 직원 간의 위화감이 해소되고 조직 결정의 효율성에도 기여하리라 본다. 또한 교정공무원의 업무범위를 재점검하고 신규채용 시 면접시험의 영역498)과 평점방식 등도 아래 주석에서 제시한 바와 같이 재고(再考)될 필요가 있다. 또한 장기적으로 교도관 입문의 통로는 다양화하여야 한다. 교정은 형(形)과 상(像)을 모두 고찰하여야 한다. 형이 보이는 것이고 상은

---

498) '수용자의 주체성과 자발성을 이해하고 이끌어 내기 위해서는 교도관에게 원만한 품성과 인격 및 감수성이 요구되는데 현재의 교도관 채용시험방법은 단순한 암기지식의 측정만 하여 인성과 품성 및 적성 측정이 되지 않아 문제가 된다. 따라서 대안으로는 7, 9급 교정직렬과 소년보호직의 경우에는 제1차 시험으로 인성검사를 실시해 교정에 부적절한 인성을 가진 자를 걸러내고 제2차 시험은 선택형 필기시험으로 하도록 한다. 또한 현재의 제3차 시험은 면접시험이지만 사실상 형식화되어 있는데 이것을 실질적으로 활성화시켜 인성검사의 한계상 인성검사에서 발견하지 못한 교정에 부적절한 품성을 가진 자를 객관적으로 배제시켜야 한다. 그렇게 하기 위해서는 면접시험에 응시할 인원을 현재의 기준, 즉 최종합격예정자의 130%를 뽑는 비율보다 더 늘이도록 한다(천정환, 앞의 논문, 2004, 55~56쪽).'는 천박사의 견해는 인성검사와 면접시험의 중요성을 강조하면서 평점자의 자의적인 판단을 어떻게 할 것인가에 대한 구체성은 없다. 현재 면접시험의 영역과 평점은 아래와 같다. ① 공무원으로서의 정신자세, ② 전문지식과 그 응용능력, ③ 의사발표의 정확성과 논리성, ④ 용모, 예의, 품행 및 성실성, ⑤ 창의력, 의지력, 기타 발전 가능성 등이다. 면접시험은 상(3점), 중(2점), 하(1점)로 평가하여 정하게 된다. 만점은 15점이며, 최저점은 5점이다. 각 면접위원이 채점한 평균이 중(10점) 이상이어야 하고, 위원의 과반수가 위 5가지 항목 중 하나라도 하(1점)로 평점이 내려가면 안 된다. 필자의 견해는 교정의 사회화, 개방화, 투명화를 위해서는 면접의 비중을 15점에서 20점으로 상향조정하고, 면접관의 평점은 10점으로 낮춘다. 5가지 항목 중에서 하나라도 하의 평점을 받더라도 현재처럼 바로 불합격되는 것이 아니라 면접관점수와 자기평점과 필기시험성적을 총합산하여 합격자가 결정된다. 자기평점은 10점으로 한다. ① 수상경력 2점, ② 동아리활동 및 봉사경력 2점, ③ 각 종기부 1점, ④ 헌혈, 장기기증, 해외연수 中 1점, ⑤ 중고개근상유무 1점, ⑥ 자격증(복지사, 경비지도사, 무술단증, 상담관련, 교원자격증) 각 1점 合 3점으로 한다. 이렇게 함으로써 예측이 가능하고 부조리를 막을 수 있으며, 자기평점으로 인성부분을 반영함으로써 면접의 역기능은 최소화하고 순기능은 확대한다. 체력검정은 폐지하는 것이 교정직원 자질향상 및 우수인력확보, 그리고 교정의 발전에 기여할 것으로 본다. 교정의 사회화, 교정의 다양화에 역행함은 물론 외국의 경우는 장애인, 고령자 다양한 스펙트럼으로 矯正人이 구성되어 있다. 교정의 영역은 광범위하여 젊고 참신한 무술교도관도 분명 필요하다. 그러나 조직의 획일화를 초래하며, 교정 수뇌부의 입맛만을 고려한 관료제의 한 단면에 불과하다는 지적이 있다.

보이지 않는 것이라면, 통상 전자(形)만을 가지고 교정의 성패를 논한다. 후자(像)의 보이지 않는 것까지도 짚어 보는 심안이 필요할 것이다. 따라서 기존의 교정이 전자의 수준에 머물렀다면 미래의 교정은 후자의 보이지 않는 것의 내용까지도 보아야 하므로 상담 및 심리 그리고 복지 등 다양한 교화프로그램의 전문가 집단이 교정에 진입토록 하여야 할 것이다.

3. 교정공무원의 사회유사화 원칙

권위주의는 수용자의 교정서비스 생산의 자발적 참여를 가로막을 수 있으므로 현행 교정관련제도 중에서 권위주의적 요소는 지양되어야 할 필요가 있다. 그러나 교정공무원의 권위나 처우는 존중되고 개선되어야 한다. 경찰, 소방, 교육, 군공무원에 비해 차별받고 있다. 교정공무원법[499]도 조속히 제정되어야 한다. 일선교정시설의 직제도 사회유사화 원칙에 따라 개정[500]되어야 한다. 현재 교도에서 교정본부장까지 구성된 계급제를 폐지하고 교도소장을 제외한 모든 교정공무원을 교정주무관(矯正主務官)[501]으로 단일화시켜 team제로 운영할 것을 제안한다.[502]

---

499) 교정공무원법 제정과 관련한 같은 논거로 박상식, "교정공무원의 설문조사를 통한 교정의 발전방향에 관한 연구", 교정연구 제29호, 한국교정학회, 2006, 146~147쪽.

500) 일선 교도소의 기구는 아래와 같다. 총무과, 보안과, 분류심사과, 직업훈련과, 사회복귀과, 복지과, 의료과를 아래 싱가포르 경우처럼 과를 부로 개칭하고 복지과는 교정복지부로 한다. 현재의 과장은 부장이 되며, 현재의 계장은 팀장으로 대외직명을 갖는다. 9~7급의 교도관은 모두 주무관(主務官)으로 호칭한다. 현재 일선실무에서는 9급: 담당, 8급: 부장, 7급: 주임, 6급: 계장으로 호칭되므로 일반 사회 조직 구조와 형평성이 맞지 않고 8급 부장은 일제잔재이다. 호칭이 사회의 지위를 어느 정도 결정하므로 사기진작과 조직의 활성화를 위해서 필요할 것이다.

501) 교정공무원 팀제를 주장하는 일부 학자 중에는 그 명칭을 교정사, 교정복지요원이라 한다. 호칭은 어감과 사용하기에 편리함도 고려되어야 하므로 주무관(主務官)이란 대외직명을 제안한다. 경기도교육청은 2010. 1. 도교육청 산하 행정직, 기능직, 별정직의 모든 대외직명을 주무관으로 통일한 바 있다. "경기도 교육, 학예에 관한 법제사무 처리규칙" 제6조에 주무관의 대외직명제를 규정함으로써 직원의 사기를 진작하고 있다.

502) 허주욱 · 김용준 · 이영근 등은 경찰, 소방과 비슷한 10개 계급을 주장한다(이영근, 한국 교정 · 보호 조직의 발전방향. 교정연구 제21호, 한국교정학회, 2003, 12쪽 이하). '교정공무원법안' 제2조 계급의 구분은 아래와 같다. 교도(순경/소방사)-교사(경장/소방교)-교위(경사/소방장)-교령(경위/소방위)-교감(경감/소방경)-교정관(총경/소방령)-교정원감(경무관 · 치안감/소방정 · 소방감)-교정정감(치안정감/소방정감)-교정총감(치안총감/소방총감)으로 되어 있다. 그러나 경찰은 이러한 계급 세분화의 문제점을 직시하고 책임자와 실무자로 계급의 대폭 축소를 발전방향으로 제시한 바 있다(세계일보, 2009. 10. 21.). 치안력 강화와 사기 진작을 위해 순경 · 경장 · 경사 · 경위의 계급 명칭을 단일화함은 의미가 있다. 교정은 경찰, 소방보다 더 비군사적 조직이어야 하므로 제복의 다양화와 계급체계의 실무자, 책임자, 관리자의 3단계 시스템을 고려할 필요가 있다고 본다.

교도소는 교육형주의의 이념 그대로 교정전문학교로 하며 교도관의 명칭도 교정관[503]으로 개칭할 것을 주문한다.

그리고 현재 교도관의 복제는 법무부장관이 정하는 제복을 착용하는데 제복에는 계급장을 부착한다.[504] 이렇게 계급장이 부착된 제복을 교도관에게 착용하도록 하는 교도관 복제규정은 엄격한 규율이 강조되어야 할 조직 등에는 어울리지만 교정의 사회화와 개방화를 추구하는 교정시설에는 적합하지 않다고 생각한다. 그러한 수직적 계급질서를 보여주는 계급장이 부착된 제복을 입은 교도관들과 접촉하는 수용자들에게는 수직적 계급의식이 내면화되어 왜곡된 사회화가 초래될 수 있다. 수용자는 강력한 감시 장치에 의한 시설에 수용되었다는 느낌을 받으며, 재사회화의 이념 및 교정의 목적에도 부합하지 않는다고 본다.

또한 교도관도 계급장이 달린 제복을 입으면 규칙에 더욱 더 엄격해지므로 목적과 수단이 전도되어 교정의 목적에 방해가 되므로 단기적으로는 수직적 계급문화를 나타내는 계급장을 폐지한 소년보호직 수준의 제복으로 하고, 장기적으로는 사복(私服)으로 교체하는 것이 바람직하다고 사료된다. 이탈리아와 벨기에의 소년교도소는 교도소장 이하 모든 직원이 사복을 입는다고 한다.[505]

즉, 교도관의 제복도 보안 차원에서만 파악할 것이 아니라 제복이 수용자의 의식에 미치는 영향도 고려해 총체적으로 접근해야 한다는 주장이 제기되고 있다.[506] 이와 관련해 천정환 교수는 총체적 교정이론을 제시한다. 즉, 그는 지금까지의 교정학이론은 부분적, 단편적이었다고 주장한다. 가령, 급식에 대해 기존의 논의들은 영양학적 측면만 생각해 접근했으나 그는 음식과 의복 등 모든 급여품이 바로 교정서비스의 생산과 직결된다는 관점에서 어떤 음식이 영양을 증가시키면서도 수용자의 공격성을 감소시킬 수 있는가가 중요하다고 주장한다. 영양을 주면서 공격성을 감소시키는 현미식(玄米食)의 급식이 중요하다는 식으로 교정의 모든 부문을 교정서비스 생산과 관련해 총체적으로 볼 것을 주장한다.[507]

---

503) 자신을 교도관이라고 소개하기를 꺼려하는 이유는 보통 교도소에 근무하는 것이 창피해서가 아니라 그 이름의 어감이 이상하기 때문에 콤플렉스가 느껴지기 때문이라고 한다. 자긍심을 가지라고 강요할 게 아니라 콤플렉스가 느껴지는 이름을 '구성원이 선호하는 이름으로 바꿔 주는 것이 먼저다.'라는 주장이 있다(목영훈, 앞의 논문, 2011. 1, 34쪽). 경찰은 경찰관, 소방은 소방관, 검찰은 검찰관이 자연스럽듯이 교정도 교도관보다는 교정관의 명칭이 합리적이다고 사료된다. 교정조직 구성원의 상당수가 교도에서 오는 명칭이 구시대의 교도대를 연상하며, 북한 군대, 교도대의 어감이 있기 때문에 선호하지 않는 경향이 있다. 현재의 교정관과 교정공무원법안에서 논의되어 온 교정관은 교정령으로 할 것을 주문한다.

504) 김화수, 교정논총, 시사법률, 1999, 328쪽.

505) 천주교 교정사목위원회, "천주교 민영교도소연구발표회", 2003, 99쪽.

506) 천정환, 앞의 논문, 2004, 62쪽.

실제 외국에서는 음식의 맛과 채식주의자 및 종교상의 식사 습관까지도 법령에 규정함으로써 행정편리 위주의 교정이 아닌 수용자 중심의 교정임을 알 수 있다. UN의 권고 규정도 1987. 2. 12. 각료 위원회 제404회 회의에서 채택한 것으로 가맹국에 대한 각료 위원회 권고 R(87) 3호에 따라 가맹국이 그 국내 법규 및 실무의 지침으로 하고 있다. 특히 서칙에 규정된 목적 및 제1부의 기본원칙의 규정을 중시하여 적극적으로 실시하며, 이 원칙을 가능한 널리 공지시키도록 권고하고 있다. 또한, 오스트레일리아 1965년 행형법 제38조에서는 "음복(飮福) 시 맛이 있어야 한다."는 규정이 있다. 프랑스 행형법 부분에서도 채식주의자 및 종교상의 식사 습관도 고려해야 한다는 임의규정이 있다.508) 그리고 수용자의 자발성과 주체적 참여를 활성화시키기 위해서는 교정조직 자체가 수용자의 욕구에 대한 대응도와 환경변화에 대한 적응성과 능동성 등 탄력적 성격을 가져야 하나 관료제509)는 그 속성상 소극성 및 보신주의와 경직성을 띨 수밖에 없어 수용자의 자발적 참여를 활성화시키는 데 한계가 있다.

따라서 수용자의 자발적 참여와 질 좋은 교정서비스의 생산 측면에서는 교정서비스의 생산을 철저히 관료제로만 운영하는 것을 경계할 필요가 있다. 또, 교정수요가 증가한다고 해서 바로 관료제의 확대를 통해 접근하려는 것은 문제가 있다고 생각한다. 그런데 교정수요의 폭증에 대처하기 위하여 교정보호청의 신설과 교정보호청의 외청 독립 및 교정 공무원의 증원을 내세우는 견해가 있다.510) 이는 일반 행정이나 경찰에서 생산하는 일반 공공서비스와 교정주체와 교정객체가 합동으로 생산하는 교정서비스는 특수 공공서비스를 동일시하는 오류를 범하고 있다고 생각한다. 즉, 그런 견해는 교정업무의 폭증과 교정수요 증가에 대응하기 위해서는 교정조직의 확대와 교정공무원의 증대로 해결된다는 관료제 만능주의511)에 기초하고 있다. 이는 교정서비스의 생산과 일반 공공서비스의 생산을 동일시하는 잘못된 전제에서 출발했다고 생각한다. 그 근거로는 매일 대량으로 획일적으로 공급되는 일반 공공서비스에 있어서 대량생산을 지배하는 이념은 최소의 비용으로 최대의 산출량을 만드는 능률성과 효율성이다.

---

507) 천정환, 앞의 논문, 2004, 62~63쪽.

508) 김용준, 앞의 논문, 1996, 29쪽.

509) 교정조직의 관료제는 규칙에의 동조과잉, 형식주의, 사무처리의 복잡, 책임의 회피 등이 역기능으로 지적된다: 日本法務省矯正 硏修所, 矯正社會學, 財團法人矯正協會, 1997, 39頁.

510) 허주욱, 교정학, 일조각, 1997, 262~264쪽; 허주욱, 교정보호학, 박영사, 2010, 920~930쪽.

511) 관료제는 직무와 권한의 배분, 공과 사의 분리, 전문지식, 합리적 규칙에 의한 사무처리 등의 장점은 있다: 日本法務省矯正 硏修所, 矯正社會學, 財團法人矯正協會, 1997, 39頁.

그리고 능률성 이념과 친화적인 조직 패러다임이 바로 중앙집권과 관료제 이론이지만 교정재라는 공공재는 일반 공공재와 달리 교정 공무원과 수형자의 합동으로 생산되고 일반 공공재처럼 동일한 성격의 내용을 대량생산하는 것이 아니라, 각기 다른 성격을 가진 교정서비스를 다품종 소량 생산하게 된다. 이러한 다양성과 개별적 적합성에 친화적인 조직 패러다임은 탈관료제 또는 완화된 관료제, 분권적 조직, 수평적 조직 이론이라고 생각한다. 따라서 교정 행정업무가 폭증한다고 해서 관료제 이론에 의해 공무원의 증대와 조직의 확대에 의해 해결해서는 곤란하다. 탈관료제적 조직이나 팀제적 조직접근에 의해 해결해야 된다고 생각한다. 그 근거는 과거부터 지금까지 교정업무의 증대와 교정수요가 증대될 때마다 조직의 신설, 지방교정청의 설치 등 관료조직의 강화와 공무원의 증대로 대응해 왔다. 그러나 80년대에 30%에 불과한 재범률은 갈수록 해마다 증가해 2002년에는 64.3%가 되며[512] 암수 범죄율을 고려하면 재범률은 이보다 훨씬 높을 것인데 이런 현상은 교정서비스의 생산을 일반 공공재의 생산과 동일시해 같은 방식으로 대처한 결과라고 생각한다.[513]

4. 직원의 사기진작 및 관리자의 자질향상 방안

1) 기존 주장들에 관한 문제제기

교정공무원에 관한 많은 연구결과는 자신들이 수행하고 있는 업무에 대하여 부정적인 견해를 가지고 있는 것으로 조사결과를 인용하기 시작한다. 그 결과를 가지고 교정공무원의 사기저하, 열악한 근무환경, 수용자의 통제 어려움, 수용자들의 악의적인 고소, 고발 사태의 빈발, 수용자들의 정부의 인권옹호 시책의 악용 등을 들어 교도관의 처우개선과 교정조직의 확대를 주장한다. 법학적 접근은 사회학이나 통계학처럼 설문조사를 통한 통계적 수치를 통해 이러함으로 저런 대책이 필요하다는 연구방법도 일견은 타당하다. 그러나 설문조사의 경우는 목적, 대상, 투명성이 담보되어야 함에도 기존 연구는 그런 부분을 간과하고 있다. 가령 교도관의 부정적인 견해는 관리자인지, 직원인지, 교회사, 분류사, 보안직원인지 세분화되어 있지 못하다. 그러나 설문과 여론은 참고사항이지 그 자체

---

512) 2003. 8. 5. 조선일보. 한편, 2000년 모범생활 등으로 가출소된 487명의 보호감호자 가운데 48.6% 다시 재범한 것으로 나타났는데 가출소된 보호감호자의 재범비율은 1995년 26.7%였으나 갈수록 증가해 2000년에는 48.6%를 기록했다(중앙일보, 2003. 9. 17.).

513) 천정환, 앞의 논문, 2004, 61~64쪽.

가 정책을 주도해서는 안 될 것이다.

2) 기존 학자의 일반론적 방안

교정시설 내 근무여건은 시설수준이나 제도 운영방법에 따라서 다소간의 차이는 있겠지만 수용자를 관리하고 교정·교화해야 한다는 본질적인 내용에서 차이가 있을 수는 없다. 그러므로 여기서는 현행 교정시설이나 교정제도의 운영방법 등 현실적인 문제를 중심으로 교정공무원의 사기진작 방안을 살펴보고자 한다.[514] 첫째, 앞에서도 언급한 것과 같이 수용밀도를 완화하여 과중한 업무부담을 경감시켜야 하는 것이 가장 시급한 개선대상이다.

둘째, 교정공무원법을 제정하여 교정공무원의 임용, 승진, 복무 등에 대해서 교정의 특수성을 반영할 수 있도록 해야 한다. 앞으로 교정공무원법을 제정·시행하여 교정직공무원의 근무 특성이 반영될 수 있고, 또한 전문성을 갖춘 교정인력을 장기적으로 수급할 수 있는 환경을 조성하는 것은 교정행정의 정상화를 위해 반드시 필요하다. 보수면에서도 경찰공무원보다 낮게 책정되어 있어 유사 직종 간에서도 상대적인 박탈감을 느끼고 있는 것이 사실이다.

셋째, 교정본부를 외청(교정복지청)[515]으로 독립 운영하는 것이다.[516] 교정업무는 그 기구의 방대함이나 구성인력 면에서 보더라도 법무부 내 1개 본부로 업무를 수행하기에는 어려움이 있다.[517] 따라서 법무부 교정본부를 교정복지청으로 독립시켜 교정행정의 전문성을 최대한 발휘할 수 있는 여건을 갖추어야 할 것으로 본다. 물론 전제 과업으로

---

514) 정진수·박양빈·이윤호·임재표·김종정·홍남식·이종택, "21세기 교정비전과 처우의 선진방안", 형사정책연구총서, 한국형사정책연구원, 2003, 364~397쪽 참조. 교정공무원의 사기진작방안은 이윤호·남상철·이순길·김용준·허주욱·이영근 등 대부분 같은 입장을 견지하고 있다. 필자도 기존의 주장들도 분명 반영되어야 할 과제임에는 틀림없다고 본다. 그러나 교정조직의 확대, 급여인상, 처우개선은 주창자들의 입장이 교정고위급들임으로 자신들의 이익을 고려한 부분들이 많으며, 깊이 고민해야 할 하급직원의 구체적인 근무환경(완전한 4부제의 실시 등)이나 처우개선은 새로운 내용이 없다.

515) 허주욱, "교정삼제(矯正三題)", 교정연구 제50호, 한국교정학회, 2011, 213~238쪽에서 교정복지청의 명칭대신 교정보호청의 명칭으로 통합을 주장하고 있다.

516) 교정학자들의 다수견해이며, 일반행정 및 경찰행정 학자들도 교정청의 외청 분리를 지지하고 있으나 검찰 쪽은 조직확대를 통한 예산상의 문제를 들어 반대기류가 강하다. 다수의 교정학자들은 교정청 외청 독립에 관한 연구가 주류이다.

517) 법무부 교정본부 산하조직과 인력규모를 보면, 지방교정청 4개 기관과 교도소·구치소·감호소·구치지소·교도지소 등 모두 51개 기관이고, 인력면에서는 교정공무원 15,221명, 경비교도 4,731명, 수용자 45,689명 등이다(2011. 1. 기준).

서 교정본부와 범죄예방정책국의 통합이 선행되어야 하는데[518) 조직 이해관계의 문제가 걸림돌로 작용하는 것 같다.

교정과 보호의 통합으로 이어져 시설·중간·사회의 3단계 처우가 유기적으로 이루어져야 하는데 범죄예방정책국의 입장은 완전히 정리되어 있지는 않으나 반대쪽이 주류이다.[519)

모든 입장은 형식적 입장과 실질적 입장 두 가지가 있는데 보호직의 실질적 입장은 교정의 흡수를 우려하고 있다. 이러함으로 단순한 조직확대를 통한 교정청의 독립운영을 지양하고 먼저 내부의 차별적인 요소들을 풀어내고 실질적인 시설, 중간, 사회처우의 획기적인 제도개선의 지침돌을 세우는 계기로 삼아야 할 것이다. 경찰은 검찰보다 차별 받는다고 생각하며, 교정은 경찰, 소방보다 차별받고, 교정내부에서도 사복교도관은 정복교도관보다 차별받는다고 생각하고 있다. 조직의 내부를 심안(審按)해 보면 일견 맞는 말이기도 하다.

범죄예방정책국도 예외는 아니어서 차별이 그 도를 넘고 있는 것 같다. 가령 보호직 이외의 간호, 의료, 기능직에 대한 형평성의 문제를 지적할 수 있다. 간호의 경우 간호 이외 부수적인 업무가 보호직렬의 업무임에도 간호직이 맡는 경우가 있으며 수당에서 제외되고 있다는 것이다.

넷째, 교정공무원 교육기관의 독립이다. 현재 법무연수원 소속 1개 부로 운영되고 있는 교정공무원 교육기관을 별도로 운영하여 교정공무원이 수행하는 업무의 특수성[520)이 반영된 교육 훈련환경을 조성하고 교정이념에 충실한 전문 교정인력을 양성하는 기관으로 거듭나야 한다.

3) 교정 내부적 측면의 새로운 방안

교정공무원은 사회적 지위도가 낮고 열악한 근무환경 등으로 다른 직종에 비하여 직업 만족도가 낮게 나타나고 있다.[521) 뿐만 아니라 교정이념을 구현할 만한 여건이 충족되지

---

518) 허주욱·이순길·정갑섭·이정찬·이영근·김용준 등의 주장이며, 신석환 박사는 다른 입장이며 필자는 조건부 통합이 타당하다고 본다.

519) 고기원 범죄예방정책국 분류심사관, "교정심리학의 이해와 적용", 한국교정상담학회2011 춘계워크숍, 2011. 3. 19., 21면 이하.

520) 시승시갑, 총검술, 사동근무방법, 공장근무방법, 호송근무방법, 수검방법 외에 심층 범죄심리 파악 등의 분명한 특수성이 있다.

521) 박상식, "교정공무원의 설문조사를 통한 교정의 발전방향에 관한 연구", 교정연구 제30호, 한국교정학회, 2006, 135쪽.

못한 상태에서 수용자에 대한 통제와 처우라는 상충적인 상태가 갈수록 극심하게 나타나고 있어 교정공무원은 근무에 많은 어려움을 겪고 있다는 발표가 있다.[522] 특히 수형자와 직접 대면의 시간이 가장 많은 하급보안직원의 처우개선이 시급하다고 본다. 처우개선 없이 하급 직원에게 사명감을 가지라는 것은 본말이 전도된 것이다. 교도관의 사명감 문제는 관리자가 주입식으로 가져라고 해서 사명감을 갖게 되는 것이 아니다. 처우상·운영상의 문제가 해소되어 사명감을 불러일으키는 것이다. 전자의 문제 개선 없이 후자의 사명감을 가지라는 것은 훈시의 명분으로 심리적인 위협을 가하는 것이나 다름없다. 그들의 열악한 근무환경은 분명 제도적인 측면도 존재하고, 그 제도를 가지고 내부 조직 속에서 움직이는 관리자의 지휘권 행사에도 문제가 있다고 본다. 우선 하급직원의 근무 환경 개선을 위해 관리자의 재량권을 제한할 필요가 있으며 직원도 관리자를 평가하는 상사평가제[523]를 도입하면 관리자의 권한남용이나 수용자뿐만 아니라 직원의 인권침해도 줄어들 것으로 보인다. 이러한 제도개선과 더불어 교정직원 개개인 생각의 바람직한 변화가 이루어져야 하는데 교정문화가 지체되고 있다는 것이다. 특히 상급자의 의식변화는 제도의 개선과 동시에 이루어져야 하는데 지체의 정도가 심각하다.

즉, 상급자는 평가자로 존재하면서도 관찰자로 존재하는 '침묵의 지휘권 행사' 학습이 결여되어 있다. 부작위 개념의 직무유기로 접근하는 것이 아니고 하급자를 교정하려 들지 말라는 것이다. 찰찰(察察)이 불찰(不察)인 것처럼 생각을 바꾸어 관찰을 하는 자세가 요구된다. 그러면 하급자는 바람직한 방향으로 변화될 것이다. 혹자는 지나치게 살피고 꼼꼼히 하여도 교정사고가 일어나는데 찰찰(察察)은 아무리 강조해도 부족하며, '침묵의 지휘권 행사'는 "교정의 실상을 모르는 탁상공론일 뿐이다."라고 한다. 이것은 찰찰(察察)의 중요성을 경시하자고 하는 것이 아니라 때로는 조용한 관찰자로서의 입장도 가져보자는 균형감각을 강조한 것이다. 인간이 눈이 두 개인 것은 주관적인 측면과 객관적

---

522) 박상식, 앞의 논문, 2006, 135쪽.

523) 상사평가제는 다면평가제 중의 하나이다. 다면평가제는 어느 개인을 평가할 때 직속 상사 한 사람이 평가하는 것이 아니라, 다수의 평가자가 여러 방면에서 평가하는 것을 말한다. 상사평가·동료평가·부하평가·고객평가·자기평가 등의 결과를 합산해 인사고과 점수를 산정하는 방식이며 평가 주체가 다양하기 때문에 인사고과에 대한 객관성을 높일 수 있고, 평과결과에 대한 반발의 소지를 줄일 수 있다는 점에서 긍정적 반응을 얻고 있다. 그러나 다면평가의 실시과정에서 공정성과 신뢰성이 저하되는 문제점이 지적되고 있다. 이러한 인사평가 방식은 1940년대 영국의 정보국에서 첩보원을 집단 평가한 데서 유래되었고, 이후 해외의 많은 기업들이 이 방식을 채택하고 있다. 우리나라에는 1990년대부터 대기업을 중심으로 도입되었고 공무원의 경우, 1998년 공무원임용령에 승진심사 때 동료·하급자·민원인 등의 평가를 반영하도록 규정한 조항(제35조의4)을 신설했다. 이에 따라 가장 빠른 움직임은 2007년 5월 교과부가 다면평가제를 도입하는 교육공무원승진규정의 개정을 공포하였다. 관리자에 의한 직장폭력이 심한 부서의 경우 도입을 검토해 볼 수 있다.

인 요소를 동시에 두 눈으로 보고 한 개의 입으로 일관되게 말하라는 의미인 것처럼, 또 다른 측면의 효용가치를 놓치지 말자는 의미일 것이다.

그러함에도 평생을 교정과 함께한 실무 경험이 풍부한 허주욱, 남상철, 정갑섭, 이순길 등은 '교정과 교화 그리고 수형자의 처우'를 수용질서유지의 틀 속에서 논거를 펼치므로 '교정은 없고 질서만 있다.' 그들의 리더십은 하급자는 평가의 대상일 뿐이지 더불어 상생하는 동반자와는 거리가 있다. 주요 논저의 결론도 조직확대, 교도소의 증설, 급여인상 등이다. 독자적인 논리구축이 아니라 다른 조직을 걸고 넘어지면서 요구하는 것은 바람직해 보이지 않는다. 즉, 교정을 경찰과 비유해서 조직확대, 급여인상 등을 요구하고 있다. 일견 타당하기도 하지만 경찰은 순경의 경우라도 각자 고유 업무를 가지고 있으며 서장은 말단 담당의 고유 영역을 존중하고 있다는 것이다. 교정의 경우는 오로지 장(長)의 지시만 있고, 담당의견의 소통 통로는 부족하다는 것이다. 따라서 처우개선을 논할 때, 교정현실의 문제점을 직시하고 대안을 내세워 조직확대524)와 처우개선을 주장하였으면 한다. 경찰은 외청이고 경찰병원이 있으므로 矯正도 외청과 교정병원을 설립하라면 설득력이 없다. 矯正은 矯正을 말해야 한다. 따라서 교정의 사기진작 방안으로 처우의 다양화뿐만 아니라 근무형태의 다양화를 수용하여야 한다. 즉, 유연근무제(柔軟勤務制, purple job, Flexible Workplace)525) 및 매월 담당 직원이 지정한 '특정요일 휴무제'526)

---

524) 조직확대가 필요한 경우는 경찰과 비교하지 말고 독자적인 논리를 가지고 정책입안자의 마음을 움직이고 공보기능을 강화하여야 한다. 언론과는 대적하지 말고 그들을 활용함으로써 직원의 처우개선이 가시화될 수 있다고 본다.

525) 공무원 유연근무제라 함은 공무원의 근무형태에 따라 개인별, 업무별, 기관별 특성에 맞게 다양화하는 제도이다. 근무장소, 시간, 방법, 복장, 형태 등 5개 분야 총 9개 유형의 유연근무제의 유형이 있다. 공무원 유연근무제 주요 내용은 다음과 같다.
　① 시차출퇴근제: 하루 8시간 근무체제를 유지하면서 자율적으로 출·퇴근할 수 있는 제도
　② 선택근무시간제: 주 40시간의 범위 내에서 1일 근무시간을 자유롭게 조정하는 제도
　③ 재택근무제: 집에서 업무를 할 수 있는 제도
　④ 원격근무제: 시간과 장소에 구애받지 않고, 사무실이나 모바일 기기를 이용해 근무하는 제도
　⑤ 재량근무제: 실 근무시간을 따지지 않고 기관과 개인이 합의한 시간을 근무하는 제도
　⑥ 집중근무제: 핵심근무시간을 설정, 이 시간에는 회의, 출장, 전화들을 자양하고 최대한 업무에 집중하는 제도
　⑦ 자율복장제: 편안한 복장으로 착용하는 제도
　⑧ 집약근무제: 주 40시간 근무시간을 유지하면서 주 5일보다 짧게 근무하는 제도. 업무자의 마인드에 따라 업무 효과성이 차이가 많이 날 수도 있고 감시·감독의 소홀해질 수 있는 문제점이 있으나, 시간과 장소에 구애받지 않고, 어디서든 어느 정도의 환경만 갖추어지면 일을 진행할 수 있고, 업무의 포커스를 잘 맞추어 효율적으로 일할 수 있어, 업무 능력도 많이 상승할 거라고 예상하고 있다. 탄력적인 시간 활용으로 여성에게 많은 일자리 창출을 할 수 있을 것으로 보고 있다(이슈제주, 2010. 3. 23.).

526) 교정시설의 다양화뿐만 아니라, 그 시설을 책임지고 있는 교도관의 다양한 문화활동과 동우회의 활성화 등이 필요하다. 가족 간의 유대관계도 필요하다. 4부제의 맹점은 특정 요일을 지목하여 활용할 수 없다는 문제점이 있다. 따라서 매월 1회 담당직원이 지목한 특정요일을 접수받아 쉬게 하는 제도이다.

의 실시를 주장한다. 그리고 무급휴직의 요건에 학업, 각종 직업전문학교의 연수 및 농림어업 등 다양한 체험의 기회를 제공토록 완화할 것을 주문한다.

또한 후술하고 있는 교도수첩, 호루라기, 지참금 제도를 철폐하고, 새벽 비상소집도 소장이 남발하지 못하도록 천재지변, 교도소 폭동과 급박한 상황에 발동할 수 있도록 함으로써 근무환경이 개선되고 사기진작이 이루어져야 한다고 본다. 이발소, 휴게실, 대기실, 식당 등 모든 공간은 소장전용·간부·비간부의 구분을 없애는 것도 사기진작의 방안이다. 조직의 확대와 더불어 조직의 축소가 필요하다면 과감한 축소가 필요하다.

교정에서도 외곽부서의 경우에는 시간제 근무 등 비정규직을 확대하여 신규채용과 특채를 제한해야 한다. 특채가 부득이 필요한 경우는 인사위원회에 교정내부인사를 배제시켜 오해의 소지를 줄여야 한다. 공정성과 투명성의 확보차원에서 외부전문가의 능력을 활용하여 선발하면 될 것이기 때문이다. 가령 면접위원 5명의 경우에 교정내부인사 한 명이 들어가면 실세 1명이 4명의 면접위원을 무력화시키므로 영향력 행사의 문제는 양적인 구성보다는 질적인 구성이 중요하다. 면접위원의 구성문제도 수용자 처우의 경우처럼 전적인 분할처우로 공정성을 담보해야 할 것이다.

최종 면접의 경우는 1:1대면방식과 더불어 면접자 전원 집단토론 면접방식으로 응시자 스스로 합·불합격의 결과를 예측할 수 있는 면접상황을 최종응시자에게만은 부분적으로 공개할 필요가 있을 것이다. 1:1대면 면접의 경우에도 면접 후 바로 퇴장시키지 말고 다른 경쟁자의 면접과정을 지켜보게 하여 불합격의 이유를 스스로 알게 하고, 뒤이어 집단토론 면접방식으로 검증을 하는 이러한 공정한 선발은 수용자 처우에 있어서도 공정한 처우로 이어질 것이다.

또한 경비교도대의 업무와 외곽경비, 수용자의 직접적인 접촉과 무관한 모든 영역은 수용자의 분할처우 방식처럼 민영으로 분할하여 기존 직원은 그들의 감독자로서 활용하여 처우의 향상을 기하였으면 한다. 즉, 교정 내부적 측면의 개선을 먼저하고 과학적이고 당당한 논리를 개발하여 교정 외부적 측면의 개선을 관철하는 방향으로 나아갔으면 한다.

4) 교정 외부적 측면의 새로운 방안

전술한 교정 내부의 문제는 스스로의 개선과 대안을 통하여 가능한 부분이 많이 있는 것은 분명하다. 그러나 경찰, 검찰, 법원과의 유기적인 협조를 하면서 개선할 부분은 교정만이 나 홀로 잘할 수 있는 여지가 그만큼 줄어드는 데 어려움이 있다. 특히 가장 문제시되는 것은 국회와 기획재정부와의 힘의 역학관계를 어떤 논리와 역량으로 풀어내느냐가 관건이다. 정부예산이 학연, 지연, 집권실세의 영향력에 따라 배분이 달라지는 것이 엄연한 현실이다. 교정은 예산 확보의 당위성과 분명한 논리를 개발하여 교정의 과밀화로 직원과 수용자의 처우가 어려워지는 것을 풀어야 하는데 교정수뇌부는 이 점에서 능력을 발휘하지 못하고 있다.

논자는 검사장 출신의 교정국장 시기가 예산 확보와 타 기관과의 협조가 더 잘 되었다고 한다. 학연과 집권실세와의 관계 형성이 부족하다면 다른 방법을 모색하여야 할 것이다. 그것은 교육기능과 홍보기능을 강화하여 전반적인 교정역량을 강화하는 것이다. 가령 경제논리로 예산을 삭감하면 논리에는 논리로 대응하는 것이다. 경제논리만 가지고 접근하여도 신창원 1인 범죄피해 비용은 2년 6개월 도피기간 중 절도 104건, 강도 5건, 강도강간 1건527) 등 총 142건의 범죄를 저질렀는데, 이로 인한 피해액이 무려 8억 3천9백만 원이었다.528) 암수범죄까지 확인되면 직접피해비용만 산출하도 10억이 넘는다는 주장도 있다. 간접피해 비용과 도주기간 이외의 모든 수용기간과 다른 범죄 피해 비용까지 산출하면 경제적 손실은 기하급수적으로 늘어나 교정시설 한 곳의 과밀화를 해결할 수 있는 예산이라고 한다. 한국형사정책연구원도 2011년 2월 우리나라 범죄비용이 연간 158조 원 정도 추산된다는 발표529)를 내놓았다.

따라서 첫째, 이러한 홍보논리를 전담하는 교정전담 홍보부서의 신설이다. 인권위의 활동에서도 보듯이 예산횡포의 구체적인 사례를 논리에 근거하여 보도자료를 국민에게 발표함으로써 당당히 요구하는 시스템, 그것이 바로 홍보전담부서의 신설이다.

둘째, 교육기능을 대폭 개선, 강화하여 전체적인 교정역량을 강화하는 것이다. 교정연수부의 개편과 개혁이다. 교정교수의 내부임용을 최소화하고 계약직 또는 개방형 공채를 통해 교정전문가를 채용하는 것이다. 교정교수의 내부임용은 교정실무영역에만 국한하고 총체적 교정역량을 강화하는 이론파트는 외부전문가를 채용하는 것이다.

셋째, 6급 이하 실무자의 단결권과 각종 동우회 활동을 교정수뇌부나 기관장이 독려함으로써 점진적으로는 교정노조의 설립을 지원해 주는 의식의 전환이 필요하다. 후술하고 있는 외국의 사례에서 보듯이 교정노조의 설립은 일반화되어 있고, 심지어 소장도 노조에 가입하여 노조대표자에 선출되기도 한다. 또한 수형자의 인권뿐만 아니라 하급교도관

---

527) 강도강간은 대법원에서 강간은 무죄판결받은 바 있어, 강도 6건으로 정정보도의 필요성이 있다.

528) 경향신문, 2011. 1. 19.

529) CBS, 2011. 3. 28.

의 인권에도 주목하여 이직률 통계와 크로스 평가를 자료로 하여 교정복지가 동시에 살아 숨 쉬는 교정현장을 기대한다.

넷째, 교정본부 산하에 정책개발 부서의 기능을 강화하는 것이다. 가령 예산 책정 시 경제논리나 효율성의 문제로 제동을 걸면 형평성의 논리를 개발하여야 할 것이다. 교정의 경우 형평성의 논리는 경찰, 검찰에 비해 우위를 점하고 있으므로 경제논리의 개발이 더 중요하다고 본다. 즉, 범죄의 사회적 비용 추정연구530)등을 통하여 교정발전과 교정논리가 우위에 설 수 있다고 본다.

5) 형평처우문제와 개선방안

수용자들은 통제된 사회에서 생활하는 관계로 공평한 처우 여부에 대해서는 본능에 가까울 정도로 많은 관심을 가지고 있다. 교정시설에서 집행하고 있는 수용·계호·접견·서신·교육·교회·작업·급양·의료 등 제반 처우는 어느 수용자에게나 공평하게 이루어져야만 불평불만이 없고, 또한 정부당국과 교정(矯正)에 대하여 신뢰를 가지게 될 것이며 더 나아가서 교도소 내 폭력행위도 감소할 수 있다. 이와 같이 수용자들이 교정에 대하여 신뢰를 가지게 하려면 먼저 직원 개개인들이 수용자와 관련된 작은 업무처리에서부터 원칙을 증시하고531) 상벌업무를 공정하게 운영해야 한다. 수용자들 중에는 교

---

530) 각 기관별 2007년 예산을 기준으로 하여 대응 단계의 비용을 추정하면 아래와 같다. 경찰청의 경우, 국회에 제출된 2007 회계연도 사업실적 및 세입세출결산보고서에 의하면 경찰은 총지출액이 약 6조 5,781억 원, 08년 검찰연감에 의하면 검찰은 약 5,847억 원, 국회의안 정보시스템에서 제공하는 형사사법 기관별 07년도 세입세출 보고에 의하면, 법원의 경우 약 5,039억 원, 범죄예방정책국 내부자료인 보호관찰, 교정, 소년보호의 경우는 전자의 경우는 약 48억 원, 중자의 경우는 약 589억 원, 후자의 경우는 약 8,288억 원, 그리고 한국법무보호복지공단의 07 회계연도 사업실적 및 결산보고서에 의하면 갱생보호는 약 62억 원으로 조사되고 있다. 자세한 내용은 조흥식, "범죄의 사회적 비용 추정연구", 서울대 산학협력단, 2009, 12쪽.

531) 정부당국, 특히 경제기획 부처에서는 범죄자 처우에 적정한 예산을 배정해야 한다. 현재 교정 예산규모로는 수용자들에 대한 최소한의 구금을 확보하는 데도 어려움이 있다. 우리 사회에서 한 건의 범죄가 발생하여 수사하고 재판하여 교정처우 후 재사회화(Resozializierung)하는 데 소요되는 막대한 비용을 감안하면, 교정행정에 대한 적정 수준의 투자는 엄청난 사회적·경제적 비용을 줄이는 것이다. 이러하므로 교도소 내에서 뿐만 아니라 정부예산 기획부서에서도 형평성이 유지될 수 있도록 하여야 한다. '힘든 것은 참을 수 있어도 차별하는 것은 참을 수 없다'는 말을 다시 한 번 상기할 필요가 있을 것으로 생각한다. 수용자들도 그런 말을 하지만 교정도 예외는 아니다. 최초의 교도관 출신이 교정국장, 교정본부장에 임명되면서 예산확보에 어려움이 더 많다는 것이다. 우리사회의 고질적인 병폐임에는 분명하다. 유신과 5공 때에도 예산권한의 배정을 쥐고 있는 사무관의 집과 직장 주변에는 힘없는 부서의 고위직까지도 자기 조직의 확대를 위해 로비하는 진풍경이 벌어졌다고 하니, 예산 배정의 원칙인 효율성, 균형성, 시급성을 홍보해야 함에도 힘의 논리에 의해서 예산이 짜이면 교정의 과밀화 현상의 해소와 부조리의 척결은 요원한 것이다. 참여정부 때 실세총리가 사석에서 '자랑삼아 총리실의 새로운 조직이 많

정 당국에 대하여 매우 비판적인 태도를 가진 사람도 적지 않다. 정치범죄, 경제범죄, 공무원범죄의 관료들은 구속된 지 몇 개월 안 돼서 전관예우의 힘을 사유화하여 사회처우로 전환되거나 석방된다.532) 반면 생계형 범죄, 단순절도, 경미한 폭행을 한 번 했다는 이유와 전과자라는 사회적 낙인으로 몇 년씩 시설처우를 강행하는 것은 형평에 맞지 않다. 따라서 수용자들의 이와 같은 사회적 불신은 경찰, 검찰, 법원 및 권력주체들의 몫임에도 곧 교정에 대한 불신으로 이어져서 수용, 교육, 계호533) 등에 효율성이 저하되는 측면이 있다.

Ⅲ. 교정관계 법률의 정비

1. 형의 집행 및 수용자 처우에 관한 법률의 정비

형의 집행 및 수용자 처우에 관한 법률상의 개정방향을 알아보면 첫째, 생활조건의 원칙은 헌법상 기본적인 인간의 존엄성을 해치지 않고, 수용자의 사회화를 촉진할 수 있는 시설환경이 되어야 한다.534)

이 생겼다'고 하였다. 정권실세들이 타산지석으로 삼아야할 일이다. 형사정책의 4두마차라고 하는 수사와 재판이 과밀화의 문제를 만들어 교정(矯正)에 던져 주고 예산당국은 문제 해결의 열쇠를 가지고 실세총리의 자랑처럼 힘의 역학관계에 의해서 예산이 배분되는 것을 막아야 한다. 검·경 등 힘 있는 부서의 예산집중으로 교정은 과밀화의 현장에서 엄벌주의 칼 하나만을 가지고 수용질서유지에 힘을 뺏기고 있다. 그래서 교정(矯正)에 교정(矯正)은 없고 질서만 있다는 것이다.

532) 이들을 교정시설 내에도 일반수용자들과는 확연히 다른 처우가 이루어진다. 가령 과밀화에서 자유롭다. 자기만의 공간이 주어지므로 교정사고나 문제수로부터 폭행의 우려도 없다. 그들은 특별함으로 혐오스런 단순노동도 강요받지 않는다. 맘껏 공부할 수 있고, 명상도 할 수 있고, 운동도 할 수 있다. 면회도 주로 직원의 입회 없이 특별면회가 이루어진다. 24시간 특별경호원의 호위를 받으며 사회에서 자기가 짊어졌던 모든 책임을 교정이 대신하여 주는 것이다. 교정조직 확대의 논리구축에 최선을 다하는 남상철, 김용준, 허주욱, 이순길 등은 교정에서 화이트칼라 수용자(일명 범털)에 대한 특별대우는 없다고 한다. 그러나 2010년 현재도 고위공무원 및 의원신분으로 특별면회가 이루어지는 현장이 증거이며, 이것은 수형자의 누진계급(累進階級) 기준이 되어야 함에도 면회신청자의 사회경제적 지위가 기준이 되는 것이다. 2010. 1. 여주교도소에서 출소한 화이트칼라 A의 증언도 힘 있는 지인은 거의 특별면회로 들어왔다는 것을 확인한 바 있으며, 이것은 바로 교정(矯正) 스스로가 개선해야 할 과제이다.

533) 계호(戒護)라 함은 교정시설의 안전과 질서를 유지하기 위해 수용자를 경계와 보호하고 명령하는 것을 말하며, 수용질서 유지가 침해되거나 침해될 우려가 있는 경우에는 이를 진압, 배제하고 원상회복을 위하여 강제력을 행사하는 것 등을 말한다. 정복교도관만이 계호권을 행사할 수 있고, 교회직, 직훈교사, 분류직, 의료직, 기술직, 고용직공무원은 극히 제한적으로 계호권을 행사할 수 있다.

534) 박찬운, "국제인권원칙으로 본 한국행형 제도의 문제점과 개선방향", 국제인권원칙과 한국의 행형, 서울지방변호사회, 역사비평사, 1983, 38쪽.

둘째, 거주시설 및 의류·침구·식사·운동·의료 등 생활조건에 대한 세세한 부분을 법률로써 정할 수는 없으나 그 기준과 원칙은 최소한 최저 기준규칙의 내용 이상을 법률로 정해야 한다. 그런 후에 시행령 등에 구체적으로 규정해 둘 필요가 있다.

셋째, 법률과 시행령 등 교정관련법규에 규정되는 생활조건에 관한 제 규정의 입법방식은 재량행위의 제한(制限)으로 나타나야 한다. 현재의 법규 대부분은 소장의 재량권을 너무 많이 인정하여 그 준수가 담보되지 않고 있다.[535]

마지막으로 법이 아무리 구체적으로 규정해도 실효성을 갖지 못하기 쉽다. 그것은 교정시설이 제3자에 의해 감독되지 않고, 수용자 불복신청제도의 번잡성과 기회의 차단으로 운영상의 문제점이 해소되지 않는바, 분할처우의 실시로 권리주장의 기회를 확대하여 다양한 의료처우가 실시되어야 한다.

2. 교정관계법령의 명칭 정비

'행형법'을 해석하면 형벌의 집행에 관한 법률이라는 뜻이다. '행형법'의 규율대상에 형벌집행 대상이 아닌 미결수용자도 포함되어 '행형법'이라고 부르는 것은 논리적으로 맞지 않다는 이유에서 법률제목을 바꾼 것으로 보인다. 그렇다면 '미결수용자 처우에 관한 법률'만 새롭게 제정하였어야 했다. 일본의 경우는 2005년 5월 18일 '행형시설 및 수형자 처우 등에 관한 법률'의 명칭으로 제정하였다.[536] 우리와 달리 수형자처우법과 분리하여 2006년 '형사시설에서의 형사피고인의 수용 등에 관한 법률'로 정비하였다.

현재, '형집행법' 명칭 논리대로라면 범죄 및 형벌에 관한 사항을 규정하고 있는 '형법'은 '범죄 및 형벌에 관한 법률'로, '형사소송법'은 '수사·공판 및 집행에 관한 법률'로 법률명을 바꾸어야 한다는 결론에 이른다. 헌법, 민법, 형법, 상법, 행형법 등 국가기강의 근간을 이루는 기본 법령들은 모두 법령명이 간결하다. 규율대상 중 법령을 상징하는 가장 핵심적인 내용 한 가지만 뽑아 제목으로 할 뿐 법령의 규율대상을 모두 제목에 포함시키지 않고 있다. 법률명을 어떻게 정하느냐 하는 것은 한시법으로 전락하느냐, 아니면 형법·민법과 같은 기본적인 법률과 대등한 위치로 자리매김하느냐 하는 중요한 문제이다. 국가형벌권에 관한 기본법 중에 하나인 행형법은 이름이 긴 한시법이나 특별법과는 차원이 다르다. 우리가 흔히 기본 6법이라고 부르는 법들은 제정 이후 수차례 개정

---

535) 김용준, 앞의 논문, 1996, 39쪽.
536) 김태명, "일본의 수형자처우법의 내용과 평가", 교정연구 제29호, 한국교정학회, 2005, 152쪽.

되었을망정 제목은 바뀐 적이 없다. 조직의 위상 재고(再考)를 위해서 법제사(法制史)적으로 중요한 의미를 지니고 있는 '행형법'을 지켜 나가야 한다는 주장도 있다.537)

또한 수형자와 미결수용자에 관한 두 개의 파트로 나누어 행형법의 명칭을 교정법으로 바꾸어야 한다는 제언도 있다.538)

필자는 교정과 보호의 통합과 시설처우와 사회처우의 연계를 위해서는 현행 법률의 명칭정비를 '교정보호 및 복지에 관한 법률'로 하여 소년법을 포함한 보호관찰 등에 관한 법률까지 연계한 명칭정비와 개정을 제안한다.

3. 행집행법 시행규칙 제214조의 개정방향

시행규칙 제214조의 규정이 너무 포괄적이며, 수용자의 일상생활을 과도하게 통제하는 것으로 판단되어 명백히 질서유지에 반하는 행위에 대해서만 징벌이 부과되도록 개정할 것을 권고하였다.539)

부득이한 경우를 제외하고 종전 재소자 준수사항의 부정지시 어법을 긍정지시 어법으로 개정한 것은 과학처우 기법의 반영으로 본다. 왜냐하면 절대로 빨간 여우를 생각하지 말 것을 주문하면 더 생각난다는 것이 심리학자들의 다수 견해이다. 뇌는 부정문을 처리하는 데 익숙하지 못함을 반영하여, 동 시행규칙 제214조 제1호에서 제16호의 항은 내용과 형식의 문제점은 많이 해소되었다고 본다. 제17호의 경우가 수용자적 입장을 고려치 않는 보안(保安)중심사고의 산물이라고 본다. "지정된 거실에 입실하기를 거부하는 등 정당한 사유 없이 교도관의 직무상 지시나 명령을 따르지 아니하는 행위"의 내용을 아래와 같이 개정할 필요가 있다.

'정당한 사유 없이 교도관의 직무상 지시나 명령을 따르지 아니하는 행위'로 개정하고 제17호를 제1호로 할 것을 주문한다. 제1호의 정당한 사유의 내용도 교정(矯正)이 편한 대로 자의적인 잣대로 결정되지 않도록 다른 하위 규정이나 지침에 명문화할 필요가 있다. 즉, 정당한 사유의 내용을 교정과 징벌협의자가 동의한 경우로 한정해야 한다. 동의하지 않는 경우는 그 입증 책임은 교정이 지는 것이 형사소송법의 이념에도 부합된다.

그리고 지정된 거실에 입실하기를 거부하는 수용자는 대부분 시설 내(內)의 약자이다.

---

537) 목영훈, 앞의 논문, 2011. 1, 34쪽.

538) 이순길 · 김용준, 앞의 책, 1999, 784쪽.

539) 2003. 6. 16. 인권위원회의 결정.

정당한 사유가 있는 경우와 없는 경우로 구분할 필요가 있다. 후자의 경우 즉, 정당한 사유가 없는 경우는 독거실을 희망하지 않고 다른 혼거실의 전방(轉房)을 요구하는 사례일 것이다. 동성애의 시도 등 수용질서문란을 예고하는 입실거부이다.

정당한 사유의 사례에 대해서는 배방(俳房)관련 기술에서 전술하였다. 조직폭력의 경우는 제17호의 규정위반을 하지 않으며, 만약 위반을 한다면 후자의 경우일 것이다. 조폭은 필자가 제시한 제1호의 규정을 위반할 개연성이 높다. 그들은 동적성향이 강하기 때문이다.

시설 내의 약자는 정적성향이 강하다. 정적성향이 강한 자는 지정된 거실에 입실하기를 거부해서 독거수용되기를 원한다. 제17호 규정 전반부를 위반하지 후반부를 위반하지는 않는다. 교도관의 징벌요구서 의견에는 제17호의 전반과 후반을 구분하지 않고, 입실거부와 명령불복종으로 처리하는 것이 관례화되어 있다. 이러한 관행을 다시 개정법률은 인정해 버린 셈이다. 즉 제17호 전반부의 위반은 국가권력의 시설처우 전략의 문제이지 수용자 개인의 문제가 아니다. 그러함에도 수용자 개인의 문제로 둔갑시켜 명령불북종까지 더하여 징벌을 요구하고 있다. 이러한 필자의 주장에 논자(論者)는 통계를 요구하면서 제17호의 논쟁을 희석하려는 경우도 있다. 그러나 형사법학은 통계학이 아니다. 검증되지 않는 "통계놀음" 역시 논자의 이익을 더하는 수단으로 활용됨을 보아 왔다. 즉, 약자는 원하는 질문에 원하는 답을 내놓는다. 수용자는 설문조사에 응하면서도 자기이익과 관련된 문항에 체크하는 경향이 있다. 설문을 통하여 사적 복수심을 충족하는 경우도 있다. 이러한 부분을 유념하면서 과학적으로 검증된 통계나 철학적 범죄학, 참여적 관찰법, 명상과 영성을 통한 다양한 방법을 시도하였다.

이상과 같은 시행규칙 제214조의 내용은 교정(矯正)이 우월적 지위에서 징벌 목적으로 하여서는 아니 된다. 수용자의 동의하에서 멘토의 역할과 교정사고의 방지 차원에서 주체성이 전제되어야 할 것이다.

4. 보건위생과 의료의 개정방향

1) 의료처우의 개관

형의 집행 및 수용자의 처우에 관한 법률 제40조 각 항은 "소장은 수용자가 진료 또는 음식물의 섭취를 거부하면 의무관으로 하여금 관찰, 조언 또는 설득을 하도록 하여야 한다. 소장은 위항의 조치에도 불구하고 수용자가 진료 또는 음식물의 섭취를 계속 거부하여 그 생명에 위험을 가져올 급박한 우려가 있으면 의무관으로 하여금 적당한 진료 또는 영양보급 등의 조치를 하게 할 수 있다.”라고 규정하고 있다. 수용자의 의사에 반하는 의료조치 규정에 따른 의료적 처우의 대상에는 수용자에게 질병이 있거나 자살이나 자살행위를 하는 경우, 그리고 단식 및 단식농성을 하는 경우 등이 포함될 수 있을 것이다. 또한, 동 법률 제37조 제1항 외부의료시설 진료 등과 관련하여 “소장은 수용자에 대한 적절한 치료를 위하여 필요하다고 인정하면 교정시설 밖에 있는 외부의료시설에서 진료를 받게 할 수 있다.”라고 규정하고 있다. 다만 독일에서는 우리와 같은 임의규정에 관한 많은 논란을 거쳐 제101조 제1항을 그 타협의 산물로 갖추게 되었으나, 우리의 경우는 이 규정과 관련한 활발한 해석론적[540]·입법론적[541] 논의가 전개되어야 할 것으로 본다.[542]

2) 교정의료의 실태

법무부는 점진적으로 의료인력을 현재의 70%선으로 확충하고 각 교정청 산하에 특별의료전담교도소를 만들겠다는 계획을 내놓은 바 있다. 또한 수용자 의료비를 점차 증액시키며, 모든 병실의 온돌화와 더불어 현대적 진료실 설치 등의 사업을 점진적으로 시행해나가겠다고 밝히고 있다. 교정시설 수용자의 의료문제가 국민의료와 직결된다는 점을 감안할 때 교정의료 문제는 유관부서인 보건복지부가 간과할 수 없는 업무라 할 수 있다.

하지만 현재 보건복지부는 교정시설에 공중보건의를 파견하는 것 외에는 교정의료와

---

540) 양화식, “개정 행형법(제7차 개정)에 대한 비판적 검토”, 교정연구 제11호, 2001, 17쪽.

541) 정진연, “수형자의 인권에 관한 문제와 법적 구제”, 오선주 정년기념 『한국형사법학의 새로운 지평』, 도서출판 형설, 2001, 562쪽.

542) 우리의 위 규정은 도주의 위험 및 사회의 안전에 대한 위험 등을 교량하여 소장의 재량사항을 인정한 것으로 보인다. 이 점을 고려한다고 할지라도 임의 규정은 수형자의 건강을 적극적으로 보호하여야 할 국가의 의무에도 배치된다. 적당한 치료가 불가능하다면 당연히 소장은 외부병원으로 이송하여야 할 것이다. 참고로 독일 행형법 제65조 제2항 제1호가 “수형자의 질병이 교도소 또는 의료교도소에서 발견 또는 치료될 수 없거나 수형자를 적시에 의료교도소로 이송하는 것이 불가능한 때에는 외부의 병원으로 이송되어야 한다.”라고 규정함으로써 행형당국에게 적극적인 작위의무를 인정하고 있는 점은 우리와 대조를 보여 준다. 독일 행형법 제56조나 일본 형사시설법률 제15조와 같이 수형자의 신체적, 정신적 건강을 배려해야 할 교정당국의 일반적 의무를 인정하는 소장의 재량통제규정을 두고 있지 않는 우리로서는 ‘형의 집행 및 수용자의 처우에 관한 법률’ 제37조에 의해 수용자의 외부병원수용 여부가 여전히 소장의 재량에 맡겨져 수용자에게는 이송을 청구할 권리가 인정되지 않고 있다. 소장에게는 외부병원이송을 위한 법적 의무도 인정되지 않게 되어 여전히 수용자의료처우의 문제가 과제로 남게 되며 소장의 재량인정으로 유권치료(有權治療)무권무치(無權無治)라는 비판이 있다.

관련한 어떠한 개입도 하지 않고 있으며, 보건복지부 내에 교정의료를 전담하는 부서는 물론이고 인력조차 배치되지 않는 것으로 알려졌다. 즉, 교정의료 현황에 대한 감독은 물론이고 이에 대한 자료와 입장, 계획 등이 부재한 실정이다. 다만 2005. 7. 국민건강보험법[543] 중 일부 개정 법률안이 국회 본회의를 통과하였다.

무릇 행형에 관한 국제인권원칙으로 다음의 것에 유의할 필요가 있다. '국제연합 피구금자 처우에 관한 최저기준규칙(약칭 최저기준규칙)'[544]에서는 "상당한 정신의학 지식을 가진 1명 이상의 자격 있는 의사의 진료를 받을 수 있도록 하여야 한다.", "의료업무에는 정신이상의 진찰과 적절한 경우 그 치료업무가 포함되어야 한다.", "병원 설비가 시설 내에 있을 경우, 의료 장비, 비품 및 의약품은 환자의 간호 및 치료에 적합한 것이어야 하며 적절히 훈련된 직원이 배치되어야 한다.", "모든 피구금자는 자격 있는 치과의사의 치료를 받을 수 있어야 한다."고 규정하고 있고, '유럽형사시설규칙'[545]에서는 "적어도 1명의 일반의를 배치해야 한다.", "병원 설비가 시설 내에 있을 경우, 의료장비, 비품 및 의약품은 환자의 간호 및 치료에 적합한 것이어야 하며 적절히 훈련된 직원이 배치되어야 한다."고 규정하고 있다.

3) 헌법재판소의 입장

교도소에 수용된 때에는 국민건강보험급여를 정지하도록 한 국민건강보험법 제49조 제4호는 수용자에게 불이익을 주기 위한 것이 아니라는 헌재결정[546]이 그것이다. "국가의 보호, 감독을 받는 수용자의 질병치료를 국가가 부담하는 것을 전제로 수용자에 대한 의료보장제도를 합리적으로 운영하기 위한 것이므로 입법목적의 정당성을 갖고 있다. 위

---

543) 개정 전 국민건강보험법 제49조 급여의 정지 규정내용은 아래와 같다.
　　보험급여를 받을 수 있는 자가 다음 각 호의 1에 해당하게 된 때에는 그 기간 중 보험급여를 하지 아니한다.
　　1. 국외에 여행 중인 때
　　2. 국외에서 업무에 종사하고 있는 때
　　3. 단기하사, 병 및 무관후보생으로 복무 중인 때
　　4. 교도소 기타 이에 준하는 시설에 수용되어 있는 때

544) 최저기준규칙 제22조.

545) 유럽형사시설규칙 제26조.

546) 헌법재판소 전원재판부(주심 김경일 재판관)는 2005년 2월 24일(목) 재판관 전원의 일치된 의견으로 구금시설에 수용 중인 재소자에 대하여 국민건강보험급여를 정지하도록 한 국민건강보험법 제49조 제4호가 헌법에 위반되지 않는다는 이유로 위 조항의 위헌확인을 구하는 헌법소원을 기각하였다: 헌재 2005. 2. 24, 2003헌마31.

조항은 수용자의 의료보장수급권을 직접 제약하는 규정이 아니며, 입법재량을 벗어나 수용자의 건강권을 침해하거나 국가의 보건의무를 저버린 것으로 볼 수 없으므로 수용자의 건강권, 인간의 존엄성, 행복추구권, 인간다운 생활을 할 권리를 침해하는 것이라 할 수 없다."라고 하였다.

4) 헌재재판소의 결정과 교정의료의 문제점

그러나 수용자에 대한 의료보장제도를 합리적으로 운영하기 위한 것이라면, 수용자 스스로가 현 의료처우와 관련해서 합리적이라고 다수가 받아들여야 함에도 다수의 수용자는 건강권, 인간의 존엄성, 행복추구권, 인간다운 생활을 할 권리를 침해하는 것으로 보고 있다. 교정행정의 합리성만을 강조한 결정이지, 수용자의 자율성과 주체성을 배제한 결정이라고 본다. 즉, 다수는 합리적이지 않고, 당국만이 합리적이라는 데 문제가 있다. 누가 합리적이라고 판단할 것인지에 대한 양면적 접근이 아닌 편면적 접근의 오류가 있다.

또한 우리나라 의료현황의 가장 큰 문제는 첫째, 의료 인력의 부족이다. 둘째, 의료장비의 부족이다. 국제인권원칙은, 병원설비가 시설 내에 설치되어 있는 경우, 환자의 간호 및 치료에 적합한 시설이어야 한다고 규정하고 있다. 미국의 Newman v. State 관례에서도, Alabama 주 교도소의 의료조치가 '거칠고', '한기를 느끼는 충격'으로서 연방헌법 수정 8조에 위반된다고 하면서, 시설 내의 긴급조치 불비, 직원의 의료품 부족 등을 연방정부의 진료프로그램 기준에 만족하도록 개선할 것을 명하였다.[547) 셋째, 외부병원 이송의 문제이다. '최저기준규칙'[548)과 '유럽형사시설규칙'[549)에서 "전문의사의 치료를 요하는 질병을 가진 피구금자는 전문시설 또는 일반병원에 이송되어야 한다."고 규정하여 교정시설에서의 의료시스템의 한계를 인정하고, 수용자에게 적절한 의료서비스를 받을 수 있도록 하고 있다.

그러나 우리 '형의 집행 및 수용자의 처우에 관한 법률'에서는 적절한 의료서비스를 받기 위한 외부병원의 이송을 수용자의 권리사항이 아니라 소장의 재량사항으로 두고 있다. 그리하여 실무에서는 위 재량규정에 의하여 교도관의 부족과 보안상의 이유를 들어 외부병원 이송을 거의 허용하지 않거나 선별적으로 운영하고 있으며, 외부병원 이송을

---

547) 최병문, 미국의 수용자 인권, 교정연구(제10호), 2000, 156쪽.
548) 최저기준규칙 제22조 제2항.
549) 유럽형사시설규칙 제26조 제2항.

위한 수용자의 권리가 인정되지 않고 있다. 그러나 수용자의 정신적, 신체적 건강은 보호되어야 하고 전술한 '형의 집행 및 수용자의 처우에 관한 법률'에서도 수용자에 대하여 적당한 치료를 하여야 한다고 규정하고 있는바, 외부병원 이송을 적극적 의무규정으로 개정할 필요가 있음은 이미 지적한 바 있다.

5) 개선방안

다음과 같은 개선안이 제기될 수 있다. 첫째, 의료전문인력확보, 둘째, 의료전담부서설치 및 전문인력의 배치, 셋째, 의료시설 및 장비의 현대화, 그리고 마지막으로 의료전담소의 문제이다. 현재 의료전담교도소로는 정신질환자 및 폐결핵환자들이 수용되는 진주교도소가 있다.550)

그러나 치료를 위하여 진주의료교도소에 수감되어도 기간은 환자의 상태에 따라 연장이 가능하긴 하지만 기관의 수용관리 편의와 새로운 수용자 이입 등으로 기본적으로 6개월로 한정되어 있어서 보다 내실 있고 종합적인 일반 의료교도소의 설립이 시급하다는 주장이 있다.551)

본고는 현재 치료감호소를 경찰병원과 같은 시스템으로 개편하는 것이다. 이렇게 되려면 후술하고 있는 교정과 보호의 통합, 외청 신설이 전제될 것으로 사료된다. 전술한 의료처우와 접견의 문제도 분할처우의 도입을 통해 과밀수용의 문제까지 고찰함으로써 다양한 경우의 주장이 도출될 것으로 보인다.

Ⅳ. 교정조직과 관련된 측면의 개선방안

1. 교정복지공단의 설립

현재 우리나라의 교정서비스의 생산방식이 모두 공무원 조직의 철저한 관료주의에 의

---

550) 장애자수용교도소로는 지체부자유자를 수용하는 안양, 광주, 부산, 청주, 군산 교도소, 농아자를 수용하는 안양교도소 및 맹아자를 수용하는 청주교도소가 있다.

551) 정진수 · 박양빈 · 이윤호 · 임재표 · 김종정 · 홍남식 · 이종택, "21세기 교정비젼과 처우의 선진화방안", 연구총서, 한국형사정책연구원, 2003, 207~211쪽.

해 생산되는 것을 지양해야 한다. 탈관료제 조직, 또는 관료제의 완화된 조직으로 생산하여야 한다. 제3섹터이론을 도입[552]해야 한다. 제3섹터,[553] 즉 민관공동출자방식이란 의미로 이러한 제3섹터 설립의 배경은 공공부문의 자금부족, 민관협조영역의 확충, 공공영역의 기업화 경향 등에 있으며 제3섹터는 공공부문과 민간부문 양쪽이 모두 필요성을 느낌으로써 오늘날 더욱 촉진되고 있다. 공공부문에서는 재정난의 타개, 지역 민간사업 활성화, 민간경영 효율성의 활용 등을 기할 수 있고, 민간부문에서는 투자안전의 보장, 보조·융자의 유리, 사업추진의 용이, 부대사업상의 이득 등을 기대할 수 있는 것[554]이다. 민·관 합작에 의한 교정발전 프로그램의 도입을 제안한다. 즉 현재의 교정조직 중 보안, 분류, 출정, 인사, 서무 등만 공무원 제도를 이용하고 교화, 직업훈련, 작업지도, 구매, 급양, 교육, 보건, 용도 등 나머지 모두 부문을 민간에 이양시켜 교정서비스를 합동으로 생산한다면 종전의 관료제 조직으로만 생산할 때보다 민주성, 생산성, 능률성, 형평성, 대응성, 고객만족도, 적합성이 훨씬 제고될 수 있다. 또는 한국교정복지공단의 신설이나 교정산업복합체(The Prison-Industrial Complex)를 발전시켜서 교정사고에 저해되지 않는 모든 영역 보안의 외곽경비, 장거리 이송, 급식, 교도작업 등을 공단 또는 교정산업에 맡길 필요가 있다.

2. 교정복지청의 외청(外廳) 신설

이러한 순환처우와 통합처우를 위해서는 교정본부와 범죄예방정책국을 교정보호본부[555]로 통합하여 교정복지청(矯正福祉廳)[556]의 외청신설을 추진하는 일이다.

---

552) 이윤호·공정식·최창호·김용래·천정환 교수 등도 도입의 필요성을 주장하고 있다.

553) 제3섹터라 함은 제1섹터를 지자체나 공기업 등의 공공부문이라 하고, 제2섹터를 민간기업 등의 민간부문이라 하는 데에서 공공도 민간도 아닌 다른 부문이라는 의미에서 유래된 용어이다. 제3섹터는 사회경제 전반에 걸쳐 민자유치의 필요성이 부각되고 민간자본의 활용방안이 구체화되면서 도입된 여러 가지 방식 중에 하나이다. 즉, 제3섹터는 민자유치사업을 위한 민간참여의 다양한 형태 중의 하나이고 민자유치를 실현시키는 방법 중 하나라고 할 수 있다. 제3섹터의 원조라 할 수 있는 독일의 공사혼합기업, 프랑스의 혼합경제회사, 일본의 제3섹터, 美의 PPP(private public partnership) 등이 있다(월간도시문제, 2006. 6, 17쪽).

554) 최창호, 지방자치학, 삼영사, 2002, 715쪽.

555) 2007년부터 법무부 교정국과 보호국의 통합이 관련부처 및 학계를 중심으로 논의되고 있다. 교정국과 보호국을 가칭 교정보호청으로 통합하며 교정학의 명칭도 조직개편과 더불어 교정보호학으로 함이 실무와 교정현실을 잘 반영할 수 있을 것으로 보는 주장이 있다(이영근, 한국 교정·보호 조직의 발전방향, 교정연구 제21호, 한국교정학회, 2003, 293~294쪽). 이영근 외 허주욱 등 대부분 교정학자들은 통합청으로 교정보호청의 명칭을 선호하고 있다.

현재 국가형벌권의 3대 축인 검찰, 경찰, 교정 중 유일하게 교정본부만 독립되지 않고 있다. 교정본부가 교정복지청으로 확대 · 개편 · 독립되어 경찰청 및 검찰청과 같이 국가 기관으로서의 역할 제고(提高)가 시급하다고 본다.

교정과 관련된 형사사법 기관인 경찰은 경찰공무원법, 검찰은 검찰청법, 법원은 법원 조직법이 있어 독립적으로 운영되고 있다. 민방위본부도 소방방재청으로 독립되었다. 그러나 전술한 바와 같이 17개 외청 중 인력 면에서는 경찰청과 국세청에 이어 3위557), 예산 면에서는 5위를 차지하고 있으며, 직원 중 84%가 외청의 신설을 요구하고 있다.558) 이것은 교정의 외청 신설에 대하여 정책적 변화에 대한 중요한 참고자료가 될 수 있을 것이다. 이러한 외청의 신설에 앞서 교정본부와 범죄예방정책국의 통합이 문제이다. 교정과 보호의 기능은 법무부 내의 다른 검찰국 · 인권국과는 독립적인 성격이 있다. 양 기관은 범죄인의 재사회화라는 공통의 사명을 수행하고 있어서 연계성이 강하다.559)

그러함에도 현재의 패러다임은 교정보호정책에 관한 통합적 전문기획 기능보다 일선감독기능에 치우쳐 제시하지 못하고 있다. 양 분야는 형사법학, 상담심리학, 정신의학, 사회학 등 여러 전문지식이 활용되어야 할 것이다. 교정, 보호, 치료, 소년이 섬세한 맞춤형 교화프로그램 개발을 위한 시도가 이루어져야 하는데, 현재 그러한 프로그램의 개발이 활성화되지 못하고 있으며, 직원이 창의성에 기반한 정책개발의 필요성에도 불구하고 현행 교정본부와 **범**죄예방정책국은 직역(職域) 이기주의에 함몰되어 조직의 확대, 유지, 관리에만 집착하고 있다.

---

556) 독립조직의 명칭으로 교정과 보호를 통합한 교정보호청이 거론되고 있다(이영근, 위의 논문, 2003, 293 ～294쪽). 기존에 사용하던 각각의 이름이 결합된 경우라 하겠다. 박상식 교수는 보호의 명칭을 제외한 교정청의 독립을 주장한다(박상식, 앞의 논문, 2006, 133쪽). 같은 입장으로 하태영도 남북통일이 되기 전에 교정청으로 발전되어야 한다는 발표가 있다[하태영, "통일 후 북한지역 교정정책", 교정연구(제30 호), 한국교정학회, 2006, 30쪽]. 남상철, 허주욱, 정갑섭 등도 이에 동조하며, 반대 입장으로는 이종갑, 천정환 교수가 있다. 또한 목영훈 교감은 새 조직의 명칭은 기존의 명칭을 나열하는 식으로 만드는 것은 피해야 하며, 두 개의 낱말을 포함하는 상위개념으로 정해야 한다고 한다. 교정과 보호의 통합에 있어서 도 마찬가지다. 두 기관의 공통된 목표가 궁극적으로 범죄로부터 사회를 방위하고 공권력을 바로세우는 것이라고 했을 때 통합기구의 명칭으로는 교정과 보호의 상위개념이면서 동시에 국가공권력을 상징하는 의미가 강한 사회방위라는 용어를 따서 사회방위청으로, 통합된 직렬의 명칭은 국가공권력을 상징하는 법무경찰로 할 것을 목영훈은 제안한다(목영훈, 앞의 논문, 2011. 1, 34쪽). 그러나 중국을 제외한 대부분의 교정선진국은 교정을 경찰로 명칭하지 않으며, 사회방위청의 명칭도 수용자의 발전적 처우와 거리가 있어 보인다. 허주욱 등 대부분의 교정학자 들이 주장하는 교정보호청의 명칭도 목영훈의 언급대로 기존 조직의 명칭을 나열하는 것에 불과하여 교정복지청으로 함이 新패러다임에 부합할 것으로 보인다.

557) 이영근, "한 · 중 · 일 교정제도의 문제점과 발전방향", 교정연구 제45호, 한국교정학회, 2009, 162쪽.

558) 허주욱, "교정조직 · 기구의 발전적 개편방안", 교정연구 제19호, 한국교정학회, 2003, 57～60쪽.

559) 정진수 · 박양빈 · 이윤호 · 임재표 · 김종정 · 홍남식 · 이종택, "21세기 교정비전과 처우의 선진화방안", 연구총서, 한국형사정책연구원, 2003, 354～361쪽.

교정행정은 형사법의 최후의 단계이며 형사법제도의 성패와 직결되는 중요한 분야이기 때문에, 독립적인 기획능력과 전문성이 보장되어야 하며, 형사정책의 주체성과 자발성을 기초로 한 참여가 이루어져야 한다. 현재와 같은 교정과 보호의 각각 시스템에서는 형사정책적 패러다임이 미흡한 법원과 검찰의 지나친 개입으로 인해 주체성과 자발성을 담보할 수 없는 구조라 하겠다. 이는 교정 선진화 방안에 저해되는 요인이 되고 있다.

이러한 저해 요인을 해소하기 위한 창조적 대안으로서 첫째, 교정복지청의 신설을 통한 전문화 방안이다.560) 전술한 바대로 수용자 처우의 이원화된 교정시스템으로 인해 비효율적인 교정 행정이 이루어지고 있음을 볼 때, 통합청의 신설은 외청으로의 독립을 통한 교정과 보호행정의 연계성과 전문성의 보장을 도모할 수 있다. 교정과 보호분야가 자발성과 주체적인 정책을 갖고 형사정책의 4두마차와 기타 정부부처, 민간부문과 협력할 수 있는 기반이 될 수 있다. 또한 조직설계를 새롭게 함으로써 교정보호 분야의 사명에 부합하는 능력을 강화시킬 수 있다. 이러한 교정복지청 신설은 법무부 예산과 인력의 절반 이상을 차지하고 있는 교정과 보호가 외청으로 독립되어 예산과 인력을 관리함으로써 법무부와 교정·보호분야 모두 효율성을 도모할 수 있다. 신설되어야 하는 교정복지청 본부는 정책·감독·평가 중심으로 기능하고, 집행기관은 산하기관에 자율성을 부여하여 조직운영에 새로운 활력을 불어넣을 수 있는 것이다. 또한 수용자와 중간처우자 그리고 피사회명령자의 순환처우 및 통합관리가 원활하게 되고, 교정인력과 보호인력에 경험과 지식을 공유하여 다른 법집행기관과의 협력시스템을 강화할 수 있게 된다.

한편에서는 외청 신설에 따라 개편 대상이 되는 지방교정청의 폐지를 통해 중간관리기능의 중복을 없애고 가석방 등 석방프로그램 운영을 통합하여 조직구조를 단순화시킬 수 있는 이점도 지니고 있다. 이러한 외청을 통해 교정과 보호의 양 기능은 시설 내 처우, 사회 내 처우로 연계되고 재범방지, 사회복귀, 사회보호의 유지라는 가치와 목표를 공유할 수 있으며, 그 수단상의 차이에 불과하므로 시설처우와 사회처우 기능을 순환시켜 시너지효과를 극대화할 수 있다.

이러한 추세에 따라 선진 외국의 교정 역시 교화프로그램은 시설처우와 사회처우를 통합적으로 운영하는 방향으로 나아가고 있다.561) 즉, 캐나다 연방교정청은 우리나라의 교정본부와 범죄예방정책국의 업무를 모두 관장하는 기관으로, 연방공공안전부 소속의 독립관청이다. 이러한 통합청의 신설은 시설처우와 사회처우를 절충한 새로운 제재형태가

---

560) 교정을 복지와 연계시키는 추세에 관한 논거는 천정환, 신교정학, 한국고시회, 2008, 686쪽.
561) 중앙일보, 2011. 6. 7.

개발될 수 있는 여건이 형성될 수 있는 하나의 방안이라 할 수 있다. 따라서 교정만의
독립을 추진하기보다는 교정과 보호를 통합하여 양 행정 전반의 균형 있는 발전을 도모
하고, 시설처우에서 교정의 사회화라는 사회처우를 강화시켜야 할 것이다.562)

　둘째, 지방교정청 정비를 통한 전문화 방안이다. 현행 지방교정청은 정책개발기능을
수행하지 못함으로써 교정시설의 교화프로그램의 개발을 지도하지 못하고 있는 실정이다.
즉 지방교정청의 대체적인 모습은 직무감독과 중간매개기능을 수행하는 데 그치고 있다.
또한 지방교정청은 중앙에서 업무를 지시 받아 이를 일선 교도소에 다시 지시하는 중복
적인 중간관리기능을 주도 수행하고 있다. 효과적인 순회점검시스템으로 대처할 수 있는
것이다.

　교정보호청의 신설이 일어진다면, 교정보호청의 정책개발 및 지원 기능은 강화되고 일
선 교도소에 보다 많은 자율성을 부여하는 방향으로 개편하게 되면, 3단계 계층구조를
교정복지청과 일선 교정복지시설의 2단계로 감축하여야 한다. 정책개발기능은 적정한 위
치에 신설되는 교정보호청의 한 부서에서 수행하고, 일선교도소의 집행기능과 인력부족
의 문제를 해결할 필요성이 있다 할 것이다.563)

　셋째, 교정조직의 기능별 전문화 방안이다. 현대교정의 양대 기능인 보안과 교화는 교
정행정 업무추진의 성격과 무관하게 정복이나 사복직원이냐에 따라 상충적인 행위로 나
타나 결국 다수의 정복교도관과 소수의 사복직원 간의 갈등관계로까지 발전된다고 볼 수
있다. 이러한 갈등은 교정에 있어서 보안과 수용질서유지를 절대시하는 교정조직의 특수
성 및 정복의 수적 우세로 인하여 보안(保安)을 강조하게 되므로, 교정조직 구성원 속에
서 소수의 사복직원인 교회, 분류, 의료직 등은 교정이념인 교정교화에 대한 확고한 가치
관을 정립하지 못하게 되므로 결국에는 업무에 대한 생산성 저하로 귀착되며, 이는 교정
전체로 볼 때 보안기능은 점차 강화되고 교화기능은 약화되어 교정발전 전체를 저해하는
근본요인으로 작용하고 있다고 볼 수 있다.564) 이것은 교정이란 마차가 보안과 교화의
양 수레바퀴 속에서 동시에 수행하고 있다는 상보성(相補性)을 고려하지 않고, 업무의
우월적 지위만을 고려하여 다수의 힘으로 소수의 동일 직렬에 중요보직을 배제시키고 있
다. 그 일례가 교정시설의 장은 보안전문가인 정복교도관으로 보(補)하고 있다는 점은

---

562) 정진수 · 박양빈 · 이윤호 · 임재표 · 김종정 · 홍남식 · 이종택, "21세기 교정비전과 처우의 선진화방안",
　　　연구총서, 한국형사정책연구원, 2003, 392～393쪽.
563) 정진수 · 박양빈 · 이윤호 · 임재표 · 김종정 · 홍남식 · 이종택, "21세기 교정비전과 처우의 선진화방안",
　　　연구총서, 한국형사정책연구원, 2003, 394～395쪽.
564) 정진수 · 박양빈 · 이윤호 · 임재표 · 김종정 · 홍남식 · 이종택, 위의 논문, 2003, 395～396쪽.

개선의 여지가 있다. 교회, 분류, 의무직의 기관장 진출를 확대하여 교정조직의 기능별 전문화의 토대를 마련하여야 할 것이다.

전술한 세 가지의 방안은 치료, 보호, 복지의 순환처우와 분할처우의 전제가 되는 것이다. 직원의 처우와 진급이 교정직 및 소년보호직이 형평이 이루어질 수 있도록 제도적인 장치도 동시에 마련되어야 한다.565) 이를 위한 교정기관장(長)에 대한 다양한 평가시스템의 개발을 주문한다. 한국교정 자체가 시설처우에서 사회처우로 반드시 나아가야 함이기 때문이다.

3. 교정협회의 폐지

교정협회는 법무부의 직속단체는 아니나 법무부가 지휘 감독하는 법인으로써 임원 인사, 예·결산보고, 신규사업 등의 사항을 장관으로부터 승인받는 단체이다. 이사장이나 이사진은 늘 교정분야의 거물급들로 채워졌다. 등기부에 기록된 전·현직 이사진은 소장, 지방교정청장에서 심지어 교정본부장 등 차관급 대우를 받는 교정 분야의 최고위 간부 출신 인사들이 대거 포진해 왔다. 이 때문인지 교정 관계자들 사이에서는 교정협회 이사장이나 이사진에 선출되는 것이 각 지방교정청장에 임명되는 것보다 더 어렵다는 여론이 있을 정도로 최고의 노른자위 자리로 꼽힌다고 한다. 수용자와 그 가족들로부터 벌어들이는 고정 수입이 연간 수백억 원에 달하고 있다. 교정협회 산하 교정공제회 역시 전국 15,221명의 교정공무원(회원)으로부터 매월 일정액의 기금을 받고 있다566)고 한다. 이러한 현재의 교정협회는 교정인의 교정복지 및 교정패러다임을 정립하는 조언자로서의 역할로 한정되어야 할 것이다. 기존에 조금이라도 수익을 창출할 수 있는 모든 영역에서 비켜서서 교정산업복합체(The Prison-Industrial Complex)나 한국교정복지공단의 설립으로 전환의 발상을 시도해야 할 것이다. 최고관리자는 전직 고위층의 일자리로 전락하는 사례가 없도록 전문가 영입이 과제로 남는다.

---

565) 보건의무직뿐만 아니라 교회직, 분류직, 기술직을 망라하여 교회직 출신의 이정찬 소장(5·16 후 사무관 공채1기)을 제외하고 기관장에 한 명도 임명되지 않았다. 법무부 교정국이 이러하듯 법무부 보호국도 국립법무병원장을 제외한 줏기관장이 대부분 소년보호직 출신이다. 하위직렬의 경우는 더 심각하여 일례로 오륜정보산업학교(부산소년원) 보건의무직 간호사의 경우는 7급으로 채용되어 20년 동안 같은 직급으로 한 직장에서 장기근속하다 퇴직하였다. 그 일례가 이러하므로 진급의 기회를 보호(보안)직원과 공정하게 함으로써 직력 간의 갈등의 소지를 최소화하여야 할 것이다.

566) 일요신문, "재소자 상대 독점 장사 뒷말 교정협회 잡음 내막", 2005. 11. 7.

4. 교도소의 점진적 폐지(축소)

1) 교도소폐지론의 주요 논거: '교정의 실패'

20세기 교정전략은 범죄를 범하였던 자(범죄자)의 교정을 고식적인 모토로 하여 형사법의 전 체계가 새롭게 조성되고 운영되어 왔다. 그러나 20세기 말에 들어와 그동안 시행된 교정에 대한 평가는 과밀수용과 악폐감염 등으로 비판적이었다. 마틴슨(Martinson)은 "지금까지 발표된 교정전략은 재범방지에 있어서 아무런 실제적 효과를 얻지 못하였다.567)"라고 평가하였다. 이러한 교정의 실패568)는 새로운 형벌체계의 제시를 요구했고, 이는 본고에서 분할처우라는 새로운 패러다임의 등장 배경으로 작용하였다. 교정의 실패는 곧 교정시설의 과밀수용과 비용의 증가라는 현실적인 문제를 초래하였다. 과밀수용은 필연적으로 교정조직의 확대와 시설의 증설요구로 이어져서, 이에 소요되는 비용은 국가재정의 압박으로 나타났다.569) 이러한 측면에서 오늘날 과학 및 문명발달의 양상을 고찰해 볼 때, 새로운 패러다임은 불가피하다. 이러한 미래의 교정은 기존의 교도소경영학이나 형집행법주석학으로 이해될 수 있는 영역은 아니다. 추후 창조교정은 지역사회교정과 과학기술과의 접목이 그 특징을 이룰 것이라는 전망아래 분할처우를 제기하였다. 미래의 권력은 관에서 민으로 분할하고, 형의 집행 장소가 주벽 안에서 주벽 밖으로 분할되는 현상을 보일 것이다. 교정의 실패가 분할처우를 불러왔고, 분할처우의 성공은 교도소폐지학의 전제조건이 될 것이다.

2) 전제조건: 일수별금제와 전자감시의 확대 · 분할처우의 활성화

구속수사는 필요한 경우에만 허용되어야 한다. 필요한 경우의 한계설정은 소송법의 내용 그대로이다. 검찰권력의 자의적 해석을 견제하는 장치를 정문(正門)에서 막아내는 것

---

567) Martinson, R, "what's work? -The Martinson Report-", In the Sociology of Punishment and Correction(ed. by Johnston, N., Savitz, Land Wolfgand, M.E.), NewYork, 1970, pp.788~811.

568) 교정실패에 관한 같은 논거로 박상식, 앞의 논문, 2006. 136쪽; 같은 견해로 김재중 교수의 논거도 그 대안으로서 회복적 사법의 이념을 들고 있다. 필자가 형사정책적 관점에서 분할처우를 제시하였다면, 김재중은 형법적 관점에서 각종 유예의 적극 활용을 주장하고 있다: 김재중, 현벌제도 개선방안, 한국학술정보(주), 2008, 284~285쪽.

569) Funke, G, S., The Economics of Prison Crowding, The annals the American Academy of Political and Social Science, 1985, pp.252~253.

은 일수벌금제와 전자감시의 확대이다. 검찰권력, 교정권력 심지어는 수용자까지도 이익으로 다가올 때, 분할처우제는 안착할 것으로 보인다. 도주와 재범의 위험성이 없는 수용자는 시설처우를 계속할 필요가 없다. 시설처우 이상의 책임을 부여해서 문제의 해결이 가능하다면 그 길을 가야 할 것이다. 그것이 분할처우이며 분할처우의 성공은 교도소폐지론의 핵심논거이다.

분할처우제와 사회명령제 등의 새로운 대안이 활성화되면 교도소의 폐지 또는 축소는 자연스런 연구과제로 부상될 것으로 보인다. 우선 교도소의 명칭570)을 '인성개발전문학교' '직업훈련전문학교' '사회보호전문학교'로 변경하여 야간수용제, 주간수용제, 휴일수용제, 평일수용제의 사회적 처우를 활성화하였으면 한다. 기존의 교도소와 구치소는 인성개발이 전무한 실정이고 직업훈련 또한 단순노동에 불과하여 실질적 직업훈련이 되지 못하고 있다. 우선 점차적으로 단순과실범이나 재범의 위험성이 없는 자유형의 수형자를 중심으로 한 분할수용제의 성과를 지켜볼 필요가 있다. 점차적으로 분할처우제와 사회명령제가 안착이 되면 교도소폐지론(矯導所廢止論)에 관한 논의는 더욱 활발해질 것으로 보인다. 한국교정복지공단, 교정산업복합체(The Prison-Industrial Complex)571), 3단계 분할처우의 방식 등이 정착되면 기존의 교도소는 1～4%572)에 해당되는 문제수(問題囚)만 수용하고 남은 공간은 지역사회를 위한 문화공간, 교육공간, 주차공간, 교정체험의 장(場)인 프리즌 스테이573)(prison stay, 감옥체험)장(場) 등으로 활용하면 될 것이다.

3) 교도소폐지론의 문제점 및 장기과제

교정시설의 증설은 과밀화 현상에 기여하는 긍정적 측면이 있다. 그러나 비용증대와

---

570) 교화개념은 없고 사회격리에 중점, 재범률 70%에 근접함으로써 교정의 실패로 규정하고 교도소를 교정학교로 개칭해야 한다는 칼럼 내용(한겨레, 2008. 4. 3.)은 현 교정행정에 회의를 던지고 있다.

571) 시설처우의 소망교도소(素望矯導所)처럼 사회적 처우의 소망기관(素望機關)과 사회 내 처우의 소망기업(素望企業)을 통틀어 교정산업복합체라 정의한다. 기존의 소망재활원(素望再活院)과 소망공동체(素望共同體)의 지원을 통해 분리처우와 사회명령제를 접목하는 방법을 고려해 볼 수 있다.

572) 김선태 소장은 위 소고 85면에서 문제수용자는 전국교정기관의 수용자 중에서 0.5%에도 미치지 않는다고 한다. 미국 내 주요 범죄의 대부분은 14세 이상 50세 미만 연령층의 미국 인구의 1～4% 사이의 사람에게 책임이 있다고 주장한다. 본질적으로 악한 1～4%의 주민(수용자)과 본질적으로 선한 1～4%의 주민(수용자) 사이에는 96～99%의 주민(수용자)이 있는데, 이들 대부분의 주민(수용자)은 선이나 악 어느 쪽으로나 기울 수 있는 보통사람인 것이라는 주장이다. 여기서 효과적인 PCR(police-community relations)로 곡선을 변화시키는 노력이 범죄대책이 될 수 있다는 이론이다: 장세석, 범죄학, 도서출판 창성, 2003, 45쪽.

573) 필자의 조작적 개념으로 교도소에서 일정기간 숙박을 하면서 수용자의 일상을 체험하며 마음의 휴식과 감옥문화를 체험할 수 있도록 하는 것을 말한다.

국가권력의 강화 그리고 교정권력 집중의 문제가 발생한다. 사회처우가 활성화되면 시설의 점진적 축소가 가능할 것이다. 사회처우도 시설처우에 준하는 엄격한 법집행과 범죄행위로 얻은 이익에 상응한 벌금과 정벌(正罰)주의적 사회명령을 부과함으로써 시설처우에 준한 일반예방 및 특별예방 전략이 구체화되면, 시설처우는 사회처우에 그 위치를 양보하는 계기가 될 것이다.

왜냐하면 구금형과 이를 집행하는 장소인 교도소가 영구불멸적 존재로 언제까지나 남을 수는 없기 때문이다. 즉, 세상에서 변하지 않는 것은 없다. 단, 변하지 않는 것은 이 세상에서 변하지 않는다는 것은 없다는 진리만 변하지 않을 뿐이다. 동시대에 존재하는 그 이외의 다양한 대체가능 창조적 대안들과 함께 정반합(正反合)적 구도 속에서 변천되어 가고 있다고 보는 것이 타당하다.

급진주의적 범죄학자 중의 한 사람인 Ruth Morris는 그의 저서『행형폐지론』에서 범죄문제에 대한 현존하는 형사사법제도의 응보주의적 대응양식을 비판하고 있다.574)

국가의 개입을 최소화하는 틀 속에서 평화적 대처방식으로 전환할 것을 주장하는 새로운 형벌체계의 창출에 주목하고자 한다.575) 교도소가 존재하는 한 악폐감염과 교정사고, 교정비리는 교도소와 함께할 것이다.

교정연구의 한 축에 조직확대(組織擴大)는 단골연구 과업으로 등장할 것이며 교도관과 수용자 간의 갈등은 더욱 더 증폭될 것이다.576) 이처럼 현재의 교정행정은 실패라는 것이 대체적인 견해이다.577) 따라서 교도소 폐지를 전제하지 않는 교정발전은 허구일 뿐이다. 그러나 시설처우의 점진적 축소 통해서 장기과제로서 실현가능성의 문제가 교도소 폐지론의 문제점으로 지적될 수 있다.

그러므로 다양한 법률적 담론(談論) 가운데 하나의 주장에 불과하다. 여러 논제 중 최선의 방안을 모색하는 계기가 될 것이다.

---

574) 이백철, "미국교정에 있어서 수용자인권문제의 변화양상에 대한 고찰", 한국교정학회소식 제46호, 한국교정학회, 2010, 7~29쪽; 이백철, 교정학 담론의 인문학적 모색: 평화주의 범죄학과 회복적 사법, 교정담론 제1호, 아시아교정포럼, 2007, 1~11쪽; 이백철, '철학적 범죄학'의 정착을 위한 시론: 교정학의 지향점, 교정연구 제41호, 한국교정학회, 2008, 214~235쪽.

575) Ruth Morris, Penal Abolition: The Practical Choice, Toronto: Canadian Scholars' Press Inc., 1995.

576) 수용자의 무차별적인 요구와 그에 따른 교정질서의 와해 현상은 수용자의 인권보장과 더불어 추구해야 할 교정기관 본연의 정체성 확보에 대한 의지마저 의심받게 할 만큼 심대하다: 김선태, "엄중격리수용자 처우에 관한 소고", 월간교정 12월호, 2006, 85쪽.

577) 김재중, 앞의 책, 2008, 284쪽.

V. 사견

1. 단기선진화방안

첫째, 초범이면서 단기수형자의 경우, 최초 입소 시 독거, 혼거 거실자기결정권을 존중해 주며, 담당직원 업무과밀화 해소를 위해 완전한 4부제의 조속한 정착의 필요성을 제안한다.

둘째, 수용자 폭력 해소를 위한 가해수형자에게는 단계적 완화(강화)처우를, 폭력피해 수형자에게는 점진적 거실자기결정권을 제안한다. 이를 위해 전술한 야간수용 주간처우제, 주간수용 야간처우제, 휴일수용 평일처우제, 평일수용 휴일처우제, 사회명령제의 도입을 제안한다.

셋째, 단순 과실사범, 경미한 범죄, 피해자 없는 범죄는 시설구금을 억제시킴으로써 형사사법망578)의 강화에서 상이한 망(nets)의 설치로 전환할 필요가 있다. 석방자나 가석방자에게 사후 치료와 보호를 위한 교정복지적 관점에서 다양하고 특화된 프로그램의 개발이 요청된다.

넷째, 엄격한 가석방 심사기준은 중범죄자 및 재범의 위험성이 있는 자에 국한하고, "피해자 없는 모든 범죄"579)에 대해서는 심사기준을 완화시킬 필요가 있다.

다섯째, 신규채용 시 다양한 인적자원의 유입을 위한 채용방식의 변화를 주문한다. 상담사 · 교원 · 복지사 · 심리사580)의 자격에 가산점을 부여함으로써 인적 구성원의 다양화

---

578) 국가에 의해서 통제되고 규제되는 시민의 증가되는 현상, 즉 더 많은 사람을 잡을 수 있도록 그물망을 키워왔다는,
① 網의 확대(wider nets): 범인에 대한 개입의 강도를 높임으로써 범인에 대한 통제를 강화시켰다는
② 망의 강화(stronger nets): 그리고 범인을 형사사법기관이 아닌 다른 기관으로 위탁하여 실제로는 더 많은 사람을 대상으로 만든
③ 상이한 망(different nets)의 설치가 형사사법망의 확대(widening the nets)로 나타난다.
필자는 본문의 형사사법망의 확대에서 상이한 망(different nets)의 설치를 설명하고 있다: 이윤호, 교정학, 박영사, 2007, 157쪽.

579) 약물, 매춘, 도박 등의 범죄는 대표적 피해자 없는 범죄로 국가권력의 개입을 자제하고 다른 방법으로, 즉 필자가 전술한 사회명령제나 벌금 등으로 전환함으로써 과밀화 해소에 기여한다.

580) 최옥채 · 천정환은 교정사회복지사의 명칭을 사용하고 있다. 우리는 외국과 달리 교정복지사 자격이 없다. 교정복지의 역할을 교회직 공무원이 수행하고 있어 전문성이 떨어진다는 것이다(이종갑 · 천정환, 형설교정학, 형설, 2005, 117쪽). 교정학과, 교정복지학과, 경찰복지학과, 사회복지학과 졸업생 및 사회복지시설의 실무경력자에 대하여 일정 요건과 절차에 따라 교정복지사 자격을 부여하는 방안을 고려해 볼 수 있다. 처음에는 교정복지학회, 경찰복지학회, 인권복지학회, 인권사회복지학회 등을 중심으로 민간자격으로 부여한다. 교정직, 교회직, 분류직, 교정기능직, 교정의무직 등 면접시험에서 필자가 전술한

가 요구된다. 한편, 교정복지에 관한 전문적인 소양이 검증된 시설의 장을 개방형으로 공채하는 범위를 확대하는 것을 고려해 볼 수 있다.

2. 중기선진화방안

첫째, 교정건축시설의 다양화로 야간 독거 소거실의 점진적 확대이다. 이러한 시설의 과밀화 해소뿐만 아니라, 석방 또는 가석방자에 대해서도 유관기관과 지역사회와의 지속적인 연계를 통하여 사후치료와 보호, 재활복지가 이루어져야 할 것이다.

둘째, 교정병원의 설립 등 전문적 치료를 목적으로 한 전담시설이 요청되며, 교정병원의 수용과 치료도 독거수용을 원칙으로 하고 예외적인 경우와 본인의 합리적인 사유로 신청이 있는 경우에만 혼거수용이 가능토록 하여야 할 것이다.

셋째, 술과 폭력에 관대한 사회적 환경의 개선과 음폭(飮暴)에 대한 정벌(正罰)이다. 이를 위한 국가와 지자체 그리고 언론, 금연금주운동본부, 마약퇴치운동본부 등 유관단체의 활동이 활성화되도록 하여야 할 것이다.

넷째, 보안중심의 갇힌 틀에서 한 치도 나갈 수 없는 제도상의 한계로써 문호를 개방하여 인적구성의 획일하에서 **다양화**로 나가야 한다. 교정기관 및 보호기관에는 분류, 상담, 치료, 처우 등 전문인력이 구분되어 있으나 복지전문은 전무(全無)한 상태이다. 사회복지의 마지막 보루는 교정복지이다. 따라서 문제수용자의 복지프로그램을 담당할 복지사제도의 도입이 필요하다. 일선 시설의 기관장은 보안(保安)전문가가 대부분이기 때문이다. 또한, 전술한 선진교정의 예에서 보듯이 교정행정의 투명성과 개방성을 위한 관련 시민단체 등 전문가들에 의한 참여의 길을 더욱더 확대하여 열린 교정의 전기를 마련하여야 할 것이다

3. 장기선진화방안

첫째, 전술한 분할처우와 사회명령제의 안착으로 교도소의 점진적 축소 내지 폐지이다.

둘째, 전술한 바대로 교정과 보호의 통합으로 외청을 설립하여 순환처우, 연계처우, 통합처우가 가능토록 하여야 할 것이다.

자기평점 1점을 부여하는 것을 제안한다. 그 후 경과 규정을 거쳐 사회복지 전문별 흐름에 따라 교정복지사를 국가자격으로 발전시켰으면 한다.

셋째, 수형자 스스로 어느 쪽이 이익이 되는 행위인가를 깨우치도록 하는 다양한 맞춤형 프로그램의 개발로 수형자 자신의 갱생의지를 주체적으로 고취토록 하는 일이다.

넷째, 교정발전 5요소의 유기적인 결합으로 교정복지[581] 이념을 확장하는 것이다. 그동안 교정은 난해한 영역으로 간주되어 왔으나[582] 교도관의 자질향상을 통한 소장의 인간중심적 철학, 분명한 방향성과 균형감각을 갖춘 교정(矯正)의 개혁이 교정(敎正) 가능하다는 것이다. 그 철학을 구체화시킬 수 있는 허리와 가슴에 해당하는 보안과장의 보안과 교화의 균형감각을 어떻게 갖추었느냐가 아주 중요한 교정성패의 관건으로 본다. 왜냐하면 교정제도와 교정시설과 사회적 환경의 개선 등은 인간에 의해서 시작되기 때문이다. 교정행정의 펼침도 결국 인간에 의해서 이루어지므로 관리자의 자질향상은 더욱 중요한 의미를 지닌다.

관리자는 더 이상 '가둔 자'가 아니며, 수형자 역시 '갇힌 자'가 아니다. 즉, 교정은 '갇힌 자에게 말씀을, 풀린 자에게 사랑을'[583] 나누는 근무자세에서, 클라이언트로서의 자발성 확보와 복지모델이 가능하다고 본다. 전술한 싱가포르 이광요의 리더십에서 직원 스스로가 숭고한 사명감을 갖게 되는 계기를 고찰한 바 있다. 교정발전 5요소의 유기적인 진보 없이 담당직원에게만 교도관으로서의 숭고한 사명감을 가지라고 하는 부분이 선진 외국교정의 사례와 비교되었다. 수용자는 처벌에 앞서 교정클라이언트[584]로서 처우되어야 할 것이며,[585] 교정복지주체[586]의 한 축이라는 발상의 전환이 필요하다고 본다.

본고는 우리나라에서 최초로 형사사법기관의 집행에 있어서 새로운 교정복지 이념의 도입을 위한 논의의 출발점을 열었다. 이를 계기로 분할처우의 문제를 교정복지적인 측

---

581) 우리나라의 사회복지 지출 수준이 경제협력개발기구(OECD) 30개 회원국 가운데 최하위권인 것으로 나타났다. 한국보건사회연구원 고경환 연구위원은 12일 '사회복지 지출의 국제비교'라는 보고서에서 "2008년 현재 우리나라 총 사회복지 지출 규모가 112조 1,720억 원으로 집계됐다."고 밝혔다. 이는 국내총생산(GDP)의 10.95%에 해당하는 규모다: 한겨레, 2010. 2. 12.

582) 교정(矯正)의 어려움을 초대교정국장 이순길은 "교정(矯正)은 바람도, 갈대도 알 수 없는 사람의 마음을 교정(矯情)하는 것이다."라고 정의하고 있다. 이순길, 교도소 사람들, 찬섬, 2003, 11쪽.

583) 이정찬, 내 인생 교도소와 함께(이정찬 소장 회고록), 한국교정선교회, 1997, 403쪽.

584) 최옥채는 교정클라이언트란 비행청소년 혹은 범죄인을 일컫는다고 광의로 해석하고 있다. 그러나 광의로 보면 비행청소년에 대해서는 교정이라는 용어가 부적절하다고 본다. 왜냐하면 비행청소년 중에는 사회처우의 대상인 경우도 있기 때문이다. 협의로 보는 것이 타당하다고 본다. 즉, 교정클라이언트란 교정시설 및 보호시설 내에 수용되어 있는 수용자로 한정하는 것이 타당하다고 본다.

585) 최옥채, 교정복지론, 학지사, 2010, 409쪽.

586) 최옥채는 교정복지의 주체로서 ① 교정사회복지사, ② 교정자원봉사자, ③ 교정클라이언트를 포함시키고 있다. 일반적인 복지의 대상인 교정클라이언트를 교정복지의 주체로 파악하고 있다: 최옥채, 교정복지론, 학지사, 2010, 410쪽.

면에서 접근함으로써 우리 사회가 교정을 발전시키고 성숙시켜야 하는 숙제를 안게 되었다. 한국교정에 대해서 과거와 다른 접근법으로 뉴 패러다임의 새로운 출발을 개척하고자 하였다.

21세기 한국교정(韓國矯正)은 교정공무원(矯正公務員)은 응보형주의에서 탈피하고, 피해(被害)의 경험이 있는 자에게는 범죄피해의 회복을, 범죄(犯罪)의 경험이 있는 자에게는 자신의 행위에 대한 책임을 지고 사회복귀로 나아가는 수용자복지 교화프로그램의 활성화 방안이 요청된다.

교정관계법령

제1편 형의 집행 및 수용자의 처우에 관한 법률 · 시행령 · 시행규칙

제1편 총칙

제1조	목적	이 법은 수형자의 **교정교화**와 건전한 **사회복귀**를 도모하고, 수용자의 처우와 권리 및 교정시설의 운영에 관하여 필요한 사항을 규정함을 목적으로 한다. (해설) 본고는 "형의 집행 및 수용자의 처우에 관한 법률" 이하 "수용자 처우법"이라 한다. 개정 법률은 수형자(受刑者)의 격리 및 건전한 국민사상을 **삭제**하였으며 수용자(收用者)의 처우와 권리 및 교정시설의 운영을 **추가**하였다.
제2조	용어 의 정의	1. "수형자"란 **징역형 · 금고형** 또는 **구류**형의 선고를 받아 그 형이 확정된 사람과 **벌금** 또는 **과료**를 완납하지 아니하여 노역장 유치명령을 받은 사람을 말한다. 2. "미결수용자"란 형사피의자 또는 형사피고인으로서 체포되거나 구속영장의 **집행**을 받은 사람을 말한다. 3. "사형확정자"란 사형의 선고를 받아 그 형이 확정된 사람을 말한다. 4. "수용자"란 수형자 · 미결수용자 · 사형확정자 그 밖에 법률과 적법한 절차에 따라 교도소 · 구치소 및 그 지소(이하 "교정시설"이라 한다)에 수용된 사람을 말한다. (관련법령) **형법 제42조(징역 또는 금고의 기간)** 징역 또는 금고는 무기 또는 유기로 하고 유기는 1개월 이상 30년 이하로 한다. 단, 유기징역 또는 유기금고에 대하여 형을 가중하는 때에는 50년까지로 한다. 〈개정 2010.4.15〉 **형법 제45조(벌금)** 벌금은 5만 원 **이상**으로 한다. 다만, 감경하는 경우에는 5만 원 미만으로 할 수 있다. **형법 제46조(구류)** 구류는 1일 이상 30일 미만으로 한다. **형법 제47조(과료)** 과료는 2천 원 이상 5만 원 미만으로 한다. (해설) **벌금**이라 함은 재판절차를 거쳐 일정액을 국가기관에 납부하게 하는 형벌로서 전과기록이 발생한다. **범칙금**은 경범죄처벌법 위반 등 흔히 발생되는 경미한 법규위반 행위에 대해 부과되는 것으로서 서장이 위반행위자에게 발부하며 전과기록에는 남지 않는다. **과태료**라 함은 행정법규 등 형사처벌의 성질을 가지지 않는 법령위반에 대해서 관련 기관 등이 부과하는 금전적 징계를 말한다. 가령 주차 위반 시 부과되는 것이 이에 해당하며, 지자체가 조례로도 징수할 수 있다.
제3조	적용 범위	이 법은 교정시설의 구내와 교도관이 수용자를 계호(戒護)하고 있는 그 밖의 장소로서 교도관의 통제가 요구되는 공간에 대하여 적용한다. ➲시행규칙 제2조(정의) 1. 자비구매물품: 수용자가 교도소 · 구치소 및 그 지소(이하'교정시설'이라 한다)의 장의 허가를 받아 자신의 비용으로 구매할 수 있는 물품을 말한다. 2. 교정시설 보관범위: 수용자 1명이 교정시설에 영치하여 보관할 수 있는 물품의 수량으로서 법무부장관이 정하는 범위를 말한다. 3. 수용자의 소지범위: 수용자 1명이 교정시설 안에서 소지한 채 사용할 수 있는 물품의 수량으로서 법무부장관이 정하는 범위를 말한다.

		4. 교부금품: 수용자 외의 사람이 교정시설의 장(이하 "소장"이라 한다)의 허가를 받아 수용자에게 교부할 수 있는 금품을 말한다. 5. 처우등급: 수형자의 처우 및 관리와 관련하여 수형자를 수용할 시설, 수형자에 대한 계호의 정도, 처우의 수준 및 처우의 내용을 구별하는 기준을 말한다. 6. 외부통근자: 건전한 사회복귀자와 기술습득을 촉진하기 위하여 외부기업체 또는 교정시설 안에 설치된 외부기업체의 작업장에 통근하며 작업하는 수형자를 말한다. 7. 교정장비: 교정시설 안(교도관이 교정시설 밖에서 수용자를 계호하고 있는 경우 그 장소를 포함한다)에서 사람의 생명과 신체의 보호, 도주의 방지 및 교정시설의 안전과 질서 유지를 위하여 교도관 또는 경비교도가 사용하는 장비와 기구 및 그 부속품을 말한다. **⊃시행규칙** **제3조(범죄횟수)** ① 수용자의 범죄횟수는 징역 또는 금고 이상의 형을 선고받은 횟수로 한다. 다만, 집행유예의 선고를 받은 사람이 유예기간 중 고의로 죄를 지어 금고 이상의 실형이 확정되지 아니하고 그 기간이 지난 경우에는 범죄횟수에 포함하지 아니한다. ② 형의 집행을 종료하거나 그 집행이 면제된 날부터 자격정지 이상의 형을 선고받지 아니하고 다음 각 호의 기간이 지난 경우에는 범죄횟수에 포함하지 아니한다. – 3년을 초과하는 징역형 또는 금고형: 10년 – 3년 이하의 징역형 또는 금고형: 5년 ③ 수용기록부 등 수용자의 범죄횟수를 기록하는 문서에는 필요한 경우 수용횟수(징역 또는 금고 이상의 형을 선고받고 그 집행을 위하여 교정시설에 수용된 횟수를 말한다)를 함께 기록하여 해당 수용자의 처우에 참고할 수 있도록 한다.
제4조	인권의 존중	이 법을 집행하는 때에 수용자의 인권은 **최대한**으로 존중되어야 한다. (해설) 인간의 존엄성을 천명하고 있으며 행형의 기본원칙을 규정
제5조	차별 금지	수용자는 합리적인 이유 없이 성별, 종교, 장애, 나이, 사회적 신분, 출신지역, 출신국가, 출신민족, 용모 등 신체조건, 병력(病歷), 혼인 여부, 정치적 의견 및 성적(性的) 지향 등을 이유로 차별받지 아니한다. (해설) 인간의 평등권을 보장하며 역시 행형의 기본원칙을 규정하고 있다.
제6조	교정시설의 규모 및 설비	① 신설하는 교정시설은 수용인원이 **500명 이내**의 규모가 되도록 하여야 한다. 다만, 교정시설의 기능·위치나 그 밖의 사정을 고려하여 그 규모를 증대할 수 있다 →UN피구금자처우최저기준규칙 제63조 제3항 폐쇄 시설에서 수형자의 수는 개별처우가 방해받을 정도로 많지 않은 것이 바람직하다. 몇몇 나라에서는 이들 시설의 수용인원이 500명을 넘지 않아야 하는 것으로 생각되고 있다. 개방시설의 수용인원은 가능한 한 적어야 한다. ② 교정시설의 거실·작업장·접견실이나 그 밖의 수용생활을 위한 설비는 그 목적과 기능에 맞도록 설치되어야 한다. 특히 거실은 수용자가 건강하게 생활할 수 있도록 적정한 수준의 공간과 채광·통풍·난방을 위한 시설이 갖추어져야 한다.
제7조	교정 시설 설치·운영의 민간 위탁	① 법무부장관은 교정시설의 설치 및 운영에 관한 업무의 일부를 법인 또는 개인에게 위탁할 수 있다. ② 제1항에 따라 위탁을 받을 수 있는 법인 또는 개인의 자격요건, 교정시설의 시설기준, 수용대상자의 선정기준, 수용자 처우의 기준, 위탁절차, 국가의 감독 그 밖에 필요한 사항은 따로 법률로 정한다.

제8조	교정시설의 순회 점검	법무부장관은 교정정시설의 운영, 교도관 및 경비교도의 복무, 수용자의 처우 및 인권실태 등을 파악하기 위하여 **매년 1회 이상** 교정시설을 순회점검하거나 소속 공무원으로 하여금 순회점검하게 하여야 한다. **(해설)** 순회점검의 **목적**을 추가하고, 점검횟수를 매년 1회 이상으로 함. 따라서 매년 2회 순회점검을 실시하였다 해도 법령위반이 아님.
제9조	교정시설의 시찰 및 참관	① 판사와 검사는 직무상 필요하면 교정시설을 시찰할 수 있다. ② 제1항의 판사와 검사 외의 사람은 교정시설을 참관하려면 학술연구 등 정당한 이유를 명시하여 교정시설의 장(이하 "소장"이라 한다)의 허가를 받아야 한다. **(해설)** 1항은 임의규정이며 2항은 강행규정으로 **시찰의 목적이 추가되었다.** ➲동 시행령 제2조(판사 등의 시찰) ① 판사 또는 검사가 교도소·구치소 및 그 지소(이하 "교정시설"이라 한다)를 시찰할 경우에는 미리 그 신분을 나타내는 증표를 교정시설의 장(이하 "소장"이라 한다)에게 제시한 후 시찰부에 서명 또는 날인하여야 한다. ② 소장은 제1항의 경우에 교도관에게 시찰을 요구받은 장소를 안내하게 하고 그 시간을 시찰부에 기록하여야 한다. 제3조(참관) ① 소장은 법 제9조 제2항에 따라 판사와 검사 외의 사람이 교정시설의 참관을 신청하는 경우에는 그 성명·직업·주소·나이·성별 및 참관 목적을 확인한 후 허가 여부를 결정하여야 한다. ② 소장은 외국인에게 참관을 허가할 경우에는 미리 관할 지방교정청장의 승인을 받아야 한다. **(해설)** 참관업무의 신속성과 효율성 제고하였다. ③ 소장은 제1항 및 제2항에 따라 허가를 받은 사람에게 참관할 때의 주의 사항을 알려주어야 한다.
제10조	교도관의 직무	이 법에 규정된 사항 외에 교도관의 직무에 관하여는 따로 **법률**로 정한다. **(해설)** 교도관 직무규정의 위임형식을 법무부장관에서 법률로 격상, 그러나 현재까지 교도관직무에 관한 법률은 제정하지 않고, 부령으로 사용하고 있다.

제2편 수용자의 처우

제1장 수용

【교정판례】 수용처우상 배상책임

1. 구분수용 미흡에 따른 사고에 대한 책임

미결수들은 수용할 때에는 죄질을 감안하여 구별 수용하여야 하고, 수용시설의 사정에 의하여 부득이 죄질의 구분 없이 혼거 수용하는 경우에는 그에 따라 발생할 수 있는 미결수들 사이의 폭력에 의한 사적 제재 등 제반 사고를 예상하여 감시와 시찰을 더욱 철저히 하여야 한다. 죄질이 현저히 다른 강도상해범과 과실범을 같은 방에 수용하고도 철저한 감시의무를 다하지 못함으로써 수용자 상호간의 폭행치사사고가 일어나도록 한 과실이 인정된다고 하여 국가에게 배상책임을 인정하였다.(대판 94.10.11. 선고 94다 22569)

2. 사고예방을 위한 주의의무

수용자의 잘못으로 다른 수용자들까지 단체기합을 받았다면 다른 수용자들이 그 분풀이로 폭행 등 위해를 가할지도 모를 것이 예상되므로 담당 교도관으로서는 특별히 세심한 주의를 다하여 폭행 등 사고를 미연에 방지할 주의의무가 있다.(대판 1979.7.10. 선고 79다521판결)

제11조	구분수용	① 수용자는 다음 각 호에 따라 구분하여 수용한다. 1. 19세 이상 수형자: 교도소 2. 19세 미만 수형자: 소년교도소 3. 미결수용자: 구치소 4. 사형확정자: 교도소 또는 구치소. 이 경우 구체적인 구분 기준은 법무부령으로 정한다. ② 교도소 및 구치소의 각 지소에는 교도소 또는 구치소에 준하여 수용자를 수용한다. **➲시행규칙** **제150조(구분수용 등)** ① 사형확정자는 사형집행시설이 설치되어 있는 교정시설에 수용하되, 다음 각 호와 같이 구분하여 수용한다. 1. 교도소: 교도소 수용 중 사형이 확정된 사람. 교도소에서 교육·교화프로그램 또는 신청에 따른 작업을 실시할 필요가 있다고 인정되는 사람 2. 구치소: 구치소 수용 중 사형이 확정된 사람. 교도소에서 교육·교화프로그램 또는 신청에 따른 작업을 실시할 필요가 없다고 인정되는 사람
제12조	구분수용의 예외	① 다음 각 호의 어느 하나에 해당하는 사유가 있으면 교도소에 미결수용자를 수용할 수 있다. 1. 관할 법원 및 검찰청 소재지에 구치소가 없는 때 2. 구치소의 수용인원이 정원을 훨씬 초과하여 정상적인 운영이 곤란한 때 3. 범죄의 증거인멸을 방지하기 위하여 필요하거나 그 밖에 특별한 사정이 있는 때 ② 취사 등의 작업을 위하여 필요하거나 그 밖에 특별한 사정이 있으면 구치소에 수형자를 수용할 수 있다. ③ 수형자가 소년교도소에 수용 중에 19세가 된 경우에도 교육·교화프로그램, 작업, 직업훈련 등을 실시하기 위하여 특히 필요하다고 인정되면 23세가 되기 전까지는 계속하여 수용할 수 있다. ④ 소장은 특별한 사정이 있으면 제11조의 구분수용기준에 따라 다른 교정시설로 이송하여야 할 수형자를 6개월을 초과하지 아니하는 기간 동안 계속하여 수용할 수 있다. **소년법 제63조(징역·금고의 집행)** 징역 또는 금고를 선고받은 소년에 대하여는 특별히 설치된 교도소 또는 일반 교도소 안에 특별히 **분리된** 장소에서 그 형을 집행한다. 다만, 소년이 형의 집행 중에 **23세가 되면** 일반 교도소에서 집행할 수 있다 〈비교조문〉 **법 제12조 제3항** : ~23세가 되기 전까지는 계속하여 수용할 수 있다. **소년법 제63조** : ~형의 집행 중에 23세가 되면 일반 교도소에서 집행할 수 있다.
제13조	분리수용	① 남성과 여성은 분리하여 수용한다. ② 제12조에 따라 수형자와 미결수용자, 19세 이상의 수형자와 19세 미만의 수형자를 같은 교정 시설에 수용하는 경우에는 서로 **분리하여** 수용한다. 〈분리수용〉 – 남성과 여성(성별) – 수형자와 미결수용자(신분) – 미결수용자 사건관련자(공범) 〈격리수용〉 – 감염병 환자

| 제14조 | 독거수용 | 수용자는 독거수용 한다. 다만, 다음 각 호의 어느 하나에 해당하는 사유가 있으면 혼거수용 할 수 있다. |

수용자는 독거수용 한다. 다만, 다음 각 호의 어느 하나에 해당하는 사유가 있으면 혼거수용 할 수 있다.
1. 독거실 부족 등 시설여건이 충분하지 아니한 때
2. 수용자의 생명 또는 신체의 보호, 정서적 안정을 위하여 필요한 때
3. 수용자의 교화 또는 건전한 사회복귀를 위하여 필요한 때

⊃동시행령
제4조(독거실의 비율)
교정시설을 새로 설치하는 경우에는 법 제14조에 따른 수용자의 거실수용을 위하여 독거실과 혼거실의 비율이 적정한 수준이 되도록 한다.
제5조(독거수용의 구분)
독거수용은 다음 각 호와 같이 구분한다.
1. 처우상 독거수용 : 주간에는 교육·작업 등의 처우를 위하여 일과에 따른 공동생활을 하게하고 휴업일과 야간에만 독거수용 하는 것을 말한다.
2. 계호상 독거수용 : 사람의 생명·신체의 보호 또는 교정시설의 안전과 질서유지를 위하여 항상 독거수용하고 다른 수용자와의 접촉을 금지하는 것을 말한다. 다만, 수사·재판·실 외 운동·목욕·접견·진료 등을 위하여 필요한 경우에는 그러하지 아니하다.
제6조(계호상 독거수용자의 시찰)
① 교도관은 제5조 제2호에 따라 독거 수용된 사람(이하 "계호상 독거수용자"라 한다)을 수시로 시찰하여 건강상 또는 교화상 이상이 없는지 살펴야 한다.
② 교도관은 제1항의 시찰 결과, 계호상 독거수용자가 건강상 이상이 있는 것으로 보이는 경우에는 교정시설에 근무하는 의사(공중보건의사를 포함한다. 이하 "의무관"이라 한다)에게 즉시 알려야 하고, 교화상 문제가 있다고 인정하는 경우에는 소장에게 지체 없이 보고하여야 한다.
③ 의무관은 제2항의 통보를 받은 즉시 해당 수용자를 상담·진찰 하는 등 적절한 의료조치를 하여야 하며, 계호상 독거수용자를 계속하여 독거수용하는 것이 건강상 해롭다고 인정하는 경우에는 그 의견을 소장에게 즉시 보고하여야 한다.
④ 소장은 계호상 독거수용자를 계속하여 독거수용하는 것이 건강상 또는 교화상 해롭다고 인정하는 경우에는 이를 즉시 중단하여야 한다.
(해설) 독거수용자에 대한 소장과 의무관의 1차적 시찰의무를 삭제하고 교도관의 시찰의무를 강화하였다.
제7조(여성수용자에 대한 시찰)
소장은 특히 필요하다고 인정하는 경우가 아니면 남성교도관이 야간에 수용자거실에 있는 여성수용자를 시찰하게 하여서는 아니 된다.

| 제15조 | 수용거실 지정 | |

소장은 수용자의 거실을 지정하는 경우에는 죄명·형기·죄질·성격·범죄전력·나이·경력 및 수용생활 태도 그 밖에 수용자의 개인적 특성을 고려하여야 한다.
→제65조의 작업의 부과
② 소장은 수형자에게 작업을 부과하려면 나이·형기·건강상태·기술·성격·취미·경력·장래생계 그 밖의 수형자의 사정을 고려하여야 한다.
⊃동 시행령
제8조(혼거수용인원의 기준)
혼거수용 인원은 **3명 이상**으로 한다. 다만, 요양이나 그 밖의 부득이한 사정이 있는 경우에는 예외로 한다.

| 제15조 | 수용거실
지정 | **제9조(혼거수용의 제한)**
소장은 노역장 유치명령을 받은 수형자와 징역형·금고형 또는 구류형을 선고받아 형이 확정된 수형자를 혼거수용해서는 아니 된다. 다만, 징역형·금고형 또는 구류형의 집행을 마친 다음에 계속해서 노역장 유치명령을 집행하거나 그 밖에 부득이한 사정이 있는 경우에는 그러하지 아니하다.
제10조(수용자의 자리지정)
소장은 수용자의 생명·신체의 보호, 증거인멸의 방지 및 교정시설의 안전과 질서유지를 위하여 필요하다고 인정하면 혼거실·교육실·강당·작업장, 그 밖에 수용자들이 서로 접촉할 수 있는 장소에서 수용자의 자리를 지정할 수 있다.
제11조(거실의 대용금지)
소장은 수용자 거실을 작업장으로 사용하여서는 아니 된다. 다만, 수용자의 심리적 안정, 교정교화 또는 사회적응능력 함양을 위하여 특히 필요하다고 인정하면 그러하지 아니하다.
제12조(현황표 등의 부착 등)
① 소장은 수용자거실에 그 면적, 정원 및 현재인원을 적은 현황표를 붙여야 한다.
② 소장은 수용자거실의 앞에 이름표를 붙이되, 이름표 윗부분에는 수용자의 성명·나이·죄명·형명 및 형기를 적고, 그 아랫부분에는 수용자번호 및 입소일을 적되 윗부분의 내용이 보이지 않도록 하여야 한다.
③ 소장은 수용자가 법령에 따라 지켜야 할 사항과 수용자의 권리구제 절차에 관한 사항을 수용자거실의 보기 쉬운 장소에 붙여야 한다. |
| 제16조 | 신입자의
수용 | ① 소장은 법원·검찰청·경찰관서 등으로부터 처음으로 교정시설에 수용되는 사람에 대하여는 집행지휘서, 재판서 그 밖에 수용에 필요한 서류를 조사한 후 수용한다.
② 소장은 신입자에 대하여는 지체 없이 건강진단을 하여야 한다.
⊃동 시행령
제13조(신입자의 인수)
① 소장은 법원·검찰청·경찰관서 등으로부터 처음으로 교정시설에 수용되는 사람(이하 "신입자"라 한다)을 인수한 경우에는 호송인에게 인수서를 써 주어야 한다. 이 경우 신입자에게 부상·질병, 그 밖에 건강에 이상이 있을 때에는 호송인으로부터 그 사실에 대한 확인서를 받아야 한다.
② 신입자를 인수한 교도관은 제1항의 인수서에 신입자의 성명, 나이 및 인수일시를 적고 서명 또는 날인하여야 한다.
③ 소장은 제1항 후단에 따라 확인서를 받는 경우에는 호송인에게 신입자의 성명, 나이 인계일시 및 부상 등의 사실을 적고 서명 또는 날인하도록 하여야 한다.
제14조(신입자의 신체 등 검사)
소장은 신입자를 인수한 경우에는 교도관에게 신입자의 신체·의류 및 휴대품을 지체 없이 검사하게 하여야 한다.
제15조(신입자의 건강진단)
신입자의 건강진단은 수용된 날부터 3일 이내에 하여야 한다. 다만, 휴무일이 연속되는 등 부득이한 사정이 있는 경우에는 예외로 한다.
제16조(신입자의 목욕)
소장은 신입자에게 질병이나 그 밖의 부득이한 사정이 있는 경우가 아니면 지체 없이 목욕을 하게 하여야 한다. |

제17조	고지 사항	신입자 및 다른 교정시설로부터 이송되어 온 사람에 대하여는 말이나 서면으로 다음 각호의 사항을 알려 주어야 한다. 1. 형기의 기산일 및 종료일 2. 접견·서신 그 밖의 수용자의 권리에 관한 사항 3. 청원, 「국가인권위원회법」에 따른 진정 그 밖의 권리구제에 관한 사항 4. 징벌·규율 그 밖의 수용자의 의무에 관한 사항 5. 일과(日課) 그 밖의 수용생활에 필요한 기본적인 사항
제18조	수용의 거절	① 소장은 다른 사람의 건강에 위해를 끼칠 우려가 있는 전염병에 걸린 사람의 수용을 거절할 수 있다. ② 소장은 제1항에 따라 수용을 거절하였으면 그 사유를 지체 없이 수용지휘기관과 관할 보건소장에게 통보하고 법무부장관에게 보고하여야 한다. **⊃동 시행령** **제52조(감염병의 정의)** 법 제18조 제1항, 법 제53조 제1항 제3호 및 법 제128조 제2항에서 "감염병"이란 「감염병의 예방 및 관리에 관한 법률」에 따른 감염병을 말한다. **제53조(감염병에 관한 조치)** ① 소장은 수용자가 감염병에 걸렸다고 의심되는 경우에는 1주 이상 격리수용하고 그 수용자의 휴대품을 소독하여야 한다. ② 소장은 감염병이 유행하는 경우에는 수용자가 자비로 구매하는 음식물의 공급을 중지할 수 있다. ③ 소장은 수용자가 감염병에 걸린 경우에는 즉시 격리수용하고 그 수용자가 사용한 물품과 설비를 철저히 소독하여야 한다. ④ 소장은 제3항의 사실을 지체 없이 법무부장관에 보고하고 관할 보건기관의 장에게 알려야 한다.
제19조	사진 촬영 등	① 소장은 신입자 및 다른 교정시설로부터 이송되어 온 사람에 대하여 다른 사람과의 식별을 위하여 필요한 한도에서 사진촬영, 지문채취, 수용자 번호지정 그 밖에 대통령령으로 정하는 조치를 하여야 한다. ② 소장은 수용목적상 필요하면 수용 중인 사람에 대하여도 제1항의 조치를 할 수 있다. **⊃동 시행령** **제17조(신입자의 신체특징 기록 등)** ① 소장은 신입자의 키·용모·문신·흉터 등 신체특징과 가족 등 보호자의 연락처를 수용기록부에 기록하여야 하며, 교도관이 업무상 필요한 경우가 아니면 이를 열람하지 못하도록 하여야 한다. ② 소장은 신입자 및 다른 교정시설로부터 이송되어 온 사람(이하 "이입자"라 한다)에 대하여 수용자번호를 지정하고 수용 중 그 번호표를 상의의 왼쪽 가슴에 붙이게 하여야 한다. 다만, 수용자의 교화 또는 건전한 사회복귀를 위하여 특히 필요하다고 인정하면 번호표를 붙이지 아니할 수 있다. **제18조(신입자거실 수용 등)** ① 소장은 신입자가 환자이거나 부득이한 사정이 있는 경우가 아니면 수용된 날부터 3일 동안 신입자거실에 수용하여야 한다. ② 소장은 제1항에 따라 신입자거실에 수용된 사람에게는 작업을 부과해서는 아니 된다. ③ 소장은 19세 미만의 신입자 그 밖에 특히 필요하다고 인정하는 수용자에 대하여는 제1항의 기간을 30일까지 연장할 수 있다.

		제19조(수용기록부 등의 작성) 소장은 신입자 또는 이입자를 수용한 날부터 3일 이내에 수용기록부, 수용자명부 및 형기종료부를 작성·정비하고 필요한 사항을 기록하여야 한다. **제20조(신입자의 신원조사)** 소장은 신입자의 신원에 관한 사항을 조사하여 수용기록부에 기록하여야 한다. **제21조(형·구속의 집행정지 사유의 통보)** 소장은 수용자에 대하여 건강상의 사유로 형의 집행정지 또는 구속의 집행정지를 할 필요가 있다고 인정하는 경우에는 의무관의 진단서와 인수인에 대한 확인서류를 첨부하여 그 사실을 검사에게, 기소된 상태인 경우에는 법원에도 지체 없이 통보하여야 한다. ① 소장은 수용자의 수용·작업·교화·의료 그 밖의 처우를 위하여 필요하거나 시설의 안전과 질서유지를 위하여 필요하다고 인정하면 법무부장관의 승인을 받아 수용자를 다른 교정시설로 이송할 수 있다.
제20조	수용자의 이송	② 법무부장관은 제1항의 이송 승인에 관한 권한을 대통령령으로 정하는 바에 따라 지방교정청장에게 위임할 수 있다. **⇨동 시행령** **제22조(지방교정청장의 이송승인권)** ① 지방교정청장은 법 제20조 제2항에 따라 다음 각호의 어느 하나에 해당하는 경우에는 수용자의 이송을 승인할 수 있다. 1. 수용시설의 공사 등으로 수용거실이 일시적으로 부족한 때 2. 교정시설의 안전과 질서유지를 위하여 긴급하게 이송할 필요가 있다고 인정되는 때 3. 교정시설의 안전과 질서유지를 위하여 긴급하게 이송할 필요가 있다고 인정되는 때 ② 제1항에 따른 지방교정청장의 이송승인은 관할 내 이송으로 한정한다. **제23조(이송 중지)** 소장은 수용자를 다른 교정시설에 이송하는 경우에 의무관으로부터 수용자가 건강상 감당하기 어렵다는 보고를 받으면 이송을 중지하고 그 사실을 이송받을 소장에게 알려야 한다. **제24조(호송 시 분리)** 수용자를 이송이나 출정, 그 밖의 사유로 호송하는 경우에는 수형자는 미결수용자와, 여성수용자는 남성수용자와, 19세 미만의 수용자는 19세 이사의 수용자와 각각 호송 차량의 좌석을 분리하는 등의 방법으로 서로 접촉하지 못하게 하여야 한다.
제21조	수용사실의 가족 통지	소장은 신입자 또는 다른 교정시설로부터 이송되어 온 사람이 있으면 그 사실을 수용자의 가족(배우자·직계존비속 또는 형제자매를 말한다. 이하 같다)에게 지체 없이 통지하여야 한다. 다만, 수용자가 통지를 원하지 아니하면 그러하지 아니하다. **(해설)** 신입자 및 이송자의 가족에 대한 수용사실 통보규정 신설

제2장 물품지급

제22조	의류 및 침구등의 지급	① 소장은 수용자에게 건강유지에 적합한 의류·침구 그 밖의 생활용품을 지급한다. ② 의류·침구 그 밖의 생활용품의 지급기준 등에 관하여 필요한 사항은 **법무부령**으로 정한다.

제25조(의류 및 침구 등의 지급)

① 소장은 법 제22조에 제1항에 따라 의류·침구 그 밖의 생활용품을 지급하는 경우에는 수용자의 건강, 계절 등을 고려하여야 한다.

② 소장은 수용자에게 특히 청결하게 관리할 수 있는 재질의 식기를 지급하여야 하며, 다른 사람이 사용한 의류 등을 지급하는 경우에는 세탁하거나 소독하여 지급하여야 한다.

제26조(생활기구의 비치)

① 소장은 거실·작업장, 그 밖에 수용자가 생활하는 장소에 수용생활에 필요한 기구를 갖춰 둬야 한다.

② 거실 등에는 갖춰 둔 기구의 품목·수량을 기재한 품목표를 붙여야 한다.

⊃ 시행규칙

제4조(의류의 품목)

① 수용자 의류의 품목은 평상복·특수복·보조복·의복부속물·모자 및 신발로 한다.

② 제1항에 따른 품목별 구분은 다음 각 호와 같다.

1. 평상복은 겨울옷·봄가을옷·여름옷을 수형자용, 미결수용자용 및 피보호감호자용과(종전의 「사회보호법」에 따라 보호감호선고를 받고 교정시설에 수용 중인 사람을 말한다. 이하 같다) 남녀용으로 각각 구분하여 18종으로 한다.

2. 특수복은 모범수형자복·이송복·외부통근자복·임부복·환자복·보이스카우트복·운동복 및 반바지로 구분하고, 그중 모범수형자복·이송복 및 외부통근자복은 겨울옷·봄가을옷·여름옷을 남녀용으로 각각 구분하여 6종으로 하고, 임부복은 봄가을옷·여름수형자용과 미결수용자용으로 구분하여 4종으로 하며, 환자복은 겨울옷·여름옷을 남녀용으로 구분하여 4종으로 하고, 보이스카우트복은 겨울옷과 여름옷 2종으로 하며, 운동복 및 반바지는 각각 1종으로 한다.

3. 보조복은 위생복·조끼 및 비옷으로 구분하여 3종으로 한다.

4. 의복부속물은 러닝셔츠·팬티·겨울내의·장갑·양말 및 허리띠로 구분하여 6종으로 한다.

5. 모자는 모범수형자모·외부통근자모·보이스카우트모·방한모 및 위생모로 구분하여 5종으로 하되, 보이스카우트모는 정모와 활동모로 구분하여 2종으로 한다.

6. 신발은 고무신·운동화 및 방한화로 구분하여 3종으로 한다.

제5조(의류의 품목별 착용 시기 및 대상)

수용자 의류의 품목별 착용 시기 및 대상은 다음 각 호와 같다. 〈개정 2010.5.31〉

1. 평상복: 실내생활 수용자, 교도작업·직업능력개발훈련(이하 "직업훈련"이라 한다) 수용자 및 각종 교육을 받는 수용자가 착용

2. 모범수형자복: 제74조의 개방처우급에 해당하는 수형자가 작업·교육시간 외의 일상생활을 하거나 수형자가 사회 견학을 하는 때 또는 가석방예정자가 실외생활을 하는 때에 착용

3. 이송복: 다른 교정시설로 이송되는 수형자가 착용

4. 외부통근자복: 외부통근자로서 실외생활을 하는 때에 착용

5. 임부복: 임신한 수용자가 착용

6. 환자복: 의료거실 수용자가 착용

7. 보이스카우트복: 소년교도소에서 소년단원으로 활동하는 수형자가 착용

8. 운동복: 소년수형자·가석방예정자로서 운동을 하는 때에 착용

9. 반바지: 수용자가 여름철에 실내생활 또는 운동을 하는 때에 착용

10. 위생복: 수용자가 관용작업(이발·취사·간병, 그 밖에 교정시설의 시설운영과 관리에 필요한 작업을 말한다. 이하 같다)을 하는 때에 착용
11. 조끼: 수용자가 겨울철에 겉옷 안에 착용
12. 비옷: 수용자가 우천 시 실외작업을 하는 때에 착용
13. 러닝셔츠·팬티·겨울내의 및 양말: 모든 수형자 및 소장이 지급할 필요가 있다고 인정하는 미결수용자가 착용
14. 장갑: 작업을 하는 수용자 중 소장이 지급할 필요가 있다고 인정하는 자가 착용
15. 허리띠: 모범수형자복·외부통근자복 및 보이스카우트복 착용자가 착용
16. 모자
가. 모범수형자모: 모범수형자복 착용자가 착용
나. 외부통근자모: 외부통근자복 착용자가 착용
다. 보이스카우트모: 보이스카우트복 착용자가 착용
라. 방한모: 외부작업 수용자가 겨울철에 착용
마. 위생모: 취사장에서 작업하는 수용자가 착용
17. 신발
가. 고무신: 미결수용자 및 출정수용자가 착용
나. 운동화: 수형자 및 피보호감호자가 착용
다. 방한화: 외부작업 수용자가 겨울철에 착용

제6조(침구의 품목)

수용자 침구의 품목은 이불 2종(솜이불·겹이불), 매트리스 2종(일반매트리스·환자매트리스), 담요 및 베개로 구분한다.

제7조(침구의 품목별 사용 시기 및 대상)

수용자 침구의 품목별 사용 시기 및 대상은 다음 각 호와 같다.

1. 이불
가. 솜이불: 환자·노인·장애인·임산부 등의 수용자 중 소장이 지급할 필요가 있다고 인정하는 자가 겨울철에 사용
나. 겹이불: 수용자가 봄·여름·가을철에 사용
2. 매트리스
가. 일반매트리스: 수용자가 겨울철에 사용
나. 환자매트리스: 수용자 중 의료거실 수용자가 겨울철에　사용
3. 담요 및 베개: 모든 수용자가 사용

제8조(의류·침구 등 생활용품의 지급기준)

① 수용자에게 지급하는 의류 및 침구는 1명당 1매로 한다.
② 의류·침구 외에 수용자에게 지급하는 생활용품의 품목, 지급수량, 사용기간, 지급횟수 등에 대한 기준은 별표 1과 같다.
③ 생활용품 지급일 이후에 수용된 수용자에 대하여는 다음 지급일까지 쓸 적절한 양을 지급하여야 한다.
④ 신입수용자에게는 수용되는 날에 칫솔, 치약 및 수건 등 수용생활에 필요한 최소한의 생활용품을 지급하여야 한다.

| 제23조 | 음식물의 지급 | ① 소장은 수용자에게 건강상태, 나이, 부과된 작업의 종류 그 밖의 개인적 특성을 고려하여 건강 및 체력을 유지하는 데에 필요한 음식물을 지급한다. |

① 소장은 수용자에게 건강상태, 나이, 부과된 작업의 종류 그 밖의 개인적 특성을 고려하여 건강 및 체력을 유지하는 데에 필요한 음식물을 지급한다.
② 음식물의 지급기준 등에 관하여 필요한 사항은 법무부령으로 정한다.

⊃동 시행령

제27조(음식물의 지급)

법 제23조에 따라 수용자에게 지급하는 음식물은 주식·부식·음료, 그 밖의 영양물로 한다.

제28조(주식의 지급)

① 수용자에게 지급하는 주식은 쌀과 보리의 혼합곡으로 한다.

② 소장은 양곡 수급이 곤란하거나 그 밖에 필요하다고 인정하면 제1항의 곡류를 변경하거나 대용식을 지급할 수 있다.

⊃ 시행규칙

제10조(주식의 혼합비 등)

① 주식은 쌀과 보리의 혼합곡으로 지급하며, 쌀 9, 보리쌀 1의 비율로 한다.

② 소장은 양곡 수급사정 또는 그 밖에 부득이한 사유가 있는 경우에는 제1항의 비율을 변경할 수 있다.

③ 소장이 「형의 집행 및 수용자의 처우에 관한 법률 시행령」(이하 "영"이라 한다) 제28조 제2항에 따라 곡류를 변경하거나 대용식을 지급하는 경우에는 법무부장관이 정하는 바에 따른다.

제11조(주식의 지급)

① 수용자에게 지급하는 주식은 1명당 1일 650그램을 기준으로 한다.

② 소장은 수용자의 나이, 건강, 작업 여부 및 작업의 종류 등을 고려하여 필요한 경우에는 제1항의 지급 기준량을 변경할 수 있다.

③ 소장은 수용자의 기호 등을 고려하여 주식으로 빵이나 국수 등을 주 2회의 범위에서 지급할 수 있다.

제12조(주식의 확보)

소장은 수용자에 대한 원활한 급식을 위하여 해당 교정시설의 직전 분기 평균 급식인원을 기준으로 1개월분의 주식을 항상 확보하고 있어야 한다.

제13조(부식)

① 부식은 주식과 함께 지급하며, 1명당 1일의 영양섭취기준량은 별표 2와 같다

② 소장은 작업의 장려나 적절한 처우를 위하여 필요하다고 인정하는 경우 특별한 부식을 지급할 수 있다.

제14조(주·부식의 지급횟수 등)

① 주·부식의 지급횟수는 1일 3회로 한다.

② 수용자에게 지급하는 음식물의 총열량은 1명당 2천500킬로칼로리를 기준으로 한다.

⊃ 동 시행령

제29조(특식의 지급)

소장은 국경일이나 그 밖에 이에 준하는 날에는 특별한 음식물을 지급할 수 있다.

제30조(환자의 음식물)

소장은 의무관의 의견을 고려하여 환자에게 지급하는 음식물의 종류 또는 정도를 달리 정할 수 있다.

⊃ 시행규칙

제15조(특식 등 지급)

① 수용자에게 영 제29조에 따라 특식을 지급하는 경우에는 다음 각 호의 기준에 따른다.

1. 주식은 보리를 혼합하지 아니하거나 예산의 범위에서 보리 외의 곡류를 혼합하여 지급할 것

2. 부식 또는 간식은 예산의 범위에서 특별히 마련하여 지급할 것

② 소장은 작업시간을 3시간 이상 연장하는 경우에는 수용자에게 주·부식 또는 대용식 1회분을 간식으로 지급할 수 있다.

① 수용자는 소장의 허가를 받아 자신의 비용으로 음식물 · 의류 · 침구 그 밖에 수용
  생활에 필요한 물품을 구매할 수 있다.
② 물품의 자비구매 허가범위 등에 관하여 필요한 사항은 법무부령으로 정한다.
⊃동 시행령
제31조(자비구매 물품의 기준)
수용자가 자비로 구매하는 물품은 교화 또는 건전한 사회복귀에 적합하고 교정시설의
안전과 질서를 해칠 우려가 없는 것이어야 한다.
제32조(자비구매 의류 등의 사용)
소장은 수용자가 자비로 구매한 의류 등을 영치한 후 그 수용자가 사용하게 할 수 있다.
제33조(의류 등의 세탁 등)
① 소장은 수용자가 사용하는 의류 등을 적당한 시기에 세탁 · 수선 또는 교체(이하 이
  조에서 "세탁 등"이라 한다)하도록 하여야 한다.
② 자비로 구매한 의류 등을 세탁 등을 하는 경우 드는 비용은 수용자의 부담으로 한다.
⊃시행규칙
제16조(자비구매물품의 종류 등)
① 자비구매물품의 종류는 다음 각 호와 같다.
1. 음식물
2. 의약품 및 의료용품
3. 의류 · 침구류 및 신발류
4. 신문 · 잡지 · 도서 및 문구류
5. 수형자 교육 등 교정교화에 필요한 물품
6. 그 밖에 수용생활에 필요하다고 인정되는 물품
② 제1항 각 호에 해당하는 자비구매물품의 품목 · 유형 및 규격 등은 영 제31조에 어긋
  나지 아니하는 범위에서 소장이 정하되, 수용생활에 필요한 정도, 가격과 품질, 다른
  교정시설과의 균형, 공급하기 쉬운 정도 및 수용자의 선호도 등을 고려하여야 한다.
③ 법무부장관은 자비구매물품 공급의 교정시설 간 균형 및 교정시설의 안전과 질서유지
  를 위하여 공급물품의 품목 및 규격 등에 대한 통일된 기준을 제시할 수 있다.
제17조(구매허가 및 신청제한)
① 소장은 수용자가 자비구매물품의 구매를 신청하는 경우에는 법무부장관이 정하는
  영치금의 사용 한도, 교정시설의 보관범위 및 수용자의 소지범위에서 허가한다.
② 소장은 감염병(「감염병 예방 및 관리에 관한 법률」에 따른 감염병을 말한다)의 유
  행 또는 수용자의 징벌집행 등으로 자비구매물품의 사용이 중지된 경우에는 구매신
  청을 제한할 수 있다.
제18조(우선공급)
소장은 교도작업제품(교정시설 안에서 수용자에게 부과된 작업에 의하여 생산된 물품을
말한다)으로서 자비구매물품으로 적합한 것은 제21조에 따라 지정받은 자비구매물품
공급자를 거쳐 우선하여 공급할 수 있다.
제19조(제품 검수)
① 소장은 물품공급업무 담당공무원을 검수관으로 지정하여 제21조에 따라 지정받은
  자비구매물품 공급자로부터 납품받은 제품의 수량 · 상태 및 유통기한 등을 검사하
  도록 하여야 한다.
② 검수관은 공급제품이 부패, 파손, 규격미달, 그 밖의 사유로 수용자에게 공급하기에 부
  적당하다고 인정하는 경우에는 소장에게 이를 보고하고 필요한 조치를 하여야 한다.

제20조(주요 사항 고지 등)
① 소장은 수용자에게 자비구매물품의 품목·가격, 그 밖에 구매에 관한 주요 사항을 미리 알려 주어야 한다.
② 소장은 제품의 변질, 파손, 그 밖의 정당한 사유로 수용자가 교환 또는 반품을 원하는 경우에는 신속히 적절한 조치를 하여야 한다.

제21조(공급업무의 담당자 지정)
① 법무부장관은 자비구매물품의 품목·규격·가격 등의 교정시설 간 균형을 유지하고 공급과정의 효율성·공정성을 높이기 위하여 그 공급업무를 담당하는 법인 또는 개인을 지정할 수 있다.
② 제1항에 따라 지정받은 법인 또는 개인은 그 업무를 처리하는 경우 교정시설의 안전과 질서유지를 위하여 선량한 관리자로서의 의무를 다하여야 한다.
③ 자비구매물품 공급업무의 담당자 지정 등에 관한 세부사항은 법무부장관이 정한다.

제3장 금품관리

제25조	휴대금품의 영치	

① 소장은 수용자의 휴대금품을 교정시설에 영치한다. 다만, 휴대품이 다음 각 호의 어느 하나에 해당하는 것이면 수용자로 하여금 자신이 지정하는 사람에게 보내게 하거나 그 밖에 적당한 방법으로 처분하게 할 수 있다.
1. 부패하거나 없어질 우려가 있는 것
2. 물품의 종류·크기 등을 고려할 때 보관하기에 적당하지 아니한 것
3. 사람의 생명 또는 신체에 위험을 초래할 우려가 있는 것
4. 시설의 안전 또는 질서를 해칠 우려가 있는 것
5. 그 밖에 영치할 가치가 없는 것
② 소장은 수용자가 제1항 단서에 따라 처분하여야 할 휴대품을 상당한 기간 내에 처분하지 아니하면 폐기할 수 있다.

➲동 시행령
제34조(휴대금품의 정의 등)
① 법 제25조의 휴대금품이란 신입자가 교정시설에 수용될 때에 지니고 있는 현금(자기앞수표를 포함하는 것으로 본다. 이하 같다)과 휴대품을 말한다.
② 법 제25조 제1항 단서에 해당하지 아니한 신입자의 휴대품은 영치한 후 사용하게 할 수 있다.
③ 법 제25조 제1항 단서에 따라 신입자의 휴대품을 팔 경우에는 그 비용을 제외한 나머지 대금을 영치할 수 있다.
④ 소장은 신입자가 법 제25조 제1항 단서 각 호의 어느 하나에 해당하는 휴대품을 법무부장관이 정한 기간에 처분하지 않은 경우에는 본인에게 그 사실을 고지한 후 폐기한다.
제35조(금품의 영치)
수용자의 현금을 영치하는 경우에는 그 금액을 영치금대장에 기록하고 수용자의 물품을 영치하는 경우에는 그 품목·수량 및 규격을 영치품대장에 기록하여야 한다.

		제36조(귀중품의 보관)
		소장은 영치품이 금·은·보석·유가증권·인장, 그 밖에 특별히 보관할 필요가 있는 귀중품인 경우에는 잠금장치가 되어 있는 견고한 용기에 넣어 보관하여야 한다.
		제37조(영치품 매각대금의 영치)
		소장은 수용자의 신청에 따라 영치품을 팔 경우에는 그 비용을 제외한 나머지 대금을 영치할 수 있다.
		제38조(영치금의 사용 등)
		① 소장은 수용자가 그의 가족(배우자·직계존비속 또는 형제자매를 말한다. 이하 같다) 또는 배우자의 직계존속에게 도움을 주거나 그 밖에 정당한 용도로 사용하기 위하여 영치금의 사용을 신청한 경우에는 그 사정을 고려하여 허가할 수 있다.
		② 제1항에 따라 영치금을 사용하는 경우 발생하는 비용은 수용자가 부담한다.
		③ 영치금의 출납·예탁, 영치금품의 보관 등에 관하여 필요한 사항은 법무부장관이 정한다.
제26조	수용자의 물품소지 등	① 수용자는 서신·도서 그 밖에 수용생활에 필요한 물품을 법무부장관이 정하는 범위에서 소지할 수 있다.
		② 소장은 제1항의 소지범위를 벗어난 물품으로서 교정시설에 특히 영치할 필요가 있다고 인정하지 아니하는 물품은 수용자로 하여금 자신이 지정하는 사람에게 보내게 하거나 그 밖에 적당한 방법으로 처분하게 할 수 있다.
		③ 소장은 수용자가 제2항에 따라 처분하여야 할 물품을 상당한 기간 내에 처분하지 아니하면 폐기할 수 있다.
		⊃동 시행령
		제39조(소지범위 초과 물품의 처리)
		법 제26조 제2항 및 제3항에 따라 소지범위를 벗어난 수용자의 물품을 처분하거나 폐기하는 경우에는 제34조 제3항(본인에게 사실고지 후 폐기) 및 제4항(팔 경우 비용 제외 나머지 대금 영치)을 준용한다.
		제40조(물품의 폐기)
		수용자의 물품을 폐기하는 경우에는 그 품목·수량·이유 및 일시를 관계 장부에 기록하여야 한다.
		※ 업무단위 또는 업무절차별로 적정한 장부에 의할 수 있도록 "폐기부"를 "관계장부"로 변경
제27조	수용자에 대한 금품 교부	① 수용자 외의 사람이 수용자에게 금품을 교부하려고 신청하면 소장은 다음 각 호의 어느 하나에 해당하는 사유가 없는 한 허가하여야 한다.
		1. 수형자의 교화 또는 건전한 사회복귀를 해칠 우려가 있는 때
		2. 시설의 안전 또는 질서를 해칠 우려가 있는 때
		② 소장은 수용자에게 보내온 금품으로서 본인이 수령을 거부하거나 제1항 각 호의 어느 하나에 해당하는 경우에는 이를 보낸 사람에게 되돌려 보내야 한다.
		③ 소장은 제2항의 경우에 금품을 보낸 사람을 알 수 없거나 보낸 사람의 주소가 불명한 경우에는 그 뜻을 공고하여야 하며, 공고한 후 6개월이 지나도 교부를 청구하는 사람이 없으면 그 금품은 국고에 귀속된다.
		④ 소장은 제2항 또는 제3항에 따른 조치를 한 경우에는 그 사실을 수용자에게 알려 주어야 한다.
		⊃동 시행령
		제41조(금품교부 신청자의 확인)
		소장은 수용자가 아닌 사람이 수용자에게 금품을 교부하려고 신청하는 경우에는 그의 성명·주소 및 수용자와의 관계를 확인하여야 한다.

제42조(교부허가금품의 사용 등)
① 소장은 금품의 교부를 허가한 경우에는 그 금품을 영치한 후 사용하게 할 수 있다.
② 수용자에게 교부하려고 하는 금품의 허가범위 등에 관하여 필요한 사항은 법무부
   령으로 정한다.
제43조(교부 허가물품의 검사)
소장은 교부를 허가한 물품은 검사할 필요가 없다고 인정하는 경우가 아니면 교도관
으로 하여금 검사하게 하여야 한다. 이 경우 그 물품이 의약품인 경우에는 의무관으
로 하여금 검사하게 하여야 한다.
제44조(영치의 예외)
음식물은 영치의 대상이 되지 아니한다.
➲시행규칙
제22조(교부금품의 허가)
① 소장은 수용자 외의 사람이 수용자에게 금원을 교부하려고 신청하는 경우에는 현
   금·수표 및 우편환의 범위에서 허가한다. 다만, 수용자 외의 사람이 온라인으로
   수용자의 예금계좌에 입금한 경우에는 금원의 교부를 허가한 것으로 본다.
② 소장은 수용자 외의 사람이 수용자에게 음식물을 교부하려고 신청하는 경우에는
   법무부장관이 정하는 바에 따라 교정시설 안에서 판매되는 음식물 중에서 허가한
   다. 다만, 제30조(종교행사의 종류) 각 호에 해당하는 종교행사 및 제114조 각
   호에 해당하는 교화프로그램의 시행을 위하여 특히 필요하다고 인정하는 경우에
   는 교정시설 안에서 판매되는 음식물이 아니더라도 교부를 허가할 수 있다.
③ 소장은 수용자 외의 사람이 수용자에게 음식물 외의 물품을 교부하려고 신청하는
   경우에는 다음 각 호의 어느 하나에 해당하지 아니하면 법무부장관이 정하는 교
   정시설의 보관범위 및 수용자의 소지범위에서 허가한다.
1. 오감 또는 통상적인 검사장비로는 내부검색이 어려운 물품
2. 음란하거나 현란한 그림·무늬가 포함된 물품
3. 사행심을 조장하거나 심리적인 안정을 해칠 우려가 있는 물품
4. 도주·자살·자해 등에 이용될 수 있는 금속류, 끈 또는 가죽 등이 포함된 물품
5. 위화감을 조성할 우려가 있는 높은 가격의 물품
6. 그 밖에 수형자의 교화 또는 건전한 사회복귀를 해칠 우려가 있거나 교정시설의
   안전 또는 질서를 해칠 우려가 있는 물품

제28조	유류금품 의 교부	① 소장은 사망자 또는 도주자가 남겨두고 간 금품이 있으면 사망자의 경우에는 그 상속인에게, 도주자의 경우에는 그 가족에게 그 내용 및 청구절차 등을 알려 주어야 한다. 다만, 부패하거나 없어질 우려가 있는 것은 폐기할 수 있다. ② 소장은 상속인 또는 가족이 제1항의 금품을 청구하는 경우에는 이를 지체 없이 교부하여야 한다. 다만, 제1항에 따른 고지를 받은 날(알려 줄 수가 없는 경우에는 청구사유가 발생한 날)부터 1년이 지나도 청구가 없으면 그 금품은 국고에 귀속된다. **➲동 시행령** **제45조(유류금품의 교부)** ① 소장은 사망자의 유류품을 교부받을 사람이 원거리에 있는 등 특별한 사정이 있는 경우에는 유류품을 받을 사람의 청구에 따라 유류품을 팔아 그 대금을 보낼 수 있다. ② 법 제28조에 따라 사망자의 유류금품을 보내거나 제1항에 따라 유류품을 팔아 대금을 보내는 경우에 드는 비용은 유류금품의 청구인이 부담한다.

제4장 위생과 의료

【교정판례】 의료처우

1. 국민건강보험법 제49조 제4호 위헌확인

교도소에 수용된 때에는 국민건강보험급여를 정지하도록 한 국민건강보험법 제49조 제4호는 수용자에게 불이익을 주기 위한 것이 아니라, 국가의 보호, 감독을 받는 수용자의 질병치료를 국가가 부담하는 것을 전제로 수용자에 대한 의료보장제도를 합리적으로 운영하기 위한 것이므로 입법목적의 정당성을 갖고 있다. 위 조항은 수용자의 의료보장 수급권을 직접 제약하는 규정이 아니며, 입법재량을 벗어나 수용자의 건강권을 침해하거나 국가의 보건의무를 저버린 것으로 볼 수 없으므로 수용자의 건강권, 인간의 존엄성, 행복추구권, 인간다운 생활을 할 권리를 침해하는 것이라 할 수 없다.(2003헌마31, 2004헌마695 병합)

2. 자비치료비에 대한 부당이득 반환청구 위헌소원

교도소장에게 외부병원 이송진료를 신청하였으나 이를 거부하여 부득이 자비치료를 받은 경우, 교도소장의 거부처분이 없었더라면 청구인은 교도소장의 병원이송처분에 따라 외부병원에서 치료를 받고 원칙적으로 국가의 예산에서 치료비가 지급될 수 있었을 것이므로 이에 대해 부당이득 반환청구 한 사건으로 행정행위가 존재하는 이상 국가 등이 '법률상 원인없이' 부당이득을 한 것이 되지 않는다.(2004헌바24)

제30조	위생 · 의료 조치의무	소장은 수용자가 건강한 생활을 하는 데에 필요한 위생 및 의료상의 적절한 조치를 강구하여야 한다.
제31조	청결유지	소장은 수용자가 사용하는 모든 설비와 기구가 항상 청결하게 유지되도록 하여야 한다. **◐동 시행령** **제46조(보건 · 위생관리계획의 수립 등)** 소장은 수용자의 건강, 계절, 시설여건 등을 고려하여 보건 · 위생관리계획을 정기적으로 수립하여 시행하여야 한다. **제47조(시설의 청소 · 소독)** ① 소장은 거실 · 작업장 · 목욕탕, 그 밖에 수용자가 공동으로 사용하는 시설과 취사장, 주 · 부식저장고, 그 밖에 음식물공급과 관련된 시설을 수시로 청소 · 소독하여야 한다. ② 소장은 저수조 등 급수시설을 6개월에 1회 이상 청소 · 소독하여야 한다.

① 수용자는 자신의 신체 및 의류를 청결히 하여야 하며, 자신이 사용하는 거실 · 작업장 그 밖의 수용시설의 청결유지에 협력하여야 한다.

② 수용자는 위생을 위하여 두발 또는 수염을 단정하게 유지하여야 한다.

→UN피구금자최저기준규칙 제15조

피구금자에게는 신체를 청결히 유지할 의무를 부과하여야 하며, 이를 위하여 건강 및 청결유지에 필요한 만큼의 물과 세면용품을 지급하여야 한다.

◐동 시행령

제48조(청결의무)

수용자는 교도관이 법 제32조 제1항에 따라 자신이 사용하는 거실, 작업장, 그 밖의 수용시설의 청결을 유지하기 위하여 필요한 지시를 한 경우에는 이에 따라야 한다.

(제32조 청결의무)

수용자의 의무	관련조문
청결의무	법 제32조
규율준수, 일과시간표준수, 직무상지시복종	법 제10조
징벌해당행위의 금지	법 제107조
수형자작업의무	법 제66조

제33조 **운동 및 목욕**

① 소장은 수용자가 건강유지에 필요한 운동 및 목욕을 정기적으로 할 수 있도록 하여야 한다.

② 운동시간 · 목욕횟수 등에 관하여 필요한 사항은 대통령령으로 정한다.

◐동 시행령

제49조(실외운동)

소장은 수용자가 매일(공휴일 및 법무부장관이 정하는 날을 제외한다) 「국가공무원복무규정」 제9조에 따른 근무시간 내에서 **1시간 이내의 실외**운동을 할 수 있도록 하여야 한다. 다만, 다음 각 호의 어느 하나에 해당하면 실외운동을 실시하지 아니할 수 있다.

1. 작업의 특성상 실외운동이 필요 없다고 인정되는 때
2. 질병 등으로 실외운동이 수용자의 건강에 해롭다고 인정되는 때
3. 우천, 수사, 재판, 그 밖의 부득이한 사정으로 실외운동을 하기 어려운 때

→국가공무원복무규정 제9조(근무시간 등)

① 공무원의 1주간의 근무시간은 점심시간을 제외하고 40시간으로 하며, 토요일은 휴무함을 원칙으로 한다.

② 공무원의 1일의 근

| 제34조 | 건강검진 | 무시간은 9시부터 18시까지로 하며, 점심시간은 12시부터 13시까지로 한다.
제50조(목욕횟수)
소장은 작업의 특성, 계절, 그 밖의 사정을 고려하여 수용자의 목욕횟수를 정하되 부득이한 사정이 없으면 매주 1회 이상이 되도록 한다. |

① 소장은 수용자에 대하여 건강검진을 정기적으로 하여야 한다.
② 건강검진의 횟수 등에 관하여 필요한 사항은 대통령령으로 정한다.

⊃동 시행령

제51조(건강검진횟수)

① 소장은 수용자에 대하여 1년에 1회 이상 건강검진을 하여야 한다. 다만, 19세 미만의 수용자와 계호상 독거수용자에 대하여는 6개월에 1회 이상 하여야 한다.
② 제1항의 건강검진은 「건강검진기본법」 제14조에 따라 지정된 검진기관에 의뢰하여 할 수 있다.

건강검진	근거
1년 1회 이상	수용자(시행령 제51조 제1항)
6개월 1회 이상	19미만의 수용자, 계호상 독거자(시행령 제51조), 65세 이상 노인수용자(규칙 제47조 제2항)
정기적인 검진	임산부(법 제52조)

제35조 · 감염병 질병에 관한 조치

소장은 전염의 우려가 있는 질병의 발생과 확산을 방지하기 위하여 필요하다고 인정하면 수용자에 대하여 예방접종, 격리수용, 이송 그 밖의 필요한 조치를 하여야 한다.

⊃동 시행령

제52조(감염병의 정의)

"감염병"이란 「감염병예방 및 관리에 관한 법률」에 따른 감염병을 말한다.

제53조(감염병에 관한 조치)

① 소장은 수용자가 감염병에 걸렸다고 의심되는 경우에는 1주 이상 격리수용하고 그 수용자의 휴대품을 소독하여야 한다.
② 소장은 감염병이 유행하는 경우에는 수용자가 자비로 구매하는 음식물의 공급을 중지할 수 있다.
③ 소장은 수용자가 감염병에 걸린 경우에는 즉시 격리수용하고 그 수용자가 사용한 물품과 설비를 철저히 소독하여야 한다.
④ 소장은 제3항의 사실을 지체 없이 법무부장관에게 보고하고 관할 보건기관의 장에게 알려야 한다.

제36조 · 부상자 등 치료

① 소장은 수용자가 부상을 당하거나 질병에 걸리면 적절한 치료를 받도록 하여야 한다.〈개정 2010.5.4〉
② 제1항의 치료를 위하여 교정시설에 근무하는 간호사는 야간 또는 공휴일 등에 「의료법」 제27조에도 불구하고 대통령령으로 정하는 경미한 의료행위를 할 수 있다.〈신설 2010.5.4〉

⊃동 시행령

제54조(의료거실 수용 등)

소장은 수용자가 부상을 당하거나 질병에 걸린 경우에는 그 수용자를 의료거실에 수용하거나, 다른 수용자에게 그 수용자를 간병하게 할 수 있다.

제54조의2(간호사의 의료행위)〈신설 2010.7.9〉

법 제36조 제2항에서 "대통령령으로 정하는 경미한 의료행위"란 다음 각 호의 의료행위를 말한다.

		1. 외상 등 흔히 볼 수 있는 상처의 치료 2. 응급을 요하는 수용자에 대한 응급처치 3. 부상과 질병의 악화방지를 위한 처치 4. 환자의 요양지도 및 관리 5. 제1호부터 제4호까지의 의료행위에 따르는 의약품의 투여
제37조	외부의료 시설 진료 등	① 소장은 수용자에 대한 적절한 치료를 위하여 필요하다고 인정하면 교정시설 밖에 있는 의료시설(이하 "외부의료시설"이라 한다)에서 진료를 받게 할 수 있다. ② 소장은 수용자의 정신질환 치료를 위하여 필요하다고 인정하면 법무부장관의 승인을 받아 치료감호시설로 이송할 수 있다. ③ 제2항에 따라 이송된 사람은 수용자에 준하여 처우한다. ④ 소장은 제1항 또는 제2항에 따라 수용자가 외부의료시설에서 진료받거나 치료감호시설로 이송된 경우에는 그 사실을 그 가족(가족이 없는 경우에는 수용자가 지정하는 사람)에게 지체 없이 통지하여야 한다. 다만, 수용자가 통지를 원하지 아니하면 그러하지 아니한다. ⑤ 소장은 수용자가 자신의 고의 또는 중대한 과실로 부상 등이 발생하여 외부의료시설에서 진료를 받은 경우에는 그 진료비의 전부 또는 일부를 그 수용자에게 부담하게 할 수 있다.
제38조	자비치료	소장은 수용자가 자신의 비용으로 외부의료시설에서 근무하는 의사에게 치료받기를 원하면 교정시설에 근무하는 의사(공중보건의사를 포함하며, 이하 의무관 이라 한다)의 의견을 고려하여 이를 허가할 수 있다. **⊃동 시행령** **제55조(외부의사의 치료)** 소장은 특히 필요하다고 인정하면 외부 의료시설에서 근무하는 의사(이하 "외부의사"라 한다)에게 수용자를 치료하게 할 수 있다. **제56조(중환자의 통지)** 소장은 수용자가 위독한 경우에는 그 사실을 가족에게 지체 없이 알려야 한다. **제57조(외부의료시설 입원 등 보고)** 소장은 법 제37조 제1항에 따라 수용자를 외부 의료시설에 입원시키거나 입원 중인 수용자를 교정시설로 데려온 경우에는 그 사실을 법무부장관에게 지체 없이 보고하여야 한다.
제39조	진료환경 등	① 교정시설에는 수용자의 진료를 위하여 필요한 의료 인력과 설비를 갖추어야 한다. ② 소장은 정신질환이 있다고 의심되는 수용자가 있으면 정신과 의사의 진료를 받을 수 있도록 하여야 한다. ③ 외부의사가 수용자를 진료하는 경우에는 법무부장관이 정하는 사항을 준수하여야 한다. ④ 교정시설에 갖추어야 할 의료설비의 기준에 관하여 필요한 사항은 법무부령으로 정한다. **⊃시행규칙** **제23조(의료설비의 기준)** ① 교정시설에는 「의료법」 제3조에 따른 의료기관 중 의원이 갖추어야 하는 시설 수준 이상의 의료시설(진료실 등의 의료용 건축물을 말한다. 이하 같다)을 갖추어야 한다. ② 교정시설에 갖추어야 하는 의료장비(혈압측정기 등의 의료기기를 말한다)의 기준은 별표 3과 같다.

		③ 의료시설의 세부종류 및 설치기준은 법무부장관이 정한다. **제24조(비상의료용품 기준)** ① 소장은 수용정원과 시설여건 등을 고려하여 적정한 양의 비상의료용품을 갖추어 둔다. ② 교정시설에 갖추어야 하는 비상의료용품의 기준은 별표 4와 같다.
제40조	**수용자의 의사에 반하는 의료조치**	① 소장은 수용자가 진료 또는 음식물의 섭취를 거부하면 의무관으로 하여금 관찰·조언 또는 설득을 하도록 하여야 한다. ② 소장은 제1항의 조치에도 불구하고 수용자가 진료 또는 음식물의 섭취를 계속 거부하여 그 생명에 위험을 가져올 급박한 우려가 있으면 의무관으로 하여금 적당한 진료 또는 영양보급 등의 조치를 하게 할 수 있다.

【교정판례】 수형자 처우

1. 독거수용실 TV 미설치에 대한 평등권 침해여부(소극설)

독거실수용자들에 대해서는 행정적 제재 및 교정의 필요상 TV시청을 규제할 필요성이 있으므로, 독거수용중인 청구인이 TV시청을 제한받게 되었다고 하더라도 이러한 행위가 곧 합리적인 이유가 없는 자의적 차별이라고 할 수 없어 평등원칙에 위반된다고 볼 수 없다.(헌재결 05. 5. 26, 04헌마 571)

2. 수형자에 대한 변호사와의 접견 불허의 헌법상 권리 침해(소극설)

형이 확정되어 자유형의 집행을 위하여 수용되어 있는 수형자는 미결수용자의 지위와 구별되므로 접견의 빈도 등이 상당 정도 제한될 수밖에 없고, **수형자와 변호사와의 접견**을 일반 접견에 포함시켜 제한하더라도 접견횟수에 대한 탄력적 운용, 서신 및 집필문서 발송, 전화통화에 의하여 소송준비 또는 소송수행을 할 수 있으므로, 피청구인의 접견 불허 처분이 청구인의 헌법상 권리를 침해하는 것으로 볼 수 없다.(**헌재 04.12.16, 02헌마 478**)

3. 수형자의 변호인 조력권

형사절차가 종료되어 교정시설에 수용중인 수형자는 원칙적으로 변호인의 조력을 받을 권리의 주체가 될 수 없다. 다만, 수형자의 경우에도 재심절차 등에는 변호인 선임을 위한 일반적인 교통·통신이 보장될 수도 있겠으나, 교도소 내에서의 처우를 왜곡하여 외부인과 연계하여 교도소내의 질서를 해칠 목적으로 변호사에게 서신을 발송하는 경우에는 변호인의 조력을 받을 권리가 보장되는 경우에 해당한다고 할 수 없다.(**헌재결 1998.8.27, 96헌마398**)

4. 소송서류 수용자에게 지연 송달한 경우 상소권회복 신청(적극설)

만인 교도소장이 결정정본을 송달받고 1주일이 지난 뒤에 그 사실을 피고인에게 알렸기 때문에 피고인이나 그 배우자가 소정기간 내에 상고장을 제출할 수 없게 된 것이라면 상소권회복신청은 인용할 여지가 있을 것이다.(**대판 1991.5.6, 91모32**)

5. 다른 종교집회행사 참여금지 위헌확인(소극설)

청구인은 천주교를 신봉하는 자로서 피청구인은 청구인의 천주교집회에는 참석을 모두 허용하였으나 청구인이 평소 신봉하지 않던 불교집회에 참석하겠다고 신청을 하여 이를 거부하였는바, 이는 수형자가 그가 신봉하는 종파의 교의에 의한 특별교회를 청원할 때에는 당해 소장은 그 종파에 위촉하여 교회할 수 있다고 규정하고 있는 구 행형법 제31조 제2항 및 관련 규정에 따른 것이다. 뿐만 아니라, 수형자가 원한다고 하여 종교집회 참석을 무제한 허용한다면, 효율적인 수형관리와 계호상의 어려움이 발생하고, 진정으로 그 종파를 신봉하는 다른 수형자가 종교집회에 참석하지 못하게 되는 결과를 초래하므로, 피청구인의 위와 같은 조치는 <u>청구인의 기본권을 본질적으로 **침해하는 것이 아니다.**</u>(**헌재결 2003.4.26, 2001헌마386**) 정신질환자 수용자에 대해 개인교회는 실시하되 종교집회에는 참석하지 못하게 한 것 또는 **기본권침해가 아니다**(헌재 2003, 헌마289)

6. 신문을 삭제한 후 수용자에게 구독케 한 행위

신문기사 삭제행위는 구치소내 질서유지와 보안을 위한 것으로, 신문기사 중 탈주에 관한 사항이나 집단단식, 선동 등 구치소내 단체생활의 질서를 교란하는 내용이 미결수용자에게 전달 될 때 과거의 예와 같이 동조단식이나 선동 등 수용의 내부질서와 규율을 해하는 상황이 전개될 수 있고, 이는 수용자가 과밀하게 수용되어 있는 현 구치소의 실정과 과소한 교도인력을 볼 때 구치소내의 질서유지와 보안을 어렵게 할 우려가 있다. 이 사건 신문기사의 삭제 내용은 그러한 범위 내에 그치고 있을 뿐 신문기사 중 주요기사 대부분이 삭제된 바 없음이 인정되므로 이는 수용질서를 위한 청구인의 알 권리에 대한 최소한의 제한이라고 볼 수 있으며, 이로써 침해되는 청구인에 대한 수용질서와 관련되는 위 기사들에 대한 정보획득의 방해와 그러한 기사 삭제를 통해 얻을 수 있는 구치소의 질서유지와 보안에 대한 공익을 비교할 때 **청구인의 알 권리를 과도하게 침해한 것은 아니다.**(헌재 1998.10.29, 98헌마3)

7. 수형자의 통신의 자유

형이 확정되어 교정시설에서 수용 중인 수형자도 통신의 자유의 주체가 된다고 보면서도 수형자의 교화·갱생을 위하여 서신수발의 자유를 허용하는 것이 필요하다고 하더라도, 구금시설은 다수의 수형자를 집단으로 관리하는 시설로서 **규율과 질서유지가 필요하므로** 수형자의 서신수발의 자유에는 내재적 한계가 있고, 구금의 목적을 달성하기 위하여 수형자의 서신의 서신수발의 자유에는 내재적 한계가 있고, 구금의 목적을 달성하기 위하여 수형자의 서신에 대한 검열은 불가피하다. 현행법령과 제도 하에서 수형자가 수발하는 서신에 대한 검열로 인하여 수형자의 통신의 비밀이 일부 제한되는 것은 국가안전보장·질서유지 또는 공공복리라는 정당한 목적을 위하여 부득이할 뿐만 아니라 유효적절한 방법에 의한 최소한의 제한이며 통신의 자유의 본질적 내용을 침해하는 것이 아니라고 보았다. 같은 판결에서 교정질서를 해칠 목적으로 변호사에게 발송하는 서신 불허처분에 대해 "형사절차가 종료되어 교정시설에 수용중인 수형자는 원칙적으로 변호인의 조력을 받을 권리의 주체가 될 수 없다. 다만, 수형자의 경우에도 재심절차 등에는 변호인 선임을 위한 일반적인 교통·통신이 보장될 수도 있겠으나, 교도소 내에서의 처우를 왜곡하여 외부인과 연계하여 교도소내의 질서를 해칠 목적으로 변호사에게 서신을 발송하는 경우에는 변호인의 조력을 받을 권리가 보장되는 경우에 해당한다고 할 수 없다."(헌재 1998.8.27, 96헌마398)

8. 수형자의 선거권 제한(소극설)

선거일 현재 금고 이상의 형의 선고를 받고 그 집행이 종료되지 아니한 자는 선거권이 없다고 규정하고 있는 공직선거 및 선거부정방지법 제18조 제1항 제2호 전단은 수형자의 선거권 제한을 통하여 달성하려는 선거의 공정성 및 행형의 실효성 확보라는 공익이 선거권을 행사하지 못함으로써 입게 되는 수형자 개인의 기본권침해의 불이익보다 크다고 할 것이어서 그 법익간의 균형성을 갖추었다. 이와 같이 이 사건 위 조항은 과잉입법금지의 원칙을 위배하였다고 보기 어렵다. 그 밖의 대부분의 나라에서 이 사건 법률조항과 비슷한 유형의 선거권 결격 사유를 규정하고 있는 외국의 입법례에 비추어 보더라도 특별히 헌법에 위반된다고 볼 수 없다고 할 것이다(헌재결 04.3.25, 02헌마 411 전원재판부) 2007.12.27, 다시 제기된 공직선거법 제13조 제1항 제2호 위헌확인 소송에서 "선거일 현재 금고 이상의 형의 선고를 받고 그 집행이 종료되지 아니한 자는 선거권이 없다고 규정하고 있는 공직선거법 제18조 제1항 중 제2호 전단 부분이 과잉금지원칙에 위반함으로써 수형자인 청구인의 선거권 등 기본권을 침해하여 위헌인지 여부에 관하여 재판관 5인은 위헌, 3인은 기각, 1인은 각하 의견으로 위헌의견이 다수이기는 하나 이로써 헌법 제113조 제1항, 헌법재판소법 제23조 제2항 단서 제1호의 재판관의 수에 이르지 못하여 위헌결정을 할 수 없다는 이유로 이 사건 법률조항에 대한 헌법소원심판 청구를 기각하는 결정을 선고하였다.(2009.10.29, 2007헌마1462).

제5장 접견·서신수수 및 전화통화

【교정판례】 서신검열 등

1. 검열관련

(1) 헌재결정:교화상 부당한 신문기사 일부삭제 후 열람의 알 권리 침해 여부(소극설)

교화상 또는 구금목적에 특히 부적당하다고 인정되는 기사·조직범죄 등 수용자 관련 범죄기사를 삭제한 신문을 수용자에게 구독하게 한 것은, 신문기사 중 주요기사 대부분이 삭제된 바 없음이 인정되고 수용질서를 위한 최소한의 제한이라고 볼 수 있으며, 이로서

침해되는 청구인에 대한 수용질서와 관련되는 위 기사들에 대한 정보획득의 방해와 그
러한 <u>기사 삭제를 통해 얻을 수 있는 구치소의 질서유지와 보안에 대한 공익을 비교할 때</u>
<u>청구인의 알 권리를 과도하게 침해한 것은 아니다.</u>(헌재결 1998.10.29, 98헌바 4)

　(2) 대법원 판례:도서반입 불허처분의 알권리 침해 여부

　수용자에게 도서를 열람할 수 있도록 한 것은 정보의 능동적 접근을 위한 개인의 행동
으로써 알권리 행사에 해당하여 국가는 원칙적으로 이를 제한할 수 없을 뿐 아니라 최대
한 보장해 주어야할 의무가 있<u>으므로 교도소 측의 도서반입 불허 처분은 위법하다.</u>(대판
2000구3725)

　(3) 대법원 판례:신문기사 일부삭제 후 열람의 위법성 여부

　삭제된 신문기사 내용은 원고를 대리한 변호사를 취재해 그 주장 내용과 소송의 의미
를 보도한 것으로 <u>질서유지를 저해하거나 타수용자의 선동을 유발할 구체적 위험성이 없</u>
<u>으므로 해당부분의 기사를 삭제하여 열람을 제한 것은 위법하다.</u>

2. 수형자의 서신검열

　(1) 수형자의 서신검열 통신의 자유 침해 여부(소극설)

　구금시설은 다수의 수형자를 집단으로 관리하는 시설로서 규율과 질서유지가 필요하므
로 수형자의 서신수발의 자유에 대해서는 내재적 한계가 있고, 구금의 목적을 달성하기
위하여 <u>수형자의 서신에 대한 검열은 불가피</u>하다. 서신에 대한 검열로 인하여 수형자의
통신의 비밀이 일부 제한되는 것은 국가안전보장질서유지 또는 공공복리라는 정당한 목
적을 위하여 부득이 할 뿐만 아니라 유효적절한 방법에 의한 최소한의 제한이며 통신의
자유의 본질적 내용을 침해하는 것이 아니다.

　(2) 교정질서를 해칠 목적으로 변호사에게 발송하는 서신 불허(소극설)

　형사절차가 종료되어 교정시설에 수용중인 수형자는 원칙적으로 변호인의 조력을 받을
권리의 주체가 될 수 없다. 다만, 수형자의 경우에도 재심절차 등에는 변호인 선임을 위
한 일반적인 교통·통신이 보장될 수도 있겠으나, 교도소 내에서의 처우를 왜곡하여 외
부인과 연계하여 교도소내의 질서를 해칠 목적으로 변호사에게 서신을 발송하는 경우에

는 변호인의 조력을 받을 권리가 보장되는 경우에 해당한다고 할 수 없다.(헌재결 1998.8.27, 96헌마 398)

3. 수용자(收用者)의 서신검열

(1) 수용자가 국가기관에 발송하는 서신검열(소극설)

수용자가 국가기관에 발송하는 서신에 대한 검열을 하는 것은 헌법 제37조 제2항에서 규정하고 있는 국가안전보장, 질서유지, 공공복리라는 정당한 목적을 위하여 부득이할 뿐만 아니라 유효·

적절한 방법엥 의한 최소한의 제한이므로 서신검열제도가 합헌이라는 헌법재판소의 판단(헌재결 1998.8.27, 96헌마 398)은 이 사건에서도 그대로 타당하다.

(2) 국가기관에 청원의 내용이 담긴 수용자의 선신검열(소극설)

국가기관에 대한 청원 내용이 담긴 교도소 수용자의 서신에 대해 검열하는 것은 헌법 제37조 제2항이 규정하고 있는 질서유지 등의 목적달성을 위한 필요·최소한의 제한으로서 청원권의 본질적인 내용을 침해하는 것이라고 할 수 없다.(헌재결 01.11.29, 99헌마 713)

4. 미결수용자 전화사용 불허 기본권 침해 여부

피청구인이 소장을 상대로 한 전화통화 불허처분은 이미 침해행위가 종료되었기에 권리보호이익이 존재하지 아니하며, 피청구인인 법무부장관을 상대로 한 진정입법부작위 부분은 청구인의 집행유예 석방으로 말미암아 자기관련성이 부정된다. 한편 법무부장관은 2001.8.23 '수용자전화사용지침'을 개정하여 미결수용자 뿐만 아니라 수형자와 피보호감호자에게까지 전화통화 수신자 범위에 대한 제한을 전면적으로 철폐하여, 같은 유형의 기본권 침해행위가 반복될 위험이 있다고 볼 수 없어, 이 사건 심판청구는 부적법하므로 각하를 면할 수 없다.(헌재 각하 01.9.27, 00헌마 500)

5. 미결수용의 서신검열

(1) 미결수용자와 변호인이 아닌 자 사이의 서신검열(소극설)

증거인멸이나 도망을 예방하고 교도소 내의 질서를 유지하여 미결구금제도를 실효성 있게 운영하고 일반사회의 불안을 방지하기 위하여 미결수용자의 서신에 대한 검열은 그 필요성이 인정된다고 할 것이고, 이로 인하여 미결수용자의 통신의 비밀이 일부제한 되는 것은 질서유지 또는 공공복리라는 정당한 목적을 위하여 불가피할 뿐만 아니라 유효 적절한 방법에 의한 최소한의 제한으로써 헌법에 위반된다고 할 수 없다.

(2) 미결수용자와 변호인 사이의 서신검열(적극설)

헌법 제12조 제4항 본문은 신체구속을 당한 사람에 대하여 변호인의 조력을 받을 권리를 규정하고 있는 바, 이를 위하여서는 신체구속을 당한 사람에게 변호인과 사이의 충분한 접견교통을 허용함은 물론 교통내용에 대하여 비밀이 보장되고 부당한 간섭이 없어야 하는 것이며, 이러한 취지는 변호인가 미결수용자 사이의 서신에도 적용되어 그 비밀이 보장되어야 할 것이다. 다만 미결수용자와 변호인 사이의 서신으로서 그 비밀을 보장받기 위하여는 첫째, 교도소 측에서 상대방이 변호인이라는 사실을 확인할 수 있어야 하고, 둘째, 서신을 통하여 마약 등 소지 금지품의 반입을 도모한다든가 그 내용에 도주 · 증거인 멸 · 수용시설의 규율과 질서의 파괴 · 기타 형벌법령에 저촉되는 내용이 기재되어 있다고 의심할 만한 합리적인 이유가 있는 경우가 아니어야 한다.(헌재결 1995.7.21, 92헌마 144)

제41조	접견	① 수용자는 교정시설의 외부에 있는 사람과 접견할 수 있다. 다음 각 호의 어느 하나에 해당하는 사유가 있으면 그러하지 아니하다. 〈접견금지사유〉 1. 형사 법령에 저촉되는 행위를 할 우려가 있는 때 2. 「형사소송법」그 밖의 법률에 따른 접견금지의 결정이 있는 때 3. 수형자의 교화 또는 건전한 사회복귀를 해칠 우려가 있는 때 4. 시설의 안전 또는 질서를 해칠 우려가 있는 때 ② 소장은 다음 각 호의 어느 하나에 해당하는 사유가 있으면 교도관으로 하여금 수용자의 접견 내용을 청취 · 기록 · 녹음 또는 녹화하게 할 수 있다. 1. 범죄의 증거를 인멸하거나 형사 법령에 저촉되는 행위를 할 우려가 있는 때 2. 수형자의 교화 또는 건전한 사회복귀를 위하여 필요한 때 3. 시설의 안전과 질서유지를 위하여 필요한 때 ③ 제2항에 따라 녹음 · 녹화하는 경우에는 사전에 수용자 및 그 상대방에게 그 사실을 알려 주어야 한다.

④ 접견의 횟수·시간·장소·방법 및 접견내용의 청취·기록·녹음·녹화 등에 관하여 필요한 사항은 대통령령으로 정한다.

동시행령

제58조(접견)

① 수용자의 접견은 매일(공휴일 및 법무부장관이 정한 날을 제외한다) 「국가공무원 복무규정」 제9조에 따른 근무시간 내에서 한다.

② 변호인과 접견하는 미결수용자를 제외한 수용자의 접견시간은 회당 30분 이내로 한다.

③ 수형자의 접견횟수는 매월 4회로 한다.

④ 수용자의 접견은 접촉차단시설이 설치된 장소에서 하게 한다. 다만, 미결수용자가 변호인과 접견하는 경우에는 그러하지 아니하다.

⑤ 법 및 이영에 규정된 사항 외에 수형자, 사형확정자 및 미결수용자를 제외한 수용자의 접견 횟수·시간·장소 등에 관하여 필요한 사항은 법무부장관이 정한다.

⑤ 법 및 이영에 규정된 사항 외에 수형자, 사형확정자 및 미결수용자를 제외한 수용자의 접견 횟수·시간·장소 등에 관하여 필요한 사항은 법무부장관이 정한다.

제59조(접견의 예외)

① 소장은 제58조 제1항 및 제2항에도 불구하고 수형자의 교화 또는 건전한 사회복귀를 위하여 특히 필요하다고 인정하면 접견 시간대 외에도 접견을 하게 할 수 있고 접견시간을 연장할 수 있다.

② 소장은 제58조 제3항에도 불구하고 수형자가 다음 각 호의 어느 하나에 해당하면 접견횟수를 늘릴 수 있다.

1. 19세 미만인 때

2. 교정성적이 우수한 때

3. 교화 또는 건전한 사회복귀를 위하여 특히 필요하다고 인정되는 때

③ 소장은 제58조 제4항에도 불구하고 수형자가 제2항 제2호 또는 제3호에 해당하는 경우에는 접촉 차단시설이 없는 장소에서 접견하게 할 수 있다.

●동 시행령

제60조(접견 시 외국어 사용)

① 수용자와 교정시설의 외부의 사람이 접견하는 경우에 법 제41조 제2항에 따라 접견내용이 청취·녹음 또는 녹화될 때에는 외국어를 사용해서는 아니 된다. 다만, 국어로 의사소통하기 곤란한 사정이 있는 경우에는 외국어를 사용할 수 있다.

② 소장은 제1항 단서의 경우에 필요하다고 인정하면 교도관 또는 통역인으로 하여금 통역하게 할 수 있다.

제61조(접견 시 유의사항 고지)

소장은 법 제41조에 따라 접견을 하게 하는 경우에는 수용자와 그 상대방에게 접견 시 유의사항을 방송이나 게시물 부착 등 적절한 방법으로 알려 주어야 한다.

제62조(접견내용의 청취·기록·녹음·녹화)

① 소장은 청취·기록을 위하여 교도관에게 변호인과 접견하는 미결수용자를 제외한 수용자의 접견에 참여하게 할 수 있다.

② 소장은 특별한 사정이 없으면 교도관으로 하여금 법 제41조 제3항에 따라 수용자와 그 상대방에게 접견내용의 녹음·녹화 사실을 수용자와 그 상대방이 접견실에 들어가기 전에 미리 말이나 서면 등 적절한 방법으로 알려 주게 하여야 한다.

		③ 소장은 법 제41조 제2항에 따라 청취 · 녹음 · 녹화한 경우의 접견기록물에 대한 보호 · 관리를 위하여 접견정보 취급자를 지정하여야 하고, 접견정보 취급자는 직무상 알게 된 접견정보를 누설하거나 권한 없이 처리하거나 다른 사람이 이용하도록 제공하는 등 부당한 목적을 위하여 사용해서는 아니 된다. ④ 소장은 관계기관으로부터 다음 각 호의 어느 하나에 해당하는 사유로 제3항의 접견기록물의 제출을 요청받은 경우에는 기록물을 제공할 수 있다. 1. 법원의 재판업무 수행을 위하여 필요한 때 2. 범죄의 수사와 공소의 제기 및 유지에 필요한 때 ⑤ 소장은 제4항에 따라 녹음 · 녹화기록물을 제공할 경우에는 제3항의 접견정보 취급자로 하여금 녹음 · 녹화기록물을 요청한 기관의 명칭, 제공받는 목적, 제공 근거, 제공을 요청한 범위, 그 밖에 필요한 사항을 녹음 · 녹화기록물 관리프로그램에 입력하게 하고, 따로 이동식 저장매체에 옮겨 담아 제공한다.
제42조	접견의 중지 등	교도관은 접견 중인 수용자 또는 그 상대방이 다음 각 호의 어느 하나에 해당하면 접견을 중지할 수 있다. 1. 범죄의 증거를 인멸하거나 인멸하려고 하는 때 2. 제92조의 금지물품을 주고받거나 주고받으려고 하는 때 3. 형사 법령에 저촉되는 행위를 하거나 하려고 하는 때 4. 수용자의 처우 또는 교정시설의 운영에 관하여 거짓사실을 유포하는 때 5. 수형자의 교화 또는 건전한 사회복귀를 해칠 우려가 있는 행위를 하거나 하려고 하는 때 6. 시설의 안전 또는 질서를 해하는 행위를 하거나 하려고 하는 때 **→제92조 금지물품** 수용자는 다음 각 호의 물품을 소지하여서는 아니 된다. 1. 마약 · 총기 · 도검 · 폭발물 · 흉기 · 독극물 그 밖에 범죄의 도구로 이용될 우려가 있는 물품 2. 주류 · 담배화기 · 현금 · 수표 그 밖에 시설의 안전 또는 질서를 해칠 우려가 있는 물품 3. 음란물, 사행행위에 사용되는 물품 그 밖에 수형자의 교화 또는 건전한 사회복귀를 해칠 우려가 있는 물품 **◑동 시행령** **제63조(접견중지 사유의 고지)** 교도관이 법 제42조에 따라 수용자의 접견을 중지한 경우에는 그 사유를 즉시 알려 주어야 한다.
제43조	서신수수	① 수용자는 다른 사람과 서신을 주고받을 수 있다. 다만, 다음 각 호의 어느 하나에 해당하는 사유가 있으면 그러하지 아니하다. 1. 「형사소송법」이나 그 밖의 법률에 따른 서신의 수수금지 및 압수의 결정이 있는 때 2. 수형자의 교화 또는 건전한 사회복귀를 해칠 우려가 있는 때 3. 시설의 안전 또는 질서를 해칠 우려가 있는 때 ② 제1항 본문에 불구하고 같은 교정시설의 수용자 간에 서신 을 주고받으려면 소장의 허가를 받아야 한다. ③ 소장은 수용자가 주고받는 서신에 법령에 따라 금지된 물품이 들어 있는지 확인할 수 있다.

④ 수용자가 주고받는 서신의 내용은 검열받지 아니한다. 다만, 다음 각 호의 어느 하나에 해당하는 사유가 있으면 그러하지 아니하다.
1. 서신의 상대방이 누구인지 확인할 수 없는 때
2. 「형사소송법」 그 밖의 법률에 따른 서신검열의 결정이 있는 때
3. 제1항 제2호 또는 제3호에 해당하는 내용이나 형사 법령에 저촉되는 내용이 기재되어 있다고 의심할 만한 상당한 이유가 있는 때
4. 대통령령으로 정하는 수용자 간의 서신인 때

1. 마약류사범·조직폭력사범 등 법무부령으로 정하는 수용자인 때
2. 서신을 주고받으려는 수용자와 같은 교정시설에 수용 중인 때
3. 규율위반으로 조사 중이거나 징벌집행 중인 때
4. 범죄의 증거를 인멸할 우려가 있는 때

⑤ 소장은 제3항 또는 제4항 단서에 따라 확인 또는 검열한 결과 수용자의 서신에 법령으로 금지 된 물품이 들어 있거나 서신의 내용이 다음 각 호의 어느 하나에 해당하면 발신 또는 수신을 금지할 수 있다

1. 암호·기호 등 이해할 수 없는 특수문자로 작성되어 있는 때
2. 범죄의 증거를 인멸할 우려가 있는 때
3. 형사 법령에 저촉되는 내용이 기재되어 있는 때
4. 수용자의 처우 또는 교정시설의 운영에 관하여 명백한 거짓 사실을 포함하고 있는 때
5. 사생활의 비밀 또는 자유를 침해할 우려가 있는 때
6. 수형자의 교화 또는 질서를 해칠 우려가 있는 때
⑥ 소장이 서신을 발송하거나 교부하는 경우에는 신속히 하여야 한다.
⑦ 소장은 제1항 단서 또는 제5항에 따라 발신 또는 수신이 금지된 서신은 수용자에게 그 사유를 알린 후 교정시설에 영치한다. 다만, 수용자가 동의하면 폐기할 수 있다.
⑧ 서신발소의 횟수, 서신 내용물의 확인방법 및 서신 내용의 검열절차 등에 관하여 필요한 사항은 대통령령으로 정한다.

⊃동 시행령

제64조(서신수수의 횟수)
수용자가 보내거나 받는 서신은 법령에 어긋나지 아니하면 횟수를 제한하지 아니한다.

제65조(서신내용물의 확인)
① 수용자는 보내려는 서신을 봉함하지 않은 상태로 교정시설에 제출하여야 한다.
② 소장은 수용자에게 온 서신에 금지물품이 들어 있는지를 개봉하여 확인할 수 있다.

제66조(수용자 간 서신의 검열)
① 소장은 다음 각 호의 어느 하나에 해당하는 수용자가 다른 수용자와 서신을 주고받는 때에는 그 내용을 검열할 수 있다.
1. 마약류사범·조직폭력사범 등 법무부령으로 정하는 수용자인 때
2. 서신을 주고받으려는 수용자와 같은 교정시설에 수용 중인 때
3. 규율위반으로 조사 중이거나 징벌집행 중인 때
4. 범죄의 증거를 인멸할 우려가 있는 때
② 수용자 간에 오가는 서신에 대한 제1항의 검열은 서신을 보내는 교정시설에서 한다. 다만, 특히 필요하다고 인정되는 경우에는 서신을 받는 교정시설에서도 할 수 있다.

제67조(관계기관 송부문서)

<table>
<tr><td>제43조</td><td>서신수수</td></tr>
</table>

소장은 법원·경찰관서, 그 밖의 관계기관에서 수용자에게 보내온 문서는 다른 법령에 특별한 규정이 없으며 열람한 후 본인에게 전달하여야 한다.

제68조(서신 등의 대서)

소장은 수용자가 서신, 소송서류, 그 밖의 문서를 스스로 작성할 수 없어 대신 써 달라고 요청하는 경우에는 교도관이 대신 쓰게 할 수 있다.

제69조(서신 등 발송비용의 부담)

수용자의 서신·소송서류, 그 밖의 문서를 보내는 경우에 드는 비용은 수용자가 부담한다. 다만, 소장은 수용자가 그 비용을 부담할 수 없는 경우에는 우표를 필요한 만큼 지급할 수 있다.

제44조	전화통화	① 수용자는 소장의 허가를 받아 교정시설의 외부에 있는 사람과 전화통화를 할 수 있다. ② 제1항에 따른 허가에는 통화내용의 청취 또는 녹음을 조건으로 붙일 수 있다. ③ 제42조(접견의 중지 등)는 수용자의 전화통화에 관하여 준용한다. ④ 제2항에 따라 통화내용을 청취 또는 녹음하려면 사전에 수용자 및 상대방에게 그 사실을 알려 주어야 한다. ⑤ 전화통화의 허가범위, 통화내용의 청취·녹음 등에 관하여 필요한 사항은 법무부령으로 정한다.

⊃동 시행령

제70조(전화통화)

수용자의 전화통화에 관하여는 제60조 제1항(접견 시 외국어사용) 및 제63조(접견중지사유의 고지)를 준용한다.

⊃시행규칙

제25조(전화통화의 허가)

① 소장은 전화통화(발신하는 것만을 말한다. 이하 같다)를 신청한 수용자에 대하여 다음 각 호의 어느 하나에 해당하는 사유가 없으면 전화통화를 허가할 수 있다.

1. 범죄의 증거를 인멸할 우려가 있을 때

2. 형사법령에 저촉되는 행위를 할 우려가 있을 때

3. 「형사소송법」 제91조 및 같은 법 제209조에 따라 접견·서신수수 금지결정을 하였을 때

4. 교정시설의 안전 또는 질서를 해칠 우려가 있을 때

5. 수형자의 교화 또는 건전한 사회복귀를 해칠 우려가 있을 때

② 소장은 제1항에 따른 허가를 하기 전에 전화번호와 수신자(수용자와 통화할 상대방을 말한다. 이하 같다)를 확인하여야 한다. 이 경우 수신자에게 제1항 각 호에 해당하는 사유가 있으면 제1항의 허가를 아니할 수 있다.

③ 전화통화의 통화시간은 특별한 사정이 없으면 3분 이내로 한다.

→규칙 제90조(전화통화의 허용횟수)

① 수형자의 경비처우급별 전화통화의 허용횟수는 다음 각 호와 같다. 〈개정 2010.5.31〉

1. 개방처우급: 월 5회 이내

2. 완화경비처우급: 월 3회 이내

② 소장은 제1항에도 불구하고 처우상 특히 필요한 경우에는 개방처우급·완화경비처우급 수형자의 전화통화 허용횟수를 늘릴 수 있다. 〈개정 2010.5.31〉

제26조(전화이용시간)

| | | ① 수용자의 전화통화는 매일(공휴일 및 법무부장관이 정한 날은 제외한다) 「국가공무원 복무규정」 제9조에 따른 근무시간 내에서 실시한다.
② 소장은 제1항에도 불구하고 평일에 전화를 이용하기 곤란한 특별한 사유가 있는 수용자에 대해서는 전화이용시간을 따로 정할 수 있다.
제27조(통화허가의 취소)
소장은 다음 각 호의 어느 하나에 해당할 때에는 전화통화의 허가를 취소할 수 있다.
1. 수용자 또는 수신자가 전화통화 내용의 청취·녹음에 동의하지 아니할 때
2. 수신자가 수용자와의 관계 등에 대한 확인 요청에 따르지 아니하거나 거짓으로 대답할 때
3. 전화통화 허가 후 제25조 제1항 각 호의 어느 하나에 해당되는 사유가 발견되거나 발생하였을 때
제28조(통화내용의 청취·녹음)
① 소장은 제25조 제1항 각 호의 어느 하나에 해당하지 아니한다고 명백히 인정되는 경우가 아니면 통화내용을 청취하거나 녹음한다.
② 제1항의 녹음기록물은 「공공기록물 관리에 관한 법률」에 따라 관리하고, 특히 녹음기록물이 손상되지 아니하도록 유의해서 보존하여야 한다.
③ 교도관은 수용자의 전화통화를 청취하거나 녹음하면서 알게 된 내용을 누설 또는 권한 없이 처리하거나 타인이 이용하도록 제공하는 등 부당한 목적으로 사용하여서는 아니 된다.
④ 전화통화 녹음기록물을 관계기관에 제공하는 경우에는 영 제62조 제4항을 준용한다.
제29조(통화요금의 부담)
① 수용자의 전화통화 요금은 수용자가 부담한다.
② 소장은 교정성적이 양호한 수용자 또는 영치금이 없는 수용자 등에 대하여는 제1항에도 불구하고 예산의 범위에서 요금을 부담할 수 있다.
◆동 시행령
제71조(참고사항의 기록)
교도관은 수용자의 접견·서신수수·전화통화 등의 과정에서 수용자의 처우에 특히 참고할 사항을 알게 된 경우에는 그 요지를 수용기록부에 기록하여야 한다. |
| 제44조 | 전화통화 | |

제6장 종교와 문화

| | | ① 수용자는 교정시설의 안에서 실시하는 종교의식 또는 행사에 참석할 수 있으며, 개별적인 종교상담을 받을 수 있다.
② 수용자는 자신의 신앙생활에 필요한 서적이나 물품을 소지할 수 있다.
③ 소장은 다음 각 호의 어느 하나에 해당하는 사유가 있으면 제1항 및 제2항에서 규정하고 있는 사항을 제한할 수 있다.
1.수형자의 교화 또는 건전한 사회복귀를 위하여 필요할 때
2. 시설의 안전과 질서유지를 위하여 필요할 때 |
| 제45조 | 종교행사의 참석 등 | |

④ 종교행사의 종류·참석대상·방법, 종교상담의 대상·방법 및 종교서적·물품
　의 소지범위 등에 관하여 필요한 사항은 법무부령으로 정한다.

⊃시행규칙

제30조(종교행사의 종류)

「형의 집행 및 수용자의 처우에 관한 법률」(이하 "법"이라 한다) 제45조에 따른
종교행사의 종류는 다음 각 호와 같다

1. 종교집회: 예배·법회·미사 등
2. 종교의식: 세례·수계·영세 등
3. 교리 교육 및 상담
4. 그 밖에 법무부장관이 정하는 종교행사

제31조(종교행사의 방법)

① 소장은 교정시설의 안전과 질서를 해치지 아니하는 범위에서 종교단체 또는 종
　교인이 주재하는 종교행사를 실시한다.
② 소장은 종교행사를 위하여 각 종교별 성상·상물·성화·성구가 구비된 종교
　상담실·교리교육실 등을 설치할 수 있으며, 특정 종교행사를 위하여 임시행사
　장을 설치하는 경우에는 성상 등을 임시로 둘 수 있다.

제32조(종교행사의 참석대상)

수용자는 자신이 신봉하는 종교행사에 참석할 수 있다. 다만, 소장은 다음 각 호의
어느 하나에 해당 할 때에는 수용자의 종교행사 참석을 제한할 수 있다.

1. 종교행사용 시설의 부족 등 여건이 충분하지 아니할 때
2. 수용자가 종교행사 장소를 허가 없이 벗어나거나 다른 사람과 연락을 할 때
3. 수용자가 계속 큰 소리를 내거나 시끄럽게 하여 종교행사를 방해할 때
4. 수용자가 전도할 핑계 삼아 다른 수용자의 평온한 신앙생활을 방해할 때
5. 그 밖에 다른 법령에 따라 공동행사의 참석이 제한될 때

제33조(종교상담)

소장은 수용자가 종교상담을 신청하거나 수용자에게 종교상담이 필요한 경우에는
해당 종교를 신봉하는 교도관 또는 교정참여인사(법 제130조의 교정위원, 그 밖에
교정행정에 참여하는 사회 각 분야의 사람 중 학식과 경험이 풍부한 자를 말한다)
로 하여금 상담하게 할 수 있다.

제34조(종교물품 등 소지범위)

① 소장은 수용자의 신앙생활에 필요하다고 인정하는 경우에는 외부에서 제작된
　휴대용 종교서적 및 성물을 수용자가 소지하게 할 수 있다.
② 소장이 수용자에게 제1항의 종교서적 및 성물의 소지를 허가하는 경우에는 그
　재질·수량·규격·형태 등을 고려하여야 하며, 다른 수용자의 수용생활을 방
　해하지 아니하도록 하여야 한다.

제46조	도서비치 및 이용	소장은 수용자의 지식함양 및 교양습득에 필요한 도서를 비치하고 수용자가 이용할 수 있도록 하여야 한다. **⊃동 시행령** **제72조(비치도서의 이용)** ① 소장은 수용자가 쉽게 이용할 수 있도록 비치도서의 목록을 정기적으로 공개하여야 한다. ② 비치도서의 열람방법, 열람기간 등에 관하여 필요한 사항은 법무부장관이 정한다.

| 제47조 | 신문 등의 구독 | ① 수용자는 자신의 비용으로 신문·잡지 또는 도서(이하 "신문 등"이라 한다)의 구독을 신청할 수 있다.
② 소장은 제1항에 따라 구독을 신청한 신문 등이 「출판문화산업 진흥법」에 따른 유해간행물인 경우를 제외하고는 구독을 허가하여야 한다.
③ 제1항에 따라 구독을 신청할 수 있는 신문 등의 범위 및 수량은 법무부령으로 정한다.
○시행규칙
제35조(구독신청 수량)
법 제47조에 따라 수용자가 구독을 신청할 수 있는 신문·잡지 또는 도서(이하 이 절에서 "신문 등"이라 한다)는 교정시설의 보관범위 및 수용자의 소지범위를 벗어나지 아니하는 범위에서 신문은 월 3종 이내로, 도서(잡지를 포함한다)는 월 10권 이내로 한다. 다만, 소장은 수용자의 지식함양 및 교양 습득에 특히 필요하다고 인정하는 경우에는 신문 등의 신청 수량을 늘릴 수 있다.
제36조(구독허가의 취소 등)
① 소장은 신문 등을 구독하는 수용자가 다음 각 호의 어느 하나에 해당하는 사유가 있으면 구독의 허가를 취소할 수 있다.
1. 허가 없이 다른 거실 수용자와 신문 등을 주고받을 때
2. 그 밖에 법무부장관이 정하는 신문등과 관련된 준수사항을 위반하였을 때
② 소장은 소유자가 분명하지 아니한 도서를 회수하여 비치도서로 전환하거나 폐기할 수 있다. |
| 제48조 | 라디오 청취와 텔레비전 시청 | ① 수용자는 정서안정 및 교양습득을 위하여 라디오 청취와 텔레비전 시청을 할 수 있다.
→구법: 소장은 수용자에게 라디오 청취와 텔레비전 시청을 하게 할 수 있다.
② 소장은 다음 각 호의 어느 하나에 해당하는 사유가 있으면 수용 대한 라디오 및 텔레비전의 방송을 일시 중단하거나 개별 수용자에 대하여 라디오 및 텔레비전의 청취 또는 시청을 금지할 수 있다.
1. 수형자의 교화 또는 건전한 사회복귀를 해칠 우려가 있는 때
2. 시설의 안전과 질서유지를 위하여 필요한 때
③ 방송설비·방송프로그램·방송시간 등에 관하여 필요한 사항은 법무부령으로 정한다.
○동 시행령
제73조(라디오 청취 등의 방법)
법 제48조 제1항에 따른 수용자의 라디오 청취와 텔레비전 시청은 교정시설에 설치된 방송설비를 통하여 할 수 있다.
○시행규칙
제37조(방송의 기본원칙)
① 수용자를 대상으로 하는 방송은 무상으로 한다.
② 법무부장관은 방송의 전문성을 강화하기 위하여 외부전문가의 협력을 구할 수 있고, 모든 교정시설의 수용자를 대상으로 통합방송을 할 수 있다.
③ 소장은 방송에 대한 의견수렴을 위하여 설문조사 등의 방법으로 수용자의 반응도 및 만족도를 측정할 수 있다.
제38조(방송설비)
① 소장은 방송을 위하여 텔레비전, 비디오카세트레코더(VCR),스피커 등의 장비와 방송선로 등의 시설을 갖추어야 한다. |

② 소장은 물품관리법령에 따라 제1항의 장비와 시설을 정상적으로 유지·관리하여야 한다.

제39조(방송편성시간)

소장은 수용자의 건강과 일과시간 등을 고려하여 1일 6시간 이내에서 방송편성시간을 정한다. 다만, 토요일·공휴일, 작업·교육실태 및 수용자의 특성을 고려하여 방송편성시간을 조정할 수 있다.

제40조(방송프로그램)

① 소장은 「방송법」 제2조의 텔레비전방송 또는 라디오방송을 녹음·녹화하여 방송하거나 생방송할 수 있으며, 비디오테이프에 의한 영상물 또는 자체 제작한 영상물을 방송할 수 있다.

② 방송프로그램은 그 내용에 따라 다음 각 호와 같이 구분한다.

1. 교육콘텐츠: 한글·한자·외국어 교육, 보건위생 향상, 성의식 개선,약물남용 예방 등
2. 교화콘텐츠: 인간성 회복, 근로의식 함양, 가족관계 회복, 질서의식 제고, 국가관 고취 등
3. 교양콘텐츠: 다큐멘터리, 생활정보, 뉴스, 직업정보, 일반 상식 등
4. 오락콘텐츠: 음악, 연예, 드라마, 스포츠 중계 등
5. 그 밖에 수용자의 정서안정에 필요한 콘텐츠

③ 소장은 방송프로그램을 자체 편성하는 경우에는 다음 각 호의 어느 하나에 해당하는 내용이 포함되지 아니하도록 특히 유의하여야 한다.

1. 폭력조장, 음란 등 미풍양속에 반하는 내용
2. 특정 종교의 행사나 교리를 찬양하거나 비방하는 내용
3. 그 밖에 수용자의 정서안정 및 수용질서 확립에 유해하다고 판단되는 내용

제41조(수용자 준수사항 등)

① 수용자는 소장이 지정한 장소에서 지정된 채널을 통하여 텔레비전을 시청하거나 라디오를 청취하여야 한다.

② 수용자는 방송설비 또는 채널을 임의 조작·변경하거나 임의수신 장비를 소지하여서는 아니 된다.

③ 수용자가 방송시설과 장비를 손상하거나 그 밖의 방법으로 그 효용을 해친 경우에는 배상을 하여야 한다.

① 수용자는 문서 또는 도화를 작성하거나 문예·학술 그 밖의 사항에 관하여 집필할 수 있다. 다만, 소장이 시설의 안전 또는 질서를 해칠 명백한 위험이 있다고 인정하는 경우에는 예외로 한다.

(해설) 집필에 대한 사전허가제 폐지로 문예 및 창작활동의 자유를 적극적 보장

② 제26조는 제1항(수용자의 물품소지 등)에 따라 작성 또는 집필한 문서나 도화의 소지 및 처리에 관하여 준용한다.

③ 제1항에 따라 작성 또는 집필한 문서나 도화가 제43조 제5항(서신수발금지사유) 각 호의 어느 하나에 해당하면 제43조 제7항(금지 문서나 도화 알린 후 영치, 동의하면 폐기)을 준용한다.

④ 집필용구의 관리, 집필의 시간·장소, 집필한 문서 또는 도화의 외부반출 등에 관하여 필요한 사항은 대통령령으로 정한다.

⊃동 시행령

제74조(집필용구의 구입비용)

집필용구의 구입비용은 수용자가 부담한다. 다만, 소장은 수용자가 그 비용을 부담할 수 없는 경우에는 필요한 집필용구를 지급할 수 있다.

제75조(집필의 시간대 · 시간 및 장소)

① 수용자는 휴업일 및 휴게시간 내에 시간의 제한 없이 집필할 수 있다. 다만, 부득이한 사정이 있는 경우에는 그러하지 아니하다.

② 수용자는 거실 · 작업장, 그 밖에 지정된 장소에서 집필할 수 있다.

제76조(문서 · 도화의 외부 발송 등)

① 소장은 수용자 본인이 작성 또는 집필한 문서나 도화를 외부에 보내거나 내가려고 할 때에는 그 내용을 확인하여 법 제43조 제5항(서신수발금지사유) 각 호의 어느 하나에 해당하지 아니하면 허가하여야 한다.

② 제1항에 따라 문서나 도화를 외부에 보내거나 내갈 때 드는 비용은 수용자가 부담한다.

③ 법 및 이 영에 규정된 사항 외에 수용자의 집필에 필요한 사항은 법무부장관이 정한다.

제7장 특별한 보호

제50조	여성 수용 자의 처우	① 소장은 여성수용자에 대하여 여성의 신체적 · 심리적 특성을 고려하여 처우하여야 한다. ② 소장은 여성수용자에 대하여 건강검진을 실시하는 경우에는 나이 · 건강 등을 고려하여 부인과 질환에 관한 검사를 포함시킬 수 있다. ③ 소장은 생리 중인 여성수용자에 대하여는 위생에 필요한 물품을 지급할 수 있다. ④ 소장은 여성수용자가 미성년자인 자녀와 접견하는 경우에는 차단시설이 없는 장소에서 접견하게 할 수 있다. ※ 여성수용자처우의 일반원칙을 규정하고, 여성의 특성을 고려한 여성수용자의 건강검진, 물품지급, 접견 등에 있어서의 특칙을 신설
제51조	여성 수용 자의 처우시 유의 사항	① 소장은 여성수용자에 대하여 상담 · 교육 · 작업 등(이하 이 조에서 "상담 등"이라 한다)을 실시하는 때에는 여성교도관이 담당하도록 하여야 한다. 다만, 여성교도관이 부족하거나 그 밖의 부득이한 사정이 있으면 그러하지 아니하다. ② 제1항 단서에 따라 남성교도관이 1인의 여성수용자에 대하여 실내에서 상담 등을 하려면 투명한 창문이 설치된 장소에서 다른 여성을 입회시킨 후 실시하여야 한다. →UN피구금자처우최저기준규칙 제53조 ① 남녀 피수용자를 함께 수용하고 있는 시설에서는 여자구역은 그 구역의 모든 열쇠를 보관하는 담당 여자직원의 관리 하에 두어야 한다. ② 남자직원은 여자직원의 동반 없이는 여자구역에 들어갈 수 없다. ③ 여자 피구금자는 여자직원에 의하여서만 보호되고 감독되어야 한다. 그러나 이것은 남자직원, 특히 의사 및 교사가 여자시설 또는 여자구역에서 전문적인 직무를 행하는 것을 배제하지 않는다. ⊃동 시행령 제77조(여성수용자의 목욕)

제52조	임산부인 수용자의 처우	① 소장은 제50조에 따라 여성수용자의 목욕횟수를 정하는 경우에는 그 신체적 특성을 특히 고려하여야 한다. ② 소장은 여성수용자가 목욕을 하는 경우에 계호가 필요하다고 인정하면 여성교도관이 하도록 하여야 한다.➲ **시행규칙** **제7조(여성수용자에 대한 시찰)** 소장은 특히 필요하다고 인정하는 경우가 아니면 남성교도관이 야간에 수용자거실에 있는 여성수용자를 시찰하게 하여서는 아니 된다. **→법 제93조(신체검사 등)** ④ 여성의 신체 · 의류 및 휴대품에 대한 검사는 여성교도관이 하여야 한다.

제52조	임산부인 수용자의 처우	① 소장은 수용자가 임신 중이거나 출산(유산을 포함한다)한 경우에는 모성보호 및 건강유지를 위하여 정기적인 검진 등 적절한 조치를 하여야 한다. ② 소장은 수용자가 출산하려고 하는 경우에는 외부의료시설에서 진료를 받게 하는 등 적절한 조치를 하여야 한다. ※ 19세 미만의 수용자와 여성수용자에 대해서는 6개월에 1회 이상 건강검진을 하여야 한다. ➲동 시행령 **제78조(출산의 범위)** 법 제52조 제1항에서 "출산(유산포함)한 경우"란 출산(유산한 경우 포함) 후 60일이 지나지 아니한 경우를 말한다.

제53조	유아의 양육	① 여성수용자는 자신이 출산한 유아를 교정시설에서 양육할 것을 신청할 수 있다. 이 경우 소장은 다음 각 호의 어느 하나에 해당하는 사유가 없으면, 생후 18개월에 이르기까지 허가하여야 한다. 1. 유아가 질병 · 부상 그 밖의 사유로 교정시설에서 생활하는 것이 특히 부적당하다고 인정되는 때 2. 수용자가 질병 · 부상 그 밖의 사유로 유아를 양육할 능력이 없다고 인정되는 때 3. 교정시설에 전염병이 유행하거나 그 밖의 사정으로 유아양육이 특히 부적당한 때 ② 소장은 제1항에 따라 유아의 양육을 허가한 경우에는 필요한 설비와 물품의 제공 그 밖에 양육을 위하여 필요한 조치를 하여야 한다. ➲동 시행령 **제79조(유아의 양육)** 소장은 법 제53조 제1항에 따라 유아의 양육을 허가한 경우에는 교정시설에 유아거실을 지정 · 운영하여야 한다. ➲시행규칙 **제42조(임산부수용자 등에 대한 특칙)** 소장은 임산부인 수용자 및 법 제53조에 따라 유아의 양육을 허가받은 수용자에 대하여 필요하다고 인정하는 경우에는 교정 시설에 근무하는 의사(공중보건의사를 포함한다. 이하 "의무 관"이라 한다)의 의견을 들어 필요한 양의 쌀밥, 죽 등의 주식과 별도로 마련된 부식을 지급할 수 있으며, 양육유아에 대하여는 분유 등의 대체식품을 지급할 수 있다. ➲동 시행령 **제80조(유아의 인도)** ① 소장은 유아의 양육을 허가하지 아니하는 경우에는 수용자의 의사를 고려하여 유아보호에 적당하다고 인정하는 법인 또는 개인에게 그 유아를 보낼 수 있다.

| 제54조 | 노인수
용 자
등 의
처우 | 다만, 적당한 법인 또는 개인이 없는 경우에는 그 유아를 해당 교정시설의 소재지를 관할하는 시장·군수 또는 구청장에게 보내서 보호하게 하여야 한다.
② 법 제53조 제1항에 따라 양육이 허가된 유아가 출생 후 18개월이 지나거나, 유아양육의 허가를 받은 수용자가 허가의 최소를 요청하는 때 또는 법 제53조 제1항 각 호의 어느 하나에 해당되는 때에도 제1항과 같다. |

① 소장은 **노인**수용자에 대하여 나이·건강상태 등을 고려하여 그 처우에 있어 적정한 배려를 하여야 한다.

② 소장은 **장애인** 수용자에 대하여 장애의 정도를 고려하여 그 처우에 있어 적정한 배려를 하여야 한다.

③ 소장은 **외국인**수용자에 대하여 언어·생활문화 등을 고려하여 적정한 처우를 하여야 한다.

④ 노인수용자·장애인수용자 및 외국인수용자에 대한 적정한 배려 또는 처우에 관하여 필요한 사항은 **법무부령**으로 정한다.

⊃동 시행령

제81조(노인수용자 등의 정의)

① 법 제54조의 "노인수용자"란 65세 이상인 수용자를 말한다.

⊃시행규칙

제43조(전담교정시설)

① 법 제57조 제5항에 따라 법무부장관이 노인수형자의 처우를 전담하도록 정하는 시설(이하 "노인수형자 전담교정시설"이라 한다)에는 「장애인·노인·임산부 등의 편의증진보장에 관한 법률 시행령」 별표 2의 교도소·구치소 편의시설의 종류 및 설치기준에 따른 편의시설을 갖추어야 한다.

② 노인수형자 전담교정시설에는 별도의 공동휴게실을 마련하고 노인이 선호하는 오락용품 등을 갖춰 두어야 한다.

제44조(수용거실)

① 노인수형자 전담교정시설이 아닌 교정시설에서는 노인수용자를 수용하기 위하여 별도의 거실을 지정하여 운용할 수 있다.

② 노인수용자의 거실은 시설부족 또는 그 밖의 부득이한 사정이 없으면 건물의 1층에 설치하고, 특히 겨울철 난방을 위하여 필요한 시설을 갖추어야 한다.

제45조(주·부식 등 지급)

소장은 노인수용자의 나이·건강상태 등을 고려하여 필요하다고 인정하면 제4조부터 제8조까지의 규정, 제10조, 제11조, 제13조 및 제14조에 따른 수용자의 지급기준을 초과하여 주·부식, 의류·침구, 그 밖의 생활용품을 지급할 수 있다.

제46조(운동·목욕)

① 소장은 노인수용자의 나이·건강상태 등을 고려하여 필요하다고 인정하면 영 제49조에 따른 운동시간을 연장하거나 영 제50조에 따른 목욕횟수를 늘릴 수 있다.

② 소장은 노인수용자가 거동이 불편하여 혼자서 목욕하기 어려운 경우에는 교도관, 자원봉사자 또는 다른 수용자로 하여금 목욕을 보조하게 할 수 있다.

제47조(전문의료진 등)

① 노인수형자 전담교정시설의 장은 노인성 질환에 관한 전문적인 지식을 가진 의료진과 장비를 갖추고, 외부의료시설과 협력체계를 강화하여 노인수형자가 신속하고 적절한 치료를 받을 수 있도록 노력하여야 한다.

② 소장은 노인수용자에 대하여 6개월에 1회 이상 건강검진을 하여야 한다.

제48조(교육·교화프로그램 및 작업)

① 노인수형자 전담교정시설의 장은 노인문제에 관한 지식과 경험이 풍부한 외부전

문가를 초빙하여 교육하게 하는 등 노인수형자의 교육받을 기회를 확대하고, 노인전문오락, 그 밖에 노인의 특성에 알맞은 교화프로그램을 개발·시행하여야 한다.

② 소장은 노인수용자가 작업을 원하는 경우에는 나이·건강상태 등을 고려하여 해당 수용자가 감당 할 수 있는 정도의 작업을 부과한다. 이 경우 의무관의 의견을 들어야 한다.

⊃동 시행령

제81조(노인수용자 등의 정의)

② 법 제54조의 "노인수용자"란 시각·청각·언어·지체(肢體) 등의 장애로 통상적인 수용생활이 특히 곤란하다고 인정되는 사람으로서 법무부령이 정하는 수용자를 말한다.

⊃시행규칙

제49조(정의)

"장애인수용자"란 「장애인복지법 시행령」 별표 1의 제1호부터 제5호까지의 규정에 해당하는 사람으로서 시각·청각·언어·지체(肢體) 등의 장애로 통상적인 수용생활이 특히 곤란하다고 인정되는 수용자를 말한다.

제50조(전담교정시설)

① 법 제57조 제5항에 따라 법무부장관이 장애인수형자의 처우를 전담하도록 정하는 시설(이하 "장애인수형자 전담교정시설"이라 한다)의 장은 장애종류별 특성에 알맞은 재활치료프로그램을 개발하여 시행하여야 한다.

② 장애인수형자 전담교정시설 편의시설의 종류 및 설치기준에 관하여는 제43조 제1항을 준용한다.

제51조(수용거실)

① 장애인수형자 전담교정시설이 아닌 교정시설에서는 장애인수용자를 수용하기 위하여 별도의 거실을 지정하여 운용할 수 있다.

② 장애인수형자의 거실은 시설부족 또는 그 밖의 부득이한 사정이 없으면 건물의 1층에 설치하고, 특히 장애인이 이용할 수 있는 변기 등의 시설을 갖추도록 하여야 한다.

제52조(전문의료진 등)

장애인수형자 전담교정시설의 장은 장애인의 재활에 관한 전문적인 지식을 가진 의료진과 장비를 갖추도록 노력하여야 한다.

제53조(직업훈련)

장애인수형자 전담교정시설의 장은 장애인수형자에 대한 직업훈련이 석방 후의 취업과 연계될 수 있도록 그 프로그램의 편성 및 운영에 특히 유의하여야 한다.

제54조(준용규정)

장애인수용자의 장애정도, 건강 등을 고려하여 필요하다고 인정하는 경우 주·부식 등의 지급, 운동·목욕 및 교육·교화프로그램·작업에 관하여 제45조(주·부식 등 지급)·제46조(운동·목욕) 및 제48조(교육·교화프로그램)를 준용한다.

※ 특별한 보호가 필요가 수용자에 대한 적정한 배려나 처우로 옳지 않은 것은? (09. 7. 공채)

제55조(전담교정시설)

법 제57조(처우) 제5항에 따라 법무부장관이 외국인수형자의 처우를 전담하도록 정하는 시설의장은 외국인의 특성에 알맞은 교화프로그램 등을 개발하여 시행하여야 한다.

제56조(전담요원 지정)

① 외국인수용자를 수용하는 소장은 외국어에 능통한 소속 교도관을 전담요원으로 지정하여 일상적인 개별면담, 고충해소, 통역·번역 및 외교공관 또는 영사관 등 관계기관과의 연락 등의 업무를 수행하게 하여야 한다.

제54 조	노인수용 자 등 의 처우	② 제1항의 전담요원은 외국인 미결수용자에게 소송 진행에 필요한 법률지식을 제공하는 등의 조력을 하여야 한다. **제57조(수용거실 지정)** ① 소장은 외국인수용자의 수용거실을 지정하는 경우에는 종교 또는 생활관습이 다르거나 민족감정 등으로 인하여 분쟁의 소지가 있는 외국인은 분리 수용하여야 한다. ② 소장은 외국인수용자에 대하여는 그 생활양식을 고려하여 필요한 수용설비를 제공하도록 노력하여야 한다. **제58조(주 · 부식 지급)** ① 외국인수용자에게 지급하는 음식물의 총열량은 제14조 제2항에도 불구하고 소속 국가의 음식문화, 체격 등을 고려하여 조정할 수 있다. ② 외국인수용자에 대하여는 쌀과 보리의 혼합곡, 빵 또는 그 밖의 식품을 주식으로 지급하되, 소속 국가의 음식문화를 고려하여야 한다. ③ 외국인수용자에게 지급하는 부식의 지급기준은 법무부장관이 정한다. **제59조(위독 또는 사망 시의 조치)** 소장은 외국인수용자가 질병 등으로 위독하거나 사망한 경우에는 그의 국적이나 시민권이 속하는 나라의 외교공관 또는 영사관의 장이나 그 관원 또는 가족에게 이를 즉시 통지하여야 한다.

제8장 안전과 질서

제92조	금지물품	수용자는 다음 각 호의 물품을 소지하여서는 아니 된다 1. 마약 · 총기 · 도검 · 폭발물 · 흉기 · 독극물 그 밖에 범죄의 도구로 이용될 우려가 있는 물품 2. 주류 · 담배 · 화기 · 현금 · 수표, 그 밖에 시설의 안전 또는 질서를 해칠 우려가 있는 물품 3. 음란물, 사행행위에 사용되는 물품, 그 밖에 수형자의 교화 또는 건전한 사회복귀를 해칠 우려가 있는 물품
제93조	신체검사 등	① 교도관은 시설의 안전과 질서유지를 위하여 필요하면 수용자의 신체 · 의류 · 휴대품 · 거실 및 작업장 등을 검사할 수 있다. **⊃동 시행령** **제112조(거실 등에 대한 검사)** 소장은 교도관에게 수용자의 거실, 작업장, 그 밖에 수용자가 생활하는 장소를 정기적으로 검사하게 하여야 한다. 다만, 법 제92조의 금지물품을 수미고 있다고 의심되는 수용자와 법 제104조 제1항의 마약류사범 · 조직폭력사범 등 법무부령으로 정하는 수용자의 거실 등은 수시로 검사하게 할 수 있다. ② 수용자의 신체를 검사하는 경우에는 불필요한 고통이나 수치심을 느끼지 아니하도록 유의하여야 하며, 특히 신체를 면밀하게 검사할 필요가 있으면 다른 수용자가 볼 수 없는 차단된 장소에서 하여야 한다. **⊃동 시행령** **제113조(신체 등에 대한 검사)**

소장은 교도관에게 작업장이나 실외에서 수용자거실로 돌아오는 수용자의 신체ㆍ의류 및 휴대품을 검사하게 하여야 한다. 다만, 교정성적 등을 고려하여 그 검사가 필요하지 아니하다고 인정되는 경우에는 예외로 할 수 있다.

제114조(검사장비의 이용)

교도관은 법 제93조에 따른 검사를 위하여 탐지견, 금속탐지기, 그 밖의 장비를 이용할 수 있다.

③ 교도관은 시설의 안전과 질서유지를 위하여 필요하면 교정시설을 출입하는 수용자 외의 사람에 대하여 의류와 휴대품을 검사할 수 있다. 이 경우 출입자가 제92조의 금지물품을 소지하고 있으면 교정시설에 맡기도록 하여야 하며, 이에 응하지 아니하면 출입을 금지할 수 있다.

④ 여성의 신체ㆍ의류 및 휴대품에 대한 검사는 여성교도관이 하여야 한다.

⑤ 소장은 제1항에 따라 검사한 결과 제92조의 금지물품이 발견되면 형사 법령이 정하는 절차에 따라 처리할 물품을 제외하고는 수용자에게 알린 후 폐기한다. 다만, 폐기하는 것이 부적당한 물품은 교정시설에 영치하거나 수용자로 하여금 자신이 지정하는 사람에게 보내게 할 수 있다.

⊃동 시행령

제115조(외부인의 출입)

교도관 외의 사람은 「국가공무원복무규정」 제9조에 따른 근무시간 외에는 소장의 허가 없이 교정시설에 출입하지 못한다.

제116조(외부와의 차단)

① 교정시설의 바깥문, 출입구, 거실, 작업장, 그 밖에 수용자를 수용하고 있는 장소는 외부와 차단하여야 한다. 다만, 필요에 따라 일시 개방하는 경우에는 그 장소를 경비하여야 한다.

② 교도관은 접견ㆍ상담ㆍ진료, 그 밖에 수용자의 처우를 위하여 필요한 경우가 아니면 수용자와 외부인이 접촉하게 해서는 아니 된다.

제117조(거실 개문 등 제한)

교도관은 수사ㆍ재판ㆍ운동ㆍ접견ㆍ진료 등 수용자의 처우 또는 자살방지, 화재진압 등 교정시설의 안전과 질서유지를 위하여 필요한 경우가 아니면 수용자거실의 문을 열거나 수용자를 거실 밖으로 나오게 해서는 아니 된다.

제118조(장애물 방치 금지)

교정시설의 구내에는 시야를 가리거나 그 밖에 계호상 장애가 되는 물건을 두어서는 아니 된다.

⊃시행규칙

제157조(교정장비의 종류)

교정장비의 종류는 다음 각 호와 같다.

1. 전자장비
2. 보호장비
3. 보안장비
4. 무기

제158조(교정장비의 관리)

① 소장은 교정장비의 보관 및 관리를 위하여 관리책임자와 보조자를 지정한다.

② 제1항의 관리책임자와 보조자는 교정장비가 적정한 상태로 보관ㆍ관리될 수 있도록 수시로 점검하는 등 필요한 조치를 하여야 한다.

③ 특정 장소에 고정식으로 설치되는 장비 외의 교정장비는 별도의 장소에 보관ㆍ관리하여야 한다.

제93조　신체검사 등

| 제94조 | 전자
장비를
이용한
계호 | **제159조(교정장비 보유기준 등)**

교정장비의 교정시설별 보유기준 및 관리방법 등에 관하여 필요한 사항은 법무부장관이 정한다.

① 교도관은 자살·자해·도주·폭행·손괴 그 밖에 수용자의 생명·신체를 해하거나 시설의 안전 또는 질서를 해하는 행위(이하 "자살 등"이라 한다)를 방지하기 위하여 필요한 범위에서 전자 장비를 이용하여 수용자 또는 시설을 계호할 수 있다. 다만, 전자영상장비로 거실에 있는 수용자를 계호하는 것은 자살 등의 우려가 큰 때에만 할 수 있다. |

제159조(교정장비 보유기준 등)、제94조、전자 장비를 이용한 계호 위의 표와 본문은 아래와 같이 재구성합니다.

제159조(교정장비 보유기준 등)

교정장비의 교정시설별 보유기준 및 관리방법 등에 관하여 필요한 사항은 법무부장관이 정한다.

제94조 — 전자 장비를 이용한 계호

① 교도관은 자살·자해·도주·폭행·손괴 그 밖에 수용자의 생명·신체를 해하거나 시설의 안전 또는 질서를 해하는 행위(이하 "자살 등"이라 한다)를 방지하기 위하여 필요한 범위에서 전자 장비를 이용하여 수용자 또는 시설을 계호할 수 있다. 다만, 전자영상장비로 거실에 있는 수용자를 계호하는 것은 자살 등의 우려가 큰 때에만 할 수 있다.

② 제1항 단서에 따라 거실에 있는 수용자를 전자영상장비로 계호하는 경우에는 계호직원·계호시간 및 계호대상 등을 기록하여야 한다. 이 경우 수용자가 여성이면 여성교도관이 계호하여야 한다.

③ 제1항 및 제2항에 따라 계호하는 경우에는 피계호자의 인권이 침해되지 아니하도록 유의하여야 한다.

④ 전자장비의 종류·설치장소·사용방법 및 녹화기록물의 관리 등에 관하여 필요한 사항은 법무부령으로 정한다.

⊃시행규칙

제160조(전자장비의 종류)

교도관이 법 제94조에 따라 수용자 또는 시설을 계호하는 경우 사용할 수 있는 전자장비는 다음 각호와 같다.

1. 영상정보처리기기: 일정한 공간에 지속적으로 설치되어 사람 또는 사물의 영상 및 이에 따르는 음성·음향 등을 수신하거나 이를 유·무선망을 통하여 전송하는 장치
2. 전자감지기: 일정한 공간에 지속적으로 설치되어 사람 또는 사물의 움직임을 빛·온도·소리·압력 등을 이용하여 감지하고 전송하는 장치
3. 전자경보기: 전파를 발신하고 추적하는 원리를 이용하여 사람의 위치를 확인하거나 이동경로를 탐지하는 일련의 기계적 장치
4. 물품검색기(고정식 물품검색기와 휴대식 금속탐지기로 구분한다)
5. 증거수집장비: 디지털카메라, 녹음기, 비디오카메라, 음주측정기 등 증거수집에 필요한 장비
6. 그 밖에 법무부장관이 정하는 전자장비

제161조(중앙통제실의 운영)

① 소장은 전자장비의 효율적인 운용을 위하여 각종 전자장비를 통합적으로 관리할 수 있는 시스템이 설치된 중앙통제실을 설치하여 운영한다.

② 소장은 중앙통제실에 대한 외부인의 출입을 제한하여야 한다. 다만, 시찰, 참관, 그 밖에 소장이 특별히 허가한 경우에는 그러하지 아니하다.

③ 전자장비의 통합관리시스템, 중앙통제실의 운영·관리 등에 관하여 필요한 사항은 법무부장관이 정한다.

제162조(영상정보처리기기 설치)

① 영상정보처리기기 카메라는 교정시설의 주벽·감시대·울타리·운동장·거실·작업장·접견실·전화실·조사실·진료실·복도·통용문, 그 밖에 법 제94조 제1항에 따라 전자장비를 이용하여 계호하여야 할 필요가 있는 장소에 설치한다.

② 영상정보처리기기 모니터는 중앙통제실·관구실 그 밖에 교도관이 계호하기에 적정한 장소에 설치한다.

③ 거실에 영상정보처리기기 카메라를 설치하는 경우에는 용변을 보는 하반신의 모

습이 촬영되지 아니하도록 카메라의 각도를 한정하거나 화장실 차폐시설을 설치하여야 한다.

제163조(거실수용자 계호)

① 교도관이 법 제94조 제1항에 따라 거실에 있는 수용자를 계호하는 경우에는 별지 제19호 서식의 거실수용자 영상계호부에 피계호의 인적사항 및 주요 계호내용을 개별적으로 기록하여야 한다. 다만, 중경비시설의 거실에 있는 수용자를 전자장비를 이용하여 계호하는 경우에는 중앙통제실 등에 비치된 현황표에 피계호인원 등 전체 현황만을 기록할 수 있다

〈개정 2010.5.31〉

② 교도관이 법 제94조 제1항에 따라 계호하는 과정에서 수용자의 처우 및 관리에 특히 참고할 만한 사항을 알게 된 경우에는 그 요지를 수용기록부에 기록하여 소장에게 지체 없이 보고하여야 한다.

제164조(전자감지기의 설치)

전자감지기는 교정시설의 주벽·울타리, 그 밖에 수용자의 도주 및 외부로부터의 침입을 방지하기 위하여 필요한 장소에 설치한다.

제165조(전자경보기의 사용)

교도관은 외부의료시설 입원, 이송·출정, 그 밖에 수용자의 도주 및 외부로부터의 침입을 방지하기 위하여 필요한 장소에 설치한다.

제166조(물품검색기 설치 및 사용)

① 고정식 물품검색기는 정문, 사동 입구, 작업장 입구, 그 밖에 수용자 또는 교정시설을 출입하는 수용자 외의 사람에 대한 신체·의류·휴대품의 검사가 필요한 장소에 설치한다.

② 교도관이 법 제93조 제1항에 따라 수용자의 신체·의류·휴대품을 검사하는 경우에는 특별한 사정이 없으면 고정식 물품검색기를 통과하게 한 후 휴대식 금속탐지기 또는 손으로 이를 확인한다.

③ 교도관이 법 제93조 제3항에 따라 교정시설을 출입하는 수용자 외의 사람의 의류와 휴대품을 검사하는 경우에는 고정식 물품검색기를 통과하게 하거나 휴대식 금속탐지기로 이를 확인한다.

제167조(증거수집장비의 사용)

교도관은 수용자가 사후에 증명이 필요하다고 인정되는 행위를 하거나 사후 증명이 필요한 상태에 있는 경우 수용자에 대하여 증거수집장비를 사용할 수 있다.

| 제95조 | 보호실 수용 | ① 소장은 수용자가 다음 각 호의 어느 하나에 해당하면 의무관의 의견을 고려하여 보호실(자살 및 자해 방지 등의 설비를 갖춘 거실을 말한다. 이와 같다)에 수용할 수 있다.
1. 자살 또는 자해의 우려가 있는 때
2. 신체적·정신적 질병으로 인하여 특별한 보호가 필요한 때
② 수용자의 보호실 수용기간은 15일 이내로 한다. 다만, 소장은 특히 계속하여 수용할 필요가 있으면 의무관의 의견을 고려하여 연장할 수 있다.
③ 제2항 단서에 따른 기간연장은 7일 이내로 하되, 계속하여 3개월을 초과할 수 없다.
④ 소장은 수용자를 보호실에 수용하거나 수용기간을 연장하는 경우에는 그 사유를 본인에게 알려 주어야 한다.
⑤ 의무관은 보호실 수용자의 건강상태를 수시로 확인하여야 한다.
⑥ 소장은 보호실 수용사유가 소멸한 경우에는 보호실 수용을 즉시 중단하여야 한다. |

		⊃동 시행령 **제119조(보호실 등 수용중지)** ① 법 제95조 제5항 및 법 제96조 제4항에 따라 의무관이 보호실이나 진정실 수용자의 건강을 확인한 결과 보호실 또는 진정실에 계속 수용하는 것이 부적당하다고 인정하는 경우에는 소장에게 즉시 보고하여야 한다. 이 경우 소장은 특별한 사유가 없으면 보호실 또는 진정실 수용을 즉시 중지하여야 한다. ② 소장은 의무관이 출장·휴가, 그 밖의 부득이한 사유로 법 제95조 제5항 및 법 제96조 제4항의 직무를 수행할 수 없을 때에는 그 교정시설에 근무하는 의료관계 직원에게 대행하게 할 수 있다.
제96조	진정실 수용	① 소장은 수용자가 다음 각 호의 어느 하나에 해당하는 경우로서 강제력을 행사하거나 제98조의 보호장비를 사용하여도 그 목적을 달성할 수 없는 경우에만 진정실(일반 수용거실로부터 격리되어 있고 방음설비 등을 갖춘 거실을 말한다. 이하 같다)에 수용할 수 있다. 1. 교정시설의 설비 또는 기구 등을 손괴하거나 손괴하려고 하는 때 2. 교도관 및 경비교도(이하 이 장에서 "교도관 등"이라 한다)의 제지에도 불구하고 소란행위를 계속하여 다른 수용자의 평온한 수용생활을 방해하는 때 ② 수용자의 진정실 수용기간은 24시간 이내로 한다. 다만, 소장은 특히 계속하여 수용할 필요가 있으면 의무관의 의견을 고려하여 연장할 수 있다. ③ 제2항 단서에 따른 기간연장은 12시간 이내로 하되, 계속하여 3일을 초과할 수 없다. ④ 진정실 수용자에 관하여는 제95조 제4항부터 제6항까지의 규정을 준용한다.
제97조	보호장비의 사용	① 교도관은 수용기간 다음 각 호의 어느 하나에 해당하면 보호장비를 사용할 수 있다. 1. 이송·출정 그 밖에 교정시설 밖의 장소로 수용자를 호송하는 때 2. 도주·자살·자해 또는 다른 사람에 대한 위해의 우려가 큰 때 3. 위력으로 교도관 등의 정당한 직무집행을 방해하는 때 4. 교정시설의 설비·기구 등을 손괴하거나 그 밖에 시설의 안전 또는 질서를 해칠 우려가 큰 때 ② 보호장비를 사용하는 경우에는 수용자의 나이, 건강상태 및 수용생활 태도 등을 고려하여야 한다. ③ 교도관이 교정시설의 안에서 수용자에 대하여 보호장비를 사용한 경우 의무관은 그 수용자의 건강상태를 수시로 확인하여야 한다.
제98조	보호장비의 종류 및 사용 요건	① 보호장비의 종류는 다음 각 호와 같다. 1. 수갑 2. 머리보호장비 3. 발목보호장비 4. 보호대(帶) 5. 보호의자 6. 보호침대 7. 보호복 8. 포승 ② 보호장비의 종류별 사용요건은 다음 각 호와 같다. 1. 수갑·포승: 제97조 제1항 제1호부터 제4호까지의 어느 하나에 해당하는 때 2. 머리보호장비: 머리부분을 자해할 우려가 큰 때 3. 발목보호장비·보호대·보호의자: 제97조 제1항 제2호부터 제4호까지의 어느 하나에 해당하는 때

4. 보호침대 · 보호복: 자살 · 지해의 우려가 큰 때

③ 보호장비의 사용절차 등에 관하여 필요한 사항은 대통령령으로 정한다.

⊃동 시행령

제120조(보호장비의 사용)

② 법 및 이 영에 규정된 사항 외에 보호장비의 규격과 사용방법 등에 관하여 필요한 사항은 법무부령으로 정한다.

법 제98조	보호장비의 종류 및 사용요건: 법에 규정
법 제98조 제3항	보호장비의 사용절차 등에 관하여 필요한 사항: 대통령령
시행령 제120조 제2항	보호장비의 규격과 사용방법: 법무부령

⊃시행규칙

제169조(보호장비의 종류)

교도관이 법 제98조 제1항에 따라 사용할 수 있는 보호장비는 다음 각 호로 구분한다.

1. 수갑: 양손수갑, 일회용수갑, 한손수갑
2. 머리보호장비
3. 발목보호장비: 양발목보호장비, 한발목보호장비
4. 보호대: 금속보호대, 벨트보호대
5. 보호의자
6. 보호침대
7. 보호복
8. 포승: 일반포승, 개인포승

제170조(보호장비의 규격)

① 보호장비의 규격은 별표 5와 같다.

② 교도관은 제1항에 따른 보호장비 규격에 맞지 아니한 보호장비를 수용자에게 사용해서는 아니 된다.

③ 보호장비의 사용절차 등에 관하여 필요한 사항은 대통령령으로 정한다.

⊃동 시행령

제120조(보호장비의 사용)

① 교도관은 소장의 명령 없이 수용자에게 보호장비를 사용하여서는 아니 된다. 다만, 소장의 명령을 받을 시간적 여유가 없는 경우에는 사용 후 소장에게 즉시 보고하여야 한다.

제121조(보호장비 사용중지 등)

① 의무관은 수용자에게 보호장비를 계속 사용하는 것이 건강상 부적당하다고 인정하는 경우에는 소장에게 즉시 보고하여야 한다. 이 경우 소장은 특별한 사유가 없으면 보호장비 사용을 즉시 중지하여야 한다.

② 의무관이 출장 · 휴가, 그 밖의 부득이한 사유로 법 제97조 제3항의 직무를 수행할 수 없을 때에는 제119조 제2항을 준용한다.

제122조(보호장비 사용사유의 고지)

보호장비를 사용하는 경우에는 수용자에게 그 사유를 알려 주어야 한다.

제123조(보호장비 착용 수용자의 거실지정)

보호장비를 착용 중인 수용자는 특별한 사정이 없으면 계호상 독거수용한다.

⊃시행규칙

제171조(보호장비 사용 명령)

소장은 영 제120조 제1항에 따라 보호장비 사용을 명령하거나 승인하는 경우에는 보호장비의 종류 및 사용방법을 구체적으로 지정하여야 하며, 이 규칙에서 정하지 아

니한 방법으로 보호장비를 사용하게 해서는 아니 된다.

제172조(수갑의 사용방법)

① 수갑의 사용방법은 다음 각 호와 같다.

1. 법 제97조 제1항 각 호의 어느 하나에 해당하는 경우에는 별표 6의 방법으로 할 것
2. 법 제97조 제1항 제2호부터 제4호까지의 규정은 어느 하나에 해당하는 경우 별표 6의 방법으로는 사용목적을 달성할 수 없다고 인정되면 별표 7의 방법으로 할 것
3. 진료를 받거나 입원 중인 수용자에 대하여 한손수갑을 사용하는 경우에는 별표 8의 방법으로 할 것

② 제1항 제1호에 따라 수갑을 사용하는 경우에는 수갑보호기를 함께 사용할 수 있다.

③ 제1항 제2호에 따라 별표 7의 방법으로 수갑을 사용하여 그 목적을 달성한 후에는 즉시 별표 6의 방법으로 전환하거나 사용을 중지하여야 한다.

④ 수갑은 구체적 상황에 적합한 종류를 선택하여 사용할 수 있다. 다만, 일회용수갑은 일시적으로 사용하여야 하며, 사용목적을 달성한 후에는 즉시 사용을 중지하거나 다른 보호장비로 교체하여야 한다.

제173조(머리보호장비의 사용방법)

머리보호장비는 별표 9의 방법으로 사용하며, 수용자가 머리보호장비를 임의로 해제하지 못하도록 다른 보호장비를 함께 사용 할 수 있다.

제174조(발목보호장비의 사용방법)

발목보호장비의 사용방법은 다음 각 호와 같다.

1. 양발목보호장비의 사용은 별표 10의 방법으로 할 것
2. 진료를 받거나 입원 중인 수용자에 대하여 한발목보호장비를 사용하는 경우에는 별표 11의 방법으로 할 것

제175조(보호대의 사용방법)

보호대의 사용방법은 다음 각 호와 같다.

1. 금속보호대는 수갑과 수갑보호기를 보호대에 연결하여 별표 12의 방법으로 할 것
2. 벨트보호대는 보호대에 부착된 고리에 수갑을 연결하여 별표 13의 방법으로 할 것

176조(보호의자의 사용방법)

① 보호의자는 별표 14의 방법으로 사용하며, 다른 보호장비로는 법 제97조 제1항 제2호부터 제4호까지의 규정의 어느 하나에 해당하는 행위를 방지하기 어려운 특별한 사정이 있는 경우에만 사용하여야 한다.

② 보호의자는 제184조 제2항에 따라 그 사용을 일시 해제하거나 완화하는 경우를 포함하여 8시간을 초과하여 사용할 수 없으며, 해제 후 4시간이 경과하지 아니하면 다시 사용할 수 없다.

제177조(보호침대의 사용방법)

① 보호침대는 별표 15의 방법으로 사용하며, 다른 보호장비로는 자살·자해를 방지하기 어려운 특별한 사정이 있는 경우에만 사용하여야 한다.

② 보호침대의 사용에 관하여는 제176조 제2항을 준용한다.

제178조(보호복의 사용방법)

① 보호복은 별표 16의 방법으로 사용한다.

② 보호복의 사용에 관하여는 제176조 제2항을 준용한다.

제179조(포승의 사용방법)

① 포승의 사용방법은 다음 각 호와 같다.

1. 고령자·환자 등 도주의 위험성이 크지 아니하다고 판단되는 수용자를 개별 호송하는 경우에는 별표 17의 방법으로 할 수 있다.

2. 제1호의 수용자 외의 수용자를 호송하는 경우 또는 법 제97조 제1항 제2호부터 제4호까지의 규정의 어느 하나에 해당하는 경우에는 별표 18의 방법으로 한다.
3. 법 제97조 제1항 제2호부터 제4호까지의 규정의 어느 하나에 해당하는 경우 제2호의 방법으로는 사용목적을 달성할 수 없다고 인정되면 별표 19의 방법으로 한다. 이 경우 2개의 포승을 연결하여 사용할 수 있다.
② 제1항 제2호에 따라 포승을 사용하여 2명 이상의 수용자를 호송하는 경우에는 수용자 간에 포승을 연결하여 사용할 수 있다.
③ 개인포승은 일시적으로 사용하여야 하며, 계속하여 사용할 필요가 있는 경우에는 일반포승으로 교체하여야 한다.

제180조(둘 이상의 보호장비 사용)

하나의 보호장비로 사용목적을 달성할 수 없는 경우에는 둘 이상의 보호장비를 사용할 수 있다. 다만, 다음 각 호의 어느 하나에 해당하는 경우에는 다른 보호장비와 같이 사용할 수 없다.
1. 보호의자를 사용하는 경우
2. 보호침대를 사용하는 경우

제181조(보호장비 사용의 기록)

교도관은 법 제97조 제1항에 따라 보호장비를 사용하는 경우에는 별지 제10호서식의 보호장비 사용 심사부에 기록하여야 한다. 다만, 법 제97조 제1항 제1호에 따라 보호장비를 사용하거나 중경비시설 안에서 수용자의 동행계호를 위하여 양손수갑을 사용하는 경우에는 호송계획서나 수용기록부의 내용 등으로 그 기록을 갈음할 수 있다.

제182조(의무관의 건강확인)

의무관은 법 제97조 제3항에 따라 보호장비 착용 수용자의 건강상태를 확인한 결과 특이사항을 발견한 경우에는 별지 제10호 서식의 보호장비 사용 심사부에 기록하여야 한다.

제183조(보호장비의 계속사용)

① 소장은 보호장비를 착용 중인 수용자에 대하여 별지 제10호 서식의 보호장비 사용 심사부 및 별지 제11호 서식의 보호
장비 착용자 관찰부 등의 기록과 관계직원의 의견 등을 토대로 보호장비의 계속사용 여부를 매일 심사하여야 한다.
② 소장은 영 제121조에 따라 의무관 또는 의료관계 직원으로부터 보호장비의 사용 중지 의견을 보고받았음에도 불구하고 해당 수용자에 대하여 보호장비를 계속하여 사용할 필요가 있는 경우에는 의무관 또는 의료관계 직원에게 건강유지에 필요한 조치를 취할 것을 명하고 보호장비를 사용할 수 있다. 이 경우 소장은 별지 제10호서식의 보호장비 사용 심사부에 보호장비를 계속 사용할 필요가 있다고 판단하는 근거를 기록하여야 한다.

제184조(보호장비 사용의 해제)

① 교도관은 법 제97조 제1항 각 호에 따른 보호장비 사용 사유가 소멸한 경우에는 소장의 허가를 받아 지체 없이 사용 중인 보호장비를 해제하여야 한다. 다만, 교도관이 소장의 허가를 받을 시간적 여유가 없을 때에는 보호장비를 해제한 후 지체 없이 소장의 승인을 받아야 한다.
② 교도관은 보호장비 착용 수용자의 목욕, 식사, 용변, 치료 등을 위하여 필요한 경우에는 보호장비 사용을 일시 해제하거나 완화할 수 있다.

제185조(보호장비 착용 수용자의 관찰 등)

소장은 제169조 제5호부터 제7호까지의 규정에 따른 보호장비를 사용하거나 같은 조

		제8호의 보호장비를 별표 19의 방법으로 사용하게 하는 경우에는 교도관으로 하여금 수시로 해당 수용자의 상태를 확인하고 매 시간마다 별지 제11호 서식의 보호장비 착용자 관찰부에 기록하게 하여야 한다.
제99조	보호장비 남용 금지	① 교도관은 필요한 최소한의 범위에서 보호장비를 사용하여야 하며, 그 사유가 소멸하면 사용을 지체 없이 중단하여야 한다. ② 보호장비는 징벌의 수단으로 사용되어서는 아니 된다. **⊃동 시행령** **제124조(보호장비 사용의 감독)** ① 소장은 보호장비의 사용을 명령한 경우에는 수시로 그 사용실태를 확인·점검하여야 한다. ② 지방교정청장은 소속 교정시설의 보호장비 사용 실태를 정기적으로 점검하여야 한다.
제100조	강제력의 행사	① 교도관 등은 수용자가 다음 각 호의 어느 하나에 해당하면 강제력을 행사할 수 있다. 1. 도주하거나 하려고 하는 때 2. 자살하려고 하는 때 3. 자해하거나 자해하려고 하는 때 4. 다른 사람에게 위해를 끼치거나 끼치려고 하는 때 5. 위력으로 교도관 등의 정당한 직무집행을 방해하는 때 6. 교정시설의 설비·기구 등을 손괴하거나 손괴하려고 하는 때 7. 그 밖에 시설의 안전 또는 질서를 크게 해치는 행위를 하거나 하려고 하는 때 ② 교도관 등은 수용자 외의 사람이 다음 각 호의 어느 하나에 해당하면 강제력을 행사할 수 있다. 1. 수용자를 도주하게 하려고 하는 때 2. 교도관 등 또는 수용자에게 위해를 끼치거나 끼치려고 하는 때 3. 위력으로 교도관 등의 정당한 직무집행을 방해하는 때 4. 교정시설의 설비·기구 등을 손괴하거나 하려고 하는 때 5. 교정시설에 침입하거나 하려고 하는 때 6. 교정시설의 안(교도관이 교정시설의 밖에서 수용자를 계호하고 있는 경우 그 장소를 포함한다)에서 교도관등의 퇴거 요구를 받고도 이에 응하지 아니하는 때 ③ 제1항 및 제2항에 따라 강제력을 행사하는 경우에는 보안장비를 사용할 수 있다. ④ 제3항에서 "보안장비"란 교도봉·가스분사기·가스총·최루탄 등 사람의 생명과 신체의 보호, 도주의 방지 및 시설의 안전과 질서유지를 위하여 교도관 등이 사용하는 장비와 기구를 말한다. ⑤ 제1항 및 제2항에 따라 강제력을 행사하려면 사전에 상대방에게 이를 경고하여야 한다. 다만, 상황이 급박하여 경고할 시간적인 여유가 없는 때에는 그러하지 아니하다. ⑥ 강제력의 행사는 필요한 최소한도에 그쳐야 한다. **⊃동 시행령** **제125조(강제력의 행사)** 교도관과 경비교도는 소장의 명령 없이 법 제100조에 따른 강제력을 행사해서는 아니 된다. 다만, 그 명령을 받을 시간적 여유가 없는 경우에는 강제력을 행사한 후 소장에게 즉시 보고하여야 한다. ⑦ 보안장비의 종류, 종류별 사용요건 및 사용절차 등에 관하여 필요한 사항은 법무부령으로 정한다. **⊃시행규칙** **제186조(보안장비의 종류)**

교도관 및 경비교도(이하 "교도관 등"이라 한다)가 법 제100조에 따라 강제력을 행사하는 경우 사용할 수 있는 보안장비는 다음 각 호와 같다.
1. 교도봉(접이식을 포함한다. 이하 같다)
2. 전기교도봉
3. 가스분사기
4. 가스총(고무탄 발사겸용을 포함한다. 이하 같다)
5. 최루탄 : 투척용, 발사용(그 발사장치를 포함한다. 이하 같다)
6. 전자충격기
7. 그 밖에 법무부장관이 정하는 보안장비

제187조(보안장비의 종류별 사용요건)
① 교도관등이 수용자에 대하여 사용할 수 있는 보안장비의 종류별 사용요건은 다음 각 호와 같다.
1. 교도봉·가스분사기·가스총·최루탄: 법 제100조 제1항 각호의 어느 하나에 해당하는 경우
2. 전기교도봉·전자충격기: 법 제100조 제1항 각 호의 어느 하나에 해당하는 경우로서 상황이 긴급하여 제1호의 장비만으로는 그 목적을 달성할 수 없는 때.
② 교도관등이 수용자 외의 사람에 대하여 사용할 수 있는 보안장비의 종류별 사용요건은 다음 각호와 같다.
1. 교도봉·가스분사기·가스총·최루탄: 법제100조 제2항 각호의 어느 하나에 해당하는 경우
2. 전기교도봉·전자충격기: 법 제100조 제2항 각 호의 어느 하나에 해당하는 경우로서 상황이 긴급하여 제1호의 장비만으로는 그 목적을 달성할 수 없는 때
③ 제186조 제7호에 해당하는 보안장비의 사용은 법무부장관이 정하는 바에 따른다.

제188조(보안장비의 종류별 사용기준)
보안장비의 종류별 사용기준은 다음 각 호와 같다.
1. 교도봉·전기교도봉: 얼굴이나 머리부분에 사용해서는 아니되며, 전기교도봉은 타격 즉시 떼어야 함.
2. 가스분사기·가스총: 1미터 이내의 거리에서는 상대방의 얼굴을 향하여 발사해서는 안됨.
3. 최루탄: 투척용 최루탄은 근거리용으로 사용하고, 발사용 최루탄은 50미터 이상의 원거리에서 사용하되, 30도 이상의 발사각을 유지하여야 함.
4. 전자충격기: 전극침 발사장치가 있는 전자충격기를 사용할 경우 전극침을 상대방의 얼굴을 향해 발사해서는 안됨.

【교정판례】 보호장비의 사용

1. CCTV설치의 법률유보원칙 위배 여부(소극설)

엄중격리대상자의 수용거실에 CCTV를 설치하여 24시간 감시하는 행위가 법률유보의 원칙에 위배되어 사생활의 자유·비밀을 침해하는 것인지의 여부에 대해서 (구)행형법

및 교도관직무규칙 등에 규정된 교도관의 계호활동 중 육안에 의한 시각계호를 CCTV 장비에 의한 시각계호로 대체한 것에 불과하므로, 이사건 CCTV 설치행위에 대한 특별한 법적근거가 없더라도 일반적인 계호활동을 허용하는 **법률규정에 의하여 허용**된다고 보아야 한다. **수용자 처우법 제94조**에 전자장비를 이용한 계호규정을 신설하여 CCTV 설치근거를 마련하였다.(2005헌마137)

2. 최초의 계구사용 불법여부 판단

계구(**보호장비**)의 사용은 사용 목적과 필요성, 그 사용으로 인한 기본권의 침해 정도, 목적 달성을 위한 다른 방법의 유무 등 제반 사정에 비추어 상당한 이유가 있는 경우에 한하여 그 목적 달성에 필요한 최소한의 범위 내에서만 허용된다. 교도소장이 교도관의 멱살을 잡는 등 소란행위를 하고 있는 수감자에 대하여 수갑과 포승 등 계구를 사용한 조치는 적법하나, 원고(수감자)가 소란행위를 종료하고 독거실에 수용된 이후 별다른 소란행위 없이 단식하고 있는 상태에서는 원고에 대하여 더 이상 계구를 사용할 필요는 없는 것이고, 그럼에도 불구하고 원고에 대하여 **9일동안이나 계속하여 계구를 사용한 것은 위법**한 행위로 피고(국가)는 원고에 대한 손해배상 의무가 있다.(**대법원 1998.1.20, 96다18922**)

3. 계구(보호장비)사용 상태에서 장시간 검사조사시 신체의 자유 침해여부(적극설)

검사가 검사실에서 피의자신문을 하는 절차에서는 피의자가 신체적으로나 심리적으로 위축되지 않은 상태에서 자기의 방어권을 충분히 행사할 수 있어야 하므로 **계구를 사용하지 말아야 하는 것이 원칙**이다.다만 도주·폭행·소요·자해 등의 위험이 분명하고 구체적으로 드러나는 경우에만 예외적으로 계구를 사용 하여야 할 것이다. 검사가 여러 날 장시간에 걸쳐 피의자 신문을 하는 동안 계속 계구를 사용한 것은 피해의 최소성 요건을 충족하지 못하였고 피의자의 방어권 행사에도 지장을 주었다는 점에서 법익균형성도 갖추지 못하였다.

(헌재결 05.5.26, 04헌마 49)

4. 장기간 계구사용행위 위헌확인

청구인은 1년이 넘는 기간 동안 일주일에 1회 내지 많으면 수회, 각 약 30분 내지 2시간 동안 탄원서나 소송서류의 작성, 목욕, 세탁 등을 위해 일시적으로 해제된 것을 제외하고는 항상 이중금속수갑과 가죽수갑을 착용하여 두 팔이 몸에 고정된 상태에서 생활하였고..., 이 사건 계구사용행위는 기본권제한의 한계를 넘어 필요 이상으로 장기간, 그리고 과도하게 청구인의 신체거동의 자유를 제한하고 최소한의 인간적인 생활을 불가능하도록 하여 청구인의 신체의 자유를 침해하고, 나아가 **인간의 존엄성을 침해한 것**으로 판단된다.(2001 헌마163)

5. 수사기관에서 구속된 피의자의 계구사용 합헌 여부(소극설)

무죄추정을 받는 피의자라고 하더라도 그에게 구속이 사유가 있어 구속영장이 발부·집행된 이상 신체의 자유가 제한되는 것은 당연한 것이고, 특히 수사기관에서 구속된 피의자의 도주·항거 등을 억제하는 데 필요하다고 인정할 **상당한 이유가 있는 경우에는 필요한 한도내에서 포승이나 수갑을 사용할 수 있는 것**이며, 이러한 조치가 무죄추정의 원칙에 위배 되는 것이라고 할 수 없다.(96헌마255)

6. 소년 미결수용자의 계구사용 위법여부

소년인 미결수용자가 단지 같은 방에 수감되어 있던 다른 재소자와 몸싸움을 하는 것이 적발되어 교도관으로부터 화해할 것을 종용받고도 이를 거절하였다는 이유로 교도관이 위 미결수용자를 양 손목에 수갑을 채우고 포승으로 양 손목과 어깨를 묶은 후 독거실에 격리수용하였고, 그 다음날 위 미결수용자가 수갑과 포승을 풀고 포승을 이용하여 자살하였는데, 위 미결수용자가 그 당시 폭행, 소요 또는 자살이나 자해를 행하려고 시도한바 없었고, 장차 격리수용할 경우 위와 같은 행동을 감행할 염려가 있다고 볼 만한 정황이 없었던 경우, 설사 위 미결수용자가 다른 재소자와 재차 싸움을 벌일 염려가 있고 규율 위반으로 장차 징벌에 처할 필요가 있었다고 하더라도, 이러한 목적을 달성하기 위하여 그들을 서로 격리수용하거나 독거 수감하는 것만으로 족하고, 소년수인 위 미결수용자에 대하여 반드시 계구를 사용하였어야 할 필요성이 있었다고 보기 어렵다 할 것임

에도 불구하고 교도관이 위 미결수용자를 포승으로 묶고 수갑을 채운 상태로 독거 수감
하였을 뿐 아니라, 그 이후 위 미결수용자가 별다른 소란행위 없이 싸운 경위의 조사에
응하고 식사를 하는 등의 상태에서는 더 이상 계구를 사용할 필요가 없다고 할 것임에도
그가 자살한 상태로 발견되기까지 무려 27시간 동안이나 계속하여 계구를 사용한 것은
그 목적 달성에 필요한 한도를 넘은 것으로서 **위법한 조치**에 해당한다는 이유로 국가배
상책임을 인정하였다.(**대판 1998.11.27, 98다17374**)

7. 엄중격리 대상자의 운동 · 동행 · 계구사용

상습적으로 교정질서를 문란케 하는 등 교정사고의 위험성이 높은 엄중격리대상자들인
바, 이들에 대한 계구사용행위, 동행계호행위 및 1인 운동장을 사용하게 하는 처우는 그
목적의 정당성 및 수단의 적정성이 인정되며, 필요한 경우에 한하여 부득이한 범위 내에
서 실시되고 있다고 할 것이고, 이로 인하여 수형자가 입게 되는 자유 제한에 비하여 교
정사고를 예방하고 교도소 내의 안전과 질서를 확보하는 **공익이 더 크다**고 할 것이므로
이는 청구인의 기본권을 부당하게 침해한다고 보기 어렵다.(**2005헌마137**)

8. 계구(보호장비)사용의 요건과 한계

계구의 종류와 사용요건을 정하고 있는 '계구의 제식과 사용절차에 관한 규칙' 제2조,
제4조, 제5조는 소장과 교도관들의 구체적인 사용행위 없이 그 자체만으로는 청구인의
어떠한 기본권을 제한하고 있는 것으로 볼 수 없다. 계구는 수용자에 대한 직접강제로
작용하므로 이것이 사용되면 팔 · 다리 등 신체의 움직임에 큰 지장을 받게 되고 육체적 ·
정신적 건강을 해칠 가능성이 높다. 따라서 계구의 사용은 무엇보다 수용자들의 육체적
· 정신적 건강 상태가 유지되는 범위 내에서 이루어져야 하고 <u>시설의 안전과 구금생활의
질서에 대한 구체적이고 분명한 위험이 임박한 상황에서 이를 제거하기 위하여 제한적으
로 필요한 만큼만 이루어져야 한다.</u> 그 경우에도 가능한 한 인간으로서의 기본적인 품위
를 유지할 수 있도록 하여야 한다. (헌재결 03.12.18, 01헌마 163)

제101조	무기의 사용	① 교도관 등은 담은 각 호의 어느 하나에 해당하는 사유가 있으면 수용자에 대하여 무기를 사용할 수 있다. 1. 수용자가 다른 사람에게 중대한 위해를 끼치거나 끼치려고 하여 그 사태가 위급한 때 2. 수용자가 폭행 또는 협박에 사용할 위험물을 소지하여 교도관 등이 버릴 것을 명령하였음에도 이에 따르지 아니하는 때 3. 수용자가 폭동을 일으키거나 일으키려고 하여 신속하게 제지하지 아니하면 그 확산을 방지하기 어렵다고 인정되는 때 4. 도주하는 수용자에게 교도관 등이 정지할 것을 명령하였음에도 계속하여 도주하는 때 5. 수용자가 교도관 등의 무기를 탈취하거나 탈취하려고 하는 때 6. 그 밖에 사람의 생명신체 및 설비에 대한 중대하고도 뚜렷한 위험을 방지하기 위하여 무기의 사용을 피할 수 없는 때 ② 교도관 등은 교정시설의 안(교도관이 교정시설의 밖에서 수용자를 계호하고 있는 경우 그 장소를 포함한다)에서 자기 또는 타인의 생명 · 신체를 보호하거나 수용자의 탈취를 저지하거나 건물 그 밖의 시설과 무기에 대한 위험을 방지하기 위하여 급박하다고 인정되는 상당한 이유가 있으면 수용자 외의 사람에 대하여도 무기를 사용할 수 있다. ③ 교도관 등은 소장 또는 그 직무를 대행하는 사람의 명령을 받아 무기를 사용한다. 다만 그 명령을 받을 시간적 여유가 없으면 그러하지 아니하다. ④ 제1항 및 제2항에 따라 무기를 사용하려면 공포탄을 발사하거나 그 밖에 적당한 방법으로 사전에 상대방에 대하여 이를 경고하여야 한다. ⑤ 무기의 사용은 필요한 최소한도에 그쳐야 하며, 최후의 수단이어야 한다. ⑥ 사용할 수 있는 무기의 종류, 무기의 종류별 사용요건 및 사용절차 등에 관하여 필요한 사항은 법무부령으로 정한다. **➲동 시행령** **제126조(무기사용 보고)** 교도관과 경비교도는 법 제101조에 따라 무기를 사용한 경우에는 소장에게 즉시 보고하고, 보고를 받은 소장은 그 사실을 법무부장관에게 즉시 보고하여야 한다. **➲시행규칙** **제189조(무기의 종류)** 교도관 등이 법 제101조에 따라 사용할 수 있는 무기의 종류는 다음 각 호와 같다. 1. 권총 2. 소총 3. 기관총 4. 그 밖에 법무부장관이 정하는 무기 **제190조(무기의 종류별 사용요건)** ① 교도관 등이 수용자에 대하여 사용할 수 있는 무기의 종류별 사용요건은 다음 각 호와 같다. 1. 권총 · 소총: 법 제101조 제1항 각 호의 어느 하나에 해당하는 경우 2. 기관총: 법 제101조 제1항 제3호에 해당하는 경우 ② 교도관 등이 수용자 외의 사람에 대하여 사용할 수 있는 무기의 종류별 사용요건은 다음 각 호와 같다. 1. 권총 · 소총: 법 제101조 제2항에 해당하는 경우 2. 기관총: 법 제101조 제2항에 해당하는 경우로서 제1호의 무기만으로는 그 목적을 달성할 수 없다고 인정하는 경우

제191조		③ 제189조 제4호에 해당하는 무기의 사용은 법무부장관이 정하는 바에 따른다.

제191조(기관총의 설치)

기관총은 대공초소 또는 집중사격이 가장 용이한 장소에 설치하고, 유사 시 즉시 사용할 수 있도록 충분한 인원의 사수·부사수·탄약수를 미리 지정하여야 한다.

제192조(총기의 사용절차)

교도관 등이 총기를 사용하는 경우에는 구두경고, 공포탄 발사, 위협사격, 조준사격의 순서에 따라야 한다. 다만, 상황이 긴급하여 시간적 여유가 없을 때에는 예외로 한다.

제193조(총기교육 등)

① 소장은 소속 교도관에 대하여 연 1회 이상 총기의 조작·정비·사용에 관한 교육을 한다.

② 제1항의 교육을 받지 아니하였거나 총기 조작이 미숙한 사람, 그 밖에 총기휴대가 부적당하다고 인정되는 사람에 대하여는 총기휴대를 금지하고 별지 제12호 서식의 총기휴대 금지자 명부에 그 명단을 기록한 후 총기를 지급할 때마다 대조·확인하여야 한다.

→UN피구금자처우최저기준규칙 제54조

③ 직무상 피구금자와 직접 접촉하는 직원은 특별한 경우를 제외하고는 무기를 휴대하여서는 안 된다. 더구나 무기의 사용에 관한 훈련을 받지 아니한 직원에게는 어떠한 경우에도 무기를 지급해서는 안 된다.

③ 제2항의 총기휴대 금지자에 대하여 금지사유가 소멸한 경우에는 그 사유를 제2항에 따른 총기휴대 금지자 명부에 기록하고 총기휴대금지를 해제하여야 한다.

제102조	재난 시의 조치	① 천재·지변 그 밖의 재해가 발생하여 시설의 안전과 질서유지를 위하여 긴급한 조치가 필요하면 소장은 수용자로 하여금 피해의 복구 그 밖의 응급용무를 보조하게 할 수 있다.

② 소장은 교정시설의 안에서 천재·지변 그 밖의 사변에 대한 피난의 방법이 없는 경우에는 수용자를 다른 장소로 이송할 수 있다.

③ 소장은 제2항에 따른 이송이 불가능하면 수용자를 일시 석방할 수 있다.

④ 제3항에 따라 석방된 자는 석방 후 24시간 이내에 교정시설 또는 경찰관서에 출석하여야 한다.

⊃동 시행령

제127조(재난 시의 조치)

① 소장은 법 제102조 제1항에 따른 응급용무의 보조를 위하여 교정성적이 우수한 수형자를 선정하여 필요한 훈련을 시킬 수 있다.

② 소장은 법 제102조 제3항에 따라 수용자를 일시 석방하는 경우에는 같은 조 제4항의 출석 시한과 장소를 알려 주어야 한다.

제103조	수용을 위한 체포	① 교도관은 수용자가 도주 또는 제133조 각 호의 하나에 해당하는 행위를 한 경우에는 도주 후 또는 출석기한이 지난 후 72시간 이내에만 그를 체포할 수 있다.

② 교도관은 제1항에 따른 체포를 위하여 긴급히 필요하면 도주 등을 하였다고 의심할 만한 상당한 이유가 있는 사람 또는 도주 등을 한 사람의 이동경로나 소재를 안다고 인정되는 사람을 정지시켜 질문할 수 있다.

→불심검문권 신설

③ 교도관은 제2항에 따라 질문을 할 때에는 그 신분을 표시하는 증표를 제시하고 질문의 목적과 이유를 설명하여야 한다.

④ 교도관은 제1항에 따른 체포를 위하여 영업시간 내에 흥행장·여관·음식점·역 그 밖에 다수인이 출입하는 장소의 관리자 또는 관계인에게 그 장소의 출입 그 밖에 특히 필요한 사항에 관하여 협조를 요구할 수 있다.

		→영업장 출입권 신설 ⑤ 교도관은 제4항에 따라 필요한 장소에 출입하는 경우에는 그 신분을 표시하는 증표를 제시하여야 하며, 그 장소의 관리자 또는 관계인의 정당한 업무를 방해하여서는 아니 된다. ⸰동시행령 **제128조(도주 등에 따른 조치)** ① 소장은 수용자가 도주하거나 법 제133조 각 호의 어느 하나에 해당하는 행위를 한 경우에는 교정 시설의 소재지 및 인접지역 또는 도주 등을 한 사람이 숨을 만한 지역의 경찰관서에 도주자의 사진이나 인상착의를 기록한 서면을 첨부하여 그 사실을 지체 없이 통보하여야 한다. ② 소장은 수용자가 도주 등을 하거나 도주자를 체포한 경우에는 법무부장관에게 지체 없이 보고하여야 한다.
제104조	마약류 사범 등의 관리	① 소장은 마약류사범·조직폭력사범 등 법무부령으로 정하는 수용자에 대하여는 시설의 안전과 질서유지를 위하여 필요한 범위에서 다른 수용자와의 접촉을 차단하거나 계호를 엄중히 하는 등 법무부령으로 정하는 바에 따라 다른 수용자와 달리 관리할 수 있다. ② 소장은 제1항에 따라 관리하는 경우에도 기본적인 처우를 제한하여서는 아니 된다. ⸰시행규칙 **제194조(엄중관리대상자의 구분)** 법 제10조에 따라 교정시설의안전과 질서유지를 위하여 다른 수용자와의 접촉을 차단하거나 계호를 엄중히 하여야 하는 수용자(이하 이 장에서 "엄중관리대상자"라 한다)는 다음 각 호와 같이 구분 한다. 1. 조지폭력수용자(제199조 제1항에 따라 지정된 수용자를 말한다. 이하 같다) 2. 마약류수용자(제205조 제1항에 따라 지정된 수용자를 말한다. 이하 같다) 3. 관심대상수용자(제211조 제1항에 따라 지정된 수용자를 말한다. 이하 같다) **제195조(번호표 등 표시)** ① 엄중관리대상자의 번호표 및 거실표의 색상은 다음 각 호와 같이 구분한다. 1. 관심대상수용자 : 노란색 2. 조직폭력수용자 : 노란색 3. 마약류수용자 : 파란색 ② 제194조의 엄중관리대상자 구분이 중복되는 수용자의 경우 그 번호표 및 거실표의 색상은 제1항 각 호의 순서에 따른다.

【교정판례】 마약류사범처우

1. Sibron v. N.Y.,392 U.s 40(1968) : 마약상습자와 식당에서 대화하고 있는 Sibron을 경찰이 길에서 불러내어 pocket에 손을 넣고 조사하여 헤로인을 발견한 사건에 관하여, 연방대법원은 pocket에 손을 넣어서 수색하는 것은 상당한 방법이 아니므로 헌법 수정 제4조에 반한다고 판시하였다.

2. 마약류사범수형자 <u>임의소변검사</u>

(1) 소변제출과 영장주의원칙 적용여부(**소극설**)

교도소에 수용중인 마약류사범 수형자에게 마약류반응검사를 위하여 소변을 받아 제출하도록 한 것은 수사에 필요한 처분이 아닐 뿐만 아니라 검사대상자들의 협력이 필수적이어서 강제처분이라고 할 수도 없어 <u>영장주의의 원칙이 적용되지 않는다.</u>

(2) 소변제출과 자유권침해여부(**소극설**)

헌법 제12조 제3항의 영장주의는 법관이 발부한 영장에 의하지 아니하고는 수사에 필요한 강제처분을 하지 못한다는 원칙으로 소변을 받아 제출하도록 한 것은 교도소의 안전과 질서유지를 위한 것으로 수사에 필요한 처분이 아닐 뿐만 아니라 검사대상자들의 협력이 필수적이어서 강제처분이라고 할 수도 없어 **영장주의의 원칙이 적용되지 않는다.**(헌재 2006.7.27, 05헌마277)

(3) 마약류사범 구치소 입소자 정밀신체검사(**소극설**)

정밀신체검사는 수용자의 생명·신체에 대한 위해를 방지하고 구치소 내의 안전과 질서를 하기 위하여 흉기 등 위험물이나 반입금지 물품의 소지·은닉 여부를 조사하기 위한 것으로 그 목적이 정당하고 마약류 등은 항문에 충분히 은닉할 수 있어 그 수단도 적합하며 다른 사람들은 볼 수 없는 차단된 공간에서 **같은 성별**의 교도관과 1대 1의 상황에서 짧은 시간 내에 손가락이나 다른 도구의 사용 없이 시각적으로만 항문을 보이게 하였고, 그러한 신체검사의 목적과 방법을 미리 설명하면서, 소지한 반입금지품을 자진 제출하도록 한 점 등에 비추어 수용자의 명예나 수치심등을 충분히 배려하여 기본권의 침해의 여지를 최소화 하였으며 청구인이 느끼는 모욕감이나 수치심에 비하여, 마약류 등이 구치소 내에 반입되는 것을 차단함으로써 수용자들의 생명·신체를 보호하고, 구치소 내의 안전과 질서를 보호할 수 있는 **공익이 훨씬 크다**고 할 것이므로 **과잉 금지의 원칙에 반하지 않는다.**(2004헌마826)(헌재결 06.6.29, 04헌마 826)

> ※ **마약류관리에관한법률**에서의 마약류의 분류
> ❶ 마약 : 코데인, 데바인, 코카인, 헤로인, 아티반, 세코날, 생아편등
> ❷ 향정 : 필로폰, 사일로사이빈, 암페타민류
> ❸ 대마 : 대마초, 해쉬쉬(대마수지), 대마수지기름

❹ 유해화학물질 : 본드(접착제), 신나, 부탄가스 등 단, 유해화학물질은 마약류가 아니며 별도로 **유해화학물질관리법**의 규제 대상임

<table>
<tr><td rowspan="2">제104조</td><td rowspan="2">마약류
사범
등의
관리</td><td>

제196조(상담)

① 소장은 엄중관리대상자 중 지속적인 상담이 필요하다고 인정되는 사람에 대하여는 상담책임자를 지정한다.

② 제1항의 상담책임자는 감독교도관 또는 상담 관련 전문교육을 이수한 교도관을 우선하여 지정하여야 하며, 상담대상자는 상담책임자 1명당 5명 이내로 하여야 한다.

③ 상담책임자는 해당 엄중관리대상자에 대하여 월 1회 이상 개별상담을 함으로써 신속한 고충처리와 원만한 수용생활 지도를 위하여 노력하여야 한다.

④ 제3항에 따라 상담책임자가 상담을 하였을 때에는 그 요지와 처리결과 등을 별지 제13호서식의 엄중관리대상자 상담결과 보고서에 기록하여 소장에게 보고하여야 한다.

제197조(작업 부과)

소장은 엄중관리대상자에 대하여 법 제59조 제3항에 따른 조사나 검사 등을 한 후 그 결과를 고려하여 작업을 부과하여야 한다.

제198조(조직폭력수용자 지정기준)

조직폭력수용자의 지정기준은 다음 각 호와 같다.

1. 구속영장, 공소장 또는 판결문에 조직폭력사범으로 명시된 수용자

2. 공소장 또는 판결문에 조직폭력사범으로 명시되어 있지는 아니하나 「폭력행위 등 처벌에 관한 법률」 제4조·제5조, 「특정범죄 가중처벌 등에 관한 법률」 제5조의8 또는 「형법」 제114조가 적용된 수용자

3. 공범·피해자 등의 구속영장·공소장 또는 판결문에 조직폭력사범으로 명시된 수용자

4. 조직폭력사범으로 형의 집행을 종료한 이후 5년 이내에 교정시설에 다시 수용된 자로서 교도관회의 또는 분류처우위원회에서 조직폭력수용자로 심의·의결된 수용자

제199조(지정 및 해제)

① 소장은 제198조 각 호의 어느 하나에 해당하는 수용자에 대하여는 조직폭력수용자로 지정한다. 현재의 수용생활 중 집행되었거나 집행할 형이 제198조 제1호 또는 제2호의 기준에 해당하는 경우에도 또한 같다.

② 소장은 제198조 제1호부터 제3호까지의 기준에 따라 조직폭력수용자로 지정된 자가 공소장 변경 또는 재판 확정에 따라 지정사유가 해소되었다고 인정하는 경우에는 교도관회의 심의 또는 분류처우위원회의 의결을 거쳐 지정을 해제한다.

제200조(수용자를 대표하는 직책 부여 금지)

소장은 조직폭력수용자에게 거실 및 작업장 등의 봉사원, 조장, 분임장, 그 밖에 수용자를 대표하는 직책을 부여해서는 아니 된다.

제201조(수형자 간 연계활동 차단을 위한 이송)

소장은 조직폭력수형자가 작업장 등에서 다른 수형자와 음성적으로 세력을 형성하는 등 집단화할 우려가 있다고 인정하는 경우에는 법무부장관에게 해당 조직폭력수형자의 이송을 지체 없이 신청하여야 한다.

제202조(처우 상 유의사항)

소장은 조직폭력수용자가 다른 사람과 접견할 때에는 외부 폭력조직과의 연계가능성

</td></tr>
</table>

이 높은 점 등을 고려하여 접촉차단시설이 있는 장소에서 하게 하여야 하며, 귀휴나 그 밖의 특별한 이익이 되는 처우를 결정하는 경우에는 해당 처우의 허용 요건에 관한 규정을 엄격히 적용하여야 한다.

제203조(특이사항의 통보)

소장은 조직폭력수용자의 서신 및 접견의 내용 중 특이사항이 있는 경우에는 검찰청, 경찰서 등 관계기관에 통보할 수 있다.

제204조(마약류 수용자 지정기준)

마약류수용자의 지정기준은 다음 각 호와 같다.

1. 구속영장, 공소장 또는 판결문에 「마약류관리에 관한 법률」, 「마약류 불법거래방지에 관한 특례법」, 그 밖에 마약류에 관한 형사 법률이 적용된 수용자
2. 소장은 제1항에 따라 마약류수용자로 지정된 사람에 대하여는 특별한 사유가 없으면 석방할 때까지 지정을 해제할 수 없다.

제205조(지정 및 해제)

① 소장은 제204조가 각 호의 어느 하나에 해당하는 수용자에 대하여는 마약류수용자로 지정하여야 한다. 현재의 수용생활 중 집행되었거나 집행할 형이 제204조 제1호에 해당하는 경우에도 또한 같다.

② 소장은 제1항에 따라 마약류수용자로 지정된 사람에 대하여는 특별한 사유가 없으면 석방할 때까지 지정을 해제할 수 없다.

제206조(마약반응검사)

① 마약류수용자에 대하여 다량 또는 장기간 보용할 경우 환각증세를 일으킬 수 있는 의약품을 투약할 때에는 특히 유의하여야 한다.

제207조(물품교부 제한)

소장은 수용자 외의 사람이 마약류수용자에게 물품을 교부하려고 신청하는 경우에는 마약류 반입 등을 차단하기 위하여 신청을 허가하지 아니한다. 다만, 다음 각 호의 어느 하나에 해당하는 물품의 교부 신청에 대하여는 예외로 할 수 있다.

1. 법무부장관이 정하는 바에 따라 교정시설 안에서 판매되는 물품
2. 그 밖에 마약류 반입을 위한 도구로 이용될 가능성이 없다고 인정되는 물품

제208조(영치품 등 수시점검)

담당교도관은 마약류수용자의 영치품 및 소지물의 변동 상황을 수시로 점검하고, 특이사항이 있는 경우에는 감독교도관에게 보고하여야 한다.

제209조(재활교육)

① 소장은 마약류수용자가 마약류 근절 의지를 갖고 이를 실천할 수 있도록 해당 교정시설의 여건에 적합한 마약류수용자 재활교육계획을 수립하여 시행하여야 한다.

② 소장은 마약류수용자의 마약류 근절 의지를 북돋울 수 있도록 마약 퇴치 전문강사, 성직자 등과 자매결연을 주선할 수 있다.

제210조(관심대상자 지정기준)

관심대상수용자의 지정기준은 다음 각 호와 같다.

1. 다른 수용자에게 상습적으로 폭력을 행사하는 수용자
2. 교도관 등을 폭행하거나 협박하여 징벌을 받은 전력이 있는 사람으로서 같은 종류의 징벌대상행위를 할 우려가 큰 수용자
3. 수용생활의 편의 등 자신의 요구를 관철할 목적으로 상습적으로 자해를 하는 수용자
4. 다른 수용자를 괴롭히거나 세력을 모으는 등 수용질서를 문란하게 하는 조직폭력수용자(조직폭력사범으로 행세하는 경우를 포함한다)
5. 상습적으로 교정시설의 설비·기구 등을 파손하거나 소란행위를 하여 공무집행을 방해하는 수용자

【교정판례】 위계에 의한 공무집행방해

1. 변호인의 위계에 의한 공무집행방해죄 해당 여부(적극설)

변호사가 접견을 핑계로 수용자를 위하여 휴대전화와 증권거래용 단말기를 구치소 내로 몰래 반입하여 이용하게 한 행위는 위계에 의한 공무집행방해죄에 해당한다.(**대판 2003.11.13. 2001 도7045**)

2. 위계에 의한 공무집행방해 해당여부(소극설)

수용자에게는 허가 없는 물품을 사용·수수하거나 허가 없이 전화 등의 방법으로 다른 사람과 연락하는 등의 규율위반행위를 하여서는 아니 될 금지의무가 부과되어 있고, 교도관은 수용자의 규율위반행위를 감시·단속·적발하여 상관에게 보고하고 징벌에 회부되도록 하여야 할 일반적인 직무상 권한과 의무가 있다고 할 것이므로, 수용자가 교도관의 감시·단속을 피하여 규율위반행위를 하는 것만으로는 단순히 금지규정에 위반되는 행위를 한 것에 지나지 아니할 뿐 위계에 의한 **공무집행방해죄가 성립한다고 할 수 없고**, 또 수용자가 아닌 자가 교도관의 검사 또는 감시를 피하여 금지물품을 반입하거나 허가 없이 전화 등의 방법으로 다른 사람과 연락하도록 하였더라도 교도관에게 교도소 등의 출입자와 반출·입 물품을 단속·검사할 권한과 의무가 있는 이상, 수용자 아닌 자의 그러한 행위는 특별한 사정이 없는 한 **위계에 의한 공무집행방해죄에 해당하는 것으로는 볼 수 없다** 할 것이다.(대판2005.8.25, 2005도1731)

3. 위계에 의한 공무집행방해죄 성립여부

(1) 법령에서 어떤 행위의 금지를 명하면서 이를 위반하는 행위에 대한 벌칙을 두는 한편 공무원으로 하여금 그 금지규정의 위반여부를 감시·단속하게 하고 있는 경우에, 그 단속을 피하여 금지규정에 위반하는 행위를 한 것에 불과하다면 그에 대하여 벌칙을 적용하는 것은 별론으로 하고 그 행위가 위계에 의한 공무집행방해죄에 해당하는 것이라고는 할 수 없다.

(2) 수용자가 교도관의 감시·단속을 피하여 규율위반행위를 하는 것만으로는 단순히

금지규정에 위반도이는 행위를 한 것에 지나지 아니할 뿐 위계에 의한 공무집행방해죄가 성립된다고 할 수 없다.

(3) 수용자가 아닌 자가 교도관의 검사 또는 감시를 피하여 금지물품을 반입하거나 허가 없이 전화 등의 방법으로 다른 사람과 연락하도록 한 행위는 특별한 사정이 없는 한 위계에 의한 공무집행방해죄에 해당하는 것으로는 볼 수 없다.

(4) 교도관이 수용자의 규율위반행위를 알면서도 이를 방치하거나 도와주었더라도, 이를 다른 교도관 등에 대한 관계에서 위계에 의한 공무집행방해죄가 성립하는 것으로 볼 수는 없다.

(5) 구체적이고 현실적으로 감시·단속업무를 수행하는 교도관에 대하여 위계를 사용하여 그 업무집행을 못하게 하였다면 이에 대하여 위계에 의한 공무집행방해죄에 해당한다.(대판 03.11.13, 01도 7045)

| 제104조 | 마약류
사범
등의
관리 | 6. 도주(음모, 예비 또는 미수에 그친 경우를 포함한다)한 전력이 있는 사람으로서 도주의 우려가 있는 수용자
7. 중형선고 등에 따른 심리 불안으로 수용생활에 적응하기 곤란하다고 인정되는 수용자
8. 자살을 기도한 전력이 있는 사람으로서 자살할 우려가 있는 수용자
9. 사회적 물의를 일으킨 사람으로서 죄책감 등으로 인하여 자살 등 교정사고를 일으킬 우리가 큰 수용자
10. 징벌집행이 종료된 날부터 1년 이내에 다시 징벌을 받는 등 규율 위반의 상습성이 인정되는 수용자
11. 상습적으로 법령에 위반하여 연락을 하거나 금지물품을 반입하는 등의 방법으로 부조리를 기도하는 수용자
12. 그 밖에 교정시설의 안전과 질서유지를 위하여 엄중한 관리가 필요하다고 인정되는 수용자
제211조(지정 및 해제)
① 소장은 제210조 각 호의 어느 하나에 해당하는 수용자에 대하여는 분류처우위원회의 의결을 거쳐 관심대상수용자로 지정한다. 다만, 분류처우위원회의 의결 전이라도 관심대상수용자로 지정할 필요가 있다고 인정되는 수용자에 대하여는 교도관회의의 심의를 거쳐 관심대상수용자로 지정할 수 있다.
② 소장은 관심대상수용자의 수용생활태도 등이 양호하여 지정사유가 해소되었다고 인정하는 경우에는 제1항 본문의 절차에 따라 그 지정을 해제한다.
③ 제1항 및 제2항에 따라 관심대상수용자로 지정하거나 지정을 해제하는 경우에는 담당교도관 또는 감독교도관의 의견을 고려하여야 한다.
제212조(중경비시설로의 이송) 삭제 〈2010.5.31〉
제213조(사동 및 작업장 계호 배치)
소장은 다수의 관심대상수용자가 수용되어 있는 사동 및 작업장에는 사명감이 투철한 교도관을 엄선하여 배치하여야 한다. |

제9장 규율과 상벌

제105조	규율 등	① 수용자는 교정시설의 안전과 질서유지를 위하여 법무부장관이 정하는 규율을 준수하여야 한다. ② 수용자는 소장이 정하는 일과시간표를 준수하여야 한다. ③ 수용자는 교도관의 직무상 지시에 복종하여야 한다.
제106조	포상	소장은 수용자가 다음 각 호의 어느 하나에 해당하면 법무부령으로 정하는 바에 따라 포상할 수 있다. 1. 사람의 생명을 구조하거나 도주를 방지한 때 2. 제102조 제1항에 따른 응급용무에 공로가 있는 때 3. 시설의 안전과 질서유지에 뚜렷한 공리 인정되는 때 4. 수용생활에 모범을 보이거나 건설적이고 창의적인 제안을 하는 등 특히 포상할 필요가 있다고 인정되는 때 →수용자 포상규정을 신설함.
제107조	징벌	소장은 수용자가 다음 각 호의 어느 하나에 해당하는 행위를 하면 제111조의 징벌위원회의 의결에 따라 징벌을 부과할 수 있다. 1. 「형법」, 「폭력행위 등 처벌에 관한 법률」 그 밖의 형사 법률에 저촉되는 행위 2. 수용생활의 편의 등 자신의 요구를 관철할 목적으로 지해하는 행위 3. 정당한 사유 없이 작업·교육 등을 거부하거나 태만히 하는 행위 4. 제92조의 금지물품을 반입·제작·소지·사용·수수·교환 또는 은닉하는 행위 5. 다른 사람을 처벌받게 하거나 교도관의 직무집행을 방해할 목적으로 거짓사실을 선고하는 행위 6. 그 밖에 시설의 안전과 질서유지를 위하여 법무부령으로 정하는 규율을 위반하는 행위 **➲시행규칙** **제214조(규율)** 수용자는 다음 각 호에 해당하는 행위를 하여서는 아니 된다. 1. 교정시설의 안전 또는 질서를 해칠 목적으로 다중을 선동하는 행위 2. 허가되지 아니한 단체를 조직하거나 그에 가입하는 행위 3. 교정장비, 도주방지시설, 그 밖의 보안시설의 기능을 훼손하는 행위 4. 음란한 행위를 하거나 다른 사람에게 성적 언동 등으로 성적 수치심 또는 혐오감을 느끼게 하는 행위 5. 다른 사람에게 부당한 금품을 요구하는 행위 6. 작업·교육·접견·집필·전화통화·운동, 그 밖에 교도관의 직무 또는 다른 수용자의 정상적인 일과 진행을 방해하는 행위 7. 문신을 하거나 이물질을 신체에 삽입하는 등 의료 외의 목적으로 신체를 변형시키는 행위 8. 허가 없이 지정된 장소를 벗어나거나 금지구역에 출입하는 행위 9. 허가 없이 다른 사람과 만나거나 연락하는 행위 10. 수용생활의 편의 등 자신의 요구를 관철할 목적으로 이물질을 삼키는 행위 11. 인원점검을 회피하거나 방해하는 행위 12. 교정시설의 설비나 물품을 고의로 훼손하거나 낭비하는 행위 13. 고의로 수용자의 번호표, 거실표 등을 지정된 위치에 붙이지 아니하거나 그 밖의 방법으로 현황 파악을 방해하는 행위

조문	제목	내용
		14. 큰 소리를 내거나 시끄럽게 하여 다른 수용자의 평온한 수용생활을 현저히 방해하는 행위 15. 허가 없이 물품을 반입·제작·소지·변조·교환 또는 주고받는 행위 16. 도박이나 그 밖에 사행심을 조장하는 놀이나 내기를 하는 행위 17. 지정된 거실에 입실하기를 거부하는 등 정당한 사유 없이 교도관의 직무상 지시나 명령을 따르지 아니하는 행위
제108조	징벌의 종류	징벌의 종류는 다음 각 호와 같다. 1. 경고 2. 50시간 이내의 근로봉사 3. 3개월 이내의 작업장려금 삭감 4. 30일 이내의 공동행사 참가 정지 5. 30일 이내의 신문열람 제한 6. 30일 이내의 텔레비전 시청 제한 7. 30일 이내의 자비구매물품(의사가 치료를 위하여 처방한 의약품을 제외한다) 사용 제한 8. 30일 이내의 교도작업 정지 9. 30일 이내의 전화통화 제한 10. 30일 이내의 집필 제한 11. 30일 이내의 서신수수 제한 12. 30일 이내의 접견 제한 13. 30일 이내의 실외운동 정지 14. 30일 이내의 금치
제109조	징벌의 부과	① 제108조 제4호부터 제13호까지의 처분은 함께 부과할 수 있다 ② 수용자가 다음 각 호의 어느 하나에 해당하면 제108조 제2호부터 제14호까지의 규정에서 정한 징벌의 장기의 2분의 1까지 가중할 수 있다. 1. 2 이상의 징벌사유가 경합하는 때 2. 징벌이 집행 중에 있거나 징벌의 집행이 끝난 후 또는 집행이 면제된 후 6개월 내에 다시 징벌사유에 해당하는 행위를 한 때 ③ 징벌은 동일한 행위에 관하여 거듭하여 부과할 수 없으며, 행위의 동기 및 경중, 행위 후의 정황 그 밖의 사정을 고려하여 수용목적을 달성하는 데에 필요한 최소한도에 그쳐야 한다. ④ 징벌사유가 발생한 날부터 2년이 지나면 이를 이유로 징벌을 부과하지 못한다. **◆시행규칙** **제215조(징벌 부과기준)** 수용자가 징벌대상행위를 한 경우 부과하는 징벌의 기준은 다음 각 호의 구분에 따른다. 〈개정 2010.5.31〉 1. 법 제107조 제1호·제4호 및 이 규칙 제214조 제1호부터 제3호까지의 규정 중 어느 하나에 해당하는 행위는 21일 이상 30일 이하의 금치에 처할 것. 다만, 위반의 정도가 경미한 경우 그 기간의 2분의 1의 범위에서 감경할 수 있다. 2. 법 제107조 제5호 및 이 규칙 제214조 제4호부터 제8호까지의 규정 중 어느 하나에 해당하는 행위는 다음 각 목의 어느 하나에 처할 것 가. 16일 이상 20일 이하의 금치. 다만, 위반의 정도가 경미한 경우 그 기간의 2분의 1의 범위에서 감경할 수 있다. 나. 3개월의 작업장려금 삭감

3. 법 제107조 제2호·제3호 및 이 규칙 제214조 제9호까지의 규정 중 어느 하나
   에 해당하는 행위는 다음 각 목의 어느 하나에 처할 것
가. 10일 이상 15일 이하의 금치
나. 2개월의 작업장려금 삭감
4. 제214조 제15호부터 제17호까지의 규정 중 어느 하나에 해당하는 행위는 다음
   각 목의 어느 하나에 처할 것
가. **9일 이하의 금치**
나. 30일 이내의 실외운동 및 공동행사참가 정지
다. 30일 이내의 접견·서신수수·집필 및 전화통화 제한
라. 30일 이내의 텔레비전시청 및 신문열람 제한
마. 1개월의 작업장려금 삭감
5. 징벌대상행위를 하였으나 그 위반 정도가 경미한 경우에는 제1호부터 제4호까지의
   규정에도 불구하고 다음 각 목의 어느 하나에 처할 것
가. 30일 이내의 접견 제한
나. 30일 이내의 서신수수 제한
다. 30일 이내의 집필 제한
라. 30일 이내의 전화통화 제한
마. 30일 이내의 작업정지
바. 30일 이내의 자비구매물품 사용 제한
사. 30일 이내의 텔레비전 시청 제한
아. 30일 이내의 신문 열람 제한
자. 30일 이내의 공동행사 참가 정지
차. 50시간 이내의 근로봉사
카. 경고

제216조(징벌부과 시 고려사항)

제215조의 기준에 따라 징벌을 부과하는 경우에는 다음 각 호의 사항을 고려하여야
한다.
1. 징벌대상행위를 하였다고 의심할 만한 상당한 이유가 있는 수용자(이하 "징벌대상
   자"라 한다)의 나이·성격·지능·성장 환경 및 건강
2. 징벌대상행위의 동기·수단 및 결과
3. 자수 등 징벌대상행위 후의 정황
4. 교정성적 또는 그 밖의 수용생활태도

제217조(교사와 방조)

① 다른 수용자를 교사하여 징벌대상행위를 하게 한 수용자에게는 그 징벌대상행위를
   한 수용자에게 부과되는 징벌과 같은 징벌을 부과한다.
② 다른 수용자의 징벌대상행위를 방조한 수용자에게는 그 징벌대상행위를 한 수용자
   에게 부과되는 징벌과 같은 징벌을 부과하되, 그 정황을 고려하여 2분의 1까지 감
   경할 수 있다.

제218조(징벌대상행위의 경합)

① 둘 이상의 징벌대상행위가 경합하는 경우에는 각각의 행위에 해당하는 징벌 중 가
   장 중한 징벌의 2분의 1까지 가중할 수 있다.
② 제1항의 경우 징벌의 경중은 제215조 각 호의 순서에 따른다. 이 경우 같은 조
   제2호부터 제5호까지의 경우에는 각 목의 순서에 따른다.

① 소장은 징벌사유에 해당하는 행위를 하였다고 의심할 만한 상당한 이유가 있는 수용자(이하 "징벌대상자"라 한다)가 다음 각 호의 어느 하나에 해당하면 조사기간 중 분리하여 수용할 수 있다.
1. 증거를 인멸할 우려가 있는 때
2. 다른 사람에게 위해를 끼칠 우려가 있거나 다른 수용자의 위해로부터 보호할 필요가 있는 때
② 소장은 징벌대상자가 제1항 각 호의 어느 하나에 해당하면 접견·서신수수·전화통화·실외운동·작업·교육훈련·공동행사참가 등 다른 사람과의 접촉이 가능한 처우의 전부 또는 일부를 제한할 수 있다.

⭥시행규칙

제219조(조사 시 준수사항)

징벌대상행위에 대하여 조사하는 교도관이 징벌대상자 또는 참고인 등을 조사할 때에는 다음 각 호의 사항을 준수하여야 한다.
1. 인권침해가 발생하지 아니하도록 유의할 것
2. 조사의 이유를 설명하고, 충분한 진술의 기회를 제공할 것
3. 공정한 절차와 객관적 증거에 따라 조사하고, 선입견이나 추측에 따라 처리하지 아니할 것
4. 형사 법률에 저촉되는 행위에 대하여 징벌 부과 외에 형사입건조치가 요구되는 경우에는 형사 소송절차에 따라 조사대상자에게 진술을 거부할 수 있다는 것과 변호인을 선임할 수 있다는 것을 알릴 것

제220조(조사기간)

① 수용자의 징벌대상행위에 대한 조사기간(조사를 시작한 날부터 법 제111조 제1항의 징벌위원회의 의결이 있는 날까지를 말한다. 이하 같다)은 10일 이내로 한다. 다만, 특히 필요하다고 인정하는 경우에는 1회에 한하여 7일을 초과하지 아니하는 범위에서 그 기간을 연장할 수 있다.
② 소장은 제1항의 조사기간 중 조사결과에 따라 다음 각 호의 어느 하나에 해당하는 조치를 할 수 있다.
1. 법 제111조 제1항의 징벌위원회(이하 "징벌위원회"라 한다)로의 회부
2. 징벌대상자에 대한 무혐의 통고
3. 징벌대상자에 대한 훈계
4. 징벌위원회 회부 보류
③ 제1항의 조사기간 중 법 제110조 제2항에 따라 징벌대상자에 대하여 처우를 제한하는 경우에는 징벌위원회의 의결을 거쳐 처우를 제한한 기간의 전부 또는 일부를 징벌기간에 포함할 수 있다.
④ 소장은 징벌대상행위가 징벌대상자의 정신병적인 원인에 따른 것으로 의심할 만한 충분한 사유가 있는 경우에는 징벌절차를 진행하기 전에 의사의 진료, 전문가 상담 등 필요한 조치를 하여야 한다.
⑤ 소장은 징벌대상행위에 대한 조사 결과 그 행위가 징벌대상자의 정신병적인 원인에 따른 것이라고 인정하는 경우에는 그 행위를 이유로 징벌위원회에 징벌을 요구할 수 없다.
⑥ 제1항의 조사기간 중 징벌대상자의 생활용품 등의 보관에 대해서는 제232조를 준용한다. 〈신설 2010.5.31〉

규칙 제232조(금치 집행 중 생활용품 등의 별도 보관)

소장은 금치 중인 수용자가 생활용품 등으로 자살·자해할 우려가 있거나 교정시설의

<table>
<tr><td rowspan="2">제110조</td><td rowspan="2">징벌
대상
자의
조사</td></tr>
</table>

안전과 질서를 해칠 우리가 있는 경우에는 그 물품을 따로 보관하고 필요한 경우에만 이를 사용하게 할 수 있다.

제221조(조사의 일시정지)

① 소장은 징벌대상자의 질병이나 그 밖의 특별한 사정으로 인하여 조사를 계속하기 어려운 경우에는 조사를 일시 정지할 수 있다.

② 제1항에 따라 정지된 조사기간은 그 사유가 해소된 때부터 다시 진행한다. 이 경우 조사가 정지된 다음 날부터 정지사유가 소멸한 전날까지의 기간은 조사기간에 포함되지 아니한다.

제222조(징벌대상자 처우제한의 통지)

소장은 법 제110조 제2항에 따라 접견·서신수수 또는 전화통화를 제한하는 경우에는 징벌대상자의 가족 등에게 그 사실을 알려야 한다. 다만, 징벌대상자가 통지를 원하지 아니하는 경우에는 그러하지 아니하다.

제111조	징벌 위원회	

① 징벌대상자의 징벌을 결정하기 위하여 교정시설에 징벌위원회를 둔다.

② 위원회는 위원장을 포함한 5인 이상 7인 이하의 위원으로 구성하고, 위원장은 소장의 바로 다음 순위자가 되며, 위원은 소장이 소속기관의 과장(지소의 경우에는 7급 이상의 교도관) 및 교정에 관한 학식과 경험이 풍부한 외부인사 중에서 임명 또는 위촉한다. 이 경우 외부위원은 3인 이상으로 한다.

③ 위원회는 소장의 징벌요구에 따라 개회하며, 징벌은 그 의결로써 정한다.

→징벌위원장을 현행 소장에서 소장의 차순위자로 변경하고, 징벌위원의 수를 5인 이상 7인 이하로 확대하며, 외부징벌위원은 3인 이상이 되도록 함.

⊃동 시행령

제129조(징벌위원회의 소집)

징벌위원회의 위원장은 소장의 징벌요구에 따라 위원회를 소집한다.

제130조(위원장의 직무대행)

위원회의 위원장이 불가피한 사정으로 그 직무를 수행하기 어려운 경우에는 위원장이 미리 지정한 위원이 그 직무를 대행한다.

④ 위원이 징벌대상자의 친족이거나 그 밖에 공정한 심의·의결을 기대할 수 없는 특별한 사유가 있는 경우에는 위원회에 참석할 수 없다.

⑤ 징벌대상자는 위원에 대하여 기피신청을 할 수 있다. 이 경우 위원회의 의결로 기피 여부를 결정하여야 한다.

⑥ 위원회는 징벌대상자가 위원회에 출석하여 충분한 진술을 할 수 있는 기회를 부여하여야 하며, 징벌대상자는 서면 또는 말로써 자기에게 유리한 사실을 진술하거나 증거를 제출할 수 있다.

제131조(위원의 제척)

위원회의 위원이 해당 징벌대상 행위의 조사를 담당한 경우에는 해당 위원회에 참석할 수 없다.

제132조(징벌의결 통고)

위원회가 징벌을 의결한 경우에는 이를 소장에게 즉시 통고하여야 한다.

⊃시행규칙

제223조(징벌위원회 외부위원)

① 소장이 법 제111조 제2항에 따른 징벌위원회의 외부위원을 다음 각 호의 사람 중에서 위촉한다.

1. 변호사

2. 대학에서 법률학을 가르치는 전임강사 이상의 직에 있는 사람

3. 교정협의회(교정위원 전원으로 구성된 협의체를 말한다) 또는 법 제129조 제1항의 교정자문위원회에서 추천한 사람

4. 그 밖에 교정에 관한 학식과 경험이 풍부한 사람

② 제1항에 따라 위촉된 위원의 임기는 2년으로 하며, 연임할 수 있다.

③ 소장은 외부위원이 다음 각 호의 어느 하나에 해당하는 경우에는 임기 중이라도 위촉을 해제할 수 있다.

1. 직무를 게을리 하거나 품위를 손상하는 행위를 하였을 때

2. 특정 종파나 특정 사상에 편향되어 징벌의 공정성을 해칠 우려가 있을 때

④ 제1항에 따라 위촉된 위원이 징벌위원회에 참석한 경우에는 예산의 범위에서 수당, 여비, 그 밖에 필요한 경비를 지급할 수 있다.

제224조(징벌위원회 위원장)

법 제111조 제2항에서 "소장의 바로 다음 순위자"는 「법무부와 그 소속기관 직제 시행규칙」의 직제순위에 따른다.

제225조(징벌위원회 심의ㆍ의결대상)

징벌위원회는 다음 각 호의 사항을 심의ㆍ의결한다.

1. 징벌대상행위의 사실 여부

2. 징벌의 종류와 내용

3. 제220조 제3항에 따른 징벌기간 산입

4. 법 제111조 제5항에 따른 징벌위원에 대한 기피신청의 심의ㆍ의결

5. 법 제114조 제1항에 따른 징벌집행의 유예여부와 그 기간

6. 그 밖에 징벌내용과 관련된 중요 사항

제226조(징벌의결의 요구)

① 소장이 징벌대상자에 대하여 징벌의결을 요구하는 경우에는 별지 제14호 서식의 징벌의결 요구서를 작성하여 징벌위원회에 제출하여야 한다.

② 제1항에 따른 징벌의결 요구서에는 징벌대상행위의 입증에 필요한 관계서류를 첨부할 수 있다.

제227조(징벌대상자에 대한 출석 통지)

① 징벌위원회가 제226조에 따른 징벌의결 요구서를 접수한 경우에는 지체 없이 징벌대상자에게 별지 제15호 서식의 출석통지서를 전달하여야 한다.

② 제1항에 따른 출석통지서에는 다음 각 호의 내용이 포함되어야 한다.

1. 혐의사실 요지

2. 출석 장소 및 일시

3. 징벌위원회에 출석하여 자기에게 이익이 되는 사실을 말이나 서면으로 진술할 수 있다는 사실

4. 서면으로 진술하려면 징벌위원회를 개최하기 전까지 진술서를 제출하여야 한다는 사실

5. 증인신청 또는 증거제출을 할 수 있다는 사실

6. 형사절차상 불리하게 적용될 수 있는 사실에 대하여 진술을 거부할 수 있다는 것과 진술하는 경우에는 형사절차상 불리하게 적용될 수 있다는 사실

③ 제1항에 따라 출석통지서를 전달받은 징벌대상자가 징벌위원회 출석하기를 원하지 아니하는 경우에는 별지 제16호 서식의 출석포기서를 징벌위원회에 제출하여야 한다.

제228조(징벌위원회의 회의)

① 징벌위원회는 출석한 징벌대상자를 심문하고, 필요하다고 인정하는 경우에는 교도관이나 다른 수용자 등을 참고인으로 출석하게 하여 심문할 수 있다.

		② 징벌위원회는 징벌대상자에게 제227조 제1항에 따른 출석통지서를 전달하였음에도 불구하고 징벌대상자가 같은 조 제3항에 따른 출석포기서를 제출하거나 정당한 사유 없이 출석하지 아니한 경우에는 그 사실을 별지 제17호 서식의 징벌위원회 회의록에 기록하고 서면심리만으로 징벌을 의결할 수 있다. ③ 징벌위원회는 재적위원 과반수의 출석으로 개의하고, 출석위원 과반수의 찬성으로 의결한다. ④ 징벌의 의결은 별지 제18호서식의 징벌의결서에 따른다. ⑤ 징벌위원회가 작업장려금 삭감을 의결하려면 사전에 수용자의 작업장려금을 확인하여야 한다. ⑥ 징벌위원회의 회에 참여한 사람은 직무상 알게 된 비밀을 누설하여서는 아니 된다.
제112조	징벌의 집행	① 징벌은 소장이 집행한다. ② 소장은 징벌집행을 위하여 필요하다고 인정하면 수용자를 분리하여 수용할 수 있다. ③ 제108조 제14호의 처분을 받은 사람에게는 그 기간 중 같은 조 제4호부터 제13호까지의 처우 제한이 함께 부과된다. 다만, 소장은 수용자의 권리구제, 수형자의 교화 또는 건전한 사회복귀를 위하여 특히 필요하다고 인정하면 집필·서신수수·접견 또는 실외운동을 허가할 수 있다. ④ 소장은 제108조 제13호 또는 제14호의 처분을 집행하는 경우에는 의무관으로 하여금 사전에 수용자의 건강을 확인하도록 하여야 하며, 집행 중인 경우에도 수시로 건강상태를 확인하여야 한다. **⊃동 시행령** **제133조(징벌의 집행)** ① 소장은 제132조의 통고를 받은 경우에는 징벌을 지체 없이 집행하여야 한다. ② 소장은 수용자가 징벌처분을 받아 접견, 서신수수 및 전화통화가 제한된 경우에는 그의 가족에게 그 사실을 알려야 한다. 다만, 수용자가 통지를 원하지 아니하면 그러하지 아니하다. ③ 소장은 법 제112조 제3항에 따라 법 제108조 제14호에 따른 30일 이내의 금치처분을 집행하는 경우에도 수용자의 기본적인 건강유지를 위하여 특히 필요하다고 인정하면 실외운동을 허가할 수 있다. ④ 소장은 법 제108조 제13호 및 제14호의 징벌집행을 마친 경우에는 의무관에게 해당 수용자의 건강을 지체 없이 확인하게 하여야 한다. ⑤ 의무관이 출장, 휴가, 그 밖의 부득이한 사유로 법 제112조 제4항 및 이 조 제4항의 직무를 수행할 수 없는 경우에는 제119조 제2항을 준용한다. **제134조(징벌집행의 계속)** 법 제108조 제4호부터 제14호까지의 징벌 집행 중인 수용자가 다른 교정시설로 이송되거나 법원 또는 검찰청 등에 출석하는 경우에는 징벌집행이 계속되는 것으로 본다.
제113조	징벌집행의 정지 및 면제	① 소장은 질병 그 밖의 사유로 징벌집행이 곤란하면 그 사유가 해소될 때까지 그 집행을 일시 정지할 수 있다. ② 소장은 징벌집행 중인 사람이 뉘우치는 빛이 뚜렷한 경우에는 그 징벌을 감경하거나 남은 기간의 징벌집행을 면제할 수 있다. **⊃동 시행령** **제135조(징벌기간의 계산)** 소장은 법 제113조 제1항에 따라 징벌집행을 일시 정지한 경우 그 정지사유가 해소되었을 때에는 지체 없이 징벌집행을 재개하여야 한다. 이 경우 집행을 정지한 다음 날부터 집행을 재개한 전날까지의 일수는 징벌기간으로 계산하지 아니한다.

제136조(이송된 자의 징벌)

수용자가 이송 중에 징벌대상 행위를 하거나 다른 교정시설에서 징벌대상 행위를 한 사실이 이송된 후에 발각된 경우에는 그 수용자를 인수한 소장이 징벌을 부과한다.

제137조(징벌사항의 기록)

소장은 수용자의 징벌에 관한 사항을 수용기록부 및 징벌집행부에 기록하여야 한다.

① 징벌위원회는 징벌을 의결하는 때에 행위의 동기 및 정황, 교정성적, 뉘우치는 정도 등 그 사정을 고려할 만한 사유가 있는 수용자에 대하여 2개월 이상 6개월 이하의 기간 내에서 징벌의 집행을 유예할 것을 의결할 수 있다.

② 소장은 징벌집행의 유예기간 중에 있는 수용자가 다시 제107조의 징벌대상행위를 하여 징벌이 결정된 경우에는 그 유예한 징벌을 집행한다.

③ 수용자가 징벌집행을 유예 받은 후 징벌을 받음이 없이 유예기간이 지난 경우에는 그 징벌의 집행은 종료된 것으로 본다.

⊃ 시행규칙

제229조(집행절차)

① 징벌위원회는 영 제132조에 따라 소장에게 징벌의결 내용을 통고하는 경우에는 징벌의결서 정본을 첨부하여야 한다.

② 소장은 징벌을 집행하려면 징벌의결의 내용과 징벌처분에 대한 불복방법 등을 기록한 별지 제19호 서식의 징벌집행통지서에 징벌의결서 부본을 첨부하여 해당 수용자에게 전달하여야 한다.

제230조(징벌의 집행순서)

① 금치와 그 밖의 징벌을 집행할 경우에는 금치를 우선하여 집행한다. 다만, 작업장려금의 삭감과 경고는 금치와 동시에 집행할 수 있다.

② 같은 종류의 징벌은 그 기간이 긴 것부터 집행한다.

③ 금치를 제외한 두 가지 이상의 징벌을 집행할 경우에는 함께 집행할 수 있다.

제231조(징벌의 집행방법)

① 작업장려금의 삭감은 징벌위원회가 해당 징벌을 의결한 날이 속하는 달의 작업장려금부터 이미 지급된 작업장려금에 대하여 역순으로 집행한다.

② 소장은 금치를 집행하는 경우에는 징벌집행을 위하여 별도로 지정한 거실(이하 "징벌거실"이라 한다)에 해당 수용자를 수용하여야 한다.

③ 소장은 금치 외의 징벌을 집행하는 경우 그 징벌의 목적을 달성하기 위하여 필요하다고 인정하면 해당 수용자를 징벌거실에 수용할 수 있다.

④ 소장은 징벌집행을 받고 있거나 집행을 앞둔 수용자가 같은 행위로 형사 법률에 따른 처벌이 확정되어 징벌을 집행할 필요가 없다고 인정하면 징벌집행을 감경하거나 면제할 수 있다.

제232조(금치 집행 중 생활용품 등의 별도 보관)

소장은 금치 중인 수용자가 생활용품 등으로 자살·자해할 우려가 있거나 교정시설의 안전과 질서를 해칠 우려가 있는 경우에는 그 물품을 따로 보관하고 필요한 경우에만 이를 사용하게 할 수 있다.

제233조(징벌집행 중인 수용자의 상담)

소장은 징벌집행 중인 수용자에 대하여 교도관, 교정위원, 자원봉사자 등 전문가로 하여금 상담을 하게 하여 징벌대상행위의 재발방지에 노력하여야 한다.

① 소장은 징벌의 집행이 종료되거나 집행이 면제된 수용자가 교정성적이 양호하고 법무부령으로 정하는 기간 동안 징벌을 받지 아니하면 법무부장관의 승인을 받아 징벌을 실효시킬 수 있다.

제115 조	징벌의 실효 등	② 제1항에 불구하고 소장은 수용자가 교정사고 방지에 뚜렷한 공로가 있다고 인정되면 분류처우위원회의 의결을 거친 후 법무부장관의 승인을 받아 징벌을 실효시킬 수 있다. →징벌실효제도를 확대함. ③ 이 법에 규정된 사항 외에 징벌에 관하여 필요한 사항은 법무부령으로 정한다. ⊃시행규칙 **제234조(징벌의 실효)** ① 법 제115조 제1항에서 "법무부령으로 정하는 기간"이란 다음 각 호와 같다. 1. 제215조 제1호에 해당하는 징벌: 2년 6개월 2. 제215조 제2호에 해당하는 징벌: 2년 3. 제215조 제3호에 해당하는 징벌: 1년 6개월 4. 제215조 제4호에 해당하는 징벌: 1년 5. 제215조 제5호에 해당하는 징벌: 6개월 ② 소장은 법 제115조 제1항·제2항에 따라 징벌을 실효시킬 필요가 있으면 징벌실효기간이 지나거나 분류처우위원회의 의결을 거친 후에 지체 없이 법무부장관에게 그 승인을 신청하여야 한다. ③ 소장은 법 제115조에 따라 실효된 징벌을 이유로 그 수용자에게 처우 상 불이익을 주어서는 아니 된다. **제235조(양형 참고자료의 통보)** 소장은 미결수용자에게 징벌을 부과한 경우에는 그 징벌대상행위 등에 관한 양형 참고자료를 작성하여 관할 검찰청 검사 또는 관한 법원에 통보할 수 있다.

【교정판례】 징벌관련

1. 징벌관련 판례

(1) 징벌의 의의와 법적 체계

징벌은 교정시설 내에서 구금의 확보와 질서유지를 위해 재정한 일정한 규율을 위반한 수용자(수형자, 미결수용자)와 피보호감호자에 대하여 과하는 행정상의 불이익처분을 말한다. (구)행형법 제46조 내지 제48조의 2에서는 수용자에 대한 징벌부과 근거, 징벌의 종류, 징벌위원회, 징벌집행의 정지, 면제와 징벌집행의 유예에 관한 규정을 두고 있으며, 피보호감호자에 대한 징벌부과의 근거로서 사회보호법 제42조에서는 행형법 준용규정을 두고 있다. 특히, 1999.12.28. 개정된 행형법에서는 징벌의 요건을 법률로 명백히 하고 징벌기간을 조정하였으며, 징벌위원회에 외부인사 참여를 허용하고, 징벌집행의 유예제도(제48조의 2)를 도입하는 등 상당한 개선이 이루어졌다. (구)행형법시행령 제140조 내지 151조에서는 징벌위원회의 운영과 징벌혐의자의 수용, 징벌의 선고자, 징벌의 집행, 징벌집행중과 종료시의 건강진단, 징벌집행의 정지, 징벌기간의 계산, 피호송자에 대한 징벌, 징벌의 기록 등에 관해 규정을 두고 있다. 행형법 개정에 따라 2000.3.28. 개정된 현행 행형법시행령에서 는 금치의 집행 중에 있는 자에 대하여 접견·서신수발·작업·운동 및 도서열람의 금지 외에 전화통화·집필·라디오 청취·TV시청 및 자비부담물품의 사용을 추가로 금지함으로써 금치의 징벌로서의 위하력을 향상시켰다. 한편 법무부령인 수용자 규율 및 징벌에 관한 규칙에서는 (구)행형법 제45조 내지 제48조의 2 및 사회보호법 제42조의 규정에 의하여 징벌절차, 징벌부과기준과 징벌처분에 필요한 사항을 규정하고 있다. 이하에서는 징벌과 관련한 최근의 대법원 판례와 헌법재판소 판례의 입장을 중심으로 일선 교도관들이 수용자 징벌관련 업무처리와 제도개선에 참고할 수 있도록 주요 쟁점을 살펴보기로 한다.

(2) 징벌선고 절차상 위법의 효력과 피징벌자의 변호인 접견

① 사실관계

수용자 甲은 1999.10.7. 춘천지방법원으로부터 폭력행위등 처벌에 관한 법률위반죄로 징역 3년을 선고받고 위 판결이 확정됨에 따라 안양교도소에서 복역하게 되었는데, 2001.3.12 안양교도소장으로부터 교도관에 대한 폭언 및 지시불이행 등을 이유로 금치 1월의 징벌처분을 받고 그 금치기간 중이던 2001.4.9. 대구교도소로 이감되었다. 甲은 대구교도소로 이감된 후인 2001.5.28. 위 금치처분에 대하여 행정심판을 제기하기 위하여 이미 작성한 집필허가신청서와 함께 행정심판청구서 원본과 사본 1부를 담당교도관 이순신에게 제출하면서 법무부에 발송해 줄 것을 요청하였으나, 행정심판청구서가 발송도이지 아니하자 2001.8.28. 법무부장관에게 청원을 제기하였다. 한편, 甲은 그 전부터 인권운동사랑방 소속 김OO과 서신을 주고받고 있었는데, 2001.9.13. 김OO으로부터 대구교도소에서 행정 심판청구서를 법무부에 발송하지 않고 원고에게 반환해 주었다고 들었다는 취지의 서신을 받고는 화가 난다는 이유로 2001.9.14. 아침부터 2001.9.18.점심까지 모두 14끼니를 단식하였다. 이에 대구교도소 징벌위원회는 甲이 지난번 규율위반행위로 엄중훈계조치된 지 얼마 되지 아니하여 다시 규율위반행위를 한 점, 정당한 이유 없는 단식은 "수용자 규율 및 징벌에 관한 규칙"에서 2월 이내의 금치에 처하도록 정하고 있는 점 등을 감안하여 위원장과 위원들 전원일치로 금치 2월의 금치처분을 의결하고 규칙에 정해진 바에 따라 수용자 징벌의결서를 작성하여 징벌요구자인 대구교도소장에게 통고하였다. 같은 날 甲에 대한 징벌의 집행이 시작되기에 앞서 대구교도소장의 지시를 받은 관구교감이 징벌 내용을 甲에게 고지 하였고, 甲에 대한 금치 2월의 금치처분은 2001.11.16. rm 집행이 종료되었다. 한편, 이OO변호사는 인권운동사랑방 소속 김OO으로부터 연락을 받고 2001.10.8. 홍길동을 접견하기 위하여 대구교도소장에게 甲이 교도소 내에서 당한 부당한 처우를 이유로 소송을 제기하고자 하니 접견을 허가해 달라고 요청하였으나, 대구교도소장은 甲이 금치기간 중에 있다는 이유로 이를 불허하였다. 甲은 이OO변호사 외 20명을 소송대리인으로 하여 행형법시행령 제144조가 당해 교도소장으로 하여금 징벌을 선고하도록 규정하고 있음에도, 자신은 직접 대구교도소장으로부터 금치처분을 선고받지 않고 대구교도소장의 지시를 받은 관구교감으로부터 그 징벌내용을 고지받았으므로 당해 징벌처분은 위법하며, 금치 기간이란 이유로 변호인 접견을 하지 못해 변호인의 조력을 받을 권리를 침해당했다며 국가를 상대로 손해배상청구소송을 제기하였다.

② 쟁점의 정의

가. 쟁점 1

교도소장이 아닌 일반교도관 등에 의하여 징벌내용이 고지되어 당해 징벌처분이　위법하다는 이유로 국가배상책임이 인정되기 위한 요건

㉠ 원심 판결요지

원심판결에서는 (구)행형법시행령 제144조는 당해 교도소장으로 하여금 징벌을 선고하도록 규정하고 있음에도, 이 사건의 경우 원고는 직접 대구교도소장으로부터 이 사건 금치처분을 선고받지 않고 대구교도소장의 지시를 받은 관구교감으로부터 그 징벌내용을 고지받은 사실은 당사자 사이에 다툼이 없는데, 위 조항의 입법 취지는 '징벌의 선고자'를 일반교도관이나 중간관리자가 아닌 당해 교도소장으로 한정함과 아울러 교도소장으로 하여금 피징벌자으이 면전에서 직접 징벌내용을 설명하게 함으로써 징벌절차의 적정성을 보장하고 피징벌자의 인권보호를 도모하기 위한 것으로 봄이 상당하므로 대구교도소장이 아닌 관구교감에 의하여 고지된 이 사건 금치처분은 절차적인 면에서 위법하고, 원고는 피고소속 공무원의 이와 같은 위법한 직무집행으로 말미암아 정신적인 고통을 받았다고 봄이 상당하므로 피고는 원고에게 위자료를 지급할 의무가 있다고 판단하였다.

ⓛ 대법원 판결요지

이 사건과 관련하여 대법원에서는 설령 원심이 판시하고 있는 것처럼 대구교도소장이 아닌 관구교감에 의하여 고지된 이 사건 금치처분이 (구)행형법시행령 제144조의 규정에 반하는 것으로서 절차적인 면에서 위법하다고 하더라도, 교도소장이 아닌 일반교도관 또는 중간관리자에 의하여 징벌내용이 고지되었다는 사유에 의하여 당해 징벌처분이 위법하다는 이유로 공무원의 고의·과실로 인한 국가배상책임을 인정하기 위하여는 징벌처분이 있게 된 규율위반행위의 내용, 징벌혐의내용의 조사·징벌혐의자의 의견 진술 및 징벌위원회의 의결 등 징벌절차의 진행경과, 징벌의 내용 및 그 집행경과 등 제반 사정을 종합적으로 고려하여 징벌처분이 객관적 정당성을 상실하고 이로 인하여 손해의 전보책임을 국가에게 부담시켜야 할 실질적인 이유가 있다고 인정되어야 한다고 판시하였다. 이어 대법원은 기록에 의하면, 원고는 그동안 수차에 규율위반행위로 금치 1월의 징벌처분 2회 및 엄중훈계조치 등을 받은 전력이 있던 차에 2001.9.14. 인 권운동사랑방 소속 김○○으로부터 서신을 받고는 화가 난다는 이유로 단식을 시작한 사실, 원고의 단식에 대한 대구교도소의 조사과정에서 원고가 주장하는 것과는 달리 담당교도관이 이 사건 행정심판청구서를 제출 당일 원고에게 반환한 것으로 조사되었고 이러한 조사 결과를 토대로 2001.9.21. 대구교도소장을 위원장으로 하는 징벌위원회가 개최되자 원고는 자신의 잘못을 시인하면서 남은 기간 열심히 생활하겠다고 진술한 사실, 징벌위원회는 원고가 지난번 규율 위반행위로 엄중훈계조치된지 얼마 되지 아니하여 다시 규율위반행위를 한 점, 정당한 이유 없는 단식은 수용자 규율 및 징벌에 관한 규칙에서 2월 이내의 금치에 처하도록 정하고 있는 점 등을 감안하여 위원장과 위원들 전원일치로 금치 2월의 이 사건 금치처분을 의결한 다음 위규칙에 정해진 바에 따라 수용자 징벌의결서를 작성하여 징벌요구자인 대구교도소장에게 통고한 사실, 같은 날 원고에 대한 징벌의 집행이 시작되기에 앞서 대구교도소장의 지시를 받은 관구교감이 징벌내용을 원고에게 고지하였고 금치 2월의 이 사건 금치처분은 2001.11.16. 그 집행이 종료된 사실 등을 알 수 있는바, 사정이 이와 같다면 달리 특별한 사정이 없는 한 대구교도소장이 아닌 관구교감에 의하여 이 사건 금치처분이 고지되었다는 사유만으로는 이 사건 금치처분이 손해의 전보책임을 국가에게 부담시켜야 할 만큼 객관적 정당성을 상실한 정도에 이른 것으로 볼 수는 없다며 이와 다른 견해에서 이 사건 금치 처분의 절차적인 면에서의 위법을 이유로 국가배상책임을 인정한 원심의 판단에는 국가배상책임의 성립요건에 관한 법리를 오해하여 판결 결과에 영향을 미친 위법이 있다는 취지로 원심판결 중 피고 패소 부분을 파기 환송하였다.

나. 쟁점 2

교도소장이 금치기간 중에 있는 피징벌자와 변호사와의 접견을 불허한 조치가 피징벌자의 접견권과 재판청구권을 침해하는지 여부

㉠ 원심 판결요지

원심은 판결이유에서 (구)행형법시행령 제145조 제2항은 금치기간 중인 피징벌자에게 접견을 금지하는 한편 예외적으로 '교화 또는 처우상 특히 필요하다고 인정하는 때'에 교도소장이 이를 허가할 수 있다고 규정하고 있는데, 비록 이와 같은 금치기간 중의 접견허가 여부가 교도소장의 재량행위에 속한다고 하더라도, 피징벌자가 금치처분 자체를 다툴 목적으로 소제기 등을 대리할 권한이 있는 변호사와의 접견을 희망한다면 이는 예외적인 접견허가사유인 '처우상 특히 필요하다고 인정하는 때'에 해당된다고 보일 뿐만 아니라, 행형법령상 금치처분 자체에 대한 불복절차를 따로 마련해 두고 있지 아니하여 사실상 침해받고 있는 피징벌자의 재판청구권을 보장해 주기 위해서라도 당해 금치처분에 대한 불복을 목적으로 하는 변호사와의 접견을 필요최소한도의 범위 내에서 허용해 줄 필요가 있는 점, 이 사건의 경우 이○○변호사가 접견사유로 든 '교도소 내에서 당한 부당한 처우를 이유로 한 소송'에는 이 사건 행정심판청구서 발송문제가 발단이 된 이사건 금치처분에 대한 소송도 포함되어 있다고 보이고, 원고도 외부와의 의사연락단절로 인하여 먼저 접견요청을 할 수는 없었지만 이 사건 금치처분을 다루기 위하여 이○○변호사와의 접견을 희망할 수도 있었을 것이며, 한편, 대구소장도 이와 같은 원고의 의사를 예상할 수 있었다고 봄이 상당한 점등에 비추어 볼 때, 대구교도소장으로서는 먼저 원고에게 이 사건 금치처분 자체를 다툴 의사가 있는지, 소제기 등을 위한 변호산 선임의 의사가 있는지 등을 확인한 다음 원고가 원하는 경우 이○○변호사와의 접견을 적어도 1회 정도는 허용해 주었어야 할 것이므로, 결국 대구교도소장의 이 사건 접견불허조치는 원고의 접견권과 재판청구권을 침해한 것으로서 위법하고, 원고는 피고 소속 공무원의 이와 같은 위법한 직무집행으로 말미암아 정신적인 고통을 받았다고 봄이 상당하므로 피고는 원고에게 위자료를 지급할 의무가 있다고 판단하였다.

㉡ 대법원 판결요지

이와 관련하여 대법원은 금치기간 중의 접견허가 여부가 교도소장의 재량행위에 속한

다고 하더라도 피징벌자가 금치처분 자체를 다툴 목적으로 소제기 등을 대리할 권한이 있는 변호사와의 접견을 희망한다면 이는 행형법시행령 제145조 제2항에 규정된 예외적인 접견허가사유인 '처우상 특히 필요하다고 인정하는 때'에 해당하고 그 외 제반 사정에 비추어 교도소장이 금치기간 중에 있는 피징벌자와 변호하와의 접견을 불허란 조치는 피징벌자의 접견권과 재판청구권을 침해하여 위법하다며 원심의 판단은 정당하고, 법리오해 등의 위법이 없다고 판시하였다.

(3) 징벌을 받은 자에 대한 형사처벌과 일사부재리의 원칙

① 쟁점

행형법상의 징벌을 받은 자에 대한 형사처벌이 일사부재리의 원칙에 위반되는지 여부

② 대법원 판결요지

대법원은 피고인이 1999.1 · 2.24. 이 사건 범행으로 인하여 행형법에 의한 징벌 2월의 처분을 받아 그 집행을 종료하였다고 하더라도, 행형법상의 징벌은 수형자의 교도소 내의 준수사항 위반에 대하여 과하는 행정상의 질서벌의 일종으로 서 형법 법령에 위반한 행위에 대한 형사책임과는 그 목적, 성격을 달리하는 것이므로 징벌을 받은 뒤에 형사처벌을 한다고 하여 일사부재리의 원칙에 반하는 것은 아니라고 판시하면서 원심판결에 2중처벌의 위법이 있다는 상고논지도 이유 없으므로 피고인의 상고를 기각하였다.

(4) 금치처분을 받은 자와 실외운동

① 쟁점

금치 처분을 받은 수형자에게 실외운동을 금지한 행형법시행령 제145조 제2항 본문 규정의 위헌여부

② 헌재 판결요지

헌법재판소는 이와 관련하여 **실외운동**은 구금되어 있는 수형자의 신체적 · 정신적 건강 유지를 위한 최소한의 기본적 요청이라고 할 수 있는데, 금치 처분을 받은 수형자는 일반 독거 수용자에 비하여 접견, 서신수발, 전화통화, 집필, 작업, 신문, 도서열람, 라디오청취, 텔레비전 시청 등이 금지되어(**구**행형법시행령 제145조 제2항 본문) 외부세계와

의 교통이 단절된 상태에 있게 되며, 환기가 잘 안되는 1평 남짓한 징벌실에 최장 2개월 동안 수용된다는 점을 고려할 때, 금치처분 수형자에 대하여 일체의 운동을 금지하는 것은 수형자의 신체적 건강뿐만 아니라 정신적 건강을 해칠 위험성이 현저히 높으므로 금치 처분을 받은 수형자에 대한 절대적인 운동의 금지는 징벌의 목적을 고려하더라도 그 수단과 방법에 있어서 필요한 최소한도의 범위를 벗어난 것으로서, 수형자의 헌법 제10 조의 인간의 존엄과 가치 및 신체의 안전성이 훼손당하지 아니할 자유를 포함하는 제12 조의 신체의 자유를 침해하는 정도에 이르렀다고 판단된다며 재판관 전원일치 의견으로 행형법시행령 제145조 제2항 중 **운동부분에 대해 위헌결정**을 내렸다.(2002헌마478)

(5) 결론

위에서 살펴본 바와 같이 최근에 헌법재판소와 대법원에서는 교정시설에서 문제를 일으켜 금치처분의 징벌을 받은 수용자의 기본권을 확대 인정하는 판결이 잇따라 나오고 있다. 인권존중의 시대적 흐름에 따라 이미 법무부에서는 1999.12.28. 행형법 개정을 통해 징벌제도를 대폭 보완하고 개선한 데 이어, 2004.6.29. 수용자 규율 및 징벌에 관한 규칙을 개정해 수용자의 생활을 과도하게 규제한다는 비판을 받아온 허가 없는 취침, 정리정돈 소홀, 낙서 등 경미한 생활규범적 규율을 삭제하고 규율위반행위가 정신병적 원인에 기인한 경우에는 징벌에 처할 수 없도록 하였으며, 징벌처분 중 가장 중한 금치의 상한기간을 종전 2월에서 1월로 축소하여 징벌부과기준을 대폭 하향 조정하고, 2이상의 금치집행시 연속하여 집행할 수 없도록 하여 장기간 금치집행의 폐해를 방지하였다.또한 징벌위원회의 외부위원 수를 종전의 1인에서 2인으로 확대하여 징벌절차의 공정성을 제고하고, 징벌혐의자에게 진술거부권, 변호인선임권이 있음을 고지하도록 의무화하여 수용자의 자기변호권을 강화하였다. 뿐만 아니라 조사기간중 처우제한을 최소화하고, 금치처분을 받은 자에 대하여도 종전에는 종교서적의 열람, 생필품 등 최소한의 물품사용만 허용하였으나, 앞으로는 접견, 집필, 서신수발, 교양도서 열람, 자비부담 생필품 등 최소한의 물품사용만 허용하였으나, 앞으로는 접견, 집필, 서신수발, 교양도서 열람, 자비부담 생필품 및 의약품 사용까지 허용할 수 있도록 함으로써 징벌집행 중에도 수용생활에 필요한 기본적인 처우는 보장되도록 하였다. 아울러 징벌처분 후 일정기간이 경과하면 신청/직권으로 징벌을 실효할 수 있도록 하는 징벌실효제도를 도입, 징벌처분 경력으로 가석방 등 처우에서 불이익을 당하지 않도록 함으로써 수용자의 갱생교육을 고취하였다. 이와 같이 현행 수용자 규율 및 징벌 등에 관한 규칙에서는 수용자 인권의 실질적 보장을 위해 징벌의 대상이 되는 규율위반행위, 징벌의 적용기준, 징벌기관과 절차 등에 관하여 비교적 자세한 규정을 두고 있다. 그러나 앞으로는 징벌절차에서 수형자의 위반사실을 고지받을 권리 및 변명할 기회를 부여받을 권리를 비롯한 징벌절차에 관한 규정과 징벌에 대한 재심 또는 불복절차 등을 법률인 "수용자처우법"에서 규정하는 것이 인권보장의 측면에서 더 바람직하다고 생각된다.

2. 금치처분 자체를 다툴 목적의 변호인 접견

금치기간 중의 접견허가 여부가 교도소장의 재량행위에 속하기는 하나 피징벌자가 금치처분자체를 다툴 목적으로 소 제기 등을 대리할 권한이 있는 변호사와의 접견을 희망한다면 이는 접견허가 사유인 '처우상 특별히 필요하다고 인정되는 때'에 해당된다고 보일 뿐만 아니라 나아가 이 경우 당해 피징벌자는 미결수용자와 유사한 지위를 갖는다고도 볼 수 있으므로 수형자의 기본권 내지 인권보호의 책무를 지는 소장으로서는 위와 같은 입법부작위에 의하여 당해 수형자가 침해당하고 있는 재판청구권을 보장해 주기 위해서 당해 금치처분에 대한 불복을 목적으로 한 변호사의 접견을 **필요최소한의 범위내에서 허용해 줄 의무**가 있다.(서울지법 2003.8.20, 2003나3552)

3. 금치처분자의 집필제한

(구)행형법시행령 제145조 제2항은 금치처분을 받은 수형자의 집필에 관한 권리를 법률의 근거나 위임 없이 제한하는 것으로서 법률유보의 원칙에 위반되며 집필의 목적과 내용 등을 묻지 않고 또 대상자에 대한 교화 또는 처우상 필요한 경우까지도 예외 없이 일체의 집필행위를 금지하고 있음은 입법목적 달성을 위한 필요최소한의 제한이라는 한계를 벗어난 것으로서 **과잉금지의 원칙에 위배**된다.(2002헌마381, 2003헌마724, 2003헌마289)

4. 교도관 등에 의한 징벌내용 고지의 위법성 여부

소장이 아닌 일반교도관 또는 중간관리자에 의하여 징벌내용이 고지되었다는 사유에 의하여 당해 징벌처분이 위법하다는 이유로 공무원의 고의 · 과실로 인한 국배상책임을 인정하기 위하여는 징벌처분이 있게 된 규율위반행위의 내용, 징벌혐의 내용의 조사·징벌혐의자의 의견 진술 및 징벌위원회의 의결 등 징벌절차의 진행경과, 징벌의 내용 및 그 집행경과 등 제반사정을 종합적으로 고려하여 징벌처분이 객관적 정당성을 상실하고 이로 이하여 손해의 전보 책임을 국가에게 부담시켜야 할 **실질적인 이유가 있다고 인정**되어야 한다.(대판 2004.12.9, 2003다50184)

제10장 권리구제

【교정판례】 권리구제

1. (구)행형법상 청원의 헌법소원 사전권리구제절차 여부(소극설)

(구)행형법상 청원제도는 그 처리기관이나 절차 및 효력면에서 권리구제절차로 불충분하고 우회적인 제도로 헌법소원 전 반드시 거쳐야 하는 사전권리구제절차라고 보기 어렵다.(헌재결 1999.5.7, 97헌마 137)

제116조	권리구제	① 수용자는 그 처우에 관하여 소장에게 면담을 신청할 수 있다. ② 소장은 수용자의 면담신청이 있으면 다음 각 호의 어느 하나에 해당하는 사유가 있는 경우를 제외하고는 면담에 응하여야 한다. 1. 정당한 사유 없이 면담사유를 밝히지 아니하는 때 2. 면담목적이 법령에 명백히 위배되는 사항을 요구하는 것인 때 3. 동일한 사유로 면담한 사실이 있음에도 정당한 사유 없이 반복하여 면담을 신청하는 때 4. 교도관의 직무집행을 방해할 목적이라고 인정되는 상당한 이유가 있는 때 ③ 소장은 특별한 사정이 있으면 소속 교도관으로 하여금 그 면담을 대리하게 할 수 있다. 이 경우 면담을 대리한 사람은 그 결과를 소장에게 지체 없이 보고하여야 한다. ④ 소장은 면담한 결과 처리가 필요한 사항이 있으면 그 처리결과를 수용자에게 통지하여야 한다. **⊃동시행령** **제138조(소장 면담)** ① 소장은 법 제116조 제1항에 따라 수용자가 면담을 신청한 경우에는 그 인적사항을 면담부에 기록하고 특별한 사정이 없으면 신청한 순서에 따라 면담하여야 한다. ② 소장은 제1항에 따라 수용자를 면담한 경우에는 그 요지를 면담부에 기록하여야 한다. ③ 소장은 법 제116조 제2항 각 호의 어느 하나에 해당하여 수용자의 면담 신청을 받아들이지 아니하는 경우에는 그 사유를 해당 수용자에게 알려주어야 한다.

제17조	청원	① 수용자는 그 처우에 관하여 불복이 있으면 법무부장관·순회점검공무원 또는 관할 지방교정청장에게 청원할 수 있다. ② 제1항에 따라 청원하려는 수용자는 청원서를 작성하여 봉한 후 소장에게 제출하여야 한다. 다만, 순회점검공무원에 대한 청원은 말로도 할 수 있다. ③ 소장은 청원서를 개봉하여서는 아니 되며, 이를 지체 없이 법무부장관·순회점검공무원 또는 관할 지방교정청장에게 보내거나 순회점검공무원에게 전달하여야 한다. ④ 제2항 단서에 따라 순회점검공무원이 청원을 청취하는 경우에는 해당 교정시설의 교도관등이 참여하여서는 아니 된다.

【교정판례】 소장면담 등과 형법 상의 직무유기죄

1. 교도소장 면담요구 거절(소극설)

청구인은 교도관들에게 소장 면담 절차를 밟아 줄 것을 몇 차례 요구하였으나, 청구인이 면담사유를 밝히지 않는다거나 또는 3급수인 청구인에게는 전화사용이 허락될 수 없으므로 전화사용 허락을 받기 위한 소장면담은 소용이 없다는 등의 이유로 거절하였다. 교도관은 면담요청사유를 파악하여 상관에 보고하여야 할 직무상 의무가 있고, 수형자에 대하여 형벌을 집행하고 그들을 교정교화 하는 임무를 띠고 있는 교도관은 청구인이 교도소장을 면담하려는 사유가 무엇인지를 구체적으로 파악하여 교도소장면담까지 하지 않더라도 그들 자신이나 그 윗선에서 단계적으로 해결할 수 있는 사항인지 혹은 달리 해결을 도모하여야 할 사항인지의 여부를 먼저 확인하는 것이 마땅한 사항에 대하여는 무용한 시도임을 알려 이를 포기토록 하는 것 또한 직무의 하나라고 할 것이지, 청구인이 교도소장 면담을 요청하였다고 하여 기계적으로 그 절차를 밟아주어야 하고 그렇게 하지 아니하는 경우 막바로 형법상의 직무유기죄가 성립한다고 할 것은 아니다.(헌재결 01.5.31, 헌마85)

2. 고소장 대필요구 거절(소극설)

변형된 피복을 착용한 혐의에 대한 조사를 거부하며 오히려 교도소장면담 요구를 거절한 것에 대해 직무유기죄로 고소하여야겠다며 청구인을 위하여 고소장을 대필해 주든가 아니면 청구인이 직접 작성하도록 조치하여 달라고 요청하였으나 절차를 밟으라고 하며 거절하였다.고소를 하려는 청구인은 직접 위 고소를 수리하거나 적어도 이를 대필 또는 필기구를 대여하여 청구인 스스로 고소장을 작성·제출하도록 조치함이 상당하고, 교도 관들을 고소하겠다고 대필을 요구하는 청구인에 대하여 그 자리에서 자신의 업무를 팽개 치고 청구인의 고소장을 대필하여야할 직무상의 의무가 있다고 인정하기 곤란하며, 나아 가 이를 거절하고 절차를 밟으라고 권유한 것을 형법상의 직무유기죄로 처단할 것은 더 더욱 아니다.(헌재결 01.5.31, 헌마 85)

제117조	청원	⑤ 청원에 관한 결정은 문서로써 하여야 한다. ⑥ 소장은 청원에 관한 결정서를 접수하면 청원인에게 이를 지체 없이 전달하여야 한다. **⊃동 시행령** **제139조(순회점거공무원에 대한 청원)** ① 소장은 법 제117조 제1항에 따라 수용자가 순회점검공무원(법 제8조에 따라 법무부장관으로부터 순회점검의 명을 받은 법무부 또는 그 소속기관에 근무하는 공무원을 말한다. 이하 같다)에게 청원하는 경우에는 그 인적사항을 청원부에 기록하여야 한다. ② 순회점검공무원은 법 제117조 제2항 단서에 따라 수용자가 말로 청원하는 경우에는 그 요지를 청원부에 기록하여야 한다. ③ 순회점검공무원은 법 제117조 제1항의 청원에 관하여 결정을 한 경우에는 그 요지를 청원부에 기록하여야 한다. ④ 순회점검공무원은 법 제117조 제1항의 청원을 스스로 결정하는 것이 부적당하다고 인정하는 경우에는 그 내용을 법무부장관에게 보고하여야 한다. ⑤ 수용자의 청원처리의 기준·절차 등에 관하여 필요한 사항은 법무부장관이 정한다.
제117조의2	정보공개 청구	① 수용자는 「공공기관의 정보공개에 관한 법률」에 따라 법무부장관, 지방교정청장 또는 소장에게 정보의 공개를 청구할 수 있다. ② 현재의 수용기간 동안 법무부장관, 지방교정청장 또는 소장에게 제1항에 따른 정보공개청구를 한 후 정당한 사유 없이 그 청구를 취하하거나 「공공기관의 정보공개에 관한 법률」 제17조에 따른 비용을 납부하지 아니한 사실이 2회 이상 있는 수용자가 제1항에 따른 정보공개청구를 한 경우에 법무부장관, 지방교정청장 또는 소장은 그 수용자에게 정보의 공개 및 우송 등에 들 것으로 예상되는 비용을 미리 납부하게 할 수 있다. ③ 제2항에 따라 정보의 공개 및 우송 등에 들 것으로 예상되는 비용을 미리 납부하여야 하는 수용자가 비용을 납부하지 아니한 경우 법무부장관, 지방교정청장 또는 소장은 그 비용을 납부할 때까지 「공공기관의 정보공개에 관한 법률」 제11조에 따른 정보공개 여부의 결정을 유예할 수 있다. ④ 제2항에 따른 예상비용의 산정방법, 납부방법, 납부기간, 그 밖에 비용납부에 관하여 필요한 사항은 대통령령으로 정한다. [본조신설 2010.5.4] **⊃동 시행령** **제139조의2(정보공개의 예상비용 등) 〈신설 2010.7.9〉** ① 법 제117조의2 제2항에 따른 예상비용은 「공공기관의 정보공개에 관한 법

		률 시행령」 제17조에 따른 수수료와 우편요금(공개되는 정보의 사본·출력물·복제물 또는 인화물을 우편으로 송부하는 경우로 한정한다)을 기준으로 공개를 청구한 정보가 모두 공개되었을 경우에 예상되는 비용으로 한다. ② 법무부장관, 지방교정청장 또는 소장은 법 제117조의2 제2항에 해당하는 수용자가 정보공개의 청구를 한 경우에는 청구를 한 날부터 7일 이내에 제1항에 따른 비용을 산정하여 해당 수용자에게 미리 납부할 것을 통지할 수 있다. ③ 제2항에 따라 비용납부의 통지를 받은 수용자는 그 통지를 받은 날부터 7일 이내에 현금 또는 수입인지로 법무부장관, 지방교정청장 또는 소장에게 납부하여야 한다. ④ 법무부장관, 지방교정청장 또는 소장은 수용자가 제1항에 따른 비용을 제3항에 따른 납부기한까지 납부하지 아니한 경우에는 해당 수용자에게 정보고애 여부 결정의 유예를 통지할 수 있다. ⑤ 법무부장관, 지방교정청장 또는 소장은 제1항에 따른 비용이 납부되면 신속하게 정보공개 여부의 결정을 하여야 한다. ⑥ 법무부장관, 지방교정청장 또는 소장은 비공개 결정을 한 경우에는 제3항에 따라 납부된 비용의 전부를 반환하고 부분공개 결정을 한 경우에는 공개 결정한 부분에 대하여 드는 비용을 제외한 금액을 반환하여야 한다. ⑦ 제2항부터 제5항까지의 규정에도 불구하고 법무부장관, 지방교정청장 또는 소장은 제1항에 따른 비용이 납부되기 전에 정보공개 여부의 결정을 할 수 있다. ⑧ 제1항에 따른 비용의 세부적인 납부방법 및 반환방법 등에 관하여 필요한 사항은 법무부장관이 정한다.
제118조	불이익 처우 금지	수용자는 청원·진정·소장과의 면담 그 밖의 권리구제를 위한 행위를 하였다는 이유로 불이익한 처우를 받지 아니한다.

제3편 수용자별 처우

제1장 수형자의 처우

제1절 통칙

제55조	수형자 처우의 원칙	수형자에 대하여는 교육 · 교화프로그램 · 작업 · 직업훈련 등을 통하여 교정교화를 도모하고 사회생활에 적응하는 능력을 함양하도록 처우하여야 한다. **⊃동 시행령** **제82조(수형자로서의 처우 개시)** ① 소장은 미결수용자로서 자유형이 확정된 사람에 대하여는 검사의 집행지휘서가 도달된 때부터 수형자로 처우할 수 있다. ② 제1항의 경우에 검사는 집행지휘를 한 날부터 10일 이내에 재판서 그 밖에 적법한 서류를 소장에게 보내야 한다.
제56조	개별처우 계획의 수립 등	① 소장은 제62조의 분류처우위원회의 의결에 따라 수형자의 개별적 특성에 알맞은 교육 · 교화프로그램, 작업, 직업훈련 등의 처우에 관한 계획(이하 "개별처우계획"이라 한다)을 수립하여 시행한다. ② 소장은 수형자가 스스로 개선하여 사회에 복귀하려는 의욕이 고취되도록 개별처우계획을 정기적으로 또는 수시로 점검하여야 한다.
제57조	처우	① 수형자는 제59조의 분류심사의 결과에 따라 그에 적합한 교정시설에 수용되며, 개별처우계획에 따라 그 특성에 알맞은 처우를 받는다. ② 교정시설은 도주방지 등을 위한 수용설비 및 계호의 정도(이하 "경비등급"이라 한다)에 따라 다음 각 호로 구분한다. 다만, 동일한 교정시설이라도 구획을 정하여 경비등급을 달리할 수 있다. 1. 개방시설: 도주방지를 위한 통상적인 관리 · 감시의 전부 또는 일부를 갖추지 아니하고 수형자의 자율적 활동이 가능하도록 통상적인 관리 · 감시의 전부 또는 일부를 하지 아니하는 교정시설 2. 완화경비시설: 도주방지를 위한 통상적인 설비 및 수형자에 대한 관리 · 감시를 일반경비시설보다 완화한 교정시설 3. 일반경비시설: 도주방지를 위한 통상적인 설비를 갖추고 수형자에 대하여 통상적인 관리 · 감시를 하는 교정시설 4. 중(重)경비시설: 도주방지 및 수형자 상호 간의 접촉을 차단하는 설비를 강화하고 수형자에 대한 관리 · 감시를 엄중히 하는 교정시설 ③ 수형자에 대한 처우는 교화 또는 건전한 사회복귀를 위하여 교정성적에 따라 상향 조정될 수 있으며, 특히 그 성적이 우수한 수형자는 개방시설에 수용되어 사회생활에 필요한 적정한 처우를 받을 수 있다. ④ 수형자는 교화 또는 건전한 사회복귀를 위하여 교정시설 밖의 적당한 장소에서 봉사활동 · 견학 그 밖에 사회적응에 필요한 처우를 받을 수 있다. ⑤ 학과교육생 · 직업훈련생 · 외국인 · 여성 · 장애인 · 노인 · 환자 그 밖에 별도의 처

제57조	처우	우가 필요한 수형자는 법무부장관이 특히 그 처우를 전담하도록 정하는 시설

우가 필요한 수형자는 법무부장관이 특히 그 처우를 전담하도록 정하는 시설

⑥ 제2항 각 호의 시설의 설비 및 계호의 정도에 관하여 필요한 사항은 대통령령으로 정한다.

◑동 시행령

제83조(경비등급별 설비 및 계호)

법 제57조 제2항 각 호의 수용설비 및 계호의 정도는 다음 각 호의 규정에 어긋나지 않는 범위에서 법무부장관이 정한다.

1. 수형자의 생명이나 신체, 그 밖의 인권 보호에 적합할 것
2. 교정시설의 안전과 질서유지를 위하여 필요한 최소한의 범위일 것
3. 법 제56조 제1항의 개별처우계획의 시행에 적합할 것

제84조(수형자의 처우등급 부여 등)

① 법 제57조 제3항에서 "교정성적"이란 수형자의 수용생활 태도, 상벌 유무, 교육 및 작업의 성과 등을 종합적으로 평가한 결과를 말한다.

② 소장은 수형자의 처우수준을 개별처우계획의 시행에 적합하게 정하거나 조정하기 위하여 교정성적에 따라 처우등급을 부여할 수 있다.

③ 수형자에게 부여하는 처우등급에 관하여 필요한 사항은 법무부령으로 정한다.

법 제57조 제6항	시설의 설비 및 계호의 정도에 관하여 필요한 사항은 대통령령으로 정한다.
시행령 제83조	수용설비 및 계호의 정도는 다음 각 호의 규정에 어긋나지 않는 범위에서 법무부장관이 정한다.

제58조	외부 전문가의 상담 등	소장은 수형자의 교화 또는 건전한 사회복귀를 위하여 필요하면 교육학·교정학·범죄학·사회학·심리학·의학 등에 관한 학식 또는 교정에 관한 경험이 풍부한 외부전문가로 하여금 수형자에 대한 상담·심리치료 또는 생활지도 등을 하게 할 수 있다.

제2절 분류심사

제59조	분류심사	

① 소장은 수형자에 대한 개별처우계획을 합리적으로 수립하고 조정하기 위하여 수형자의 인성, 행동특성 및 자질 등을 과학적으로 조사·측정·평가(이하 "분류심사"라 한다)하여야 한다. 다만, 집행할 형기가 짧거나 그 밖에 특별한 사정이 있는 경우에는 예외로 할 수 있다.

② 수형자의 분류심사는 형이 확정된 경우에 개별처우계획을 수립하기 위하여 하는 심사와 일정한 형기가 지나거나 상벌 그 밖의 사유가 발생한 경우에 개별처우계획을 조정하기 위하여 하는 심사로 구분한다.

③ 소장은 분류심사를 위하여 수형자를 대상으로 상담 등을 통한 신상에 관한 개별사안의 조사, 심리·지능·적성검사 그 밖에 필요한 검사를 할 수 있다.

④ 소장은 분류심사를 위하여 외부전문가로부터 필요한 의견을 듣거나 외부전문가에게 조사를 의뢰할 수 있다.

⑤ 이 법에 규정된 사항 외에 분류심사에 관하여 필요한 사항은 법부부령으로 정한다.

◑시행규칙

제60조(이송·재수용 수형자의 개별처우계획 등)

① 소장은 해당 교정시설의 특성 등을 고려하여 필요한 경우에는 다른 교정시설로부터 이송되어 온 수형자의 개별처우계획(법 제56조 제1항에 따른 개별처우계획을 말한다. 이하 같다)을 변경할 수 있다.

② 소장은 형집행정지 중에 있는 사람이 기간만료 또는 그 밖의 정지사유 소멸로 재수용 된 경우에는 석방 당시와 동일한 처우등급을 부여할 수 있다. 〈개정 2010.5.31〉

③ 소장은 제260조에 따른 가석방의 취소로 재수용되어 잔형이 집행되는 경우에는 석방 당시보다 한 단계 낮은 처우등급(제74조의 경비급 및 제75조의 처우급에만 해당한다)을 부여한 다만, 「가석방자관리규정」 제5조 단서를 위반하여 가석방이 취소되는 등 가석방 취소사유에 특히 고려할 만한 사정이 있는 때에는 석방 당시와 동일한 처우등급을 부여할 수 있다. 〈개정 2010.5.31〉

④ 소장은 형집행정지 중이거나 가석방기간 중에 있는 사람이 형사사건으로 재수용되어 형이 확정된 경우에는 개별처우계획을 새로 수립하여야 한다.

→가석방관리규정 제5조(가석방자의 출석의무)

가석방자는 제4조 제2항에 따른 가석방증에 적힌 기한 내에 관할경찰서에 출석하여 가석방증에 출석확인을 받아야 한다. 다만, 천재지변, 질병, 그 밖의 부득이한 사유로 기한 내에 출석할 수 없거나 출석하지 아니하였을 때에는 지체 없이 그 사유를 가장 가까운 경찰서의 장에게 신고하고 별지 제1호 서식의 확인서를 받아 관할경찰서의 장에게 제출하여야 한다.

제61조(국제수형자 및 군수형자의 개별처우계획)

① 소장은 「국제수형자이송법」에 따라 외국으로부터 이송되어 온 수형자에 대하여는 개별처우계획을 새로 수립하여 시행한다. 이 경우 해당 국가의 교정기관으로부터 접수된 그 수형자의 수형생활 또는 처우 등에 관한 내용을 고려할 수 있다.

② 소장은 군사법원에서 징역형 또는 금고형이 확정되거나 그 형의 집행 중에 있는 사람이 이송되어 온 경우에는 개별처우계획을 새로 수립하여 시행한다. 이 경우 해당 군교도소로부터 접수된 그 수형자의 수형생활 또는 처우 등에 관한 내용을 고려할 수 있다.

제62조(분류심사 제외 및 유예)

① 소장은 집행할 형기가 형집행지휘서 3개월 미만인 수형자와 노역장 유치명령을 받은 사람을 분류심사 대상에서 제외할 수 있다.

② 소장은 수형자가 다음 각 호의 어느 하나에 해당하는 사유가 있으면 분류심사를 유예한다.

1. 질병 등으로 분류시마가 곤란한 때

2. 법 제107조 제1호부터 제5호까지의 규정에 해당하는 행위 및 이 규칙 제214조 각 호에 해당하는 행위(이하 "징벌대상행위"라 한다)의 혐의가 있어 조사 중이거나 징벌집행 중인 때

3. 그 밖의 사유로 분류심사가 특히 곤란하다고 인정하는 때

③ 소장은 제2항 각 호에 해당하는 사유가 소멸한 경우에는 지체 없이 분류심사를 하여야 한다. 다만, 집행할 형기가 사유 소멸일부터 3개월 미만인 경우에는 분류심사를 하지 아니할 수 있다.

제60조 — 관계기관 등에 대한 사실조회 등

① 소장은 분류심사 그 밖에 수용목적의 달성을 위하여 필요하면 수용자의 가족 등을 면담하거나 법원, 경찰관서 그 밖의 관계기관 또는 단체에 대하여 필요한 사실을 조회할 수 있다.

② 조회를 요청 받은 관계기관 등의 장은 특별한 사정이 없으면 지체 없이 그에 관하여 회신하여야 한다.

⊃시행규칙

제63조(분류심사 사항)

분류심사 사항은 다음 각 호와 같다.

1. 처우등급에 관한 사항
2. 작업, 직업훈련, 교육 및 교화프로그램 등의 처우방침에 관한 사항
3. 보안상의 위험도 추정 및 거실 지정 등에 관한 사항
4. 보건 및 위생관리에 관한 사항
5. 이송에 관한 사항
6. 가석방 및 귀휴심사에 관한 사항
7. 석방 후의 생활계획에 관한 사항
8. 그 밖에 수형자의 처우 및 관리에 관한 사항

제64조(신입심사 시기)

개별처우계획을 수립하기 위한 분류심사(이하 "신입심사"라 한다)는 매월 초일부터 말일까지 형집행지휘서가 접수된 수형자를 대상으로 하며, 그 다음 달까지 완료하여야 한다. 다만, 특별한 사유가 있는 경우에는 그 기간을 연장할 수 있다.

제65조(재심사의 구분)

개별처우계획을 조정할 것인지를 결정하기 위한 분류심사(이하 "재심사"라 한다)는 다음 각 호와 같이 구분한다.

1. 정기재심사: 일정한 형기가 도달한 때 하는 재심사
2. 부정기재심사: 상벌 또는 그 밖의 사유가 발생한 경우에 하는 재심사

제66조(정기재심사)

① 정기재심사는 다음 각 호의 어느 하나에 해당하는 경우에 한다. 다만, 형집행지휘서가 접수된 날부터 6개월이 지나지 아니한 경우에는 그러하지 아니하다.
1. 형기의 3분의 1에 도달한 때
2. 형기의 2분의 1에 도달한 때
3. 형기의 3분의 2에 도달한 때
4. 형기의 6분의 5에 도달한 때
② 부정기형의 재심사 시기는 단기형을 기준으로 한다.
③ 무기형과 20년을 초과하는 징역형·금고형의 재심사시기를 산정하는 경우에는 그 형기를 20년으로 본다.
④ 2개 이상의 징역형 또는 금고형을 집행하는 수형자의 재심사시기를 산정하는 경우에는 그 형기를 합산한다. 다만, 합산한 형기가 20년을 초과하는 경우에는 그 형기를 20년으로 본다.

제67조(부정기재심사)

부정기재심사는 다음 각 호의 어느 하나에 해당하는 경우에 할 수 있다.
1. 분류심사에 오류가 있음이 발견된 때
2. 수형자가 교정사고(교정시설에서 발생하는 화재, 수용자의 자살·도주·폭행·소란, 그 밖에 사람의 생명·신체를 해하거나 교정시설의 안전과 질서를 위태롭게 하는 사고를 말한다. 이하 같다)의 예방에 뚜렷한 공로가 있는 때
3. 수형자를 징벌하기로 의결한 때
4. 수형자가 집행유예의 실효 또는 추가사건(현재 수용의 근거가 된 사건 외의 형사사건을 말한다. 이하 같다)으로 금고 이상의 형이 확정된 때
5. 수형자가 「기능장려법」 제11조 제2항에 따른 전국기능경기대회 입상, 기사 이상의 자격취득, 학사 이상의 학위를 취득한 때

제68조(재심사 시기 등)

① 소장은 재심사를 할 때에는 그 사유가 발생한 달의 다음 달까지 완료하여야 한다.
② 재심사에 따라 제74조의 경비처우급을 조정할 필요가 있는 경우에는 한 단계의 범위에서 조정한다. 다만, 수용 및 처우를 위하여 특히 필요한 경우에는 두 단계의 범위에서 조정할 수 있다. 〈개정 2010.5.31〉

제69조(분류조사 사항)

① 신입심사를 할 때에는 다음 각 호의 사항을 조사한다.

1. 성장과정
2. 학력 및 직업경력
3. 생활환경
4. 건강상태 및 병력사항
5. 심리적 특성
6. 마약 · 알코올 및 병력사항
7. 가족 관계 및 보호자 관계
8. 범죄경력 및 범행내용
9. 폭력조직 가담 여부 및 정도
10. 교정시설 총 수용기간
11. 교정시설 수용(과거에 수용된 경우를 포함한다) 중에 받은 징벌 관련 사항
12. 도주(음모, 예비 또는 미수에 그친 경우를 포함한다) 또는 자살기도 유 · 무와 횟수
13. 상담관찰 사항
14. 수용생활태도
15. 범죄피해의 회복 노력 및 정도
16. 석방후의 생활계획
17. 그 밖에 수형자의 처우 및 관리에 필요한 사항

② 재심사를 할 때에는 제1항 각 호의 사항 중 변동된 사항과 다음 각 호의 사항을 조사한다.

1. 교정사고 유발 및 징벌 관련 사항
2. 제77조의 소득점수를 포함한 교정처우의 성과
3. 교정사고 예방 등 공적 사항
4. 추가사건 유무
5. 그 밖에 재심사를 위하여 필요한 사항

제70조(분류조사 방법)

분류조사의 방법은 다음 각 호와 같다.

1. 수용기록 확인 및 수형자와의 상담
2. 수형자의 가족 등과의 면담
3. 검찰청, 경찰서, 그 밖의 관계기관에 대한 사실조회
4. 외부전문가에 대한 의견조회
5. 그 밖에 효율적인 분류심사를 위하여 필요하다고 인정되는 방법

제71조(분류검사)

① 소장은 분류심사를 위하여 수형자의 인성, 지능, 적성 등의 특성을 측정 · 진단하기 위한 검사를 할 수 있다.

② 인성검사는 신입심사 대상자 및 그 밖에 처우상 필요한 수형자를 대상으로 한다. 다만, 수형자가 다음 각 호의 어느 하나에 해당하면 인성검사를 하지 아니할 수 있다.

1. 제62조 제2항에 따라 분류심사가 유예된 때
2. 그 밖에 인성검사가 곤란하거나 불필요하다고 인정되는 사유가 있는 때

③ 이해력의 현저한 부족 등으로 인하여 인성검사를 하지 아니한 경우에는 상담 내용과 관련 서류를 토대로 인성을 판정하여 경비처우급 분류지표를 결정할 수 있다. 〈개정 2010.5.31〉

④ 지능 및 적성검사는 제2항 각 호의 어느 하나에 해당하지 아니하는 신입심사 대상자로서 집행할 형기가 형집행지휘서 접수일부터 1년 이상이고 나이가 35세 이하인 경우에 한다. 다만, 직업훈련 또는 그 밖의 처우를 위하여 특히 필요한 경우에는 예외로 할 수 있다.

[처우등급 정리]

기본 수용급	의의	성별·국적·나이·형기 등에 따라 수용할 시설 및 구획 등을 구별하는 기준		
	구분	1. 여성수형자 2. 외국인수형자 3. 금고형수형자 4. 19세 미만의 소년수형자 5. 23세 미만의 청년수형자 6. 65세 이상의 노인수형자 7. 형기가 10년 이상인 장기수형자 8. 정신질환 또는 장애가 있는 수형자 9. 신체질환 또는 장애가 있는 수형자		
경비 처우급	의의	도주 등의 위험성에 따라 수용시설과 계호의 정도를 구별하고, 범죄성향의 진전과 개선정도, 교정성적에 따라 처우수준을 구별하는 기준		
	구분	1. 개방 경비 처우급	법 제57조 제2항 제1호의 개방시설(도주방지를 위한 통상적인 설비의 전부 또는 일부를 갖추지 아니하고 수형자의 자율적 활동이 가능하도록 통상적인 관리·감시의 전부 또는 일부를 하지 아니하는 교정시설)에 수용되어 가장 높은 수준의 처우가 필요한 수형자	외부 통근 작업 및 구외 작업 가능
		2. 완화 경비 처우급	법 제57조 제2항 제2호의 완화경비시설(도주방지를 위한 통상적인 설비 및 수형자에 대한 관리·감시를 일반경비 시설보다 완화한 교정시설)에 수용되어 통상적인 수준보다 높은 수준의 처우가 필요한 수형자	구외 작업및 필요시 외부 통근 작업 가능
		3. 일반 경비 처우급	법 제57조 제2항 제3호의 일반경비시설(도주방지를 위한 통상적인 설비를 갖추고 수형자에 대하여 통상적인 관리·감시를 하는 교정시설)에 수용되어 통상적인 수준의 처우가 필요한 수형자	구내 작업 및 필요시 구외 작업 가능
		4. 중경비 처우급	법 제57조 제2항 제4호의 중(重)경비시설(도주방지 및 수형자 상호간의 접촉을 차단하는 설비를 강화하고 수형자에 대한 관리·감시를 엄중히 하는 교정시설)에 수용되어 기본적인 처우가 필요한 수형자	필요시 구내 작업 가능
개별 처우급	의의	수형자의 개별적인 특성에 따라 중점처우의 내용을 구별하는 기준		
	구분	1. 직업훈련 2. 학과교육 3. 생활지도 4. 작업지도 5. 관용작업 6. 의료처우 7. 자치처우 8. 개방처우 9. 집중처우		

제72조(처우등급)

수형자의 처우등급은 다음 각 호와 같이 구분한다. [전문개정 2010.5.31]

1. 기본수용급: 성별·국적·나이·형기 등에 따라 수용할 시설 및 구획 등을 구별하는 기준
2. 경비처우급: 도주 등의 위험성에 따라 수용시설과 계호의 정도를 구별하고, 범죄성향의 진전과 개선정도, 교정성적에 따라 처우수준을 구별하는 기준
3. 개별처우급: 수형자의 개별적인 특성에 따라 중점처우의 내용을 구별하는 기준

제173조(기본수용급)

수용급은 다음 각 호와 같이 구분한다. 〈제목개정 2010.5.31〉

1. 여성수형자
2. 외국인수형자
3. 금고형수형자
4. 19세 미만의 소년수형자
5. 23세 미만의 청년수형자
6. 65세 이상의 노인수형자
7. 형기가 10년 이상인 장기수형자
8. 정신질환 또는 장애가 있는 수형자
9. 신체질환 또는 장애가 있는 수형자

제74조(경비처우급)

① 경비처우급은 다음 각 호와 같이 구분한다. [전문개정 2010.5.31]

1. 개방처우급: 법 제57조 제2항 제1호의 개방시설에 수용되어 가장 높은 수준의 처우가 필요한 수형자
2. 완화경비처우급: 법 제57조 제2항 제2호의 완화경비시설에 수용되어 통상적인 수준보다 높은 수준의 처우가 필요한 수형자
3. 일반경비처우급: 법 제57조 제2항 제3호의 일반경비시설에 수용되어 통상적인 수준의 처우가 필요한 수형자
4. 중(重)경비처우급: 법 제57조 제2항 제호의 중(重)경비시설(이하 "중경비시설"이라 한다)에 수용되어 기본적인 처우가 필요한 수형자

② 경비처우급에 따른 작업기준은 다음 각 호와 같다.

1. 개방처우급: 외부통근작업 및 구외작업 가능
2. 완화경비처우급: 외부통근작업 및 구외작업 가능
3. 일반경비처우급: 구내작업 및 필요시 구외작업 가능
4. 중(重)경비처우급: 필요시 구내작업 가능

제76조(개별처우급)

개별처우급은 다음 각 호와 같이 구분한다.

[제목개정 2010.5.31.]

1. 직업훈련
2. 학과교육
3. 생활지도
4. 작업지도
5. 관용작업
6. 의료처우
7. 자치처우
8. 개방처우
9. 집중처우

제77조(소득점수)

소득점수는 다음 각 호의 범위에서 산정한다.

1. 수형생활 태도: 5점 이내
2. 작업 또는 교육 성적: 5점 이내

제78조(소득점수 평가 기간 및 방법)

① 소장은 수형자의 소득점수를 별지 제1호 서식의 소득점수 평가 및 통지서에 따라 매얼 평가하여야 한다. 이 경우 대상기간은 매월 초일부터 말일까지로 한다.

② 수형자의 소득점수 평가 방법은 다음 각 호로 구분한다.

1. 수형생활태도: 품행 · 책임감 및 협동심의 정도에 따라 매우 양호(수, 5점), 양호(우, 4점), 보통(미, 3점), 개선요망(양, 2점), 불량(가, 1점)으로 구분하여 채점한다.
2. 작업 또는 교육 성적 : 법 제63조 · 제65조에 따라 부과된 작업 · 교육의 실적 정도와 근면성 등에 따라 매우우수(수, 5점), 우수(우, 4점), 보통(미, 3점), 노력요망(양, 2점), 불량(가, 1점)으로 구분하여 채점한다.

③ 제2항에 따라 수형자의 작업 또는 교육 성적을 평가하는 경우에는 작업 숙련도, 기술력, 작업기간, 교육태도, 시험성적 등을 고려할 수 있다.

④ 보안 · 작업 담당교도관 및 관구(교정시설의 효율적인 운영과 수용자의 적정한 관리 및 처우를 위하여 수용사동별 또는 작업장별로 나누어진 교정시설 안의 일정한 구역을 말한다. 이하 같다)의 책임교도관은 서로 협의하여 소득점수 평가 및 통지서에 해당 수형자에 대한 매월 초일부터 말일까지의 소득점수를 채점한다.

제79조(소득점수 평가기준)

① 수형생활 태도 점수와 작업 또는 교육성적 점수는 제78조 제2항의 방법에 따라 채점하되, 수는 소속 작업장 또는 교육장 전체 인원의 10퍼센트를 초과할 수 없고, 우는 30퍼센트를 초과할 수 없다. 다만, 작업장 또는 교육장 전체인원이 4명 이하인 경우에는 수 · 우를 각각 1명으로 채점할 수 있다.

② 소장이 작업장 중 작업의 특성이나 난이도 등을 고려하여 필수 작업장으로 지정하는 경우 소득점수의 5퍼센트 이내, 우는 10퍼센트 이내의 범위에서 각각 확대할 수 있다.

③ 소장은 수형자가 부상이나 질병, 그 밖의 부득이한 사유로 작업 또는 교육을 받지 못한 경우에는 3점 이내의 범위에서 작업 또는 교육 성적을 부여할 수 있다.

제80조(소득점수 평정 등)

① 소장은 제66조 및 제67조에 따라 재심사를 하는 경우에는 그 때마다 제78조에 따라 평가한 수형자의 소득점수를 평정하여 경비처우급을 조정할 것인지를 고려하여야 한다. 다만, 부정기재심사의 소득점수 평정대상기간은 사유가 발생한 달까지로 한다. 〈개정 2010.5.31〉

② 제1항에 따라 소득점수를 평정하는 경우에는 평정대상기간 동안 매월 평가된 소득점수를 합산하여 평정대상기간의 개월 수로 나누어 얻은 점수(이하 "평정소득점수"라 한다)로 한다.

제81조(경비처우급 조정)

경기처우급을 상향 또는 하향 조정하기 위하여 고려할 수 있는 평정소득점수의 기준은 다음 각 호와 같다.

〈제목개정 2010.5.31〉

1. 상향조정: 8점 이상
2. 하향조정: 5점 이하

제82조(조정된 처우등급의 처우 등)

① 조정된 처우등급에 따른 처우는 그 조정이 확정된 다음 날부터 한다. 이 경우 조정된 처우등급은 그 달 초일부터 적용된 것으로 본다. 〈개정 2010.5.31〉

② 소장은 수형자의 경비처우급을 조정한 경우에는 지체 없이 해당 수형자에게 그 사항을 알려야 한다.〈개정 2010.5.31〉

제83조(분류급별 수용)

① 소장은 수형자를 기본수용급별ㆍ경비처우급별로 구분하여 수용하여야 한다. 다만 처우상 특히 필요하거나 시설의 여건상 부득이한 경우에는 기본수용급ㆍ경비처우급이 다른 수형자를 함께 수용하여 처우할 수 있다.〈개정 2010.5.31〉

② 소장은 제1항에 따라 수형자를 수용하는 경우 개별처우의 효과를 증진하기 위하여 경비처우급ㆍ개별처우급이 같은 수형자 집단으로 수용하여 처우할 수 있다.

제84조(물품지급)

① 소장은 수형자의 경비처우급에 따라 물품에 차이를 두어 지급할 수 있다. 다만, 주ㆍ부식, 음료, 그 밖에 건강유지에 필요한 물품은 그러하지 아니하다. 〈개정 2010.5.31〉

② 제1항에 따라 의류를 지급하는 경우 수형자가 개방처우급인 경우에는 색상, 디자인 등을 다르게 할 수 있다.

〈개정 2010.5.31〉

제85조(봉사원 선정)

① 소장은 개방처우급ㆍ완화경비처우급ㆍ일반경비처우급 수형자로서 교정성적, 나이, 인성 등을 고려하여 다른 수형자의 모범이 된다고 인정되는 경우에는 봉사원으로 선정하여 담당교도관의 사무처리와 그 밖의 업무를 보조하게 할 수 있다.

〈개정 2010.5.31〉

② 봉사원의 활동기간은 1년으로 하되, 필요한 경우에는 그 기간을 연장할 수 있다. 〈개정 2010.5.31〉

③ 소장은 봉사원의 활동과 역할 수행이 부적당하다고 인정하는 경우에는 그 선정을 취소할 수 있다.

④ 소장은 제1항부터 제3항까지의 봉사원 선정, 기간연장 및 선정취소에 관한 사항을 결정할 때에는 법무부장관이 정하는 바에 따라 분류처우위원회의 심의ㆍ의결을 거쳐야 한다.

〈신설 2010.5.31〉

제86조(자치생활)

① 소장은 개방처우급ㆍ완화경비처우급 수형자에게 자치생활을 허가할 수 있다. 〈단서규정 삭제, 개정 2010.5.31〉

② 수형자 자치생활의 범위는 인원점검, 취미활동, 일정한 구역 안에서의 생활 등으로 한다.

③ 소장은 자치생활 수형자들이 교육실, 강당 등 적당한 장소에서 월 1회 이상 토론회를 할 수 있도록 하여야 한다.

④ 소장은 자치생활 수형자가 법무부장관 또는 소장이 정하는 자치생활 준수사항을 위반한 경우에는 자치생활 허가를 취소할 수 있다.

제87조(접견)

수형자의 경비처우급별 접견의 허용횟수는 다음 각 호와 같다.

1. 개방처우급: 1일 1회
2. 완화경비처우급: 월 6회
3. 일반경비처우급: 월 5회

4. 중(重)경비처우급: 월 4회

제88조(접견 장소)

소장은 개방처우급 수형자에 대하여는 법무부장관이 정하는 바에 따라 접촉차단시설이 설치된 장소외의 적당한 곳에서 접견을 실시할 수 있다. 다만, 처우상 특히 필요하다고 인정하는 경우에는 그 밖의 수형자에 대하여도 이를 허용할 수 있다. 〈개정 2010.5.31〉

제89조(가족 만남의 날 행사 등)

① 소장은 개방처우급 · 완화경비처우급의 수형자에 대하여 가족만남의 날 행사에 참여하게 하거나 가족 만남의 집을 이용하게 할 수 있다. 이 경우 제87조의 접견 허용횟수에는 포함되지 아니한다.

② 제1항의 경우 소장은 가족이 없는 수형자에 대하여는 결연을 맺었거나 그 밖에 가족에 준하는 사람으로 하여금 그 가족을 대신하게 할 수 있다.

③ 소장은 제1항에도 불구하고 교화를 위하여 특히 필요한 경우에는 일반경비처우급 수형자에 대하여도 가족 만남의 날 행사 참여 또는 가족 만남의 집 이용을 허가할 수 있다.

④ 제1항 및 제3항에서 "가족만남의 날 행사"란 수형자와 그 가족이 교정시설의 일정한 장소에서 다과와 음식을 함께 나누면서 대화의 시간을 갖는 행사를 말하며, "가족만남의 집"이란 수형자와 그 가족이 숙식을 함께 할 수 있도록 교정시설에 수용사동과 별도로 설치된 일반주택 형태의 건축물을 말한다.

제90조(전화통화의 허용횟수)

① 수형자의 경비처우급별 전화통화의 허용횟수는 다음 각 호와 같다. 〈개정 2010.5.31〉

1. 개방처우급 1급: 월 5회 이내

2. 완화경비처우급 2급: 월 3회 이내

② 소장은 제1항에도 불구하고 처우상 특히 필요한 경우에는 경비처우급 · 완화경비처우급 수형자의 전화통화 허용횟수를 늘릴 수 있다. 〈개정 2010.5.31〉

제91조(경기 또는 오락회 개최 등)

① 소장은 경비처우급 · 완화경비처우급 또는 자치생활 수형자에 대하여 월 2회 이내에서 경기 또는 오락회를 개최하게 할 수 있다. 다만, 소년수형자에 대하여는 그 횟수를 늘릴 수 있다. 〈개정 2010.5.31〉

② 제1항에 따라 경기 또는 오락회가 개최되는 경우 소장은 해당 시설의 사정을 고려하여 참석인원, 방법 등을 정할 수 있다.

③ 제1항에 따라 경기 또는 오락회가 개최되는 경우 소장은 관련 분야의 전문지식과 자격을 가지고 있는 외부강사를 초빙할 수 있다.

제92조(사회적 처우)

① 소장은 경비처우급 · 완화경비처우급의 수형자에 대하여 교정시설 밖에서 이루어지는 다음 각 호에 해당하는 활동을 허가할 수 있다. 다만, 처우 상 특히 필요한 경우에는 일반경비처우급의 수형자에게도 이를 허가할 수 있다. 〈개정 2010.5.31〉

1. 사회견학

2. 사회봉사

3. 자신이 신봉하는 종교행사 참석

4. 연극, 영화, 그 밖의 문화공연 관람

② 제1항 각 호의 활동을 허가하는 경우 소장은 별도의 수형자 의류를 지정하여 입게 한다. 다만, 처우상 필요한 경우에는 자비구매의류를 입게 할 수 있다.

③ 제1항 제4호의 활동에 필요한 비용은 수형자가 부담한다. 다만, 처우상 필요한 경우에는 예산의 범위에서 그 비용을 지원할 수 있다.

제93조(작업장려금 사용) 〈2010.5.31. 삭제〉

제94조(작업·교육 등의 지도보조)

소장은 수형자가 개방처우급 또는 완화경비처우급으로서 작업·교육 등의 성적이 우수하고 관련 기술이 있는 경우에는 교도관의 작업지도를 보조하게 할 수 있다. 〈개정 2010.5.31.〉

제95조(개인작업)

① 소장은 수형자가 개방처우급 또는 완화경비처우급으로서 작업기술이 탁월하고 작업성적이 우수한 경우에는 수형자 자신을 위한 개인작업을 하게 할 수 있다. 이 경우 개인작업 시간은 교도작업에 지장을 주지 아니하는 범위에서 1일 2시간 이내로 한다. 〈개정 2010.5.31〉

② 소장은 제1항에 따라 개인작업을 하는 수형자에게 개인작업 용구를 사용하게 할 수 있다. 이 경우 작업용구는 특정한 용기에 보관하도록 하여야 한다.

③ 제1항의 개인작업에 필요한 작업재료 등의 구입비용은 수형자가 부담한다. 다만, 처우상 필요한 경우에는 예산의 범위에서 그 비용을 지원할 수 있다.

제96조(외부 직업훈련)

① 소장은 수형자가 개방처우급 또는 완화경비처우급으로서 직업능력 향상을 위하여 특히 필요한 경우에는 교정시설 외부의 공공기관 또는 기업체 등에서 운영하는 직업훈련을 받게 할 수 있다. 〈개정 2010.5.31〉

② 제1항에 따른 직업훈련의 비용은 수형자가 부담한다. 다만, 처우상 특히 필요한 경우에는 예산의 범위에서 그 비용을 지원할 수 있다.

제61조 — 분류전담시설

법무부장관은 수형자를 과학적으로 분류하기 위하여 분류심사를 전담하는 교정시설을 지정·운영할 수 있다.

➲동 시행령

제86조(분류전담시설)

법무부장관은 법 제61조의 분류심사를 전담하는 교정시설을 지정·운영하는 경우에는 지방교정청별로 1개소 이상이 되도록 하여야 한다.

제62조 — 분류처우위원회

① 수형자의 개별처우계획, 가석방심사신청 대상자 선정 그 밖에 수형자의 분류처우에 관한 중요사항을 심의·의결하기 위하여 교정시설에 분류처우위원회(이하 이 조에서 "위원회")를 둔다.

② 위원회는 위원장을 포함한 5인 이상 7인 이하의 위원으로 구성하고, 위원장은 소장이 되며, 위원은 위원장이 소속기관의 부소장 및 과장(지소의 경우 7급 이상의 교도관) 중에서 임명한다.

③ 위원회는 그 심의·의결을 위하여 외부전문가로부터 의견을 들을 수 있다.

④ 이 법에 규정된 사항 외에 위원회에 관하여 필요한 사항은 법무부령으로 정한다.

➲시행규칙

제97조(심의·의결 대상)

법 제62조의 분류처우위원회(이하 이 절에서 "위원회"라 한다)는 다음 각 호의 사항을 심의·의결한다. 〈개정 2010.5.31〉

1. 처우등급 판단 등 분류심사에 관한 사항
2. 소득점수 등의 평가 및 평정에 관한 사항
3. 수형자 처우와 관련하여 소장이 심의를 요구한 사항
4. 가석방 적격심사 신청 대상자 선정 등에 관한 사항
5. 그 밖에 수형자의 수용 및 처우에 관한 사항

제98조(위원장의 직무)

① 위원장은 위원회를 소집하고 위원회의 사무를 총괄한다.

제62조	분류처우 위원회	② 위원장이 부득이한 사유로 그 직무를 수행할 수 없을 때에는 위원장이 미리 지정한 위원이 그 직무를 대행할 수 있다. **제99조(회의)** ① 위원회의 회의는 매월 10일에 개최한다. 다만, 위원회의 회의를 개최하는 날이 토요일, 공휴일, 그 밖에 법무부장관이 정한 휴무일일 때에는 그 다음 날에 개최한다. ② 위원장은 수형자의 처우와 관련하여 긴급히 처리하여야 하는 사항이 있는 경우에는 임시회의를 개최할 수 있다. ③ 위원회의 회의는 재적위원 3분의 2이상의 출석으로 개의하고, 출석위원 과반수의 찬성으로 의결한다. **제100조(간사)** ① 위원회의 사무를 처리하기 위하여 분류심사 업무를 담당하는 교도관 중에서 간사 1명을 둔다. ② 간사는 위원회의 회의록을 작성하여 유지하여야 한다.

제3절 교육과 교화프로그램

제63조	교육	① 소장은 수형자로 하여금 건전한 사회복귀에 필요한 지식과 소양을 습득하도록 교육할 수 있다. ② 소장은 「교육기본법」 제8조의 의무교육을 받지 못한 수형자에 대하여는 본인의 의사·나이·지식정도 그 밖의 사정을 고려하여 그에 알맞게 교육하여야 한다. ③ 소장은 제1항 및 제2항에 따른 교육을 위하여 필요하면 수형자를 외부의 교육기관에 통학하게 하거나 위탁하여 교육받게 할 수 있다. ④ 교육과정·외부통학·위탁교육 등에 관하여 필요한 사항은 법무부령으로 정한다. **→교육기본법 제8조(의무교육)** ① 의무교육은 6년의 초등교육과 3년의 중등교육으로 한다. ② 모든 국민은 제1항에 따른 의무교육을 받을 권리를 가진다. **⊃동 시행령** **제87조(교육)** ① 소장은 법 제63조에 따른 교육을 효과적으로 시행하기 위하여 교육실을 설치하는 등 교육에 적합한 환경을 조성하여야 한다. ② 소장은 교육대상자, 시설여건 등을 고려하여 교육계획을 수립하여 시행하여야 한다. **⊃시행규칙** **제101조(교육관리 기본원칙)** ① 소장은 교육대상자를 소속기관(소장이 관할하고 있는 교정시설을 말한다. 이하 같다)에서 선발하여 교육한다. 다만, 소속기관에서 교육대상자를 선발하기 어려운 경우에는 다른 기관에서 추천한 사람을 모집하여 교육할 수 있다. ② 소장은 교육대상자의 성적불량, 학업태만 등으로 인하여 교육의 목적을 달성하기 어려운 경우에는 그 선발을 취소할 수 있다. ③ 소장은 교육대상자 및 시험응시 희망자의 학습능력을 평가하기 위하여 자체 평가시험을 실시할 수 있다. ④ 소장은 교육의 효과를 거두지 못하였다고 인정하는 교육대상자에 대하여 다시 교육을 할 수 있다.

⑤ 소장은 기관의 교육전문인력, 교육시설, 교육대상인원 등의 사정을 고려하여 단계별 교육과 자격 취득 목표를 설정할 수 있으며, 자격취득·대회입상 등을 하면 처우에 반영할 수 있다.

제102조(교육대상자 준수 기본원칙)

① 교육대상자는 교육의 시행에 관한 관계법령, 학칙 및 교육관리지침을 성실히 준수하여야 한다.

② 제110조부터 제113조까지의 규정에 따른 교육을 실시하는 경우 소요되는 비용은 특별한 사정이 없으면 교육대상자의 부담으로 한다.

※ 교육대상자의 부담으로 하는 교육

독학에 의한 학위 취득과정

방송통신대학과정

전문대학 위탁과정

정보화 및 외국어 교육과장

③ 교육대상자로 선발된 자는 소장에게 다음의 선서를 하고 서약서를 제출하여야 한다. "나는 교육대상자로서 긍지를 가지고 제반규정을 준수하며, 교정시설 내 교육을 성실히 이수할 것을 선서합니다."

제103조(교육대상자 선발 등)

① 소장은 각 교육과정의 선정 요건과 수형자의 나이, 학력, 교정성적, 자체 평가시험 성적, 정신자세, 성실성, 교육계획과 시설의 규모, 교육대상인원 등을 고려하여 교육대상자를 선발하거나 추천하여야 한다.

② 소장은 정당한 이유 없이 교육을 기피한 사실이 있거나 자퇴(제적을 포함한다)한 사실이 있는 수형자는 교육대상자로 선발하거나 추천하지 아니할 수 있다.

제104조(교육대상자 관리 등)

① 학과교육대상자의 과정수료 단위는 학년으로 하되, 학기의 구분은 국공립학교의 학기에 준한다. 다만, 독학에 의한 교육은 수업 일수의 제한을 받지 아니한다.

② 소장은 교육을 위하여 필요한 경우에는 외부강사를 초빙할 수 있으며, 카세트 또는 재생전용기기의 사용을 허용할 수 있다.

③ 소장은 교육의 실효성을 확보하기 위하여 교육실을 설치·관리하여야 하며, 교육 목적을 위하여 필요한 경우 신체장애를 보완하는 교육용 물품의 사용을 허가하거나 예산의 범위에서 학용품과 응시료를 지원할 수 있다.

제105조(교육 취소 등)

① 소장은 교육대상자가 다음 각 호의 어느 하나에 해당하는 경우에는 교육대상자 선발을 취소할 수 있다.

1. 각 교육과정의 관계법령, 학칙, 교육관리지침 등을 위반한 때
2. 학습의욕이 부족하여 구두경고를 하였는데도 개선될 여지가 없거나 수학능력이 현저히 부족하다고 판단되는 때
3. 징벌을 받고 교육 부적격자로 판단되는 때

② 교육과정의 변경은 교육대상자의 선발로 보아 제103조를 준용한다.

③ 소장은 교육대상자에게 질병, 부상, 그 밖의 부득이한 사정이 있는 경우에는 교육 과정을 일시 중지할 수 있다.

제106조(이송 등)

① 소장은 특별한 사유가 없으면 교육기간 동안에 교육대상자를 다른 기관으로 이송할 수 없다.

② 교육대상자의 선발이 취소되거나 교육대상자가 교육을 수료하였을 때에는 선발 당시 소속기관으로 이송한다. 다만, 다음 각 호의 어느 하나에 해당하는 경우에는 소속기관으로 이송하지 아니하거나 다른 기관으로 이송할 수 있다.

1. 집행할 형기가 이송 사유가 발생한 날부터 3개월 이내인 때
2. 제105조 제1항 제3호의 사유로 인하여 교육대상자 선발이 취소된 때
3. 소속기관으로의 이송이 부적당하다고 인정되는 특별한 사유가 있는 때

제107조(작업 등)

① 교육대상자에게는 작업ㆍ직업훈련 등을 면제한다.
② 작업ㆍ직업훈련 수형자 등도 독학으로 검정고시ㆍ학력고시 등에 응시하게 할 수 있다. 이 경우 자체 평가시험 성적과 수형생활태도 등을 고려하여야 한다.

제108조(검정고시반 설치 및 운영)

① 소장은 매년 초 다음 각 호의 시험을 준비하는 수형자를 대상으로 검정고시반을 설치ㆍ운영할 수 있다.

1. 중학교 입학자격 검정고시
2. 고등학교 입학자격 검정고시
3. 고등학교 졸업학력 검정고시

② 소장은 교육기간 중에 검정고시에 합격한 교육대상자에 대하여는 해당 교육과정을 조기 수료시키거나 상위 교육과정에 임시 편성시킬 수 있다.
③ 소장은 고등학교 졸업 또는 이와 동등한 수준 이상의 학력이 인정되는 수형자를 대상으로 대학입학시험 준비반을 편성ㆍ운영할 수 있다.

제109조(방송통신고등학교과정 설치 및 운영)

① 소장은 수형자에게 고등학교 과정의 교육기회를 부여하기 위하여 「초ㆍ중등교육법」 제51조에 따른 방송통신고등학교 교육과정을 설치ㆍ운영할 수 있다.
② 소장은 중학교 졸업 또는 이와 동등한 수준 이상의 학력이 인정되는 수형자가 제1항의 방송통신고등학교 교육과정을 지원하여 합격한 경우에는 교육대상자로 선발할 수 있다.
③ 소장은 제1항의 방송통신고등학교 교육과정의 입학금, 수업료, 교과용 도서 구입비 등 교육에 필요한 비용을 예산의 범위에서 지원할 수 있다.

제110조(독학에 의한 학위 취득과정 설치 및 운영)

① 소장은 수형자에게 학위취득 기회를 부여하기 위하여 독학에 의한 학사학위 취득과정(이하 "학사고시반 교육"이라 한다)을 설치ㆍ운영할 수 있다.
② 소장은 다음 각 호의 요건을 갖춘 수형자가 제1항의 학사고시반 교육을 신청하는 경우에는 교육대상자로 선발할 수 있다.

1. 고등학교 졸업 또는 이와 동등한 수준 이상의 학력이 인정될 것
2. 교육개시일을 기준으로 형기의 3분의 1(21년 이상의 유기형 또는 무기형의 경우에는 7년)이 지났을 것
3. 집행할 형기가 1년 이상일 것

제111조(방송통신대학과정 설치 및 운영)

① 소장은 대학 과정의 교육기회를 부여하기 위하여 「고등교육법」 제2조에 따른 방송통신대학 교육 과정을 설치ㆍ운영할 수 있다.
② 소장은 제110조 제2항 각 호의 요건을 갖춘 개방처우급ㆍ완화경비처우급ㆍ일반경비처우급 수형자가 제1항의 방송통신대학 교육과정에 지원하여 합격한 경우에는 교육대상자로 선발할 수 있다. 〈개정 2010.5.31〉

제112조(전문대학 위탁교육과정 설치 및 운영)

① 소장은 전문대학과정의 교육기회를 부여하기 위하여 「고등교육법」 제2조에 따른

제63조	교육	전문대학 위탁 교육과정을 설치·운영할 수 있다. ② 소장은 제110조 제2항 각 호의 요건을 갖춘 개방처우급·완화경비처우급·일반경비처우급 수형자가 제1항의 전문대학 위탁교육과정에 지원하여 합격한 경우에는 교육대상자로 선발할 수 있다. 〈개정 2010.5.31.〉 ③ 제1항의 전문대학 위탁교육과정의 교과과정, 시험응시 및 학위취득에 관한 세부사항은 위탁자와 수탁자 간의 협약에 따른다. **제113조(정보와 및 외국어 교육과정 설치 및 운영 등)** ① 소장은 수형자에게 지식정보사회에 적응할 수 있는 교육기회를 부여하기 위하여 정보화 교육과정을 설치·운영할 수 있다. ② 소장은 개방처우급·완화경비처우급·일반경비처우급 수형자에게 다문화 시대에 대처할 수 있는 교육기회를 부여하기 위하여 외국어 교육과정을 설치·운영할 수 있다. 〈개정 20101.5.31〉 ③ 소장은 외국어 교육대상자가 교육실 외에서의 어학학습장비를 이용한 외국어학습을 원하는 경우에는 계호 수준, 독거 여부, 교육 정도 등에 대한 교도관회의(「교도관 직무규칙」 제21조에 따른 교도관회의를 말한다. 이하 같다)의 심의를 거쳐 허가할 수 있다. ④ 소장은 이 규칙에서 정한 교육과정 외에도 법무부장관이 수형자로 하여금 건전한 사회복귀에 필요한 지식과 소양을 습득하게 하기 위하여 정하는 교육과정을 설치·운영할 수 있다. **⊃동 시행령** **제88조(정서교육)** 소장은 수형자의 정서 함양을 위하여 필요하다고 인정하면 연극·영화관람, 체육행사, 그 밖의 문화예술활동을 하게 할 수 있다.
제64조	교화 프로 그램	① 소장은 수형자의 교정교화를 위하여 상담·심리치료 그 밖의 교화프로그램을 실시하여야 한다. ② 교화프로그램의 종류·내용 등에 관하여 필요한 사항은 법무부령으로 정한다. **⊃시행규칙** **제114조(교화프로그램의 종류)** 교화프로그램의 종류는 다음 각 호와 같다. 1. 문화프로그램 2. 문제행동예방프로그램 3. 가족관계회복프로그램 4. 교화상담 5. 그 밖에 법무부장관이 정한 교화프로그램 **제115조(문화프로그램)** 소장은 수형자의 인성 함양, 자아존중감 회복 등을 위하여 음악, 미술, 독서 등 문화예술과 관련된 다양한 프로그램을 도입하거나 개발하여 운영할 수 있다. **제116조(문제행동예방프로그램)** 소장은 수형자의 죄명, 죄질 등을 구분하여 그에 따른 심리측정·평가·진단·치료 등의 문제행동예방프로그램을 도입하거나 개발하여 실시할 수 있다. **제117조(가족관계회복프로그램)** ① 소장은 수형자와 그 가족의 관계를 유지·회복하기 위하여 수형자의 가족이 참여하는 각종 프로그램을 운영할 수 있다. 다만, 가족이 없는 수형자의 경우 교화를 위하여 필요하면 결연을 맺었거나 그 밖에 가족에 준하는 사람의 참여를 허가할 수 있다.

② 제1항의 경우 대상 수형자는 교도관회의의 심의를 거쳐 선발하고, 교정시설 안에서 실시하며, 참여인원은 5명 이내의 가족으로 한다. 다만, 특히 필요하다고 인정하는 경우에는 참여인원을 늘릴 수 있다.

제118조(교화상담)

① 소장은 수형자의 건전한 가치관 형성, 정서안정, 고충해소 등을 위하여 교화상담을 실시할 수 있다.

② 소장은 제1항의 교화상담을 위하여 교도관이나 제33조의 교정참여인사를 교화상담자로 지정할 수 있으며, 수형자의 안정을 위하여 결연을 주선할 수 있다.

제119조(교화프로그램 운영 방법)

① 소장은 교화프로그램을 운영하는 경우 약물중독·정신질환·신체장애·건강·성별·나이 등 수형자의 개별 특성을 고려하여야 하며, 프로그램의 성격 및 시설 규모와 인원을 고려하여 이송 등의 적절한 조치를 할 수 있다.

② 소장은 교화프로그램을 운영하기 위하여 수형자의 정서적인 안정이 보장될 수 있는 장소를 따로 정하거나 방송설비 및 방송기기를 이용할 수 있다.

③ 소장은 교정정보시스템(교정시설에서 통합적으로 정보를 관리하는 시스템을 말한다)에 교화프로그램의 주요 진행내용을 기록하여 수형자 처우에 활용하여야 하며, 상담내용 등 개인정보가 유출되지 아니하도록 하여야 한다.

④ 교화프로그램 운영에 관하여는 제101조부터 제107조까지의 규정을 준용한다.

제4절 작업과 직업훈련

제65조	작업의 부과	① 수형자에게 부과하는 작업은 건전한 사회복귀를 위하여 기술을 습득하고 근로의욕을 고취하는 데에 적합한 것이어야 한다. ② 소장은 수형자에게 작업을 부과하려면 나이·형기·건강상태·기술·성격·취미·경력·장래생계 그 밖의 수형자의 사정을 고려하여야 한다.
제66조	작업 의무	수형자는 자신에게 부과된 작업 그 밖의 노역을 수행하여야 할 의무가 있다. **➲동 시행령** **제89조(작업의 종류)** 소장은 법무부장관의 승인을 받아 수형자에게 부과하는 작업의 종류를 정한다. **제90조(소년수형자의 작업 등)** 소장은 19세 미만의 수형자에게 작업을 부과하는 경우에는 정신적·신체적 성숙 정도, 교육적 효과 등을 고려하여야 한다. **제91조(작업의 고지 등)** ① 소장은 수형자에게 작업을 부과하는 경우에는 작업의 종류 및 작업과정을 정하여 고지하여야 한다. ② 제1항의 작업과정은 작업성적, 작업시간, 작업의 난이도 및 숙련도를 고려하여 정한다. 작업과정을 정하기 어려운 경우에는 작업시간을 작업과정으로 본다. **제92조(작업실적의 확인)** 소장은 교도관에게 매일 수형자의 작업 실적을 확인하게 하여야 한다.

第67조	신청에 따른 작업	소장은 금고형 또는 구류형의 집행 중에 있는 사람에 대하여는 신청에 따라 작업을 부과할 수 있다. ➲동 시행령 **제93조(신청 작업의 취소)** 소장은 법 제67조에 따라 작업이 부과된 수형자가 작업의 취소를 요청하는 경우에는 그 수형자의 의사, 건강 및 교도관의 의견 등을 고려하여 작업을 취소할 수 있다.
第68조	외부통근 작업 등	① 소장은 수형자의 건전한 사회복귀와 기술습득을 촉진하기 위하여 필요하면 외부기업체 등에 통근 작업하게 하거나 교정시설의 안에 설치된 외부기업체의 작업장에서 작업하게 할 수 있다. ② 외부통근 작업 대상자의 선정기준 등에 관하여 필요한 사항은 법무부령으로 정한다. ➲시행규칙 **제120조(선정기준)** ① 외부통근자는 다음 각 호의 요건을 갖춘 수형자 중에서 서정한다. 〈개정 2010.5.31〉 1. 18세 이상 5세 이하일 것 2. 해당 작업 수행에 건강상 장애가 없을 것 3. 개방처우급 · 완화경비처우급 · 일반경비처우급에 해당할 것 4. 가족 · 친지 또는 법 제130조의 교정위원(이하 "교정위원"이라 한다) 등과 접견 · 서신수수 · 전화통하 등으로 연락하고 있을 것 5. 외부기업체에 통근하는 수형자는 집행할 형기가 7년 미만이고 가석방이 제한되지 아니할 것 6. 교정시설 안에 설치된 외부기업체의 작업장에 통근하는 수형자는 집행할 형기가 10년 미만이거나 형기기산일부터 10년 이상이 지났을 것 ② 소장은 제1항에도 불구하고 작업 부과 또는 교화를 위하여 특히 필요하다고 인정하는 경우에는 제1항의 수형자 외의 수형자에 대하여도 외부통근자로 선정할 수 있다. **제121조(선정 취소)** 소장은 외부통근자가 법령에 위반되는 행위를 하거나 법무부장관 또는 소장이 정하는 준수사항을 위반한 경우에는 외부통근자 선정을 취소할 수 있다. **제122조(외부통근자 교육)** 소장은 외부통근자로 선정된 수형자에 대하여는 자치활동 · 행동수칙 · 안전수칙 · 작업기술 및 현장 적응훈련에 대한 교육을 하여야 한다. **제123조(자치활동)** 소장은 외부통근자의 사회적응능력을 기르고 원활한 사회복귀를 촉진하기 위하여 필요하다고 인정하는 경우에는 수형자 자치에 의한 활동을 허가할 수 있다.
第69조	직업 능력 개발 훈련	① 소장은 수형자의 건전한 사회복귀를 위하여 기술 습득 및 향상을 위한 직업능력개발훈련(이하 "직업훈련"이라 한다)을 실시할 수 있다. ② 소장은 수형자의 직업훈련을 위하여 필요하면 외부의 기관 또는 단체에서 훈련을 받게 할 수 있다. ③ 직업훈련 대상자의 선정기준 등에 관하여 필요한 사항은 법무부령으로 정한다. ➲동 시행령 **제94조(직업능력개발훈련 설비 등의 구비)** 소장은 법 제69조에 따른 직업능력개발훈련을 하는 경우에는 그에 필요한 설비 및 실습자재를 갖추어야 한다. ➲시행규칙 **제124조(직업훈련 직종 선정 등)** ① 직업훈련 직종 선정 및 훈련과정별 인원은 법무부장관의 승인을 받아 소장이 정한다.

		② 직업훈련 대상자는 소속기관의 수형자 중에서 소장이 선정한다. 다만, 정예직업훈련(보다 심화된 기술습득을 위하여 법무부장관이 지정한 전담교정시설에서 실시하는 훈련을 말한다)이나 그 밖에 특히 필요하다고 인정하는 경우에는 법무부장관의 승인을 받아 다른 교정시설 수형자를 선정·집결하여 훈련하게 할 수 있다. 〈개정 2010.5.31〉 **제125조(직업훈련 대항자 선정기준)** 소장은 수형자가 다음 각 호의 요건을 갖춘 경우에는 수형자의 의사, 적성, 나이, 학력 등을 고려하여 직업훈련 대상자로 선정할 수 있다. 1. 집행할 형기 중에 해당 훈련과정을 이수할 수 있을 것 2. 직업훈련에 필요한 기본소양을 갖추었다고 인정될 것 3. 해당 과정의 기술이 없거나 재훈련을 희망할 것 4. 석방 후 관련 직종에 취업할 의사가 있을 것 **제126조(직업훈련 대상자 선정의 제한)** 소장은 제125조에도 불구하고 수형자가 다음 각 호의 어느 하나에 해당하는 경우에는 직업훈련 대상자로 선정해서는 아니 된다. 1. 15세 미만인 경우 2. 의사소통이 곤란한 외국인인 경우 3. 징벌대상행위의 혐의가 있어 조사 중이거나 징벌집행 중인 경우 4. 작업, 교육·교화프로그램 시행으로 인하여 직업훈련의 실시가 곤란하다고 인정되는 경우 5. 질병·신체조건 등으로 인하여 직업훈련을 감당할 수 없다고 인정되는 경우 **제127조(직업훈련 대상자 이송)** ① 법무부장관은 직업훈련을 위하여 필요한 경우에는 수형자를 다른 교정시설로 이송할 수 있다. ② 소장은 제1항에 따라 이송된 수형자나 직업훈련 중인 수형자를 다른 교정시설로 이송해서는 아니 된다. 다만, 훈련취소 등 특별한 사유가 있는 경우에는 그러하지 아니하다. **제128조(직업훈련의 보류 및 취소 등)** ① 소장은 직업훈련 대상자가 다음 각 호의 어느 하나에 해당하는 경우에는 직업훈련을 보류할 수 있다. 1. 징벌대상행위의 혐의가 있어 조사를 받게 된 경우 2. 심신이 허약하거나 질병 등으로 훈련을 감당할 수 없는 경우 3. 소질·적성·훈련성적 등을 종합적으로 고려한 결과 직업훈련을 계속할 수 없다고 인정되는 경우 4. 그 밖에 직업훈련을 계속할 수 없다고 인정되는 경우 ② 소장은 제1항에 따라 직업훈련이 보류된 수형자가 그 사유가 소멸되면 본래의 과정에 복귀시켜 훈련하여야 한다. 다만, 본래 과정으로 복귀하는 것이 부적당하다고 인정하는 경우에는 해당 훈련을 취소할 수 있다.
제70조	집중 근로에 따른 처우	① 소장은 수형자의 신청에 따라 제68조(외부통근)의 작업, 제69조 제2항(외부직업)의 훈련 그 밖에 집중적인 근로가 필요한 작업을 부과하는 경우에는 접견·전화통화·교육·공동행사 참가 등의 처우를 제한할 수 있다. 다만, 접견 또는 전화통화를 제한한 때에는 휴일 그 밖에 해당 수용자의 작업이 없는 날에 접견 또는 전화통화를 할 수 있게 하여야 한다. ② 소장은 제1항에 따라 작업을 부과하거나 훈련을 받게 하기 전에 수형자에게 제한되는 처우의 내용을 충분히 설명하여야 한다.

		⊃동 시행령 **제95조(집중근로)** "집중적인 근로가 필요한 작업"이란 수형자의 신청에 따라 1일 작업시간 중 접견·전화통화·교육 및 공동행사 참가 등을 하지 아니하고 휴게시간을 제외한 작업시간 내내 하는 작업을 말한다.
제71조	휴일의 작업	공휴일·토요일 그 밖의 휴일에는 작업을 부과하지 아니한다. 다만, 취사·청소·간호 그 밖에 특히 필요한 작업은 예외로 한다. **⊃동 시행령** **제96조(휴업일)** 법 제71조의 "그 밖의 휴일"이란 12월 31일, 「각종 기념일 등에 관한 규정」에 따른 교정의 날 및 소장이 특히 지정하는 날을 말한다.
제72조	작업의 면제	① 소장은 수형자의 가족 또는 배우자의 직계존속이 사망하면 **2일간**, 부모 또는 배우자의 기일을 맞이하면 **1일간** 해당 수형자의 작업을 면제한다. 다만, 수형자가 작업을 계속하기를 원하는 경우는 예외로 한다. ② 소장은 수형자에게 부상·질병 그 밖에 작업을 계속하기 어려운 특별한 사정이 있으면 그 사유가 해소될 때까지 작업을 면제할 수 있다. →구법: 작업상여금

【교정판례】 교도작업

1. 영치금품 관리규정 제28조 위헌확인

청구인에게 소포로 송부되어 온 단추 달린 남방형 티셔츠에 대하여 이를 청구인에게 교부하지 아니한 채 영치, 즉 휴대를 불허한데 대하여 불허행위는 이른바 "권력적 사실행위"로서 행정소송법 및 행정심판법의 대상이 되는 "행정청이 행하는 구체적 사실에 대한 법집행으로서의 공권력의 행사"에 해당하고, 따라서 이 사건 행위에 대하여는 행정소송 및 행정심판이 가능할 것이므로 헌법소원 심판청구를 하기 위하여서는 먼저 헌법재판소법 제68조 제1항 단서 규정에 따라 행정소송 등 권리구제절차를 거쳐야 할 것인 바, 청구인이 위와 같은 **권리구제절차를 거쳤음을 인정할 자료가 없으므로** 이 심판청구 부분 역시 부적법하다.

2. 교도작업자의 산재보험 미적용

수형자들에게 부과되는 교도작업은 경제적 이윤추구보다는 교화차원에서 이루어 지는 기술습득에 목표가 있고 경제성을 따지지 아니하고 실시하는 것이므로 작업상여금은 급료가 될 수 없는 은혜적 금전인데다 석방시 본인에게 또는 석방전 가족에게 지급되는 것으로서 헌법에 위반되지 아니하고, 작업 중 재해에 대하여도 수용자는 사법상의 계약관계를 맺고 작업하는 것이 아니라 형 집행의 일부로서 정역에 복무하는 것이므로 각종 산재보험 등에 상당한 보험료를 지불하는 대가로 받는 **사회일반인의 재해보상과 동일한 보상을 할 수 없는 이치**로서 정상을 참작하여 위로금이나 조위금을 지급한다고 하여도 이는 헌법에 위반되지 아니한다.(1998.7.17. 선고 96헌마268 결정)

3. 작업수입의 국고수입 위헌여부

헌법재판소는 (구) 행형법 제10조 제1항 등 수형자의 작업수입을 국고수입으로 하도록 규정하여 수형자의 재산권을 침해했다는 위헌확인소송에서 "청구인은 작업지시를 거부하고 출소할 때까지 작업을 하지 않아 수형자가 작업을 하여 발생하는 수입에 관한 처리를 규정한 이 사건 법률 제39조 제1항에 의하여 기본권을 침해받은 바가 없어 **자기관련성이 없다**고 하여야 할 것이므로 청구인의 위 규정에 대한 이 사건 헌법소원심판청구는 부적법하다"고 판시하였다.(헌재 1998.02.27, 96헌마179)

제73조	작업수입 등	① 작업수입은 국고수입으로 한다. ② 소장은 수형자의 근로의욕을 고취하고 건전한 사회복귀를 지원하기 위하여 법무부장관이 정하는 바에 따라 작업의 종류, 작업성적, 교정성적 그 밖의 사정을 고려하여 수형자에게 작업장려금을 지급할 수 있다. →구법: 작업상여금 ③ 제2항의 작업장려금은 석방할 때에 본인에게 지급한다. 다만, 본인의 가족생활부조, 교화 또는 건전한 사회복귀를 위하여 특히 필요하면 석방 전이라도 그 전부 또는 일부를 지급할 수 있다.
제74조	위로금 · 조위금	① 소장은 수형자가 다음 각 호의 어느 하나에 해당 하면 법무부장관이 정하는 바에 따라 위로금 또는 조위금을 지급한다. 1. 작업 또는 직업훈련으로 인한 부상 또는 질병으로 신체에 장해가 발생한 때 2. 작업 또는 직업훈련 중에 사망하거나 그로 인하여 사망한 때 ② 위로금은 석방할 때에 본인에게 지급하고, 조위금은 그 상속인에게 지급한다.
제75조	다른 보상 · 배상과의 관계	위로금 또는 조위금을 지급받을 사람이 국가로부터 동일한 사유로 「민법」 그 밖의 법령에 따라 제74조의 위로금 또는 조위금에 상당하는 금액을 지급받은 경우에는 그 금액을 위로금 또는 조위금으로 지급하지 아니한다.
제76조	위로금 · 조위금을 지급받을 권리의 보호	① 제74조의 위로금 또는 조위금을 지급받을 권리는 다른 사람 또는 법인에게 양도하거나 담보로 제공할 수 없으며, 다른 사람 또는 법인은 이를 압류할 수 없다. ② 제74조에 따라 지급받은 금전을 표준으로 하여 조세 그 밖의 공과금(公課金)을 부과하여서는 아니 된다.

| 제77조 | 귀휴 | ① 소장은 6개월 이상 복역한 수형자로서 그 형기의 3분의 1(21년 이상의 유기형 또는 무기형의 경우에는 7년)이 지나고 교정성적이 우수한 사람이 다음 각 호의 어느 하나에 해당하면 1년 중 20일 이내의 귀휴를 허가할 수 있다.
1. 가족 또는 배우자의 직계존속이 위독한 때
2. 질병이나 사고로 외부의료시설에의 입원이 필요한 때
3. 천재지변 그 밖의 재해로 가족, 배우자의 직계존속 또는 수형자 본인에게 회복할 수 없는 중대한 재산상의 손해가 발생하였거나 발생할 우려가 있는 때
4. 그 밖에 교화 또는 건전한 사회복귀를 위하여 법무부령으로 정하는 사유가 있는 때
② 소장은 다음 각 호의 어느 하나에 해당하는 사유가 있는 수형자에 대하여는 제1항에 불구하고 5일 이내의 특별귀휴를 허가할 수 있다.
1. 가족 또는 배우자의 직계존속이 사망한 때
2. 직계비속의 혼례가 있는 때
③ 소장은 귀휴를 허가하는 경우에 법무부령이 정하는 바에 따라 거소의 제한 그 밖에 필요한 조건을 붙일 수 있다.
④ 제1항 및 제2항의 귀휴기간은 형 집행기간에 포함한다. |

제130조(형기기준 등)

① 법 제77조 제1항의 형기를 계산할 때 부정기형은 단기를 기준으로 한다.

② 법 제77조 제1항의 "1년 중 20일 이내의 귀휴" 중 "1년"이란 매년 1월 1일부터 12월 31일까지를 말한다.

제131조(설치 및 구성)

① 법 제77조에 다른 수형자의 귀휴허가에 관한 심사를 하기 위하여 교정시설에 귀휴심사위원회(이하 이 절에서 "위원회"라 한다)를 둔다.

② 위원회는 위원장을 포함한 6명 이상 8명 이하의 위원으로 구성한다.

③ 위원장은 소장이 되며, 위원은 소장이 소속기관의 부소장·과장(지소의 경우에는 7급 이상의 교도관) 및 교정에 관한 학식과 경험이 풍부한 외부인사 중에서 임명 또는 위촉한다. 이 경우 외부위원은 2명 이상으로 한다.

제132조(위원장의 직무)

① 위원장은 위원회를 소집하고 위원회의 업무를 총괄한다.

② 위원장이 부득이한 사유로 직무를 수행할 수 없을 때에는 부소장인 위원이 그 직무를 대행하고, 부소장이 없거나 부소장인 위원이 사고가 있는 경우에는 위원장이 미리 지정한 위원이 그 직무를 대행한다.

제133조(회의)

① 위원회의 회의는 위원장이 수형자에게 법 제77조 제1항 및 제2항에 다른 귀휴사유가 발생하여 귀휴심사가 필요하다고 인정하는 때에 개최한다.

② 위원회의 회는 재적위원 과반수의 출석으로 개의하고, 출석위원 과반수의 찬성으로 의결한다.

제134조(심사의 특례)

① 소장은 토요일, 공휴일, 그 밖에 위원회의 소집이 매우 곤란한 때에 법 제77조 제2항 제1호의 사유가 발생한 경우에는 제129조 제1항에도 불구하고 위원회의 심사를 거치지 아니하고 귀휴를 허가할 수 있다. 다만, 이 경우 다음 각 호에 해당하는 부서의 장의 의견을 들어야 한다.

1. 수용관리를 담당하고 있는 부서

2. 귀휴업무를 담당하고 있는 부서

② 제1항 각 호에 해당하는 부서의 장은 제137조 제3항의 서류를 검토하여 그 의견을 지체 없이 소장에게 보고하여야 한다.

제135조(심사사항)

위원회는 귀휴심사대상자(이하 이 절에서 "심사대상자"라 한다)에 대하여 다음 각 호의 사항을 심사하여야 한다.

1. 수용관계

가. 건강상태

나. 징벌유무 등 수용생활 태도

다. 작업·교육의 근면·성실 정도

라. 작업장려금 및 영치금

마. 사회적 처우의 시행 현황

바. 공범·동종범죄자 또는 심사대상자가 속한 범죄단체 구성원과의 교류 정도

2. 범죄관계

가. 범행 시의 나이

나. 범죄의 성질 및 동기

다. 공범관계

라. 피해의 회복 여부 및 피해자의 감정
마. 피해자에 대한 보복범죄의 가능성
바. 범죄에 대한 사회의 감정
3. 환경관계
가. 가족 또는 보호자
나. 가족과의 결속 정도
다. 보호자의 생활태도
라. 접견ㆍ서신ㆍ전화통화의 내용 및 횟수
마. 귀휴예정지 및 교통ㆍ통신관계
바. 공범ㆍ동종범죄자 또는 심사대상자가 속한 범죄단체의 활동상태 및 이와 연계한
   재범 가능성

제136조(외부위원)

① 외부위원의 임기는 2년으로 하며, 연임할 수 있다.
② 소장은 외부위원이 다음 각 호의 어느 하나에 해당하는 경우에는 위촉을 해제할 수 있다.
1. 장비투병 등으로 직무를 수행할 수 없거나 직무수행이 현저히 곤란한 때
2. 범죄행위로 금고 이상의 형을 선고받은 때
3. 본인이 위촉 해제를 원하는 때
4. 심사 중 알게 된 수형자의 개인정보를 누설하거나 위원으로서 부적절한 행위를 한 때
③ 외부위원에게는 예산의 범위에서 수당과 여비를 지급할 수 있다.

제137조(간사)

① 위원회의 사무를 처리하기 위하여 귀휴업무를 담당하는 교도관 중에서 간사 1명을
   둔다.
② 간사는 위원장의 명을 받아 위원회의 사무를 처리한다.
③ 간사는 다음 각 호의 서류를 위원회에 제출하여야 한다.
1. 별지 제2호서식의 귀휴심사부
2. 수용기록부
3. 그 밖에 귀휴심사에 필요하다고 인정되는 서류
④ 간사는 별지 제3호서식에 따른 위원회 회의록을 작성하여 유지하여야 한다.

제138조(사실조회 등)

① 소장은 수형자의 귀휴심사에 필요한 경우에는 법 제60조 제1항에 따라 사실조회
   를 할 수 있다.
② 소장은 심사대상자의 보호관계 등을 알아보기 위하여 필요하다고 인정하는 경우에는
   그의 가족 또는 보호관계에 있는 사람에게 위원회 회의의 참석을 요청할 수 있다.

제139조(귀휴허가증 발급 등)

소장은 귀휴를 허가한 때에는 별지 제4호 서식의 귀휴허가부에 기록하고 귀휴허가를
받은 수형자(이하 "귀휴자"라 한다)에게 별지 제5호 서식의 귀휴허가증을 발급하여야
한다.

제140조(귀휴조건)

귀휴를 허가하는 경우 법 제77조 제3항에 따라 붙일 수 있는 조건(이하 "귀휴조건"
이라 한다)은 다음 각 호와 같다.
1. 귀휴지 외의 지역 여행 금지
2. 유흥업소, 도박장, 성매매업소 등 건전한 풍속을 해치거나 재범 우려가 있는 장소
   출입 금지
3. 피해자 또는 공범ㆍ동종범죄자 등과의 접촉금지
4. 귀휴지에서 매일 1회 이상 소장에게 전화보고(제141조 제1항(동행귀휴)에 따른

제78조	귀휴의 취소	

<table>
<tr><td rowspan="2">제78조</td><td rowspan="2">귀휴의
취소</td><td>

귀휴는 제외한다)

5. 그 밖에 귀휴 중 탈선 방지 또는 귀휴 목적 달성을 위하여 필요한 사항

제141조(동행귀휴 등)

① 소장은 수형자에게 귀휴를 허가한 경우 필요하다고 인정하면 교도관을 동행시킬 수 있다.

② 소장은 귀휴자의 가족 또는 보호관계에 있는 사람으로부터 별지 제6호 서식의 지도보증서를 제출받아야 한다.

③ 영 제97조 제1항에 따라 경찰관서의 장에게 귀휴사실을 통보하는 경우에는 별지 제7호 서식에 따른다.

제142조(귀휴비용 등)

① 귀휴자의 여비와 귀휴 중 착용할 복장은 본인이 부담한다.

② 소장은 귀휴자가 신청할 경우 작업장려금의 전부 또는 일부를 귀휴비용으로 사용하게 할 수 있다.

</td></tr>
<tr><td>

소장은 귀휴 중인 수형자가 다음 각 호의 어느 하나에 해당하면 그 귀휴를 취소할 수 있다.

1. 귀휴의 허가사유가 존재하지 아니함이 밝혀진 때
2. 거소의 제한 그 밖에 귀휴허가에 붙인 조건을 위반한 때

◯시행규칙

제143조(귀휴조건 위반에 대한 조치)

소장은 귀휴자가 귀휴조건을 위반한 경우에는 법 제78조에 다라 귀휴를 취소하거나 이의 시정을 위하여 필요한 조치를 하여야 한다.

◯동 시행령

제85조(수형자 취업알선 등 협의 기구)

① 수형자의 건전한 사회복귀를 지원하기 위하여 교정시설에 취업알선 및 창업지원에 관한 협의기구를 둘 수 있다.

② 제1항의 협의기구의 조직·운영 그 밖에 활동에 필요한 사항은 법무부령으로 정한다.

◯시행규칙

제144조(기능)

영 제85조 제1항에 따른 수형자 취업지원협의회(이하 이 장에서 "협의회"라 한다)의 기능은 다음 각 호와 같다.
〈개정 2010.5.31〉

1. 수형자 사회복귀 지원 업무에 관한 자문에 대한 조언
2. 수형자 취업·창업 교육
3. 수형자 사회복귀 지원을 위한 지역사회 네트워크 추진
4. 취업 및 창업 지원을 위한 자료제공 및 기술지원
5. 직업적성 및 성격검사 등 각종 검사 및 상담
6. 불우수형자 및 그 가족에 대한 지원 활동
7. 그 밖에 수형자 취업알선 및 창업지원을 위하여 필요한 활동

제145조(구성)

① 협의회는 회장 1명을 포함하여 3명 이상 5명 이하의 내부위원과 10명 이상의 외부위원으로 구성한다. 〈개정 2010.5.31〉

② 협의회의 회장은 소장이 되고, 부회장은 2명을 두되 1명은 소장이 내부위원 중에서 지명하고 1명은 외부위원 중에서 호선(互選)한다.

③ 내부위원은 소장이 지명하는 소속기관의 부소장·과장(지소의 경우에는 7급 이상의 교도관)으로 구성한다.

④ 회장·부회장 외에 협의회 운영을 위하여 기관실정에 적합한 수의 임원을 둘 수 있다.

</td></tr>
</table>

| 제78조 | 귀휴의
취소 | **제146조(외부위원)**
① 법무부장관은 위원회의 외부위원을 다음 각 호의 사람 중에서 소장의 추천을 받아 위촉한다. 〈개정 2010.5.31〉
1. 노동부 고용지원센터 등 지역 취업·창업 유관 공공기관의 장 또는 기관 추천자
2. 취업컨설턴트, 창업컨설턴트, 기업체 대표, 시민단체 및 기업연합체의 임직원
3. 변호사, 「고등교육법」에 따른 대학(이하 "대학"이라 한다)에서 법률학을 가르치는 전임강사 이상의 직에 있는 사람
4. 그 밖에 교정에 관한 학식과 경험이 풍부하고 수형자 사회복귀 지원에 관심이 있는 외부인사
② 외부위원의 임기는 3년으로 하며, 연임할 수 있다.
③ 법무부장관은 외부위원이 다음 각 호의 어느 하나에 해당하는 경우에는 소장의 건의를 받아 위촉을 해제한다.
1. 위촉기간이 끝난 사람으로서 재위촉 대상이 아닌 경우
2. 수형자의 사회복귀 지원활동이 해당 교정시설의 운영방침과 다르거나 수형자에게 부정적인 영향을 끼친다고 판단되는 경우
3. 장기투병 등으로 활동할 수 없거나 활동이 거의 불가능한 경우
4. 금고 이상의 실형을 선고받은 경우
5. 본인이 위촉 해제를 원하는 경우
6. 활동실적이 없거나 현저히 부진한 경우
7. 직무와 관련하여 법령을 위반하였거나 법무부장관이 정하는 준수사항을 위반한 경우
제147조(회장의 직무)
① 회장은 협의회를 소집하고 협의회 업무를 총괄한다.
② 회장이 부득이한 사유로 직무를 수행할 수 없을 때에는 소장이 지정한 부회장이 그 직무를 대행한다.
제148조(회의)
① 협의회의 회의는 분기마다 개최한다. 다만, 다음 각 호의 어느 하나에 해당하는 경우에는 임시회의를 개최할 수 있다.
〈개정 2010.5.31〉
1. 수형자의 사회복귀 지원을 위하여 협의가 필요할 때
2. 회장이 필요하다고 인정하는 때
3. 위원 3분의 1 이상의 요구가 있는 때
② 협의회의 회의는 회장이 소집하고 그 의장이 된다.
③ 협의회의 회의는 재적위원 과반수의 출석으로 개의하고, 출석위원 과반수의 찬성으로 의결한다.
제149조(간사)
① 협의회의 사무를 처리하기 위하여 수형자 취업알선 및 창업지원 업무를 전담하는 직원 중에서 간사 1명을 둔다.
② 간사는 별지 제8호 서식에 따른 협의회의 회의록을 작성하여 유지하여야 한다. |

제2장 미결수용자의 처우

【교정판례】 무죄 등 선고자

1. 무죄 등 선고자 임의 교도소 동행(소극설)

무죄 등 판결 선고 후 석방대상 **피고인**이 교도소 내에서 지급한 각종 지급품의 회수, 수용시의 휴대금품 또는 수용 중 영치된 금품의 반환 내지 환급문제 때문에 임의로 교도관과 교도소에 동행하는 것은 무방하다.

2. 무죄 등 선고자 강제 교도소 연행(적극설)

무죄 등 판결 선고 후 석방대상 **피고인**의 동의를 얻지 않고 의사에 반하여 교도소로 연행하는 것은 헌법 제12조의 규정에 비추어 도저히 허용될 수 없다. (헌재결 1997. 12.24, 95헌마 247)

제79조	미결수용자 처우의 원칙	미결수용자는 무죄의 추정을 받으며 그에 합당한 처우를 받는다. ➲동 시행령 **제98조(미결수용시설의 설비 및 계호의 정도)** 미결수용자를 수용하는 시설의 설비 및 계호의 정도는 법 제57조 제2항 제3호의 일반경비시설에 준한다. →미결수용시설의 경비등급을 일반경비시설에 준하도록 하여 증거인멸 및 도주 방지의 수용목적을 달성할 수 있도록 함.
제80조	참관금지	미결수용자가 수용된 거실은 참관할 수 없다. ➲동 시행령 **제99조(법률구조 지원)** 소장은 미결수용자가 빈곤하거나 무지하여 수사 및 재판 과정에서 권리를 충분히 행사하지 못한다고 인정하는 경우에는 법률구조에 필요한 지원을 할 수 있다.
제81조	분리수용	소장은 미결수용자로서 사건에 서로 관련이 있는 사람은 분리수용하고 서로 간의 접촉을 금지하여야 한다. ➲동 시행령 **제100조(공범 분리)** 소장은 이송이나 출정 그 밖의 사유로 미결수용자를 교정시설 밖으로 호송하는 경우에는 해당 사건에 관련된 사람과 호송 차량의 좌석을 분리하는 등의 방법으로 서로 접촉하지 못하게 하여야 한다.

제82조	사복착용	미결수용자는 수사·재판·국정감사 또는 법률이 정하는 조사에 참석할 때에는 사복을 착용할 수 있다. 다만, 소장은 도주우려가 크거나 특히 부적당한 사유가 있다고 인정하면 교정시설에서 지급하는 의류를 입게 할 수 있다.
제83조	이발	미결수용자의 두발 또는 수염은 특히 필요한 경우가 아니면 본인의 의사에 반하여 짧게 깎지 못한다.
제84조	변호인과의 접견 및 서신수수	① 제41조 제2항(접견내용이 청취·기록·녹음 또는 녹화)에 불구하고 미결수용자와 변호인(변호인이 되려고 하는 사람을 포함한다. 이하 같다)과의 접견에는 교도관이 참여하지 못하며 그 내용을 청취 또는 녹취하지 못한다. 다만, 보이는 거리에서 미결수용자를 관찰할 수 있다. →"감시"를 "관찰"로 변경 ② 미결수용자와 변호인 간의 접견은 시간과 횟수를 제한하지 아니한다. ③ 제43조 제4항 단서(무검열 예외단서)에 불구하고 미결수용자와 변호인 간의 서신은 교정시설에서 상대방이 변호인임을 확인할 수 없는 경우를 제외하고는 검열할 수 없다. **⊃동 시행령** **제101조(접견횟수)** 미결수용자의 접견 횟수는 매일 1회로 하되, 변호인과의 접견은 그 횟수에 포함시키지 않는다. **제102조(접견의 예외)** 소장은 미결수용자의 처우를 위하여 특히 필요하다고 인정하면 제58조 제1항(국가공무원복무규정 제9조에 따른 근무시간 내 접견)에도 불구하고 접견 시간대 외에도 접견하게 할 수 있고, 변호인이 아닌 사람과 접견하는 경우에도 제58조 제2항(30분이내)·제4항(접촉차단시설) 및 제101조(매일 1회)에도 불구하고 접견시간을 연장하거나 접견 횟수를 늘릴 수 있으며, 접촉차단시설이 없는 장소에서 접견하게 할 수 있다.
제85조	조사 등에서의 특칙	소장은 미결수용자가 징벌대상자로서 조사받고 있거나 징벌집행 중인 경우에도 소송서류의 작성, 변호인과의 접견·서신수수 그 밖의 수사 및 재판 과정에서의 권리행사를 보장하여야 한다.
제86조	작업과 교화	① 소장은 미결수용자에 대하여는 신청에 따라 교육 또는 교화프로그램을 실시하거나 작업을 부과할 수 있다. ② 제1항에 따라 미결수용자에게 교육 또는 교화프로그램을 실시하거나 작업을 부과하는 경우에는 제63조부터 제65조(교육, 교화프로그램, 작업의 부과)까지의 규정 및 제70조부터 제76조(집중근로에 따른 처우, 휴일의 작업, 작업의 면제, 작업수입 등, 위로금·조위금 등)까지의 규정을 준용한다. **⊃동 시행령** **제103조(교육·교화와 작업)** ① 법 제86조 제1항의 미결수용자에 대한 교육·교화프로그램 또는 작업은 교정시설 밖에서 행하는 것은 포함하지 아니한다. ※ 미결수용자에 대하여는 신청에 따라 교육을 실시할 수 있고, 그 교육프로그램에는 교정시설 밖에서 행하는 것도 포함 된다. (×) ② 소장은 법 제86조 제1항에 따라 작업이 부과된 미결수용자가 작업의 취소를 요청하는 경우에는 그 미결수용자의 의사, 건강 및 교도관의 의견 등을 고려하여 작업을 취소할 수 있다.

		제104조(도주 등 통보) 소장은 미결수용자가 도주하거나 도주한 미결수용자를 체포한 경우에는 그 사실을 검사에게 통보하고, 기소된 상태인 경우에는 법원에도 지체 없이 통보하여야 한다. **제105조(사망 등 통보)** 소장은 미결수용자가 위독하거나 사망한 경우에는 그 사실을 검사에게 통보하고, 기소된 상태인 경우에는 법원에도 지체 없이 통보하여야 한다. **제106조(외부의사의 진찰 등)** 미결수용자가 형사소송법 제34조, 제89조 및 제209조에 따라 외부의사와 진료를 받는 경우에는 교도관이 참여하고 그 경과를 수용기록부에 기재하여야 한다.
제87 조	**유치장**	경찰관서에 설치된 유치장은 교정시설의 미결수용실로 보아 이 법을 준용한다. **동시행령** **제107조(유치장 수용기간)** 경찰관서에 설치된 유치장에는 수형자를 30일 이상 수용할 수 없다.
제88 조	**준용 규정**	형사사건으로 수사 또는 재판을 받고 있는 수형자와 사형확정자에 대하여는 제84조(변호인과의 접견 및 서신수수) 및 제85조(조사등에서의 특칙)를 준용한다.

【교정판례】 경찰서 유치장

1. 경찰서 유치장 및 대용구치시설 관련 판례

(1) (구)행형법에서 유치장에 수용되는 피체포자에 대한 신체검사를 허용하는 것은 유치의 목적을 달성하고, 수용자의 자살, 자해 등의 사고를 미연에 방지하며, 유치장 내의 질서를 유지하기 위한 것인 점에 비추어 보면, 이러한 신체검사는 무제한적으로 허용되는 것이 아니라 위와 같은 목적 달성을 위하여 필요한 최소한도의 범위 내에서 또한 수용자의 명예나 수치심을 포함한 기본권이 부당하게 침해되는 일이 없도록 충분히 배려한 상당한 방법으로 행하여져야만 할 것 이고, 특히 수용자의 옷을 전부 벗긴 상태에서 앉았다 일어서기를 반복하게 하는 것과 같은 방법의 신체검사는 수용자의 명예나 수치심을 심하게 손상하므로 수용자가 신체의 은밀한 부위에 흉기 등 반입이나 소지가 금지된 물품을 은닉하고 있어서 다른 방법(외부로부터의 관찰, 촉진에 의한 검사, 겉옷을 벗고 가운 등을 걸치게 한 상태에서 속옷을 벗어서 제출하게 하는 등)으로는 은닉한 물품을 찾아내기 어렵다고 볼 만한 합리적인 이유가 있는 경우에 한하여 허용된다고 하여 **손해배상의 책임**을 물었다..(2001.10.26선고, 2001다51466)

(2) 수용자들이 공직선거 및 선거부정방지법상 배포가 금지된 인쇄물을 배포한 혐의로 현행범으로 체포된 여자들로서, 체포될 당시 신체의 은밀한 부위에 흉기 등 반입 또는

소지가 금지되어 있는 물품을 은닉하고 있었을 가능성은 극히 낮았다고 할 것이고, 그 후 변호인 접견시 변호인이나 다른 피의자들로부터 흉기 등을 건네 받을 수도 있었다고 의심할 만한 상황이 발생하였기는 하나, 변호인 접견절차 및 접견실의 구조 등에 비추어, 가사 수용자들이 흉기 등을 건네받았다고 하더라도 유치장에 다시 수감되기 전에 이를 신체의 은밀한 부위에 은닉 할 수 있었을 가능성은 극히 낮다고 할 것이어서, 신체검사 당시 다른 방법으로는 은닉한 물품을 찾아내기 어렵다고 볼 만한 합리적인 이유가 있었다고 할 수 없으므로, 수용자들의 옷을 전부 벗긴 상태에서 앉았다 일어서기를 반복하게 한 신체검사는 그 한계를 일탈한 위법한 것이다.(2001.10.26선고, 2001다 51466)

(3) 대법원은 경찰서 대용감방에 배치된 경찰관 등으로서는 감방 내의 상황을 잘 살펴 수감자들 사이에서 폭력행위 등이 일어나지 않도록 예방하고 나아가 폭력행위 등이 일어난 경우에는 이를 제지하여야 할 의무가 있음에도 불구하고 이러한 주의 의무를 게을리 하였다면 국가는 감방 내의 폭력행위로 인한 손해를 배상할 책임이 있다고 판시하였다.(대법원 1993.09.28. 선고, 93다17546 판결)

2. 유치장에 수용된 여자 피의자 정밀신체검사(적극설)

피청구인이 청구인들로 하여금 경찰관에게 등을 보인 채 상의를 속옷과 함께 겨드랑이까지 올리고 하의를 속옷과 함께 무릎까지 내린 상태에서 3회에 걸쳐 앉았다 일어서게 하는 방법으로 실시한 정밀신체수색으로 인하여 청구인들의 기본권이 침해되었는지 여부에 대해 이러한 과도한 이 사건 신체수색은 그 수단과 방법에 있어서 필요한 최소한도의 범위를 벗어났을 뿐만 아니라, 이로 인하여 청구인들로 하여금 인간으로서의 기본적 품위를 유지할 수 없도록 하는 것으로써, 수인하기 어려운 정도라고 보여지므로, 헌법 제10조의 인간의 존엄과 가치로부터 유래하는 인격권 및 제12조의 신체의 자유를 침해하는 정도에 이르렀다고 판단하였다.(헌재 2002.7.18, 2000헌마327)

3. 화장실의 불충분한 차폐시설에 따른 기본권 침해(적극설)

유치장에 수용되어 있던 청구인들이 유치기간 동안 신체부위가 다른 유치인들 및 경찰관들에게 관찰될 수 있고, 냄새가 직접 유출되는 실내화장실을 사용하도록 강제함으로써 청구인들의 기본권을 침해하였다는 주장에 대해, 보통의 평범한 성인인 청구인들로서는 내밀한 신체부위가 노출될 수 있고 역겨운 냄새, 소리 등이 흘러나오는 가운데 용변을 보지 않을 수 없는 상황에 있었으므로 그때마다 수치심과 당혹감, 굴욕감을 느꼈을 것이고 나아가 생리적 욕구까지도 억제해야만 했을 것임을 어렵지 않게 알 수 있다. 이 사건 청구인들로 하여금 유치기간동안 위와 같은 구조의 화장실을 사용하도록 강제한 피청구인의 행위는 인간으로서의 기본적 품위를 유지할 수 없도록 하는 것으로서, 수인하기 어려운 정도라고 보여지므로 전체적으로 볼때 비인도적·굴욕적일 뿐만 아니라 동시에 비록 건강을 침해할 정도는 아니라고 할지라도 헌법 제10조의 인간의 존엄과 가치로부터 유래하는 **인격권을 침해하는 정도에 이르렀다고 판단**된다.(헌재 2001.7.19, 2000헌마546)

【교정판례】 미결수용자 처우

1. 미결수용자 이송처분에 관한 대법원판례

미결수용자의 구금장소변경이 법률상 명문의 규정이 있는 경우에만 허용되거나 법원의 사전허가를 받아야 하는 것은 아니지만 이러한 이송처분이 행정소송의 대상이 되는 행정처분임에는 틀림없고, 나아가 이송처분으로 인하여 미결수용자의 방어권이나 접견권의 행사에 중대한 장애가 생기는 경우에는 그 이송처분은 재량의 한계를 넘은 위법한 처분으로서 법원의 판결에 의하여 최소 될 수 있음은 물론이다. 수용능력이 부족하다는 점이나 이러한 사유가 존재한다는 것만으로 위 이송처분이 적법한 것이라고 단정할 수는 없고 이 사건 기록에 나타난 사정만으로는 위 이송처분의 취소를 구하는 본안소송에서 그것이 신청인의 방어권이나 접견권의 행사를 침해하는 **위법한 처분으로 판단**되어 취소될 가능성을 배제할 수는 없다. 대법원(1992. 8. 7. 92두30결정)은 "상소한 미결수를 상소심 법원으로부터 멀리 떨어진 구치소로 이송한 사안에 대해서 부적법하다고 판단하면서 미결수에 대해서는 작업이나 교화, 수용능력 부족 등을 이유로 이송할 수 없다"고 판시하였다.(1983.7.5, 83초20 결정)

2. 미결수용자 서신검열 등 위헌확인

증거의 인멸이나 **도망을 예방**하고 교도소 내의 질서를 유지하여 미결구금제도를 실효성 있게 운영하고 일반사회의 불안을 방지하기 위한 미결수용자의 **서신에 대한 검열은 그 필요성이 인정**된다고 할 것이고, 이로 인하여 미결수용자의 통신의 비밀이 일부제한 되는 것은 질서유지 또는 공공복리라는 정당한 목적을 위하여 불가피할 뿐만 아니라 유 효 적절한 방법에 의한 최소한의 제한으로서 헌법에 위반된다고 할 수 없다. 그러나 헌 법 제12조 제4항 본문ㅇㄴ "누구든지 체포 또는 구속을 당한 때에는 즉시 변호인의 조 력을 받을 권리를 가진다."라고 규정하여 변호인의 조력을 받을 권리를 보장하고 있으므 로, 미결수용자의 서신 중 <u>**변호인과의 서신**은 다른 서신에 비하여 **특별한 보호**를 받아야 할 것이다.</u>(헌재 1995.7.21. 92헌마144)

3. 미결수용자의 변호인 접견권

헌재는 "피고인의 변호인과의 자유로운 접견은 신체구속을 당한 사람에게 보장된 변호인 의 조력을 받을 권리의 가장 중요한 내용이어서 국가안전보장·질서유지·공공복리 등 어 떠한 명분으로도 제한될 수 있는 성질의 것이 아니다. **대법원**(대판 1996.6.3, 96모18)도 임 의동행 연행자의 변호인 접견권을 인정하였다. 임의동행의 형식으로 수사기관에 연행된 피 의자에게도 변호인 또는 변호인이 되려는 자와의 접견교통권은 당연히 인정된다고 보아야 하고, 임의동행의 형식으로 연행된 **피내사자**의 경우에도 이는 마찬가지이다.(1992.1.28, 91 **헌마111**)

4. 변호인의 접견교통권에 대한 헌법소원 청구 여부(소극설)

구속된 피의자나 피고인이 가지는 변호인과의 접견교통권은 헌법상 기본권이므로 접견 불허처분에 대하여 **피의자나 피고인은 헌법소원을 청구**할 수 있으나, **변호인**은 형사소송 법 제34조에 기하여 접견교통권을 가지는 것이므로 헌법소원을 **청구할 수 없다.**(헌재결 1991.7.8. 89헌마181)

5. 변호인의 수진권행사에 사법경찰관의 의무관 참여요구의 위법성(소극설)

경찰서 유치장에 수용된 피의자에 대한 변호인의 수진권행사에 사법경찰관이 의무관의 참 여를 요구한 것이 변호인의 수진권을 침해하는 위법한 처분이라 할 수 없다.(**대판** 2002.5.6,

00 모112)

6. 미결수용자 교도소 종교행사 제한 위헌확인

미결수용자를 위한 종교행사를 매일 또는 매주 실시하지 않는 것이 헌법상 보장된 청구인의 종교의 자유를 침해한다고 주장하면서 심판 청구한 사건으로, 미결수용자의 종교활동과 관련한 규정으로 볼 수 있는 구 행형법 제67조도 "미결수용자에 대하여는 신청이 있는 경우에 한하여 작업을 과하거나 교회를 행할 수 있다."고 규정하고 있을 뿐 달리 미결수용자의 종교행사에 대해 교도소장 등 수용시설의 장에게 청구인이 주장하는 것과 같은 내용의 구체적인 작위의무를 규정하고 있지는 않다. 따라서 헌법소원의 대상이 되지 않는 것에 대한 심판 청구로서 부적법하다.(2006헌마295)

7. 미결수용자 재소자용 의류착용 위헌 여부

(1) 수용시설 안에서의 재소자용 의류착용(소극설)

미결수용자에게 수용시설 안에서 재소자용 의류를 입게 하는 것은 구금 목적의 달성, 시설의 규율과 안전유지를 위한 필요최소한의 제한으로서 정당성, 합리성을 갖춘 재량의 범위 내의 조치이다.

(2) 수사 및 재판단계에서 재소자용 의류착용(적극설)

수사 및 재판단계에서 유죄가 확정되지 아니한 미결수용자에게 재소자용 의류를 입게 하는 것은 미결수용자로 하여금 모욕감이나 수치심을 느끼게 하고, 심리적인 위축으로 방어권을 제대로 행사할 수 없게 하여 실체적 진실의 발견을 저해할 우려가 있으므로, 도주방지 등 어떠한 이유를 내세우더라도 그 제한은 정당화될 수 없어 헌법 제37조 제2항의 기본권 제한에서의 비례원칙에 위반되는 것으로서, 무죄추정의 원칙에 반하고 인간으로서의 존엄과 가치에서 유래하는 인격권과 행복추구권, 공정한 재판을 받을 권리를 침해하는 것이다.(헌재결 1999.5.27, 97헌마 137)

8. 미결수용자 구금장소 변경 영장주의원칙 적용 여부(소극설)

미결수용자의 구금장소의 변경은 법률상 명문의 규정이 있는 경우 외에는 이를 허용하

지 아니하는 취지라거나 또는 법률상 명문의 규정이 없이도 구속된 피고인 또는 피의자
의 구금장소를 변경함에 있어서는 법원의 사전허가를 받아야 한다고는 볼 수 없다.(대판
1992.8.7, 92두30)

9. 미결수용자 불법구금에 대한 위헌여부

　　본 사건 헌법소원심판의 청구인은 항소하여 무죄판결을 선고받았다. 이에 청구인의 변
호인은 같은 날 청구인을 지체 없이 석방할 것을 요구하였다. 그러나 동 피청구인은 검
사의 석방지휘 없이는 미결수용자를 석방할 수 없다는 이유로 거부하였다. 피청구인은
검사의 석방지휘서가 도착하자, 비로소 청구인을 석방하였다. 법원에서 청구인에게 무죄
판 결을 선고한데도 불구하고 피청구인들이 청구인을 즉시 석방하지 아니하고 계속 구금
한 행위는 청구인의 신체의 자유를 침해한 것이라고 주장하면서 이 사건 헌법소원심판을
청구하였다. **이에 대해 무죄 등 판결 선고 후 석방대상 피고인이 교도소에서 지급한 각
종지급품의 회수, 수용시의 휴대금품 또는 수용 중 영치된 금품의 반환 내지 환급문제
때문에 임의로 교도관과 교도소에 동행하는 것은 무방하나 피고인의 동의를 얻지 않고
의사에 반하여 교도소로 연행하는 것은 헌법 제12조의 규정에 비추어 도저히 허용될 수
없다.**(1997.12.24, 95헌마247)

10. 미결수용자의 접견교통권 헌법상 기본권 여부(적극설)

　　구속된 피의자 또는 피고인이 갖는 변호인 아닌 자와의 접견교통권은 인간으로서의 기
본적인 생활관계가 인신의 구속으로 인해 완전히 단절되어 파멸에 이르는 것을 방지하고
피고인의 방어를 준비하기 위해서도 반드시 보장되지 않으면 안되는 인간으로서의 기본
적인 권리에 해당하므로, 이는 성질상 헌법상의 기본권에 속한다고 보아야 할 것이다. 미
결수용자의 접견교통권은 헌법재판소가 헌법 제10조의 행복추구권에 포함되는 기본권의
하나로 인정하고 있는 일반적 행동자유권으로부터 나온다고 보아야 할 것이고, 무죄추정
의 원칙을 규정한 헌법 제27조 제4항도 그 보장의 한근거가 될 것이다.(헌재결 03.11.27,
02헌마 193)

제3장 사형확정자

제89조	사형확정 자의 수용	① 사형확정자는 독거수용한다. 다만, 자살방지, 교육·교화프로그램, 작업, 그 밖의 적절한 처우를 위하여 필요한 경우에는 법무부령으로 정하는 바에 따라 혼거수용할 수 있다. ② 사형확정자가 수용된 거실은 참관할 수 없다. ➲동 시행령 **제108조(사형확정자 수용시설의 설비 및 계호의 정도)** 사형확정자를 수용하는 시설의 설비 및 계호의 정도는 법 제57조 제23항 제3호의 일반경비시설 또는 같은 항 제4호의 중(重)경비시설에 준한다. **제109조(접견횟수)** 사형확정자의 접견횟수는 매월 4회로 한다. **제110조(접견의 예외)** 소장은 사형확정자의 교화나 심리적 안정을 도모하기 위하여 특히 필요하다고 인정하면 접견 시간대 외에도 접견을 하게 할 수 있고 접견시간을 연장하거나 접견 횟수를 늘릴 수 있으며, 접촉차단시설이 없는 장소에서 접견하게 할 수 있다. ➲시행규칙 **제150조(구분수용 등)** ① 사형확정자는 사형집행시설이 설치되어 있는 교정시설에 수용하되, 다음 각 호와 같이 구분하여 수용한다. 1. 교도소: 교도소 수용 중 사형이 확정된 사람, 교도소에서 교육·교화프로그램 또는 신청에 따른 작업을 실시할 필요가 있다고 인정되는 사람 2. 구치소: 구치소 수용 중 사형이 확정된 사람, 교도소에서 교육·교화프로그램 또는 신청에 따른 작업을 실시할 필요가 없다고 인정되는 사람 ② 사형확정자의 심리적 안정 도모 또는 교정시설의 안전과 질서유지를 위하여 특히 필요하다고 인정하는 경우에는 제1항 각 호에도 불구하고 교도소에 수용할 사형확정자를 구치소에 수용할 수 있고, 구치소에 수용할 사형확정자를 교도소에 수용할 수 있다.

【교정판례】 사형제도

1. 미연방대법원 판례의 동향

1) Hand-off Doctrine(불간섭주의) : Ruffin사건에서 "수형자는 그 기간동안 주의 노예이다"라고 보았다.

2) Involved hands Doctrine(개입주의) : Johnson 판결, Coffin 사건, Wolff 사건에서 수형자의 권리에 대한 헌법의 규율을 천명하였다. 수형자도 법률이 박탈한 권리를

제외하고는 보통의 시민이 가지는 권리를 향유한다. 따라서 수용자의 인권보호를 위해 무개입 원칙을 강조함은 적절치 않는 표현이며 **개입주의 원칙과 인권보호가 적절한 표현**이다.

3) New Hand-off Doctrine(신불간섭주의) : 교정당국의 판단을 존중하는 이념이다.

2. 사형제도에 대한 대법원과 헌법재판소의 판단

(1) 사형존폐 문제는 정치·문화·사회의 여러 상황을 다각적으로 고려하여 종합적·상대적으로 논의되어야 할 문제이므로, 현재 우리의 상황에서 볼 때 사형폐지는 아직 **시기상조**이다(대판 1967.9.12)

(2) 우리나라의 실정과 국민의 도덕적 감정을 고려하여 사형을 **합헌**이라고 인정한다(대판 1983.3.8).

(3) 사형제도 위헌 여부(소극설)

생명권 역시 헌법 제37조 제2항에 의한 일반적 법률유보의 대상이 될 수밖에 없는 것이나, 사형이 비례의 원칙에 따라서 최소한 동등한 가치가 있는 다른 생명 또는 그에 못지 아니 한 공공의 이익을 보호하기 위한 불가피성이 충족되는 예외적인 경우에만 적용되는 한, 그것이 비록 생명을 빼앗는 형벌이라 하더라도 헌법 제37조 제2항 단서에 위반되는 것으로 볼 수는 없다. 인간의 생명을 부정하는 등의 범죄행위에 대한 불법적 효과로서 지극히 한정적인 경우에만 부과되는 사형은 죽음에 대한 인간의 본능적 공포심과 범죄에 대한 응보욕구가 서로 맞물려 고안된 '필요악'으로서 불가피하게 선택된 것이며 지금도 여전히 제 기능을 하고 있다는 점에서 정당화될 수 있다. 따라서 사형은 헌법상의 비례의 원칙에 반하지 아니한다 할 것이고, 적어도 우리의 현행 헌법이 스스로 예사하고 있는 형벌의 한 종류이기도 하므로 아직은 우리의 헌법질서에 반하는 것으로 판단되지 아니한다.(헌재결 1996.11.28, 95헌바 1)

제89조	사형 확정 자의 수용	③ 소장은 사형확정자의 자살·도주 등의 사고를 방지하기 위하여 필요한 경우에는 사형확정자와 미결수용자를 혼거수용할 수 있고, 사형확정자의 교육·교화프로그램, 작업 등의 적절한 처우를 위하여 필요한 경우에는 사형확정자와 수형자를 혼거수용할 수 있다. ④ 사형확정자의 번호표 및 거실표의 색상은 붉은색으로 한다. **제151조(이송)** 소장은 사형확정자의 교육·교화프로그램, 작업 등을 위하여 필요하거나 교정시설의 안전과 질서유지를 위하여 특히 필요하다고 인정하는 경우에는 법무부장관의 승인을 받아 사형확정자를 다른 교정시설로 이송할 수 있다.
제90조	개인 상담 등	① 소장은 사형확정자의 심리적 안정 및 원만한 수용생활을 위하여 교육 또는 교화프로그램을 실시하거나 신청에 따라 작업을 부과할 수 있다. ② 사형확정자에 대한 교육·교화프로그램, 작업, 그 밖의 처우에 필요한 사항은 법무부령으로 정한다. **➡시행규칙** **제152조(상담)** ① 소장은 사형확정자의 심리적 안정 및 원만한 수용생활을 위하여 소속 교도관으로 하여금 지속적인 상담을 하게 하여야 한다. ② 제1항의 사형확정자에 대한 상담시기, 상담책임자 지정, 상담결과 처리절차 등에 관하여는 제196조를 준용한다. **제153조(작업)** ① 소장은 사형확정자가 작업을 신청하면 교도관회의의 심의를 거쳐 교정시설 안에서 실시하는 작업을 부과할 수 있다. 이 경우 부과하는 작업은 심리적 안정과 원만한 수용생활을 도모하는 데 적합한 것이어야 한다. ② 소장은 작업이 부과된 사형확정자에 대하여 교도관회의의 심의를 거쳐 제150조 제4항을 적용하지 아니할 수 있다. ③ 소장은 작업이 부과된 사형확정자가 작업의 취소를 요청하면 사형확정자의 의사·건강, 담당교도관의 의견 등을 고려하여 작업을 취소할 수 있다. ④ 사형확정자에게 작업을 부과하는 경우에는 법 제71조부터 제76조까지의 규정 및 이 규칙 제200조를 준용한다. **제154조(교화프로그램)** 소장은 사형확정자에 대하여 심리상담, 종교상담, 심리치료 등의 교화프로그램을 실시하는 경우에는 전문가에 의하여 집중적이고 지속적으로 이루어질 수 있도록 계획을 수립·시행하여야 한다. **제155조(전담교정시설 수용)** 사형확정자에 대한 교육·교화프로그램, 작업 등의 처우를 위하여 법무부장관이 정하는 전담교정시설에 수용할 수 있다. **제156조(전화통화)** 소장은 사형확정자의 심리적 안정과 원만한 수용생활을 위하여 필요하다고 인정하는 경우에는 월 3회 이내의 범위에서 전화통화를 허가할 수 있다.
제91조	사형의 집행	① 사형은 교정시설의 사형장에서 집행한다. ② 공휴일과 토요일에는 사형을 집행하지 아니한다. **➡동 시행령** **제111조(사형집행 후의 검시)**

소장은 사형을 집행하였을 경우에는 시신을 검시(檢屍)한 후 5분이 지나지 아니하면 교수형에 사용한 줄을 풀지 못한다.

→관련법령/형사소송법

제463조(사형의 집행)

사형은 법무부장관의 명령에 의하여 집행한다.

제464조(사형판결확정과 소송기록의 제출)

사형을 선고한 판결이 확정한 때에는 검사는 지체 없이 소송 기록을 법무부장관에게 제출하여야 한다.

제465조(사형집행명령의 시기)

① 사형집행의 명령은 판결이 확정된 날로부터 6월 이내에 하여야 한다.

② 상소권회복의 청구, 재심의 청구 또는 비상상고의 신청이 있는 때에는 그 절차가 종료할 때까지의 기간은 전항의 기간에 산입하지 아니한다.

제466조(사형집행의 기간)

법무부장관이 사형의 집행을 명한 때에는 5일 이내에 집행하여야 한다.

제467조(사형집행의 참여)

① 사형의 집행에는 검사와 검찰청서기관과 교도소장 또는 구치소장이나 그 대리자가 참여하여야 한다.

② 검사 또는 교도소장 또는 구치소장의 허가가 없으면 누구든지 형의 집행장소에 들어가지 못한다.

제468조(사형집행조서)

사형의 집행에 참여한 검찰청서기관은 집행조서를 작성하고 검사와 교도소장 또는 구치소장이나 그 대리자와 함께 기명날인 또는 서명하여야 한다.

제469조(사형집행의 정지)

① 사형의 선고를 받은 자가 심신의 장애로 의사능력이 없는 상태에 있거나 잉태 중에 있는 여자인 때에는 법무부장관의 명령으로 집행을 정지한다.

② 전항의 규정에 의하여 형의 집행을 정지한 경우에는 심신 장애의 회복 또는 출산 후 법무부장관의 명령에 의하여 형을 집행한다.

제4편 수용의 종료

제1장 가석방

【교정판례】 형법 72조 제1항의 형기 등(가석방의 요건)

1. 가석방의 요건

징역 또는 금고의 집행 중에 있는 자가 그 행상이 양호하여 개전의 정이 현저한 때에는 무기에 있어서는 10년, 유기에 있어서는 형기의 1/3을 경과한 후 행정처분으로 가석방을 할 수 있다. 여기서 형법 제72조 제1항의 「형기」(각형의 형기 의미)라 함은 1개의 판결로 수개의 형이 확정된 수형자의 경우에도 「각형의 형기를 합산한 형기」나, 「최종적으로 집행되는 형기의 형기」를 의미하는 것이 아니라, 언제나 「각형의 형기」를 의미하고, 그 당연한 귀결로서 수개의 형이 확정된 수형자에 대하여는 각형의 형기를 모두 3분의 1 이상씩 경과한 후가 아니면 가석방이 불가능하게 되는 것이다.

2. 형법 제72조 제1항의 취지와 기본권침해의 직접관련성(소극설)

형법 제72조 제1항은 동 규정에 따른 요건이 갖추어지면 법률상 당연히 가석방을 하도록 정하고 있는 것이 아니고, 수형자의 연령 등 제반 사정을 참작하여 재량적인 행정처분으로써 가석방을 할 수 있도록 하는 가석방제도의 원칙을 정하고 있는 규정에 불과하므로, 가석방이라는 구체적인 행정처분을 기다리지 않고 직접 수형자의 기본권을 침해하였다고는 볼 수 없으므로 직접관련성이 결여되었다고 할 것이다.(헌재결 1995.3.23, 93헌마 12)

| 제119조 | 가석방
심사위
원회 | 「형법」 제72조에 따른 가석방의 적격여부를 심사하기 위하여 법무부장관 소속하에 가석방심사위원회(이하 이 장에서 "위원회"라 한다)를 둔다.

→관련법령/형법
제72조(가석방의 요건)
① 징역 또는 금고의 집행 중에 있는 자가 그 행상이 양호하여 개전의 정이 현저한 때에는 무기에 있어서는 10년, 유기에 있어서는 형기의 3분의 1을 경과한 후 행정처분으로 가석방을 할 수 있다.
② 전항의 경우에 벌금 또는 과료의 병과가 있는 때에는 그 금액을 완납하여야 한다.
제73조(판결선고 전 구금과 가석방)
① 형기에 산입된 판결선고 전 구금의 일수는 가석방에 있어서 집행을 경과한 기간에 산입한다.
② 벌금 또는 과료에 관한 유치기간에 산입된 판결선고 전 구금일수는 전조 제2항의 경우에 있어서 그에 해당하는 금액이 납입된 것으로 간주한다.
제73조의2(가석방의 기간 및 보호관찰)
① 가석방의 기간은 무기형에 있어서는 10년으로 하고, 유기형에 있어서는 남은 형기로 하되, 그 기간은 10년을 초과할 수 없다.
② 가석방된 자는 가석방기간 중 보호관찰을 받는다. 다만, 가석방을 허가한 행정관청이 필요가 없다고 인정한 때에는 그러하지 아니하다.
제74조(가석방의 실효)
가석방 중 금고 이상의 형의 선고를 받아 그 판결이 확정된 때에는 가석방처분은 효력을 잃는다. 단 과실로 인한 죄로 형의 선고를 받았을 때에는 예외로 한다.
제75조(가석방의 취소)
가석방의 처분을 받은 자가 감시에 관한 규칙을 위배하거나, 보호관찰의 준수사항을 위반하고 그 정도가 무거운 때에는 가석방처분을 취소할 수 있다.
제76조(가석방의 효과)
① 가석방의 처분을 받은 후 그 처분이 실효 또는 취소되지 아니하고 가석방기간을 경과한 때에는 형의 집행을 종료한 것으로 본다.
② 전2조의 경우에는 가석방중의 일수는 형기에 산입하지 아니한다. |
| 제120조 | 위원
회의
구성 | ① 위원회는 위원장을 포함한 5인 이상 9인 이하의 위원으로 구성한다.
② 위원장은 법무부차관이 되고, 위원은 판사, 검사, 변호사, 법무부 소속공무원, 교정에 관한 학식과 경험이 풍부한 사람 중에서 법무부장관이 임명 또는 위촉한다.
③ 이 법에 규정된 사항 외에 위원회에 대하여 필요한 사항은 법무부령으로 정한다.
⊃시행규칙
제236조(심사대상)
법 제119조의 가석방심사위원회(이하 이 편에서 "위원회"라 한다)는 법 제121조에 따른 가석방 적격 여부 및 이 규칙 제262조에 따른 가석방 취소 등에 관한 사항을 심사한다.
제237조(심사의 기본원칙)
① 가석방심사는 객관적 자료와 기준에 따라 공정하게 하여야 하며, 심사 과정에서 알게 된 비밀은 누설해서는 아니 된다.
② 외부위원의 명단은 심사의 공정성과 신상 보호를 위하여 비공개로 한다.
제238조(위원장의 직무)
① 위원장은 위원회를 소집하고 위원회의 업무를 총괄한다.
② 위원장이 부득이한 사정으로 직무를 수행할 수 없을 때에는 위원장이 미리 지정한 위원이 그 직무를 대행한다. |

제239조(위원의 임명 또는 위촉)

법무부장관은 다음 각 호의 사람 중에서 위원회의 위원을 임명하거나 위촉한다.

1. 법무부 검찰국장·범죄예방정책국장 및 교정본부장
2. 고등법원 부장판사급 판사, 변호사, 대학에서 교정학·형사정책학·범죄학·심리학·교육학 등 교정에 관한 전문분야를 가르치는 부교수 이상의 직에 있는 사람
3. 그 밖에 교정에 관한 학식과 경험이 풍부한 사람

제240조(위원의 임기)

제239조 제2호 및 제3호의 위원의 임기는 2년으로 하며, 연임할 수 있다.

제241조(간사와 서기)

① 위원장은 위원회의 사무를 처리하기 위하여 소속 공무원 중에서 간사 1명과 서기 약간 명을 임명한다.

② 간사는 위원장의 명을 받아 위원회의 사무를 처리하고 회의에 참석하여 발언할 수 있다.

③ 서기는 간사를 보조한다.

제242조(회의)

① 위원회의 회의는 재적위원 과반수의 출석으로 개의하고, 출석위원 과반수의 찬성으로 의결한다.

② 간사는 위원회의 결정에 대하여 결정서를 작성하여야 한다.

제243조(회의록의 작성)

① 간사는 별지 제20호 서식의 가석방심사위원회 회의를 작성하여 유지하여야 한다.

② 회의록에는 회의의 내용을 기록하고 위원장 및 간사가 기명·날인하여야 한다.

제244조(수당 등)

위원회의 회의에 출석한 위원에게는 예산의 범위에서 수당과 여비를 지급할 수 있다.

제121조	가석방 적격 심사	① 소장은 「형법」 제72조 제1항의 기간이 지난 수형자에 대하여는 법무부령으로 정하는 바에 따라 위원회에 가석방 적격심사를 신청하여야 한다. ② 위원회는 수형자의 나이, 범죄동기, 죄명, 형기, 교정성적, 건강상태, 가석방 후의 생계능력, 생활환경, 재범의 위험성 그 밖의 필요한 사정을 고려하여 가석방의 적격 여부를 결정한다.
제122조	가석방 허가	① 위원회는 가석방 적격결정을 하였으면 5일 이내에 법무부장관에게 가석방 허가를 신청하여야 한다. ② 법무부장관은 제1항에 따른 위원회의 가석방 허가신청이 적정하다고 인정하면 허가할 수 있다. **⊃시행규칙** **제245조(적격심사신청 대상자 선정)[제목개정 2010.5.31]** ① 소장은 「형법」 제72조 제1항의 기간을 경과한 수형자로서 교정성적이 우수하고 뉘우치는 빛이 뚜렷하여 재범의 위험성이 없다고 인정하는 경우에는 분류처우위원회의 의결을 거쳐 가석방 적격심사신청 대상자를 선정한다.〈개정 2010.5.31〉 ② 소장은 가석방 적격심사신청에 필요하다고 인정하면 분류처우위원회에 담당교도관을 출석하게 하여 수형자의 가석방 적격심사사항에 관한 의견을 들을 수 있다.〈개정 2010.5.31〉 **제246조(사전조사)** 소장은 수형자의 가석방 적격심사신청을 위하여 다음 각 호의 사항을 사전에 조사하여야 한다. 이 경우 특히 필요하다고 인정할 때에는 수형자, 가족, 그 밖의 사람과 면담 등을 할 수 있다.〈개정 2010.5.31〉 1. 신원에 관한 사항

가. 건강상태
나. 정신 및 심리 상태
다. 책임감 및 협동심
라. 경력 및 교육 정도
마. 노동 능력 및 의욕
바. 교정성적
사. 작업장려금 및 작업상태
아. 그 밖의 참고사항
2. 범죄에 관한 사항
가. 범행 시의 나이
나. 형기
다. 범죄횟수
라. 범죄의 성질·동기·수단 및 내용
마. 범죄 후의 정황
바. 공범관계
사. 피해 회복 여부
아. 범죄에 대한 사회의 감정
자. 그 밖의 참고사항
3. 보호에 관한 사항
가. 동거할 친족·보호자 및 고용할 자의 성명·직장명·나이·직업·주소·생활 정
도 및 수형자와의 관계
나. 가정환경
다. 접견 및 서신의 수신·발신 내역
라. 가족의 수형자에 대한 태도·감정
마. 석방 후 돌아갈 곳
바. 석방 후의 생활계획
사. 그 밖의 참고사항

제247조(사전조사 유의사항)

제246조에 따른 사전조사 중 가석방 적격심사신청과 관련하여 특히 피해자의 감정 및
합의 여부, 출소 시 피해자에 대한 보복성 범죄 가능성 등에 유의하여야 한다. 〈개정
2010.5.31〉

제248조(사전조사 결과)

① 소장은 제246조에 따라 조사한 사항을 매월 분류처우위원회의 회의 개최일 전날
까지 분류처우심사표에 기록하여야 한다.
② 제1항의 분류처우심사표는 법무부장관이 정한다.

제249조(사전조사 시기 등)

① 제246조 제1호의 사항에 대한 조사는 수형자를 수용한 날부터 1개월 이내에 하
고, 그 후 변경할 필요가 있는 사항이 발견되거나 가석방 적격심사신청을 위하여
필요한 경우에 한다.
〈개정 2010.5.31〉
② 제246조 제2호의 사항에 대한 조사는 수형자를 수용한 날부터 2개월 이내에 하
고, 조사에 필요하다고 인정하는 경우에는 소송기록을 열람할 수 있다.
③ 제246조 제3호의 사항에 대한 조사는 형기의 3분의 1이 지나기 전에 하여야 하
고, 그 후 변경된 사항이 있는 경우에는 지체 없이 그 내용을 변경하여야 한다.

제250조(적격심사신청) [제목개정 2010.5.31]

① 소장은 법 제121조 제1항에 따라 가석방 적격심사를 신청할 때에는 별지 제21호 서식의 가석방 적격심사신청서에 별지 제22호 서식의 가석방 적격심사 및 신상조사표를 첨부하여야 한다. 〈개정 2010.5.31〉

② 소장은 가석방 적격심사신청 대상자를 선정한 경우 선정된 날부터 5일 이내에 위원회에 가석방 적격심사신청을 하여야 한다. 〈개정 2010.5.31〉

③ 소장은 위원회에 적격심사 신청한 사실을 수형자의 동의를 받아 보호자 등에게 알릴 수 있다. 〈개정 2010.5.31〉

제251조(재신청)

소장은 가석방이 허가되지 아니한 수형자에 대하여 그 후에 가석방을 허가하는 것이 적당하다고 인정하는 경우에는 다시 가석방 적격심사신청을 할 수 있다. 〈개정 2010.5.31〉

제252조(누범자에 대한 심사)

위원회가 동일하거나 유사한 죄로 2회 이상 징역형 또는 금고형의 집행을 받은 수형자에 대하여 적격심사 할 때에는 뉘우치는 정도, 노동 능력 및 의욕, 근면성, 그 밖에 정상적인 업무에 취업할 수 있는 생활계획과 보호관계에 관하여 중점적으로 심사하여야 한다. 〈개정 2010.5.31〉

제253조(범죄동기에 대한 심사)

① 위원회가 범죄의 동기에 관하여 심사할 때에는 사회의 통념 및 공익 등에 비추어 정상을 참작할 만한 사유가 있는지를 심사하여야 한다.

② 범죄의 동기가 군중의 암시 또는 도발, 감독관계에 의한 위협, 그 밖에 이와 유사한 사유로 인한 것일 때에는 특히 수형자의 성격 또는 환경의 변화에 유의하고 가석방 후의 환경이

가석방처분을 받은 사람(「보호관찰 등에 관한 법률」에 따른 보호관찰대상자는 제외한다. 이하 "가석방자"라 한다)에게 미칠 영향을 심사하여야 한다.

제254조(사회의 감정에 대한 심사)

다음 각 호에 해당하는 수형자를 적격심사 할 때에는 특히 그 범죄에 대한 사회의 감정에 유의하여야 한다. 〈개정 2010.5.31〉

1. 범죄의 수단이 참혹 또는 교활하거나 극심한 위해를 발생시킨 경우
2. 해당 범죄로 무기형에 처해진 경우
3. 그 밖에 사회적 물의를 일으킨 죄를 지은 경우

제255조(재산범에 대한 심사)

① 재산에 관한 죄를 지은 수형자에 대하여는 특히 그 범행으로 인하여 발생한 손해의 배상 여부 또는 손해를 경감하기 위한 노력 여부를 심사하여야 한다.

② 수형자 외의 사람이 피해자의 손해를 배상한 경우에는 그 배상이 수형자 본인의 희망에 따른 것인지를 심사하여야 한다.

제256조(관계기관 조회)

① 위원회는 가석방 적격심사에 필요하다고 인정하면 수형자의 주소지 또는 연고지 등을 관할하는 시·군·구·경찰서, 그 밖에 학교·직업알선기관·보호단체·종교단체 등 관계기관에 사실조회를 할 수 있다. 〈개정 2010.5.31〉

② 위원회는 가석방 적격심사를 위하여 필요하다고 인정하면 위원이 아닌 판사·검사 또는 군법무관에게 의견을 묻거나 위원회에 참여시킬 수 있다. 〈개정 2010.5.31〉

제257조(감정의 촉탁)

① 위원회는 가석방 심사를 위하여 필요하다고 인정하면 심리학·정신의학·사회학 또는 교육학을 전공한 전문가에게 수형자의 정신상태 등 특정 사항에 대한 감정을 촉탁할 수 있다.

② 제1항에 따른 촉탁을 받은 사람은 소장의 허가를 받아 수형자와 접견할 수 있다.

제258조(가석방 결정)

위원회가 법 제121조 제2항에 따라 가석방 결정을 한 경우에는 별지 제23호 서식의 결정서를 작성하여야 한다.

➲동 시행령

제140조(가석방자 준수사항의 고지 등)

소장은 법 제122조 제2항의 가석방 허가에 다라 수형자를 가석방하는 경우에는 가석방자 교육을 하고, 준수사항을 알려 준 후 증서를 발급하여야 한다.

➲시행규칙

제259조(가석방증)

소장은 수형자의 가석방이 허가된 경우에는 주거지, 관할 경찰서 또는 보호관찰소에 출석할 기한 등을 기록한 별지 제24호서식의 가석방증을 가석방자에게 발급하여야 한다.

제260조(취소사유)

가석방자는 가석방 기간 중 「가석방자관리규정」 제5조부터 제7조까지, 제10조, 제13조 제1항 및 제14조부터 제16조까지의 규정에서 정한 준수사항 및 관할 경찰서장의 명령 또는 조치를 따라야 하며 이를 위반하는 경우에는 「형법」 제75조에 따라 가석방을 취소할 수 있다.

→형법 제75조(가석방의 취소)

가석방의 처분을 받은 자가 감시에 관한 규칙을 위배하거나, 보호관찰의 준수사항을 위반하고 그 정도가 무거운 때에는 가석방처분을 취소할 수 있다.

제261조(취소신청)

① 수형자를 가석방한 소장 또는 가석방자를 수용하고 있는 소장은 가석방자가 제260조의 가석방 취소사유에 해당하는 사실이 있음을 알게 되거나 관할 경찰서장으로부터 그 사실을 통보받은 경우에는 지체 없이 별지 제25호 서식의 가석방 취소심사신청서에 별지 제26호 서식의 가석방 취소심사 및 조사표를 첨부하여 위원회에 가석방 취소심사를 신청하여야 한다.

② 위원회가 제1항의 신청을 받아 심사를 한 결과 가석방을 취소하는 것이 타당하다고 결정한 경우에는 별지 제23호 서식의 결정서에 별지 제26호 서식의 가석방 취소심사 및 조사표를 첨부하여 지체 없이 법무부장관에게 가석방의 취소를 신청하여야 한다.

③ 소장은 가석방을 취소하는 것이 타당하다고 인정하는 경우 긴급한 사유가 있을 때에는 위원회의 심사를 거치지 아니하고 전화, 전산망 또는 그 밖의 통신수단으로 법무부장관에게 가석방의 취소를 신청할 수 있다. 이 경우 소장은 지체 없이 별지 제26호 서식의 가석방 취소심사 및 조사표를 송부하여야 한다.

제262조(취소심사)

① 위원회가 가석방 취소를 심사하는 경우에는 가석방자가 「가석방자관리규정」 등의 법령을 위반하게 된 경위와 그 위반이 사회에 미치는 영향, 가석방 기간 동안의 생활 태도, 직업의 유무와 종류, 생활환경 및 친족과의 관계, 그 밖에 사정을 고려하여야 한다.

② 위원회는 제1항의 심사를 위하여 필요하다고 인정하면 가석방자를 위원회에 출석하게 하여 진술을 들을 수 있다.

제263조(잔형의 집행)

① 소장은 가석방이 취소된 경우에는 지체 없이 잔형 집행에 필요한 조치를 취하고 법무부장관에게 별지 제27호 서식의 가석방취소자 잔형집행보고서를 송부하여야 한다.
② 소장은 가석방자 「형법」 제74조에 따라 가석방이 실효된 것을 알게 된 경우에는 지체 없이 잔형 집행에 필요한 조치를 취하고 법무부장관에게 별지 제28호 서식의 가석방실효자 잔형집행보고서를 송부하여야 한다.
③ 소장은 가석방이 취소된 사람(이하 "가석방취소자"라 한다)또는 가석방이 실효된 사람(이하 "가석방실효자"라 한다)이 교정시설에 수용되지 아니한 사실을 알게 된 때에는 관할 지방검찰청 검사 또는 관할 경찰서장에게 구인하도록 의뢰하여야 한다.
④ 제3항에 따라 구인 의뢰를 받은 검사 또는 경찰서장은 즉시 가석방취소자 또는 가석방실효자를 구인하여 소장에게 인계하여야 한다.
⑤ 가석방취소자 및 가석방실효자의 잔형 기간은 가석방을 실시한 다음 날부터 원래 형기의 종료일까지로 하고, 잔형집행 기산일은 가석방의 취소 또는 실효로 인하여 교정시설에 수용된 날부터 한다.
⑥ 가석방 기간 중 형사사건으로 구속되어 교정시설에 미결수용 중인 자의 가석방 취소 결정으로 잔형을 집행하게 된 경우에는 가석방된 형의 집행을 지휘하였던 검찰청 검사에게 잔형 집행지휘를 받아 우선 집행하여야 한다.

제2장 석방

제123조	석방	수용자의 석방은 사면·형기종료 또는 권한이 있는 자의 명령에 따라 소장이 한다. **⊃동 시행령** **제141조(석방예정자 상담 등)** 소장은 수형자의 건전한 사회복지를 위하여 필요하다고 인정하면 석방 전 3일 이내의 범위에서 석방예정자를 별도의 거실에 수용하여 장래에 관한 상담과 지도를 할 수 있다.
제124조	석방 시기	① 사면, 가석방, 형의 집행면제, 감형에 따른 석방은 그 서류 도달 후 12시간 이내에 행하여야 한다. 다만, 그 서류에서 석방일시를 지정하고 있으면 그 일시에 행한다. ② 형기종료에 따른 석방은 형기종료일에 행하여야 한다. ③ 권한이 있는 자의 명령에 따른 석방은 서류 도달 후 5시간 이내에 행하여야 한다. **⊃동 시행령** **제142조(형기종료 석방예정자의 사전조사)** 소장은 수형자의 건전한 사회복지를 위하여 필요하다고 인정하면 석방 전 3일 이내의 범위에서 석방예정자를 별도의 거실에 수용하여 장래에 관한 상담과 지도를 할 수 있다. **제143조(석방예정자의 교정성적 등 통보)** 소장은 석방될 수형자의 보호 및 재범방지 등을 위하여 필요하다고 인정하면 그의 성격·교정성적 또는 보호에 관한 의견을 그의 거주지를 관할하는 경찰관서 또는 그를 인수하여 보호할 법인 또는 개인에게 통보할 수 있다. 다만, 법인 또는 개인에게 통보하는 경우에는 해당 수형자의 동의를 받아야 한다.

		제144조(석방예정자의 보호조치) 소장은 수형자를 석방하는 경우 특히 필요하다고 인정하면 한국갱생보호공단에 그에 대한 보호를 요청할 수 있다.
제125조	피석방 자의 일시 수용	소장은 피석방자가 질병 그 밖에 피할 수 없는 사정으로 귀가하기 곤란한 경우에 본인의 신청이 있으면 일시적으로 교정시설에 수용할 수 있다.
제126조	귀가여 비의 지급 등	소장은 피석방자에게 귀가에 필요한 여비 또는 의류가 없으면 법무부장관이 정하는 범위에서 이를 지급하거나 빌려 줄 수 있다. **◑동 시행령** **제145조(귀가여비 등의 회수)** 소장은 법 제126조에 따라 피석방자에게 귀가 여비 또는 의류를 빌려 준 경우에는 특별한 사유가 없으면 이를 회수한다.
제127조	사망 통지	소장은 수용자가 사망한 경우에는 그 사실을 즉시 그 가족(가족이 없는 경우에는 다른 친족)에게 통지하여야 한다. **◑동 시행령** **제146조(사망통지)** 소장은 법 제127조에 따라 수용자의 사망 사실을 알리는 경우에는 사망 일시·장소 및 사유도 같이 알려야 한다. **제147조(검시)** 소장은 수용자가 사망한 경우에는 그 시신을 검시하여야 한다. **제148조(사망 등 기록)** ① 의무관은 수용자가 질병으로 사망한 경우에는 사망장에 그 병명·병력·사인 및 사망일시를 기록하고 서명하여야 한다.
제128조	시신의 인도 등	① 소장은 사망한 수용자의 친족 또는 특별한 연고가 있는 사람이 그 시신 또는 유골의 인도를 청구하는 경우에는 인도하여야 한다. 다만, 제3항에 합장을 한 후에는 그러하지 아니하다. ② 소장은 제127조에 따라 사망통지를 받은 사람이 통지를 받은 날부터 3일 이내에 그 시신을 인수하지 아니하거나 인수할 사람이 없으면 임시 매장하여야 한다. 다만, 감염병 예방 등을 위하여 필요하면 즉시 화장을 하는 등 필요한 조치를 할 수 있다. ③ 소장은 제2항에 따라 시신을 임시로 매장한 후 2년이 지나도 인도를 청구하는 사람이 없으면 합장하거나 화장할 수 있다. ④ 소장은 병원 그 밖의 연구기관이 학술 연구상의 필요에 따라 수용자의 시신인도를 신청하면 본인의 유언 또는 상속인의 승낙이 있는 경우에 한하여 인도할 수 있다. ⑤ 소장은 수용자가 사망하면 법무부장관이 정하는 범위에서 화장·시신인도 등에 필요한 비용을 인수자에게 지급할 수 있다. **동 시행령** **제148조(사망 등 기록)** ③ 소장은 법 제128조에 따라 시신을 인도(引渡), 화장, 임시매장 또는 합장한 경우에는 그 사실을 사망장에 기록하여야 한다. **제149조(화장한 유골의 처리)** ① 소장은 법 제128조 제2항 단서에 따라 시신을 화장한 경우 그 유골을 인수할 사람이 없으면 임시 매장하여야 하고, 임시 매장 후 2년이 지나도 인도를 청구하

는 사람이 없으면 합장할 수 있다.

② 소장은 법 제128조 제3항에 따라 시신을 화장한 경우에는 그 유골을 합장할 수 있다.

③ 제1항 및 제2항에 따라 유골을 합장한 후에는 누구든지 유골의 인도를 청구하지 못한다.

제150조(임시매장지의 표지 등)

① 소장은 시신을 임시 매장한 경우에는 그 장소에 사망자의 가족관계 등록기준지, 성명, 사망일시를 적은 표지를 세워야 한다.

② 소장은 시신 또는 유골을 합장한 경우에는 합장된 사람의 가족관계 등록기준지, 성명, 사망일시를 합장부에 기록하고 그 장소에 묘비를 세워야 한다.

제5편 교정자문위원회 등

제129조 교정자문위원회

① 교정시설의 운영과 수용자 처우 등에 관한 소장의 자문에 응하기 위하여 교정시설에 교정자문위원회(이하 이 조에서 "위원회"라 한다)를 둔다.

② 위원회는 5인 이상 7인 이하의 위원으로 구성하고, 위원장은 위원 중에서 호선하며, 위원은 교정에 관한 학식과 경험이 풍부한 외부인사 중에서 소장의 추천을 받아 법무부장관이 위촉한다.

③ 이 법에 규정된 사항 외에 위원회에 관하여 필요한 사항은 법무부령으로 정한다.

➲시행규칙

제264조(기능)

법 제129조 제1항의 교정자문위원회(이하 이 편에서 "위원회"라 한다)의 기능은 다음 각 호와 같다.

1. 교정시설의 운영에 관한 자문에 대한 응답 및 조언
2. 수용자의 급양·의료·교육 등 처우에 관한 자문에 대한 응답 및 조언
3. 노인·장애인수용자 등의 보호, 성차별 및 성폭력 예방정책에 관한 자문에 대한 응답 및 조언
4. 그 밖에 소장이 자문하는 사항에 대한 응답 및 조언

제265조(구성)

① 위원회에 부위원장을 두며, 위원 중에서 호선한다.

② 위원 중 2명 이상은 여성으로 한다.

③ 소장이 위원을 추천하는 경우에는 별지 제29호 서식의 교정자문위원회 위원 추천서를 법무부장관에게 제출하여야 한다. 다만, 재위촉의 경우에는 소장의 의견서로 추천서를 갈음한다.

제266조(임기)

① 위원의 임기는 2년으로 하며, 연임할 수 있다.

		② 소장은 위원의 결원이 생긴 경우에는 결원이 생긴 날부터 30일 이내에 후임자를 법무부장관에게 추천하여야 한다. ③ 결원이 된 위원의 후임으로 위촉된 위원의 임기는 전임자 임기의 남은 기간으로 한다. **제267조(위원장의 직무)** ① 위원장은 위원회를 소집하고 위원회의 업무를 총괄한다. ② 위원장이 부득이한 사유로 직무를 수행할 수 없을 때에는 부위원장이 그 직무를 대행하고, 부위원장도 부득이한 사유로 직무를 수행할 수 없을 때에는 위원장이 미리 지명한 위원이 그 직무를 대행한다. **제268조(회의)** ① 위원회의 회의는 분기마다 개최한다. 다만, 위원 과반수의 요청이 있거나 소장이 필요하다고 인정하는 경우에는 임시회의를 개최할 수 있다. ② 위원회는 재적위원 과반수의 출석으로 개의하고 출석위원 과반수의 찬성으로 의결한다. ③ 위원회의 회의는 공개하지 아니한다. 다만, 위원회의 의결을 거친 경우에는 공개할 수 있다. **제269조(준수사항)** ① 위원은 다음 사항을 준수하여야 한다. 1. 직위를 이용하여 영리 행위를 하거나 업무와 관련하여 금품ㆍ접대를 주고받지 아니할 것 2. 자신의 권한을 특정인이나 특정 단체의 이익을 위하여 행사하지 아니할 것 3. 업무 수행 중 알게 된 사실이나 개인 신상에 관한 정보를 누설하거나 개인의 이익을 위하여 이용하지 아니할 것 ② 위원은 별지 제30호 서식의 서약서에 규정된 바에 따라 제1항의 내용을 준수하겠다는 서약을 하여야 한다. **제270조(위원에 대한 위촉 해제)** 소장은 위원이 다음 각 호의 어느 하나에 해당하는 경우에는 법무부장관에게 위촉 해제를 건의할 수 있다. 1. 건강상의 이유 등으로 직무를 수행할 수 없거나 직무 수행이 현저히 곤란하다고 판단될 때 2. 범죄행위로 금고 이상의 형을 선고받았을 때 3. 예고 없이 정기회의에 연속 2회 이상 불참하였을 때 4. 제269조의 준수사항을 위반하였을 때 5. 그 밖에 소장이 필요하다고 인정할 때 **제271조(간사)** ① 위원회의 사무를 처리하기 위하여 위원회에 간사 1명을 둔다. 간사는 해당 교정시설의 총무과장 또는 6급 이상의 교도관으로 한다. ② 간사는 회의에 참석하여 위원회의 심의사항에 대한 설명을 하거나 필요한 발언을 할 수 있으며, 별지 제31호 서식의 교정자문위원회 회의록을 작성하여 유지하여야 한다. **제272조(수당)** 소장은 위원회의 회의에 참석한 위원에게는 예산의 범위에서 수당을 지급할 수 있다.
제130조	교정 위원	① 수용자의 교육ㆍ교화ㆍ의료 그 밖에 수용자의 처우를 후원하기 위하여 교정시설에 교정위원을 둘 수 있다. ② 교정위원은 명예직으로 하며 소장의 추천을 받아 법무부장관이 위촉한다. **⊃동 시행령** **제151조(교정위원)**

| | | ① 소장은 법 제130조에 따라 교정위원을 두는 경우 수용자의 개선을 촉구하고 안정된 수용생활을 하게 하기 위하여 교정위원에게 수용자를 교화상담하게 할 수 있다.
② 교정위원은 수용자의 고충 해소 및 교정·교화를 위하여 필요한 의견을 소장에게 건의할 수 있다.
③ 교정위원의 임기, 위촉 및 해촉, 준수사항 등에 관하여 필요한 사항은 법무부장관이 정한다.
제152조(외부인사의 준수사항)
교정위원, 교정자문위원, 그 밖에 교정시설에서 활동하는 외부인사는 활동 중에 알게 된 교정시설의 안전과 질서 및 수용자의 신상에 관한 사항을 외부에 누설하거나 공개해서는 아니 된다. |
| 제131조 | 기부
금품의
접수 | 소장은 기관·단체 또는 개인이 수용자의 교화 등을 위하여 교정시설에 자발적으로 기탁하는 금품을 받을 수 있다.
→기부금품 접수에 관한 법적 근거 마련
⊃동 시행령
제153조(기부금품의 접수 등)
① 소장은 법 제131조의 기부금품을 접수하는 경우에는 기부한 기관·단체 또는 개인(이하 이 장에서 "기부자"라 한다)에게 영수증을 발급하여야 한다. 다만, 익명으로 기부하거나 기부자를 알 수 없는 경우에는 그러하지 아니하다.
② 소장은 기부자가 용도를 지정하여 금품을 기부한 경우에는 기부금품을 그 용도에 사용하여야 한다. 다만, 지정한 용도로 사용하기 어려운 특별한 사유가 있는 경우에는 기부자의 동의를 받아 다른 용도로 사용할 수 있다.
③ 교정시설의 기부금품 접수·사용 등에 관하여 필요한 사항은 법무부장관이 정한다. |

제6편 벌칙

| | | ① 다음 각 호의 어느 하나에 해당하는 행이를 한 사람은 6개월 이하의 징역 또는 200만 원 이하의 벌금에 처한다.
1. 주류·담배·현금·수표를 교정시설에 반입하거나 소지·사용·수수·교환 또는 은닉하는 행위
2. 수용자에게 전달할 목적으로 주류·담배·현금·수표를 허가 없이 교정시설에 반입하거나 수용자와 수수 또는 교환하는 행위
② 제1항의 미수범은 처벌한다.
③ 제1항의 금지물품은 몰수한다.
다음 각 호의 어느 하나에 해당하는 행위를 한 수용자는 1년 이하의 징역에 처한다.
1. 정당한 사유 없이 제102조 제4항을 위반하여 일시석방 후 24시간 이내에 교정시설 또는 경찰관서에 출석하지 아니하는 행위 |
| 제132조 | 주류의
반입
등 | |

| 제133조 | 출석
의무
위반
등 | 2. 귀휴·외부통근 그 밖의 사유로 소장의 허가를 받아 교도관의 계호 없이 교정시설 밖으로 나간 후에 정당한 사유 없이 기한 내에 돌아오지 아니하는 행위

⊃시행규칙
규칙부칙
제1조(시행일)
이 규칙은 공포한 날부터 시행한다.
제2조(경비처우급 편입 등에 대한 경과조치)
이 규칙 시행 당시 종전의 제74조 및 제75조에 따라 경비급 및 처우급이 적용된 수형자에 대해서는 이 규칙 시행일이 속하는 달의 다음 달에 개최되는 분류처우위원회의 개최일 전일까지 경비처우급 편입을 실시하며, 그 편입기준은 다음 각 호와 같다.
1. 경비급이 개방경비급이면서 처우급이 1급, 2급인 경우와 경비급이 완화경비급이면서 처우급이 1급인 경우
 : 개방처우급
2. 경비급이 완화경비급이면서 처우급이 2급, 3급인 경우와 경비급이 일반경비급이면서 처우급이 2급인 경우
 : 완화경비처우급
3. 경비급이 일반경비급이면서 처우급이 3급, 4급인 경우와 경비급이 중(重)경비급이면서 처우급이 3급인 경우
 : 일반경비처우급
4. 경비급이 중(重)경비급이면서 처우급이 4급인 경우
 :중(重)경비처우급
5. 경비급이 개방경비급이면서 처우그이 3급, 4급인 경우, 경비급이 완화경비급이면서 처우급이 4급인 경우, 경비급이 일반경비급이면서 처우급이 1급인 경우, 경비급이 중(重)경비급이면서 처우급이 1급,2급인 경우 : 법무부장관이 정하는 바에 따라 경비처우급 분류지표를 결정한다.
제3조(징벌 부과기준에 관한 경과조치)
이 규칙 시행 전의 행위에 대한 징벌 부과기준의 적용에 있어서는 종전의 규정에 따른다. 다만, 이 규칙의 규정이 행위자에게 유리한 경우에는 이 규칙에 따른른다. |

【교정판례】 교도관의 직무관련 판례

1. 금품·향응 제공받은 교정공무원 해임처분(적극설)

교정시설 수용자에게 반입이 금지된 일용품 등을 전달하여 주고 그 가족 등으로 부터 금품 및 향응을 제공받은 교도관에 대한 **해임**처분은 적합하다.(대판 1998.11.10, 98두12017)

2. 담배 등을 제공한 교정공무원 파면처분(소극설)

교정공무원은 범죄자를 상대로 하기 때문에 근무 중 법령을 준수하여야 할 의무가 보다 강하게 요구되는데, 교정공무원인 원고가 야간근무 중 법령에 위배하여 재소자에게 3회에 걸쳐 담배 등을 제공하였다면 원고가 8년간 성실하게 근무하였고, 또한 생활이 곤란하여 딱한 처지에 있다는 사유만으로 원고에 대한 **파면**처분이 재량권을 남용하였거나 그 한계를 일탈하였다고 볼 수 없다.(대판 1984.10.10, 84누464)

3. 뇌물공여죄에 있어서 「직무에 관하여」의 의미

뇌물공여죄에 있어서 「직무에 관하여」라 함은 공무원이 그 지위에 수반하여 공무로서 취급하는 일체의 사무를 말하는 것으로서, 그 권한에 속하는 직무행위 뿐만 아니라 이에 밀접한 관계가 있는 경우와 그 직무에 관련하여 사실상 처리하고 있는 행위까지도 포함된다.(대판 1987.11.24, 87도1463)

4. 분리수용 불철저로 인한 폭행치사사고 손해배상 여부(적극설)

교정공무원은 미결수를 수용함에 있어서는 그 죄질을 감안하여 구별 수용하여야 하고, 수용시설의 사정에 의하여 부득이 죄질의 구분없이 혼거수용하는 경우에는 그에 따라 발생할 수 있는 제반 사고를 예상하여 감시와 시찰을 더욱 철저히 하여야 할 주의의무가 있음에도 불구하고, 소년 미결수들을 수용함에 있어 그 죄질이 현저히 다른 강도상해범과 과실범을 같은 방에 수용하고도 철저한 감시의무를 다하지 못함으로써 수용자 상호간의 폭행치사사고가 일어나도록 한 과실이 인정된다.(대판 1994. 10.11, 94다22569)

5. 편의제공 미비와 상소권 회복 여부(소극설)

교도소 담당직원이 상소권자에게 상소권회복청구를 할 수 없다고 하면서 형소법규칙 제177조에 따른 편의를 제공해 주지 아니하였다 하더라도 위 사유는 상소권회복청구를 이유 있게 할 사유가 될 수 없다.(대결 1986.9.27, 86모 47)

6. 접견권 및 재판절차참여권 침해 손해배상판결

(1) 징계혐의가 소명되지 않은 수용자 조사수용거실 수용(적극설)

징계혐의가 소명되지 아니한 수용자를 조사수용거실에 수용하고 접견 등의 권리를 제한한 것은 「소장은 징벌혐의자로서 조사 중에 있는 수용자에 대하여는 조사실에 수용하여야 한다」는 행형법시행령 제143조 위반으로 국가는 <u>손해배상책임이 있다.</u>

(2) 고소한 가해수용자를 징벌처분으로만 사건 종결(적극설)

동료 수용자로부터 맞아 상처를 입은 피해 수용자가 고소를 하였는데도 교도소 사법경찰관이 가해 수용자를 단지 징벌처분으로 사건을 종결한 것은 피해 수용자의 재판절차참여권을 침해하여 위법하므로 국가의 손해배상책임이 있다.

(3) 신입수용자 강제로 일반거실에 수용(적극설)

신입 수용자를 의사에 반하여 강제롱 일반거실에 수용한 것은 「신입자는 질병 기타 부득이한 사유가 있는 경우를 제외하고는 신입한 날부터 3일은 신입자거실에 수용하여야 한다」는 행형법시행령 제21조 제1항의 위반으로 국가의 손해배상책임이 있다.(대구지법 06.9.22, 2006가단 996)

7. 의료소홀로 수용자가 사망한 경우 국가배상책임 여부(적극설)

교도관은 수용자 중 환자가 발생한 경우에는 병실수용 기타 적당한 치료 및 가까운 외부병원에 이송하여 신속한 치료를 받게 하는 등 국가로서는 수용자가의 건강 및 생명을 보호할 주의의무가 있다. 이를 소홀히 하여 반성폐쇄성 폐질환자인 수용자가 의식불명 상태가 되기까지 적절한 의료 도움을 받지 못하여 결국 사망에 이르렀다고 할 것이므로, 국가는 위 수용자의 사망에 관하여 그 손해를 배상할 의무가 있다.(서울지법 03.12.16, 02가합84604) 교정시설 내에서 발생한 자살·병사 등 수용자 사망의 경우 최근에는 대부분 국가배상 책임을 인정하고 있다.

8. 행정심판청구서 발송 불허 조치 수용자에게 미통지(적극설)

피징벌자의 행정심판청구서에 대한 발송을 불허한 경우에는 행형법시행령 제67조 제2항에 따라 발송불허사유를 수용자에게 통지하고 그 접수결과를 확인해주어야하며 이를

하지 아니한 조치는 위법하다.(서울지법 제2003.8.20, 2003나 3552)

9. 평소 폭력의 징후가 없는 재소자를 다른 수용자와 혼거수용(소극설)

소장이 평소 폭력의 징후가 나타나지 않는 재소자를 다른 재소자들과 함께 혼거 수용하였다 하더라도 위 사실만으로는 교도소 측에 재소자를 수용·관리함에 있어 어떤 과실이 있다고 할 수 없다.(경주지원 1993.12.3, 93가합1312)

10. 영치금차입 불허처분 위법성 여부(소극설)

원고의 금품교부가 수용자의 복리를 목적으로 하기 보다는 금원제공자와 교부 신청인의 사업활동을 앞세우고 있음이 명백하고, 교정질서에 위해를 가져올 위험성이 있는 목적에 금품이 사용되기를 희망하고 있는 듯한 의도가 엿보이는 사정이 있는 이상, 피고가 수용질서유지에 책임이 있는 허가권자로서 교정시설의 안전과 질서유지를 위하여 원고의 금원교부신청이 부적당한 것으로 판단하여 이를 불허한 것은 적법한 처분이라 아니할 수 없다.(서울고법 1993.3.4, 92 구18339)

11. 상습 자해수용자 치료비 구상(적극설)

수용자가 수용 중 발생한 사고 및 지병에 대하여 치료가 필요한 경우 그 치료비는 원칙적으로 국가가 부담하여야 할 것이나, 수용자 간의 싸움과 같이 제3자의 범죄행위에 기인한 경우에는 원칙적으로 가해자가 부담하여야 하는 것이고, 수용자가 스스로 자해하거나 난동을 부려 부상을 입은 경우 역시 상해를 야기시킨 것은 수용자 본인이므로 스스로 치료비를 부담해야 하고 국가가 그 치료비까지 지급할 의무는 없다고 할 것이다. 피고가 수용생활을 하면서 사무용 칼이나 형광등 등을 깨뜨린 조각으로 자신의 몸을 자해하는 등 총 5회에 걸쳐 외부병원에서 치료 및 수술을 받는 등 국가로 하여금 치료비를 지출하게 하는 방법으로 부당이득을 취하였으므로 위 진료비 상당의 금액을 지급하라.(부산지법 07.1.18, 06나12388)

12. 수형자에 대한 접견횟수 초과 이유로 변호사와의 접견불허(소극설)

형이 확정되어 자유형의 집행을 위하여 수용되어 있는 수형자는 미결수의 지위 와 구별됨으로 접견의 빈도 등이 상당 정도 제한될 수 밖에 없고, 수형자와 변호인과의 접견을 일반접견에 포함시켜 제한하더라도 접견횟수에 대한 탄력적 운용, 서신 및 집필 문서 발송, 전화통화에 의하여 소송준비 또는 소송 수행을 할 수 있으므로, 피청구인의 접견불허처분이 청구인의 헌법상의 권리를 침해하는 것으로 볼 수 없다.(헌결04.12.16, 02헌마478)

13. 일반교도관의 특수공무원의 폭행·가혹행위죄 성립여부(소극설)

일반교도관의 경우에는 형법 제125조에 규정된 특수공무원의 어느 범주에 속한다고 할 수 없으므로 일반교도관의 기결수에 대한 폭행 또는 가혹행위는 형법 제125조로 의율할 수 없다.(대판 1992.11.21, 92초43)

14. 수사기관의 구금장소 임의 변경(적극설)

수사기관이 구금장소를 임의로 변경하여 접견교통을 어렵게 한 경우에는 접견교통권의 행사에 중대한 장애를 초래한 것이라고 할 수 있다.(대결 1996.5.15, 95모94)

15. 소송서류 수용자에게 지연송달(적극설)

만일 교도소장이 결정정본을 송달받고 1주일이 지난 뒤에 그 사실을 피고인에게 알렸기 때문에 피고인이나 그 배우자가 소정기간 내에 상고장을 제출할 수 없게 된 것이라면 상소권회복신청은 인용할 여지가 있을 것이다.(대판 1991.5.6, 91모32)

16. 상고제기한 수용자 이송처분에 대한 관할이전 신청 여부(소극설)

항소심에서 유죄판결을 선고받고 이에 불복하여 상고를 제기한 피고인을 교도소 소장이 검사의 이송지휘도 없이 다른 교도소로 이송 처분한 경우 피고인은 이에 대하여 형사소송법 제15조 제1호 소정의 관할이전신청이나 동법 제589조 소정의 이의신청을 할 수

없다.(대판 1983.7.5, 83초20)

17. 교도관 호송 착오로 수용자 민사재판 변론기일 불출석(소극설)

교도소에 수감되어 있던 재심원고가 교도관의 호송의 잘못으로 인하영 지정된 변론기일의 제 시간에 출석하지 못하였다는 사정만으로서는 민사소송법 제241조 제3항 소정의 "당사자가 그 책임 없는 사유로 인하여 변론기일에 출석하지 못한 경우"에 해당한다고 볼 수 없다.(대판 1974.9.10, 74다569)

18. 자수하지 않은 불법출소자 도주죄 적용(적극설)

6.26 사변시 각 교도소 및 경찰서에 구금되었다가 불법출소하여 법무부장관이 그 후 공고한 기일내에 자수하지 않는 자에 대하여 도주죄를 인정한 것은 정당하다.(대결 1954.7.3, 4297형상 45)

19. 형법 제65조 「형의 선고는 효력을 잃는다」의 의미

형의 집행유예를 선고받은 자는 형법 제65조에 의하여 그 선고가 실효 또는 취소됨이 없이 정해진 유예기간을 무사히 경과하여 형의 선고가 효력을 잃게 되었다고 하더라도 형의 선고의 법률적 효과가 없어진다는 것일 뿐, 형의 선고가 있었다는 기와의 사실 자체까지 없어지는 것이 아니므로, 형법 제59조 제1항 단행에서 정한 선고유예 결격사유인 「자격정지 이상의 형을 받은 전과가 있는 자에 해당한다고 보아야 한다」(대판 03.12.26, 03도3768)

20. 위법부당한 처분의 취소청구(적극설)

"특별권력관계에 있어서도 위법부당한 처분으이 취소청구를 할 수 있다."고 판시하여, 우리나라도 1982년부터 수형관계가 특별권력관계라는 이유만으로 수용자의 항고소송이 거절될 수 없게 되었다.(대판 1982.7.27, 80누86)

※ 현재는 수형관계도 일반권력관계로 보는 것이 통설이다.

21. 구속된 자에 대한 송달수령인에 관한 규정 적용(소극설)

송달수령인에 관한 규정은 신체구속을 당한 자에게는 적용되지 않는다. 여기서 신체구속을 당한 자란 당해 형사사건에서 구속된 자를 말하고, 다른 사건으로 구속된 자는 포함되지 않는다.(대결 1976.11.10, 76모69)

22. 구속된 자에 대한 송달(소극설)

교도소 또는 구치소에 구속된 자에 대한 송달은 그 소장에게 한다. 이때 구속된 자에게 전달되었는가는 불문한다.(대결 1972.2.18, 72모3)

23. 수용되기 전의 종전 주·거소에 약식명령 송달(적극설)

재수감자에 대한 약식명령의 송달을 교도소 등의 소장에게 하지 아니하고 수감되기 전의 종전 주·거소에다 하였다면 부적법하여 무효이고, 수소법원이 송달을 실시함에 있어 당사자 또는 소송관계인의 수감사실을 모르고 종전의 주·거소에 송달하였다면 마찬가지로 송달의 효력은 발생하지 않고, 송달자체가 부적법한 이상 당사자의 약식명령이 고지된 사실을 다른 방법으로 알았다고 하더라도 송달의 효력은 여전히 발생하지 않는다.(대결 1995.6.14, 95모14)

24. 착오에 의한 서명·무인(소극설)

교도관이 내어주는 상소권포기서를 항소장으로 잘못 믿은 나머지 이를 확인하여 보지도 않고 서명·무인한 경우, 항소포기가 유효하다.(대결 1995.8.17, 95모 49)

25. 변호인의 접견신청일 기간 경과(적극설)

변호인의 구속 피의자에 대한 접견이 접견신청일이 경과하도록 이루어지지 아니한 것은 실질적으로 접견불허가 처분이 있는 것과 동일시된다.(대결 1991.3.28, 91모24)

제2편 민영교도소 등의 설치 · 운영에 관한 법률

제1장 총칙

제1조	목적	이 법은 「형의 집행 및 수용자의 처우에 관한 법률」 제7조에 따라 교도소 등의 설치 · 운영에 관한 업무의 일부를 민간에 위탁하는 데에 필요한 사항을 정함으로써 교도소 등의 운영의 효율성을 높이고 수용자의 처우 향상과 사회 복귀를 촉진함을 목적으로 한다. **⊃시행령** **제1조(목적)** 이 영은 「민영교도소 등의 설치 · 운영에 관한 법률」에서 위임된 사항과 그 시행에 필요한 사항을 규정함을 목적으로 한다.
제2조	정의	이 법에서 사용하는 용어의 뜻은 다음과 같다. 1. "교정업무"란 「형의 집행 및 수용자의 처우에 관한 법률」 제2조 제4호에 따른 수용자의 수용 · 관리, 교정 · 교화, 직업교육, 교도작업, 분류 · 처우, 그 밖의 「형의 집행 및 수용자의 처우에 관한 법률」에서 정하는 업무를 말한다. 2. "수탁자"란 제3조에 따라 교정업무를 위탁받기로 선정된 자를 말한다. 3. "교정법인"이란 법무부장관으로부터 교정업무를 포괄적으로 위탁받아 교도소 · 소년교도소 또는 구치소 및 그 지소(이하 "교도소 등"이라 한다)를 설치 · 운영하는 법인을 말한다. 4. "민영교도소 등"이란 교정법인이 운영하는 교도소 등을 말한다. **⊃시행령** **제2조** 삭제 〈2009.9.3〉
제3조	교정업무의 민간위탁	① 법무부장관은 필요하다고 인정하면 이 법에서 정하는 바에 따라 교정업무를 공공단체 외의 법인 · 단체 또는 그 기관이나 개인에게 위탁할 수 있다. 다만, 교정업무를 포괄적으로 위탁하여 한 개인 또는 여러 개의 교도소 등을 설치 · 운영하도록 하는 경우에는 법인에만 위탁할 수 있다. ② 법무부장관은 교정업무의 수탁자를 선정하는 경우에는 수탁자의 인력 · 조직 · 시설 · 재정능력 · 공신력 등을 종합적으로 검토한 후 적절한 자를 선정하여야 한다. ③ 제2항에 따른 선정방법, 선정절차, 그 밖에 수탁자의 선정에 관하여 필요한 사항은 법무부장관이 정한다. **⊃시행령** **제3조** 삭제 〈2009.9.3〉
제4조	위탁계약의 체결	① 법무부장관은 교정업무를 위탁하려면 수탁자와 대통령령으로 정하는 방법으로 계약(이하 "위탁계약"이라 한다)을 체결하여야 한다. ② 법무부장관은 필요하다고 인정하면 민영교도소 등의 직원이 담당할 업무와 민영교도소 등에 파견된 소속 공무원이 담당할 업무를 구분하여 위탁계약을 체결할 수 있다. ③ 법무부장관은 위탁계약을 체결하기 전에 계약 내용을 기획재정부장관과 미리 협의하여야 한다. ④ 위탁계약의 기간은 다음 각 호와 같이 하되, 그 기간은 갱신할 수 있다. 1. 수탁자가 교도소 등의 설치비용을 부담하는 경우: 10년 이상 20년 이하

		2. 그 밖의 경우: 1년 이상 5년 이하 **⊃시행령** **제4조(위탁계약의 성립 등)** ① 「민영교도소 등의 설치·운영에 관한 법률」(이하 "법"이라 한다) 제4조 제1항에 따른 위탁계약은 법무부장관과 법 제3조 제2항에 따라 선정된 수탁자가 법 제5조 제1항 각 호의 사항에 관하여 약정하고 해당 계약서에 각각 서명날인함으로써 성립한다. ② 법무부장관은 위탁계약을 체결할 때 계약사항의 누락을 방지하고, 계약내용의 일관성을 유지하며, 계약체결의 효율성과 공정성을 높이기 위하여 교정업무의 민간위탁에 간한 표준계약서를 정할 수 있다.
제5조	위탁계약의 내용	① 위탁계약에는 다음 각 호의 사항이 포함되어야 한다. 1. 위탁업무를 수행할 때 수탁자가 제공하여야 하는 시설과 교정업무의 기준에 관한 사항 2. 수탁자에게 지급하는 위탁의 대가와 그 금액의 조정 및 지급 방법에 관한 사항 3. 계약기간에 관한 사항과 계약기간의 수정·갱신 및 계약의 해지에 관한 사항 4. 교도작업에서의 작업장려금·위로금 및 조위금 지급에 관한 사항 5. 위탁업무를 재위탁할 수 있는 범위에 관한 사항 6. 위탁수용 대상자의 범위에 관한 사항 7. 그 밖에 법무부장관이 필요하다고 인정하는 사항 ② 법무부장관은 제1항 제6호에 따른 위탁수용 대상자의 범위를 정할 때에는 수탁자의 관리능력, 교도소 등의 안전과 질서, 위탁수용이 수용자의 사회 복귀에 유용한지 등을 고려하여야 한다.
제6조	위탁업무의 정지	① 법무부장관은 수탁자가 이 법 또는 이 법에 따른 명령이나 처분을 위반하면 6개월 이내의 기간을 정하여 위탁업무의 전부 또는 일부의 정지를 명할 수 있다. ② 법무부장관은 제1항에 따른 정지명령을 한 경우에는 소속 공무원에게 정지된 위탁업무를 처리하도록 하여야 한다. ③ 법무부장관은 제1항에 따른 정지명령을 할 때 제2항을 적용하기 어려운 사정이 있으면 그 사정이 해결되어 없어질 때까지 정지명령의 집행을 유예할 수 있다.
제7조	위탁계약의 해지	① 법무부장관은 수탁자가 다음 가가 호의 어느 하나에 해당하면 위탁계약을 해지할 수 있다. 1. 제22조 제2항에 따른 보정명령을 받고 상당한 기간이 지난 후에도 이행하지 아니한 경우 2. 이 법 또는 이 법에 따른 명령이나 처분을 크게 위반한 경우로서 제6조 제1항에 따른 위탁업무의 정지명령으로는 감독의 목적을 달성할 수 없는 경우 3. 사업 경영의 현저한 부실 또는 재무구조의 악화, 그 밖의 사유로 이 법에 따른 위탁업무를 계속하는 것이 적합하지 아니하다고 인정되는 경우 ② 법무부장관과 수탁자는 위탁계약으로 정하는 바에 따라 계약을 해지할 수 있다.
제8조	위탁계약 해지 시의 업무 처리	위탁계약이 해지된 경우 국가가 부득이한 사정으로 위탁업무를 즉시 처리할 수 없을 때에는 수탁자나 그의 승계인은 국가가 업무를 처리할 수 있을 때까지 종전의 위탁계약에 따라 업무 처리를 계속하여야 한다.
제9조	청문	법무부장관이 제7조 제1항에 따라 위탁계약을 해지하려면 청문을 하여야 한다.

| 제10조 | 교정
법인의
정관
변경
등 | ① 제3조 제1항 단서에 따라 교정업무를 위탁받은 법인은 위탁계약을 이행하기 전에 법인의 목적사업에 민영교도소 등의 설치·운영이 포함되도록 정관을 변경하여야 한다.
② 제1항에 따른 정관 변경과 교정법인의 정관 변경은 법무부장관의 인가를 받아야 한다. 다만, 대통령령으로 정하는 경미한 사항의 변경은 법무부장관에게 신고하여야 한다.
⊃시행령
제5조(교정법인의 정관변경)
법 제10조 제2항 단서에서 "대통령령으로 정하는 경미한 사항"이란 다음 각 호의 어느 하나에 해당하는 사항을 말한다.
1. 명칭
2. 사무소의 소재지
3. 공고와 그 방법에 관한 사항 |

제2장 교정법인

| 제11조 | 임원 | ① 교정법인은 이사 중에서 위탁업무를 전담하는 자를 선임하여야 한다.
② 교정법인의 대표자 및 감사와 제1항에 따라 위탁업무를 전담하는 이사(이하 "임원"이라 한다)는 법무부장관의 승인을 받아 취임한다.
③ 교정법인 이사의 과반수는 대한민국 국민이어야 하며, 이사의 5분의 1 이상은 교정업무에 종사한 경력이 5년 이상이어야 한다.
④ 다음 각 호의 어느 하나에 해당하는 자는 교정법인의 임원이 될 수 없으며, 임원이 된 후 이에 해당하게 되면 임원의 직을 상실한다.
1. 「국가공무원법」 제33조 각 호의 어느 하나에 해당하는 자
2. 제12조에 따라 임원취임 승인이 취소된 후 2년이 지나지 아니한 자
3. 제36조에 따른 해임명령으로 해임된 후 2년이 지나지 아니한 자
⑤ 교정법인 임원의 임기, 직무, 결원 보충 및 임시이사 선임에 필요한 사항은 대통령령으로 정한다.
⊃시행령
제6조(교정법인 임원의 임기 등)
① 교정법인의 임원의 임기는 해당 법인의 정관에서 정하는 바에 따르고, 정관에서 특별히 정하지 않은 경우에는 3년으로 하며, 연임할 수 있다.
② 교정법인은 해당 법인의 이사(위탁업무를 전담하는 이사만 해당한다. 이하 이 조에서 같다) 또는 감사 중에 결원이 생겼을 때에는 그 사유가 발생한 날부터 2개월 이내에 보충하여야 한다.
③ 법무부장관은 교정법인이 제2항에 따라 이사의 결원을 보충하지 않아 해당 교정법인의 목적을 달성할 수 없거나 손해가 생길 우려가 있다고 인정되면 이해관계인의 청구나 직권에 의하여 임시이사를 선임(選任)할 수 있다.
⊃시행령
제7조(임원의 직무)
① 교정법인의 대표자(이하 "대표자"라 한다)는 교정법인을 대표하며, 법인의 업무를 총괄한다. |

		② 대표자가 공석이 되거나 부득이한 사유로 직무를 수행할 수 없을 때에는 정관에서 미리 정한 사람이 그 직무를 대행하되, 정관에서 특별히 정하지 않은 경우에는 이사 중에서 호선(互選)한 사람이 그 직무를 대행한다. ③ 이사는 이사회에 출석하여 교정법인의 업무에 관한 사항을 심의 · 의결하며, 이사회나 대표자로부터 위임받은 사항을 처리한다. ④ 감사는 다음 각 호의 직무를 수행한다. 1. 교정법인의 재산 상황과 회계를 감사하는 일 2. 이사회의 운영과 그 업무에 관한 사항을 감사하는 일 3. 제1호 또는 제2호의 감사 결과 부정 또는 부당한 점을 발견한 경우 이사회와 법무부장관에게 보고하는 일 4. 제3호의 보고를 하기 위하여 이사회의 소집을 요구하는 일 5. 교정법인의 재산 상황 또는 이사회의 운영과 그 업무에 관한 사항에 대하여 대표자 또는 이사에게 의견을 진술하는 일 **⊃시행령** **제8조(이사회의 회의 등)** ① 대표자는 이사회를 소집하고, 그 의장이 된다. ② 이사회는 다음 각 호의 사항을 심의 · 의결한다. 1. 교정법인의 예산, 결산, 차입금 및 재산의 취득 · 처분과 관리에 관한 사항 2. 정관의 변경에 관한 사항 3. 교정법인의 합병 또는 해산에 관한 사항 4. 임원의 임면(任免)에 관한 사항 5. 교정법인이 운영할 민영교도소 등의 장과 정관에서 정한 직원의 임면에 관한 사항 6. 위탁업무의 처리에 관한 중요사항 7. 그 밖에 법령이나 정관에 따라 그 권한에 속하는 사항
제12조	임원취임의 승인 취소	임원이 다음 각 호의 어느 하나에 해당하는 행위를 하면 법무부장관은 취임 승인을 취소할 수 있다. 1. 제13조를 위반하여 겸직하는 경우 2. 제25조 제2항을 위반하여 수용을 거절하는 경우 3. 제42조에 따라 징역형 또는 벌금형의 선고를 받아 그 형이 확정된 경우 4. 임원 간의 분쟁, 회계부정, 법무부장관에게 허위로 보고하거나 허위자료를 제출하는 행위 또는 정당한 사유 없이 위탁업무 수행을 거부하는 행위 등의 현저한 부당행위 등으로 해당 교정법인의 설립목적을 달성할 수 없게 한 경우
제13조	임원 등의 겸직 금지	① 교정법인의 대표자는 그 교정법인이 운영하는 민영교도소 등의 장을 겸할 수 없다. ② 이사는 감사나 해당 교정법인이 운영하는 민영교도소 등의 직원(민영교도소 등의 장은 제외한다)을 겸할 수 없다. ③ 감사는 교정법인의 대표자 · 이사 또는 직원(그 교정법인이 운영하는 민영교도소 등의 직원을 포함한다)을 겸할 수 없다.
제14조	재산	① 교정법인은 대통령령으로 정하는 기준에 따라 민영교도소 등의 운영에 필요한 기본재산을 갖추어야 한다. ② 교정법인은 기본재산에 대하여 다음 각 호의 행위를 하려면 법무부장관의 허가를 받아야 한다. 다만, 대통령령으로 정하는 경미한 사항은 법무부장관에게 신고하여야 한다. 1. 매도 · 증여 또는 교환 2. 용도 변경 3. 담보 제공 4. 의무의 부담이나 권리의 포기

③ 교정법인의 재산 중 교도소등 수용시설로 직접 사용되고 있는 것으로서 대통령령으로 정하는 것은 국가 또는 다른 교정법인 외의 자에게 매도ㆍ증여 또는 교환하거나 담보로 제공할 수 없다.

⊃시행령

제9조(재산의 구분 등)

① 교정법인의 재산 중 다음 각 호의 어느 하나에 해당하는 재산은 법 제14조 제1항에 따른 기본재산으로 한다.

1. 부동산(위탁계약에서 위탁업무 수행에 필요한 재원으로 사용하거나 제공하기로 한 부동산으로 한정한다.)
2. 정관에서 기본재산으로 정한 재산
3. 총회나 이사회의 결의에 의하여 기본재산에 편입되는 재산
4. 세계잉여금(歲計剩餘金) 중 적립금

② 교정법인의 재산 중 제1항 각 호 외의 재산은 보통재산으로 한다.

③ 제1항에 따른 기본재산은 교도소ㆍ소년교도소 또는 구치소 및 그 지소(이하 "교도소 등"이라 한다)의 부지매입, 설계 및 건축에 필요한 재원(교정법인이 교도소 등의 설치비용을 부담하는 경우만 해당한다)과 직원교육, 손해배상 등 교도소 등의 운영에 드는 경비를 충당할 수 있어야 한다.

제10조(기본재산의 처분)

법 제14조 제2항 단서에서 "대통령령으로 정하는 경미한 사항"이란 다음 각 호의 어느 하나에 해당하는 경우를 말한다. 다만, 법 제14조 제2항 본문에 따른 허가를 받지 아니할 목적으로 기본재산을 분할하거나 법, 이 영 또는 관계 법령을 위반하는 경우는 제외한다.

1. 가액 5천만 원 미만인 기본재산의 매도, 증여, 교환, 용도 변경 또는 담보의 제공
2. 가액 5천만 원 미만의 의무의 부담 또는 권리의 포기

제11조(처분할 수 없는 재산의 범위)

법 제14조 제3항에 따라 교정법인이 국가 또는 다른 교정법인 외의 자에게 매도ㆍ증여 또는 교환하거나 담보로 제공할 수 없는 재산은 교도소 등 수용시설로 직접 사용되는 재산으로서 다음 각 호의 어느 하나에 해당하는 것으로 한다.

1. 교도소 등의 부지(운동장을 포함한다)
2. 수용사동(收容舍棟)
3. 작업장(재료창고와 직업훈련시설을 포함한다)
4. 접견실 및 그 부대시설
5. 취사장 및 그 부대시설
6. 체육관, 목욕탕, 이발관 등 수용자의 후생복지시설
7. 교육ㆍ집회시설
8. 청사(구내 업무용 사무실을 포함한다)
9. 그 밖에 수용자의 수용관리, 교정교화 등 교정업무에 직접 사용되는 시설ㆍ설비, 보안장비 및 교재ㆍ교구

제15조	회계의 구분	① 교정법인의 회계는 그가 운영하는 민영교도소 등의 설치ㆍ운영에 관한 회계와 법인의 일반업무에 관한 회계로 구분한다. ② 제1항에 따른 민영교도소등의 설치ㆍ운영에 관한 회계는 교도작업회계와 일반회계로 구분하며, 각 회계의 세입ㆍ세출에 관한 사항은 대통령령으로 정한다. ③ 제1항에 따른 법인의 일반업무에 관한 회계는 일반업무회계와 수익사업회계로 구분할 수 있다. ④ 제2항에 따른 민영교도소 등의 설치ㆍ운영에 관한 회계의 예산은 민영교도소 등의 장이 편성하여 교정법인의 이사회가 심의ㆍ의결하고 민영교도소 등의 장이 집행한다.

| 제16조 | 예산 및 결산예산 및 결산 | |

⊃ 시행령

제12조(일반회계와 교도작업회계의 세입·세출)

① 법 제15조 제2항에 따른 민영교도소등의 설치·운영에 관한 회계 중 일반회계의 세입은 다음 각 호의 수입으로 한다.

1. 위탁계약에 의하여 지급받은 교도소등 운영 경비
2. 다른 회계로부터 전입되는 전입금
3. 일반회계의 운용 과정에서 생기는 이자수입
4. 교도소등 시설·설비 등의 불용품 매각수입
5. 일반회계의 세출에 충당하기 위한 차입금
6. 그 밖에 교정법인의 수입으로서 다른 회계에 속하지 아니하는 수입

② 일반회계의 세출은 다음 각 호의 경비로 한다.

1. 교도소 등 운영에 드는 인건비 및 물건비
2. 수용관리, 교정교화 등 교정업무에 직접 필요한 시설·설비비
3. 제1항 제5호의 차입금의 상환원리금
4. 그 밖에 수용관리, 교정교화 등 교정업무에 필요한 경비

③ 법 제15조 제2항에 따른 민영교도소등의 설치·운영에 관한 회계 중 교도작업회계의 세입은 다음 각 호의 수입으로 한다.

1. 교도작업회계의 세출에 충당하기 위한 차입금
2. 일반회계로부터 전입되는 전입금
3. 그 밖에 교도작업에 따른 각종 수입

④ 교도작업회계의 세출은 교도작업을 위하여 필요한 모든 경비로 한다.

---

① 교정법인의 회계연도는 정부의 회계연도에 따른다.

② 교정법인은 대통령령으로 정하는 바에 따라 법무부장관에게 매 회계연도가 시작되기 전에 다음 회계연도에 실시할 사업계획과 예산을 제출하고, 매 회계연도가 끝난 후에 사업 실적과 결산을 보고하여야 한다.

③ 법무부장관은 교정법인이 제2항에 따라 결산서를 제출하는 겨우 교정법인으로부터 독립된 공인회계사나 회계법인의 감사증명서를 첨부하게 할 수 있다.

④ 교정법인의 회계규칙이나 그 밖에 예산 또는 회계에 관하여 필요한 사항은 법무부장관이 정한다.

⊃ 시행령

제13조(예산·결산 등의 제출)

① 교정법인은 법 제16조 제2항에 따라 법무부장관에게 법 제15조 제2항에 따른 민영교도소등의 설치·운영에 관한 회계의 사업계획과 예산을 매 회계연도가 시작되기 8개월 이전에 제출하고, 사업실적과 결산을 매 회계연도가 끝난 후 2개월 이내에 제출하여야 한다.

② 교정법인은 연도 중에 해당 예산을 추가하거나 경정(更正)할 때에는 추가하거나 경정한 날부터 15일 이내에 해당 예산을 법무부장관에게 제출하여야 한다.

③ 법 제16조 제3항에 따른 공인회계사 등의 감사증명서를 제출하여야 할 교정법인의 범위는 다음 각 호와 같다.

1. 해당 회계연도의 수용 정원이 300명 이상인 교도소 등을 설치·운영하는 교정법인
2. 해당 회계연도의 수용 정원이 300명 미만인 교도소 등을 설치·운영하는 교정법인으로서 회계부정, 결산서의 허위작성과 그 밖에 현저히 부당한 회계처리 등으로 회계질서를 문란하게 하여 법무부장관이 특별히 감사증명서를 제출하게 할 필요가 있다고 인정하는 교정법인

제17조	합병 및 해산의 인가	① 교정법인이 다음 각 호의 어느 하나에 해당하는 행위를 하려면 법무부장관의 인가를 받아야 한다. 1. 다른 법인과의 합병 2. 회사인 경우 분할 또는 분할합병 3. 해산 ② 법무부장관은 제1항에 따른 인가에 조건을 붙일 수 있다.
제18조	잔여재산의 귀속	① 해산한 교정법인의 잔여재산 귀속은 합병하거나 파산한 경우가 아니면 정관으로 정하는 바에 따른다. ② 제1항에 따라 처분되지 아니한 교정법인의 재산은 국고에 귀속한다. ③ 국가는 제2항에 따라 국고에 귀속된 재산을 다른 민영교도소등의 사업에 사용할 수 있다. ④ 제2항에 따라 국고에 귀속된 재산은 법무부장관이 관리한다.
제19조	다른 법률과의 관계	교정법인에 관하여는 이 법에 규정된 것 외에는 그 법인의 설립 형태에 따라 「민법」 중 사단법인이나 재단법인에 관한 규정, 「상법」 중 회사에 관한 규정, 그 밖의 설립 근거 법률을 적용한다.

제3장 민영교도소 등의 설치 · 운영

| 제20조 | 민영교도소 등의 시설 | 교정법인이 민영교도소 등을 설치 · 운영할 때에는 대통령령으로 정하는 기준에 따른 시설을 갖추어야 한다.
⊃시행령
제14조(민영교도소 등의 시설기준)
① 교정법인이 설치 · 운영하는 교도소등은 위탁수용 대상자의 특성을 고려하여 위탁계약에서 달리정한 경우를 제외하고는 다음 각 호의 시설을 갖추어야 한다.
1. 거실 및 수용사동
2. 작업장 및 직업훈련시설
3. 접견실 및 그 부대시설
4. 교육 · 집회시설
5. 위생 · 의료시설
6. 운동장
7. 취사장 및 그 부대시설
8. 목욕탕, 이발관 등 수용자 후생복지시설
9. 그 밖에 위탁계약으로 정하는 시설
② 교정법인은 「형의 집행 및 수용자의 처우에 관한 법률」 제45조에 따른 종교행사를 치르기 위하여 마련된 장소를 제외하고는 그 법인이 운영하는 교도소 등의 시설에서 수용자가 항상 출입하거나 접근할 수 있는 장소에 특정종교의 상징물을 설치해서는 아니 된다. 다만, 법무부장관이 국가의 종교적 중립성과 종파 간의 형평성을 해치지 아니하는 범위에서 특별히 허가한 경우에는 그러하지 아니하다. |
| 제21조 | 민영교도소 등의 시설 | ① 민영교도소 등은 「형의 집행 및 수용자의 처우에 관한 법률」 제2조 제4호 규정된 교도소 등에 준하는 조직을 갖추어야 한다.
② 교정법인은 민영교도소등을 운영할 때 시설 안의 수용자를 수용 · 관리하고 교정서비스를 제공하기에 적합한 직원을 확보하여야 한다. |

제22조	민영교 도소 등의 검사	① 교정법인은 민영교도소 등의 시설이 이 법과 이 법에 따른 명령 및 위탁계약의 내용에 적합한지에 관하여 법무부장관의 검사를 받아야 한다. ② 법무부장관은 제1항에 따른 검사를 한 결과 해당 시설이 이 법에 따른 수용시설로서 적당하지 아니하다고 인정되면 교정법인에 대하여 보정을 명할 수 있다. ③ 제1항과 제2항에 따른 시설의 검사 방법·절차 등에 관하여 필요한 사항은 법무부장관이 정한다.
제23조	운영 경비	① 법무부장관은 사전에 기획재정부장관과 협의하여 민영교도 소등을 운영하는 교정법인에 대하여 매년 그 교도소등의 운영에 필요한 경비를 지급한다. ② 제1항에 따른 연간 지급 경비의 기준은 다음 각 호의 사항 등을 고려하여 예산의 범위에서 법무부장관이 정한다. 1. 투자한 고정자산의 가액 2. 민영교도소등의 운영 경비 3. 국가에서 직접 운영할 경우 드는 경비
제24조	수용 의제	민영교도소 등에 수용된 수용자는 「형의 집행 및 수용자의 처우에 관한 법률」에 따른 교도소 등에 수용된 것으로 본다.
제25조	수용 자의 처우	① 교정법인은 위탁업무를 수행할 때 같은 유형의 수용자를 수용·관리하는 국가운영의 교도소 등과 동등한 수준 이상의 교정서비스를 제공하여야 한다. ② 교정법인은 민영교도소 등에 수용되는 자에게 특별한 사유가 있다는 이유로 수용을 거절할 수 없다. 다만, 수용·작업·교화, 그 밖의 처우를 위하여 특별히 필요하다고 인정되는 경우에는 법무부장관에게 수용자의 이송을 신청할 수 있다. ③ 교정법인의 임직원과 민영교도소등의 장 및 직원은 수용자에게 특정 종교나 사상을 강요하여서는 아니 된다. **⊃ 시행령** **제15조(수용자의 처우)** ① 민영교도소 등의 장과 직원은 수용자가 특정 종교의 교리·교의에 따른 교육·교화·의식과 그 밖에 행사의 참가를 강요해서는 아니 된다. ② 민영교도소 등의 장과 직원은 수용자가 특정 종교를 신봉하지 아니한다는 이유로 불리한 처우를 해서는 아니 된다.
제26조	작업 수입	민영교도소 등에 수용된 수용자가 작업하여 생긴 수입은 국고수입으로 한다.
제27조	보호장 비의 사용 등	① 민영교도소 등의 장은 제40조에 따라 준용되는 「형의 집행 및 수용자의 처우에 관한 법률」 제37조 제1항·제2항, 제63조 제3항, 제68조 제1항, 제77조 제1항, 제97조, 제100조부터 제102조까지 및 제107조부터 제109조까지의 규정에 따른 처분 등을 하려면 제33조 제2항에 따라 법무부장관이 민영교도소 등의 지도감독을 위하여 파견한 소속 공무원(이하 이 조에서 "감독관"이라 한다)의 승인을 받아야 한다. 다만, 긴급한 상황으로 승인을 받을 만한 시간적 여유가 없을 때에는 그 처분 등을 한 후 즉시 감독관에게 알려서 승인을 받아야 한다. ② 민영교도소 등의 장은 제40조에 따라 준용되는 「형의 집행 및 수용자의 처우에 관한 법률」 제121조 제1항에 따른 가석방 적격심사를 신청하려면 감독관의 의견서를 첨부하여야 한다. ③ 민영교도소 등의 장은 제40조에 따라 준용되는 「형의 집행 및 수용자의 처우에 관한 법률」 제123조에 따른 석방을 하려면 관계 서류를 조사한 후 감독관의 확인을 받아 석방하여야 한다.

제4장 민영교도소 등의 직원

제28조	결격사유	다음 각 호의 어느 하나에 해당하는 자는 민영교도소 등의 직원으로 임용될 수 없으며, 임용 후 다음 각 호의 어느 하나에 해당하는 자가 되면 당연히 퇴직한다. 1. 대한민국 국민이 아닌 자 2. 「국가공무원법」 제33조 각 호의 어느 하나에 해당하는 자 3. 제12조에 따라 임원취임 승인이 취소된 후 2년이 지나지 아니한 자 4. 제36조에 따른 해임명령으로 해임된 후 2년이 지나지 아니한 자
제29조	임면 등	① 교정법인의 대표자는 민영교도소 등의 직원을 임면한다. 다만, 민영교도소 등의 장 및 대통령령으로 정하는 직원을 임면할 때에는 미리 법무부장관의 승인을 받아야 한다. ② 교정법인의 대표자는 민영교도소 등의 장 외의 직원을 임면할 권한을 민영교도소 등의 장에게 위임할 수 있다. ③ 민영교도소 등의 직원의 임용 자격, 임용 방법, 교육 및 징계에 관하여는 대통령령으로 정한다. **⊃시행령** **제16조(직원의 임면 승인 범위)** 법 제29조 제1항 단서에 "대통령령으로 정하는 직원"이란 「법무부와 그 소속기관 직제」에 따라 교도소 등에 두는 과의 과장 이상의 직에 준하는 직위의 직원을 말한다. **제17조(직원의 임용 자격 등)** ① 법 제29조 제3항에 따른 민영교도소 등의 직원의 임용 자격은 다음 각 호와 같다. 1. 18세 이상인 사람 2. 법무부령으로 정하는 신체조건에 해당하는 사람 ② 교정법인은 민영교도소 등의 직원을 임용하였을 때에는 10일 이내에 그 임용사항을 법무부장관에게 보고하여야 한다. 민영교도소 등의 직원이 퇴직하였을 때에도 또한 같다.
제30조	직원의 직무	① 민영교도소 등의 직원은 대통령령으로 정하는 바에 따라 「형의 집행 및 수용자의 처우에 관한 법률」에 따른 교도관의 직무를 수행한다. ② 민영교도소 등의 직원이 복무에 관하여는 「국가공무원법」 제56조부터 제61조까지, 제63조, 제64조 제1항, 제65조 제1항부터 제3항까지 및 제66조 제1항 본문을 준용한다. **⊃시행령** **제18조(직무교육)** ① 교정법인은 민영교도소 등의 직원으로 임용된 사람에 대하여 민영교도소 등에 배치하기 전에 자체 교육기관이나 교정공무원 교육기관에서 직무수행에 필요한 교육을 받게 하여야 한다. 다만, 자체 교육기관이나 교정공무원 교육기관의 교육계획상 부득이 하다고 인정되는 경우에는 임용 후 1년 이내에 교육을 받게 할 수 있다. ② 교정공무원(교정시설의 경비교도를 포함한다)이나 민영교도소 등의 직원으로 근무하다가 퇴직한 사람이 퇴직한 날부터 2년 이내에 민영교도소 등의 직원으로 임용된 경우에는 제1항에 따른 교육을 면제할 수 있다. ③ 제1항의 교육기간, 교육과목, 수업시간과 그 밖에 교육 실시에 필요한 사항은 법무부장관이 정한다. **제19조(직원의 직무)** 민영교도소 등의 직원은 「형의 집행 및 수용자의 처우에 관한 법률」에 따른 교도관의 직무 중 위탁계약에서 정하는 범위에서 그 직무를 수행한다.

제30조	제30조	**제20조(직권면직)** ① 교정법인은 민영교도소 등의 직원이 신체적·정신적 이상으로 직무를 가망하지 못하거나 인원의 감축으로 정원(定員)이 초과되었을 때 또는 위탁업무의 정지명령을 받았거나 위탁계약이 해지되었을 때에는 직권으로 면직시킬 수 있다. ② 교정법인이 제1항에 따라 민영교도소 등의 직원을 직권으로 면직시켰을 때에는 5일 이내에 그 사실을 법무부장관에게 보고하여야 한다.
제31조	제복착용과 무기 구입	① 민영교도소 등의 직원은 근무 중 법무부장관이 정하는 제복을 입어야 한다. ② 민영교도소 등의 운영에 필요한 무기는 해당 교정법인의 부담으로 법무부장관이 구입하여 배정한다. ③ 민영교도소 등의 무기 구입·배정에 필요한 사항은 법무부장관이 정한다.

제5장 지원·감독 등

제32조	지원	법무부장관은 필요하다고 인정하면 직권으로 또는 해당 교정법인이나 민영교도소 등의 장의 신청을 받아 민영교도소 등에 소속 공무원을 파견하여 업무를 지원하게 할 수 있다.
제33조	감독 등	① 법무부장관은 민영교도소 등의 업무 및 그와 관련된 교정법인의 업무를 지도·감독하며, 필요한 경우 지시나 명령을 할 수 있다. 다만, 수용자에 대한 교육과 교화 프로그램에 관하여는 그 교정법인의 의견을 최대한 존중하여야 한다. ② 법무부장관은 제1항에 따른 지도·감독상 필요하다고 인정하면 민영교도소 등에 소속 공무원을 파견하여 그 민영교도소 등의 업무를 지도·감독하게 하여야 한다. ③ 교정법인 및 민영교도소등의 장은 항상 소속 직원의 근무 상황을 감독하고 필요한 교육을 하여야 한다.
제34조	보고·검사	① 민영교도소 등의 장은 대통령령으로 정하는 바에 따라 매월 또는 분기마다 다음 각 호의 사항을 법무부장관에게 보고하여야 한다. 1. 수용 현황 2. 교정 사고의 발생 현황 및 징벌 현황 3. 무기 등 보안장비의 보유·사용 현황 4. 보건의료서비스와 주식·부식의 제공 현황 5. 교육·직업훈련 등의 실시 현황 6. 외부통학, 외부 출장 직업훈련, 귀휴, 사회 견학, 외부 통근 작업 및 외부 병원 이송 등 수용자의 외부 출입 현황 7. 교도작업의 운영 현황 8. 직원의 인사·징계에 관한 사항 9. 그 밖에 법무부장관이 필요하다고 인정하는 사항 ② 법무부장관은 필요하다고 인정하면 수시로 교정법인이나 민영교도소등에 대하여 그 업무·회계 및 재산에 관한 사항을 보고하게 하거나, 소속 공무원에게 장부·서류·시설, 그 밖의 물건을 검사하게 할 수 있다. 이 경우 위법 또는 부당한 사실이 발견되면 이에 따른 필요한 조치를 명할 수 있다.

		⊃ 시행령 **제22조(보고)** ① 민영교도소 등의 장은 매월 법 제34조 제1항 제1호, 제2호, 제4호 및 제6호부터 제8호까지의 사항을 법무부장관에게 보고하여야 한다. ② 민영교도소 등의 장은 매 분기 법 제34조 제1항 제3호, 제5호 및 제9호의 사항을 법무부장관에게 보고하여야 한다.
제35조	위탁업 무의 감사	① 법무부장관은 위탁업무의 처리 결과에 대하여 매년 1회 이상 감사를 하여야 한다. ② 법무부장관은 제1항에 따른 감사 결과 위탁업무의 처리가 위법 또는 부당하다고 인정되면 해당 교정법인이나 민영교도소 등에 대하여 적절한 시정조치를 명할 수 있으며, 관계 임직원에 대한 인사 조치를 요구할 수 있다.
제36조	징계 처분 명령 등	① 법무부장관은 민영교도소 등의 직원이 위탁업무에 관하여 이 법 또는 이 법에 따른 명령이나 처분을 위반하면 그 직원의 임면권자에게 해임이나 정직·감봉 등 징계처분을 하도록 명할 수 있다. ② 교정법인 또는 민영교도소 등의 장은 제1항에 따른 징계처분명령을 받으면 즉시 징계처분을 하고 법무부장관에게 보고하여야 한다. **⊃ 시행령** **제21조(징계처분)** ① 교정법인은 민영교도소등의 직원이 다음 각 호의 어느 하나에 해당하는 경우에는 그에 대하여 징계처분을 하여야 한다. 1. 법 제36조 제1항에 따라 징계처분의 명을 받은 경우 2. 법 및 이 영의 규정 또는 이에 따른 명령을 위반한 경우 3. 직무상의 의무를 위반하거나 직무를 태만히 한 경우 4. 품위를 손상하는 행위를 한 경우 ② 민영교도소 등의 직원에 대한 징계의 종류는 해임·정직·감봉·견책으로 하되, 정직은 1개월 이상 3개월 이하의 기간 동안 직무에 종사하지 못하게 하고, 보수의 3분의 2를 줄이며, 감봉은 1개월 이상 3개월 이하의 기간 동안 보수의 3분의 1을 줄인다.

제6장 보칙

제37조	공무원 의제 등	① 민영교도소 등의 직원은 법령에 따라 공무에 종사하는 것으로 본다. ② 교정법인의 임직원 중 교정업무를 수행하는 자와 민영교도소 등의 직원은 「형법」이나 그 밖의 법률에 따른 벌칙을 적용할 때에는 공무원으로 본다. ③ 민영교도소 등의 장 및 직원은 「형사소송법」이나 「사법경찰관리의 직무를 수행할 자와 그 직무범위에 관한 법률」을 적용할 때에는 교도소장·구치소장 또는 교도관리로 본다.
제38조	손해배상	① 교정법인의 임직원과 민영교도소 등의 직원이 위탁업무를 수행할 때 고의 또는 과실로 법령을 위반하여 국가에 손해를 입힌 경우 그 교정법인은 손해를 배상하여야 한다.

		② 교정법인은 제1항에 따른 손해배상을 위하여 대통령령으로 정하는 기준에 따라 현금·유가증권 또는 물건을 공탁하거나 이행보증보험에 가입하여야 한다. **◑시행령** **제23조(손해배상의 담보)** 교정법인은 법 제38조 제1항에 따른 손해배상을 위하여 1억원 이상의 현금 또는 유가증권을 공탁하거나 이행보증보험에 가입하여야 한다.
제39조	권한의 위임	법무부장관은 이 법에 따른 권한의 일부를 관할 지방교정청장에게 위임할 수 있다.
제40조	「형의 집행 및 수용자의 처우에 관한 법률」의 준용	민영교도소 등에 수용된 자에 관하여 성질상 허용되지 아니하는 경우와 이 법 및 위탁계약으로 달리 정한 경우 외에는 「형의 집행 및 수용자의 처우에 관한 법률」을 준용한다.
제41조	부분위탁	국가가 운영하는 교도소 등의 업무 중 직업훈련·교도작업 등 일부 교정업무를 특정하여 위탁하는 경우 그 수탁자에 관하여는 성질상 허용되지 아니하는 경우와 위탁계약으로 달리 정한 경우 외에는 교정법인에 관한 규정을 준용한다.

제7장 벌칙

제42조	벌칙	① 다음 각 호의 어느 하나에 해당하는 자는 3년 이하의 징역 또는 3천만 원 이하의 벌금에 처한다. 1. 위탁계약을 위반하여 다른 사람에게 민영교도소 등을 운영하도록 하거나 위탁업무를 처리하도록 한 자 또는 이에 따라 민영교도소 등을 운영하거나 위탁업무를 처리한 자 2. 제6조나 제7조에 따라 위탁업무의 정지명령을 받거나 위탁계약이 해지된 후에 권한 없이 위탁업무의 처리를 계속한 자 3. 제14조 제2항 본문 또는 같은 조 제3항을 위반하여 매도 등의 행위를 한 자 ② 다음 각 호의 어느 하나에 해당하는 자는 2년 이하의 징역 또는 2천만 원 이하의 벌금에 처한다. 1. 제8조에 따른 위탁계약 해지 시의 업무 처리를 하지 아니한 자 2. 제22조 제1항에 따른 검사를 거부하거나 기피 또는 방해한 자 3. 제25조 제3항을 위반하여 수용자에게 특정 종교나 사상을 강요한 자 4. 제27조 제1항에 따른 처분 등에 관하여 감독관의 승인을 받지 아니한 자 5. 제27조 제3항을 위반하여 감독관의 확인을 받지 아니하고 수용자를 석방한 자 6. 제33조 제1항 본문이나 제34조 제2항에 따른 법무부장관의 지시 또는 명령에 따르지 아니한 자 7. 제35조 제1항에 따른 감사를 거부하거나 기피 또는 방해한 자 8. 제35조 제2항에 따른 법무부장관의 시정조치명령이나 인사 조치 요구에 따르지 아니한 자 9. 제36조 제2항을 위반하여 징계처분을 하지 아니한 자 10. 정당한 사유 없이 위탁업무의 수행을 거부하거나 위탁업무를 유기한 자

제43조	양벌규정	교정법인의 임직원(교정법인이 운영하는 민영교도소 등의 직원을 포함한다)이 그 법인의 업무에 관하여 제42조의 위반행위를 하면 그 행위자를 벌하는 외에 그 법인에도 해당 조문의 벌금형을 과한다. 다만, 법인이 그 위반행위를 방지하기 위하여 해당 업무에 관하여 상당한 주의와 감독을 게을리 하지 아니한 경우에는 그러하지 아니하다.
제44조	과태료	① 다음 각 호의 어느 하나에 해당하는 자에게는 1천만 원 이하의 과태료를 부과한다. 1. 제10조 제2항 본문 또는 제17조를 위반하여 법무부장관의 인가를 받지 아니하거나 제10조 제2항 단서 또는 제14조 제2항 단서를 위반하여 신고를 하지 아니한 자 2. 제15조 제1항을 위반하여 회계를 구분하지 아니한 자 3. 제16조 제2항 또는 제3항을 위반하여 사업계획과 예산의 제출 및 사업 실적과 결산의 보고를 하지 아니한 자 또는 결산서에 공인회계사나 회계법인의 감사증명서를 첨부하지 아니한 자 4. 제29조 제1항 단서에 따른 법무부장관의 승인을 받지 아니하고 민영교도소 등의 장과 직원을 임면한 자 5. 제31조 제1항을 위반하여 근무 중에 제복을 입지 아니한 자 6. 제34조 제1항·제2항 또는 제36조 제2항에 따른 보고를 게을리 하거나 부실한 보고를 한 자 ② 제1항에 따른 과태료는 대통령령으로 정하는 기준에 따라 법무부장관이 부과·징수한다. **⤷시행령** **제24조(과태료의 부과기준)** 법 제44조 제1항에 따른 과태료의 부과기준은 다음 각 호의 구분에 따른다. 1. 법 제44조 제1항 제1호·제4호 및 제6호에 해당하는 경우 　: 1천만원 이하의 과태료 2. 법 제44조 제1항 제2호·제3호 및 제5호에 해당하는 경우 　: 5백만원 이하의 과태료

제3편 UN 피구금자 처우에 관한 최저기준규칙

1955년 8월 30일 제1회 국제연합 범죄방지 및 범죄자처우회의에서 채택

1957년 7월 31일 국제연합 경제사회이사회 결의 663 C(24)로서 승인

1977년 5월 13일 경제사회이사회 결의 2076(62로서 수정되어 제95조가 새로 추가

서칙

제1조	규칙들이 의도하는 바는 행형시설의 모범적 체계를 세세한 점까지 기술하고자 하는 것이 아니라 이것들은 오직 이 시대의 시조로서 일반적으로 합의된 바와 현재로서 가장 적합한 체계를 위한 수적인 요소들을 기준으로 하여 일반적으로 재소자에 대한 처우와 행형시설의 운영에서 올바른 원칙과 관행이라고 받아들여지고 있는 것을 밝혀놓고자 하는 것일 뿐이다.
제2조	세계의 법적, 사회적, 경제적 및 지리적 조건들이 매우 다양하다는 점에 비추어 볼 때 이 규칙들이 전부가 모든 곳에서 언제나 적용될 수 없음은 명백하다. 그러나 이 규칙들은 그것들이 전체로서 UN에 의하여 적절한 것으로 인정되는 최소한의 조건을 나타낸다는 것을 앎으로써 그 적용과정에서 발생하는 실제상의 어려움을 극복하려는 부단한 노력을 촉진할 것이다.
제3조	한편, 이 규칙들이 다루는 영역에서 사조는 끊임없이 발전하고 있다. 이 규칙들은 전체로서 그 본문에서 파생되는 원칙들과 조화를 이루면서 그 목적들을 촉진하고자 하는 것인 한 실험과 실습을 배제하지 않는다. 중앙행형당국이 이 정신에 따라 이 규칙들의 변경을 위임하는 것은 항상 정당화될 것이다.
제4조	① 이 규칙 제1부는 시설운영 일반을 다루며 법관이 명한 '보안처분(security measures)' 또는 교정조치(corrective measures)에 놓인 피구금자를 포함하여 형사범(criminal)이든 민사범(civil)이든 미결수(untried)이든 기결수(convicted)이든 모든 범주의 피구금자에게 적용될 수 있다. ② 제2부는 각 절에서 다루는 특정 범주에 대하여만 적용될 수 있다. 그러나 기결수에 대하여 적용되는 A절의 규칙들은 B, C, D절에서 다루어지는 피구금자들에게도 똑같이 적용될 수 있다. 다만, A절의 규칙이 B, C, D절의 규칙들과 모순되지 않고 또한 그들의 이익에 해당하는 경우에 한한다.
제5조	① 이 규칙은 보스털식 비행 청소년 수용시설(Borstal institutions)이나 교정학교(correctional school) 등 소년들을 위하여 따로 마련된 시설의 운영을 규율하려는 것이 아니다. 그러나 일반적으로 제1부는 이러한 시설에 똑같이 적용될 수 있다. ② 소년피구금자(young prisoners)의 범주에는 적어도 소년법원(juvenile courts)의 관할에 속하는 모든 소년들이 포함되어야 한다. 원칙적으로 이들 소년들에게 구금형(imprisonment)이 선고되어서는 안 된다.

제1부 통칙

기본원칙

제6조	① 이 규칙은 공평하게 적용되어야 한다. 피구금자의 인종, 피부색, 성별, 언어, 종교, 정치적 또는 그 밖의 견해, 국적, 사회적 신분, 재산, 출생 또는 그 밖의 지위에 의하여 차별이 있어서는 안된다. ② 한편, 구금자가 속하는 집단의 종교적 신조 및 도덕률을 존중하여야 한다.

등록

제7조	① 파구금자를 수용하는 장소에는 항상 페이지 번호를 붙여서 편철한 등록부를 비치하고 수용되는 각 파구금자에 관한 다음 사항을 기입하여야 한다. 1. 파구금자의 신원에 관한 정보 2. 수용 이유 및 수용을 결정한 기관 3. 수용 및 석방 일시 ② 사전에 등록부에 그 상세한 내용이 기재된 유효한 수용영장에 의하지 아니하면 누구도 시설에 수용되어서는 안 된다.
제8조	상이한 종류의 파구금자는 그 성별, 연령, 범죄경력, 구금의 법률적 사유 및 처우상의 필요를 고려하여 분리된 시설 또는 시설내의 구역에 수용하여야 한다. 1. 남자와 여자는 가능한 한 분리된 시설에 구금하여야 한다. 남자와 여자를 함께 수용하는 시설에서는 여자용으로 할당된 설비의 전체를 완전히 분리하여야 한다. 2. 미결수용자는 기결수용자와 분리하여 구금하여야 한다. 3. 채무로 인하여 수용된 자 및 그 밖의 민사파구금자는 형사파구금자와 분리하여 구금하여야 한다. 4. 소년은 성년과 분리하여 구금하여야 한다.

거주설비

제9조	① 취침설비가 각 방마다 설치되어 있을 경우 개개의 파구금자마다 야간에 방 한 칸이 제공되어야 한다. 일시적인 인원과잉 등과 같은 특별한 이유로 중앙교정당국이 이 규정에 대한 예외를 둘 필요가 있을 경우에도 방 한 칸에 2명의 구금자를 수용하는 것은 바람직하지 못하다. ② 공동침실이 사용되는 경우에는 그 환경에서 서로 원만하게 지낼 수 있는 파구금자를 신중하게 선정하여 수용하여야 한다. 이 경우에는 시설의 성격이 맞추어 야간에 정기적인 감독이 수행되어야 한다.
제10조	파구금자가 사용하도록 마련된 모든 설비, 특히 모든 취침 설비는 기후상태와 특히 공기의 용적, 최소 건평, 조명, 난방 및 환기에 관하여 적절한 고려를 함으로써 건강유지에 필요한 모든 조건을 충족하여야 한다.
제11조	파구금자가 기거하거나 작업을 하여야 하는 모든 장소에는 1. 창문은 파구금자가 자연광선으로 독서하거나 작업을 할 수 있을 만큼 넓어야 하며, 인공적인 통풍 설비의 유무에도 불구하고 신선한 공기가 들어올 수 있도록 설치되어야 한다. 2. 인공조명은 파구금자가 시력을 해치지 아니하고 독서하거나 작업하기에 충분하도록 제공되어야 한다.
제12조	위생설비는 모든 파구금자가 청결하고 단정하게 생리적 욕구를 해소하기에 적합해야 한다.
제13조	적당한 목욕 및 샤워설비를 마련하여 모든 파구금자가 계절과 지역에 따라 일반 위생상 필요한 만큼 자주 기후에 알맞은 온도로 목욕하거나 샤워할 수 있게 하고 그렇게 할 의무가 부과되어야 하되, 단 온대기후의 경우 그 횟수는 적어도 매주 1회 이상이어야 한다.
제14조	파구금자가 상시 사용하는 시설의 모든 부분은 항상 적절히 관리되고 깨끗하게 유지되어야 한다.

제15조	파구금자에게는 신체를 청결히 유지할 의무를 부과하여야 하며, 이를 위하여 건강 및 청결 유지에 필요한 만큼의 물과 세면용품을 지급하여야 한다.
제16조	파구금자가 그들의 자존심에 부합하는 단정한 용모를 유지할 수 있도록 두발 및 수염을 조발할 수 있는 기구를 제공하여야 하며, 남자는 규칙적으로 면도할 수 있게 하여야 한다.
제17조	① 자기의 의류를 입도록 허용되지 아니하는 파구금자에 대하여는 기후에 알맞고 건강유지에 적합한 의류가 지급되어야 한다. 이러한 의류는 결코 저급하거나 수치심을 주는 것이어서는 안 된다. ② 모든 의류는 청결하여야 하며 적합한 상태로 간수되어야 한다. 내의는 위생을 유지하기에 필요한 만큼 자주 교환되고 세탁되어야 한다. ③ 예외적인 상황에서 파구금자가 정당하게 인정된 목적을 위하여 시설 밖으로 나갈 때에는 언제나 자신의 사복 또는 너무 눈에 띄지 아니하는 의복을 입도록 허용되어야 한다.
제18조	파구금자에게 자기 의류를 입도록 허용하는 경우에는 시설에 수용할 때에 그 의류가 청결하고 사용에 적합하도록 하기 위한 적당한 조치를 취하여야 한다.
제19조	모든 파구금자에게는 지역 또는 나라의 수준에 맞추어 개별 침대와 충분한 전용침구를 급여하여야 하며, 침구는 지급될 때 청결하고 항상 잘 정돈되어야 하고 또 그 청결을 유지할 수 있도록 충분히 자주 교환되어야 한다.

급식

제20조	① 당국은 모든 파구금자에게 통상의 식사시간에 건강과 체력을 유지하기에 충분하고 영양가와 위생적인 품질을 갖춘 잘 조리된 음식을 급여하여야 한다. ② 모든 파구금자는 필요할 때 언제나 음료수를 마실 수 있어야 한다.

운동 및 경기

제21조	① 실외작업을 하지 아니하는 모든 파구금자는 날씨가 허락하는 한 매일 적어도 1시간의 적당한 실외 운동을 하도록 하여야 한다. ② 소년파구금자 및 적당한 연령 및 체격을 가진 그 밖의 파구금자에게는 운동시간 중에 체육 및 오락훈련을 받도록 하여야 한다. 이 목적을 위하여 필요한 공간, 설비 및 용구가 제공되어야 한다.

의료

<table>
<tr><td>제22조</td><td>① 모든 시설에서는 상당한 정신의학 지식을 가진 1명 이상의 자격 있는 의사의 의료를 받을 수 있도록 하여야 한다. 의료업무는 지역사회 또는 국가의 일반 보건행정과의 긴밀한 관계 하에 조직되어야 한다. 의료업무에는 정신이상의 진찰과 적절한 경우 그 치료업무가 포함되어야 한다.
② 전문의사의 치료를 요하는 질병을 가진 피구금자는 전문시설 또는 일반병원에 이송되어야 한다. 병원설비가 시설 내에 설치되어 있을 경우, 그 기구, 비품 및 의약품은 병자의 간호 및 치료에 적합한 것이어야 하며, 적절히 훈련된 직원이 배치되어야 한다.
③ 모든 피구금자는 자격 있는 치과의사의 치료를 받을 수 있어야 한다.</td></tr>
<tr><td>제23조</td><td>① 여자시설에서는 산전 및 산후의 모든 간호 및 처치를 위하여 필요한 특별한 설비가 갖추어져 있어야 한다. 가능한 경우에는 항상 시설 밖의 병원에서 분만할 수 있도록 조치를 강구하여야 한다. 아이가 시설 내에서 태어난 경우 이 사실을 출생증명서에 기재해서는 안된다.
② 유아가 모친과 함께 시설 내에 있도록 허용되는 경우 자격 있는 직원이 근무하는 유아실을 설치하여 모친이 보살필 수 없는 경우 유아를 보호하여야 한다.</td></tr>
<tr><td>제24조</td><td>의사는 모든 피구금자에 대하여 입소 후 가능한 한 조속히, 그 후 필요에 따라 면접하고 진찰하여, 특히 신체적 또는 정신적 질병이 있는지를 발견하고 필요한 모든 조치를 취하고, 전염성 또는 접촉성 질환의 의심이 있는 피구금자를 격리하고, 사회복귀에 지장을 주는 신체적, 정신적 결함을 기록하고 작업에 대한 피구금자의 신체적 능력을 판정하여야 한다.</td></tr>
<tr><td>제25조</td><td>① 의사는 피구금자의 신체적 및 정신적인 건강을 돌보아야 하며 병자와 질병을 호소하는 자 및 특히 주의를 끄는 자 전원을 매일 진찰하여야 한다.
② 의사는 피구금자의 신체적 또는 정신적 건강이 계속된 구금으로 인하여 또는 구금에 수반된 상황 어느 것에 의해서도 손상되었거나 또는 손상되리라고 판단하는 때는 언제든지 소장에게 보고하여야 한다.</td></tr>
<tr><td>제26조</td><td>① 의사는 정기적으로 검사를 행하고 다음 각 호에 대하여 소장에게 조언하여야 한다.
1. 식량의 분량, 질, 조리 및 배식
2. 시설 및 피구금자의 위생과 청결
3. 시설의 위생관리, 난방, 조명 및 통풍
4. 피구금자의 의류 및 침구의 적합 및 청결
5. 체육 및 경기를 담당하는 기술요원이 없는 경우 이에 관한 규칙의 준수
② 소장은 의사가 제25조 제2항 제26조의 규정에 의하여 향한 보고 및 조언을 참작하여야 하며, 의사의 권고에 찬동하는 경우에는 그 제안을 실시하기 위한 즉각적인 조치를 취하여야 한다. 또한 그 제안이 자기의 권한에 속하는 사항이 아니거나 동의하지 아니하는 경우에 소장은 자기의 보고와 의사의 조언을 즉시 상급관청에 보고하여야 한다.</td></tr>
</table>

규율 및 징벌

<table>
<tr><td>제27조</td><td>규율 및 질서는 엄정히 유지되어야 하나, 안전한 구금과 질서 있는 소내 생활을 유지하기 위하여 필요한 한도를 넘어서는 안 된다.</td></tr>
</table>

제28조	① 어떠한 피구금자라도 시설의 업무를 부여받거나 규율권한이 부여되어서는 안 된다. ② 그러나 이 규칙은 특정한 사교, 교육 또는 스포츠 활동이나 책임을 직원의 감독하에 처우목적을 위하여 그룹으로 분류된 피구금자들에게 맡기는 자치에 기초한 제도의 적절한 활용을 배제하지 않는다.
제29조	다음 각 호의 각항은 항상 법률 또는 권한 있는 행정관청의 규칙으로 정하여야 한다. 1. 규율위반을 구성하는 행위 2. 부과할 징벌의 종류 및 그 기간 3. 징벌권을 갖는 기관
제30조	① 어떠한 피구금자도 이와 같은 법률 또는 규칙에 의한 경우를 제외하고는 징벌을 받아서는 안 되며 동일한 위반에 대해 이중으로 징벌받지 아니한다. ② 피구금자는 자신에 대하여 주장되는 위반을 통고받고 이에 대해 항변할 적절한 기회를 부여받지 아니하고는 징벌 받지 아니한다. 권한 있는 기관은 사건의 철저한 심리를 하여야 한다. ③ 필요하고 가능한 경우 수용자는 통역자를 통해 자신의 항변을 하도록 허용되어야 한다.
제32조	① 금치 또는 감식의 징벌은 의사가 그 피구금자를 진찰하고 서면으로 그가 그러한 징벌에 견딜 수 있음을 증명한 경우가 아니면 부과해서는 안 된다. ② 위 항은 피구금자의 신체 또는 정신의 건강을 침해하는 어떠한 징벌에 대하여도 적용된다. 어떠한 경우에도 이러한 징벌은 제31조에 규정된 원칙에 반하거나 이 원칙에서 벗어날 수 없다. ③ 의사는 이러한 징벌을 받고 있는 피구금자를 매일 방문하여야 하며, 신체적 또는 정신적인 건강상의 이유로 그 징벌의 정지 또는 교체가 필요하다고 인정될 때에는 소장에게 그 취지를 조언하여야 한다.

계구

제33조	수갑, 연쇄, 차꼬 및 구속복 등 계구는 결코 징벌의 수단으로 사용되어서는 안된다. 특히 연쇄나 차꼬는 계구로서 사용되어서는 안 된다. 그밖의 다음 각호의 경우를 제외하고는 사용되어서는 안 된다. 1. 호송중 도피에 대한 예방책으로 사용되는 경우, 다만 사법 또는 행정당국에 출석할 때에는 계구를 해제하여야 한다. 2. 의료상의 이유에 의하여 의사를 지시받는 경우 3. 피구금자가 자기 또는 타인에게 침해를 가하거나 재산에 손해를 주는 것을 다른 수단으로써는 방지할 수 없어서 소장이 명령하는 경우, 이 경우 소장은 지체 없이 의사와 상의하고 상급행정관청에 보고하여야 한다.
제34조	계구에 제식 및 그 사용방법은 중아행형당국이 정하여야 한다. 이러한 계구는 엄격히 필요한 시간을 초과하여 사용되어서는 안 된다.

정보 및 불복신청

제35조	① 모든 피구금자는 수용과 동시에 자기가 속하는 범주의 피구금자에 대한 처우 규칙, 규율을 위한 의무사항, 정보를 구하고 불복을 신청하는 정당한 수단 및 권리와 의무를 이해하고 시설내 생활에 적응하기 위하여 필요한 모든 사항에 대하여 서면에 의한 정보를 제공받아야 한다. ② 피구금자가 문자를 해독할 수 없을 때에는 전항의 정보는 구술로 알려주어야 한다.

제36조	① 모든 파구금자에게는 평일에 소장 또는 그를 대리할 권한을 가진 직원에게 청원 또는 불복 신청을 할 기회가 주어져야 한다. ② 파구금자는 자신에 대한 조사 중에 조사관에게 청원 또는 불복신청을 할 수 있어야 한다. 파구금자가에게는 소장 또는 기타 직원의 참여 없이 담당조사관 또는 조사관에게 말할 기회가 주어져야 한다. ③ 모든 파구금자는 내용의 검열을 받지 않고 적합한 형식에 맞추어 허가된 경로에 따라 중앙 교정당국, 사업관청 또는 기타 관청에 청원하거나 불복 신청하도록 허용되어야 한다. ④ 모든 요구 또는 불복은 그것이 명백하게 사소한 것이거나 근거 없는 것이 아닌 한 즉시 처리되고 지체 없이 회답되어야 한다.

외부와의 교통

제37조	파구금자는 필요한 감독 하에 일정 기간마다 가족 또는 신뢰할 만한 친구와의 통신 및 접견이 허용되어야 한다.
제38조	① 외국인인 파구금자는 소속 국가의 외교대표 또는 영사와 교통하기 위한 상당한 편의가 허용되어야 한다. ② 외교대표나 영사가 없는 국가의 국적을 가진 파구금자와 망명자 또는 무국적자에게는 이들의 이익을 대변하는 국가의 외교대표 또는 이러한 자의 보호를 임무로 하는 국가기관 또는 국제기관과 교통할 수 있는, 전항과 동일한 편의가 허용되어야 한다.
제39조	파구금자는 신문, 정기간행물 또는 시설의 특별간행물을 열독하고 방송을 청취하며 강연을 듣거나 당국이 허가하거나 감독하는 유사한 수단에 의하여 보다 중요한 뉴스를 정기적으로 알 수 있어야 한다.

도서

제40조	모든 시설은 모든 범주의 파구금자가 이용할 수 있는 오락적, 교육적인 도서를 충분히 비치한 도서실을 갖추어야 하며 파구금자들이 이를 충분히 이용하도록 권장하여야 한다.

종교

제41조	① 시설 내에 동일 종교를 가진 충분한 수의 파구금자가 있는 경우 그 종교의 자격 있는 대표자가 임명 되거나 승인되어야 한다. 파구금자의 인원수로 보아 상당하다고 인정되고 또 여건이 허락하는 경우 그 조치는 상근제를 기초로 하여야 한다. ② 전항의 규정에 의하여 임명되거나 승인된 유자격 대표자는 정규적 의식을 행하고 수시로 직접 그 종교 소속의 파구금자를 심방하도록 허가되어야 한다. ③ 종교적 유자격 대표자에 대한 접근은 어떤 종교에서도 어느 파구금자에게도 거부되어서는 안 된다. 한편 파구금자가 교역자의 방문을 거절하는 경우 그의 태도는 충분히 존중되어야 한다.

<table>
<tr><td>제42조</td><td>실제적으로 가능한 한 모든 피구금자는 시설내에서 거행되는 종교행사에 참석하고 또 자기 종파의 계율서 및 교훈서를 소지함으로써 종교생활의 욕구를 충족할 수 있도록 허용되어야 한다.</td></tr>
</table>

피구금자의 소유물 보관

<table>
<tr><td>제43조</td><td>① 시설의 규칙에 의하여 피구금자가 소지하는 것이 허가되지 아니하는 물건으로서 그의 소유에 속하는 모든 금전, 유가물, 의류 및 기타의 물건은 입소할 당시에 안전하게 보관되어야 한다. 보관물에 관하여는 명세서를 작성하고 피구금자의 서명을 받아야 한다. 보관물을 양호한 상태에 두기 위한 조치가 취해져야 한다.
② 모든 보관금품은 피구금자를 석방할 때 그에게 반환되어야 한다. 다만 석방전에 피구금자가 금전을 사용하거나 보관물품을 시설 밖으로 송부하는 것이 허가된 경우 또는 위생상의 이유로 의류를 폐기할 필요가 있을 경우에는 그러하지 아니하다. 피구금자는 반환받은 금품에 관하여 영수증에 서명하여야 한다.
③ 모든 피구금자는 시설에 수용되거나 다른 시설로 이송될 때 이를 자기 가족에게 즉시 통지할 수 있는 권리를 가져야 한다.</td></tr>
</table>

피구금자의 이송

<table>
<tr><td>제45조</td><td>① 피구금자를 이송할 때에는 가급적 공중의 면전에 드러나지 아니하도록 하여야 하며 모욕, 호기심 및 공표의 대상이 되지 않도록 적절한 보호조치를 취하여야 한다.
② 환기나 조명이 불충분한 교통수단에 의하거나 불필요한 육체적 고통을 주는 방법으로 피구금자를 이송하는 것은 금지되어야 한다.
③ 피구금자의 이송은 행정청의 비용으로 행하여져야 하며 모든 피구금자에 대하여 균등한 조건이 적용되어야 한다.</td></tr>
</table>

시설직원

<table>
<tr><td>제46조</td><td>① 시설의 적절한 운영관리는 직원의 성실성, 인간성, 업무능력 및 직무에 대한 개인적인 적합성에 달려 있는 것이므로 교정당국은 모든 계급의 직원을 선임할 때 신중히 배려하여야 한다.
② 교정당국은 이 임무가 매우 중요한 사회복지사업이라는 인식을 직원 및 일반공중 모두에게 끊임없이 일깨우고 유지시키기 위한 적당한 모든 방법이 사용되어야 한다.
③ 위 목적을 위하여 직원은 전문 교정공무원으로서 상근제를 기초로 임용되어야 하고 선량한 품행, 능력 및 건강이 결여되지 않는 한 임기가 보장되는 공무원 신분을 지녀야 한다. 직원은 봉급은 적합한 남녀를 채용하여 계속 머물게 하기에 충분한 것이어야 한다. 고용상의 복리 및 근무조건은 직무의 고된 성격에 비추어 적합하여야 한다.</td></tr>
</table>

제47조	① 직원은 충분한 수준의 교육과 지식을 갖추고 있어야 한다. ② 직원은 직무를 부여받기 전에 일반적 임무 및 특수 임무에 관하여 훈련과정을 거쳐야 하고 이론과 실무 시험에 합격하여야 한다. ③ 직원은 임무를 부여받은 이후 재직중 적당한 기간마다 행하여지는 직무교육과정에 참가함으로써 자기의 지식 및 직무 능력을 유지하고 향상시켜야 한다.
제48조	모든 직원은 항상 모범을 보여 피구금자를 감화하고 존경을 받을 수 있도록 행동하고 임무를 수행하여야 한다.
제49조	① 가능한 한 직원 중에는 정신과의사, 심리학자, 사회사업가, 교사 및 직업강사의 업무는 상임으로 확보되어야 한다. 그러나 시간제 또는 자원봉사자를 배제하는 것은 아니다. ② 사회사업가, 교사 및 직업강사의 업무는 상임으로 확보되어야 한다. 그러나 시간제 또는 자원봉사자를 배제하는 것은 아니다.
제50조	① 소장은 성격, 행정능력, 적절한 훈련과 경험에 의하여 그 직무를 감당하기에 충분한 자격을 지녀야 한다. ② 소장은 자기의 전 시간을 그 공적 임무에 바쳐야 하며 비상근적으로 임명되어서는 안 된다. ③ 소장은 시설의 구내 또는 인접한 장소에 거주하여야 한다. ④ 2개소 이상의 시설이 한 사람 소장 소관하에 있는 경우 소장은 각 시설을 자주 순시하여야 한다. 각 시설마다 한 사람의 거주 직원이 책임을 맡아야 한다.
제51조	① 소장, 그 대리자 및 기타의 직원 대다수는 최다수의 피구금자의 언어 또는 최다수의 피구금자가 이해하는 언어를 사용할 수 있어야 한다. ② 필요한 경우에는 언제라도 통역관의 도움을 받을 수 있어야 한다.
제52조	① 1명 이상의 상근의무관의 근무를 요할 만큼 규모가 큰 시설에서는 적어도 상근의무관 1명은 시설의 구내 또는 인접한 장소에 거주하여야 한다. ② 기타의 시설에서는 의무관이 매일 시설을 방문하여야 하며 긴급한 경우 지체 없이 출근할 수 있도록 인접한 곳에 거주하여야 한다.
제53조	① 남녀 피수용자를 함께 수용하고 있는 시설에서는 여자구역은 그 구역의 모든 열쇠를 보관하는 담당 여자직원의 관리하에 두어야 한다. ② 남자직원은 여자직원의 동반 없이는 여자구역에 들어갈 수 없다. ③ 여자피구금자는 여자직원에 의하여서만 보호되고 감독되어야 한다. 그러나 이것은 남자직원, 특히 의사 및 교사가 여자시설 또는 여자구역에서 전문적인 직무를 행하는 것을 배제하지 않는다.
제54조	① 시설의 직원은 정당방위의 경우 또는 피구금자의 도주기도나 법령에 대한 적극적·소극적·신체적 정항의 경우를 제외하고는 피구금자의 관계에서 물리력을 행사하여서는 안 된다. 직원이 물리력에 의지하는 경우 엄격히 필요한 한도를 넘지 않아야 하며 즉시 소장에게 사태를 보고하여야 한다. ② 교정직원은 공격적인 피구금자를 제지할 수 있도록 육체훈련을 받아야 한다. ③ 직무상 피구금자와 직접 접촉하는 직원은 특별한 경우를 제외하고는 무기를 휴대하여서는 안 된다. 더구나 무기의 사용에 관한 훈련을 받지 아니한 직원에게는 어떠한 경우에도 무기를 지급해서는 안 된다.

감독

제55조	행형시설과 업무는 권한 있는 관청에 의하여 임명되고 자격과 경험을 갖춘 감독관의 정기적인 감독을 받아야 한다. 감독관의 임무는 특히 이러한 시설이 현행법령에 준거하여 형벌집행 및 행형과 교정 업무의 목적을 달성할 목적으로 관리운영되도록 하는 것이어야 한다.

제2부 특별한 범주에 적용되는 규칙

A. 수형자

지도원리

제56조	이하의 지도원리는 행형시설이 운영되어야 할 정신 및 지향하여야 할 목적을 서칙 제1조상의 선언에 맞추어 제시하려는 것이다.
제57조	구금형 및 범죄자를 외부와 격리시키는 그 밖의 처분은 자유를 박탈하여 자기 결정의 권리를 빼앗는다는 사실 자체로서 고통을 주는 것이다. 따라서 행형제도는 정당한 격리나 규율유지에 수반되는 경우를 제외하고는 그 상황에서의 고유한 고통을 가중시켜서는 안 된다.
제58조	구금형 또는 자유를 박탈하는 유사한 처분의 목적과 정당성은 궁극적으로 사회를 범죄로부터 보호하는 데 있다. 이 목적을 가능한 한 구금기간을 신용하여 범죄자가 사회에 복귀하면 법을 지키고 자활하는 삶을 희망하는 것만이 아니라 그렇게 할 능력을 갖게 하여야만 달성될 수 있다.
제59조	이 목적을 위하여 시설은 적절하고 가능한 치료적, 교육적, 도덕적, 정신적 및 기타의 능력과 여러 형태의 원조를 모두 이용하여야 하며 또한 수형자의 개별적 처우상의 필요에 따라서 이들을 적용하도록 노력하여야 한다.
제60조	① 시설의 관리제도는 수형자의 책임관념을 희박하게 하거나 인간으로서의 존엄성을 감소시키기 쉬운 수형생활과 자유생활 사이의 상위점들을 극소화하고자 한다. ② 형기종료 이전에 수형자를 사회에 단계적으로 복귀시키기 위하여 필요한 조치를 취하는 것이 바람직하다. 이 목적은 경우에 따라 같은 시설 도는 다른 적당한 시설에 마련된 석방준비제도에 의하거나 일정한 감독 하에서 시험적으로 행하는 석방에 의하여 달성될 수 있다. 이 경우 감독은 경찰에 맡겨져서는 안 되고 유효한 사회적 원조와 결부되어야 한다.
제61조	수형자의 처우는 사회로부터의 배제가 아니라 사회와의 계속적인 관계를 강조하는 것이어야 한다. 그러므로 사회의 여러 기관은 가능한 한 어디서든지 수형자의 사회복귀사업에 관하여 시설직원을 원조하기 위하여 참여해야 한다. 사회사업가는 모든 시설과 연계하여 수형자와 가족 및 유용한 사회기관 사이의 모든 바람직한 관계를 유지하고 발전시키는 업무를 맡아야 한다. 법률과 판결에 반하지 아니하는 한 수형자의 사법상의 이익에 관한 권리, 사회보장상의 권리 및 그 밖의 사회적 이익을 최대한 보전하기 위하여 필요한 조치가 취해져야 한다.
제62조	시설의 의료기관은 수형자의 사회복귀를 방해할 수 있는 모든 신체적 정신적인 질병 또는 결함을 발견하도록 노력하여 치료하여야 한다. 필요한 모든 내과, 외과 및 정신과의 의료시술이 이 목적을 위하여 제공되어야 한다.
제63조	① 원칙들을 집행하는 데서는 처우의 개별화와 이 목적을 위하여 피구금자를 그룹으로 분류하는 신축성 있는 제도가 필요하다. 그러므로 이들 그룹은 각각의 처우에 적합한 개별 시설에 배분되는 것이 바람직하다.

② 이 시설들이 모든 그룹에 대하여 동일한 정도의 보안조치를 할 필요는 없다. 상이한 그룹의 필요에 맞추어 다양한 수준의 보안조치를 취하는 것이 바람직하다. 개방시설은 도주에 대한 물리적 보안 조치 없이 피구금자의 자율을 신뢰하는 바로 그 사실에 의하여 신중하게 선발된 수형자의 사회복귀에 가장 유익한 상황을 제공한다.
③ 폐쇄 시설에서 수형자의 수는 개별처우가 방해받을 정도로 많지 않은 것이 바람직하다. 몇몇 나라에서는 이들 시설의 수용인원이 500명을 넘지 않아야 하는 것으로 생각되고 있다. 개방 시설의 수용 인원은 가능한 한 적어야 한다.
④ 한편 적당한 설비를 마련할 수 없을 만큼 작은 교도소를 유지하는 것은 바람직하지 아니하다.

처우

제65조	구금형 또는 이와 유사한 처분을 선고받은 자에 대한 처우는 형기가 허용하는 한 그들이 석방된 후에 준법적이고 자활적인 생활을 할 의지를 심어주고 이를 준비시키는 것을 목적으로 삼아야 한다. 처우는 그들의 자존심을 키워주고 책임감을 고취하는 것이어야 한다.
제66조	① 이 목적을 위하여 가능한 국가의 경우 종교적 배려, 교육, 직업 보도와 훈련, 사회복지사업, 취업상담, 신체의 단련과 덕성의 강화를 포함하는 모든 적당한 방법이 수형자 개개인의 필요에 따라 그 사회적, 범죄적 경력, 신체와 정신의 능력과 적정성, 개인적 기질, 형기 및 석방 후의 전망을 참작하여 활용되어야 한다. ② 소장은 적당한 형기에 놓인 모든 수형자에 대하여 수용 후 가능한 한 신속하게 전항의 사항 전부에 관하여 완전한 보고를 받아야 한다. 이 보고에는 반드시 수형자의 신체와 정신 상태에 관하여 가능한 정신학 분야의 자격 있는 의무관의 보고가 포함되어야 한다. ③ 보고서와 그 밖의 관계문서는 개별적 문서철에 편철되어야 한다. 이 문서철은 항상 최신의 정보를 담도록 유지되고 필요한 때에는 언제라도 책임 있는 직원이 참고할 수 있도록 분류되어야 한다.

분류 및 개별화

제67조	분류의 목적은 아래의 것이어야 한다. 1. 범죄경력이나 나쁜 성격으로 인하여 악영향을 줄 가능성이 있는 수형자를 다른 수형자로부터 격리 하는 것 2. 수형자의 사회복귀를 위하여 처우를 용이하게 하고자 수형자를 그룹으로 분류하는 것
제68조	가능한 한 상이한 그룹의 수형자의 처우에는 별개의 시설 또는 시설내의 별개의 구역이 사용되어야 한다.
제69조	적당한 형기에 놓인 수형자에 대하여는 수용 및 인성검사 후 가능한 한 신속하게 수형자의 개인적 필요와 성격에 관하여 얻어진 정보를 참작하여 처우에 관한 계획을 수리하여야 한다.

특전

제70조	수형자의 그룹과 처우방법에 따라 각각 적합한 특전제도를 두어 선행을 장려하고 책임감을 향상시키며 처우에 관한 수형자들의 관심과 협력을 불러일으키도록 하여야 한다.

작업

제71조	① 교도작업은 성질상 고통을 주는 것이어서는 안 된다. ② 모든 수형자는 작업의 의무를 지되, 의무관이 판정한 신체적, 정신적 적성에 맞는 것이어야 한다. ③ 통상의 작업일에 수형자로 하여금 활동적으로 작업하게 하기 위하여 유용하고 충분한 작업양이 주어져야 한다. ④ 가능한 한 작업은 석방 후 정직한 삶을 얻을 수 있는 수형자의 능력을 유지하거나 증진시키는 것이어야 한다. ⑤ 실용적인 직종의 직업훈련은 그 직종으로 소득을 얻을 능력이 있는 수형자와 특히 소년수를 위하여 행하여져야 한다. ⑥ 수형자는 적당한 직업선택에 부합하고 시설관리와 규율의 필요에 부합하는 범위 내에서 원하는 종류의 작업을 고를 수 있어야 한다.
제72조	① 교도작업이 조직 및 방법은 가능한 한 시설 밖의 동종 작업과 유사하게 하여 수형자를 정상적인 직업생활 환경에 준비시켜야 한다. ② 그러나 수형자 및 이들의 직업훈련의 이익은 시설내 사업에서 오는 재정적 이익의 목적에 종속되어서는 안 된다.
제73조	① 시설의 공장 및 농장은 되도록 당국에 의하여 직접 운영되어야 하고 개인 계약자에 의하여 운영되어서는 안 된다. ② 수형자는 당국이 관리하지 아니하는 작업에 종사할 경우에도 항상 시설직원의 감독하에 있어야 한다. 작업이 정부의 다른 부서를 위하여 이루어지는 경우가 아닌 한 작업에 대한 통상의 충분한 임금이 작업을 제공받는 자로부터 교정당국에 지급되어야 하며, 수형자들의 생산고가 참작되어야 한다.
제74조	① 자유로운 노동자의 안전과 건강을 보호하기 위한 규정이 마련되어야 하며, 이 규정은 법률에 의하여 자유노동자에게 인정되는 조건보다 불리한 것이어서는 안 된다. ② 직업병을 포함하여 산업재해로부터 수형자들을 보호하기 위한 규정이 마련되어야 하며, 이 규정은 법률에 의하여 자유노동자에l 게 인정되는 조건보다 불리한 것이어서는 안 된다.
제75조	① 수형자의 하루 및 주당 최대 작업시간은 자유노동자의 고용에 관한 지역적 기준과 관습을 참작하여 법률 또는 행정규칙으로 정하여야 한다. ② 정해진 작업시간은 주당 하루의 휴일과 수형자에 대한 처우 및 사회복귀 원조의 일부로서 요구되는 교육과 그 밖의 활동을 위한 충분한 시간을 남겨두는 것이어야 한다.
제76조	① 수형자의 작업에 대한 공정한 보수제도가 있어야 한다. ② 이 제도하에서 수형자는 적어도 수입의 일부를 자신의 용도를 위하여 허가된 물품을 구입하는 데 사용하고 일부를 가족에게 보내는 것이 허용되어야 한다. ③ 이 제도는 아울러 시설이 수입의 일부를 떼어 저축기금을 마련하여 석방때 수형자에게 교부하도록 규정하여야 한다.

교육 및 오락

제77조	① 성인교육에 관한 규정을 두어 이로써 혜택을 받을 수 있는 모든 수형자에게 행하여지도록 하여야 하며, 이에는 가능한 국가의 경우 종교교육이 포함된다. 문맹자 및 소년수형자의 교육은 의무적이어야 하고 당국은 이에 특별한 관심을 기울여야 한다. ② 가능한 한 수형자 교육은 그 국가의 교육제도에 통합하여 수형자가 석방 후 어려움 없이 계속 교육받을 수 있도록 하여야 한다.
제78조	오락활동과 문화활동은 수형자의 정신적 · 신체적 건강을 위하여 모든 시설에서 제공되어야 한다.

사회관계 및 갱생보호

제79조	수형자와 그 가족의 관계를 쌍방의 최상의 이익을 위하여 바람직한 것으로 유지하고 발전시키기 위하여 특별한 주의를 기울여야 한다.
제80조	수형자의 형기가 시작될 때부터 미리 석방 이후의 미래에 관한 배려를 하여야 하며, 시설 외부의 개인 또는 기관과의 관계를 유지하고 수립하도록 권장하고 원조하여 수형자 가족의 최상의 이익과 수형자 자신의 사회복귀를 촉진해야 한다.
제81조	① 석방된 수형자의 사회복귀를 지원하는 정부의 또는 그 밖의 부서와 기관은 가능하고 필요한 한도 내에서 피석방자가 적절한 문서 및 신분증명서를 지급 받고, 돌아갈 적절한 주거와 직업을 가지며, 기후와 계절을 고려하여 적당하고 충분한 의복을 입고, 목적지에 도착하여 석방 직후의 기간을 살아갈 수 있는 충분한 자금을 받도록 하여야 한다. ② 이들 기관의 승인된 대표자는 시설 및 수형자와 필요한 모든 접촉을 가져야 하며 또 수형자의 장래에 대하여 형기 시초부터 상담을 받아야 한다. ③ 이 기관들의 활동은 그 노력을 최대로 활용할 수 있게 하기 위하여 가능한 한 중앙에 집중시키고 조정하는 것이 바람직하다.

B. 정신 장애 및 정신이상 수형자

제82조	① 정신병자로 판명된 수형자는 교도소에 구금해 두어서는 안 되고 가능한 한 신속히 정신과 의료시설로 이송하기 위한 조치가 취해져야 한다. ② 기타의 정신장애 또는 정신이상의 수형자는 의료 관리를 받는 전문 시설에서 관찰되고 처우되어야 한다. ③ 이들 수형자가 교도소에 수용되고 있는 동안은 의무관의 특별 감독하에 있어야 한다. ④ 행형시설의 의무부서 또는 정신의무 부서는 정신의학적 치료를 필요로 하는 모든 수형자에 대하여 실시하여야 한다.
제83조	필요한 경우 석방 후 정신치료를 계속하고 사회 정신학적 사후 보호를 위하여 적절한 기관과의 협의에 의하여 조치를 취하는 것이 바람직하다.

C. 미결수용자

제84조	① 범죄의 혐의로 체포 또는 구속되어 경찰서 유치장 또는 교도소에 유치 중인 채 아직 사실심리와 선고를 받지 아니한 자는 이 규칙에서 이하 '미결수용자'라고 한다. ② 유죄판결을 받지 아니한 피구금자는 무죄로 추정되고 무죄인 자로서 처우되어야 한다. ③ 개인의 자유를 보호하기 위한 법령이나 미결수용자에 관하여 준수되어야 할 절차를 규정하는 법령에 반하지 아니하는 한 미결구금자는 이하의 규칙에서 핵심사항에 관하여서만 기술하고 있는 특별한 제도에 의하여 혜택을 받아야 한다.
제85조	① 미결수용자는 수형자와 분리수용되어야 한다. ② 소년 미결수용자는 성인과 분리되며 원칙적으로 별개의 시설에 구금되어야 한다.
제86조	미결수용자는 기후에 따라 상이한 지역적 관습이 있는 경우를 제외하고는 개별 침실에서 혼자 자야 한다.
제87조	시설의 질서와 부합하는 범위 내에서 미결수용자는 희망하는 경우 자기의 비용으로 교정당국, 가족 또는 친구를 통하여 외부로부터 얻어진 음식을 먹을 수 있다. 그 밖의 경우에는 교정당국이 이들의 음식을 제공하여야 한다.
제88조	① 미결수용자에게는 청결하고 적당한 사복을 입도록 허용되어야 한다. ② 미결수용자가 죄수복을 입는 경우 그 죄수복은 수형자에게 지급하는 것과는 다른 것이어야 한다.
제89조	미결수용자에게는 항상 작업의 기회가 주어져야 하나 작업의 의무가 부과되어서는 안 된다. 미결수용자가 작업하기로 선택한 경우 보수가 지급되어야 한다.
제90조	미결수용자는 자기 또는 제3자의 비용으로 재판 및 시설의 안정과 질서를 해하지 않는 서적, 신문, 필기용구 및 기타 소일거리를 구입하도록 허용되어야 한다.
제91조	미결수용자가 합리적인 근거를 가지고 신청하고 모든 비용을 지급할 수 있는 경우 자신의 의사 또는 치과의사의 방문과 치료를 받는 것이 허용되어야 한다.
제92조	미결피구금자는 구금 사실을 즉시 가족에게 알리도록 허용되어야 하고, 가족 및 친구와 통신하고 이들의 방문을 받기 위하여 필요한 편의가 전부 제공되어야 한다. 이에 대한 제한과 감시는 오직 재판과 시설의 안전질서를 위하여 필요한 경우에 한한다.
제93조	미결구금자는 방어를 위하여 이용 가능한 경우 무료법률구조를 신청하고 자기 방어를 목적으로 변호인의 방문을 받으며 비밀의 지시문서를 준비하여 변호인에게 전달할 수 있도록 허용되어야 한다. 이를 위하여 미결구금자의 희망이 있으면 필요한 필기용구가 주어져야 한다. 미결구금자와 변호인의 접견은 경찰관 또는 시설직원은 감시하에 둘 수는 있지만, 담화의 청취가 가능해서는 안 된다.

D. 민사상의 피구금자

제94조	법률상 채무로 인한 구금 또는 기타 비형사적 절차에 따른 법원의 명령에 의하여 구금이 허용되고 있는 국가에서 이들 피구금자는 안전한 구금과 질서를 확보하기 위하여 필요한 한도를 넘는 어떠한 속박이나 고통도 받아서는 안 된다. 이들에 대한 처우는 작업의 의무가 과하여질 수 있다는 점을 제외하고는 미결수용자에 대한 처우보다 불리하여서는 안 된다.

E. 혐의 없이 체포 또는 구금된 자

제95조	시민적 정치적 권리에 관한 국제규약 제9조에 저촉되지 아니하는 한 범죄의 혐의 없이 체포 또는 구금된 자는 제1부와 제2부 C절에 규정된 동일한 보호를 받아야 한다. 제2부 A절의 관련규정도 그 적용이 이 특수한 그룹에 속한 피구금자에게 이익이 될 때에는 동일하게 적용되어야 한다. 다만 범죄에 대한 유죄판결을 받지 아니한 자에게도 재교육이나 갱생조치가 적절하다는 취지의 조치는 취해져서는 안 된다.

제4편 국제수형자이송법

[시행 2010. 10. 24] [법률 제10375호, 2010. 7. 23. 일부개정]

제1장 총칙

제1조	목적	이 법은 외국에서 형집행 중인 대한민국 국민의 국내이송과 대한민국에서 형집행 중인 외국인의 국외 이송에 관한 요건과 절차 등을 규정함으로써 이들의 원활한 갱생 및 조속한 사회복귀를 도모함을 목적으로 한다.
제2조	정의	이 법에서 사용하는 용어의 정의는 다음과 같다. 1. "자유형"이라 함은 국내이송을 실시한 때에는 징역 또는 금고에 상당하는 외국 법령상의 형을 말하고, 국외이송을 실시하는 때에는 징역 또는 금고를 말한다. 2. "국내이송"이라 함은 외국에서 자유형을 선고받아 그 형이 확정되어 형집행 중인 대한민국 국민(이하 "국내이송대상수형자"라 한다)을 외국으로부터 인도받아 그 자유형을 집행하는 것을 말한다. 3. "국외이송"이라 함은 대한민국에서 자유형을 선고받아 그 형이 확정되어 형집행 중인 외국인(이하 "국외이송대상수형자"라 한다)을 외국으로 인도하여 그 자유형을 집행받도록 하는 것을 말한다. 4. "국제수형자이송"이라 함은 국내이송 및 국외이송을 말한다. 5. "외국인"이라 함은 대한민국과 국제수형자이송에 관한 조약·협정 등(이하 "조약"이라 한다)을 체결한 외국의 국민 및 조약에 의하여 그 외국의 국민으로 간주되는 자를 말한다.
제3조	조약과의 관계	국제수형자이송은 대한민국과 외국 간에 조약이 체결되어 있는 경우에 한하여 이 법과 그 조약이 정하는 바에 따라 실시한다. 이 경우 조약에 이 법과 다른 규정이 있는 때에는 그 조약의 규정에 의한다.

제4조	국제수형자 이송관련 문서 등의 접수 및 송부	① 국제수형자이송의 요청 및 승인 등과 관련된 외국과의 문서 또는 통지의 접수 및 송부는 외교통상부장관이 행한다. 다만, 긴급을 요하거나 특별한 사정이 있는 때에는 법무부장관이 외교통상부장관의 동의를 얻어 이를 행할 수 있다. ② 외교통상부장관은 제1항의 규정에 의하여 외국으로부터 접수한 국제수형자이송과 관련되는 문서 또는 통지를 법무부장관에게 송부하여야 한다.

제2장~제10조 삭제 〈2009.3.25〉

제3장 국내이송

제11조	국내이송의 요건	① 국내이송은 다음 각 호의 요건이 갖추어진 때에 한하여 실시할 수 있다. 1. 외국에서 자유형이 선고·확정된 범죄사실이 대한민국의 법률에 의하여 범죄를 구성할 것. 이 경우 수 개의 범죄사실 중 한 개의 범죄사실이 대한민국의 법률에 의하여 범죄를 구성하는 경우를 포함한다. 2. 외국에서 선고된 자유형의 판결이 확정될 것 3. 국내이송대상수형자가 국내이송에 동의할 것 ② 국내이송에 관한 국내이송대상수형자의 동의는 다음 각 호의 1에 해당하는 자가 서면으로 확인하여야 한다. 이 경우 국내이송대상수형자에게 제3항의 규정에 의하여 동의의 철회가 인정되지 아니함을 고지하여야 한다. 1. 법무부장관이 지정한 공무원 2. 법무부장관의 위임을 받은 그 국내이송대상수형자가 수용 중인 장소를 관할하는 대한민국재외공관의 장이나 그 공관원 3. 제2호의 자가 지정하는 자 ③ 국내이송에 관한 국내이송대상수형자의 동의는 제2항의 규정에 의하여 확인된 후에는 그 철회가 인정되지 아니한다.
제12조	국내이송 요청 등	① 법무부장관은 제11조에 따른 국내이송의 요건이 갖추어져 있고, 대한민국의 안전과 질서유지, 공공의 이익, 국내이송대상수형자의 선도·교화 및 사회복귀의 용이성 등을 종합적으로 고려하여 필요하다고 인정하는 경우에만 외국에 대하여 국내이송을 요청하거나 외국의 국내이송 요청을 수락하여야 한다. ② 법무부장관은 제1항에 따른 요청 또는 수락을 위하여 필요하면 관계 지방검찰청 또는 지청의 장(이하 "검사장 등"이라 한다)에게 관련 자료의 수집 및 송부를 명할 수 있다. ③ 제2항의 규정에 의한 명령을 받은 검사장 등은 소속 검사에게 필요한 조치를 취할 것을 명하여야 한다. ④ 제3항의 규정에 의하여 검사장 등으로부터 명령을 받은 검사는 필요한 때에는 사법경찰관리를 지휘하여 자료를 수집하도록 할 수 있다.

제13조	국내이송 명령 등	① 법무부장관은 국내이송대상수형자를 국내이송하려면 서면으로 관계 검사장 등에게 국내이송을 명하여야 한다. 이 경우 관련 자료를 첨부하여야 한다. ② 제1항에 따른 명령서에는 다음 각 호의 사항을 적고 법무부장관이 서명·날인하여야 한다. 1. 국내이송대상수형자의 국적, 성명, 성별, 생년월일 및 주거 2. 외국의 국명 3. 죄명 4. 외국에서 선고받은 자유형의 종류 및 형기 5. 국내에서 집행할 형기 6. 명령일자 7. 그 밖에 필요한 사항 ③ 법무부장관은 다음 각 호의 어느 하나에 해당하는 경우에는 해당 국내이송대상수형자에게 서면으로 통지하여야 한다. 1. 제1항에 따라 국내이송대상수형자에 대한 국내이송을 명한 경우 2. 외국으로부터 국내이송 요청을 받았거나 제1조 제2항에 따라 동의를 확인한 국내이송대상수형자에 대하여 국내이송을 하지 아니하게 된 경우
제14조	국내이송 집행장의 발부	① 검사장 등은 제13조 제1항에 따른 국내이송명령을 받은 때에는 지체 없이 소속 검사로 하여금 국내이송에 필요한 조치를 취하도록 명하여야 한다. ② 검사는 제1항의 규정에 의하여 국내이송에 필요한 조치를 명령받은 때에는 지체 없이 국내이송집행장을 발부하여 외국으로부터 국내이송대상수형자를 인도받고 그 자유형의 집행을 지휘하여야 한다. ③ 제2항의 규정에 의한 국내이송집행장에는 다음 각 호의 사항을 기재하고 검사가 서명·날인하여야 한다. 1. 국내이송대상수형자의 국적·성명·성별·생년월일 및 주거 2. 외국의 국명 3. 죄명 4. 외국에서 선고받은 자유형의 종류 및 형기 5. 국내에서 집행할 형기 및 집행장소 6. 발부일자 7. 그 밖에 필요한 사항 ④ 제2항의 규정에 의한 국내이송집행장에는 외국의 재판서 등본 또는 초본이나 그 바에 판결이 선고되었음을 증명할 수 있는 서류를 첨부하여야 한다. ⑤ 제2항의 규정에 의하여 발부된 국내이송집행장은 형집행장과 동일한 효력이 있다. ⑥ 형사소송법 제1편 제9장 중 피고인의 구속에 관한 규정은 국내이송집행장의 집행에 관하여 이를 준용한다.
제15조	외국법원 판결의 효력	국내이송에 의하여 국내이송대상수형자에게 선고된 자유형을 국내에서 집행함에 있어서 그 외국법원의 판결은 대한민국 법률에 의한 대한민국 법원의 판결과 동일한 효력이 있는 것으로 본다.
제16조	집행할 자유형의 형기 및 집행방법	① 제14조 제2항의 규정에 의하여 국내에 인도된 국내이송대상수형자(이하 "국내이송수형자"라 한다)에 대하여 집행할 자유형의 형기는 외국에서 선고하여 확정된 형기로 한다. 다만, 자유형이 유기인 때에는 25년을 초과하여 집행하지 못하며, 외국에서 선고하여 확정된 자유형이 종신형인 때에는 형기가 무기인 것으로 본다. ② 제1항의 규정에 의하여 자유형을 집행하는 때에는 외국에서 구금되거나 형이 집행된 기간(형의 집행을 감경받은 기간을 포함한다)과 국내이송에 소요된 기간을 형기에서 산입한다. 〈개정 2010.7.23〉

		③ 외국에서 선고되어 확정된 자유형이 징역에 상당하는 형인 때에는 형법 제67조의 규정에 의하여 집행하며, 금고에 상당하는 형인 때에는 형법 제68조의 규정에 의하여 집행한다.
제17조	형집행 시의 적용법률	국내이송수형자에 대한 가석방·사면·감형 등 자유형의 집행에 관하여 필요한 사항은 형법·「형의 집행 및 수용자의 처우에 관한 법률」 등 대한민국의 관련 법률이 정하는 바에 의한다.
제18조	공소제기의 제한	국내이송수형자에 대하여 외국에서 선고된 자유형을 집행 중인 때와 그 자유형의 집행을 종료하거나 집행을 하지 아니하기로 확정된 때에는 동일한 범죄사실에 대하여 공소를 제기할 수 있다.
제19조	외국법원 판결의 취소 등	① 법무부장관은 외국으로부터 국내이송수형자에 대한 외국법원의 확정판결이 취소되거나 선고된 자유형을 집행하지 아니하기로 확정되었다는 취지의 통지가 있는 때(외국법원의 확정판결이 수 개인 경우에는 그 전부가 취소되거나 집행할 수 없게 된 때에 한한다)에는 지체 없이 서면으로 제13조 제1항에 따른 국내이송명령을 철회하고, 국내이송수형자가 수용되어 있는 교도소·소년교도소·구치소 또는 그 지소(이하 "교도소 등"이라 한다)의 소재지를 관할하는 검사장 등에게 그 국내이송수형자의 석방을 명하여야 한다. ② 검사장 등은 제1항의 규정에 의하여 법무부장관으로부터 석방명령을 받은 때에는 즉시 소속 검사에게 국내이송수형자의 석방을 명하여야 한다. ③ 검사는 제2항의 규정에 의한 석방명령을 받은 때에는 즉시 국내이송수형자가 수용되어 있는 교도소 등의 장에 대하여 그 국내이송수형자의 석방을 지휘하여야 한다.
제20조	자유형의 종류 또는 기간의 변경	① 법무부장관은 외국으로부터 감형 또는 그 밖의 사유에 의하여 국내이송수형자에게 선고된 자유형의 종류 또는 형기를 변경한다는 취지의 통지가 있는 때에는 지체 없이 서면으로 제13조 제1항에 따른 국내이송명령을 변경하고, 국내이송수형자가 수용되어 있는 교도소 등의 소재지를 관할하는 검사장 등에게 변경된 자유형의 종류 및 기간에 의하여 형을 집행하도록 명하여야 한다. ② 제13조 제14조의 규정은 제1항의 규정에 의한 국내이송명령의 변경 및 그 집행에 관하여 준용한다.
제21조	국내이송 후 외국에 대한 통지	법무부장관은 다음 각 호의 1에 해당하는 사유가 발생한 때에는 지체 없이 외국에 이를 통지하여야 한다. 1. 국내이송수형자에 대한 자유형의 집행이 종료(종료된 것으로 간주되는 경우를 포함한다)된 때 2. 국내이송수형자에 대한 자유형을 더 이상 집행하지 아니하기로 확정된 때 3. 국내이송수형자에 대한 자유형의 집행이 종료되기 전에 국내이송수형자가 도주한 때

제4장 국외이송

제22조	조약사항의 고지	교도소 등의 장은 외국인이 자유형을 선고받고 그 확정판결의 집행을 위하여 교도소 등에 수용되는 때에는 조약이 정하는 사항을 고지하여야 한다.

제23조	국외이송의 요건	① 국외이송은 다음 각 호의 요건이 갖추어진 때에 한하여 실시할 수 있다. 1. 대한민국에서 자유형이 선고·확정된 범죄사실이 외국의 법률에 의하여 범죄를 구성할 것. 이 경우 수 개의 범죄사실 중 한 개의 범죄사실이 외국의 법률에 의하여 범죄를 구성하는 경우를 포함한다. 2. 대한민국에서 선고한 자유형의 판결이 확정될 것 3. 국외이송대상수형자가 국외이송에 동의할 것 4. 대한민국에서 자유형이 선고·확정된 재판에서 벌금·과료·몰수 또는 추징이 병과 된 때에는 그 집행이 종료되거나 집행을 하지 아니하기로 확정될 것 ② 제1항 제3호의 규정에 의한 동의는 법무부장관으로부터 확인을 명령받은 검사장 등이 지정한 검사가 서면으로 확인하여야 한다. 이 경우 국외이송대상수형자에게 제3항의 규정에 의하여 동의의 철회가 인정되지 아니함을 고지하여야 한다. ③ 국외이송에 관한 국외이송대상수형자의 동의는 제2항의 규정에 의하여 확인된 후에는 그 철회가 인정되지 아니한다.
제24조	동의확인을 위한 접견	「형의 집행 및 수용자의 처우에 관한 법률」 제2조 제4호의 교정시설의 장은 다음 각 호의 1에 해당하는 자가 조약에 의하여 국외이송에 동의하는지 여부를 확인하기 위하여 그 교정시설에 수용되어 있는 국외이송대상수형자와의 접견을 요구하는 때에는 같은 법 등 대한민국의 관련 법률이 정하는 범위 안에서 이를 허가하여야 한다. 1. 외국의 외교공관 또는 영사관의 장이나 그 관원 2. 그 밖에 외국이 지정한 자
제25조	국외이송 요청 등	① 법무부장관은 제23조에 따른 국외이송의 요건이 갖추어져 있고, 대한민국의 안전과 질서유지, 공공의 이익, 국외이송대상수형자의 선도·교화와 사회복귀의 용이성 및 국내 재입국 가능성, 국내에서의 다른 사건에 대한 수사 또는 재판상의 필요성 등을 종합적으로 고려하여 필요하다고 인정하는 경우에만 외국에 국외이송을 요청하거나 외국의 국외이송 요청을 수락하여야 한다. ② 제1항의 국외이송 요청 대상인 국외이송대상수형자가 군사법원에서 자유형을 선고받은 사람인 경우에는 법무부장관은 미리 국방부장관의 동의를 받아야 하며, 그 결정을 위하여 필요하면 국방부장관에게 이에 관한 협조를 요청할 수 있다. ③ 제1항에 따른 법무부장관의 요청 또는 수락에 관하여는 제12조 제2항부터 제4항까지의 규정을 준용한다.
제26조	국외이송 명령 등	① 법무부장관은 국외이송대상수형자를 국외이송하려면 서면으로 관계 검사장 등에게 국외이송을 명하여야 한다. 이 경우 관련 자료를 첨부하여야 한다. ② 제1항에 따른 국외이송 명령서에는 다음 각 호의 사항을 적고, 법무부장관이 서명·날인하여야 한다. 1. 국외이송대상수형자의 국적, 성명, 성별, 생년월일 및 주거 2. 외국의 국명 3. 죄명 4. 자유형의 종류 및 형기 5. 인도 장소 6. 명령일자 7. 그 밖에 필요한 사항

		③ 법무부장관은 제1항에 따라 국외이송 명령을 할 때에는 인수허가장을 발부하여 외교통상부장관에게 송부하고 이를 외국에 송부할 것을 요청하여야 한다. ④ 법무부장관은 다음 각 호의 어느 하나에 해당하는 경우에는 해당 국외이송대상수형자에게 서면으로 통지하여야 한다. 1. 제1항에 따라 국외이송대상수형자에 대한 국외이송을 명한 경우 2. 외국으로부터 국외이송 요청을 받았거나 제23조 제2항에 따라 동의를 확인한 국외이송대상수형자에 대하여 국외이송을 하지 아니하게 된 경우
제27조	국외이송 지휘서의 발부	① 검사장 등은 제26조 제1항에 따른 국외이송명령을 받은 때에는 지체 없이 소속 검사로 하여금 국외이송에 필요한 조치를 취하도록 명하여야 한다. ② 검사는 제1항의 규정에 의하여 검사장으로부터 국외이송에 필요한 조치를 명령받은 때에는 지체 없이 그 국외이송대상수형자가 수용되어 있는 교도소 등의 장에게 국외이송지휘서를 발부하고 국외이송을 지휘하여야 한다. ③ 제2항의 규정에 의한 국외이송지휘서에는 다음 각호의 사항을 기재하고 검사가 서명·날인하여야 한다. 1. 국외이송대상수형자의 국적·성명·성별·생년월일 및 주거 2. 외국의 국명 3. 죄명 4. 자유형의 종류 및 형기 5. 구금되거나 형이 집행된 기간 6. 인도장소 7. 발부일자 8. 그 밖에 필요한 사항
제28조	교도소 등의 자의 조치	제27조 제2항의 규정에 의하여 검사로부터 국외이송지휘를 받은 교도소 등의 장은 외국의 공무원으로부터 인수허가장의 제시와 함께 국외이송대상수형자의 인도를 요청받은 때에는 국외이송지휘서에 기재된 장소에서 외국의 공무원에게 국외이송대상수형자를 인도하여야 한다.
제29조	국외이송 수형자에 대한 형집행 의 종료	제28조의 규정에 의하여 외국에 인도된 국외이송대상수형자(이하 "국외이송수형자"라 한다)에 대하여 선고·확정된 자유형은 외국에서 그 형에 상응하는 외국법령상의 형의 집행이 종료(종료한 것으로 간주하는 경우를 포함한다)된 때에 그 집행이 종료된 것으로 본다.
제30조	국외 이송 후 외국에 대한 통지	법무부장관은 다음 각 호의 1에 해당하는 때에는 지체 없이 외국의 그 취지를 통지하여야 한다. 1. 국외이송수형자에 대한 확정판결이 재심 등 판결확정 후 재판절차에서 취소되어 집행할 수 없게 되거나 형의 종류 또는 형기가 변경된 때 2. 국외이송수형자가 사면된 때
제31조	군교도소에 수용 중인 국외이송대 상수형자의 이감	① 법무부장관은 군교도소에 수용중인 국외이송대상수형자에 대하여는 국외이송명령을 하기에 앞서 국방부장관에게 그 취지를 통보하여야 한다. ② 제1항의 규정에 의한 통보를 받은 국방부장관은 해당 군 참모총장에게 국외이송대상수형자를 교도소등에 수용하도록 지시하여야 하며, 이 경우 군행형법 제2조 제4항의 규정에 의한 법무부장관의 승인이 있은 것으로 본다.

제5장 보칙

제32조	통과호송	① 법무부장관은 대한민국 공무원이 국내이송대상수형자 또는 국외이송대상수형자를 외국의 영역을 통과하여 호송할 필요가 있는 때에는 그 외국에 대하여 통과호송의 승인을 요청할 수 있다. ② 법무부장관은 외국으로부터 그 외국의 공무원이 다른 외국의 확정판결에 의하여 그 외국의 교도소 등에 수용되어 있는 자를 이송하기 위하여 대한민국의 영역을 통과하여 호송하기 위한 승인을 요청하는 경우 그 요청에 상당한 이유가 있다고 인정되는 때에는 이를 승인할 수 있다. 다만, 그 확정판결에 의하여 인정된 범죄에 관련된 행위가 대한민국의 법률에 의하여 범죄를 구성하지 아니하는 때에는 이를 승인하여서는 아니 된다. ③ 제4조의 규정은 제1항 및 제2항의 통과호성의 요청과 승인 및 이와 관련된 외국과의 문서 또는 통지의 접수 및 송부에 관하여 이를 준용한다.
제33조	비용	국내이송에 소요되는 비용 중 대한민국이 국내이송수형자 본인과 관련하여 지출하는 비용은 국내이송 수형자의 부담으로 한다. 다만, 법무부장관은 국내이송수형자의 경제적 사정을 감안하여 이를 감면할 수 있다.
제34조	검찰총장 경유	이 법의 규정에 의하여 법무부장관이 검사장 등에게 하는 명령 또는 서류송부와 검사장 등이 법무부장관에게 하는 보고 또는 서류송부는 검찰총장을 경유하여야 한다.

제5편 국가인권위원회법

[시행 2009.2.3] [법률 제9402호, 2009.2.3, 타법개정]

제1장 총칙

제1조	목적	이 법은 국가인권위원회를 설립하여 모든 개인이 가지는 불가침의 기본적 인권을 보호하고 그 수준을 향상시킴으로써 인간으로서의 존엄과 가치를 구현하고 민주적 기본질서의 확립에 이바지함을 목적으로 한다.
제2조	정의	이 법에서 사용하는 용어의 정의는 다음과 같다. 1. "인권"이라 함은 「헌법」 및 법률에서 보장하거나 대한민국이 가입·비준한 국제인권조약 및 국제관습법에서 인정하는 인간으로서의 존엄과 가치 및 자유와 권리를 말한다. 2. "구금·보호시설"이라 함은 다음 각목에 해당하는 시설을 말한다. 가. 교도소·소년교도소·구치소 및 그 지소, 보호감호소, 치료감호시설, 소년원 및 소년분류심사원 나. 경찰서 유치장 및 사법경찰관리가 그 직무수행을 위하여 사람을 조사·유치 또는

		수용하는 데 사용하는 시설 다. 군교도소(지소·미결수용실 및 헌병대영창을 포함한다) 라. 외국인보호소 마. 다수인보호시설 3. "다수인보호시설"이라 함은 다수의 사람을 보호·수용하는 시설로서 대통령령이 정하는 시설을 말한다. 4. "평등권침해의 차별행위"라 함은 합리적인 이유 없이 성별, 종교, 장애, 나이, 사회적 신분, 출신지역(출생지, 등록거주지, 성년이 되기 전의 주된 거주지역 등을 말함), 출신국가, 출신민족, 용모 등 신체조건, 기혼·미혼·별거·이혼·사별·재혼·사실혼 등 혼인 여부, 임신 또는 출산, 가족, 형태 또는 가족상황, 인종, 피부색, 사상 또는 정치적 의견, 형의 효력이 실효된 전과, 성적지향, 학력, 병력 등을 이유로 한 다음 각 목의 어느 하나에 해당하는 행위를 말함. 다만, 현존하는 차별을 해소하기 위하여 특정한 사람(특정한 사람들의 집단을 포함한다. 이하 같다)을 잠정적으로 우대하는 행위와 이를 내용으로 하는 법령의 제·개정 및 정책의 수립·집행은 평등권침해의 차별행위(이하 "차별행위"라 한다)로 보지 아니한다. 가. 고용(모집, 채용, 교육, 배치, 승진, 임금 및 임금 외의 금품 지급, 자금의 융자, 정년, 퇴직, 해고 등을 포함한다)과 관련하여 특정한 사람을 우대·배제·구별하거나 불리하게 대우하는 행위 나. 재화·용역·교통수단·상업시설·토지·주거시설의 공급이나 이용과 관련하여 특정한 사람을 우대·배제·구별하거나 불리하게 대우하는 행위 다. 교육시설이나 직업훈련기관에서의 교육·훈련이나 그이용과 관련하여 특정한 사람을 우대·배제·구별하거나 불리하게 대우하는 행위 라. 성희롱 행위 5. "성희롱"이라 함은 업무, 고용 그 밖의 관계에서 공공기관의 종사자, 사용자 또는 근로자가 그 직위를 이용하거나 업무 등과 관련하여 성적 언동 등으로 성적 굴욕감 또는 혐오감을 느끼게 하거나 성적 언동 그 밖의 요구 등에 대한 불응을 이유로 고용상의 불이익을 주는 것을 말한다. 6. "공공기관"이라 함은 다음 각 목에 해당하는 기관을 말한다. 가. 국가기관 나. 지방자치단체 다. 「초·중등학교법」 및 「고등학교법」 그 밖의 다른 법률에 의하여 설치된 각급 학교 라. 「공직자윤리법」 제3조 제1항 제12호의 규정에 의한 공직 유관단체 7. "장애"라 함은 신체적·정신적·사회적 요인에 의하여 장기간에 걸쳐 일상생활 또는 사회생활에 상당한 제약을 받는 상태를 말한다.
제3조	국가인권 위원회의 설립과 독립성	① 이 법이 정하는 인권의 보호와 향상을 위한 업무를 수행하기 위하여 국가인권위원회(이하 "위원회"라 한다)를 둔다. ② 위원회는 그 권한에 속하는 업무를 독립하여 수행한다.
제4조	적용범위	이 법은 대한민국 국민과 대한민국의 영역 안에 있는 외국인에 대하여 적용한다.

제2장 위원회의 구성과 운영

제5조	위원회의 구성	① 위원회는 위원장 1인과 3인의 상임위원을 포함한 11인의 인권위원(이하 "위원"이라 한다)으로 구성한다. ② 위원은 인권문제에 관하여 전문적인 지식과 경험이 있고 인권의 보장과 향상을 위한 업무를 공정하고 독립적으로 수행할 수 있다고 인정되는 자중에서 국회가 선출하는 4인(상임위원 2인을 포함한다), 대통령이 지명하는 4인, 대법원장이 지명하는 3인을 대통령이 임명한다. ③ 위원장은 위원중에서 대통령이 임명한다. ④ 위원장과 상임위원은 정무직 공무원으로 보한다. ⑤ 위원 중 4인 이상은 여성으로 임명한다. ⑥ 위원의 임기가 만료된 경우에는 그 후임자가 임명될 때까지 그 직무를 수행한다.
제6조	위원장의 직무	① 위원장은 위원회를 대표하며 위원회의 업무를 통할한다. ② 위원장이 부득이한 사유로 직무를 수행할 수 없는 때에는 위원장이 미리 지명한 상임위원이 그 직무를 대행한다. ③ 위원장은 국회에 출석하여 위원회의 소관 사무에 관하여 의견을 진술할 수 있으며, 국회의 요구가 있을 때에는 출석하여 보고하거나 답변하여야 한다. ④ 위원장은 국무회의에 출석하여 발언할 수 있으며, 그 소관사무에 관하여 국무총리에게 의안(이 법의 시행에 관한 대통령령안을 포함한다)의 제출을 건의할 수 있다. ⑤ 위원장은 위원회의 예산관련 업무를 수행함에 있어서 「국가재정법」 제6조의 규정에 의한 중앙관서의 장으로 본다.
제7조	위원장 및 위원의 임기	① 위원장 및 위원의 임기는 3년으로 하고, 1차에 한하여 연임할 수 있다. ② 위원이 결원된 때에는 대통령은 결원된 날부터 30일 이내에 후임자를 임명하여야 한다. ③ 결원이 된 위원의 후임으로 임명된 위원의 임기는 새로이 개시된다.
제8조	위원의 신분보장	위원의 금고 이상의 형의 선고에 의하지 아니하고는 그 의사에 반하여 면직되지 아니한다. 다만, 위원이 신체상 또는 정신상의 장애로 직무수행이 현저히 곤란하게 되거나 불가능하게 된 경우에는 전체 위원 3분의 2이상의 찬성에 의한 의결로 퇴직하게 할 수 있다.
제9조	위원의 결격 사유	① 다음 각 호의 1에 해당하는 사람은 위원이 될 수 없다. 1. 대한민국 국민이 아닌 자 2. 「국가공무원법」 제33조 각호의 1에 해당하는 자 3. 정당의 당원 4. 「공직선거법」에 의하여 실시하는 선거에 후보자로 등록한 자 ② 위원이 제1항 각호의 1에 해당하게 된 때에는 당연히 퇴직한다.
제10조	위원의 겸직금지	① 위원은 재직 중 다음 각 호의 직을 겸하거나 업무를 할 수 없다. 1. 국회 또는 지방의회의 의원 2. 다른 국가기관 또는 지방자치단체의 공무원(교육공무원을 제외한다) 3. 그 밖에 위원회 규칙으로 정하는 직 또는 업무 ② 인권위원은 정당에 가입하거나 정치운동에 관여할 수 없다.
제11조	삭제	〈2005.7.29〉 [2005.7.29. 법률 제7651호에 의하여 2004.1.29. 헌법재판소에서 위헌결정이 된 이 조를 삭제함.]

제12조	상임위원회 및 소위원회	① 위원회는 그 업무 중 일부를 수행하게 하기 위하여 상임위원회와 침해구제위원회, 차별시정위원회 등의 소위원회(이하 "소위원회"라 한다)를 둘 수 있다. ② 상임위원회는 위원장과 상임위원으로 구성하고, 소위원회는 3인 내지 5인의 위원으로 구성한다. ③ 상임위원회와 소위원회에는 심의사항을 연구·검토하기 위하여 성·장애 등 분야별 전문위원회를 둘 수 있다. ④ 상임위원회·소위원회 및 전문위원회의 구성업무 및 운영과 전문위원의 자격·임기 및 위촉 등에 관하여 필요한 사항은 위원회의 규칙으로 정한다.
제13조	회의의사 및 의결정족수	① 위원회의 회의는 위원장이 주재하며, 이 법에 특별한 규정이 없는 한 재적위원 과반수의 찬성으로 의결한다. ② 상임위원회 및 소위원회의 회의는 구성위원 3인 이상의 출석과 3인 이상의 찬성으로 의결한다.
제14조	의사의 공개	위원회의 의사는 공개한다. 다만, 위원회·상임위원회 또는 소위원회가 필요하다고 인정하는 경우에는 공개하지 아니할 수 있다.
제15조	자문기구	① 위원회는 그 업무수행에 필요한 사항의 자문을 위하여 자문기구를 둘 수 있다. ② 자문기구의 조직과 운영에 관하여 필요한 사항은 위원회의 규칙으로 정한다.
제16조	사무처	① 위원회의 사무를 처리하게 하기 위하여 위원회에 사무처를 둔다. ② 사무처에 사무총장 1인과 필요한 직원을 두되, 사무총장은 위원회의 심의를 거쳐 위원장의 제청으로 대통령이 임명한다. ③ 소속 직원 중 5급 이상 공무원 또는 고위공무원단에 속하는 일반직공무원은 위원장의 제청으로 대통령이 임명하며, 6급 이하 공무원은 위원장이 임명한다. ④ 사무총장은 위원장의 지휘를 받아 사무처의 사무를 관장하고 소속 직원을 지휘·감독한다.
제17조	징계위원회의 설치	① 위원회의 직원의 징계처분을 의결하기 위하여 위원회에 징계위원회를 둔다. ② 징계위원회의 구성, 권한, 심의절차, 징계의 종류 및 효력 그 밖의 징계에 관하여 필요한 사항은 위원회의 규칙으로 정한다.
제18조	위원회의 조직과 운영	이 법에 규정된 사항 외에 위원회의 조직에 관하여 필요한 사항은 대통령령으로 정하고, 위원회의 운영에 관하여 필요한 사항은 위원회의 규칙으로 정한다.

제3장 위원회의 업무와 권한

제19조	업무	위원회는 다음 각 호의 업무를 수행한다. 1. 인권에 관한 법령(입법과정중에 있는 법령안을 포함한다)·제도·정책·관행의 조사와 연구 및 그 개선이 필요한 사항에 관한 권고 또는 의견의 표명 2. 인권침해행위에 대한 조사와 구제 3. 차별행위에 대한 조사와 구제 4. 인권상황에 대한 실태조사 5. 인권에 관한 교육 및 홍보 6. 인권침해의 유형·판단기준 및 그 예방조치 등에 관한 지침의 제시 및 권고

		7. 국제인권조약에의 가입 및 그 조약의 이행에 관한 연구와 권고 또는 의견의 표명
		8. 인권의 옹호와 신장을 위하여 활동하는 단체 및 개인과의 협력
		9. 인권과 관련된 국제기구 및 외국의 인권기구와의 교류·협력
		10. 그 밖에 인권의 보장과 향상을 위하여 필요하다고 인정하는 사람
제20조	국가기관과의 협의	① 관계국가행정기관 또는 지방자치단체의 장은 인권의 보호와 향사에 영향을 미치는 내용을 포함하고 있는 법령을 제정 또는 개정하고자 하는 경우 미리 위원회에 통보하여야 한다. ② 위원회는 그 업무를 수행하기 위하여 필요하다고 인정하는 경우 국가기관·지방자치단체 그 밖의 공·사단체(이하 "관계기관 등"이라 한다)에 협의를 요청할 수 있다. ③ 제2항의 요청을 받은 관계기관 등은 정당한 사유가 없는 한 이에 성실히 응하여야 한다.
제21조	정부보고서 작성 시 위원회 의견청취	국제인권규약의 규정에 따라 관계 국가기관이 정부보고서를 작성할 때에는 위원회의 의견을 들어야 한다.
제22조	자료제출 및 사실조회	① 위원회는 그 업무를 수행하는 데 필요하다고 인정하는 경우 관계기관 등에 필요한 자료 등의 제출을 요구하거나 사실에 관하여 조회할 수 있다. ② 위원회는 위원회의 업무를 수행하는 데 필요한 사실을 알고 있거나 전문적 지식 또는 경험을 가지고 있다고 인정되는 사람에게 출석을 요구하여 그 진술을 들을 수 있다. ③ 제1항의 규정에 의한 요구 또는 조회를 받은 기관은 지체 없이 이에 응하여야 한다.
제23조	청문회	① 위원회는 그 업무를 수행하기 위하여 필요하다고 인정하는 경우, 관계기관 등의 대표자, 이해관계인 또는 학식과 경험이 있는 자 등에 대하여 출석을 요구하여 사실 또는 의견의 진술을 들을 수 있다. ② 제1항의 규정에 따라 위원회가 실시하는 청문회의 절차와 방법에 관하여는 위원회 규칙으로 정한다.
제24조	시설의 방문조사	① 위원회(상임위원회 및 소위원회를 포함한다)는 필요하다고 인정하는 경우 그 의결로 구금·보호시설을 방문하여 조사할 수 있다. ② 제1항의 규정에 의한 방문조사를 하는 위원은 필요하다고 인정하는 소속직원 및 전문가를 동반할 수 있으며, 구체적인 사항을 특정하여 소속 직원 및 전문가에게 조사를 위임할 수 있다. 이 경우 조사를 위임받은 전문가가 그 사항에 대하여 조사를 할 때에는 소속직원을 동반하여야 한다. ③ 제2항의 규정에 의하여 방문조사를 하는 위원, 소속직원 또는 전문가(이하 이 조에서 "위원 등"이라 한다)는 그 권한을 표시하는 증표를 지니고 이를 관계인에게 제시하여야 하며, 방문 및 조사를 받는 구금·보호시설의 장 또는 관리인은 즉시 방문 및 조사에 필요한 편의를 제공하여야 한다. ④ 제2항의 규정에 의하여 방문조사를 하는 위원 등은 구금·보호시설에 수용되어 있는 자(이하 "시설수용자"라 한다)와 면담할 수 있고 구술 또는 서면으로 사실 또는 의견을 진술하게 할 수 있다. ⑤ 구금·보호시설의 직원은 위원 등이 시설수용자를 면담하는 장소에 입회할 수 있다. 다만, 대화내용을 녹음하거나 녹취하지 못한다. ⑥ 구금·보호시설에 대한 방문조사의 절차와 방법 등에 관하여 필요한 사항은 대통령으로 정한다.

제25조	정책과 관행의 개선 또는 시정권고	① 위원회는 인권의 보호와 향상을 위하여 필요하다고 인정하는 경우 관계기관 등에 대하여 정책과 관행의 개선 또는 시정을 권고하거나 의견을 표명할 수 있다. ② 제1항의 규정에 의하여 권고를 받은 기관의 장은 그 권고사항을 존중하고 이행하기 위하여 노력하여야 한다. ③ 제1항의 규정에 의하여 권고를 받은 기관의 장이 그 권고내용을 이행하지 않을 경우 그 이유를 위원회에 문서로 설명하여야 한다. ④ 위원회는 필요하다고 인정하는 경우 제1항의 규정에 의한 위원회의 권고와 의견표명 및 제3항의 규정에 의하여 권고를 받은 기관의 장이 설명한 내용을 공표할 수 있다.
제28조	법원 및 헌법재판소에 대한 의견제출	① 위원회는 인권의 보호와 향상에 중대한 영향을 미치는 재판이 계속 중인 경우 법원 또는 헌법재판소의 요청이 있거나 필요하다고 인정하는 때에는 법원의 담당재판부 또는 헌법재판소에 법률상의 사항에 관하여 의견을 제출할 수 있다. ② 제4장의 규정에 의하여 위원회가 조사 또는 처리한 내용에 관하여 재판이 계속 중인 경우, 위원회는 법원 또는 헌법재판소의 요청이 있거나 필요하다고 인정하는 때에는 법원의 담당재판부 또는 헌법재판소에 사실상 및 법률상의 사항에 관하여 의견을 제출할 수 있다.
제29조	보고서 작성 등	① 위원회는 해마다 전년도의 활동내용과 인권상황 및 개선대책에 관한 보고서를 작성하여 대통령과 국회에 보고하여야 한다. ② 위원회는 제1항의 규정에 의한 보고 이외에도 필요하다고 인정하는 경우 대통령과 국회에 특별보고를 할 수 있다. ③ 관계기관 등은 제1항 및 제2항의 규정에 의한 보고에 관한 의견, 조치결과 또는 조치계획을 위원회에 제출할 수 있다. ④ 위원회는 제1항 및 제2항의 규정에 의한 보고서를 공개하여야 한다. 다만, 국가의 안전보장, 개인의 명예 또는 사생활의 보호를 위하여 필요하거나 다른 법률에 의하여 공개가 제한된 사항은 공개하지 아니할 수 있다.

제4장 인권침해 및 차별행위의 조사와 구제

제30조	위원회의 조사대상	① 다음 각 호의 어느 하나에 해당하는 경우에 인권침해나 차별행위를 당한 사람 (이하 "피해자"라 한다) 또는 그 사실을 알고 있는 사람이나 단체는 위원회에 그 내용을 진정할 수 있다. 1. 국가기관, 지방자치단체 또는 구금·보호시설의 업무수행(국회의 입법 및 법원·헌법재판소의 재판을 제외한다)과 관련하여 「헌법」 제10조 내지 제22조에 보장된 인권을 침해당하거나 차별행위를 당한 경우 2. 법인, 단체 또는 사인에 의하여 차별행위를 당한 경우 ② 삭제 〈2005.7.28〉 ③ 위원회는 제1항의 진정이 없는 경우에도 인권침해나 차별행위가 있다고 믿을 만한 상당한 근거가 있고 그 내용이 중대하다고 인정할 때에는 이를 직권으로 조사할 수 있다. ④ 제1항의 규정에 의한 진정의 절차와 방법에 관하여 필요한 사항은 위원회의 규칙으로 정한다.

| 제31조 | 시설수용자의 진정권 보장 | ① 시설수용자가 위원회에 진정하고자 하는 경우 그 시설에 소속된 공무원 또는 직원(이하 "소속 공무원 등"이라 한다)은 그 사람에게 즉시 진정서를 작성하는 데 필요한 시간과 장소 및 편의를 제공하여야 한다.
② 시설수용자가 위원회 위원 또는 소속직원(이하 "위원 등"이라 한다) 면전에서 진정하기를 원하는 경우, 소속공무원 등은 즉시 그 뜻을 위원회에 통보하여야 한다.
③ 소속공무원 등은 제1항에 따라 시설수용자가 작성한 진정서를 즉시 위원회에 송부하고 위원회로부터 접수증명원을 발급받아 이를 진정인에게 교부하여야 한다. 제2항의 통보에 대한 위원회의 확인서 및 면담일정서는 발급 받는 즉시 진정을 원하는 시설수용자에게 교부하여야 한다.
④ 제2항의 규정에 의하여 통보를 받은 경우 혹은 시설수용자가 진정을 원한다고 믿을 만한 상당한 근거가 있는 경우 위원회는 위원 등으로 하여금 구금·보호시설을 방문하게 하여 진정을 원하는 시설수용자로부터 구술 또는 서면으로 진정을 접수하여야 한다. 이때 진정을 접수한 위원 등은 즉시 접수증명원을 작성하여 진정인에게 교부하여야 한다.
⑤ 제4항의 규정에 의한 구금·보호시설의 방문 및 진정의 접수에 관하여는 제24조 제3항 및 제4항의 규정을 준용한다.
⑥ 시설에 수용되어 있는 진정인(진정을 하려는 자를 포함한다)과 위원 등과의 면담에는 구금·보호시설의 직원이 참여하거나 그 내용을 청취 또는 녹취하지 못한다. 다만, 보이는 거리에서 시설수용자를 감시할 수 있다.
⑦ 소속 공무원 등은 시설수용자가 위원회에 제출할 목적으로 작성한 진정서 또는 서면을 열람할 수 없다.
⑧ 시설수용자의 자유로운 진정서 작성과 제출을 보장하기 위하여 구금·보호시설에서 이행하여야 할 조치 및 그 밖의 필요한 절차와 방법은 대통령령으로 정한다. |
| 제32조 | 진정의 각하 등 | ① 위원회는 접수한 진정이 다음 각 호의 어느 하나에 해당하는 경우에는 그 진정을 각하한다.
1. 진정의 내용이 위원회의 조사대상에 해당하지 아니하는 경우
2. 진정의 내용이 명백히 거짓이거나 이유 없다고 인정되는 경우
3. 피해자가 아닌 자가 한 진정에 있어서 피해자가 죄를 원하지 않는 것이 명백한 경우
4. 진정원인이 된 사실이 발생한 날부터 1년 이상 경과하여 진정한 경우. 다만, 진정원인이 된 사실에 관하여 공소시효 또는 민사상 시효가 완성되지 아니한 사건으로서 위원회가 조사하기로 결정한 경우에는 그러하지 아니하다.
5. 진정이 제기될 당시 진정의 원인이 된 사실에 관하여 법원 또는 헌법재판소의 재판, 수사기관의 수사 또는 그 밖의 법률에 따른 권리구제절차가 진행 중이거나 종결된 경우. 다만, 수사기관이 인지하여 수사 중인 「형법」 제123조 내지 제125조의 죄에 해당하는 사건과 동일한 사안에 대하여 위원회에 진정이 접수된 경우에는 그러하지 아니하다.
6. 진정이 익명 또는 가명으로 제출된 경우
7. 진정이 위원회가 조사하는 것이 적절하지 아니하다고 인정되는 경우
8. 진정인이 진정을 취하한 경우
9. 위원회가 기각한 진정과 동일한 사실에 관하여 다시 진정한 경우
10. 진정의 취지가 당해 진정의 원인이 된 사실에 관한 법원의 확정판결이나 헌법재판소의 결정에 반하는 경우 |

		② 위원회는 제1항의 규정에 의하여 진정을 각하하는 경우 필요하다고 인정할 때에는 그 진정을 관계 기관에 이송할 수 있다. 이 경우 진정을 이송받은 기관은 위원회의 요청이 있는 때에는 지체 없이 그 처리결과를 위원회에 통보하여야 한다. ③ 위원회가 진정에 대한 조사를 시작한 후에도 그 진정이 제1항 각호의 1에 해당하게 된 경우에는 그 진정을 각하할 수 있다. ④ 위원회는 진정을 각하 또는 이송한 경우 지체 없이 그 사유를 명시하여 진정인에게 통보하여야 한다. 이때 위원회는 필요하다고 인정하는 경우 피해자 또는 진정인에게 권리를 구제받는 데 필요한 절차와 조치에 관하여 조언할 수 있다.
제33조	다른 구제 절차와 이송	① 진정의 내용이 다른 법률에 정한 권리구제절차에 따라 권한을 가진 국가기관에 제출하고자 하는 것이 명백한 경우에 위원회는 지체 없이 그 진정을 그 다른 국가기관에 이송하여야 한다. ② 위원회가 제30조 제1항의 규정에 의하여 진정에 대한 조사를 시작한 후에 진정의 원인이 된 사실과 동일한 사안에 관하여 피해자의 진정 또는 고소에 의하여 수사가 개시된 경우에는 그 진정을 관할 수사기관에 이송하여야 한다. ③ 제1항 및 제2항의 규정에 의하여 위원회가 진정을 이송한 경우 지체 없이 그 내용을 진정인에게 통보하여야 하며, 이송받은 기관은 위원회가 요청하는 경우 그 진정에 대한 처리결과를 위원회에 통보하여야 한다.
제34조	수사기관과 위원회의 협조	① 진정의 원인이 된 사실이 범죄행위에 해당된다고 믿을 만한 상당한 이유가 있고 그 혐의자의 도주 또는 증거의 인멸 등을 방지하거나 증거의 확보를 위하여 필요하다고 인정할 경우에 위원회는 검찰총장 또는 관할 수사기관의 장에게 수사의 개시와 필요한 조치를 의뢰할 수 있다. ② 제1항의 규정에 의한 의뢰를 받은 검찰총장 또는 관할 수사기관의 장은 지체 없이 그 조치결과를 위원회에 통보하여야 한다.
제35조	조사의 목적	① 위원회의 조사는 국가기관의 기능수행에 지장을 초래하지 않도록 유의하여야 한다. ② 위원회의 조사는 개인의 사생활을 침해하거나 계속 중인 재판 또는 수사 중인 사건의 소추에 부당하게 관여할 목적으로 하여서는 아니 된다.
제36조	조사의 방법	① 위원회는 다음 각 호에 정한 방법으로 진정에 관하여 조사할 수 있다. 1. 진정인 · 피해자 · 피진정인(이하 "당사자"라 한다) 또는 관계인에 대한 출석요구 및 진술청취 또는 진술서 제출요구 2. 당사자, 관계인 또는 관계기관 등에 대하여 조사사항과 관련이 있다고 인정되는 자료 등의 제출요구 3. 조사사항과 관련이 있다고 인정되는 장소, 시설, 자료 등에 대한 실지조사 또는 감정 4. 당사자, 관계인, 관계기관 등에 대하여 조사사항과 관련이 있다고 인정되는 사실 또는 정보에 대한 조회 ② 위원회는 조사를 위하여 필요하다고 인정하는 경우 위원 등으로 하여금 일정한 장소 또는 시설을 방문하여 장소, 시설, 자료 등에 대하여 실지조사 또는 감정을 하게 할 수 있다. 이때 위원회는 그 장소 또는 시설에 당사자나 관계인의 출석을 요구하여 진술을 들을 수 있다. ③ 제1항 제1호의 규정에 의하여 진술서 제출을 요구받은 자는 14일 이내에 진술서를 제출하여야 한다.

제36조	조사의 방법	④ 제1항 및 제2항의 규정에 의한 피진정인에 대한 출석요구는 인권침해행위나 차별행위를 행한 행위당사자의 진술서만으로는 사안을 판단하기 어렵고, 제30조 제1항의 규정에 의한 인권침해행위와 차별행위가 있었다고 볼 만한 상당한 이유가 있는 경우에 한하여 할 수 있다. ⑤ 제2항의 규정에 의하여 조사를 하는 위원 등은 그 장소 또는 시설을 관리하는 장 또는 직원(이하 이 조에서는 "관계자"라 한다)에게 필요한 자료나 물건의 제출을 요구할 수 있다. ⑥ 제5항의 규정에 의하여 조사를 하는 위원 등은 그 권한을 표시하는 증표를 지니고 이를 관계자에게 제시하여야 한다. ⑦ 위원회가 자료나 물건의 제출을 요구하거나 그 자료·물건 또는 시설에 대한 실지조사 또는 감정을 하려고 하는 경우 당해 자료·물건 또는 시설이 다음 각호의 1에 해당한다는 사실을 관계 국가기관의 장이 위원회에 소명하고 그 자료·물건의 제출이나 그 자료·물건 또는 시설에 대한 실지조사 또는 감정을 거부할 수 있다. 이 경우 위원회는 관계 국가기관의 장에게 필요한 사항의 확인을 요구할 수 있으며, 요구를 받은 국가기관의 장은 이에 성실히 응하여야 한다. 1. 국가의 안전보장 또는 외교관계에 중대한 영향을 미치는 국가 기밀사항인 경우 2. 범죄수사나 계속 중인 재판에 중대한 지장을 초래할 우려가 있는 경우
제37조	질문· 검사권	① 위원회는 제36조의 조사에 필요한 자료 등의 소재 또는 관계인에 관하여 알고자 할 때에는 그 내용을 알고 있다고 믿을 만한 상당한 이유가 있는 사람에게 질문하거나 그 내용을 포함하고 있다고 믿을 만한 상당한 이유가 있는 서류 및 그 밖의 물건을 검사할 수 있다. ② 제36조 제5항 내지 제7항의 규정은 제1항의 경우에 이를 준용한다.
제38조	위원의 제척 등	① 위원과 제41조의 규정에 의한 조정위원(이하 이 조에서 "위원"이라 한다)은 다음 각 호의 1에 해당하는 경우에는 진정의 심의·의결에서 제척된다. 1. 위원 또는 그 배우자나 배우자이었던 자가 당해 진정의 당사자이거나 그 진정에 관하여 당사자와 공동권리자 또는 공동 의무자인 경우 2. 위원이 당해 진정의 당사자와 친족관계에 있거나 있었던 경우 3. 위원이 당해 진정에 관하여 증언이나 감정을 한 경우 4. 위원이 당해 진정에 관하여 당사자의 대리인으로 관여하거나 관여하였던 경우 5. 위원이 당해 진정에 관하여 수사, 재판 또는 다른 법률에 의한 구제절차에 관여하였던 경우 ② 당사자는 위원에게 심의·의결의 공정을 기대하기 어려운 사정이 있는 경우에는 위원장에게 기피 신청을 할 수 있으며 위원장은 당사자의 기피신청에 대하여 위원회의 의결을 거치지 아니하고 결정한다. 다만, 위원장이 결정하기에 상당하지 아니하는 경우에는 위원회의 의결로 결정한다. ③ 위원이 제1항 각호의 1의 사유 또는 제2항의 사유에 해당하는 경우에는 스스로 그 진정의 심의·의결을 회피할 수 있다.
제39조	진정의 기각	① 위원회는 진정을 조사한 결과 진정의 내용이 다음 각 호의 1에 해당하는 경우에는 그 진정을 기각한다. 1. 진정내용이 사실이 아님이 명백하거나 사실이라고 인정할 만한 객관적인 증거가 없는 경우 2. 조사결과 제30조 제1항의 규정에 의한 인권침해나 차별행위에 해당하지 아니하는 경우 3. 이미 피해회복이 이루어지는 등으로 별도의 구제조치가 필요하지 아니하다고 인정하는 경우 ② 위원회는 진정을 기각하는 경우 진정의 당사자에게 그 결과와 이유를 통보하여야 한다.

제40조	합의의 권고	위원회는 조사 중이거나 조사가 끝난 진정에 대하여 사건의 공정한 해결을 위하여 필요한 구제조치를 당사자에게 제시하고 합의를 권고할 수 있다.
제41조	조정위원회 의 설치와 구성	① 조정의 신속하고 공정한 처리를 위하여 위원회에 성·장애 등의 분야별로 조정위원회를 둘 수 있다. ② 조정위원회의 위원은 위원회의 위원과 다음 각 호의 어느 하나에 해당하는 자 중에서 성·장애 등의 분야별로 위원장이 위촉하는 자가 된다. 1. 인권문제에 관하여 전문적인 지식과 경험을 가진 자로서 국가기관 또는 민간단체에서 인권과 관련된 분야에 10년 이상 종사한 자 2. 판사·검사·군법무관·변호사의 직에 10년 이상 종사한 자 3. 대학 또는 공인된 연구기관에서 조교수 이상의 직에 10년 이상 종사한 자 ③ 조정위원회의 회의는 다음의 자로 구성한다. 1. 위원회의 위원인 조정위원 중 매 회의마다 위원장이 지명하는 1인 2. 제2항의 규정에 의한 분야별 조정위원 중 매 회의마다 위원장이 지명하는 2인 ④ 조정위원의 위촉 및 임기, 조정위원회의 구성·운영, 조정의 절차 등에 관하여 필요한 사항은 위원회의 규칙으로 정한다. ⑤ 위원회의 조정절차에 관하여 이 법 및 위원회의 규칙에 규정되지 아니한 사항은 「민사조정법」의 규정을 준용한다.
제42조	조정	① 조정위원회는 인권침해나 차별행위와 관련하여 당사자의 신청이나 위원회의 직권으로 조정위원회에 회부된 진정에 대하여 조정절차를 시작할 수 있다. ② 조정은 조정절차의 개시 이후 당사자가 합의한 사항을 조정서에 기재한 후 당사자가 기명날인하고 조정위원회가 이를 확인함으로써 성립한다. ③ 조정위원회는 조정절차 중에 당사자사이에 합의가 이루어지지 않는 경우 사건의 공정한 해결을 위하여 조정에 갈음하는 결정을 할 수 있다. ④ 조정에 갈음하는 결정에는 다음 각 호의 1의 사항을 포함시킬 수 있다. 1. 조사대상 인권침해나 차별행위의 중지 2. 원상회복·손해배상 그 밖의 필요한 구제조치 3. 동일 또는 유사한 인권침해나 차별행위의 재발을 방지하기 위하여 필요한 조치 ⑤ 조정위원회는 조정에 갈음하는 결정을 한 경우에는 지체 없이 그 결정서를 당사자에게 송달하여야 한다. ⑥ 당사자가 제5항의 규정에 의하여 결정서를 송달받은 날부터 14일 이내에 이의를 신청하지 아니하는 때에는 조정을 수락한 것으로 본다.
제43조	조정의 효력	제42조 제2항의 규정에 의한 조정과 제42조 제6항의 규정에 의하여 이의를 신청하지 아니하는 경우의 조정에 갈음하는 결정은 재판상의 화해와 같은 효력이 있다.
제44조	구제조치 등의 권고	① 위원회가 진정을 조사한 결과 인권침해나 차별행위가 일어났다고 판단하는 때에는 피진정인, 그 소속기관·단체 또는 감독기관(이하 "소속기관 등"이라 한다)의 장에게 다음 각 호의 사항을 권고할 수 있다. 1. 제42조 제4항 각호에 정한 구제조치의 이행 2. 법령·제도·정책·관행의 시정 또는 개선 ② 제1항의 규정에 의하여 권고를 받은 소속기관 등의 장에 관하여는 제25조 제2항 내지 제4항의 규정을 준용한다.
제45조	고발 및 징계권고	① 위원회는 진정을 조사한 결과 진정의 내용이 범죄행위에 해당하고 이에 대하여 형사처벌이 필요하다고 인정할 때에는 검찰총장에게 그 내용을 고발할 수 있다. 다만, 피고발인이 군인 또는 군무원인 경우에는 소속 군 참모총장 또는 국방부 장관에게 고발할 수 있다.

		② 위원회가 진정을 조사한 결과 인권침해가 있다고 인정할 때에는 피진정인 또는 인권침해에 책임이 있는 자에 대한 징계를 소속기관 등의 장에게 권고할 수 있다. ③ 제1항의 규정에 의하여 고발을 받은 검찰총장 군 참모총장 또는 국방부장관은 고발을 받은 날부터 3월 이내에 수사를 종료하고 그 결과를 위원회에 통보하여야 한다. 다만, 3월 이내에 수사를 종료하지 못할 때에는 그 사유를 소명하여야 한다. ④ 제2항의 규정에 의하여 위원회로부터 권고를 받은 소속기관 등의 장은 이를 존중하여야 하며 그 결과를 위원회에 통보하여야 한다.
제46조	의견진술기회의 부여	① 위원회는 제44조·또는 제45조의 규정에 의한 권고 또는 조치를 하기 전에 피진정인에게 의견을 진술할 기회를 주어야 한다. ② 제1항의 경우 당사자 또는 이해관계인은 구두 또는 서면으로 위원회에 의견을 진술하거나 필요한 자료를 제출할 수 있다.
제47조	피해자를 위한 법률구조 요청	① 진정에 관한 위원회의 조사, 증거의 확보 또는 피해자의 권리구제를 위하여 필요하다고 인정하는 경우에 위원회는 피해자를 위하여 대한법률구조공단 또는 그 밖의 기관에 법률구조를 요청할 수 있다. ② 제1항의 규정에 의한 법률구조 요청은 피해자의 명시한 의사에 반하여 할 수 없다. ③ 제1항의 규정에 의한 법률구조의 요청의 절차·내용 및 방법에 관하여 필요한 사항은 위원회의 규칙으로 정한다.
제48조	긴급구제조치의 권고	① 위원회는 진정을 접수한 후 조사대상 인권침해나 차별행위가 계속 중에 있다는 상당한 개연성이 있고, 이를 방치할 경우 회복하기 어려운 피해발생의 우려가 있다고 인정할 때에는 그 진정에 대한 결정이전에 진정인이나 피해자의 신청에 의하여 또는 직권으로 피진정인, 그 소속기관 등의 장에게 다음 각 호의 1의 조치를 하도록 권고할 수 있다. 1. 의료, 급식, 피복 등의 제공 2. 장소, 시설, 자료 등에 대한 실지조사 및 감정 또는 다른 기관이 하는 검증 및 감정에 대한 참여 3. 시설수용자의 구금 또는 수용장소의 변경 4. 인권침해나 차별행위의 중지 5. 인권침해나 차별행위를 일으키고 있다고 판단되는 공무원 등의 그 직무로부터의 배제 6. 그 밖에 피해자의 생명, 신체의 안전을 위하여 필요한 사항 ② 위원회는 필요하다고 인정하는 때에는 당사자 또는 관계인 등의 생명 및 신체의 안전과 명예의 보호 또는 증거의 확보나 인멸의 방지를 위하여 필요한 조치를 하거나 관계인 및 그 소속기관 등의 장에게 그 조치를 권고할 수 있다.
제49조	조사와 조정 등의 비공개	위원회의 진정에 대한 조사·조정 및 심의는 비공개로 한다. 다만, 위원회의 의결이 있는 때에는 이를 공개할 수 있다.
제50조	처리결과의 공개	위원회는 이 장에 의한 진정의 조사 및 조정의 내용과 처리결과, 관계기관 등에 대한 권고와 관계기관 등이 한 조치 등을 공표할 수 있다. 다만, 다른 법률에 의하여 공표가 제한되거나 개인의 사생활의 비밀이 침해될 우려가 있는 경우에는 그러하지 아니하다.
제55조	불이익 금지와 지원	① 누구든지 이 법에 의하여 위원회에 진정, 진술, 증언, 자료 등의 제출 또는 답변을 하였다는 이유만으로 해고, 전보, 징계, 부당한 대우 그 밖에 신분이나 처우와 관련하여 불이익을 받지 아니한다. ② 위원회는 인권침해나 차별행위의 진상을 밝히거나 증거나 자료 등을 발견 또는 제출한 사람에게 필요한 지원 또는 보상을 할 수 있다. ③ 제2항의 규정에 의한 지원 또는 보상의 내용, 절차 그 밖의 필요한 사항은 위원회의 규칙으로 정한다.

제6장 벌칙

제56조	인권옹호 업무방해	① 다음 각 호의 1에 해당하는 자는 5년 이하의 징역 또는 3천만 원 이하의 벌금에 처한다. 1. 위원회의 업무를 수행하는 위원회의 위원 또는 직원을 폭행 또는 협박한 자 2. 위원회의 위원 또는 직원에 대하여 그 업무상의행위를 강요 또는 저지하거나 그 직을 사퇴하게 할 목적으로 폭행 또는 협박한 자 3. 위계로써 위원회의 위원 또는 직원의 업무수행을 방해한 자 4. 이 법 제4장의 규정에 의하여 위원회의 조사대상이 되는 타인의 인권침해나 차별행위사건에 관한 증거를 인멸, 위조, 또는 변조하거나 위조 또는 변조한 증거를 사용한 자 ② 친족이 본인을 위하여 제1항 제4호의 죄를 범한 때에는 처벌하지 아니한다.
제57조	진정서작성 등의 방해	제31조의 규정에 위반하여 진정을 허가하지 않거나 방해한 자는 3년 이하의 징역 또는 1천만 원 이하의 벌금에 처한다.
제58조	자격사칭	제51조의 규정에 위반하여 위원회의 위원 또는 직원의 자격을 사칭하여 위원회의 권한을 행사한 자는 2년 이하의 징역 또는 700만 원 이하의 벌금에 처한다.
제59조	비밀누설	제52조의 규정에 위반하여 업무처리 중 알게 된 비밀을 누설한 자는 2년 이하의 징역이나 금고 또는 5년 이하의 자격정지에 처한다.
제60조	긴급구제 조치방해	제48조 제1항 또는 제2항에 의하여 위원회가 하는 조치를 방해한 자는 1년 이하의 징역 또는 500만 원 이하의 벌금에 처한다.
제61조	비밀침해	제31조 제6항 또는 제7항의 규정에 위반하여 비밀을 침해한 자는 1천만 원 이하의 벌금에 처한다.
제62조	벌칙적용에 있어서의 공무원 의제	위원회의 위원 중 공무원이 아닌 자는 「형법」 그 밖의 법률에 의한 벌칙의 적용에 있어서는 이를 공무원으로 본다.
제63조	과태료	① 다음 각 호의 1에 해당하는 자는 1천만 원 이하의 과태료에 처한다. 1. 정당한 이유 없이 제24조 제1항의 규정에 의한 방문조사 또는 제36조의 규정에 의한 실지조사를 거부, 방해 또는 기피한 자 2. 정당한 이유 없이 제36조 제1항 제1호 또는 제2항의 규정에 의한 위원회의 진술서 제출요구 또는 출석요구에 응하지 아니한 자 3. 정당한 이유 없이 제36조 제1항 제2호 및 제4호 또는 제5항의 규정에 의한 자료 등의 제출요구 및 사실조회에 응하지 아니하거나 거짓의 자료 등을 제출한 자 ② 제53조의 규정에 위반한 자는 300만 원 이하의 과태료에 처한다. ③ 제1항 및 제2항의 규정에 의한 과태료는 대통령령이 정하는 바에 따라 위원장이 부과한다. ④ 제3항의 규정에 의한 과태료 처분에 불복이 있는 자는 그처분의 고지를 받은 날부터 30일 이내에 위원장에게 이의를 제기할 수 있다. ⑤ 제3항의 규정에 의한 과태료 처분을 받은 자가 제4항의 규정에 의하여 이의를 제기한 때에는 부과권자는 지체 없이 관할법원에 그 사실을 통보하여야 하며, 그 통보를 받은 관할법원은 「비송사건절차법」에 의한 과태료의 재판을 한다. ⑥ 제4항의 규정에 의한 기간 이내에 이의를 제기하지 아니하고 과태료를 납부하지 아니한 때에는 국세체납처분의 예에 의하여 이를 징수한다.

제6편 교도관직무규칙

[시행 2010.1.1.] [법무부령 제679호, 2009.11.9. 타법개정]

제1장 총칙

제1절 통칙

제1조	목적	이 규칙은 「형의 집행 및 수용자의 처우에 관한 법률」의 시행을 위하여 교도관의 직무에 관한 사항을 정함을 목적으로 한다.
제2조	정의	이 규칙에서 사용하는 용어의 뜻은 다음과 같다. 1. "교도관"이란 다음 각 목의 어느 하나에 해당하는 업무를 담당하는 공무원을 말한다. 가. 수용자의 구금 및 형의 집행 나. 수용자의 지도, 처우 및 계호 다. 수용자의 보건 및 위생 라. 수형자의 교도작업 및 직업능력개발훈련 마. 수형자의 교육·교화프로그램 및 사회복귀 지원 바. 수형자의 분류심사 및 가석방 사. 교도소·구치소 및 그 지소(이하 "교정시설"이라 한다)의 경계 및 운영·관리 아. 그 밖의 교정행정에 관한 사항 2. "정복교도관"이란 「공무원임용법」 별표1에 따른 교정직류 공무원을 말한다. 3. "사복교도관"이란 교도관 중 정복교도관 외의 교도관을 말하며, 다음과 같이 구분한다. 가. 교회직교도관: 「공무원임용령」 별표1에 따른 분류직류공무원 나. 직업훈련교도관: 별정직공무원 임용절차에 따라 임용된 사람으로서 「근로자직업능력 개발법」 제33조에 따른 직업능력개발훈련교사 다. 분류직교도관: 「공무원임용령」 별표1에 따른 분류직류공무원 라. 보건위생직교도관: 「공무원임용령」 별표1에 따른 일반의무약무·간호·의류기술·식품위생직류공무원을 말하며, 해당 직류에 따라 각각 의무직교도관, 약무직교도관, 간호직교도관, 의료기술직교도관, 식품위생직교도관으로 한다. 마. 기술직교도관: 「공무원임용령」 별표1에 따른 일반기계·전기·섬유·화공·일반농업·건축·전산개발·통신기술직류공무원 바. 기능직교도관: 「공무원임용령」 별표2에 따른 기능직공무원 4. "상관"이란 직무수행을 할 때 다른 교도관을 지휘·감독할 수 있는 직위나 직급에 있는 교도관을 말한다. 5. "당직간부"란 교정시설의장(이하 "소장"이라 한다)이 지명하는 정복교도관으로서 보안관리과의 보안업무 전반에 걸쳐 보안관리과장을 보좌하고, 휴일 또는 야간(당일 오후 6시부터 다음 날 오전 9시까지를 말한다. 이하 같다)에 소장을 대리하는 사람을 말한다.

제3조	기본강령	교도관은 다음의 기본강령에 따라 근무하여야 한다. 1. 교도관은 법령을 준수하고 상관의 직무상 명령에 복종하며, 일사불란한 지휘체계와 엄정한 복무기강을 확립한다. 2. 교도관은 상관에 대한 존경과 부하에 대한 믿음과 사랑을 바탕으로 직무를 수행하고 주어진 임무를 완수하기 위하여 모든 역량을 기울인다. 3. 교도관은 창의와 노력으로써 과학적 교정기법을 개발하고 교정행정의 능률을 향상시킨다. 4. 교도관은 청렴결백하고 근면성실한 복무자세를 지니며 직무수행의 결과에 대하여 책임을 진다. 5. 교도관은 풍부한 식견과 고매한 인격이 교정행정 발전의 원천임을 명심하고 인격을 도야하도록 부단히 노력한다.
제4조	다른 법령과의 관계	교도관의 직무에 관하여는 다른 법령에 특별한 규정이 있는 경우가 아니면 이 규칙에 따른다.

제2절 근무의 일반원칙

제5조	근무의 구분	① 교도관의 근무는 그 내용에 따라 보안근무와 사무근무로 구분하고, 보안근무는 근무 방법에 따라 주간근무와 주ㆍ야간 교대 근무(이하 "교대근무"라 한다)로 구분한다. ② 보안근무는 수용자의 계호를 주된 직무로 하고, 사무근무는 수용자의 계호 외의 사무처리를 주된 직무로 한다. ③ 보안근무와 사무근무의 구분에 필요한 세부사항은 소장이 해당 교정시설의 사정이나 근무내용 등을 고려하여 따로 정한다.
제6조	직무의 우선 순위	수용자의 도주, 폭행, 소요, 자살 등 구금목적을 해치는 행위에 관한 방지 조치는 다른 모든 직무에 우선한다.
제7조	직무의 처리	교도관은 직무를 신속ㆍ정확ㆍ공정하게 처리하고, 그 결과를 지체 없이 상관에게 문서 또는 구두로 보고하여야 한다. 다만, 상관으로부터 특별히 명령받은 직무로서 그 직무처리에 많은 시일이 걸리는 경우에는 그 중간 처리상황을 보고하여야 한다.
제8조	근무장소 이탈금지	교도관은 상환의 허가 없이 또는 정당한 사유 없이 근무장소를 이탈하거나 근무장소 외의 장소에 출입하지 못한다.
제9조	교도관의 공동근무	소장은 2명 이상의 교도관을 공동으로 근무하게 하는 경우에는 책임자를 지정하고 직무를 분담시켜 책임한계를 분명히 하여야 한다.
제10조	교도관의 지휘ㆍ감독	정복교도관은 직무수행을 위하여 특히 필요하다고 인정되는 경우에는 그 직무수행에 참여하는 하위 직급의 사복교도관을 지휘ㆍ감독할 수 있다. 사복교도관의 정복교도관에 대한 지휘ㆍ감독의 경우에도 또한 같다.
제11조	교도관에 대한 교육 등	소장은 교도관에 대하여 공지사항을 알리고, 포승을 사용하는 방법, 폭동진압훈련, 교정장비의 사용ㆍ조작훈련 등 직무수행에 필요한 교육ㆍ훈련을 실시하여야 한다.
제12조	수용자에 대한 호칭	수용자를 부를 때에는 수용자 번호를 사용한다. 다만, 수용자의 심리적 안정이나 교화를 위하여 필요한 경우에는 수용자 번호와 성명을 함께 부르거나 성명만을 부를 수 있다.

제13조	수용기록부 등의 관리 등	① 교도관은 수용자의 신상에 변동사항이 있는 경우에는 지체 없이 수용기록부(부속서류를 포함한다), 수용자명부 및 형기종료부 등 관계 서류를 바르게 고쳐 관리·보존하여야 한다. ② 교도관은 제1항에 따른 수용자의 신상 관계 서류를 공무상으로 사용하기 위하여 열람·복사 등을 하려면 상관의 허가를 받아야 한다. ③ 수용자의 신상에 관한 전산자료의 관리·보존, 열람·출력 등에 관하여는 제1항과 제2항을 준용한다.
제14조	수용자의 손도장 증명	① 수용자가 작성한 문서로서 해당 수용자의 날인이 필요한 것은 오른손 엄지손가락으로 손도장을 찍게 한다. 다만, 수용자가 오른손 엄지손가락으로 손도장을 찍을 수 없는 경우에는 다른 손가락으로 손도장을 찍게 하고, 그 손도장 옆에 어느 손가락인지를 기록하게 한다. ② 제1항의 경우에는 문서 작성 시 참여한 교도관이 서명 또는 날인하여 해당 수용자의 손도장임을 증명하여야 한다.
제15조	비상소집 응소	교도관은 천재지변이나 그 밖의 중대한 사태가 발생하여 비상소집 명령을 받은 경우에는 지체 없이 소집에 응하여 상관의 지시를 받아야 한다.
제16조	소방기구 점검 등	소장은 교도관으로 하여금 매월 1회 이상 소화기 등 소방기구를 점검하게 하고 그 사용법의 교육과 소방훈련을 하게 하여야 한다.
제17조	이송 시 수용기록부 등의 인계	소장은 다른 교정시설로 수용자를 이송하는 경우에는 수용기록부(부속서류를 포함한다) 등 개별처우에 필요한 자료를 해당 교정시설로 보내야 한다.

제3절 근무시간

제18조	보안근무자의 근무시간	① 보안근무자의 근무시간은 다음과 같다. 1. 주간근무: 1일 주간 8시간 2. 교대근무: 제1부, 제2부, 제3부 및 제4부의 4개부로 나누어 서로 교대하여 근무하게 한다. 다만, 소장은 정복교도관의 부족 등 근무의 형편상 부득이한 경우에는 교대근무자를 제1부와 제2부의 2개 부 또는 제1부, 제2부 및 제3부의 3개 부로 나누어 근무하게 할 수 있다. ② 보안근무자는 소장이 정하는 바에 따라 근무시간 중에 삭사 등을 위한 휴식을 할 수 있다. ③ 소장은 계절, 지역 여건 및 근무 내용 등을 고려하여 필요하다고 인정하는 경우에는 보안근무자의 근무 시작시간·종료시간을 조정할 수 있다.
제19조	사무근무자의 근무시간	사무근무자의 근무시간은 「국가공무원 복무규정」 제9조에 따른다.
제20조	근무시간 연장 등	① 소장은 교도관의 부족, 직무의 특수성 등 근무의 형편에 따라 특히 필요하다고 인정하는 경우에는 제18조와 제19조에도 불구하고 근무시간을 연장하거나 조정할 수 있고 휴일 근무를 명할 수 있다. ② 제1항에 따라 휴일에 근무를 한 교도관의 휴무에 관하여는 「국가공무원 복무규정」 제11조 제2항에 따른다.

제4절 교도관회의

제21조	교도관회의의 설치	소장의 자문에 응하여 교정행정에 관한 중요한 시책의 집행 방법 등을 심의하게 하기 위하여 소장 소속의 교도관회의(이하 이 절에서 "회의"라 한다)를 둔다.
제22조	회의의 구성과 소집	① 회의는 소장, 부소장 및 각 과의 과장과 소장이 지명하는 6급 이상의 교도관(지소의 경우에는 7급 이상의 교도관)으로 구성된다. ② 소장은 회의 의장이 되며, 매주 1회 이상 회의를 소집하여야 한다.
제23조	심의	① 회의는 다음 사항을 심의한다. 1. 교정행정 중요 시책의 집행방법 1-2. 교도작업 및 교도작업특별회계의 운영에 관한 주요 사항 2. 각 과의 주요 업무 처리 3. 여러 과에 관련된 업무 처리 4. 주요 해아의 시행 5. 그 밖에 소장이 회의에 부치는 사항 ② 소장은 제1항의 심의사항 중 필요하다고 인정하는 경우에는 6급 이하의 교도관을 참석시켜 그 의견 등을 들을 수 있다. ③ 소장은 회의에서 자무에 대한 조언가 그에 따른 심의 외에 필요한 지시를 하거나 보고를 받을 수 있다.
제24조	서기	① 소장은 회의의 사무를 원활히 처리하기 위하여 종무과(지소의 경우에는 종무계) 소속의 교도관 중에서 서기 1명을 임명하여야 한다. ② 서기는 회의에서 심의·지시·보고된 사항 등을 회의록에 기록하고 참석자의 서명 또는 날인을 받아야 한다.

제2장 정복교도관의 직무

제1절 정복교도관의 직무통칙

제25조	정복교도관이 직무	① 정복교도관은 다음 각 호의 사무를 담당한다. 1. 수용자에 대한 지도·처우·계호 2. 경비교도대의 운영·관리 3. 교정시설의 경계 4. 교정시설의 운영·관리 5. 그 밖의 교정행정에 관한 사항 ② 소장은 제1항에도 불구하고 교정시설의 운영을 위하여 특히 필요하다고 인정하는 경우에는 정복교도관으로 하여금 사복교도관의 직무를 수행하게 할 수 있다.
제26조	생활지도 등	① 정복교도관은 수용자가 건전한 국민저인과 올바른 생활자세를 가지도록 생활지도 및 교육에 노력하여야 한다. ② 정복교도관이 수용자의 교육·교화프로그램 및 직업훈련 등에 참여하는 경우에는 교육 등이 원활히 진행될 수 있도록 수용자를 감독하여야 한다.

제27조	공평 처우	정복교도관은 접견, 물품지급 등에서 수용자를 공평하게 처우하고, 그 처우가 수용자의 심리적 안정 및 교화에 이바지할 수 있도록 하여야 한다.
제28조	수용자의 행실 관찰	① 정복교도관은 직접 담당하는 수용자의 행실을 계속하여 관찰하고, 그 결과를 지도·처우 및 계호의 자료로 삼아야 한다. ② 제1항에 따른 관찰결과 중 특이사항은 개요를 기록하여 상관에게 보고하여야 한다.
제29조	작업 감독	① 정복교도관은 수용자가 작업을 지정받은 경우에는 성실하게 작업하도록 감독하여야 한다. ② 정복교도관은 수용자의 작업실적 등이 교정성적에 반영될 수 있도록 작업일과표를 매일 작성하는 등 작업관계 서류를 철저히 작성하여야 한다.
제30조	안전사고 예방	정복교도관은 수용자가 작업을 할 때에는 사전에 안전교육을 하는 등 사고 예방에 노력하여야 한다.
제31조	수용자의 의류 등의 관리	① 정복교도관은 수용자가 지급받은 의류, 침구, 그 밖의 생활용품(이하 이 조에서 "의류 등"이라 한다)을 낭비하지 아니하도록 지도하여야 한다. ② 정복교도관은 수용자의 의류 등이 오염되거나 파손된 경우에는 상관에게 보고하고, 상관의 지시를 받아 교환·수리·세탁·소독 등 적절한 조치를 하여야 한다.
제32조	수용자의 청원 등 처리	① 정복교도관은 수용자가 「형의 집행 및 수용자의 처우에 관한 법률」(이하 "법"이라 한다) 제117조에 따른 청원, 「국가인권위원회법」 제31조에 따른 진정 및 「공공기관의 정보공개에 관한 법률」에 따른 정보공개청구 등을 하는 경우에는 지체 없이 상관에게 보고하여야 한다. ② 수용자가 상관 등과의 면담을 요청한 경우에는 그 사유를 파악하여 상관에게 보고하여야 한다.
제33조	위생관리 등	① 정복교도관은 수용자로 하여금 자신의 신체와 의류를 청결하게 하고, 두발 및 수염을 단정하게 하는 등 위생관리를 철저히 하도록 지도하여야 한다. ② 정복교도관은 수용자가 부상을 당하거나 질병에 걸린 경우에는 즉시 적절한 조치를 하고 지체 없이 상관에게 보고하여야 한다.
제34조	계호의 원칙	정복교도관이 수용자를 계호할 때에는 수용자를 자신의 시선 또는 실력지배권 밖에 두어서는 아니 된다.
제35조	인원점금 등	① 소장의 당직간부의 지휘 아래 정복교도관으로 하여금 전체 수용자를 대상으로 하는 인원점검을 매일 2회 이상 충분한 사이를 두고 하게 하여야 한다. ② 제1항에 따라 인원점검을 한 당직간부는 그 결과를 소장에게 보고하여야 한다. ③ 정복교도관은 자신이 담당하는 수용자를 대상으로 작업을 시작하기 전과 마친 후, 인원변동 시 등에 수시로 인원점검을 하여야 한다. ④ 정복교도관은 수용자가 작업·운동 등 동작 중인 경우에는 항상 시선으로 인원에 이상이 있는지를 파악하여야 한다.
제36조	야간 거실문의 개폐	① 정복교도관은 폐방(작업·교육 등 일과를 마치고 수용자를 거실로 들여보낸 다음 거실문을 잠그는 것을 말한다. 이하 같다) 후부터 그 다음 날 개방(작업·교육 등 일과를 위하여 수용자를 거실에서 나오게 하기 위하여 거실문을 여는 것을 말한다. 이하 같다) 전까지는 당직간부의 허가를 받아 거실문을 여닫거나 수용자를 거실 밖으로 나오게 할 수 있다. 다만, 자살, 자해, 응급환자 발생등 사태가 급박하여 당직간부의 허가를 받을 시간적 여유가 없는 경우에는 그러하지 아니하다. ② 제1항에 따라 거실문을 여닫거나 수용자를 거실 밖으로 나오게 하는 경우에는 사전에 거실 내 수용자의 동정을 확인하여야 하고, 제1항 단서의 경우가 아니면 2명 이상의 정복교도관이 계호하여야 한다.

제37조	징벌대상 행위의 보고 등	① 정복교도관은 수용자가 법 제107조 각 호의 어느 하나에 해당하는 행위(이하 "징벌대상행위"라 한다)를 하는 경우에는 지체 없이 비상신호나 그 밖의 방법으로 보안관리과에 알리는 등 체포 및 진압을 위한 모든 수단을 동원함과 동시에 상관에게 보고하여야 한다. ② 정복교도관은 제1항에도 불구하고 도주하는 수용자를 체포할 기회를 잃을 염려가 있는 경우에는 지체 없이 그를 추격하여야 한다. ③ 소장은 수용자의 징벌대상행위에 관하여는 이를 조사하여 사안의 경중에 따라 사건송치, 징벌, 생활지도교육 등 적절한 조치를 하여야 한다.
제38조	재난 시의 조치	정복교도관은 천재지변이나 그 밖의 재해가 발생한 경우에는 수용자의 계호를 특히 엄중하게 하고, 상관의 지휘를 받아 적절한 피난 준비를 하여야 한다. 다만, 상관의 지휘를 받을 시간적 여유가 없는 경우에는 수용자의 생명과 안전을 위한 대피 등의 조치를 최우선적으로 하여야 한다.
제39조	물품 정리 등	정복교도관은 수용자가 사용하는 모든 설비와 기구가 훼손되거나 없어졌는지를 확인하고, 수용자로 하여금 자신이 사용하는 물품 등을 정리하도록 지도하여야 한다.
제40조	수용자의 호송	① 정복교도관이 수용자를 교정시설 밖으로 호송하는 경우에는 미리 호송계획서를 작성하여 상관에게 보고하여야 한다. ② 정복교도관은 수용자의 호송 중 도주 등의 사고가 발생하지 아니하도록 수용자의 동정을 철저히 파악하여야 한다.
제41조	접견 참여 등	① 정복교도관이 「형의 집행 및 수용자의 처우에 관한 법률 시행령」(이하 이 조에서 "영"이라 한다) 제62조 제1항에 따라 수용자의 접견에 참여하는 경우에는 수용자와 그 상대방의 행동·대화내용을 자세히 관찰하여야 한다. ② 정복교도관이 영 제71조에 따라 참고사항을 수용기록부에 기록하는 경우에는 지체 없이 상관에게 보고하여야 하며, 상관의 지시를 받아 관계 과에 통보하는 등 적절한 조치를 하여야 한다. ③ 수용자의 접견에 관한 기록은 수용자의 처우나 그 밖의 공무수행상 필요하여 상관의 허가를 받은 경우를 제외하고는 관계 교도관이 아닌 교도관은 열람이나 복사 등을 해서는 아니 된다.
제42조	정문 근무	① 정문에 근무하는 정복교도관(이하 이 조에서 "정문근무자"라 한다)은 정문 출입자와 반출·반입 물품을 검사·단속하여야 한다. ② 정문근무자는 제1항의 검사·단속을 할 때 특히 필요하다고 인정하는 경우에는 출입자의 신체와 휴대품을 검사할 수 있다. 이 경우 검사는 필요한 최소한도의 범위에서 하여야 하며, 출입자 중 여성에 대한 검사는 여성교도관이 하여야 한다.
제42조	정문 근무	③ 정문근무자는 제1항 또는 제2항의 검사 도중 이상하거나 의심스러운 점을 발견한 경우에는 출입 등을 중지함과 동시에 상관에게 이를 보고하여 상관의 지시를 받아 적절한 조치를 하여야한다. ④ 정문근무자는 수용자의 취침 시간부터 기상 시간까지는 당직간부의 허가 없이 정문을 여닫을 수 없다.
제43조	교정시설 의 경계 등	① 정복교도관은 교정시설의 중요시설 등을 경계하고 자기가 담당하는 구역을 순찰하여야 한다. ② 정복교도관이 제1항에 따라 경계 또는 순찰 근무를 하는 경우에는 그의 시선 내에 있는 구역·시설 등을 감시하여 수용자의 도주 등 교정사고, 수용자의 징벌대상행위, 외부로부터의 침입 등을 예방·단속하여야 한다.
제44조	사형 집행	사형집행은 상관의 지시를 받은 정복교도관이 하여야 한다.

제45조	업무 인계	보안근무 정복교도관은 근무시간의 종료, 휴식시간의 시작, 그 밖의 사유에도 불구하고 다음 근무자에게 업무를 인계한 후가 아니면 근무장소를 떠나서는 아니 된다.
제46조	근무결과 보고	보안근무 정복교도관은 근무를 마치거나 다음 근무자에게 업무를 인계할 때에는 근무 중 이상이 있었는지 등을 상관에게 보고하여야 한다.
제47조	상황 및 의견의 보고	정복교도관은 다음 각 호의 어느 하나에 해당하는 경우에는 그에 관한 상황 및 의견을 지체 없이 상관에게 보고하고, 상관의 지시를 받아 처리하여야 한다. 1. 직무의 집행에 착오가 있는 경우 2. 수용자 처우의 방법을 변경할 필요가 있는 경우 3. 수용자의 심경에 특이한 동요나 변화가 있는 경우 4. 수용자가 처우에 관하여 불복하는 경우 5. 수용자의 처우에 필요한 정보를 얻은 경우 6. 그 밖에 직무와 관련된 사고가 발생한 경우
제48조	정복교도 관의 계호근무	이 규칙에 규정된 사항 외에 정복교도관의 계호근무에 관하여는 법무부장관이 정하는 바에 따른다.

제2절 당직간부의 직무

제49조	당직간부 의 편성	① 당직간부는 교대근무의 각 부별로 2명 이상으로 편성하며, 이 경우 정당직간부 1명과 부당직간부 1명 이상으로 한다. ② 당직간부는 교감으로 임명한다. 다만, 교정시설의 사정에 따라 결원의 범위에서 교위 중 적임자를 선정하여 당직간부에 임명할 수 있다. ③ 정당직간부 및 부당직간부의 업무분담에 관하여는 소장이 정한다.
제52조	임시 배치	당직간부는 수용자가 수용된 거실을 여닫거나 여러 명의 수용자를 이동시키는 등 계호를 강화할 필요가 있다고 판단되는 경우에는 휴식 중인 정복교도관 등을 특정 근무지에 임시로 증가시켜 배치하여야 한다.
제53조	개방·폐 방의 진행	① 당직간부는 수용자의 기상시간에 인원점검을 하고 이사이 없으면 수용자가 일과활동을 하는 작업장 등에 정복교도관을 배치한 후 개방을 명한다. ② 당직간부는 수용자의 작업 등 일과활동이 끝나면 정복교도관으로 하여금 수용자가 일과활동을 한 작업장 등에서 인원 및 도구를 점검하게 하고 그 결과를 과장에게 보고한 후 수용자를 거실로 들어가게 하여야 한다. 수용자가 거실로 들어가면 다시 인원점검을 하고 그 결과를 소장에게 보고한 후 폐방을 명한다.
제54조	보안점검 등	당직간부는 매일 총기·탄약·보호장비·보안장비, 그 밖의 교정장비에 이상이 없는지를 확인하고, 각 사무실 등의 화기·전기기구·잠금장치 등에 대한 점검감독을 철저히 하여야 한다.
제55조	비상소집 망 점검	당직간부는 매주 1회 이상 교도관의 비상소집망을 확인하여 정확하게 유지하도록 하여야 한다.
제56조	수용·석 방사무의 감독	① 당직간부는 교정시설에 수용되거나 교정시설에서 석방되는 사람의 신상을 직접 확인하는 등 수용 및 석방에 관한 사무를 감독하여야 한다. ② 출정감독자는 법원에서 무죄판결 등 구속영장이 실효되는 판결이 선고되어 즉시 석방되는 사람의 신상을 직접 확인하는 등 석방에 관한 사무를 감독하여야 한다.

제57조	행정처리	당직간부는 수용·계호 등에 관한 문서의 처리와 수용자 물품의 관리상태 등을 확인하고 감독하여야 한다.
제58조	당직결과 보고 및 인계	당직간부는 당직근무 중에 발생한 수용자의 인원변동 사항 및 중요사항을 소장·부소장·과장에게 보고한 후 다음 당직간부에게 인계하여야 한다.
제50조	정복교도관 점검 등	① 당지간부는 정복교도관을 점검하여야 하며, 점검이 끝나면 그 결과를 보안과장(이하 이 절에서 "과장"이라 한다)에게 보고하여야 한다. ② 정복교도관은 점검 면제 통지를 받은 경우가 아니면 점검을 받아야 한다. ③ 정복교도관 점검 등에 필요한 사항은 따로 법무부령으로 정한다.
제51조	근무상황 순시·감독	당직간부는 보안근무 정복교도관의 근무배치를 하고, 수시로 보안근무 정복교도관의 근무상황을 순시·감독하여야 하며, 근무배치 및 순시·감독결과를 과장에게 보고하여야 한다.

제3장 사복교도관의 직무

제1절 교회직교도관의 직무

제59조	교회직교도관의 직무	① 교회직교도관은 다음 각 호의 사무를 담당한다. 1. 수용자의 서신·집필 2. 수용자의 종교·문화 3. 수형자의 교육 및 교화프로그램 4. 수형자의 귀휴, 사회 견학, 가족 만남의 집 또는 가족 만남의 날 행사(이하 이 절에서 "귀휴 등"이라 한다) 5. 수형자의 사회복귀 지원 6. 그 밖의 교정행정에 관한 사항 ② 교회직교도관은 직무를 수행하기 위하여 필요한 경우에는 수용자를 동행·계호할 수 있다. ③ 제2항에 따라 교회직교도관이 수용자를 동행·계호하는 경우에는 제34조, 제37조 제1항·제2항을 준용한다.
제60조	교육과정 개설계획 수립 및 시행	교회직교도관은 수형자의 학력 신장에 필요한 교육과정 개설계획을 수립하여 소장에게 보고하고, 소장의 지시를 받아 교육을 하여야 한다.
제61조	교화프로그램 운영	교회직교도관은 수형자의 정서함양 등을 위하여 심리치료·문화예술·체육프로그램, 그 밖의 교화프로그램 운영계획을 수립하여 소장에게 보고하고, 소장의 지시를 받아 교화프로그램을 시행하여야 한다.
제62조	종교	교회직교도관은 수용자가 자신이 신봉하는 종교의식이나 종교행사에 참석하기를 원하는 경우에는 특별한 사정이 없으면 허락하여야 한다. 다만, 수용자가 신봉하는 종교 또는 그에 따른 활동이 법 제45조 제3항 각 호의 어느 하나에 해당하는 경우에는 소장에게 보고하고, 소장의 지시를 받아 적정한 조치를 하여야 한다.

제63조	교화상담	① 교회직교도관은 수형자 중 환자, 계호상 독거수용자 및 징벌자에 대하여 처우상 필요하다고 인정하는 경우에는 수시로 교화상담(수형자 특성을 고려하여 적당한 장소와 시기에 하는 개별적인 교화 활동을 말한다. 이하 같다)을 하여야 한다. 다만, 해당 수형자가 환자인 경우에는 의무직교도관(공중보건의를 포함한다)의 이견을 들어야 한다. ② 교회직교도관은 신입수형자와 교화상담을 하여야 한다. 다만, 다른 교정시설로부터 이송되어 온 수형자는 필요하다고 인정되는 경우에 할 수 있다. ③ 교회직교도관은 사형확정자나 사형선고를 받은 사람의 심리적 안정을 위하여 수시로 상담을 하여야 하며, 필요하다고 인정하는 경우에는 외부인사와 결연을 주선하여 수용생활이 안정되도록 하여야 한다. ④ 교회직교도관은 제1항부터 제3항까지의 규정에 해당하지 아니하는 수형자에 대하여도 다음 각 호의 어느 하나에 해당하는 경우에는 적절한 교화상담을 하여야 한다. 1. 성격형성 과정의 결함으로 인하여 심리적 교정이 필요한 경우 2. 대인관계가 원만하지 못하고 상습적으로 규율을 위반하는 경우 3. 가족의 이산, 재산의 손실 등으로 가정에 문제가 있는 때 4. 가족 등 연고자가 없는 경우 5. 본인의 수용생활로 가족의 생계가 매우 어려운 경우 ⑤ 교회직교도관이 제1항부터 제4항까지의 규정에 따른 교화상담을 할 때에는 미리 그 수용자의 죄질, 범죄경력, 교육정도, 직업, 나이, 환경, 그 밖의 신상을 파악하여 활용하여야 한다.
제64조	귀휴 등 대상자 보고	교회직교도관은 수형자가 귀휴 등의 요건에 해당하고 귀휴 등을 허가할 필요가 있다고 인정하는 경우에는 그 사실을 상관에게 보고하여야 한다.
제65조	사회복귀 지원	교회직교도관은 수형자의 사회복귀에 필요한 지식과 정보를 제공하고, 석방 후 원활한 사회적응을 위한 상담을 하여야 하며, 공공기관·단체 등과 연계하여 사회정착에 필요한 사항을 지원할 수 있다.
제66조	상황 및 의견의 보고	교회직교도관은 다음 각 호의 어느 하나에 해당하는 경우에는 그에 관한 상황 및 의견을 지체 없이 상관에게 보고하고, 상관의 지시를 받아 처리하여야 한다. 1. 수형자의 뉘우치는 정도 등에 따라 수용 및 처우의 방법을 변경할 필요가 있는 경우 2. 교화프로그램 시행 등의 과정에서 수형자에게 심경변화 등 특별한 상황이 발생한 경우 3. 석방예정자를 특별히 보호하여야 할 사유가 발생한 경우 4. 수용자가 처우에 불복하는 경우 5. 수용자의 처우에 필요한 정보를 얻은 경우 6. 그 밖에 직무의 집행에 착오가 있는 경우

제2절 직업훈련교도관의 직무

| 제67조 | 직업훈련 교도관의 직무 | ① 직업훈련교도관은 수형자의 직업능력개발훈련(이하 이 절에서 "훈련"이라 한다)에 관한 사무와 그 밖의 교정행정에 관한 사항을 담당하며, 직무수행상 필요한 경우에는 수용자를 동행·계호할 수 있다.
 ② 제1항에 따라 직업훈련교도관이 수용자를 동행·계호하는 경우에는 제34조, 제37조 제1항·제2항을 준용한다. |

제68조	훈련	직업훈련교도관은 훈련계획을 수립하고 교안을 작성하여 훈련을 받는 수형자(이하 이 절에서 "훈련생"이라 한다)에게 이론교육과 실습훈련을 실시하여야 하며, 그 결과를 일지에 기록하여 상관에게 보고하여야 한다.
제69조	실습훈련	직업훈련교도관은 제68조의 실습훈련을 할 때에는 사전에 상관의 허가를 받아야 한다.
제70조	훈련시설 등의 점검	직업훈련교도관은 훈련에 사용하는 시설, 장비 또는 기계 등의 상태를 훈련을 시작하기 전과 마친 후에 각각 점검하여야 한다.
제71	훈련 평가	① 직업훈련교도관은 훈련기간 중 훈련생을 대상으로 이론 및 실기 평가를 하고 그 결과를 상관에게 보고하여야 한다. ② 직업훈련교도관은 제1항의 평가결과가 불량한 훈련생에게 재훈련을 하게 할 수 있다.
제72조	상황 및 의견의 보고	직업훈련교도관은 다음 각 호의 어느 하나에 해당하는 경우에는 그에 관한 상황 및 의견을 지체 없이 상관에게 보고하고, 상관의 지시를 받아 처리하여야 한다. 1. 훈련생이 훈련을 거부하거나 평가결과가 극히 불량한 경우 2. 훈련의 종류를 변경할 필요가 있는 경우 3. 훈련시설·장비 또는 기계 등에 이상이 있는 경우 4. 훈련생이 징벌대상행위를 하거나 안전사고를 일으킨 경우 5. 그 밖에 직무의 집행에 착오가 있는 경우

제3절 분류직교도관의 직무

제73조	분류직교 도관의 직무	① 분류직교도관은 다음 각 호의 사무를 담당한다. 1. 수형자의 인성, 행동특성 및 자질 등의 조사·측정·평가(이하 "분류심사"라 한다) 2. 교육 및 작업의 적성 판정 3. 수형자의 개별처우계획 수립 및 변경 4. 가석방 5. 그 밖의 교정행정에 관한 사항 ② 분류직교도관은 직무를 수행하기 위하여 필요한 경우에는 수용자를 동행·계호할 수 있다. ③ 제2항에 따라 분류직교도관이 수용자를 동행·계호하는 경우에는 제34조, 제37조 제1항·2항을 준용한다.
제74조	분류검사	분류직교도관은 개별처우계획을 수립하기 위하여 수형자의 인성, 지능, 적성 등을 측정·진단하기 위한 검사를 한다.
제75조	교정성적 평가	분류직교도관은 매월 수형자의 교정성적을 평가하고 일정 기간마다 개별처우계획을 변경하기 위하여 필요한 평가자료를 확보하여야 한다.
제76조	분류처우 위원회 준비 등	분류직교도관은 법 제62조의 분류처우위원회의 심의에 필요한 자료와 회의록 등을 작성·정리하여 상관에게 보고하여야 한다.
제77조	수형자분 류처우심 사표 기록	분류직교도관은 수형자분류처우심사표에 수형자의 분류급 변경 등 처우변동사항을 지체 없이 기록하여야 한다.

제78조	분류상담	분류직교도관은 분류심사, 처우등급 부여 및 가석방 신청 등을 위하여 필요한 경우에는 수형자와 상담하고, 그 결과를 상관에게 보고하여야 한다.
제79조	가석방 적격자 등에 대한 조치	분류직교도관은 수형자가 교정성적이 우수하고 재범의 우려가 없는 등 가석방 요건을 갖추었다고 인정되는 경우에는 상관에게 보고하는 등 적절한 조치를 하여야 한다.
제80조	상황 및 의견의 보고	분류직교도관은 다음 각 호의 어느 하나에 해당하는 경우에는 그에 관한 상황 및 의견을 지체 없이 상관에게 보고하고, 상관의 지시를 받아 처리하여야 한다. 1. 분류심사에 잘못이 있음이 발견된 경우 2. 개별처우계획을 변경하거나 재검토할 필요가 있는 경우 3. 가석방 심사에 영향을 미칠 만한 사항이 발견된 경우 4. 그 밖에 직무의 집행에 착오가 있는 경우

제4절 보건위생직교도관의 직무

| 제81조 | 보건위생 직교도관 의 직무 | ① 보건위생직교도관이 담당하는 사무는 다음 각 호와 같다.
1. 의무직교도관(공중보건의를 포함한다. 이하 "의무관"이라 한다)
가. 수용자의 건강진단, 질병치료 등 의료
나. 교정시설의 위생
다. 그 밖의 교정행정에 관한 사항
2. 약무직교도관
가. 약의 조제
나. 의약품의 보관 및 수급
다. 교정시설의 위생 보조
라. 그 밖의 교정행정에 관한 사항
3. 간호직교도관
가. 환자 간호
나. 의무관의 진료 보조
다. 교정시설의 위생 보조
라. 그 밖의 교정행정에 관한 사항
4. 의료기술직교도관
가. 의화학적 검사 및 검사장비 관리업무
나. 의무관의 진료 보조
다. 교정시설의 위생 보조
라. 그 밖의 교정행정에 관한 사항
5. 식품위생직교도관
가. 식품위생 및 영양관리
나. 교정시설의 위생 보조
다. 그 밖의 교정행정에 관한 사항
② 보건위생직교도관은 직무상 필요한 경우에 수용자를 동행·계호할 수 있다.
③ 제2항에 따라 보건위생직교도관이 수용자를 동행·계호하는 경우에는 제34조, 제37조 제1항·제2항을 준용한다. |

제82조	환자의 진료	의무관이 환자를 진료하는 경우에는 진료기록부에 그 병명, 증세, 병력, 처방 등을 기록하여야 한다.
제83조	전염병환자 및 응급환자의 진료	① 의무관은 전염병 환자가 발생하였거나 발생할 우려가 있는 경우에는 지체 없이 소장에게 보고하고, 그 치료와 예방에 노력하여야 한다. ② 의무관은 응급환자가 발생한 경우에는 정상 근무시간이 아니더라도 지체 없이 출근하여 진료하여야 한다.
제84조	수술의 시행	의무관은 환자를 치료하기 위하여 수술을 할 필요가 있는 경우에는 미리 소장에게 보고하여 허가를 받아야 한다. 다만, 긴급한 경우에는 사후에 보고할 수 있다.
제85조	수용자의 의사에 반하는 의료조치	① 의무관은 법 제40조 제2항의 조치를 위하여 필요하다고 인정하는 경우에는 보건의료과에 근무하는 정복교도관(보건의료과에 근무하는 정복교도관이 없거나 부족한 경우에는 당직간부)에게 법 제100조에 따른 조치를 하도록 요청할 수 있다. ② 제1항의 요청을 받은 정복교도관 또는 당직간부는 특별한 사정이 없으면 요청에 응하여 적절한 조치를 하여야 한다.
제86조	의약품의 관리	① 약무직교도관은 의약품을 교도관용, 경비교도용, 수용자용 등으로 용도를 구분하여 보관하여야 한다. ② 제1항의 수용자용 의료약품은 예산으로 구입한 것과 수용자 또는 수용자 가족 등이 구입한 것으로 구분하여 보관하여야 한다. ③ 유독물은 잠금장치가 된 견고한 용기에 넣어 출입문 잠금장치가 이중으로 되어 있는 장소에 보관·관리하여야 한다. 다만, 보관 장소의 부족 등 부득이한 경우에는 이중 잠금장치가 된 견고한 용기에 넣어 보관·관리할 수 있다. ④ 약무직교도관은 천재지변이나 그 밖의 중대한 사태에 대비하여 필요한 약품을 확보하고, 매월 1회 이상 그 수량·보관상태 등을 점검하고 그 결과를 상관에게 보고하여야 한다.
제87조	정복교도관 등에 대한 의료교육	① 의무관은 보건의료과 및 의료사동 등에 근무하는 정복교도관에 대하여 전염병 예방이나 소독, 그 밖의 의료업무 수행에 필요한 소양교육을 매월 1회 이상 하여야 한다. ② 의무관은 간병수용자에 대하여 간호방법이나 구급요법 등 간호에 필요한 사항을 훈련시켜야 한다. ③ 의무관은 교도관에 대하여 연 1회 이상 간호방법, 심폐소생술, 응급처치 등의 교육을 하여야 한다.
제88조	사망진단서 작성	의무관은 수용자가 교정시설에서 사망한 경우에는 검시를 하고 사망진단서를 작성하여야 한다.
제89조	부식물의 검사	① 식품위생직교도관은 부식물 수령에 참여하여 그 신선도 등 품질을 확인하여 물품을 검사하는 교도관에게 의견을 제시하여야 한다. 이 경우 물품을 검사하는 교도관은 식품위생직교도관의 의견에 따라 적절한 조치를 하여야 한다. ② 의무관은 수용자에게 지급하는 주식, 부식 등 음식물 검사에 참여하여 식중독 등을 예방하여야 한다.
제90조	위생검사	① 의무관은 매일 1회 이상 의료사동의 청결, 온도, 환기, 그 밖의 사항을 확인하여야 한다. ② 의무관은 교정시설의 모든 설비와 수용자가 사용하는 물품 또는 급식 등에 관하여 매주 1회 이상 전반적으로 그 위생에 관계된 사항을 확인하여야 하고, 그 결과 특히 중요한 사항은 소장에게 보고하여야 한다.

| 제91조 | 상황 및
의견의
보고 | ① 의무관은 다음 각 호의 어느 하나에 해당하는 경우에는 그에 관한 상황 및 의견을 지체 없이 상관에게 보고하고, 상관의 지시를 받아 처리하여야 한다.
1. 작업, 운동, 급식 등에서 수용자의 건강유지에 부적당한 것을 발견한 경우
2. 정신이상이 의심되는 수용자, 「형사소송법」 제471조 제1항 제1호부터 제4호까지의 규정 중 어느 하나에 해당하는 수용자 또는 폐질환에 걸렸거나 위독한 상태에 빠진 수용자를 발견한 경우
3. 수용자의 체질 · 병증, 그 밖의 건강상태로 인하여 작업, 급식 등 처우의 방법을 변경할 필요가 있는 경우
4. 질병으로 인하여 징벌의 집행 또는 석방에 지장이 있는 경우
5. 질병을 숨기거나 꾀병을 앓는 수용자가 있는 경우
6. 환자를 의료사동에 수용할 필요가 있는 경우
7. 환자를 외부 의료시설에 이송할 필요가 있거나 교정시설 밖에 있는 의료시설에서 근무하는 의사로 하여금 직접치료나 보조치료를 하게 할 필요가 있는 경우
8. 그 밖에 직무의 집행에 착오가 있는 경우
② 의무관을 제외한 보건위생직교도관은 직무의 집행에 착오가 있는 경우에는 상관에게 보고하고, 상관의 지시를 받아 지체 없이 처리하여야 한다. |

제5절 기술직교도관의 직무

제92조	기술직교 도관의 직무	① 기술직교도관은 다음 각 호의 사무를 담당한다. 1. 건축 · 전기기계 · 화공 · 섬유 · 전산 · 통신 및 농업 등 해당 분야의 시설공사 2. 수형자에 대한 기술지도 3. 교정시설의 안전 및 유지 관리 4. 그 밖의 교정행정에 관한 사항 ② 기술교도관은 직무를 수행하기 위하여 필요한 경우에는 수용자를 동행 · 계호할 수 있다. ③ 제2항에 따라 기술직교도관이 수용자를 동행 · 계호하는 경우는 제34조, 제37조 제1항 · 제2항을 준용한다.
제93조	시설공사 및 기술지도	① 기술직교도관은 교정시설의 신축 · 증축 및 보수공사가 필요할 경우에는 공사계획을 수립하여 상관에게 보고하여야 한다. ② 기술직교도관은 공사를 시행할 때에는 발주계획을 수립하고 법무부장관이 정하는 바에 따라 감독 업무를 수행하여야 한다.③ 작업현장에서 기술지도를 수행하는 기술직교도관은 수형자의 기술향상에 노력하여야 하며, 위험이 따르는 기술작업 등을 하는 경우에는 수형자를 그 작업에 참여시켜서는 아니 된다. 다만, 수형자의 참여가 불가피하여 소장이 허가한 경우에는 그러하지 아니하다. ④ 제3항에 따른 작업은 특히 안전에 주의하여야 하며, 작업을 마친 후에는 기계 · 기구를 점검하고 그 결과를 지체 없이 상관에게 보고하여야 한다.
제94조	시설 안전점검 및 유지관리	① 기술직교도관은 안전사고 예방을 위하여 시설물에 대한 자체 안전점검 계획을 수립 · 시행하고, 법령에 따라 정기적으로 결함 검사를 하여야 한다. ② 기술직교도관은 토지 · 건물 및 전기 · 통신 · 기계설비 등 해당 시설이 기능을 적절하게 유지할 수 있도록 관리하여야 하며, 연차적으로 보수계획을 수립 · 시행하여야 한다.

제95조	상황 및 의견의 보고	기술직교도관은 다음 각 호의 어느 하나에 해당하는 경우에는 그에 관한 상황 및 의견을 지체 없이 상관에게 보고하고, 상관의 지시를 받아 처리하여야 한다. 1. 시설공사 및 기술지도, 그 밖의 해당 직무에 관한 기획·시행방법·공정 및 작업에 관하여 의견이 있는 경우 2. 시설물 구조의 안전을 위하여 보수, 보강이 긴급하게 필요한 경우 3. 작업을 하는 수형자가 징벌대상행위를 한 경우 4. 그 밖에 직무의 집행에 착오가 있는 경우

제6절 기능직교도관의 직무

제96조	기능직교도관의 직무	① 기능직교도관은 다음 각 호의 사무를 담당한다. 1. 차량의 운전·정비, 보일러·전기·통신 및 오수정화 시설 등 기계·기구의 취급·설비 관리 2. 그 밖의 교정행정에 관한 사항 ② 기능직교도관은 직무를 수행하기 위하여 필요한 경우에는 수용자를 동행·계호할 수 있다. ③ 제2항에 따라 기능직교도관이 수용자를 동행·계호하는 경우에는 제34조, 제37조 제1항·제2항을 준용한다.
제97조	시설관리 및 기계의 취급	① 기능직교도관은 기계·설비, 보일러, 전기·통신시설, 차량 및 오수정화 시설 등 취급할 때 기술이 필요하거나 위험한 기구를 조작하는 경우에는 안전사고에 유의하여야 하며, 부득이한 경우를 제외하고는 관련 자격 취득자인 기능직교도관이 직접 조작하여야 한다. ② 기능직교도관은 직무상 취급하는 시설 및 장비에 관하여는 청결을 유지하고, 수시로 점검·수리 등을 하여야 한다.
제98조	상황 및 의견의 보고	기능직교도관은 다음 각 호의 어느 하나에 해당하는 경우에는 그에 관한 상황 및 의견을 지체 없이 상관에게 보고하고, 상관의지시를 받아 처리하여야 한다. 1. 담당 직무에 관한 작업공정 및 운용방법에 관하여 의견이 있는 경우 2. 기계·보일러설비, 전기·통신 및 오수 정화시설 등 기계와 기구의 설치, 수리 및 보충이 필요한 경우 3. 차량·보일러설비 또는 통신장비 등의 정기점검 등 정기검사가 필요한 경우 4. 그 밖에 직무의 집행에 착오가 있는 경우

부칙 <제654호, 2008.12.19.>

이 규칙은 2008년 12월 22일부터 시행한다.

제7편 법무부와 그 소속기관 직제

<시행 2010.10.18. 대통령령 제22453호, 2010.10.18. 일부개정>

제1장 총칙

제1조	목적	이 영은 법무부와 그 소속기관의 조직과 직무범위 기타 필요한 사항을 규정함을 목적으로 한다.
제2조	소속기관	① 법무부장관의 관장사무를 지원하게 하기 위하여 법무부장관 소속하에 법무연수원 및 치료감호소를 둔다. ② 법무부장관의 소관사무를 분장하게 하기 위하여 법무부장관 소속하에 지방교정청·소년원·소년분류심사원·보호관찰심사위원회·보호관찰소·위치추적관제센터·출입국관리사무소 및 외국인보호소를 두며, 지방교정청장소속하에 교도소 및 구치소를 둔다.

제2장 법무부

제3조	직무	법무부는 검찰, 보호처분 및 보안관찰처분의 관리와 집행, 행형, 소년의 보호와 보호관찰, 갱생보호, 임용시험, 법조인양성제도에 관한 연구·개선, 법무에 관한 자료조사, 대통령·국무총리와 행정 각 부처의 법령에 관한 자문과 민사·상사·형사(다른 법령의 벌칙조항을 포함한다)·행정소송 및 국가배상관계법령의 해석에 관한 사항, 출입국·외국인정책에 관한 사무 기타 일반 법무행정에 관한 사무를 관장한다.
제4조	하부조직	① 법무부의 행정제도개선업무를 총괄하고, 정책 및 기획을 조정·심사평가하며, 인사·예산·행정관리 및 시설관리에 관한 사무를 관장하기 위하여 기획조정실을 둔다. ② 법무부에 운영지원과, 법무실, 검찰국, 범죄예방정책국, 인권국, 교정본부 및 출입국·외국인정책 본부를 둔다. ③ 장관 밑에 감찰관 1인 장관정책보좌관 2인을 둔다. 〈개정 2007.5.4〉 ④ 장관 밑에 부내 업무의 대외공표에 관한 사항을 보좌하기 위하여 대변인을 둔다. 〈신설 2007.8.22, 2008.2.29〉
제11조	범죄예방 정책국	① 국장은 검사로 보한다. ② 국장은 다음 사항을 분장한다. 1. 보호행정·보호관찰행정·소년보호행정(이하 이 항에서 "보호행정"이라 한다) 및 법교육에 관한 종합계획의 수립 및 시행 2. 보호행정 및 법교육 관계 법령의 입안 및 제도의 조사·연구 3. 보호행정 공무원의 배치·교육훈련 및 복무감독

		4. 치료감호소·소년원·소년분류심사원·보호관찰심사위원회·보호관찰소·위치추적관제센터(이하 이 항에서 "보호기관"이라 한다) 등에 대한 기관평가 및 지도·감독 5. 범죄예방 자원봉사위원 및 소년보호위원 등의 관리에 관한 사항 6. 범죄예방, 비행 청소년 선도·교화 및 법교육 관련 민간단체 등에 대한 활동 지원 및 업무 지도에 관한 사항 7. 보호기관의 조직 및 정원관리와 예산의 편성·배정에 관한 자료 작성 8. 보호기관의 시설 및 장비에 관한 사항 9. 보호관찰심사위원회 및 치료감호심의위원회의 운영 및 관리에 관한 사항 10. 치료감호 청구사건에 있어서의 검찰 업무수행에 관한 사항 11. 피보호감호자 및 피치료감호자의 품행·생활태도·치료 정도, 그 밖의 사회적응 능력의 파악 12. 청소년 비행 관련 원인·실태 분석, 정책연구개발 및 종합대책의 수립·시행 13. 보호소년·위탁소년(이하 이 항에서 "보호소년 등"이라 한다) 및 소년원·소년분류심사원 소속 공무원의 의류·급식에 관한 사항 14. 보호소년 등의 교육·수용·의료 등 처우에 관한 사항 15. 보호소년 등의 분류심사·상담조사 등 청소년 비행 진단·예방에 관한 사항 16. 일반학교 부적응학생 등의 특별교육 및 청소년 적성검사실의 운영 등 청소년의 건전한 육성에 관한 사항 17. 보호관찰·수강명령·사회봉사명령의 집행 등 보호관찰 실시에 관한 사항 18. 판결전조사·결정전조사·청구전조사·환경조사 및 환경개선활동에 관한 사항 19. 특정 범죄자에 대한 위치추적시스템의 운영 및 관리에 관한 사항 20. 한국법무보호복지공단의 관리 및 갱생보호 사업의 허가와 그 관리에 관한 사항 21. 법교육 관련 교육과정·교육내용 연구 및 교재·프로그램의 개발·보급 22. 법교육 전문인력의 양성 및 연수 지원
제11조의2	인권국	① 국장은 검사 또는 고위공무원단에 속하는 일반직공무원으로 보한다. ② 국장은 다음 사항을 분장한다. 〈개정 2010.8.2〉 1. 국가 인권정책 수립·총괄·조정 2. 인권옹호에 관한 중앙행정기관 간의 협력 및 인권옹호단체에 관한 사항 3. 인권 관련 국제조약·법령에 관한 조사·연구 및 행사·홍보에 관한 사항 4. 국가인권위원회와의 협력 등에 관한 사항 5. 국제인권규약에 따른 정부보고서 및 답변서의 작성 6. 「장애인차별금지 및 권리구제 등에 관한 법률」 제43조에 따른 시정명령에 관한 사항 7. 「인신보호법」의 입안 및 제도의 조사·연구 8. 준법정신의 계도 9. 범죄피해자의 보호·지원에 관한 사항 10. 범죄피해자지원법인 및 법률구조법인의 등록·지도·감독 11. 법률구조증진에 관한 사항 12. 수사·교정·보호·출입국·외국인정책 등 법무행정 분야의 인권침해 예방과 제도 개선, 인권침해 사건의 자체 조사 및 인권교육에 관한 사항 13. 부내 여성·아동관련 정책의 수립·총괄·조정·시행 및 관련 법제의 개선 14. 여성·아동 관련 시책의 추진을 위한 다른 중앙행정기관과의 협조에 관한 사항
제12조	교정본부	① 교정본부에 본부장 1명을 두고, 본부장 밑에 교정정책단장 각 1명을 둔다. ② 본부장은 검사 또는 고위공무원단에 속하는 일반직공무원으로, 교정정책단장 및 보안정책단장은 각각 고위공무원단에 속하는 일반직공무원으로 보한다.

③ 본부장은 다음 사항을 분장한다.
1. 교정행정에 관한 종합계획의 수립·시행
2. 교정행정 공무원의 배치·교육훈련 및 복무감독
3. 지방교정청·교도소·구치소 및 지소의 조직·정원관리에 관한 사항
4. 교도소·구치소 및 지소(이하 이 항에서 "교정시설"이라 한다)의 순회점검에 관한 사항
5. 교정행정 관계 외국제도 연구 및 교정행정 홍보에 관한 사항
6. 교도작업 및 감호작업 기본계획의 수립·시행
7. 교도작업특별회계 예산의 편성·집행 및 소관 국유재산 관리
8. 수형자(피보호감호자를 포함한다. 이하 이 항에서 같다)의 작업장려금·위로금 및 조위금 지급업무의 지도·감독
9. 수형자의 직업능력개발훈련에 관한 기본계획 및 예산의 편성·집행
10. 국가기술자격 검정시험 지도에 관한 기본계획의 수립·시행
11. 수형자 취업·창업지원협의회의 운영 및 석방예정자의 취업 알선·지원에 관한 사항
12. 수형자의 교육 및 교화에 관한 기본계획의 수립·시행
13. 공안 및 공안관련 사범의 교육·교화에 관한 사항
14. 수용자(피보호감호자를 포함한다. 이하 이 항에서 같다)의 교화방송에 관한 사항
15. 교정위원에 관한 사항
16. 수형자의 사회적 처우 및 사회 복귀에 관한 기본계획의 수립·시행
17. 사회복귀 지원사업 관련 법인에 대한 인·허가 및 관리·감독
18. 교정행정 예산의 편성 및 배정에 관한 기본계획의 수립·시행
19. 교정시설 조성사업 및 부대장비의 공급, 관리계획의 수립·시행
20. 교정행정 공무원의 피복 및 급양(給養)에 관한 사항
21. 수용자의 영치금품·피복·급양 및 급식관리위원회의 운영에 관한 사항
22. 수용자의 이송·수용구분·규율·계호 및 보안 등 수용자의수용 관리에 관한 사항
23. 교정행정 정보화 및 전산장비 운영업무 지도·감독에 관한 사항
24. 교정시설의 경비, 비상훈련·소방훈련 및 무도(武道)훈련에 관한 사항
25. 교정장비에 관한 기본계획의 수립·시행
26. 교정시설 경비교도대의 운영에 관한 사항
27. 수형자 분류처우에 관난 기본계획의 수립·시행
28. 가석방심사위원회 운영 및 관리 등 가석방심사 업무에 관한 사항
29. 교정행정 관계 법령의 입안 및 인권·송무에 관한 사항
30. 민영교도소 운영의 관리·감독에 관한 사항
31. 수용자의 보건위생관리 기본계획의 수립·시행
32. 수용자의 의료, 약제 및 질병예방 등에 관한 사항
33. 의료장비의 공급 및 관리 계획의 수립·시행
34. 수용자의 건강검진에 관한 계획의 수립·시행
④ 교정정책단장은 제3항 제1호부터 제21호까지의 사항에 관하여 본부장을 보좌한다.
⑤ 보안정책단장은 제3항 제22호부터 제34호까지의 사하에 관하여 본부장을 보좌한다.

제4장 지방교정청 · 교도소 및 구치소

제1절 지방교정청

제22조	직무	지방교정청은 수형자 · 미결수용자 및 피보호감호자(이하 "수용자"라 한다)의 수용관리 · 교정 · 교화 기타 행형사무에 관하여 관할 교도소 등을 지휘 · 감독하기 위한 다음 사무를 관장한다. 〈개정 2005.8.12, 2010.8.2〉 1. 수용자의 수용 · 구금 · 규율 · 계호 · 이송 · 석방 및 보안에 관한 사항 2. 교도소 및 구치소의 보안장비 및 방호에 관한 사항 3. 수용자의 보건위생의료 및 약제에 관한 사항과 순회진료반 설치 · 운영 4. 교도 · 감호작업 및 직업훈련 운영지도 및 관리 5. 소속공무원의 인사 · 복무 · 교육훈련 및 연금 6. 소속공무원 · 경비교도 · 수용자의 피복 및 급양에 관한 사항 7. 그 밖에 수용자의 교육 및 교화에 관한 사항
제23조	명칭 등	지방교정청의 명칭 및 위치는 별표 1과 같다.
제24조	지방교정청장	① 지방교정청에 청장 각 1인을 두되, 청장은 고위공무원단에 속하는 일반직공무원으로 보한다. 〈개정 2005.4.15, 2006.6.30〉 ② 청장은 법무부장관의 명을 받아 소관사무를 통할하고, 소속공무원을 지휘 · 감독한다.
제25조	하부조직	「행정기관의 조직과 정원에 관한 통칙」 제12조 제3항 및 제14조 제4항의 규정에 의하여 지방교정청에 두는 보조기관 또는 보좌기관은 법무부의 소속기관에 두는 정원의 범위 안에서 법무부령으로 정한다. 〈개정 2006.12.29〉

제2절 교도소 및 구치소 〈개정 2005.8.12〉

제26조	직무	교도소 및 구치소는 수형자를 격리하여 교정 · 교화하고, 건전한 국민사상과 근로정신을 함양하며, 기술교육을 실시하고, 보호감호처분을 받은 자를 수용하며, 감호 · 교화 및 직업훈련과 근로를 실시하여 사회복귀하게 하고, 미결수용자의 수용 그 밖의 행형에 관한 사무를 관장한다.
제28조	소장 · 부소장 등	① 교도소 및 구치소에 소장 각 1인을 둔다. 〈개정 2005.8.12〉② 서울구치소 · 영등포구치소 · 성동구치소 · 부산구치소 · 수원구치소 및 인천구치소의 소장과 대구교도소 · 대전교도소 · 안양교도소 · 광주교도소 및 천안개방교도소의 소장은 고위공무원단에 속하는 일반직공무원으로 보하고, 화성직업훈련교도소 · 경북북부제1교도소 및 전주교도소의 소장은 3급 또는 4급으로 보하며, 그 밖의 소장은 4급으로 보한다. ③ 서울구치소 · 영등포구치소 · 성동구치소 · 부산구치소 · 수원구치소 · 인천구치소와 대구교도소 · 대전교도소 · 안양교도소 · 광주교도소 및 천안개방교도소에 소장을 보조하여 소내사무를 처리하게 하기 위하여 부소장 1인을 두되, 부소장은 4급으로 보한다. ④ 소장은 지방교정청장의 명을 받아 소관사무를 통할하고, 소속공무원을 지휘 · 감독한다.

| 제29조 | 하부조직 | 「행정기관의 조직과 정원에 관한 통칙」 제12조 제3항 및 제14조 제4항의 규정에 의하여 교도소 및 구치소에 두는 보조기관 또는 보좌기관은 법무부의 소속기관에 두는 정원의 범위 안에서 법무부령으로 정한다. |
| 제30조 | 지소 | 교도소장·구치소장의 소관사무를 분장하기 위하여 교도소·구치소장 소속하에 지소를 두되, 지소의 명칭·위치 기타 필요한 사항은 법무부령으로 정한다. |

제5장 치료감호소

제31조	직무	치료감호소는 「치료감호법」에 의하여 치료감호처분을 받은 자의 수용·감호와 치료 및 이에 관한 조사·연구에 관한 사무를 관장한다. 〈개정 2005.8.12〉
제32조	소장	① 치료감호소에 소장 1인을 두되, 소장은 고위공무원단에 속하는 일반직공무원으로 보한다. ② 소장은 법무부장관의 명을 받아 소관사무를 통할하고, 소속공무원을 지휘·감독한다.
제33조	하부조직	치료감호소에 의료부를 두며, 「행정기관의 조직과 정원에 관한 통칙」 제12조 제3항 및 제14조 제4항의 규정에 의하여 치료감호소에 두는 보조기관 또는 보좌기관은 법무부의 소속기관에 두는 정원의 범위 안에서 법무부령으로 정한다. 〈개정 2006.12.29〉
제34조	의료부	① 부장은 고위공무원단에 속하는 일반직공무원으로 보한다. 〈개정 2005.4.15, 2006.6.30〉 ② 부장은 다음 사항을 분장한다. 〈개정 2000.3.7, 200.1.29〉 1. 피치료감호자의 진료 및 조사·연구 2. 피치료감호자의 간호 및 수용관리에 관한 사항 3. 사회정신의학적 진료 및 조사·연구 4. 피치료감호자의 물리치료·작업요법치료 등 특수치료활동에 관한 사항 5. 피치료감호자의 약품의 조제 및 투약에 관한 사항 6. 감정유치자의 정신감정 및 법정신의학에 관한 조사·연구 7. 치료감호 종료·가종료자에 대한 외래진료의 실시
제34조의2	약물중독재활센터	① 마약·알코올 등 약물중독자의 진료·조사·연구 및 재활지원업무를 분장하기 위하여 치료감호소장 소속하에 약물중독재활센터(이하 "센터"라 한다)를 둔다. ② 센터에 센터장 1인을 두되, 센터장은 4급으로 보한다. 〈개정 2005.4.15〉 ③ 센터장은 치료감호소장의 명을 받아 소관사무를 통할하고, 소속 공무원을 지휘·감독한다. ④ 센터에 두는 하부조직은 법무부령으로 정한다.

제6장 소년원 및 소년분류심사원

제35조	직무	① 소년원은 보호처분에 의하여 송치된 소년(이하 "보호소년"이라 한다)을 수용·보호하고 이들의 교정교육에 관한 사무를 관장한다. ② 소년분류심사원 및 소년분류심사원의 업무를 수행하는 소년원은 법원소년부로부터 위탁한 소년을 수용·보호하고 이들의 분류심사, 인성교육, 상담조사 및 일반 중·고등학교 부적응 학생 등에 대한 특별교육, 청소년 적성검사실 운영에 관한 사무를 관장한다.
제36조	명칭 등	소년원 및 소년분류심사원의 명칭 및 위치는 별표 2와 같다.
제37조	원장	① 소년원 및 소년분류심사원에 원장 각 1인을 둔다. ② 서울소년원장 및 서울소년분류심사원장은 고위공무원단에 속하는 일반직공무원으로 보하고, 기타의 원장은 4급으로 보한다. 〈개정 2005.5.15, 2006.6.30〉 ③ 원장은 법무부장관의명을 받아 소관사무를 통할하고, 소속공무원을 지휘·감독한다.
제38조	하부조직	「행정기관의 조직과 정원에 관한 통칙」 제12조 제3항 및 제14조 제4항의 규정에 의하여 소년원 및 소년분류심사원에 두는 보조기관 또는 보좌기관은 법무부의 소속기관에 두는 정원의 범위 안에서 법무부령으로 정한다. 〈개정 2006.12.29〉
제39조	지원	소년원장 및 소년분류심사원장의 소관사무를 분장하기 위하여 소년원장 및 소년분류심사원장 소속하에 지원을 두되, 지원의 명칭·위치 기타 필요한 사항은 법무부령으로 정한다.
제39조 의2	청소년 비행예방 센터	① 청소년 비행예방 지원 업무를 분장하기 위하여 부산소년원·광주소년원·대덕소년원·청주소년원 및 서울소년분류심사원의 원장 소속하에 각각 청소년 비행예방센터를 둔다. ② 청소년 비행예방센터는 다음 각 호의 업무를 행한다. 1. 법원이 의뢰한 상담조사 2. 검사가 기소처분을 하기 전 의뢰한 처분전조사 3. 「소년법」에 따른 보호처분을 받은 자 중 학교부적응 학생 등에 대한 교육 4. 검사가 기소유예처분을 한 자 및 학교장 등이 의뢰한 소년에 대한 특별교육 5. 「소년법」에 따른 보호처분을 받은 자의 보호자에 대한 교육 6. 청소년에 대한 법 교육 7. 청소년비행 관련 자원봉사자 전문교육 및 연구·개발 등 ③ 청소년 비행예방센터에 청소년 비행예방센터장 1인을 두되, 청소년 비행예방센터장은 4급 또는 5급으로 보한다. ④ 청소년 비행예방센터장은 소속 기관장의 명을 받아 소관 사무를 통할하고, 소속 공무원을 지휘·감독한다. ⑤ 청소년 비행예방센터의 명칭, 위치 그 밖에 필요한 사항은 법무부령으로 정한다.

제7장 보호관찰심사위원회

제39조 의3	보호관찰심사 위원회의 구성	① 보호관찰심사위원회(이하 "위원회"라 한다)는 「보호관찰 등에 관한 법률」 제7조에 따라 위원장 1인을 포함한 5인 이내 9인 이하의 위원으로 구성하되, 위원 중 상임위원의 수는 3인 이내로 한다. ② 상임위원은 「보호관찰 등에 관한 법률 시행령」 제3조에 따른 자격을 갖춘 자 중에서 임명하되, 고위공무원단에 속하는 별정직 또는 4급 상당 별정직공무원으로 보한다.
제40조	직무	위원회는 「보호관찰 등에 관한 법률」 제6조 각호에 규정된 사무를 관장한다.
제41조	명칭 등	위원회의 명칭 및 위치는 별표 3과 같으며, 그 관할구역은 법무부령으로 정한다.
제42조	위원회의 서무	위원회의 서무는 위원회의 소재지를 관할하는 보호관찰소에 이를 담당한다.

제8장 보호관찰소 및 위치추적관제센터 〈개정 2008.12.31〉

제43조	직무	① 보호관찰소는 「보호관찰 등에 관한 법률」 제15조 각 호의 사무를 관장한다. ② 위치추적관제센터는 특정 범죄자에 대한 다음 각 호의 사무를 관장한다. 1. 위치추적시스템 운영 및 위치추적 전자장치 관리에 관한 사항 2. 위치추적 전자장치 피부착자의 위치확인, 이동경로 탐지 및 경보처리에 관한 사항 3. 위치추적 전자장치로부터 수신된 전자파 자료의 보존·사용 및 폐기에 관한 사항

제8편 형법

[시행 2010.10.16, 2010.4.15 일부개정]

제1편 총칙

제2장 죄

제1절 죄의 성립과 형의 감면

제9조	형사 미성년자	14세 되지 아니한 자의 행위는 벌하지 아니한다.
제10조	심신장애자	① 심신장애로 인하여 사물을 변별할 능력이 없거나 의사를 결정할 능력이 없는 자의 행위는 벌하지 아니한다. ② 심신장애로 인하여 전항의 능력이 미약한 자의 행위는 형을 감경한다. ③ 위험의 발생을 예견하고 자의로 심신장애를 야기한 자의 행위에는 전2항의 규정을 적용하지 아니한다.
제11조	농아자	농아자의 행위는 형을 감경한다.

제4절 누범

제35조	누범	① 금고 이상의 형을 받아 그 집행을 종료하거나 면제를 받은 후 3년 내에 금고 이상에 해당하는 죄를 범한 자는 누범으로 처벌한다. ② 누범의 형은 그 죄에 정한 형의장기의 2배까지 가중한다.
제36조	판결선고 후의 누범발각	판결선고 후 누범인 것이 발각된 때에는 그 선고한 형을 통산하여 다시 형을 정할 수 있다. 단, 선고한 형의 집행을 종료하거나 그 집행이 면제된 후에는 예외로 한다.

제3장 형

제1절 형의 종류와 경중

제41조	형의 종류	형의 종류는 다음과 같다. 1. 사형 2. 징역 3. 금고 4. 자격상실 5. 자격정지 6. 벌금
제41조	형의 종류	7. 구류 8. 과료 9. 몰수
제42조	징역 또는 금고의 기간	징역 또는 금고는 무기 또는 유기로 하고 유기는 1월 이상 30년 이하로 한다. 단, 유기징역 또는 유기금고에 대하여 형을 가중하는 때에는 50년까지로 한다. 〈개정 2010.4.15〉
제43조	형의 선고와 자격정지, 자격정지	① 사형 무기징역 또는 무기금고의 판결을 받은 자는 다음에 기재한 자격을 상실한다. 1. 공무원이 되는 자격 2. 공법상의 선거권과 피선거권 3. 법률로 요건을 정한 공법상의 업무에 관한 자격 ② 유기징역 또는 유기금고의 판결을 받은 자는 그 형의 집행이 종료하거나 면제될 때까지 전항 제1호 내지 제3호에 기재된 자격이 정지된다.
제44조	자격정지	① 전조에 기재한 자격의 전부 또는 일부에 대한 정지는 1년 이상 15년 이하로 한다. ② 유기징역 또는 유기금고에 자격정지를 병과한 때에는 징역 또는 금고의 집행을 종료하거나 면제된 날로부터 정지기간을 기산한다.
제45조	벌금	벌금은 5만 원 이상으로 한다. 다만, 감경하는 경우에는 5만 원 미만으로 할 수 있다.
제46조	구류	구류는 1일 이상 30일 미만으로 한다.
제47조	과료	과료는 2천 원 이상 5만 원 미만으로 한다.
제48조	몰수의 대상과 추징	① 범인 이외의 자의 소유에 속하지 아니하거나 범죄 후 범인이외의 자가 정을 알면서 취득한 다음 기재의 물건은 전부 또는 일부를 몰수할 수 있다. 1. 범죄행위에 제공하였거나 제공하려고 한 물건 2. 범죄행위로 인하여 생하였거나 이로 인하여 취득한 물건 3. 전2호의 대가로 취득한 물건 ② 전항에 기재한 물건을 몰수하기 불능한 때에는 그 가액을 추징한다. ③ 문서, 도화, 전자기록 등 특수매체기록 또는 유가증권의 일부가 몰수에 해당하는 때에는 그 부분을 폐기한다.
제49조	몰수의 부가성	몰수는 타형에 부가하여 과한다. 단, 행위자에게 유죄의 재판을 아니 할 때에도 몰수의 요건이 있는 때에는 몰수만을 선고할 수 있다.

제50조	형의 경중	① 형의 경중은 제41조 기재의 순서에 의한다. 단, 무기금고와 유기징역은 금고를 중한 것으로 하고 유기금고의 장기가 유기징역의 장기를 초과하는 때에는 금고를 중한 것으로 한다. ② 동종의 형은 장기의 긴 것과 다액의 많은 것을 중한 것으로 하고 장기 또는 다액이 동일한 때에는 그 단기의 긴 것과 소액의 많은 것을 중한 것으로 한다. ③ 전2항의 규정에 의한 외에는 죄질과 법정에 의하여 경중을 정한다.

제2절 형의 양정

제51조	양형의 조건	형을 정함에 있어서는 다음 사항을 참작하여야 한다. 1. 범인의 연령, 성행, 지능과 환경 2. 피해자에 대한 관계 3. 범행의 동기, 수단과 결과 4. 범행후의 정황
제52조	자수, 자복	① 죄를 범한 후 수사책임이 있는 관서에 자수한 때에는 그 형을 감경 또는 면제할 수 있다. ② 피해자의 의사에 반하여 처벌할 수 없는 죄에 있어서 피해자에게 자복한 때에도 전항과 같다.
제53조	작량감경	범죄의 정상에 참작할 만한 사유가 있는 때에는 작량하여 그 형을 감경할 수 있다.
제54조	선택형과 작량감경	1개의 죄에 정한 형이 수종인 때에는 먼저 적용할 형을 정하고 그 형을 감경한다.
제55조	법률상의 감경	① 법률상의 감경은 다음과 같다. 〈개정 2010.4.15〉 1. 사형을 감경할 때에는 또는 20년 이상 50년 이하의 징역 또는 금고로 한다. 2. 무기징역 또는 무기금고를 감경할 때에는 10년 이상 50년 이하의 징역 또는 금고로 한다. 3. 유기징역 또는 유기금고를 감경할 때에는 그 형기의 2분의 1로 한다. 4. 자격상실을 감경할 때에는 7년 이상의 자격정지로 한다. 5. 자격정지를 감경할 때에는 그 형기의 2분의 1로 한다. 6. 벌금을 감경할 때에는 그 다액의 2분의 1로 한다. 7. 구류를 감경할 때에는 그 장기의 2분의 1로 한다. 8. 과료를 감경할 때에는 그 다액의 2분의 1로 한다. ② 법률상 감경할 사유가 수개있는 때에는 거듭 감경할 수 있다.
제56조	가중감경의 순서	형을 가중감경할 사유가 경합된 때에는 다음 순서에 의한다. 1. 각칙본조에 의한 가중 2. 제34조 제2항의 가중 3. 누범가중 4. 법률상감경 5. 경합범가중 6. 작량감경

제57조	판결선고 전 구금일수 의 통산	① 판결선고 전의 구금일수는 그 전부 또는 일부를 유기징역, 유기금고, 벌금이나 과료에 관한 유치 또는 구류에 산입한다. ② 전항의 경우에는 구금일수의 1일은 징역, 금고, 벌금이나 과료에 관한 유치 또는 구류의기간의 1일로 계산한다. [단순위헌, 2007헌바25, 2009.6.25. 형법 제57조 제1항 중 "또는 일부" 부분은 헌법에 위반된다.]
제58조	판결의 공시	① 피해자의 이익을 위하여 필요하다고 인정할 때에는 피해자의 청구가 있는 경우에 한하여 피고인의 부담으로 판결공시의 취지 를 선고할 수 있다. ② 피고사건에 대하여 무죄 또는 면소의 판결을 선고할 때에는 판결공시의 취지를 선고할 수 있다.

제3절 형의 선고유예

제59조	선고유예 의 요건	① 1년 이하의 징역이나 금고, 자격정지 또는 벌금의 형을 선고할 경우에 제51조의 사항을 참작하여 개전의정상이 현저한 때에는 그 선고를 유예할 수 있다. 단, 자격정지 이상의 형을 받은 전과가 있는 자에 대하여는 예외로 한다. ② 형을 병과 할 경우에도 형의 전부 또는 일부에 대하여 그 선고를 유예할 수 있다.
제59조 의2	보호관찰	① 형의 선고를 유예하는 경우에 재범방지를 위하여 지도 및 원호가 필요한 때에는 보호관찰을 받을 것을 명할 수 있다. ② 제1항의 규정에 의한 보호관찰의기간은 1년으로 한다.
제60조	선고유예 의 효과	형의 선고유예를 받은 날로부터 2년을 경과한 때에는 면소된 것으로 간주한다.
제61조	선고유예 의 실효	① 형의 선고유예를 받은 자가 유예기간 중 자격정지 이상의 형에 처한 판결이 확정되거나 자격정지 이상의 형에 처한 전과가 발견된 때에는 유예한 형을 선고한다. ② 제59조의2의 규정에 의하여 보호관찰을 명한 선고유예를 받은 자가 보호관찰기간 중에 준수사항을 위반하고 그 정도가 무거운 때에는 유예한 형을 선고할 수 있다.

제4절 형의 집행유예

제62조	집행유예의 요건	① 3년 이하의 징역 또는 금고의 형을 선고할 경우에 제51조의 사항을 참작하여 그 정상에 참작할 만한 사유가 있는 때에는 1년 이상 5년 이하의 기간 형의 집행을 유예할 수 있다. 다만, 금고 이상의 형을 선고한 판결이 확정된 때부터 그 집행을 종료하거나 면제된 후 3년까지의 기간에 범한 죄에 대하여 형을 선고하는 경우에는 그러하지 아니하다. 〈개정 2005.7.29〉 ② 형을 병과할 경우에는 그 형의 일부에 대하여 집행을 유예할 수 있다.
제62조 의2	보호관찰, 사회명령, 수강명령	① 형의 집행을 유예하는 경우에는 보호관찰을 받을 것을 명하거나 사회봉사 또는 수강을 명할 수 있다. ② 제1항의 규정에 의한 보호관찰의기간은 집행을 유예한 기간으로 한다. 다만, 법원의 유예기간의 범위 내에서 보호관찰기간을 정할 수 있다. ③ 사회봉사명령 또는 수강명령은 집행유예기간 내에 이를 집행한다.

제63조	집행유예의 실효	집행유예의 선고를 받은 자가 유예기간 중 고의로 범한 죄로 금고 이상의 실형을 선고받아 그 판결이 확정된 때에는 집행유예의 선고는 효력을 잃는다. 〈개정 2005.7.29〉
제64조	집행유예의 취소	① 집행유예의 선고를 받은 후 제62조 단행의 사유가 발각된 때에는 집행유예의 선고를 취소한다. ② 제62조의2의 규정에 의하여 보호관찰이나 사회봉사 또는 수강을 명한 집행유예를 받은 자가 준수사항이나 명령을 위반하고 그 정도가 무거운 때에는 집행유예의 선고를 취소할 수 있다. 〈신설 1995.12.29〉
제65조	집행유예의 효과	집행유예의 선고를 받은 후 그 선고의 실효 또는 취소됨이 없이 유예기간을 경과한 때에는 형의 선고는 효력을 잃는다.

제5절 형의 집행

제66조	사형	사형은 형무소 내에서 교수하여 집행한다.
제67조	징역	징역은 형무소 내에 구치하여 징역에 복무하게 한다.
제68조	금고와 구류	금고와 구류는 형무소에 구치한다.
제69조	벌금과 과료	① 벌금과 과료는 판결확정일로부터 30일 내에 납입하여야 한다. 단, 벌금을 선고할 때에는 동시에 그 금액을 완납할 때까지 노역장에 유치할 것을 명할 수 있다. ② 벌금을 납입하지 아니한 자는 1일 이상 3년 이하, 과료를 납입하지 아니한 자는 1일 이상 30일 미만의 기간 노역장에 유치하여 작업에 복무하게 한다.
제70조	노역장유치	벌금 또는 과료를 선고할 때에는 납입하지 아니하는 경우의 유치기간을 정하여 동시에 선고하여야 한다.
제71조	유치일수의 공제	벌금 또는 과료의 선고를 받은 자가 그 일부를 납입한 때에는 벌금 또는 과료액과 유치기간의 일수에 비례하여 납입금액에 상당한 일수를 제한다.

제6절 가석방

제72조	가석방의 요건	① 징역 또는 금고의 집행 중에 있는 자가 그 행상이 양호하여 개전의 정이 현저한 때에는 무기에 있어서는 20년, 유기에 있어서는 형기의 3분의 1을 경과한 후 행정처분으로 가석방을 할 수 있다. 〈개정 2010.4.15〉 ② 전항의 경우에 벌금 또는 과료의 병과가 있는 때에는 그 금액 완납하여야 한다.
제73조	판결선고 전 구금과 가석방	① 형기에 산입된 판결선고 전 구금의 일수는 가석방에 있어서 집행을 경과한 기간에 산입한다. ② 벌금 또는 과료에 관한 유치기간에 산입된 판결선고 전 구금일수는 전조 제2항의 경우에 있어서 그에 해당하는 금액이 납입된 것으로 간주한다.
제73조 의2	가석방의 기간 및 보호관찰	① 가석방의 기간은 무기형에 있어서는 10년으로 하고, 유기형에 있어서는 남은 형기로 하되, 그 기간은 10년을 초과할 수 없다. ② 가석방된 자는 가석방기간 중 보호관찰을 받는다. 다만, 가석방을 허가한 행정관청이 필요가 없다고 인정한 때에는 그러하지 아니하다.

제74조	가석방의 실효	가석방 중 금고 이상의 형의 선고를 받아 그 판결이 확정된 때에는 가석방처분은 효력을 잃는다. 단, 과실로 인한 죄로 형의 선고를 받았을 때에는 예외로 한다.
제75조	가석방의 취소	가석방의 처분을 받은 자가 감시에 관한 규칙을 위배하거나, 보호관찰의 준수사항을 위반하고 그 정도가 무거운 때에는 가석방처분을 취소할 수 있다.
제76조	가석방의 효과	① 가석방의 처분을 받은 후 그 처분이 실효 또는 취소되지 아니하고 가석방기간을 경과한 때에는 형의 집행을 종료한 것으로 본다. 〈개정 1995.12.29〉 ② 전2조의 경우에는 가석방중의 일수는 형기에 산입하지 아니한다.

제7절 형의 시효

제77조	시효의 효과	형의 선고를 받은 자는 시효의 완성으로 인하여 그 집행이 면제 된다.
제78조	시효의 기간	시효는 형을 선고하는 재판이 확정된 후 그 집행을 받음이 없이 다음의 기간을 경과함으로 인하여 완성된다. 1. 사형은 30년 2. 무기의 징역 또는 금고는 20년 3. 10년 이상의 징역 또는 금고는 15년 4. 3년 이상의 징역이나 금고 또는 10년 이상의 자격정지는 10년 5. 3년 미만의 징역이나 금고 또는 5년 이상의 자격정지는 5년 6. 5년 미만의 자격정지, 벌금, 몰수 또는 추징은 3년 7. 구류 또는 과료는 1년
제79조	시효의 정지	시효는 형의 집행의 유예나 정지 또는 가석방 기타 집행할 수 없는 기간은 진행되지 아니한다.
제80조	시효의 중단	시효는 사형, 징역, 금고와 구류에 있어서는 수형자를 체포함으로, 벌금, 과료, 몰수와 추징에 있어서는 강제처분을 개시함으로 인하여 중단된다.

제8절 형의 소멸

제81조	형의 실효	징역 또는 금고의 집행을 종료하거나 집행이 면제된 자가 피해자의 손해를 보상하고 자격정지 이상의 형을 받음이 없이 7년을 경과한 때에는 본인 또는 검사의 신청에 의하여 그 재판의 실효를 선고할 수 있다.
제82조	복권	자격정지의 선고를 받은 자가 피해자의 손해를 보상하고 자격정지 이상의 형을 받음이 없이 정지기간의 2분의 1을 경과한 때에는 본인 또는 검사의 신청에 의하여 자격의 회복을 선고할 수 있다.

제4장 기간

제83조	기간의 계산	연 또는 월로서 정한 기간은 역수에 따라 계산한다.

제84조	형기의 기산	① 형기는 판결이 확정된 날로부터 기산한다. ② 징역, 금고, 구류와 유치에 있어서는 구속되지 아니한 일수는 형기에 산입하지 아니한다.
제85조	형의집행과 시효기간의 초일	형의 집행과 시효기간의 초일은 시간을 계산함이 없이 1일로 산정한다.
제86조	석방일	석방은 형기종료일에 하여야 한다.

제9편 법원조직법

[시행 2010.1.25, 2010.1.25 일부개정]

제81조의2	양형위원회의 설치	① 형을 정함에 있어 국민의 건전한 상식을 반영하고 국민이 신뢰할 수 있는 공정하고 객관적인 양형을 실현하기 위하여 대법원에 양형위원회(이하 "위원회"라 한다)를 둔다. ② 위원회는 그 권한에 속하는 업무를 독립하여 수행한다.
제81조의5	위원회의 회의	① 위원장은 위원회의 회의를 소집하며, 그 의장이 된다. ② 위원회는 재적위원 과반수의 찬성으로 의결한다.
제81조의6	양형기준의 설정 등	① 위원회는 법관이 합리적인 양형을 도출하는 데 참고할 수 있는 구체적이고 객관적인 양형기준을 설정하거나 변경한다. ② 위원회는 양형기준을 설정·변경함에 있어 다음 각 호의 원칙을 준수하여야 한다. 1. 범죄의 죄질 및 범정과 피고인의 책임의 정도를 반영할 것 2. 범죄의 일반예방 및 피고인의 재범 방지와 사회복귀를 고려할 것 3. 동종 또는 유사한 범죄에 대하여는 고려하여야 할 양형요소에 차이가 없는 한 양형에 있어 상이하게 취급하지 아니할 것 4. 피고인의 국적·종교 및 양심·사회적 신분 등을 이유로 양형상 차별을 하지 아니할 것 ③ 위원회는 양형기준을 설정·변경함에 있어서 다음 각 호의 사항을 고려하여야 한다. 1. 범죄의 유형 및 법정형 2. 범죄의 중대성을 가중하거나 감경할 수 있는 사정 3. 피고인의 연령, 성행, 지능과 환경 4. 피해자에 대한 관계 5. 범행의 동기·수단 및 결과 6. 범행 후의 정황 7. 범죄전력 8. 그 밖에 합리적인 양형을 도출하는 데 필요한 사항 ④ 위원회는 양형기준을 공개하여야 한다.
제81조의7	양형기준의 효력 등	① 법관은 형의 종류를 선택하고 형량을 정함에 있어서 양형기준을 존중하여야 한다. 다만, 양형기준은 법적 구속력을 갖지 아니한다. ② 법원이 양형기준을 벗어난 판결을 하는 경우에는 판결서에 양형의 이유를 기재하여야 한다. 다만, 약식절차 또는 즉결심판절차에 의하여 심판하는 경우에는 그러하지 아니하다.

제10편 특정강력범죄의 처벌에 관한 특례법

제1조	목적	이 법은 기본적 윤리와 사회질서를 침해하는 특정강력범죄에 대한 처벌과 그 절차에 관한 특례를 규정함으로써 국민의 생명과 신체의 안전을 보장하고 범죄로부터 사회를 지키는 것을 목적으로 한다.
제2조	적용 범위	① 이 법에서 "특정강력범죄"란 다음 각 호의 어느 하나에 해당하는 죄를 말한다. 1. 「형법」 제2편 제24장 살인의 죄 중 제250조[살인·존속살해(尊屬)], 제253조[위계(僞計)등에 의한 囑託) 등] 및 제254조(미수범, 다만, 제251조 및 제252조의 미수범은 제외한다)의 죄 2. 「형법」 제2편 제31장 약취(略取)와 유인(誘引)의 죄 중 제287조(미성년자의 약취·유인), 제288조(영리 등을 위한 약취·유인·매매 등), 제289조(국외이송을 위한 약취·유인·매매), 제293조(상습범) 및 제294조(미수범, 다만, 제291조 및 제292조의 미수범은 제외한다)의 죄 3. 「형법」 제2편 제32장 강간과 추행의 죄 중 흉기나 그 밖의 위험한 물건을 휴대하거나 2명 이상이 합동하여 범한 제297조(강간), 제298조(강제추행), 제299조(준강간·준강제추행), 제300조(미수범), 제305조(미성년자에 대한 간음, 추행), 제301조(강간 등 상해·치상) 및 제301조의2(강간 등 살인·치사)의 죄 4. 「성폭력범죄의 처벌 등에 관한 특례법」 제3조부터 제10조까지 및 제14조(제13조의 미수범은 제외한다)의 죄 5. 「형법」 제2편 제38장 절도와 강도의 죄 중 제333조(강도), 제334조(특수강도), 제335조(준강도), 제336조(인질강도), 제337조(강도상해·치상), 제338조(강도살인·치사), 제339조(강도강간), 제340조(해상강도), 제341조(상습범) 및 제342조(미수범, 다만, 제329조부터 제331조까지, 제331조의2 및 제332조의 미수범은 제외한다)의 죄 6. 「폭력행위 등 처벌에 관한 법률」 제4조(단체 등의 구성·활동 및 「특정범죄가중처벌 등에 관한 법률」 제5조의8(단체 등의 조직)의 죄 ② 제1항 각 호의 범죄로서 다른 법률에 따라 가중처벌하는 죄는 특정강력범죄로 본다.
제3조	누범의 형	특정강력범죄로 형(形)을 선고받고 그 집행이 끝나거나 면제된 후 3년 이내에 다시 특정강력범죄를 범한 경우에는 그 죄에 대하여 정하여진 형의 장기(長期) 및 단기(短期)의 2배까지 가중한다.
제4조	소년에 대한 형	① 특정강력범죄를 범한 당시 18세 미만인 소년을 사형 또는 무기형에 처하여야 할 때에는 「소년법」 제59조에도 불구하고 그 형을 20년의 유기징역으로 한다. ② 특정강력범죄를 범한 소년에 대하여 부정기형을 선고할 때에는 「소년법」 제60조 제1항 단서에도 불구하고 장기는 15년, 단기는 7년을 초과하지 못한다.
제5조	집행유예의 결격기간	특정강력범죄로 형을 선고받고 그 집행이 끝나거나 면제된 후 10년이 지나지 아니한 사람이 다시 특정강력범죄를 범한 경우에는 형의 집행을 유예하지 못한다.
제6조	보석 등의 취소	법원은 특정강력범죄사건의 피고인이 피해자나 그 밖에 사건의 재판에 필요한 사실을 알고 있다고 인정되는 사람 또는 그 친족의 생명·신체나 재산에 해를 끼치거나 끼칠 염려가 있다고 믿을 만한 충분한 이유가 있을 때에는 법원의 직권 또는 검사의 청구에 의하여 결정으로 보석 또는 구속의 집행정지를 취소할 수 있다.

제7조	증인에 대한 신변안전조치	① 검사는 특정강력범죄사건의 증인이 피고인 또는 그 밖의 사람으로부터 생명·신체에 해를 입거나 입을 염려가 있다고 인정될 때에는 관할 경찰서장에게 증인의 신변안전을 위하여 필요한 조치를 할 것을 요청하여야 한다. ② 증인은 검사에게 제1항의 조치를 하도록 청구할 수 있다. ③ 재판장은 검사에게 제1항의 조치를 하도록 요청할 수 있다. ④ 제1항의 요청을 받은 관할 경찰서장은 즉시 증인의 신변안전을 위하여 필요한 조치를 하고 그 사실을 검사에게 통보하여야 한다.
제8조	출판물 게재 등으로부터의 피해자 보호	특정강력범죄 중 제2조 제1항 제2호부터 제6호까지 및 같은 조 제2항(제1항 제1호는 제외한다)에 규정된 범죄로 수사 또는 심리(審理) 중에 있는 사건의 피해자나 특정강력범죄로 수사 또는 심리 중에 있는 사건을 신고하거나 고발한 사람에 대하여는 성명, 나이, 주소, 직업, 용모 등에 의하여 그가 피해자이거나 신고 또는 고발한 사람임을 미루어 알 수 있는 정도의 사실이나 사진을 신문 또는 그 밖의 출판물에 싣거나 방송 또는 유선방송하지 못한다. 다만, 피해자, 신고하거나 고발한 사람 또는 그 법정대리인(피해자, 신고 또는 고발한 사람이 사망한 경우에는 그 배우자, 직계친족 또는 형제자매)이 명시적으로 동의한 경우에는 그러하지 아니하다.
제8조의2	피의자의 얼굴 등 공개 〈본조신설 2010.4.15〉	① 검사와 사법경찰관은 다음 각 호의 요건을 모두 갖춘 특정강력범죄사건의 피의자의 얼굴, 성명 및 나이 등 신상에 관한 정보를 공개할 수 있다. 1. 범행수단이 잔인하고 중대한 피해가 발생한 특정강력범죄사건일 것 2. 피의자가 그 죄를 범하였다고 믿을 만한 충분한 증거가 있을 것 3. 국민의 알권리 보장, 피의자의 재범방지 및 범죄예방 등 오로지 공공의 이익을 위하여 필요할 것 4. 피의자가 「청소년보호법」 제2조 제1호의 청소년에 해당하지 아니할 것 ② 제1항에 따라 공개를 할 때에는 피의자의 인권을 고려하여 신중하게 결정하고 이를 남용하여서는 아니 된다.
제11조	공판정에서의 신체구속	재판장은 특정강력범죄로 공소제기된 피고인이 폭력을 행사하거나 도망할 염려가 있다고 인정할 때에는 공판정에서 피고인의 신체를 구속할 것을 명하거나 그 밖에 필요한 조치를 할 수 있다.

제11편 소년법

[시행 2008.6.22] [법률 제8722호, 2007.12.21, 일부개정]

제1장 총칙

제1조	목적	이 법은 반사회성이 있는 소년의 환경 조정과 품행 교정을 위한 보호처분 등의 필요한 조치를 하고, 형사처분에 관한 특별조치를 함으로써 소년이 건전하게 성장하도록 돕는 것을 목적으로 한다.

| 제2조 | 소년 및 보호자 | 이 법에서 "소년"이란 19세 미만인 자를 말하며, "보호자"란 법률상 감호교육을 할 의무가 있는 자 또는 현재 감호하는 자를 말한다. |

제2장 보호사건

제1절 통칙

제3조	관할 및 직능	① 소년 보호사건의 관할은 소년의 행위자, 거주지 또는 현재지로 한다. ② 소년 보호사건은 가정법원소년부 또는 지방법원소년부(이하 "소년부"라 한다)에 속한다. ③ 소년 보호사건의 심리와 처분 결정은 소년부 단독판사가 한다.
제4조	보호의 대상과 송치 및 통고	① 다음 각 호의 어느 하나에 해당하는 소년은 소년부의 보호사건으로 심리한다. 1. 죄를 범한 소년 2. 형벌 법령에 저촉되는 행위를 한 10세 미만인 소년 3. 다음 각 목에 해당하는 사유가 있고 그의 성격이나 환경에 비추어 앞으로 형벌 법령에 저촉되는 행위를 할 우려가 있는 10세 이상인 소년 가. 집단적으로 몰려다니며 주위 사람들에게 불안감을 조성하는 성벽이 있는 것 나. 정당한 이유 없이 가출하는 것 다. 술을 마시고 소란을 피우거나 유해환경에 접하는 성벽이 있는 것 ② 제1항 제2호 및 제3호에 해당하는 소년이 있을 때에는 경찰서장은 직접 관할 소년부에 송치하여야 한다. ③ 제1항 각 호의 어느 하나에 해당하는 소년을 발견한 보호자 또는 학교·사회복리시설·보호관찰소(보호관찰지소를 포함한다. 이하 같다)의 장은 이를 관할 소년부에 통고할 수 있다.
제5조	송치서	소년 보호사건을 송치하는 경우에는 송치서에 사건 본인의 주거·성명·생년월일 및 행위의 개요와 가정 상황을 적고, 그 밖의 참고자료를 첨부하여야 한다.
제6조	이송	① 보호사건을 송치받은 소년부는 보호의 적정을 기하기 위하여 필요하다고 인정하면 결정으로써 사건을 다른 관할 소년부에 이송할 수 있다. ② 소년부는 사건이 그 관할에 속하지 아니한다고 인정하면 결정으로써 그 사건을 관할 소년부에 이송하여야 한다.
제7조	형사처분 등을 위한 관할 검찰청으로의 송치	① 소년부는 조사 또는 심리한 결과 금고 이상의 형에 해당하는 범죄 사실이 발견된 경우 그 동기와 죄질이 형사처분을 할 필요가 있다고 인정하면 결정으로써 사건을 관할 지방법원에 대응한 검찰청 검사에게 송치하여야 한다. ② 소년부는 조사 또는 심리한 결과 사건의 본인이 19세 이상인 것으로 밝혀진 경우에는 결정으로써 사건을 관할 지방법원에 대응하는 검찰청 검사에게 송치하여야 한다. 다만, 제51조에 따라 법원에 이송하여야 할 경우에는 그러하지 아니하다.
제8조	통지	소년부는 제6조와 제7조에 따른 결정을 하였을 때에는 지체 없이 그 사유를 사건 본인과 그 보호자에게 알려야 한다.

제2절 조사와 심리

제9조	조사 방침	조사는 의학·교육학·사회학이나 그 밖의 전문적인 지식을 활용하여 소년과 보호자 또는 참고인의 품행, 경력, 가정 상황, 그 밖의 환경 등을 밝히도록 노력하여야 한다.
제10조	진술거부권의 고지	소년부 또는 조사관이 범죄 사실에 관하여 조사할 때에는 미리 소년에게 불리한 진술을 거부할 수 있음을 알려야 한다.
제11조	조사명령	① 소년부 판사는 조사관에게 사건 본인, 보호자 또는 참고인의 심문이나 그 밖에 필요한 사항을 조사하도록 명할 수 있다. ② 소년부는 제4조 제3항에 따라 통고된 소년을 심리할 필요가 있다고 인정하면 그 사건을 조사하여야 한다.
제12조	전문가의 진단	소년부는 조사 또는 심리를 할 때에 정신과의사·심리학자·사회사업가·교육자나 그 밖의 전문가의 진단, 소년 분류심사원의 분류심사 결과와 의견, 보호관찰소의 조사 결과와 의견 등을 고려하여야 한다.
제13조	소환 및 동행영장	① 소년부 판사는 사건의 조사 또는 심리에 필요하다고 인정하면 기일을 지정하여 사건 본인이나 보호자 또는 참고인을 소환할 수 있다. ② 사건 본인이나 보호자가 정당한 이유 없이 소환에 응하지 아니하면 소년부 판사는 동행영장을 발부할 수 있다.
제14조	긴급동행영장	소년부 판사는 사건 본인을 보호하기 위하여 긴급조치가 필요하다고 인정하면 제13조 제1항에 따른 소환 없이 동행영장을 발부할 수 있다.
제15조	동행영장의 방식	동행영장에는 다음 각 호의 사항을 적고 소년부 판사가 서명날인 하여야 한다. 1. 소년이나 보호자의 성명 2. 나이 3. 주거 4. 행위의 개요 5. 인치하거나 수용할 장소 6. 유효기간 및 그 기간이 지나면 집행에 착수하지 못하며 영장을 반환하여야 한다는 취지 7. 발부연월일
제16조	동행영장의 집행	① 동행영장은 조사관이 집행한다. ② 소년부 판사는 소년부 법원서기관·법원사무관·법원주사·법원주사보나 보호관찰관 또는 사법경찰관리에게 동행영장을 집행하게 할 수 있다. ③ 동행영장을 집행하면 지체 없이 보호자나 보조인에게 알려야 한다.
제17조	보조인 선임	① 사건 본인이나 보호자는 소년부 판사의 허가를 받아 보조인을 선임할 수 있다. ② 보호자나 변호사를 보조인으로 선임하는 경우에는 제1항의 허가를 받지 아니하여도 된다. ③ 보조인을 선임함에 있어서는 보조인과 연명날인한 서면을 제출하여야 한다. 이 경우 변호사가 아닌 사람을 보조인으로 선임할 경우에는 위 서면에 소년과 보조인과의 관계를 기재하여야 한다. ④ 소년부 판사는 보조인이 심리절차를 고의로 지연시키는 등 심리진행을 방해하거나 소년의 이익에 반하는 행위를 할 우려가 있다고 판단하는 경우에는 보조인 선임의 허가를 취소할 수 있다. ⑤ 보조인의 선임은 심급마다 하여야 한다. ⑥ 「형사소송법」 중 변호인의 권리의무에 관한 규정은 소년 보호사건의 성질에 위배되지 아니하는 한 보조인에 대하여 준용한다.

제17조 의2	국선 보조인	① 소년이 소년분류심사원에 위탁된 경우 보조인이 없을 때에는 법원은 변호사 등 적정한 자를 보조인으로 선정하여야 한다. ② 소년이 소년분류심사원에 위탁되지 아니하였을 때에도 다음의 경우 법원은 직권에 의하거나 소년 또는 보호자의 신청에 따라 보조인을 선정할 수 있다. 1. 소년에게 신체적·정신적 장애가 의심되는 경우 2. 빈곤이나 그 밖의 사유로 보조인을 선임할 수 없는 경우 3. 그 밖에 소년부 판사가 보조인이 필요하다고 인정하는 경우 ③ 제1항과 제2항에 따라 선정된 보조인에게 지급하는 비용에 대하여는 「형사소송 비용 등에 관한 법률」을 준용한다.
제18조	임시조치	① 소년부 판사는 사건을 조사 또는 심리하는 데에 필요하다고 인정하면 소년의 감호에 관하여 결정으로써 다음 각 호의 어느 하나에 해당하는 조치를 할 수 있다. 1. 보호자, 소년을 보호할 수 있는 적당한 자 또는 시설에 위탁 2. 병원이나 그 밖의 요양소에 위탁 3. 소년분류심사원에 위탁 ② 동행된 소년 또는 제52조 제1항에 따라 인도된 소년에 대하여는 도착한 때로부터 24시간 이내에 제1항의 조치를 하여야 한다. ③ 제1항 제1호 및 제2호의 위탁기간은 3개월을, 제1항 제3호의 위탁기간은 1개월을 초과하지 못한다. 다만, 특별히 계속 조치할 필요가 있을 때에는 한 번에 한하여 결정으로써 연장할 수 있다. ④ 제1항 제1호 및 제2호의 조치를 할 때에는 보호자 또는 위탁받은 자에게 소년의 감호에 관한 필요사항을 지시할 수 있다. ⑤ 소년부 판사는 제1항의 결정을 하였을 때에는 소년부 법원서기관·법원사무관·법원주사·법원주사보, 소년분류심사원 소속 공무원, 교도소 또는 구치소 소속 공무원, 보호관찰관 또는 사법경찰관리에게 그 결정을 집행하게 할 수 있다. ⑥ 제1항의 조치는 언제든지 결정으로써 취소하거나 변경할 수 있다.
제19조	심리 불개시의 결정	① 소년부 판사는 송치서와 조사관의 조사보고에 따라 사건의 심리를 개시할 수 없거나 개시할 필요가 없다고 인정하면 심리를 개시하지 아니한다는 결정을 하여야 한다. 이 결정은 사건 본인과 보호자에게 알려야 한다. ② 사안이 가볍다는 이유로 심리를 개시하지 아니한다는 결정을 할 때에는 소년에게 훈계하거나 보호자에게 소년을 엄격히 관리하거나 교육하도록 고지할 수 있다. ③ 제1항의 결정이 있을 때에는 제18조의 임시조치는 취소된 것으로 본다. ④ 소년부 판사는 소재가 분명하지 아니하다는 이유로 심리를 개시하지 아니한다는 결정을 받은 소년의 소재가 밝혀진 경우에는 그 결정을 취소하여야 한다.
제20조	심리 개시의 결정	① 소년부 판사는 심리 기일을 지정하고 본인과 보호자를 소환하여야 한다. 다만, 필요가 없다고 인정한 경우에는 보호자는 소환하지 아니할 수 있다. ② 제1항의 결정은 사건 본인과 보호자에게 알려야 한다. 이 경우 심리 개시 사유의 요지와 보조인을 선임할 수 있다는 취지를 아울러 알려야 한다.
제21조	심리 기일의 지정	① 소년부 판사는 심리 기일을 지정하고 본인과 보호자를 소환하여야 한다. 다만, 필요가 없다고 인정한 경우에는 보호자는 소환하지 아니할 수 있다. ② 보조인이 선정된 경우에는 보조인에게 심리 기일을 알려야 한다.
제22조	기일 변경	소년부 판사는 직권에 의하거나 사건 본인, 보호자 또는 보조인의 청구에 의하여 심리 기일을 변경할 수 있다. 기일을 변경한 경우에는 이를 사건 본인, 보호자 또는 보조인에게 알려야 한다.

제23조	심리의 개시	① 심리 기일에는 소년부 판사와 서기가 참석하여야 한다. ② 조사관, 보호자 및 보조인은 심리 기일에 출석할 수 있다.
제24조	심리의 방식	① 심리는 친절하고 온화하게 하여야 한다. ② 심리는 공개하지 아니한다. 다만, 소년부 판사는 적당하다고 인정하는 자에게 참석을 허가할 수 있다.
제25조	의견의 진술	① 조사관, 보호자 및 보조인은 심리에 관하여 의견을 진술할 수 있다. ② 제1항의 경우에 소년부 판사는 필요하다고 인정하면 사건 본인의 퇴장을 명할 수 있다.
제25조 의2	피해자 등의 진술권	소년부 판사는 피해자 또는 그 법정대리인·변호인·배우자·직계친족·형제자매(이하 이 조에서 "대리인 등"이라 한다)가 의견진술을 신청할 때에는 피해자나 그 대리인 등에게 심리 기일에 의견을 진술할 기회를 주여야 한다. 다만, 다음 각 호의 어느 하나에 해당하는 경우에는 그러하지 아니하다. 1. 신청인이 이미 심리절차에서 충분히 진술하여 다시 진술할 필요가 없다고 인정되는 경우 2. 신청인의 진술로 심리절차가 현저하게 지연될 우려가 있는 경우
제25조 의3	화해권고	① 소년부 판사는 소년의 품행을 교정하고 피해자를 보호하기 위하여 필요하다고 인정하면 소년에게 피해 변상 등 피해자와의 화해를 권고할 수 있다. ② 소년부 판사는 제1항의 화해를 위하여 필요하다고 인정하면 기일을 지정하여 소년, 보호자 또는 참고인을 소환할 수 있다. ③ 소년부 판사는 소년이 제1항의 권고에 따라 피해자와 화해하였을 경우에는 보호처분을 결정할 때 이를 고려할 수 있다.
제26조	증인신문, 감정, 통역·번역	① 소년부 판사는 증인을 신문하고 감정이나 통역 및 번역을 명할 수 있다. ② 제1항의 경우에는 「형사소송법」 중 법원의 증인신문, 감정이나 통역 및 번역에 관한 규정을 보호 사건의 성질에 위반되지 아니하는 한도에서 준용한다.
제27조	검증, 압수, 수색	① 소년부 판사는 검증, 압수 또는 수색을 할 수 있다. ② 제1항의 경우에는 「형사소송법」 중 법원의 검증, 압수 및 수색에 관한 규정은 보호사건의 성질에 위반되지 아니하는 한도에서 준용한다.
제28조	원조, 협력	① 소년부 판사는 그 직무에 관하여 모든 행정기관, 학교, 병원, 그 밖의 공사단체에 필요한 원조와 협력을 요구할 수 있다. ② 제1항의 요구를 거절할 때에는 정당한 이유를 제시하여야 한다.
제29조	불처분 결정	① 소년부 판사는 심리 결과 보호처분을 할 수 없거나 할 필요가 없다고 인정하면 그 취지의 결정을 하고, 이를 사건 본인과 보호자에게 알려야 한다. ② 제1항의 결정에 관하여는 제19조 제2항과 제3항을 준용한다.
제30조	기록의 작성	① 소년 법원서기관·법원사무관·법원주사 또는 법원주사보는 보호사건의 조사 및 심리에 대한 기록을 작성하여 조사 및 심리의 내용과 모든 결정을 명확히 하고 그 밖에 필요한 사항을 적어야 한다. ② 조사 기록에는 조사관 및 소년부 법원서기관·법원사무관·법원주사 또는 법원주사보가 심리기록에는 소년부 판사 및 ·법원사무관·법원주사 또는 법원주사보가 서명날인하여야 한다.
제30조 의2	기록의 열람·등사	소년 보호사건의 기록과 증거물은 소년부 판사의 허가를 받은 경우에만 열람하거나 등사할 수 있다. 다만, 보조인이 심리 개시 결정 후에 소년 보호사건의 기록과 증거물을 열람하는 경우에는 소년부 판사의 허가를 받지 아니하여도 된다.
제31조	위임규정	소년 보호사건의 심리에 필요한 사항은 대법원규칙으로 정한다.

제3절 보호처분

【교정판례】 보호관찰과 보안관찰

1. 보호관찰의 보안처분 성격

개정형법 제62조의 2 제1항에 의하면 형의 집행을 유예를 하는 경우에는 보호관찰을 받을 것을 명할 수 있고, 같은 조 제2항에 의하면 제1항의 규정에 의한 보호관찰의 기간은 집행을 유예한 기간으로 하고, 다만 법원은 유예기간의 범위 내에서 보호관찰의 기간을 정할 수 있다고 규정되어 있는바, 위 조항에서 말하는 보호관찰은 형벌이 아니라 보안처분의 성격을 갖는 것으로서, 과거의 불법에 대한 책임에 기초하고 있는 제재가 아니라장래의 위험성으로부터 행위자를 보호하고 사회를 방위하기 위한 합목적적인 조치이므로, 그에 관하여 반드시 행위 이전에 규정되어 있어야 하는 것은 아니며, 재판시의 규정에 의하여 보호관찰을 받을 것을 명할 수 있다고 보아야 할 것이고, 이와 같은 해석이 형벌불소급의 원칙 내지 죄형법정주의에 위배되는 것이라고 볼 수 없다.**(대판 1997.6.13. 1997도703)**

2. 보안관찰법상 보안관찰처분의 보안처분 성격

보안관찰법의 보안관찰처분은 우리나라의 다른 보안처분인 사회보호법상의 보호감호(사회보호법 제5조) · 치료감호(사회보호법 제8조) · 보호관찰처분(사회보호법 제19조) 및 보호관찰등에 관한 법률상의 보호관찰처분(보호관찰 등에 관한 법률 제1조, 제3조)과 비교하여 보면 ①위 다른 보안처분과 마찬가지로 대상자의 '사회적 위험성'을 그 처분의본질적 요건으로 하고 있고(법 제4조 제1항), ②중점의 차이는 있으나 대상자의 교육 · 개선과 국가 · 사회방위를 목적(법 제1조)으로 하고 있으므로 이 법상의 보안관찰처분도 보안처분의 일종이라고 보아야 할 것이다. 보안처분은 그 본질, 추구하는 목적 및 기능에 있어 형벌과는 다른 독자적 의의를 가진 사회보호적인 처분이므로 형벌과 보안처분은 서로 병과하여 선고한다고 해서 그것이 헌법 제13조 제1항 후단 소정의 거듭처벌금지의 원칙에 해당되지 아니한다고 할 것인데, 보안처분인 이상 형의 집행종료 후 별도로 이 법상의 보안관찰처분을 명할 수 있다고 하여 헌법 제13조 제1항이 규정한 일사부재리의 원칙에 위반하였다고 할 수 없다.**(헌재 1997.11.27. 1992헌바28)**

제32조	보호처분의 결정	① 소년부 판사는 심리 결과 보호처분을 할 필요가 있다고 인정하면 결정으로써 다음 각 호의 어느 하나에 해당하는 처분을 하여야 한다. 1. 보호자 또는 보호자를 대신하여 소년을 보호할 수 있는 자에게 감호 위탁 2. 수강명령 3. 사회봉사명령 4. 보호관찰관의 단기 보호관찰 5. 보호관찰관의 장기 보호관찰 6. 「아동복지법」에 따른 아동복지시설이나 그 밖의 소년보호시설에 감호 위탁 7. 병원, 요양소 또는 「보호소년 등의 처우에 관한 법률」에 따른 소년의료보호시설에 위탁 8. 1개월 이내의 소년원 송치 9. 단기 소년원 송치 10. 장기 소년원 송치 ② 다음 각 호 안의 처분 상호 간에는 그 전부 또는 일부를 병합할 수 있다. 1. 제1항 제1호·제2호·제3호·제4호처분 2. 제1항 제1호·제2호·제3호·제5호처분 3. 제1항 제4호·제6호 4. 제1항 제5호·제6호 5. 제1항 제5호·제8호 ③ 제1항 제3호의 처분은 14세 이상의 소년에게만 할 수 있다. ④ 제1항 제2호 및 제10호의 처분은 12세 이상의 소년에게만 할 수 있다. ⑤ 제1항 각 호의 어느 하나에 해당하는 처분을 한 경우 소년부는 소년을 인도하면서 소년의 교정에 필요한 참고자료를 위탁받는 자나 처분을 집행하는 자에게 넘겨야 한다. ⑥ 소년의 보호처분은 그 소년의 장래 신상에 어떠한 영향도 미치지 아니한다.
제32조 의2	보호관찰처 분에 따른 부가처분 등	① 제32조 제1항 제4호 또는 제5호의 처분을 할 때에 3개월 이내의 기간을 정하여 「보호소년 등의 처우에 관한 법률」에 따른 대안교육 또는 소년의 상담·선도·교화와 관련된 단체나 시설에서의 상담·교육을 받을 것을 동시에 명할 수 있다. ② 제32조 제1항 제4호 또는 제5호의 처분을 할 때에 1년 이내의 기간을 정하여 야간 등 특정 시간대의 외출을 제한하는 명령을 보호관찰대상자의 준수 사항으로 부과할 수 있다. ③ 소년부 판사는 가정상황 등을 고려하여 필요하다고 판단되면 보호자에게 소년원·소년분류심사원 또는 보호관찰소 등에서 실시하는 소년의 보호를 위한 특별교육을 받을 것을 명할 수 있다.
제33조	몰수의 대상	① 제32조 제1항 제1호·제6호·제7호의 위탁기간은 6개월로 하되, 소년부 판사는 결정으로써 6개월의 범위에서 한 번에 한하여 그 기간을 연장할 수 있다. 다만, 소년부 판사는 필요한 경우에는 언제든지 결정으로써 그 위탁을 종료시킬 수 있다. ② 제32조 제1항 제4호의 단기 보호관찰기간은 1년으로 한다. ③ 제32조 제1항 제5호의 장기 보호관찰기간은 2년으로 한다. 다만, 소년부 판사는 보호관찰관의 신청에 따라 결정으로써 1년의 범위에서 한 번에 한하여 그 기간을 연장할 수 있다.

		④ 제32조 제1항 제2호의 수강명령은 100시간을, 제32조 제1항 제3호의 사회봉사명령은 200시간을 초과할 수 없으며, 보호관찰관이 그 명령을 집행할 때에는 사건 본인의 정상적인 생활을 방해하지 아니하도록 하여야 한다. ⑤ 제33조 제1항 제9호에 따라 단기로 소년원에 송치된 소년의 보호기간은 6개월을 초과하지 못한다. ⑥ 제32조 제1항 제10호에 따라 장기로 소년원에 송치된 소년의 보호기간은 2년을 초과하지 못한다. ⑦ 제32조 제1항 제6호부터 제10호까지의 어느 하나에 해당하는 처분을 받은 소년이 시설위탁이나 수용 이후 그 시설을 이탈하였을 때에는 위 처분기간은 진행이 정지되고, 재위탁 또는 재수용된 때로부터 다시 진행한다.
제34조	몰수의 대상	① 소년부 판사는 제4조 제1항 제1호·제2호에 해당하는 소년에 대하여 제32조의 처분을 하는 경우에는 결정으로써 다음의 물건을 몰수할 수 있다. 1. 범죄 또는 형벌 법령에 저촉되는 행위에 제공하거나 제공하려 한 물건 2. 범죄 또는 형벌 법령에 저촉되는 행위로 인하여 생기거나 이로 인하여 취득한 물건 3. 제1호와 제2호의 대가로 취득한 물건 ② 제1항의 몰수는 그 물건이 사건 본인 이외의 자의 소유에 속하지 아니하는 경우에만 할 수 있다. 다만, 사건 본인의 행위가 있은 후 그 정을 알고도 취득한 자가 소유한 경우에는 그러하지 아니하다.
제35조	결정의 집행	소년부 판사는 제32조 제1항 또는 제32조의2에 따른 처분 결정을 하였을 때에는 조사관, 소년부 법원서기관·법원사무관·법원주사·법원주사보, 보호관찰관, 소년원 또는 소년분류심사원 소속 공무원, 그 밖에 위탁 또는 송치받을 기관 소속의 직원에게 그 결정을 집행하게 할 수 있다.
제36조	보고와 의견 제출	① 소년부 판사는 제32조 제1항 제1호·제6호·제7호의 처분을 한 경우에는 위탁받은 자에게 소년에 관한 보고서나 의견서를 제출하도록 요구할 수 있다. ② 소년부 판사는 조사관에게 제32조 제1항 제1호·제6호·제7호의 처분에 관한 집행상황을 보고하게 할 수 있고, 필요하다고 인정되면 위탁받은 자에게 그 집행과 관련된 사항을 지시할 수 있다.
제37조	처분의 변경	① 소년부 판사는 위탁받은 자나 보호처분을 집행하는 자의신청에 따라 결정으로써 제32조의 보호처분과 제32조의2의 부가처분을 변경할 수 있다. 다만, 제32조 제1항 제1호·제6호·제7호의 보호처분과 제32조의2 제1항의 부가처분은 직권으로 변경할 수 있다. ② 제1항에 따른 결정을 집행할 때에는 제35조를 준용한다. ③ 제1항의 결정은 지체 없이 사건 본인과 보호자에게 알리고 그 취지를 위탁받은 자나 보호처분을 집행하는 자에게 알려야 한다.
제38조	보호처분의 취소	① 보호처분이 계속 중일 때에 사건 본인이 처분 당시 19세 이상인 것으로 밝혀진 경우에는 소년부 판사는 결정으로써 그 보호처분을 취소하고 다음의 구분에 따라 처리하여야 한다. 1. 검사·경찰서장의 송치 또는 제4조 제3항의 통고에 의한 사건인 경우에는 관할 지방법원에 대응하는 검찰청 검사에게 송치한다. 2. 제50조에 따라 법원이 송치한 사건인 경우에는 송치한 법원에 이송한다. ② 제4조 제1항 제1호·제2호의 소년에 대한 보호처분이 계속 중일 때에 사건 본인이 행위 당시 10세 미만으로 밝혀진 경우 또는 제4조 제1항 제3호의 소년에 대한 보호처분이 계속 중일 때에 사건 본인이 처분 당시 10세 미만으로 밝혀진 경우에는 소년부 판사는 결정으로써 그 보호처분을 취소하여야 한다.

제39조	보호처분과 유죄판결	보호처분이 계속 중일 때에 사건 본인에 대하여 유죄판결이 확정된 경우에 보호처분을 한 소년부 판사는 그 처분을 존속할 필요가 없다고 인정하면 결정으로써 보호처분을 취소할 수 있다.
제40조	보호처분의 경합	보호처분이 계속 중일 때에 사건 본인에 대하여 새로운 보호처분이 있었을 때에는 그 처분을 한 소년부 판사는 이전의 보호처분을 한 소년부에 조회하여 어느 하나의 보호처분을 취소하여야 한다.
제41조	비용의 보조	제18조 제1항 제1호·제2호의 조치에 관한 결정이나 제32조 제1항 제1호·제6호·제7호(「보호소년 등의 처우에 관한 법률」에 따른 소년의료보호시설 위탁처분은 제외한다)의 처분을 받은 소년의 보호자는 위탁받은 자에게 그 감호에 관한 비용의 전부 또는 일부를 지급하여야 한다. 다만, 보호자가 지급할 능력이 없을 때에는 소년부가 지급할 수 있다.
제42조	증인 등의 비용	① 증인·감정인·통역인·번역인에게 지급하는 비용, 숙박료, 그 밖의 비용에 대하여는 「형사소송법」 중 비용에 관한 규정을 준용한다. ② 참고인에게 지급하는 비용에 관하여는 제1항을 준용한다.

제4절 항고

제43조	항고	① 제32조에 따른 보호처분의 결정 및 제32조의2에 따른 부가처분 등의 결정 또는 제37조의 보호처분·부가처분 변경 결정이 다음 각 호의 어느 하나에 해당하면 사건 본인·보호자·보조인 또는 그 법정대리인은 관할 가정법원 또는 지방법원 본원 합의부에 항고할 수 있다. 1. 해당 결정에 영향을 미칠 법령 위반이 있거나 중대한 사실오인이 있는 경우 2. 처분이 현저히 부당한 경우 ② 항고를 제기할 수 있는 기간은 7일로 한다.
제44조	항고장의 제출	① 항고를 할 때에는 항고장을 원심 소년부에 제출하여야 한다. ② 항고장을 받은 소년부는 3일 이내에 의견서를 첨부하여 항고법원에 송부하여야 한다.
제45조	항고의 재판	① 항고법원은 항고 절차가 법률에 위반되거나 항고가 이유 없다고 인정한 경우에는 결정으로써 항고를 기각하여야 한다. ② 항고법원은 항고가 이유가 있다고 인정한 경우에는 원결정을 취소하고 사건을 원소년부에 환송하거나 다른 소년부에 이송하여야 한다. 다만, 환송 또는 이송할 여유가 없이 급하거나 그 밖에 필요하다고 인정한 경우에는 원결정을 파기하고 불처분 또는 보호처분의 결정을 할 수 있다.
제46조	집행 정지	항고는 결정의 집행을 정지시키는 효력이 없다.
제47조	재항고	① 항고를 기각하는 결정에 대하여는 그 결정이 법령에 위반되는 경우에만 대법원에 재항고를 할 수 있다. ② 제1항의 재항고에 관하여는 제43조 제2항을 준용한다.

제3장 형사사건

제1절 통칙

제48조	준거법례	소년에 대한 형사사건에 관하여는 이 법에 특별한 규정이 없으면 일반 형사사건의 예에 따른다.
제49조	검사의 송치	① 검사는 소년에 대한 피의사건을 수사한 결과 보호처분에 해당하는 사유가 있다고 인정한 경우에는 사건을 관할 소년부에 송치하여야 한다. ② 소년부는 제1항에 따라 송치된 사건을 조사 또는 심리한 결과 그 동기와 죄질이 금고 이상의 형사 처분을 할 필요가 있다고 인정할 때에는 결정으로써 해당 검찰청 검사에게 송치할 수 있다. ③ 제2항에 따라 송치한 사건은 다시 소년부에 송치할 수 없다.
제49조 의2	검사의 결정 전 조사	① 검사는 소년 피의사건에 대하여 소년부 송치, 공소제기, 기소유예 등의 처분을 결정하기 위하여 필요하다고 인정하면 피의자의 주거지 또는 검찰청 소재지를 관할하는 보호관찰소의 장, 소년분류심사원장 또는 소년원장(이하 "보호관찰소장 등"이라 한다)에게 피의자의 품행, 경력, 생활환경이나 그 밖에 필요한 사항에 관한 조사를 요구할 수 있다. ② 제1항의 요구를 받은 보호관찰소장 등은 지체 없이 이를 조사하여 서면으로 해당 검사에게 통보하여야 하며, 조사를 위하여 필요한 경우에는 소속 보호관찰관·분류심사관 등에게 피의자 또는 관계인을 출석하게 하여 진술요구를 하는 등의 방법으로 필요한 사항을 조사하게 할 수 있다. ③ 제2항에 따른 조사를 할 때에는 미리피의자 또는 관계인에게 조사의 취지를 설명하여야 하고, 피의자 또는 관계인의 인권을 존중하며, 직무상 비밀을 엄수하여야 한다. ④ 검사는 보호관찰소장 등으로터 통보받은 조사 결과를 참고하여 소년피의자를 교화·개선하는 데에게 가장 적합한 처분을 결정하여야 한다.
제49조 의3	조건부 기소유예	검사는 피의자에 대하여 다음 각 호에 해당하는 선도 등을 받게 하고, 피의사건에 대한 공소를 제기하지 아니할 수 있다. 이 경우 소년과 소년의 친권자·후견인 등 법정대리인의 동의를 받아야 한다. 1. 범죄예방자원봉사위원의 선도 2. 소년의 선도·교육과 관련된 단체·시설에서의 상담·교육·활동 등
제50조	법원의 송치	법원은 소년에 대한 피고사건을 심리한 결과 보호처분에 해당할 사유가 있다고 인정하면 결정으로써 사건을 관할 소년부에 송치하여야 한다.
제51조	이송	소년부는 제50조에 따라 송치받은 사건을 조사 또는 심리한 결과 사건의 본인이 19세 이상인 것으로 밝혀지면 결정으로써 송치한 법원에 다시 이송하여야 한다.
제52조	소년부 송치 시의 신병 처리	① 제49조 제1항이나 제50조에 따른 소년부 송치결정이 있는 경우에는 소년을 구금하고 있는 시설의 장은 검사의 이송 지휘를 받은 때로부터 법원 소년부가 있는 시·군에서는 24시간 이내에, 그 밖의 시·군에서는 48시간 이내에 소년을 소년부에 인도하여야 한다. 이 경우 구속영장의 효력은 소년부 판사가 제18조 제1항에 따른 소년의 감호에 관한 결정을 한 때에 상실한다. ② 제1항에 따른 인도와 결정은 구속영장의 효력기간 내에 이루어져야 한다.

제53조	보호처분의 효력	제32조의 보호처분을 받은 소년에 대하여는 그 심리가 결정된 사건은 다시 공소를 제기하거나 소년부에 송치할 수 없다. 다만, 제38조 제1항 제1호의 경우에는 공소를 제기할 수 있다.
제54조	공소시효의 정지	제20조에 따른 심리 개시 결정이 있었던 때로부터 그 사건에 대한 보호처분의 결정이 확정될 때까지 공소시효는 그 진행이 정지된다.
제55조	구속영장의 제한	① 소년에 대한 구속영장은 부득이한 경우가 아니면 발부하지 못한다. ② 소년을 구속하는 경우에는 특별한 사정이 없으면 다른 피의자나 피고인과 분리하여 수용하여야 한다.

제2절 심판

제56조	조사의 위촉	법원은 소년에 대한 형사사건에 관하여 필요한 사항을 조사하도록 조사관에게 위촉할 수 있다.
제57조	심리의 분리	소년에 대한 형사사건의 심리는 다른 피의사건과 관련된 경우에도 심리에 지장이 없으면 그 절차를 분리하여야 한다.
제58조	심리의 방침	① 소년에 대한 형사사건의 심리는 친절하고 온화하게 하여야 한다. ② 제1항의 심리에는 소년의 심신상태, 품행, 경력, 가정상황, 그 밖의 환경 등에 대하여 정확한 사실을 밝힐 수 있도록 특별히 유의하여야 한다.
제59조	사형 및 무기형의 완화	죄를 범할 당시 18세 미만인 소년에 대하여 사형 또는 무기형으로 처할 경우에는 15년의 유기징역으로 한다.
제60조	부정기형	① 소년이 법정형으로 장기 2년 이상의 유기형에 해당하는 죄를 범한 경우에는 그 형의 범위에서 장기와 단기를 정하여 선고한다. 다만, 장기는 10년, 단기는 5년을 초과하지 못한다. ② 소년의 집행유예나 선고유예를 선고할 때에는 제1항을 적용하지 아니한다. ③ 형의 집행유예나 선고유예를 선고할 때에는 제1항을 적용하지 아니한다. ④ 소년에 대한 부정기형을 집행하는 기관의 장은 형의 단기가 지난 소년범의 행형성적이 양호하고 교정의 목적을 달성하였다고 인정되는 경우에는 관찰 검찰청 검사의 지휘에 따라 그 형의집행을 종료시킬 수 있다.
제61조	미결구금 일수의 산입	제18조 제1항 제3호의 조치가 있었을 때에는 그 위탁기간은 「형법」 제57조 제1항의 판결선고 전 구금일수로 본다.
제62조	환형처분의 금지	18세 미만인 소년에게는 「형법」 제70조에 따른 유치선고를 하지 못한다. 다만, 판결선고 전 구속되었거나 제18조 제1항 제3호의 조치가 있었을 때에는 그 구속 또는 위탁의 기간에 해당하는 기간은 노역장에 유치된 것으로 보아 「형법」 제57조를 적용할 수 있다.
제63조	징역·구금의 집행	징역 또는 금고를 선고받은 소년에 대하여는 특별히 설치된 교도소 또는 일반 교도소 안에 특별히 분리된 장소에서 그 형을 집행한다. 다만, 소년이 형의 집행 중에 23세가 되면 일반 교도소에서 집행할 수 있다.
제64조	보호처분과 형의 집행	보호처분이 계속 중일 때에 징역, 금고 또는 구류를 선고받은 소년에 대하여는 먼저 그 형을 집행한다.

제65조	가석방	징역 또는 금고를 선고받은 소년에 대하여는 다음 각 호의 기간이 지나면 가석방을 허가할 수 있다. 1. 무기형의 경우에는 5년 2. 15년 유기형의 경우에는 3년 3. 부정기형의 경우에는 단기의 3분의 1
제66조	가석방 기간의 종료	징역 또는 금고를 선고받은 소년이 가석방된 후 그 처분이 취소되지 아니하고 가석방 전에 집행을 받은 기간과 같은 기간이 지난 경우에는 형의 집행을 종료한 것으로 한다. 다만, 제59조의 형기 또는 제60조의 제1항에 따른 장기의 기간이 먼저 지난 경우에는 그 때에 형의 집행을 종료한 것으로 한다.
제67조	자격에 관한 법령의 적용	소년이었을 때 범한 죄에 의하여 형을 선고받은 자가 그 집행을 종료하거나 면제받은 경우 자격에 관한 법령을 적용할 때에는 장래에 향하여 형의 선고를 받지 아니한 것으로 본다.

제3장의2 비행 예방

제67조의2	비행 예방 정책	법무부장관은 제4조 제1항에 해당하는 자(이하 "비행소년"이라 한다)가 건전하게 성장하도록 돕기 위하여 다음 각 호의 사항에 대한 필요한 조치를 취하여야 한다. 1. 비행소년이 건전하게 성장하도록 돕기 위한 조사 · 연구 · 교육 · 홍보 및 관련 정책의 수립 · 시행 2. 비행소년의 선도 · 교육과 관련된 중앙행정기관 · 공공기관 및 사회단체와의 협조체계의 구축 및 운영

제4장 벌칙

제68조	보도 금지	① 이 법에 따라 조사 또는 심리 중에 있는 보호사건이나 형사사건에 대하여는 성명 · 연령 · 직업 · 용모 등으로 비추어 볼 때 그자가 당해 사건의 당사자라고 미루어 짐작할 수 있는 정도의 사실이나 사진을 신문이나 그 밖의 출판물에 싣거나 방송할 수 없다. ② 제1항을 위반한 다음 각 호의 자는 1년 이하의 징역이나 금고 또는 1천만 원 이하의 벌금에 처한다. 1. 신문: 편집인 및 발행인 2. 그 밖의 출판물: 저작자 및 발행자 3. 방송: 방송편집인 및 방송인
제69조	나이의 거짓 진술	성인이 고의로 나이를 거짓으로 진술하여 보호처분이나 소년 형사처분을 받은 경우에는 1년 이하의 징역에 처한다.

| 제70조 | 조회 응답 | ① 소년 보호사건과 관계있는 기관은 그 사건 내용에 관하여 재판, 수사 또는 군사상 필요한 경우 외의 어떠한 조회에도 응하여서는 아니 된다.
② 제1항을 위반한 자는 1년 이하의 징역 또는 1천만 원 이하의 벌금에 처한다. |
| 제71조 | 소환의 불응 및 보호자 특별교육명령 불응 | 다음 각 호의 어느 하나에 해당하는 자에게는 100만 원 이하의 과태료를 부과한다.
1. 제13조 제1항에 따른 소환에 정당한 이유 없이 응하지 아니한 자
2. 제32조의2 제3항의 특별교육명령에 정당한 이유 없이 응하지 아니한 자 |

제12편 보호소년 등의 처우에 관한 법률

[시행 2010.12.30][법률 제9847호, 2009.12.29, 타법개정]

제1장 총칙

제1조	목적	이 법은 보호소년 등의 처우 및 교정교육과 소년원과 소년분류심사원의 조직, 기능 및 운영에 관하여 필요한 사항을 규정함을 목적으로 한다.
제2조	임무	① 소년원은 「소년법」 제32조 제1항 제8호부터 제10호까지의 규정에 따라 가정법원소년부 또는 지방법원소년부(이하 "법원소년부"라 한다)로부터 송치된 소년(이하 "보호소년"이라 한다)을 수용하여 교정교육을 하는 것을 임무로 한다. ② 소년분류심사원은 다음 각 호의 임무를 수행한다. 1. 「소년법」 제18조 제1항 제3호에 따라 법원소년부로부터 위탁된 소년(이하 "위탁소년"이라 한다)의 수용과 분류심사 2. 「소년법」 제12조에 따른 전문가 진단의 일환으로 법원소년부가 상담조사를 의뢰한 소년의 상담과 조사 3. 「소년법」 제49조의2에 따라 소년 피의사건에 대하여 검사가 조사를 의뢰한 소년의 품행 및 환경 등의 조사 4. 제1호부터 제3호까지의 규정에 해당되지 아니하는 소년으로서 소년원장이나 보호관찰소장이 의뢰한 소년의 분류심사
제3조	관장 및 조직	① 소년원과 소년분류심사원은 법무부장관이 관장한다. ② 소년원과 소년분류심사원의 명칭, 위치, 직제, 그 밖에 필요한 사항은 대통령령으로 정한다.
제4조	소년원의 분류	법무부장관은 보호소년의 처우상 필요하다고 인정하면 대통령령으로 정하는 바에 따라 소년원을 초·중등교육, 직업능력개발훈련, 의료재활 등 기능별로 분류하여 운영하게 할 수 있다.

| 제5조 | 처우의
기본
원칙 | ① 소년원장 또는 소년분류심사원장(이하 "원장"이라 한다)은 보호소년 또는 위탁소년
(이하 "보호소년 등"이라 한다)을 처우할 때에 인권보호를 우선적으로 고려하여야
하며, 그들의 심신 발달 과정에 알맞은 환경을 조성하고 안정되고 규율 있는 생활
속에서 보호소년 등의 성장 가능성을 최대한으로 신장시킴으로써 사회적응력을 길
러 건전한 청소년으로서 사회에 복귀할 수 있도록 하여야 한다.
② 보호소년에게는 품행의 개선과 진보의 정도에 따라 점차 향상된 처우를 하여야 한다. |

제2장 수용 · 보호

제7조	수용절차	① 보호소년 등을 소년원이나 소년분류심사원에 수용할 때에는 법원소년부의 결 정서에 의하여야 한다. ② 원장은 새로 수용된 보호소년 등에 대하여 지체 없이 건강진단과 위생에 필 요한 조치를 하여야 한다. ③ 원장은 새로 수용된 보호소년 등의 보호자나 보호소년 등이 지정하는 자(이하 "보호자 등"이라 한다)에게 지체 없이 수용 사실을 알려야 한다.
제8조	분리 수용	① 보호소년 등은 다음 각 호의 기준에 따라 분리 수용한다. 1. 남자와 여자 2. 보호소년과 위탁소년 3. 16세 미만인 자와 16세 이상인자 ② 제1항 제3호에도 불구하고 「소년법」 제4조 제1항 제2호의 형벌 법령에 저 촉되는 행위를 한 10세 이상 14세 미만의 소년은 분리 수용할 수 있다.
제8조 의2	보호소년의 분류처우	소년원장은 보호소년의 특성을 고려하여 그에 적합한 처우를 하여야 한다.
제9조	위탁변경에 관 한 의견 제시	소년분류심사원장은 위탁소년을 계속 수용하기에 부적절한 사유가 있을 때에는 위탁결정을 한 법원 소년부에 위탁변경에 관한 의견을 제시할 수 있다.
제10조	원장의 면접	원장은 보호소년 등으로부터 처우나 일신상의 사정에 관한 의견을 듣기 위하여 수시로 보호소년등과 면접을 하여야 한다.
제11조	청원	보호소년 등은 그 처우에 대하여 불복할 때에는 법무부장관에게 문서로 청원할 수 있다.
제12조	이송	소년원장은 분류수용, 교정교육상의 필요, 그 밖의 이유로 보호소년을 다른 소년원으 로 이송하는 것이 적당하다고 인정하면 법무부장관의 허가를 받아 이송할 수 있다.
제13조	비상사태 등의 대비	① 원장은 천재지변이나 그 밖의 재난 또는 비상사태에 대비하여 계획을 수립하 고 보호소년 등에게 대피훈련 등 필요한 훈련을 실시하여야 한다. ② 원장은 천재지변이나 그 밖의 재난 또는 비상사태가 발생한 경우에 그 시설 내에서는 안전한 대피 방법이 없다고 인정될 때에는 보호소년 등을 일시적으 로 적당한 장소로 긴급 이송할 수 있다.
제14조	사고방지 등	① 원장은 보호소년 등이 이탈, 난동, 폭행, 자해, 그 밖의 사고를 일으킬 우려가 있을 때에는 이를 방지하는 데에 필요한 조치를 하여야 한다. ② 보호소년 등이 소년원이나 소년분류심사원을 이탈하였을 때에는 그 소속 공무 원이 재수용할 수 있다.

제14조 의2	보안장비 의 사용	① 원장은 다음 각 호의 어느 하나에 해당하는 경우에는 소속 공무원으로 하여금 보호소년 등에 대하여 보안장비를 사용하게 할 수 있다. 1. 이탈·난동·폭행·자해·자살을 방지하기 위하여 필요한 경우 2. 법원 또는 검찰의 조사·심리, 이송, 그 밖의 사유로 호송하는 경우 3. 그 밖에 소년원·소년분류심사원의 안전이나 질서를 해칠 우려가 현저한 경우 ② 제1항의 "보안장비"란 수갑, 포승, 가스총 등 사람의 생명과 신체의 보호, 사고 방지, 시설의 안전 및 질서유지를 위하여 소속 공무원이 사용하는 장비와 기구를 말한다. ③ 보안장비는 필요한 최소한의 범위에서 사용하여야 하며, 보안장비를 사용할 필요가 없게 되었을 때에는 지체 없이 사용을 중지하여야 한다. ④ 보안장비의 종류·사용방법 및 관리에 관하여 필요한 사항은 법무부령으로 정한다.
제15조	징계	① 원장은 보호소년 등이 규율을 위반하였을 때에는 다음 각 호의 어느 하나에 해당하는 징계를 할 수 있다. 1. 훈계 2. 원내 봉사활동 3. 14세 이상인 자에게 지정된 실내에서 20일 이내의 기간 동안 근신하게 하는 것 ② 소년원장은 보호소년이 제1항 각 호의 어느 하나에 해당하는 징계를 받은 경우에는 법무부령으로 정하는 기준에 따라 교정성적 점수를 빼야 한다. ③ 징계는 당사자의 심신상황을 고려하여 교육적으로 하여야 한다.
제16조	포상	① 원장은 교정성적이 우수하거나 품행이 타인의 모범이 되는 보호소년 등에게 포상을 할 수 있다. ② 원장은 제1항에 따라 포상을 받은 보호소년등에게는 특별한 처우를 할 수 있다.
제17조	급여품 등	① 보호소년 등에게는 의류, 침구, 학용품, 그 밖에 처우에 필요한 물품을 주거나 대여한다. ② 보호소년 등에게는 주식, 부식, 음료, 그 밖의 영양물을 제공하되, 그 양은 보호소년 등이 건강을 유지하고 심신의 발육을 증진하는 데에 필요한 정도이어야 한다. ③ 제1항 및 제2항에 따른 급여품과 대여품의 종류와 수량의 기준은 법무부령으로 정한다.
제18조	면회와 편지	① 원장은 보호소년 등의 보호 및 교정교육에 지장이 있다고 인정되는 경우 외에는 보호소년 등의 면회를 허가하여야 한다. ② 보호소년 등이 면회를 할 때에는 소속 공무원이 참석하여 보호소년 등의 보호 및 교정교육에 지장이 없도록 지도할 수 있다. ③ 제2항에도 불구하고 보호소년 등이 변호인 또는 보조인(이하 "변호인 등"이라 한다)과 면회를 할 때에는 소속 공무원이 참석 하지 아니한다. 다만, 보이는 거리에서 보호소년 등을 지켜볼 수 있다. ④ 원장은 보호소년 등의 보호 및 교정교육에 지장이 있다고 인정되는 경우에는 보호소년 등의 편지 왕래를 제한할 수 있으며, 편지의 내용을 검열할 수 있다. ⑤ 제4항에도 불구하고 보호소년 등이 변호인 등과 주고받는 편지는 제한하거나 검열할 수 없다. 다만, 상대방이 변호인 등임을 확인할 수 없는 때에는 예외로 한다.
제19조	외출	소년원장은 보호소년에게 다음 각 호의 어느 하나에 해당하는 사유가 있을 때에는 외출을 허가할 수 있다. 1. 직계존속이 위독하거나 사망하였을 때 2. 직계존속의 회갑 또는 형제자매의 혼례가 있을 때 3. 천재지변이나 그 밖의 사유로 가정에 인명 또는 재산상의 중대한 피해가 발생하였을 때 4. 병역, 학업, 질병 등의 사유로 외출이 필요할 때 5. 그 밖에 교정교육상 특히 필요하다고 인정할 때

제20조	환자의 치료	① 원장은 보호소년 등이 질병에 걸리면 지체 없이 적정한 치료를 받도록 하여야 한다. ② 원장은 소년원이나 소년분류심사원에서 제1항에 따른 치료를 하는 것이 곤란하다고 인정되면 외부 의료기관에서 치료를 받게 할 수 있다. ③ 원장은 보호소년등이나 그 보호자등이 자비로 치료받기를 원할 때에는 이를 허가할 수 있다.
제21조	감염병의 예방과 응급조치	① 원장은 소년원이나 소년분류심사원에서 감염병이 발생하거나 발생할 우려가 있을 때에는 이에 대한 상당한 조치를 하여야 한다. ② 원장은 보호소년 등이 감염병에 걸렸을 때에는 지체 없이 격리 수용하고 필요한 응급조치를 하여야 한다.
제22조	금품의 보관 및 반환	① 원장은 보호소년 등이 갖고 있던 금전, 의류, 그 밖의 물품을 보관하는 경우에는 이를 안전하게 관리하고 보호소년 등에게 수령증을 내주어야 한다. ② 원장은 보호소년 등의 퇴원, 사망, 이탈 등의 사유로 금품을 계속 보관할 필요가 없게 되었을 때에는 본인이나 보호자 등에게 반환하여야 한다. ③ 제2항에 따라 반환되지 아니한 금품은 퇴원, 사망, 이탈 등의 사유가 발생한 날부터 1년 이내에 본인이나 보호자 등이 반환 요청을 하지 아니하면 국고에 귀속하거나 폐기한다.
제23조	친권 또는 후견	원장은 미성년자인 보호소년 등이 친권자나 후견인이 없거나 있어도 그 권리를 행사할 수 없을 때에는 법원의 허가를 받아 그 보호소년 등을 위하여 친권자나 후견인의 직무를 행사할 수 있다.

제3장 분류심사

제24조	분류심사	① 분류심사는 제2조 제2항에 해당하는 소년의 신체, 성격, 소질, 환경, 학력 및 경력 등에 대한 조사를 통하여 비행 또는 범죄의 원인을 규명하여 심사대상인 소년의 처우에 관하여 최선의 지침을 제시함을 목적으로 한다. ② 분류심사를 할 때에는 심리학·교육학·사회학·사회복지학·범죄학·의학 등의 전문적인 지식과 기술에 근거하여 보호소년등의 신체적·심리적·환경적 측면 등을 조사·판정하여야 한다.
제25조	분류심사관	① 제2조 제2항에 따른 임무를 수행하기 위하여 소년분류심사원에 분류심사관을 둔다. ② 분류심사관은 제24조 제2항에 따른 학문적 소양과 전문지식을 갖추어야 한다.
제26조	청소년심 리검사 등	소년분류심사원장은 「청소년기본법」 제3조 제1호에 따른 청소년이나 그 보호자가 적성검사 등 진로 탐색을 위한 청소년심리검사 또는 상담을 의뢰하면 이를 할 수 있다. 이 경우에는 법무부장관이 정하는 바에 따라 실비를 받을 수 있다.
제27조	분류심사 결과 등의 통지	① 소년분류심사원장은 제2조 제2항 제1호부터 제3호까지의 규정에 따른 분류심사 결과 및 의견 등을 각각 법원소년부 또는 검사에게 통지하여야 한다. ② 소년분류심사원장은 위탁소년 또는 제2조 제2항 제2호에 따른 소년이 보호처분의 결정을 받으면 그 소년의 분류심사 결과 및 의견 또는 상담조사 결과 및 의견을 지체 없이 그 처분을 집행하는 소년원이나 보호관찰소에 통지하여야 한다. ③ 소년분류심사원장은 제2조 제2항 제4호에 따른 분류시마 또는 제26조에 따른 청소년심리검사 등을 하였을 때에는 그 결과를 각각 분류심사 또는 심리검사 등을 의뢰한 자에게 통지하고 필요한 의견을 제시할 수 있다.

제4장 교정교육 등

제28조	교정교육의 원칙	소년원의 교정교육은 규율 있는 생활 속에서 초·중등교육, 직업능력개발훈련, 인성교육, 심신의 보호·지도 등을 통하여 보호소년이 전인적인 성장·발달을 이루고 사회생활에 원만하게 적응할 수 있도록 하여야 한다.
제29조	학교의 설치·운영	법무부장관은 대통령령으로 정하는 바에 따라 소년원에 「초·중등교육법」 제2조 제2호부터 제5호까지의 학교(이하 "소년원학교"라 한다)를 설치·운영할 수 있다.
제29조의2	「초·중등교육법」에 관한 특례	① 소년원학교에 대하여는 「초·중등교육법」 제10조, 제11조, 제18조, 제30조의2, 제30조의3, 제31조, 제31조의2, 제32조부터 제34조까지 및 제63조부터 제65조까지의 규정을 적용하지 아니한다. ② 소년원학교에 대하여 「초·중등교육법」 제6조부터 제9조까지의 규정을 적용할 때에는 "교육인적자원부장관"을 "법무부장관"으로 본다. ③ 교육인적자원부장관은 「교육기본법」 및 「초·중등교육법」에 관한 사항(제1항에 따라 적용이 배제되는 사항은 제외한다)에 대하여 법무부장관에게 필요한 권고를 할 수 있으며, 법무부장관은 정당한 사유를 제시하지 아니하는 한 이에 따라야 한다.
제30조	교원 등	① 소년원학교에는 「초·중등교육법」 제21조 제2항에 따른 자격을 갖춘 교원을 두되, 교원은 일반직 공무원으로 임용할 수 있다. ② 제1항에 따라 일반직공무원으로 임용된 교원의 경력·연수 및 직무 수행 등에 관하여 필요한 사항은 대통령령으로 정한다. 이 경우 「교육기본법」 및 「교육공무원법」에 따라 임용된 교원과 동등한 처우를 받도록 하여야 한다. ③ 제1항과 제2항에도 불구하고 소년원학교의 교장(이하 "소년원학교장"이라 한다)은 소년원학교가 설치된 소년원의 장이, 교감은 그 소년원의 교육과정을 총괄하는 부서의 장으로 대통령령으로 정하는 자가 겸직할 수 있다. ④ 소년원학교장은 소년원학교의 교육과정을 원활하게 운영하기 위하여 필요하면 관할 교육청의 장에게 소년원학교 교사와 다른 중·고등학교 교사 간 교환수업 등 상호 교류협력을 요청할 수 있다.
제31조	학적관리	① 보호소년이 소년원학교에 입교하면 「초·중등교육법」에 따라 입학·전학 또는 편입학한 것으로 본다. ② 「초·중등교육법」 제2조의 학교에서 재학하던 중 소년분류심사원에 위탁된 소년의 위탁기간은 그 학교의 수업일수로 계산한다. ③ 소년원학교장은 보호소년이 입교하면 그 사실을 보호소년이 최종적으로 재학했던 학교(이하 "전적학교"라 한다)의 장에게 통지하고 그 보호소년의 학적에 자료를 보내줄 것을 요청할 수 있다. ④ 제3항에 따른 요청을 받은 전적학교의 장은 교육의 계속성을 유지하는 데에 필요한 학적사항을 지체 없이 소년원학교장에게 보내야 한다.
제32조	다른 학교로의 전학·편입학	보호소년이 소년원학교에서 교육과정을 밟는 중에 소년원에서 퇴원하거나 임시 퇴원하여 전적학교 등 다른 학교에 전학이나 편입학을 신청하는 경우 전적학교 등 다른 학교의 장은 정당한 사유를 제시하지 아니하는 한 이를 허가하여야 한다.
제33조	통학	소년원장은 교정성적이 양호한 보호소년의 원활한 학업 연계를 위하여 필요하다고 판단되면 보호소년을 전적학교 등 다른 학교로 통학하게 할 수 있다.

제34조	전적학교의 졸업장 수여	① 소년원학교에서 교육과정을 마친 보호소년이 전적학교의 졸업장 취득을 희망하는 경우 소년원학교장은 전적학교의 장에게 학적사항을 통지하고 졸업장의 발급을 요청할 수 있다. ② 제1항에 따른 요청을 받은 전적학교의 장은 정당한 사유를 제시하지 아니하는 한 졸업장을 발급하여야 한다. 이 경우 그 보호소년에 관한 소년원학교의 학적사항은 전적학교의 학적사항으로 본다.
제35조	직업능력 개발훈련	① 소년원의 직업능력개발훈련은 「근로자직업능력 개발법」으로 정하는 바에 따른다. ② 소년원장은 법무부장관의 허가를 받아 산업체의 기술지원이나 지원금으로 직업능력개발훈련을 실시하거나 소년원 외의 시설에서 직업능력개발훈련을 실시할 수 있다. ③ 노동부장관은 보호소년의 직업능력개발훈련에 관하여 법무부장관에게 필요한 권고를 할 수 있다.
제36조	직업능력 개발훈련 교사	직업능력개발훈련을 실시하는 소년원에는 「근로자직업능력 개발법」으로 정한 자격을 갖춘 직업능력개발훈련교사를 둔다.
제37조	통근취업	① 소년원장은 보호소년이 직업능력개발훈련과정을 마쳤을 때에는 산업체에 통근취업하게 할 수 있다. ② 소년원장은 보호소년이 제1항에 따라 취업을 하였을 때에는 해당 산업체로 하여금 「근로기준법」을 지키게 하고, 보호소년에게 지급되는 보수는 전부 본인에게 지급하여야 한다.
제38조	안전관리	① 소년원장은 직업능력개발훈련을 실시할 때 보호소년에게 해롭거나 위험한 일을 하게 하여서는 아니 된다. ② 소년원장은 직업능력개발훈련을 실시할 때 기계, 기구, 재료, 그 밖의 시설 등에 의하여 보호소년에게 위해가 발생할 우려가 있으면 이를 방지하는 데에 필요한 조치를 하여야 한다.
제39조	생활지도	원장은 보호소년 등의 자율성을 높이고 각자가 당면한 문제를 스스로 해결하여 사회생활에 적응할 수 있는 능력을 기르도록 생활지도를 하여야 한다.
제40조	특별활동	소년원장은 보호소년의 취미와 특기를 신장하고 집단생활의 경험을 통하여 민주적이고 협동적인 생활태도를 기르도록 특별활동지도를 하여야 한다.
제41조	교육계획 등	① 소년원장은 보호소년의 연령, 학력, 적성, 진로, 교정의 난이도 등을 고려하여 처우과정을 정하고 교정목표를 조기에 달성할 수 있도록 교유계획을 수립·시행하여야 한다. ② 소년원장은 제1항의 교육계획에 따른 교육과정을 운영하고 법무부장관이 정하는 바에 따라 그 결과를 평가하여 출원, 포상 등 보호소년의 처우에 반영할 수 있다.
제42조	장학지도	법무부장관은 교정교육 성과를 평가하고 개선하기 위하여 소속 공무원으로 하여금 장학지도를 하게 할 수 있다.
제42조의2	대안교육	① 소년원과 소년분류심사원은 다음 각 호의 소년을 대상으로 비행예방 및 재범방지 또는 사회적응을 위한 체험과 인성위주의 교육과정(이하 "대안교육과정"이라 한다)을 운영한다. 1. 「소년법」 제32조의2 제1항에 따라 법원소년부 판사로부터 교육명령을 받은 소년 2. 「소년법」 제49조의3 제2호에 따라 검사가 기소유예의 조건으로 교육을 의뢰한 소년 3. 「초·중등교육법」 제18조에 따른 징계대상인 학생으로서 각급 학교의 장이 의뢰한 소년 ② 대안교육과정의 운영에 필요한 사항은 법무부령으로 정한다.

| 제42조의3 | 보호자교육 | ① 소년원과 소년분류심사원은 「소년법」 제32조의2 제3항에 따라 교육명령을 받은 보호자 또는 보호소년 등의 보호자를 대상으로 역할개선 중심의 보호자교육과정을 운영한다.
② 제1항에 따른 보호자교육의 절차 및 방법 등에 관하여 필요한 사항은 대통령령으로 정한다. |

제5장 출원

제43조	퇴원	① 소년원장은 보호소년이 22세가 되면 퇴원시켜야 한다. ② 소년원장은 「소년법」 제33조 제5항 또는 제6항에 따라 수용상한기간에 도달한 보호소년은 즉시 퇴원시켜야 한다. ③ 소년원장은 교정성적이 양호하며 교정의 목적을 이루었다고 인정되는 보호소년에 대하여는 「보호 관찰 등에 관한 법률」에 따른 보호관찰심사위원회에 퇴원을 신청하여야 한다. ④ 위탁소년의 소년분류심사원 퇴원은 법원소년부의 결정서에 의하여야 한다.
제44조	임시퇴원	소년원장은 교정성적이 양호한 자 중 보호관찰의 필요성이 있다고 인정되는 보호소년에 대하여는 「보호관찰 등에 관한 법률」 제22조 제1항에 따라 보호관찰심사위원회에 임시퇴원을 신청하여야 한다.
제45조	보호소년의 인도	① 소년원장은 보호소년의 퇴원 또는 임시퇴원이 허가되면 지체 없이 보호자 등에게 보호소년의 인도에 관하여 알려야 한다. ② 소년원장은 퇴원 또는 임시퇴원이 허가된 보호소년을 보호자 등에게 직접 인도하여야 한다. 다만, 보호소년의 보호자 등이 없거나 허가일부터 10일 이내에 보호자 등이 인수하지 아니하면 사회복지단체, 독지가, 그 밖의 적당한 자에게 인도할 수 있다.
제45조의2	사후지도	① 원장은 퇴원하는 보호소년 등이 원하는 경우 본인·보호자 또는 법정대리인의 신청에 따라 보호소년 등의 성공적인 사회정착을 지원하기 위하여 취업알선 등 필요한 사후지도를 할 수 있다. ② 사후지도의 기간은 6개월 이내로 하되, 6개월 이내의 범위에서 한 번에 한하여 그 기간을 연장할 수 있다. 이 경우 연장절차에 관하여는 제1항을 준용한다. ③ 원장은 제51조에 따른 소년보호협회 및 제51조의2에 따른 소년보호위원에게 사후지도에 관한 협조를 요청할 수 있다. ④ 사후지도의 절차와 방법 등에 관하여 필요한 사항은 법무부령으로 정한다.
제46조	퇴원자 또는 임시퇴원자의 계속 수용	① 퇴원 또는 임시퇴원의 허가된 보호소년이 질병에 걸리거나 본인의 편익을 위하여 필요하면 본인의 신청에 의하여 계속 수용할 수 있다. ② 소년원장은 제1항에 따른 계속 수용의 사유가 소멸되면 지체 없이 보호소년을 보호자등에게 인도하여야 한다. ③ 소년원장은 제1항에 따라 임시퇴원이 허가된 보호소년을 계속 수용할 때에는 그 사실을 보호관찰소장에게 통지하여야 한다.
제47조	물품 또는 귀가여비의 지급	소년원장은 보호소년이 퇴원허가 또는 임시퇴원허가를 받거나 「소년법」 제37조 제1항에 따라 처분변경 결정을 받았을 때에는 필요한 경우 물품 또는 귀가여비를 지급할 수 있다.

| 제48조 | 임시퇴원
취소자의
재수용 | ① 소년원장은 「보호관찰 등에 관한 법률」 제48조에 따라 임시퇴원이 취소된 자는 지체 없이 재수용하여야 한다.
② 제1항에 따라 재수용된 자의 수용기간은 수용상한기간 중 남은 기간으로 한다.
③ 제1항에 따라 재수용된 자는 새로 수용된 보호소년에 준하여 처우를 한다. |

제6장 보칙

제49조	방문 허가	보호소년 등에 대한 지도, 학술연구, 그 밖의 사유로 소년원이나 소년분류심사원을 방문하려는 자는 그 사유를 구체적으로 밝혀 원장의 허가를 받아야 한다.
제50조	협조 요청	① 원장은 보호소년 등의 교정교육이나 분류심사에 특히 필요하다고 인정하면 행정기관, 학교, 병원, 그 밖의 단체에 대하여 필요한 협조를 요청할 수 있다. ② 제1항의 요청을 거절할 때에는 정당한 이유를 제시하여야 한다.
제50조의2	청소년심리상담실	① 소년분류심사원장은 제26종 따른 업무를 처리하기 위하여 청소년심리상담실을 설치·운영할 수 있다. ② 제1항에 따른 청소년심리상담실의 설치와 운영에 필요한 사항은 법무부령으로 정한다.
제51조	소년보호협회	① 보호소년 등을 선도하기 위하여 법무부장관 감독하에 소년 선도에 관하여 학식과 경험이 풍부한 인사로 구성되는 소년보호협회를 둘 수 있다. ② 소년보호협회의 설치, 조직, 그 밖의 운영에 필요한 사항은 대통령령으로 정한다. ③ 국가는 소년보호협회에 보조금을 지급할 수 있다.
제51조의2	소년보호 위원	① 보호소년 등의 교육 및 사후지도를 지원하기 위하여 소년보호위원을 둘 수 있다. ② 소년보호위원은 명예직으로 하며, 법무부장관이 위촉한다. ③ 소년보호위원의 위촉·해촉 및 자치조직 등에 관하여 필요한 사항은 법무부령으로 정한다.
제52조	소년분류심사원이 설치되지 아니한 지역에서의 소년분류심사원이 임무수행	소년분류심사원이 설치되지 아니한 지역에서는 소년분류심사원이 설치될 때까지 소년분류심사원의 임무는 소년원이 수행하고, 위탁소년은 소년원의 구획된 장소에 수용한다.

제13편 청소년보호법

[시행 2010.3.19][법률 제9932호, 2010.1.19, 타법개정]

제1장 총칙

제1조	목적	이 법은 청소년에게 유해한 매체물과 약물 등이 청소년에게 유통되는 것과 청소년이 유해한 업소에 출입하는 것 등을 규제하고, 청소년을 청소년폭력·학대 등 청소년유해행위를 포함한 각종 유해한 환경으로부터 보호·구제함으로써 청소년이 건전한 인격체로 성장할 수 있도록 함을 목적으로 한다.
제2조	정의	이 법에서 사용하는 용어의 정의는 다음과 같다. 1. "청소년"이라 함은 제7조 각호의 1에 해당하는 것을 말한다. 2. "매체물"이라 함은 제7조 각호의 1에 해당하는 것을 말한다. 3. "청소년유해매체물"이라 함은 다음 각목의 1에 해당하는 것을 말한다. 가. 제8조 및 제12조의 규정에 의하여 청소년보호위원회가 청소년에게 유해한 것으로 결정하거나 확인하여 여성가족부장관이 이를 고시한 매체물 나. 제8조 제1항 단서의 규정에 의한 각 심의기관이 청소년에게 유해한 것으로 의결 또는 결정(이하 "결정"이라 한다)하여 여성가족부장관이 고시하거나 제12조의 규정에 의하여 청소년에게 유해한 것으로 확인하여 여성가족부장관이 고시한 매체물 4. "청소년유해약물 등"이라 함은 청소년에게 유해한 것으로 인정되는 다음 가목(1) 내지 (7)에 해당하는 약물(이하 "청소년유해약물"이라 한다)과 청소년에게 유해한 것으로 인정되는 다음 나목(1) 또는 (2)에 해당하는 물건(이하 "청소년유해물건"이라 한다)을 말한다. 가. 청소년유해약물 (1) 「주세법」의 규정에 의한 주류 (2) 「담배사업법」의 규정에 의한 담배 (3) 「마약류관리에 관한 법률」의 규정에 의한 마약류 (4) 삭제 〈2000.1.12〉 (5) 삭제 〈2000.1.12〉 (6) 「유해화학물질 관리법」의 규정에 의한 환각물질 (7) 기타 중추신경에 작용하여 습관성, 중독성, 내성 등을 유발하여 인체에 유해작용을 미칠 수 있는 약물 등 청소년의 사용을 제한하지 아니하면 청소년의 심신을 심각하게 훼손할 우려가 있는 약물로서 대통령령이 정하는 기준에 따라 관계 기관의 의견을 들어 청소년보호위원회가 결정하고 여성가족부장관이 이를 고시한 것 나. 청소년유해물건 (1) 청소년에게 음란한 행위를 조장하는 성기구 등 청소년의 사용을 제한하지 아니하면 청소년의 심신을 심각하게 훼손할 우려가 있는 성관련 물건으로서 대통령령이 정하는 기준에 따라 청소년보호위원회가 결정하고 여성가족부장관이 이를 고시한 것 (2) 청소년에게 음란성·포악성·잔인성·사행성 등을 조장하는 완구류 등 청소년의 사용을 제한하지 아니하면 청소년의 심신을 심각하게 훼손할 우려가 있는 물건으로서 대통령령이 정하는 기준에 따라 청소년보호위원회가 결정하고 여성가족부장관이 이를 고시한 것

| | | 5. "청소년유해업소"라 함은 청소년의 출입과 고용이 청소년에게 유해한 것으로 인정되는 다음 가목의 어느 하나에 해당하는 업소(이하 "청소년출입·고용금지업소"라 한다)와 청소년의 출입은 가능하나 고용은 유해한 것으로 인정되는 다음 나목의 어느 하나에 해당하는 업소(이하 "청소년고용금지업소"라 한다)를 말한다. 이 경우 업소의 구분은 그 업소가 영업을 함에 있어서 다른 법령에 의하여 요구되는 허가·인가·등록·신고 등의 여부에 불구하고 실제로 이루어지고 있는 영업행위를 기준으로 한다.
가. 청소년출입·고용금지업소
(1) 「식품위생법」에 의한 식품접객업중 대통령으로 정하는 것
(2) 「영화 및 비디오물건의 진흥에 관한 법률」에 의한 비디오물감상실업 및 「음악산업진흥에 관한 법률」에 의한 노래연습장업 중 대통령령으로 정하는 것
(3) 「체육시설의 설치·이용에 관한 법률」에 의한 무도학원업, 무도장법
(4) 「사행행위 등 규제 및 처벌특례법」에 의한 사행행위영업
(5) 전기통신설비를 갖추고 불특정한 사람 상호 간의 음성대화 또는 화상대화를 매개하는 것을 주된 목적으로 하는 영업. 다만, 「전기통신사업법」 등 다른 법률의 규정에 의하여 통신을 매개하는 영업을 제외한다.
(6) 청소년유해매체물, 청소년유해약물 및 청소년유해물건을 제작·생산·유통하는 영업 등 청소년의 출입과 고용이 청소년에게 유해하다고 인정되는 영업으로서 대통령령이 정하는 기준에 따라 청소년보호위원회가 결정하고 여성가족부장관이 이를 고시한 것
나. 청소년고용금지업소
(1) 「식품위생법」에 의한 식품접객업 중 대통령령으로 정하는 것
(2) 「공중위생관리법」에 의한 숙박업, 이용업, 목욕장업 중 대통령령으로 정하는 것
(3) 「영화 및 비디오물의 진흥에 관한 법률」에 의한 비디오물소극장법 또는 「게임산업진흥에 관한 법률」에 의한 게임제공업·복합유통게임제공업 중 대통령령이 정하는 영업
(4) 삭제 〈2004.1.29〉
(5) 「유해화학물질 관리법」에 의한 유독물영업. 다만, 유독물 사용과 직접 관련이 없는 영업으로서 대통령령이 정하는 영업을 제외한다.
(6) 회비 등을 받거나 유료로 만화를 대여하는 만화대여업
(7) 청소년유해매체물, 청소년유해약물 및 청소년유해물건을 제작·생산·유통하는 영업 등 청소년의 고용이 청소년에게 유해하다고 인정되는 영업으로서 대통령령이 정하는 기준에 따라 청소년보호위원회가 결정하고 여성가족부장관이 이를 고시한 것
6. "유통"이라 함은 매체물 또는 약물 등을 판매(가두판매·자동판매기·통신판매 등을 포함한다. 이하 같다), 대여, 배포, 방송(종합유선방송을 포함한다. 이하 같다), 공연, 상영, 전시, 진열, 광고하거나 시청 또는 이용에 제공하는 행위와 이러한 목적으로 매체물 또는 약물 등을 인쇄·복제 또는 수입하는 행위를 말한다.
7. "청소년폭력"이라 함은 폭력을 통해 청소년에게 신체적·정신적 피해를 발생하게 하는 행위를 말한다. |
| 제3조 | 가정의 역할과 책임 | ① 청소년에 대하여 친권을 행사하는 자 또는 친권자를 대신하여 청소년을 보호하는 자(이하 "친권자 등"이라 한다)는 청소년이 청소년유해매체물과 청소년유해약물등 및 청소년유해업소·청소년폭력·학대 등(이하 "청소년유해환경"이라 한다)에 접촉이나 출입을 못하도록 필요한 노력을 하여야 하며, 청소년이 유해한 매체물과 유해한 약물 등을 이용하고 있거나 유해한 업소에 출입하고자 하는 때에는 이를 즉시 제지하여야 한다. |

		② 친권자 등은 제1항의 규정에 따른 노력이나 제지를 함에 있어 필요한 경우 청소년보호와 관련된 상담기관 및 단체 등에 상담하여야 하고, 해당청소년이 가출 및 비행 등의 우려가 있다고 인정되는 상당한 이유가 있는 때에는 청소년보호와 관련된 지도·단속 기관에 협조를 요청하여야 한다.
제4조	사회의 책임	① 누구든지 청소년이 청소년유해환경에 접할 수 없도록 하거나 출입을 못하도록 노력하여야 하고, 청소년이 유해한 매체물과 유해한 약물 등을 이용하고 있거나 청소년폭력·학대 등을 행하고 있음을 안 때에는 이를 제지·선도하여야 하며, 청소년에게 유해한 매체물과 약물 등이 유통되고 있거나 청소년유해업소에 청소년이 고용되어 있거나 출입하고 있음을 안 때, 또는 청소년폭력·학대 등으로부터 피해를 입고 있음을 안 때에는 제21조 제3항의 규정에 의한 관계기관 등에 신고·고발하는 등 청소년보호를 위하여 필요한 노력을 하여야 한다. ② 매체물과 약물 등의 유통을 업으로 하거나 청소년유해업소의 경영을 업으로 하는 자와 이들로 구성된 단체와 협회 등은 청소년유해매체물과 청소년유해약물 등이 청소년에게 유통되지 아니하도록 하고 청소년유해업소에 청소년을 고용하거나 출입하지 못하도록 하는 등 청소년보호를 위하여 자율적인 노력을 다하여야 한다.
제5조	국가와 지방 자치단체의 책임	① 국가는 청소년보호를 위하여 청소년유해환경의 정화에 필요한 시책을 강구·시행하여야 하며, 지방 자치단체는 해당지역안의 청소년유해환경으로부터 청소년보호를 위하여 필요한 노력을 하여야 한다. ② 국가 및 지방자치단체는 전자·통신기술 및 의약품 등의 발달에 따라 등장하는 새로운 형태의 매체물과 약물 등이 청소년의 정신적·신체적 건강을 해칠 우려가 있음을 인식하고, 이들 매체물과 약물 등으로부터 청소년을 보호하기 위하여 필요한 기술개발과 연구사업의 지원, 국가 간의 협력체제구축등 필요한 노력을 하여야 한다. ③ 국가 및 지방자치단체는 청소년관련단체 등 민간의 자율적인 유해환경감시·고발활동을 장려하고 이에 필요한 지원을 할 수 있으며 이들의 건의사항에 대하여는 관련시책에 반영할 수 있다. ④ 국가 및 지방자치단체는 청소년을 보호하기 위하여 청소년유해환경을 규제함에 있어 그 의무를 충실히 수행하여야 한다.
제6조	다른 법률과의 관계	이 법은 청소년유해환경의 규제에 관한 형사처벌에 있어서 다른 법률에 우선하여 적용한다.

제2장 청소년유해매체물의 청소년대상 유통 규제

제7조	매체물의 범위	이 법에서 매체물이라 함은 다음 각 호의 1에 해당하는 것을 말한다. 1. 「영화 및 비디오물의 진흥에 관한 법률」의 규정에 의한 비디오물, 「게임산업진흥에 관한 법률」에 의한 게임물 및 「음악산업진흥에 관한 법률」에 의한 음반 2. 삭제 〈2001.5.24〉 3. 「공연법」 및 「영화 및 비디오물의 진흥에 관한 법률」의 규정에 의한 영화·연극·음악·무용, 기타 오락적 관람물

제7조		4. 「전기통신사업법」 및 「전기통신기본법」의 규정에 의한 전기통신을 통한 부호·문언·음향 또는 영상정보
		5. 「방송법」의 규정에 의한 방송프로그램. 다만, 보도방송프로그램을 제외한다.
		6. 「정기간행물의 등록 등에 관한 법률」의 규정에 의한 일반일간신문(주로 정치·경제·사회에 관한 보도·논평 및 여론을 전파하는 신문을 제외한다), 특수일간신문(경제·산업·과학·시사·종교분야를 제외한다, 잡지(정치·경제·산업·과학·시사·종교분야를 제외한다) 및 대통령령으로 정하는 기타 간행물(이하 "정기간행물 등"이라 한다)과 동법의 규정에 의한 정기간행물 외의 간행물중 만화·사진첩·화보류·소설 등의 도서류, 전자출판물, 기타 대통령령이 정하는 것
		7. 「옥외광고물 등 관리법」의 규정에 의한 간판입간판·벽보·전단 기타 이와 유사한 상업적 광고 선전물과 제1호 내지 제6호의 규정에 의한 각종 매체물에 수록·게재·전시, 기타 방법으로 포함된 상업적 광고선전물
		8. 기타 청소년의 정신적·신체적 건강을 해칠 우려가 있다고 인정되는 것으로서 대통령령이 정하는 매체물

제8조	청소년유해매체물의 심의·결정	① 청소년보호위원회는 제7조의 규정에 의한 매체물의 청소년에 대한 유해여부를 심의하여 청소년에게 유해하다고 인정되는 매체물의 윤리성·건전성의 심의를 할 수 있는 기관(이하 "각 심의기관"이라 한다)이 있는 경우에는 그러하지 아니하다.
		② 청소년보호위원회는 각 심의기관이 해당 매체물에 대하여 청소년유해 여부의 심의를 하지 아니할 경우 청소년보호를 위하여 필요하다고 인정할 때에는 그 심의를 하도록 요청할 수 있다.
		③ 청소년보호위원회는 제1항 단서의 규정에 불구하고 다음 각호의 1에 해당하는 매체물에 대하여는 청소년에 대한 유해 여부를 심의하여 청소년에게 유해하다고 인정되는 매체물에 대하여는 청소년유해 매체물로 결정할 수 있다.
		1. 제1항 단서의 각 심의기관의 요청이 있는 매체물
		2. 제1항 단서의 각 심의기관의 청소년유해여부 심의를 받지 아니하고 유통되는 매체물
		④ 청소년보호위원회 또는 각 심의기관은 매체물 심의결과 그 매체물의 내용이 형법 등 다른 법령에 의하여 유통이 금지되는 내용이라고 판단되는 경우에는 그 매체물에 대한 청소년유해매체물 결정을 하기 전에 관계기관에 형사처불 또는 행정처분을 요청하여야 한다. 다만, 각 심의기관별로 해당법령에서 별도의 절차가 있는 경우에는 그 절차에 의한다.
		⑤ 청소년보호위원회 또는 각 심의기관은 제작·발행의 목적 등에 비추어 청소년이 아닌 자를 상대로 제작·발행되거나, 매체물 각각에 대하여 청소년유해매체물로 결정하여서는 당해 매체물이 청소년에게 유통되는 것을 차단할 수 없는 매체물에 대하여는 신청 또는 직권에 의하여 매체물의 종류, 제목, 내용 등을 특정하여 청소년유해매체물로 결정할 수 있다.
		⑥ 청소년보호위원회의 심의·결정방법 등 기타 필요한 사항은 대통령령으로 정한다.

제9조	등급구분 등	① 청소년보호위원회와 각 심의기관은 제8조의 규정에 의한 청소년유해매체물의 심의·결정시에 청소년유해매체물로 심의·결정하지 아니한 매체물에 대하여는 청소년유해의 정도, 이용청소년의 연령, 당해 매체물의 특성, 이용시간과 장소 등을 감안하여 필요한 경우에 당해 매체물의 등급을 구분할 수 있다.
		② 청소년보호위원회는 각 심의기관이 해당 매체물에 대한 청소년유해 여부의 심의·결정 시 제1항의 규정에 의한 등급구분을 하도록 요청할 수 있다.
		③ 제1항 및 제2항의 규정에 의한 등급구분의 대상·종류·방법 등에 대하여 필요한 사항은 대통령령으로 정한다.

제10조	청소년유 해매체물 의 심의 기준	① 청소년보호위원회와 각 심의기관은 제8조의 규정에 의한 심의를 함에 있어서 당해 매체물이 다음 각 호의 1에 해당하는 경우에는 청소년유해매체물로 결정하여야 한다. 1. 청소년에게 성적인 욕구를 자극하는 선정적인 것이거나 음란한 것 2. 청소년에게 포악성이나 범죄의 충동을 일으킬 수 있는 것 3. 성폭력을 포함한 각종 형태의 폭력행사와 약물의 남용을 자극하거나 미화하는 것 4. 청소년의 건전한 인격과 시민의식의 형성을 저해하는 반사회적·비윤리적인 것 5. 기타 청소년의 정신적·신체적 건강에 명백히 해를 끼칠 우려가 있는 것 ② 제1항의 규정에 의한 기준을 구체적으로 적용함에 있어서는 현재 국내사회에서의 일반적인 통념에 따르며 그 매체물이 가지고 있는 문학적·예술적·교육적·의학적·과학적 측면과 그 매체물의 특성을 동시에 고려하여야 한다. ③ 청소년유해 여부에 관한 구체적인 심의기준과 그 적용에 관하여 필요한 사항은 대통령령으로 정한다.
제11조	심의내용 의 조정	청소년보호위원회는 청소년보호와 관련하여 각 심의기관 간에 동일한 내용의 매체물에 대하여 심의한 내용이 상당한 정도로 차이가 있을 경우 그 심의내용의 조정을 요구할 수 있으며 그 요구를 받은 각 심의기관은 특별한 사유가 없는 한 이에 응하여야 한다.
제12조	유해매체 물의 자율규제	① 매체물의 제작·발행자, 유통행위자 또는 매체물과 관련된 단체는 자율적으로 청소년유해 여부를 결정하고 청소년보호위원회 또는 각 심의기관에 그 결정한 내용의 확인을 요청할 수 있다. ② 제1항의 규정에 의한 확인요청을 받은 청소년보호위원회 또는 각 심의기관은 심의결과 그 결정내용이 적합한 경우에는 이의 확인을 하여야 하며, 청소년보호위원회는 필요한 경우 이를 각 심의기관에 위탁하여 처리할 수 있다. ③ 제2항의 규정에 의하여 청소년보호위원회 또는 각 심의기관이 확인을 한 경우 당해 매체물의 확인을 필한 표시를 부착할 수 있다. ④ 매체물의 제작·발행자, 유통행위자 또는 매체물과 관련된 단체는 청소년에게 유해하다고 판단되는 매체물에 대하여 청소년보호위원회 또는 각 심의기관의 결정없이 제14조 및 제15조의 규정에 준하는 청소년유해표시 또는 포장을 할 수 있다. ⑤ 청소년보호위원회 또는 각 심의기관은 제4항의 규정에 의하여 자율적으로 청소년유해표시 및 포장을 한 매체물을 발견한 때에는 청소년유해 여부를 결정하여야 한다. ⑥ 매체물의 제작·발행자, 유통행위자 또는 매체물과 관련된 단체가 제4항의 규정에 의하여 청소년 유해표시 또는 포장을 한 매체물은 청소년보호위원회 또는 각 심의기관의 최종결정이 있을 때까지 이 법의 규정에 의한 청소년유해매체물로 본다. ⑦ 제1항 내지 제6항의 규정에 의한 청소년유해 여부의 결정과 확인의 절차 및 방법 등에 관하여 필요한 사항은 대통령령으로 정한다.
제13조	삭제	〈2004.1.29〉
제14조	표시의무	① 청소년유해매체물에 대해서는 청소년에게 유해한 매체물임을 나타내는 표시(이하 "청소년유해표시"라 한다)를 하여야 한다. ② 제1항의 규정에 의한 청소년유해표시를 하여야 할 의무자, 청소년유해표시의 종류와 시기·방법 기타 필요한 사항은 대통령령으로 정한다.
제15조	포장의무	① 청소년유해매체물에 대해서는 이를 포장하여야 한다. 다만, 매체물의 특성상 포장할 수 없는 것은 그러하지 아니하다. ② 제1항의 규정에 의한 포장을 하여야 할 매체물의 종류, 포장의무자, 포장방법 기타 포장에 관하여 필요한 사항은 대통령령으로 정한다.

제16조	표시 · 포장 의 훼손금지	누구든지 제14조의 규정에 의한 청소년유해표시 및 제15조의 규정에 의한 포장 을 훼손하여서는 아니 된다.
제17조	판매금지 등	① 청소년유해매체물을 판매 · 대여 · 배포하거나 시청 · 관람 · 이용에 제공하고자 하는 자는 그 상대방의 연령을 확인하여야 하고, 청소년에게 이를 판매 · 대여 · 배포하거나 시청 · 관람 · 이용에 제공하여서는 아니 된다. ② 제14조의 규정에 의하여 청소년유해표시를 하여야 할 매체물은 청소년유해표 시가 되지 아니한 상태에서는 당해 매체물의 판매 또는 대여를 위하여 전시 또는 진열하여서는 아니 된다. ③ 제15조의 규정에 의하여 포장을 하여야 할 매체물은 포장이 되지 아니한 상 태에서는 당해 매체물의 판매 또는 대여를 위하여 전시 또는 진열하여서는 아 니 된다. ④ 청소년유해매체물의 판매금지 등에 관하여 기타 필요한 사항은 대통령으로 정한다.
제18조	구분 · 격리 등	① 청소년유해매체물은 이를 청소년에게 유통이 허용된 매체물과 구분 · 격리하지 아니하고는 판매 또는 대여하기 위하여 전시 또는 진열하여서는 아니 된다. ② 청소년유해매체물로서 제7조 제1호 또는 제6호에 해당하는 매체물은 자동기 계장치 또는 무인판매 장치에 의하여 유통할 목적으로 전시 또는 진열하여서 는 아니 된다. 다만, 다음 각 호의 1에 해당하는 경우에는 그러하지 아니하다. 1. 자동기계장치 또는 무인판매장치를 설치하는 자가 이를 이용한 청소년의 청소 년유해매체물 구입 행위 등을 제지할 수 있는 경우 2. 제2조 제5호 가목의 청소년출입 · 고용금지업소 안에 설치하는 경우 ③ 제1항 및 제2항의 규정에 의한 매체물의 구분 · 격리 및 판매방법 등에 관하 여 필요한 사항은 대통령령으로 정한다.
제19조	방송시간 제한	청소년유해매체물로서 제7조 제5호에 해당하는 것과 제7조 제7호에 해당하는 광 고선전물 중 방송을 이용하는 것은 대통령령이 정하는 방송시간에는 이를 방송하 여서는 아니 된다.
제20조	광고선전 제한	① 청소년유해매체물로서 제7조 제7호의 규정에 의한 간판, 입간판, 벽보, 전단, 기타 대통령령이 정하는 광고선전물은 이를 다음 각 호의 1에 해당하는 장소 또는 방법으로 공공연히 설치 · 부착 · 배포하여서는 아니 된다. 1. 청소년출입 · 고용금지업소외의 업소 2. 공중이 통행하는 장소 3. 청소년의 접근을 제한하는 기능이 없는 컴퓨터통신 ② 청소년유해매체물로서 제7조 제7호의 규정에 의한 광고선전물중 다른 매체물 과 기타 물건 등에 수록 · 게재 · 전시 기타의 방법으로 포함된 것은 당해 매 체물과 기타 물건 등을 청소년을 대상으로 판매 · 대여 · 배포하거나 시청 · 관 람 또는 이용에 제공하여서는 아니 된다. ③ 제1항과 제2항의 규정에 의한 광고선전물의 제한방법 · 장소, 기타 광고제한에 관하여 필요한 사항은 대통령령으로 정한다.
제21조	청소년유해 매체물목록 표의 작성 · 통보	① 청소년보호위원회와 각 심의기관은 소관 매체물에 대하여 청소년유해매체물로 결정한 때에는 당해 매체물의 목록을 작성하여야 하며, 각 심의기관이작성할 경우에는 그 목록을 청소년보호위원회에 제출하여야 한다. ② 여성가족부장관은 청소년유해매체물의 목록을 종합한 청소년유해매체물목록표 를 작성하여야 한다.

제22조	청소년유 해매체물의 고시	③ 여성가족부장관은 각 심의기관, 청소년 또는 매체물과 관련이 있는 중앙행정기관, 청소년보호와 관련된 지도·단속기관, 기타 청소년보호를 위한 관련단체 등(이하 "관계기관 등"이라 한다)에 제2항의 규정에 의한 청소년유해매체물목록표를 통보하여야 하며, 필요한 경우 매체물의 유통을 업으로 하는 개인·법인·단체에게 통보할 수 있으며, 요청이 있는 경우 친권자 등에게 통지할 수 있다. ④ 제2항의 규정에 의한 청소년유해매체물목록표의 작성방법, 통보시기, 통보대상 기타 필요한 사항은 여성가족부령으로 정한다. ① 여성가족부장관은 제8조 제1항 본문 및 제3항과 제12조의 규정에 의하여 청소년보호위원회가 결정 또는 확인한 매체물에 대하여는 이를 청소년유해매체물로 고시하여야 한다. ② 각 심의기관은 청소년유해매체물에 대하여 심의의견서를 첨부하여 청소년보호위원회에 제출하고, 청소년보호위원회는 여성가족부장관에게 당해 매체물의 고시를 요청하여야 한다. ③ 여성가족부장관이 제1항 및 제2항의 규정에 의한 매체물을 고시할 때에는 고시의 사유와 효력발생시기를 명시하여야 한다. ④ 제1항 내지 제3항의 규정에 의한 고시에 관하여 필요한 사항은 여성가족부령으로 정한다.
제23조	청소년유 해매 체물의 결정 취소 등	① 청소년보호위원회는 청소년유해매체물이 더 이상 청소년에게 유해하지 아니하다고 인정할 경우에는 제8조 제1항 및 제3항 규정에 의한 청소년유해매체물의 결정을 취소하고 여성가족부장관에게 당해 매체물을 청소년유해매체물목록표에서 삭제하도록 요청하여야 한다. 이 경우 여성가족부장관은 이를 삭제하여야 하고 그 사실을 관계기관 등에 통보하여야 한다. ② 각 심의기관은 청소년유해매체물 결정을 취소한 경우에는 청소년보호위원회에 그 사실을 통보하여야 한다. 이 경우 청소년보호위원회는 여성가족부장관에게 당해 매체물을 청소년유해매체물목록표에서 삭제하도록 요청하여야 하며 여성가족부장관은 이를 삭제하여야 하고 그 사실을 관계기관 등에 통보하여야 한다. ③ 여성가족부장관은 제1항 및 제2항의 규정에 의한 청소년유해매체물의 취소결정이 있는 경우에는 결정이 취소되었다는 사실과 그 사유를 명시하여 고시하여야 한다. ④ 제1항 내지 제3항의 규정에 의한 결정취소 등에 관하여 필요한 사항은 여성가족부령으로 정한다.
제23조 의2	외국매체 물에 대한 특례	누구든지 영리를 목적으로 외국에서 제작·발행된 매체물로서 제10조의 심의기준에 해당하는 매체물을 청소년에게 유통(번역, 번안, 편집, 자막삽입 등의 방법으로 유통하게 하는 경우를 포함한다)하게 하거나 이와 같은 목적으로 소지하여서는 아니 된다.

제3장 청소년유해업소, 청소년유해약물 및 청소년유해행위 등의 규제

제24조	청소년고 용 금지 및 출입 제한 등	① 청소년유해업소의 업주는 종업원을 고용하고자 하는 때에는 그 연령을 확인하여야 하며, 청소년을 고용하여서는 아니 된다.② 청소년출입·고용금지업소의 업주 및 종사자는 출입자의 연령을 확인하여 청소년이 당해 업소에 출입하거나 이용하지 못하게 하여야 한다.

		③ 청소년유해업소의업주 및 조사자는 제1항 및 제2항의 규정에 의한 연령확인을 위하여 필요한 경우 주민등록증 그 밖에 연령을 확인할 수 있는 증표(이하 이 항에서 "증표"라 한다)의 제시를 요구할 수 있으며, 증표증표제시를 요구받은 자가 정당한 사유없이 증표제시를 거부할 경우에는 당해 업소의 출입을 제한하거나 이용하지 못하게 할 수 있다. ④ 제2항의 규정에 불구하고 청소년이 친권자 등을 동반할 때에는 대통령령이 정하는 바에 따라 출입하게 할 수 있다. 다만, 「식품위생법」에 의한 식품접객업 중 대통령령으로 정하는 업소의 경우에는 그러하지 아니하다. ⑤ 청소년유해업소의 업주 및 종사자는 당해 업소에 대통령령이 정하는 바에 따라 청소년의 출입·이용과 고용을 제한하는 내용의 표시를 하여야 한다.
제25조	청소년통행금지·제한구역의 지정 등	① 지방자치단체는 청소년보호를 위하여 필요하다고 인정할 경우 청소년에게 정신적·신체적 건강을 해칠 우려가 있는 구역을 청소년통행제한구역으로 지정하여야 한다. ② 지방자치단체는 청소년범죄 또는 탈선의 예방 등 특별한 이유가 있는 때에는 대통령령이 정하는 바에 따라 특정시간을 정하여 제1항의 규정에 의해 지정된 구역에 청소년의 통행을 금지하거나 또는 제한할 수 있다. ③ 제1항 및 제2항의 규정에 의한 청소년통행금지·제한구역의 구체적인 지정기준과 선도 및 단속방법 등은 조례로 정하여야 하며, 이 경우 관할국가경찰관서 및 학교 등 해당지역 내의 관계기관과 지역 주민의 의견을 반영하여야 한다. ④ 지방자치단체 및 관할경찰서장은 청소년이 제2항의 규정에 위반하여 청소년통행금지·제한구역을 통행하고자 하는 때에는 그 통행을 저지할 수 있으며, 통행하고 있는 청소년에 대하여는 해당구역 밖으로 퇴거시킬 수 있다.
제26조	청소년유해약물 등으로부터 청소년 보호	① 누구든지 청소년을 대상으로 하여 청소년유해약물 등을 판매·대여·배포하여서는 아니 된다. 이 경우 자동기계장치·무인판매장치·통신장치에 의하여 판매·대여·배포한 경우를 포함한다. 다만, 학습용·공업용 또는 치료용으로 판매되는 것으로서 대통령령이 정하는 것은 그러하지 아니하다. ② 여성가족부장관은 청소년유해약물목록표를 작성하여 청소년유해약물 등과 관련이 있는 중앙행정기관, 청소년보호와 관련된 지도·단속기관, 기타 청소년보호를 위한 관련단체 등에 통보하 여야 하며, 필요한 경우 약물유통을 업으로 하는 개인·법인·단체에게 통보할 수 있으며, 요청이 있는 경우 친권자 등에게 통지할 수 있다. ③ 제2항의 규정에 의한 청소년유해약물목록표의 작성방법, 통보시기, 통보대상 기타 필요한 사항은 여성가족부령으로 정한다. ④ 제14조 내지 제16조의 규정은 청소년유해약물 등에 이를 준용한다.
제26조의2	청소년유해행위의 금지	누구든지 다음 각 호의 1에 해당하는 행위를 하여서는 아니 된다. 1. 영리를 목적으로 청소년으로 하여금 신체적인 접촉 또는 은밀한 부분의 노출등 성적 접대행위를 하게 하거나 이러한 행위를 알선·매개하는 행위 2. 영리를 목적으로 청소년으로 하여금 손님과 함께 술을 마시거나 노래 또는 춤 등으로 손님의 유흥을 돋구는 접객행위를 하게 하거나 이러한 행위를 알선·매개하는 행위 3. 영리 또는 흥행의 목적으로 청소년에게 음란한 행위를 알선·매개하는 행위 4. 영리 또는 흥행의 목적으로 청소년이 장애기형 등 형상을 공중에게 관람시키는 행위 5. 청소년에게 구걸을 시키거나, 청소년을 이용해서 구걸하는 행위 6. 청소년을 학대하는 행위

		7. 영리를 목적으로 청소년으로 하여금 손님을 거리에서 유인하는 행위를 하게 하는 행위
		8. 청소년에 대하여 이성혼숙을 하게 하는 등 풍기를 문란하게 하는 영업행위를 하거나 그를 목적으로 장소를 제공하는 행위
		9. 주로 다류(茶類)를 조리·판매하는 업소에서 청소년으로 하여금 영업장을 벗어나 다류를 배달하는 행위를 하게 하거나 이를 조장 또는 묵인하는 행위
제26조 의3	청소년 대상 무효인 채권	① 제26조의2의 규정에 의한 행위(이하 이 항에서 "유해행위"라 한다)를 한 자가 유해행위와 관련하여 청소년에게 가지는 채권은 그 계약의 형식이나 명목에 관계없이 이를 무효로 한다. ② 제2조 제5호 가목(1) 및 나목(1)의 규정에 의한 업소의 업주가 고용과 관련하여 청소년에게 가지는 채권은 그 계약의 형식이나 명목에 관계없이 이를 무효로 한다.

제4장 청소년보호위원회 등

제27조	청소년보 호위원회 의 설치	다음 각 호의 사무를 담당하기 위하여 여성가족부장관 소속하에 청소년보호위원회를 둔다. 1. 유해환경으로부터 청소년을 보호하기 위한 청소년유해매체물, 청소년유해약물, 청소년유해물건, 청소년유해업소 등의 심의·결정 등에 관한 사항 2. 제49조의 제1항에 따른 정기간행물 등을 발행하거나 수입한 자에 대한 과징금 부과의 심의·결정에 관한 사항 3. 청소년보호를 위하여 여성가족부장관이 필요하다고 심의를 요청한 사항 4. 그 밖에 다른 법률에서 청소년보호위원회가 심의·결정하도록 정한 사항
제28조	청소년보 호위원회 의 구성	① 청소년보호위원회는 위원장 1인을 포함한 11인 이내의 위원으로 구성하되, 여성가족부장관이 지명하는 청소년업무담당 고위공무원단에 속하는 공무원은 당연직 위원이 된다. ② 청소년보호위원회의 위원장은 청소년에 관한 경험과 식견이 풍부한 자 중에서 여성가족부장관의 제청으로 대통령이 임명하고, 그 밖의 위원은 다음 각 호의 어느 하나에 해당하는 자 중에서 위원장의 추천을 받아 여성가족부장관의 제청으로 대통령이 임명 또는 위촉한다. 1. 판사, 검사 또는 변호사의 직에 5년 이상 재직한 자 2. 대학이나 공인된 연구기관에서 부교수 이상 또는 이에 상당한 직에 있거나 있었던 자로서 청소년 관련 분야를 전공한 자 3. 3급 또는 3급 상당 이상의 공무원이나 고위공무원단에 속하는 공무원과 공공기관에서 이에 상당하는 직에 있거나 있었던 자로서 청소년 관련 업무에 실무경험이 있는 자 4. 청소년시설·단체 및 각급 교육기관 등에서 청소년 관련 업무를 10년 이상 담당한 자
제29조	위원장 등	① 위원장은 청소년보호위원회를 대표하며, 위원장이 불가피한 사유로 인하여 직무를 수행할 수 없는 때에는 위원장이 지명하는 위원이 그 직무를 대행한다. ② 청소년보호위원회는 재적위원 과반수의 출석으로 개회하고, 출석위원 과반수의 찬성으로 의결한다.

제30조	위원의 임기	① 위원의 임기는 2년으로 하되, 연임할 수 있다. ② 위원의 결원이 생겼을 때에는 결원된 날부터 30일 이내에 보궐위원을 임명 또는 위촉하여야 하며, 보궐위원의 임기는 전임자의 잔임 기간으로 한다.
제31조	위원의 직무상 독립과 신분보장	① 위원의 임기 중 직무와 관련하여 외부의 지시나 간섭을 받지 아니한다. ② 위원은 다음 각 호의 어느 하나에 해당하는 경우를 제외하고는 그 의사에 반하여 면직되지 아니한다. 1. 금고 이상의 형의 선고를 받은 경우 2. 장기간의 심신쇠약으로 직무를 수행할 수 없게 된 경우
제32조	회의 및 운영	이 법에 정한 것 외에 청소년보호위원회의 운영에 관하여 필요한 사항은 대통령령으로 정한다.
제33조	삭제	〈2005.3.24〉
제33 조의2	청소년보 호센터 등	① 청소년폭력·학대 등 유해환경으로부터 청소년을 임시로 보호하기 위하여 여성가족부에 청소년보호센터를 둘 수 있다. ② 청소년보호센터에는 피해를 당한 청소년에게 법률상담, 소송업무대행 등의 법률적 지원을 할 수 있도록 전문변호사를 둘 수 있다. ③ 청소년폭력·학대 등의 피해·가해청소년 및 약물로부터 고통을 받는 청소년의 재활을 위하여 여성가족부에 청소년재활센터를 둘 수 있다. ④ 제1항 및 제3항의 규정에 의한 청소년보호센터 및 청소년재활센터에 관한 세부적인 사항은 대통령령으로 정한다.
제33 조의3	삭제	〈2005.3.24〉
제33 조의4	삭제	〈2005.3.24〉

제5장 보칙

제34조	보고 등	시장·군수 또는 구청장(자치구의 구청장을 말한다. 이하 같다)은 이 법에서 정하고 있는 사항의 이행 위반여부의 확인을 위하여 필요하다고 인정할 때에는 청소년유해매체물과 청소년유해약물 등을 유통하는 자와 청소년유해업소의 업주 등에 대하여 대통령령이 정하는 바에 의하여 필요한 보고와 자료제출을 요구할 수 있다.
제35조	검사 및 조사 등	① 시장·군수 또는 구청장은 이 법에서 정하고 있는 사항의 이행 및 위반 여부의 확인을 위하여 필요하다고 인정할 때에는 소속공무원으로 하여금 청소년유해매체물과 청소년유해약물 등의 유통 및 청소년의 유해업소 고용과 출입 등에 관련된 장부, 서류, 장소, 기타 필요한 물건을 검사·조사하게 할 수 있으며, 대통령령이 정하는 바에 따라 지정된 장소에서 당사자·이해관계인 또는 참고인의 진술을 듣게 할 수 있다. ② 시장·군수 또는 구청장은 필요하다고 인정할 경우에는 특별한 학식·경험이 있는 자에게 감정을 의뢰할 수 있다. ③ 제1항의 규정에 의하여 업무를 수행하는 공무원은 그 권한을 표시하는 증표를

		관계인에게 내보여야 한다.
제36조	수거 · 파기	① 시장 · 군수 또는 구청장은 청소년유해매체물로 결정된 매체물 및 청소년유해약물 등이 제14조(제26조 제4항에 준용하는 경우를 포함한다)의 규정에 의하여 포장되지 아니하고 유통되고 있거나, 각 심의기관의 청소년유해 여부 심의를 받지 아니하고 유통되고 있는 매체물로서 청소년유해매체물로 결정된 경우에는 그 소유자, 기타 당해 유통에 종사하는 자에 대하여 그 매체물 및 청소년유해약물 등의 수거를 명할 수 있다. ② 시장 · 군수 또는 구청장은 제1항의 규정에 의한 수거명령을 받을 자를 알 수 없거나 수거명령을 받은 자가 이에 따르지 아니할 경우에는 대통령령이 정하는 바에 따라 이를 수거 또는 파기하게 할 수 있다. ③ 제1항 및 제2항의 규정에 의한 수거 · 파기 등에 관하여 필요한 사항은 대통령령으로 정한다. ④ 시장 · 군수 또는 구청장에 의한 담배 및 성기구와 같은 청소년유해약물등과 청소년유해매체물을 수거하여 폐기 또는 기타 필요한 처분을 할 수 있다. ⑤ 시장 · 군수 또는 구청장 및 경찰서장은 제4항의 규정에 의한 처분을 한 때에는 그 품명 · 수량 · 소유자 또는 소지자 및 그 처분내용 등을 관계장부에 기재하여야 한다.
제37조	시정명령	① 시장 · 군수 또는 구청장은 다음 각 호의 1에 해당하는 자에게 그 시정을 명할 수 있다. 1. 제14조 규정에 위반하여 청소년유해매체물의 청소년유해표시를 하지 아니한 자 2. 제15조의 규정에 위반하여 청소년유해매체물의 포장을 하지 아니한 자 3. 영리를 목적으로 제17조 제2항의 규정에 위반하여 청소년유해매체물을 청소년유해표시가 되지 아니한 상태에서 판매 또는 대여를 위하여 전시 · 진열한 자 4. 영리를 목적으로 제17조 제3항의 규정에 위반하여 청소년유해매체물을 포장이 되지 아니한 상태에서 판매 또는 대여를 위하여 전시 · 진열한 자 6. 영리를 목적으로 제18조 제2항의 규정에 위반하여 청소년유해매체물로서 제7조 제1호 또는 제6호에 해당하는 것을 자동기계장치 또는 무인판매장치에 의하여 유통할 목적으로 전시 · 진열한 자 7. 제20조 제1항의 규정에 위반하여 청소년유해 광고선전물을 청소년출입 · 고용금지업소외의 업소, 공중이 통행하는 장소에 공공연히 설치 · 부착 · 배포한 자 또는 청소년의 접근을 제한하는 기능이 없는 컴퓨터 통신에 의한 방법으로 이를 행한 자 ② 제1항의 규정에 의한 시정명령의 종류 · 절차 및 그 이행 등에 관하여 필요한 사항은 대통령령으로 정한다.
제38조	이유명시	시장 · 군수 또는 구청장은 제36조 및 제37조의 규정에 의한 수거 · 파기와 시정명령의 처분을 할 때에는 대통령령이 정하는 바에 의하여 그 이유를 명시하여야 한다.
제39조	삭제	〈2004.1.29〉
제40조	삭제	〈2004.1.29〉
제41조	삭제	〈2001.5.24〉
제42조	관계행정기관의 장의 협조	① 여성가족부장관은 이 법의 시행을 위하여 필요하다고 인정할 때에는 관계행정기관의 장의 의견을 들을 수 있다. ② 여성가족부장관은 이 법의 규정에 의한 의무이행을 확보하기 위하여 필요하다고 인정할 때에는 관계행정기관의 장에게 필요한 협조를 의뢰할 수 있다.

제43조	증표 교부 등	① 여성가족부장관은 청소년유해환경정화활동을 수행하고 있는 민간의 감시·고발 단체에 대하여 행정·재정상 지원을 할 수 있으며, 필요한 경우 업무수행의 효율을 기하기 위해 대통령령이 정하는 바에 의하여 청소년유해환경감시활동을 하고 있음을 나타내는 증표를 교부할 수 있다. ② 제1항의 규정에 의한 민간의 감시·고발단체에는 교사를 포함시킬 수 있다. ③ 제1항의 규정에 의한 민간의 감시·고발단체의 구체적인 종류와 명칭은 여성가족부령으로 정한다.
제44조	신고	① 누구든지 청소년에게 유해다고 생각되는 매체물과 약물 등이 청소년에게 유통되고 있거나 청소년에게 유해한 업소에 청소년이 고용 또는 출입하고 있음을 발견한 때 및 기타 이 법의 규정에 위반되는 사실이 있다고 인정할 때에는 그 사실을 시장·군수 또는 구청장에게 신고하여야 한다. ② 시장·군수 또는 구청장은 제1항의 규정에 의한 신고의 활성화를 위하여 필요한 시책을 시행하여야 하며 필요한 경우 신고자에 대한 포상 등을 실시할 수 있다.
제44조의2	선도·보호조치 대상 청소년의 통보 등	① 시장·군수 또는 구청장은 제17조 제1항, 제24조 제1항 및 제2항, 제26조 제1항, 제26조의2 제1호 내지 제3호 및 제7호 내지 제9호의 규정에 위반하는 행위를 적극적으로 유발하게 하거나 연령을 속이는 등 그 위반행위의 원인을 제공한 청소년에 대하여는 친권자 등에게 그 사실을 통보하여야 한다. ② 시장·군수 또는 구청장은 제1항의 청소년 중 그 내용·정도 등을 고려하여 선도·보호조치가 필요하다고 인정되는 청소년에 대하여는 관할 경찰서장·소속 학교장(학생인 경우에 한한다) 및 친권자 등에게 그 사실을 통보하여야 한다.
제45조	삭제	〈2002.8.26〉
제46조	권한의 위탁	청소년보호위원회는 이 법에 의한 권한의 일부를 대통령령이 정하는 바에 의하여 청소년보호 또는 매체물이나 약물 등과 관련된 비영리법인 또는 단체에 위탁할 수 있다.
제47조	지방청소년사무소의 설치 등	① 특별시장·광역시장·도지사(이하 "시·도지사"라 한다)는 그 관할구역 내의 청소년을 보호하기 위하여 조례가 정하는 바에 따라 지방청소년사무소를 설치할 수 있다. ② 특별시·광역시·도의 관할구역 내의 청소년보호를 위하여 기타 필요한 사항에 관하여는 해당 지방자치단체의 조례로 정한다.
제48조	벌칙 적용에 있어서의 공무원의제	① 청소년보호위원회의 사무에 종사하는 공무원이 아닌 위원 또는 직원은 「형법」 제129조 내지 제132조 및 「특정범죄가중처벌 등에 관한 법률」 제2조의 적용에 있어서는 이를 공무원으로 본다. ② 제46조의 규정에 의하여 위탁한 사무중 심의 업무에 종사하는 한국간행물윤리위원회 또는 법인·단체의 위원, 임원, 직원은 「형법」 제129조 내지 제132조 및 「특정범죄가중처벌 등에 관한 법률」 제2조의 적용에 있어서는 이를 공무원으로 본다.
제49조	과징금	① 여성가족부장관은 정기간행물 등을 발행하거나 수입한 자가 제10조의 심의기준에 저촉된 청소년유해매체물을 제14조·제15의 규정에 의한 청소년유해표시 또는 포장을 하지 아니하고 당해 청소년유해매체물의 결정·고시 전에 유통하였거나 유통 중인 때에는 당해 청소년유해매체물을 발행하거나 수입한 자에 대하여 2천만 원 이하의 과징금을 부과·징수할 수 있다. ② 시장·군수 또는 구청장은 제50조 또는 제51조 각 호의 1에 해당하는 행위로 인하여 이익을 취득한 자에 대하여 대통령령이 정하는 바에 의하여 1천만 원 이하의 과징금을 부과·징수할 수 있다. 다만, 다른 법률의 규정에 의한 영업허가 취소·영업소폐쇄·영업정지 또는 과징금부과 등 행정처분의 대상으로서 행정처분이 이루어진 경우 또는 행정처분이 가능한 경우에는 그러하지 아니하다.

③ 제1항 또는 제2항의 규정에 의한 과징금을 기한 이내에 납부하지 아니한 때에는 여성가족부장관 또는 시장·군수·구청장이 국세 또는 지방세체납처분의 예에 따라 이를 징수한다.

④ 여성가족부장관 또는 시장·군수·구청장은 다음 각 호의 1에 해당하는 사유로 과징금의 전액을 일시에 납부하기가 어렵다고 인정되는 때에는 그 납부기한을 연장하거나 분할납부하게 할 수 있다.

1. 자연재해 또는 화재 등으로 재산에 현저한 손실을 입은 경우
2. 영업에 현저한 손실을 입어 중대한 위기에 처한 경우
3. 과징금의 일시납부에 따라 생계가 곤란할 것으로 예상되는 경우
4. 그 밖에 제1호 내지 제3호에 준하는 사유가 있는 경우

⑤ 제1항 내지 제3항의 규정에 의하여 과징금으로 징수한 금액은 징수주체가 사용하되, 다음 각 호의 용도로 사용하여야 한다.

1. 청소년유해환경정화를 위한 프로그램의 개발·보급
2. 청소년에게 유익한 매체물의 제작·지원
3. 민간의 청소년선도·보호사업 및 청소년유해환경정화를 위한 시민운동의 지원
4. 그 밖에 청소년 선도보호를 위한 사업으로서 대통령령이 정하는 사업

⑥ 제1항 내지 제4항의 규정에 의한 과징금의 부과기준, 과징금의 부과 및 납부방법 그 밖에 과징금의 부과·징수에 관하여 필요한 사항은 대통령령으로 정한다.

제6장 벌칙

제49조의2	벌칙	제26조의2 제1호의 규정을 위반한 자는 1년 이상 10년 이하의 징역에 처한다.
제49조의3	벌칙	제26조의2 제2호 또는 제3호의 규정을 위반한 자는 10년 이하의 징역에 처한다.
제49조의4	벌칙	제26조의2 제4호 내지 제6호의 규정을 위반한 자는 5년 이하의 징역에 처한다.
제50조	벌칙	다음 각 호의 1에 해당하는 자는 3년 이하의 징역 또는 2천만 원 이하의 벌금에 처한다. 1. 영리를 목적으로 제17조 제1항의 규정에 위반하여 청소년에게 청소년유해매체물을 판매·대여·배포하거나 시청·관람·이용에 제공한 자 1의2. 영리를 목적으로 제23조의2의 규정에 위반하여 청소년으로 하여금 범죄의 충동을 일어나게 하는 매체물 등을 유통하게 한 자 2. 제24조 제1항의 규정에 위반하여 청소년을 유해업소에 고용한 자 3. 제26조 제1항의 규정에 위반하여 청소년에게 제2조 제4호 가목(6) 또는 (7)의 약물 또는 나목의 물건을 판매·대여·배포한 자 4. 제26조의2 제7호 내지 제9호의 규정에 위반한 자 5. 제36조 제1항의 규정에 위반하여 청소년유해매체물 또는 청소년유해약물 등을 수거하지 아니한 자
제51조	벌칙	다음 각 호의 1에 해당하는 자는 2년 이하의 징역 또는 1천만 원 이하의 벌금에 처한다. 1. 제14조, 제24조 제5항, 제26조 제4항의 규정에 위반하여 청소년유해매체물, 청소년유해업소, 청소년유해약물 등의 청소년유해표시를 하지 아니한 자

		2. 제15조의 규정에 위반하여 청소년유해매체물의 포장을 하지 아니한 자 3. 삭제 〈2004.1.29〉 4. 삭제 〈2004.1.29〉 5. 제19조의 규정에 위반하여 청소년유해매체물을 방송한 자 6. 제20조 제1항의 규정에 위반하여 광고선전물을 설치부착하거나 배포한 자 7. 제24조 제2항의 규정에 위반하여 청소년을 유해업소에 출입시킨 자 8. 제26조 제1항의 규정에 위반하여 청소년에게 「주세법」의 규정에 의한 주류 또는 「담배사업법」의 규정에 의한 담배를 판매한 자
제52조	벌칙	제16조의 규정에 위반하여 청소년유해매체물의 청소년유해표시 또는 포장을 훼손한 자는 500만 원 이하의 벌금에 처한다.
제53조	벌칙	제35조의 규정에 위반하여 관계공무원의 검사 및 조사를 거부·방해 또는 기피한 자는 300만 원 이하의 벌금에 처한다.
제54조	양벌규정	법인·단체의 대표자, 법인·단체 또는 개인의 대리인, 사용인 기타 종업원이 그 법인·단체 또는 개인의 업무에 관하여 제49조의2 내지 제49조의4 및 제50조 내지 제53조의 죄를 범한 때에는 행위자를 벌하는 외에 그 법인·단체 또는 개인에 대하여도 각 해당 조의 벌금형을 과한다. [단순위헌, 2008헌가10, 2009.7.30, 청소년보호법(2004.1.29, 법률 제7161호로 개정된 것) 제54조 중 "개인의 대리인, 사용인 기타 종업원이 그 개인의 업무에 관하여 제51조 제8호의 위반행위를 한 때에는 그 개인에 대하여도 해당 조의 벌금형을 과한다"는 부분은 헌법에 위반된다.]
제55조	형의 감경	제50조 내지 제52조의 죄를 범한 자가 제37조의 규정에 의한 시정명령을 받고 이를 이행한 경우에는 그 형을 감경할 수 있다.
제56조	과태료	① 제37조 제1항 제1호·제2호 또는 제7호의 규정에 의한 시정명령을 이행하지 아니한 자는 500만 원 이하의 과태료에 처한다. ② 다음 각 호의 1에 해당하는 자는 100만 원 이하의 과태료에 처한다. 1. 제34조의 규정에 의한 보고와 자료제출의 요구를 받고도 이에 응하지 아니한 자나 거짓으로 보고 도는 자료를 제출한 자 2. 제37조 제1항 제3호 내지 제6호의 규정에 의한 시정명령을 이행하지 아니한 자 ③ 제1항 및 제2항의 규정에 의한 과태료는 대통령령이 정하는 바에 의하여 시장·군수 또는 구청장(이하 "부과권자"라 한다)이 부과·징수한다. ④ 제3항의 규정에 의한 과태료처분에 불복이 있는 자는 그 처분의 고지를 받은 날부터 30일 이내에 부과권자에게 이의를 제기할 수 있다. ⑤ 제3항의 규정에 의한 과태료처분을 받은 자가 제4항의 규정에 의하여 이의를 제기한 때에는 부과권자는 지체 없이 관할법원에 그 사실을 통보하여야 하며, 그 통보를 받은 관할법원은 「비송사건절차법」에 의한 과태료의 재판을 한다. ⑥ 제4항의 규정에 의한 기간 이내에 이의를 제기하지 아니하고 과태료를 납부하지 아니한 때에는 지방세체납처분의 예에 의하여 이를 징수한다.

제14편 보호관찰 등에 관한 법률

[시행 2011.1.1][법률 제10220호, 2010.3.31, 타법개정]

제1장 총칙

제1조	목적	이 법은 죄를 지은 사람으로서 재범 방지를 위하여 보호관찰, 사회봉사, 수강 및 갱생보호 등 체계적인 사회 내 처우가 필요하다고 인정되는 사람을 지도하고 보살피며 도움으로써 건전한 사회 복귀를 촉진하고, 효율적인 범죄예방 활동을 전개함으로써 개인 및 공공의 복지를 증진함과 아울러 사회를 보호함을 목적으로 한다.
제2조	국민의 협력 등	① 모든 국민은 제1조의 목적을 달성하기 위하여 그 지위와 능력에 따라 협력하여야 한다. ② 국가와 지방자치단체는 죄를 지은 사람의 건전한 사회 복귀를 위하여 보호선도 사업을 육성할 책임을 진다.
제3조	대상자	① 보호관찰을 받을 사람(이하 "보호관찰 대상자"라 한다)은 다음 각 호와 같다. 1. 「형법」 제59조의2에 따라 보호관찰을 조건으로 형의 선고유예를 받은 사람 2. 「형법」 제62조의2에 따라 보호관찰을 조건으로 형의 집행유예를 선고받은 사람 3. 「형법」 제73조의2 또는 이 법 제25조에 따라 보호관찰을 조건으로 가석방되거나 임시 퇴원된 사람 4. 「소년법」 제32조 제1항 제4호 및 제5호의 보호처분을 받은 사람 5. 다른 법률에서 이 법에 따른 보호관찰을 받도록 규정된 사람 ② 사회봉사 또는 수강을 하여야 할 사람(이하 "사회봉사·수강명령 대상자"라 한다)은 다음 각 호와 같다. 1. 「형법」 제62조의2에 따라 사회봉사 또는 수강을 조건으로 형의 집행유예를 선고받은 사람 2. 「소년법」 제32조에 따라 사회봉사명령 또는 수강명령을 받은 사람 3. 다른 법률에서 이 법에 따른 사회봉사 또는 수강을 받도록 규정된 사람 ③ 갱생보호를 받을 사람(이하 "갱생보호 대상자"라 한다)은 형사처분 또는 보호처분을 받은 사람으로서 자립갱생을 위한 숙식 제공, 여비지급, 생업도구와 생업조성 금품의 지급 또는 대여, 직업훈련 및 취업알선 등 보호의 필요성이 인정되는 사람으로 한다.
제4조	운영의 기준	보호관찰, 사회봉사, 수강 또는 갱생보호는 해당 대상자의 교화, 개선 및 범죄예방을 위하여 필요하고도 적절한 한도 내에서 이루어져야 하며, 대상자의 나이, 경력, 심신상태, 가정환경, 교유관계, 그 밖의 모든 사정을 충분히 고려하여 가장 적합한 방법으로 실시되어야 한다.

제2장 보호관찰기관

제1절 보호관찰 심사위원회

제5조	설치	① 보호관찰에 관한 사항을 심사·결정하기 위하여 법무부장관 소속으로 보호관찰 심사위원회(이하 "심사위원회"라 한다)를 둔다. ② 심사위원회는 고등검찰청 소재지 등 대통령령으로 정하는 지역에 설치한다.
제6조	관장 사무	심사위원회는 이 법에 따른 다음 각 호의 사항을 심사·결정한다. 1. 가석방과 그 취소에 관한 사항 2. 임시퇴원, 임시퇴원의 취소 및 「보호소년 등의 처우에 관한 법률」 제43조 제3항에 따른 보호소년의 퇴원(이하 "퇴원"이라 한다)에 관한 사항 3. 보호관찰의 임시해제와 그 취소에 관한 사항 4. 보호관찰의 정지와 그 취소에 관한 사항 5. 가석방 중인 사람의 부정기형의 종료에 관한 사항 6. 이 법 또는 다른 법령에서 심사위원회의 관장 사무로 규정된 사람 7. 제1호부터 제6호까지의 사항과 관련된 사항으로서 위원장이 회의에 부치는 사항
제7조	구성	① 심사위원회는 위원장을 포함하여 5명 이상 9명 이하의 위원으로 구성한다. ② 심사위원회의 위원장은 고등검찰청 검사장 또는 고등검찰청 소속 검사 중에서 법무부장관이 임명한다. ③ 심사위원회의 위원은 판사, 검사, 변호사, 보호관찰소장, 지방교정청장, 교도소장, 소년원장 및 보호관찰에 관한 지식과 경험이 풍부한 사람 중에서 법무부장관이 임명하거나 위촉한다. ④ 심사위원회의 위원 중 3명 이내의 상임위원을 둔다.
제8조	위원의 임기	위원의 임기는 2년으로 하되, 연임할 수 있다. 다만, 공무원인 비상임위원의 임기는 그 직위에 있는 기간으로 한다.
제9조	위원의 해임 및 해촉	위원이 다음 각 호의 어느 하나에 해당하면 해임하거나 해촉할 수 있다. 1. 심신장애로 직무수행이 불가능하거나 현저히 곤란하다고 인정될 때 2. 직무 태만, 품위 손상, 그 밖의 사유로 인하여 위원으로서 직무를 수행하기 적당하지 아니하다고 인정될 때
제10조	위원의 신분 등	① 상임위원은 고위공무원단에 속하는 별정직 국가공무원 또는 4급 상당의 별정직 국가공무원으로 한다. ② 상임위원이 아닌 위원은 명예직으로 한다. 다만, 예산의 범위에서 법무부령으로 정하는 바에 따라 여비나 그 밖의 수당을 지급할 수 있다.
제11조	심사	① 심사위원회는 심사자료에 의하여 제6조 각 호의 사항을 심사한다. ② 심사위원회는 심사에 필요하다고 인정하면 보호관찰 대상자와 그 밖의 관계인을 소환하여 심문하거나 상임위원 또는 보호관찰관에게 필요한 사항을 조사하게 할 수 있다. ③ 심사위원회는 심사에 필요하다고 인정하면 국공립기관이나 그 밖의 단체에 사실을 알아보거나 관계 자료의 제출을 요청할 수 있다.

| 제12조 | 의결 및 결정 | ① 심사위원회의 회의는 재적위원 가반수의 출석으로 개의하고, 출석위원 과반수의 찬성으로 의결한다.
② 제1항에도 불구하고 회의를 개최할 시간적 여유가 없는 부득이한 경우로서 대통령령으로 정하는 경우에는 서면으로 의결할 수 있다. 이 경우 재적위원 과반수의 찬성으로 의결한다.
③ 심사위원회의 회의는 비공개로 한다.
④ 결정은 이유를 붙이고 심사한 위원이 서명 또는 기명날인한 문서로 한다. |
| 제13조 | 명칭, 관할구역 운영 등 | 심사위원회의 명칭, 관할 구역 및 직무범위와 위원의 임명 또는 위촉, 그 밖에 심사위원회의 운영에 필요한 사항은 대통령령으로 정한다. |

제2절 보호관찰소

제14조	보호관찰소의 설치	① 보호관찰, 사회봉사, 수강 및 갱생보호에 관한 사무를 관장하기 위하여 법무부장관 소속으로 보호관찰소를 둔다. ② 보호관찰소의 사무일부를 처리하게 하기 위하여 그 관할 구역에 보호관찰지소를 둘 수 있다.
제15조	보호관찰소의 관장 사무	보호관찰소(보호관찰지소를 포함한다. 이하 같다)는 다음 각 호의 사무를 관장한다. 1. 보호관찰, 사회봉사명령 및 수강명령의 집행 2. 갱생보호 3. 검사가 보호관찰관이 선도함을 조건으로 공소제기를 유예하고 위탁한 선도 업무 4. 제18조에 따른 범죄예방 자원봉사위원에 대한 교육훈련 및 업무지도 5. 범죄예방활동 6. 이 법 또는 다른 법령에서 보호관찰소의 관장 사무로 규정된 사항
제16조	보호관찰관	① 보호관찰소에는 제15조 각 호의 사무를 처리하기 위하여 보호관찰관을 둔다. ② 보호관찰관은 형사정책학, 행형학, 범죄학, 사회사업학, 교육학, 심리학, 그 밖의 보호관찰에 필요한 전문적 지식을 갖춘 사람이어야 한다.
제17조	보호관찰소의 명칭 등	보호관찰소의 명칭, 관할 구역, 조직 및 정원, 그 밖에 필요한 사항은 대통령령으로 정한다.
제18조	범죄예방 자원봉사위원	① 범죄예방활동을 하고, 보호관찰활동과 갱생보호사업을 지원하기 위하여 범죄예방 자원봉사위원(이하 "범죄예방위원"이라 한다)을 둘 수 있다. ② 법무부장관은 법무부령으로 정하는 바에 따라 범죄예방위원을 위촉한다. ③ 범죄예방위원의 명예와 이 법에 따른 활동은 존중되어야 한다. ④ 범죄예방위원은 명예직으로 하되, 예산의 범위에서 직무수행에 필요한 비용의 전부 또는 일부를 지급할 수 있다. ⑤ 범죄예방위원의 위촉 및 해촉, 정원, 직무의 구체적 내용, 조직, 비용의 지급, 그 밖에 필요한 사항은 법무부령으로 정한다.

제3장 보호관찰

제1절 판결 전 조사

제19조	판결 전 조사	① 법원은 피고인에 대하여 「형법」 제59조의2 및 제62조의2에 따른 보호관찰, 사회봉사 또는 수강을 명하기 위하여 필요하다고 인정하면 그 법원의 소재지 또는 피고인의 주거지를 관할하는 보호관찰소의 장에게 범행 동기, 직업, 생활환경, 교우관계, 가족상황, 피해회복 여부 등 피고인에 관한 사항의 조사를 요구할 수 있다. ② 제1항의 요구를 받은 보호관찰소의 장은 지체 없이 이를 조사하여 서면으로 해당 법원에 알려야 한다. 이 경우 필요하다고 인정하면 피고인이나 그 밖의 관계인을 소환하여 심문하거나 소속 보호관찰관에게 필요한 사항을 조사하게 할 수 있다. ③ 법원은 제1항의 요구를 받은 보호관찰소의 장에게 조사진행상황에 관한 보고를 요구할 수 있다.
제19조의2	결정전 조사	① 법원은 「소년법」 제12조에 따라 소년 보호사건에 대한 조사 또는 심리를 위하여 필요하다고 인정하면 그 법원의 소재지 또는 소년의 주거지를 관할하는 보호관찰소의 장에게 소년의 품행, 경력, 가정상황, 그 밖의 환경 등 필요한 사항에 관한 조사를 의뢰할 수 있다. ② 제1항의 의뢰를 받은 보호관찰소의 장은 지체 없이 조사하여 서면으로 법원에 통보하여야 하며, 조사를 위하여 필요한 경우에는 소년 또는 관계인을 소환하여 심문하거나 소속 보호관찰관으로 하여금 필요한 사항을 조사하게 할 수 있다.

제2절 형의 선고유예 및 집행유예와 보호관찰

제20조	판결의 통지 등	① 법원은 「형법」 제59조의2 또는 제62조의2에 따라 보호관찰을 명하는 판결이 확정된 때부터 3일 이내에 판결문 등본 및 준수사항을 적은 서면을 피고인의 주거지를 관할하는 보호관찰소의 장에게 보내야 한다. ② 제1항의 경우 법원은 그 의견이나 그 밖에 보호관찰에 참고가 될 수 있는 자료를 첨부할 수 있다. ③ 법원은 제1항의 통지를 받은 보호관찰소의 장에게 보호관찰 상황에 관한 보고를 요구할 수 있다.

제3절 가석방 및 임시퇴원

제21조	교도소장 등의 통보의무	① 교도소·구치소·소년교도소의 장은 징역 또는 금고의 형을 선고받은 소년(이하 "소년수형자"라 한다)이 「소년법」 제65조 각 호의 기간을 지나면 그 교도소·구치소·소년교도소의 소재지를 관할하는 심사위원회에 그 사실을 통보하여야 한다. ② 소년원장은 보호소년이 수용된 후 6개월이 지나면 그 소년원의 소재지를 관할하는 심사위원회에 그 사실을 통보하여야 한다.

제22조	가석방·퇴원 및 임시퇴원의 신청	① 교도소·구치소·소년교도소 및 소년원(이하 "수용기관"이라 한다)의 장은 「소년법」 제65조 각 호의 기간이나 지난 소년수형자 또는 수용 중인 보호소년에 대하여 법무부령으로 정하는 바에 따라 관할심사위원회에 가석방, 퇴원 또는 임시퇴원 심사를 신청할 수 있다. ② 제1항의 신청을 할 때에는 제26조 또는 제27조에 따라 통지받은 환경조사 및 환경개선활동 결과를 고려하여야 한다.
제23조	가석방·퇴원 및 임시퇴원의 심사와 결정	① 심사위원회는 제22조 제1항에 따른 신청을 받으면 소년수형자에 대한 가석방 또는 보호소년에 대한 퇴원·임시퇴원이 적절한지를 심사하여 결정한다. ② 심사위원회는 제21조에 따른 통보를 받은 사람에 대하여는 제22조 제1항에 따른 신청이 없는 경우에도 직권으로 가석방·퇴원 및 임시퇴원이 적절한지를 심사하여 결정할 수 있다. ③ 심사원원회는 제1항 또는 제2항에 따라 소년수형자의 가석방이 적절한지를 심사할 때에는 보호관찰의 필요성을 심사하여 결정한다. ④ 심사위원회는 제1항부터 제3항까지의 규정에 따라 심사·결정을 할 때에는 본인의 인격, 교정성적, 직업, 생활태도, 가족관계 및 재범 위험성 등 모든 사정을 고려하여야 한다.
제24조	성인수형자에 대한 보호관찰의 심사와 결정	① 심사위원회는 「형의 집행 및 수용자의 처우에 관한 법률」 제122조에 따라 가석방되는 사람에 대하여 보호관찰의 필요성을 심사하여 결정한다. ② 심사위원회는 제1항에 따른 보호관찰심사를 할 때에는 제28조에 따른 보호관찰 사안조사 결과를 고려하여야 한다.
제25조	법무부장관의 허가	심사위원회는 제23조에 따른 심사 결과 가석방, 퇴원 또는 임시퇴원이 적절하다고 결정한 경우 및 제24조에 따른 심사 결과 보고환찰이 필요 없다고 결정한 경우에는 결정서에 관계서류를 첨부하여 법무부장관에게 이에 대한 허가를 신청하여야 하며, 법무부장관은 심사위원회의 결정이 정당하다고 인정하면 이를 허가할 수 있다.

제4절 환경조사 및 환경개선활동

제26조	환경 조사	① 수용기관의 장은 소년수형자 및 「소년법」 제32조 제1항 제8호부터 제10호까지의 보호처분 중 어느 하나에 해당하는 처분을 받은 사람(이하 "수용자"라 한다)을 수용한 경우에는 지체 없이 거주예정지를 관할하는 보호관찰소의 장에게 신상조사서를 보내 환경조사를 의뢰하여야 한다. ② 제1항에 따라 환경조사를 의뢰받은 보호관찰소의 장은 수용자의 범죄 또는 비행의 동기, 수용 전의 직업, 생활환경, 교유관계, 가족상황, 피해회복 여부, 생계 대책 등을 조사하여 수용기관의 장에게 알려야 한다. 이 경우 필요하다고 인정하면 수용자를 면담하거나 관계인을 소환하여 심문(審問)하거나 소속 보호관찰관에게 필요한 사항을 조사하게 할 수 있다.
제27조	환경개선활동	① 보호관찰소의 장은 제26조에 따른 환경조사 결과에 따라 수용자의 건전한 사회복귀를 촉진하기 위하여 필요하다고 인정하면 본인의 동의를 얻거나 가족·관계인의 협력을 받아 본인의 환경개선을 위한 활동을 할 수 있다. ② 보호관찰소의 장은 제1항에 따른 환경개선활동을 위하여 필요하다고 인정하면 수용기관의 장에게 수용자이 면담 등 필요한 협조를 요청할 수 있다. ③ 보호관찰소의 장은 제1항에 따른 환경개선활동의 결과를 수용기관의 장과 수용기관의 소재지를 관람하는 심사위원회에 알려야 한다.

제28조	성인수형 자에 대한 보호관찰 사안조사	① 교도소 · 구치소 · 소년교도소의 장은 징역 또는 금고 이상의 형을 선고받은 성인(이하 "성인수형자"라 한다)에 대하여 「형의 집행 및 수용자의 처우에 관한 법률」 제121조에 따라 가석방심사위원회에 가석방 적격심사신청을 할 때에는 신청과 동시에 가석방 적격심사신청 대상자의 명단과 신상조사서를 해당 교도소 · 구치소 · 소년교도소의 소재지를 관할하는 심사위원회에 보내야 한다. ② 심사위원회는 교도소 · 구치소 · 소년교도소의 장으로부터 가석방 적격심사신청 대상자를 명단과 신상조사서를 받으면 해당 성인수형자를 면담하여 직접 제26조 제2항 전단에 규정된 사항, 석방 후의 재범 위험성 및 사회생활에 대한 적응 가능성 등에 관한 조사(이하 "보호관찰 사안조사"라 한다)를 하거나 교도소 · 구치소 · 소년교도소의 소재지 또는 해당 성인수형자의 거주예정지를 관할하는 보호 관찰소의 장에게 그 자료를 보내 보호관찰 사안조사를 의뢰할 수 있다. ③ 제2항에 따라 보호관찰 사안조사를 의뢰받은 보호관찰소의 장은 지체 없이 보호관찰 사안조사를 하고 그 결과를 심사위원회에 통보하여야 한다. ④ 교도소 · 구치소 · 소년교도소의 장은 심사위원회 또는 보호관찰소의 장으로부터 보호관찰 사안조사를 위하여 성인수형자의면담 등 필요한 협조 요청을 받으면 이에 협조하여야 한다.

제5절 보호관찰

제29조	보호관찰 의 개시 및 신고	① 보호관찰은 법원의 판결이나 결정이 확정된 때 또는 가석방 · 임시퇴원된 때부터 시작된다. ② 보호관찰 대상자는 대통령령으로 정하는 바에 따라 주거, 직업, 생활계획, 그 밖에 필요한 사항을 관할 보호관찰소의 장에게 신고하여야 한다.
제30조	보호관찰 의 기간	보호관찰 대상자는 다음 각 호의 구분에 따른 기간에 보호관찰을 받는다. 1. 보호관찰을 조건으로 형의 선고유예를 받은 사람: 1년 2. 보호관찰을 조건으로 형의 집행유예를 선고받은 사람: 그 유예기간. 다만, 법원이 보호관찰 기간을 따라 정한 경우에는 그 기간 3. 가석방자: 「형법」 제73조의2 또는 「소년법」 제66조에 규정된 기간 4. 임시퇴원자: 퇴원일부터 6개월 이상 2년 이하의 범위에서 심사위원회가 정한 기간 5. 「소년법」 제32조 제1항 제4호 및 제5호의 보호처분을 받은 사람: 그 법률에서 정한 기간 6. 다른 법률에 따라 이 법에서 정한 보호관찰을 받는 사람: 그 법률에서 정한 기간
제31조	보호관찰 담당자	보호관찰은 보호관찰 대상자의주거지를 관할하는 보호관찰소 소속 보호관찰관이 담당한다.
제32조	보호관찰 대상자의 준수사항	① 보호관찰 대상자는 보호관찰관의 지도 · 감독을 받으며 준수사항을 지키고 스스로 건전한 사회인이 되도록 노력하여야 한다. ② 보호관찰 대상자는 다음 각 호의 사항을 지켜야 한다. 1. 주거지에 상주하고 생업에 종사할 것 2. 범죄로 이어지기 쉬운 나쁜 습관을 버리고 선행을 하며 범죄를 저지를 염려가 있는 사람들과 교제하거나 어울리지 말 것 3. 보호관찰관의 지도 · 감독에 따르고 방문하면 응대할 것

		4. 주거를 이전하거나 1개월 이상 국내외 여행을 할 때에는 미리 보호관찰관에게 신고할 것 ③ 법원 및 심사위원회는 판결의 선고 또는 결정의 고지를 할 때에는 제2항의 준수사항 외에 범죄의 내용과 종류 및 본인의 특성 등을 고려하여 필요하면 보호관찰 기간의 범위에서 기간을 정하여 다음 각 호의 사항을 특별히 지켜야 할 사항으로 따로 과할 수 있다. 1. 야간 등 재범의 기회나 충동을 줄 수 있는 특정 시간대의 외출 제한 2. 재범의 기회나 충동을 줄 수 있는 특정 지역·장소의 출입 금지 3. 피해자 등 재범의대상이 될 우려가 있는 특정인에 대한 접근 금지 4. 범죄행위로 인한 손해를 회복하기 위하여 노력할 것 5. 일정한 주거가 없는 자에 대한 거주장소 제한 6. 사행행위에 빠지지 아니할 것 7. 일정량 이상의 음주를 하지 말 것 8. 마약 등 중독성 있는 물질을 사용하지 아니할 것 9. 「마약류관리에 관한 법률」상의 마약류 투약, 흡연, 섭취 여부에 관한 검사에 따를 것 10. 그 밖에 보호관찰 대상자의 재범 방지를 위하여 필요하다고 인정되어 대통령령으로 정하는 사항 ④ 보호관찰 대상자가 제2항 또는 제3항의 준수사항을 위반하는 등 사정변경의 상당한 이유가 있는 경우에는 법원은 보호관찰소의 장의 신청 또는 검사의 청구에 따라, 심사위원회는 보호관찰소의 장의 신청에 따라 각각 준수사항의 전부 또는 일부를 추가하거나 변경할 수 있다. ⑤ 제2항부터 제4항까지의 준수사항은 서면으로 고지하여야 한다.
제33조	지도·감독	① 보호관찰관은 보호관찰 대상자의 재범을 방지하고 건전한 사회 복귀를 촉진하기 위하여 필요한 지도·감독을 한다. ② 제1항의 지도·감독 방법은 다음 각 호와 같다. 1. 보호관찰 대상자와 긴밀한 접촉을 가지고 항상 그 행동 및 환경 등을 관찰하는 것 2. 보호관찰 대상자에게 제32조의 준수사항을 이행하기에 적절한 지시를 하는 것 3. 보호관찰 대상자의 건전한 사회 복귀를 위하여 필요한 조치를 하는 것
제33조의2	분류처우	① 보호관찰소의 장은 범행 내용, 재범위험성 등 보호관찰 대상자의 개별적 특성을 고려하여 그에 알맞은 지도·감독의 방법과 수준에 따라 분류처우를 하여야 한다. ② 제1항에 따른 분류처우에 관하여 필요한 사항은 대통령령으로 정한다.
제34조	원호	① 보호관찰관은 보호관찰 대상자가 자조(自助)의 노력을 할 때에는 그의 개선과 자립을 위하여 필요하다고 인정되는 적절한 원호(援護)를 한다. ② 제1항의 원호의 방법은 다음 각 호와 같다. 1. 숙소 및 취업의 알선 2. 직업훈련 기회의 제공 3. 환경의 개선 4. 보호관찰 대상자의 건전한 사회 복귀에 필요한 원조의 제공
제35조	응급구호	보호관찰소의 장은 보호관찰 대상자에게 부상, 질병, 그 밖의 긴급한 사유가 발생한 경우에는 대통령령으로 정하는 바에 따라 필요한 구호를 할 수 있다.
제36조	갱생보호 사업자 등의 원조와 협력	보호관찰소의 장은 제34조에 따른 원호와 제35조에 따른 응급구호를 위하여 필요한 경우에는 국공립기관, 제67조 제1항에 따라 갱생보호사업 허가를 받은 자, 제71조에 따른 한국법무보호복지공단, 그 밖의 단체에 대하여 숙식 제공이나 그 밖의 적절한 원조 또는 협력을 요청할 수 있다. 이 경우 필요한 비용은 국가가 예산의 범위에서 지급한다.

제37조	보호관찰 대상자 등의 조사	① 보호관찰소의 장은 보호관찰을 위하여 필요하다고 인정하면 보호관찰 대상자나 그 밖의 관계인을 소환하여 심문하거나 소속 보호관찰관에게 필요한 사항을 조사하게 할 수 있다. ② 보호관찰소의 장은 보호관찰을 위하여 필요하다고 인정하면 국공립기관이나 그 밖의 단체에 사실을 알아보거나 관련 자료의 열람 등 협조를 요청할 수 있다. ③ 제1항과 제2항의 직무를 담당하는 사람은 직무상 비밀을 엄수하고, 보호관찰 대상자 및 관계인의 인권을 존중하며, 보호관찰 대상자의 건전한 사회 복귀에 방해되는 일이 없도록 주의하여야 한다.
제38조	경고	보호관찰소의 장은 보호관찰 대상자가 제32조의 준수사항을 위반하거나 위반할 위험성이 있다고 인정할 상당한 이유가 있는 경우에는 준수사항의 이행을 촉구하고 형의 집행 등 불리한 처분을 받을 수 있음을 경고할 수 있다.
제39조	구인	① 보호관찰소의 장은 보호관찰 대상자가 제32조의 준수사항을 위반하였거나 위반하였다고 의심할 상당한 이유가 있고, 다음 각 호의 어느 하나에 해당하는 사유가 있는 경우에는 관할 지방검찰청의 검사에게 신청하여 검사의 청구로 관할 지방법원 판사의 구인장을 발부받아 보호관찰 대상자를 구인할 수 있다. 1. 일정한 주거가 없는 경우 2. 제37조 제1항에 따른 소환에 따르지 아니한 경우 3. 도주한 경우 또는 도주할 염려가 있는 경우 ② 제1항의 구인장은 검사의 지휘에 따라 보호관찰관이 집행한다. 다만, 보호관찰관이 집행하기 곤란 한 경우에는 사법경찰관리에게 집행하게 할 수 있다.
제40조	긴급 구인	① 보호관찰소의 장은 제32조의 준수사항을 위반한 보호관찰 대상자가 제39조 제1항 각 호의 어느 하나에 해당하는 사유가 있는 경우로서 긴급하여 제39조에 따른 구인장을 발부받을 수 없는 경우에는 그 사유를 알리고 구인장 없이 그 보호관찰 대상자를 구인할 수 있다. 이 경우 긴급하다 함은 해당 보호관찰 대상자를 우연히 발견한 경우 등과 같이 구인장을 발부받을 시간적 여유가 없는 경우를 말한다. ② 보호관찰소의 장은 제1항에 따라 보호관찰 대상자를 구인한 경우에는 긴급구인서를 작성하여 즉시 관할 지방검찰청 검사의 승인을 받아야 한다. ③ 보호관찰소의 장은 제2항에 따른 승인을 받지 못하면 즉시 보호관찰 대상자를 석방하여야 한다.
제41조	구인 기간	보호관찰소의 장은 제39조 또는 제40조에 따라 보호관찰 대상자를 구인하였을 때에는 제42조에 따라 유치한 경우를 제외하고는 보호관찰소 등에 인치한 때부터 48시간 이내에 석방하여야 한다.
제42조	유치	① 보호관찰소의 장은 다음 각 호의 신청이 필요하다고 인정되면 제39조 또는 제40조에 따라 구인한 보호관찰 대상자를 수용기관 또는 소년분류심사원에 유치할 수 있다. 1. 제47조에 따른 보호관찰을 조건으로 한 형의 선고유예의 실효(失效) 및 집행유예의 취소 청구의 신청 2. 제48조에 따른 가석방 및 임시퇴원의 취소 신청 3. 제49조에 따른 보호처분의 변경 신청 ② 제1항에 따른 유치는 보호관찰 대상자를 인치한 때부터 48시간 이내에 보호관찰소의 장이 검사에게 신청하여 검사의 청구로 관할 지방법원 판사의 허가를 받아 한다. ③ 보호관찰소의 장은 유치 허가를 받은 때부터 24시간 이내에 제1항 각 호의 신청을 하여야 한다. ④ 검사는 보호관찰소의 장으로부터 제1항 제1호의 신청을 받고 그 이유가 타당하다고 인정되면 48시간 이내에 관할 지방법원에 보호관찰을 조건으로 한 형의 선고유예의 실효 또는 집행유예의 취소를 청구하여야 한다.

제43조	유치기간	① 제42조에 따른 유치 기간은 같은 조 제2항에 따라 법원의 허가를 받은 날부터 20일로 한다. ② 법원은 제42조 제1항 제1호 또는 제3호에 따른 신청이 있는 경우에 심리를 위하여 필요하다고 인정되면 심급마다 20일의 범위에서 한 차례만 유치기간을 연장할 수 있다. ③ 보호관찰소의 장은 제42조 제1항 제2호에 따른 신청이 있는 경우에 심사위원회의 심사에 필요하면 검사에게 신청하여 검사의 청구로 지방법원 판사의 허가를 받아 10일의 범위에서 한 차례만 유치기간을 연장할 수 있다.
제44조	유치의 해제	보호관찰소의 장은 다음 각 호의 어느 하나에 해당하는 경우에는 유치를 해제하고 보호관찰 대상자를 즉시 석방하여야 한다. 1. 검사가 제47조 제1항에 따른 보호관찰소의 장의 신청을 기각한 경우
제44조	유치의 해제	2. 법원이 제47조 제1항에 따른 검사의 청구를 기각한 경우 3. 심사위원회가 제48조에 따른 보호관찰소의 장의 신청을 기각한 경우 4. 법무부장관이 제48조에 따른 심사위원회의 신청을 허가하지 아니한 경우 5. 법원이 제49조에 따른 보호관찰소의 장의 신청을 기가한 경우
제45조	유치기간의 형기 산입	제42조에 따라 유치된 사람에 대하여 보호관찰을 조건으로 한 형의 선고유예가 실효되거나 집행유예가 취소된 경우 또는 가석방이 취소된 경우에는 그 유치기간을 형기에 산입한다.
제45조의2	보호장구의 사용	① 보호관찰소 소속 공무원은 보호관찰 대상자에 대한 정당한 직무집행 과정에서 도주 방지, 항거 억제, 자기 또는 타인의 생명·신체에 대한 위해방지를 위하여 필요하다고 인정되는 상당한 이유가 있으면 다음 각 호의 보호장구를 사용할 수 있다. 1. 수갑 2. 포승 3. 전자충격기 4. 가스총 ② 보호장구는 필요한 최소한의 범위에서 사용하여야 하며, 보호장구를 사용할 필요가 없게 되면 지체 없이 사용을 중지하여야 한다. ③ 제1항에 따른 보호장구를 사용하려면 사전에 해당 보호관찰 대상자에게 경고를 하여야 한다. 다만, 긴급한 상황으로 사전에 경고할 만한 시간적 여유가 없을 때에는 그러하지 아니하다. ④ 보호장구의 사용절차에 관하여 필요한 사항은 법무부령으로 정한다.
제46조	준용 규정	보호관찰 대상자의 구인 및 유치에 관하여는 「형사소송법」 제72조, 제75조, 제82조, 제83조, 제85조 제1항·제3항·제4항, 제86조, 제87조, 제89조, 제204조, 제214조의2 및 제214조의3을 준용한다.

제6절 보호관찰의 종료

제47조	보호관찰을 조건으로 한 형의 선고유예의 실효 및 집행유예의 취소	① 「형법」 제61조 제2항에 따른 선고유예의 실효 및 같은 법 제64조 제2항에 따른 집행유예의 취소는 검사가 보호관찰소의 장의 신청을 받아 법원에 청구한다. ② 제1항의 실효 및 취소절차에 관하여는 「형사소송법」 제335조를 준용한다.

제48조	가석방 및 임시퇴원 의 취소	① 심사위원회는 가석방 또는 임시퇴원된 사람이 보호관찰기간 중 제32조의 준수사항을 위반하고 위반 정도가 무거워 보호관찰을 계속하기가 적절하지 아니하다고 판단되는 경우에는 보호관찰소의 장의 신청을 받거나 직권으로 가석방 및 임시퇴원의 취소를 심사하여 결정할 수 있다.
제48조	가석방 및 임시퇴원 의 취소	② 심사위원회는 제1항에 따른 심사 결과 가석방 또는 임시퇴원을 취소하는 것이 적절하다고 결정한 경우에는 결정서에 관계 서류를 첨부하여 법무부장관에게 이에 대한 허가를 신청하여야 하며, 법무부장관은 심사위원회의 결정이 정당하다고 인정되면 이를 허가할 수 있다.
제49조	보호처분 의 변경	① 보호관찰소의 장은 「소년법」 제32조 제1항 제4호 또는 제5호의 보호처분에 따라 보호관찰을 받고 있는 사람이 보호관찰 기간 중 제32조의 준수사항을 위반하고 그 정도가 무거워 보호관찰을 계속하기 적절하지 아니하다고 판단되면 보호관찰소 소재지를 관할하는 법원에 보호처분의 변경을 신청할 수 있다. ② 제1항에 따른 보호처분의 변경을 할 경우 신청대상자가 19세 이상인 경우에도 「소년법」 제2조 및 제38조 제1항에도 불구하고 같은 법 제2장의 보호사건 규정을 적용한다.
제50조	부정기형 의 종료 등	① 「소년법」 제60조 제1항에 따라 형을 선고받은 후 가석방된 사람이 그 형의 단기가 지나고 보호관찰의 목적을 달성하였다고 인정되면 같은 법 제66조에서 정한 기간 전이라도 심사위원회는 보호관찰소의 장의 신청을 받거나 직권으로 형의 집행을 종료한 것으로 결정할 수 있다. ② 임시퇴원자가 임시퇴원이 취소되지 아니하고 보호관찰 기간을 지난 경우에는 퇴원된 것으로 본다.
제51조	보호관찰 의 종료	보호관찰은 보호관찰 대상자가 다음 각 호의 어느 하나에 해당하는 때에 종료한다. 1. 보호관찰 기간이 지난 때 2. 「형법」 제61조에 따라 보호관찰을 조건으로 한 형의 선고유예가 실효되거나 같은 법 제63조 또는 제64조에 따라 보호관찰을 조건으로 한 집행유예가 실효되거나 취소된 때 3. 제48조 또는 다른 법률에 따라 가석방 또는 임시퇴원이 실효되거나 취소된 때 4. 제49조에 따라 보호처분이 변경된 때 5. 제50조에 따른 부정기형 종료 결정이 있는 때 6. 보호관찰 기간 중 금고 이상의 형의 집행을 받게 된 때 7. 제53조에 따라 보호관찰이 정지된 임시퇴원자가 「보호소년 등의 처우에 관한 법률」 제43조 제1항의 나이가 된 때
제52조	임시해제	① 심사위원회는 보호관찰 대상자의 성적이 양호할 때에는 보호관찰소의 장의 신청을 받거나 직권으로 보호관찰을 임시해제할 수 있다. ② 임시해제 중에는 보호관찰을 하지 아니한다. 다만, 보호관찰 대상자는 준수사항을 계속하여 지켜야 한다. ③ 심사위원회는 임시해제 결정을 받은 사람에 대하여 다시 보호관찰을 하는 것이 적절하다고 인정되면 보호관찰소의 장의 신청을 받거나 직권으로 임시해제 결정을 취소할 수 있다. ④ 제3항에 따라 임시해제 결정이 취소된 경우에는 그 임시해제 기간을 보호관찰 기간에 포함한다.

| 제53조 | 보호관찰
의 정지 | ① 심사위원회는 가석방 또는 임시퇴원된 사람이 있는 곳을 알 수 없어 보호관찰을 계속할 수 없을 때에는 보호관찰소의 장의 신청을 받거나 직권으로 보호관찰을 정지하는 결정(이하 "정지결정"이라 한다)을 할 수 있다.
② 심사위원회는 제1항에 따라 보호관찰을 정지한 사람이 있는 곳을 알게 되면 즉시 그 정지를 해제하는 결정(이하 "정지해제결정"이라 한다)을 하여야 한다.
③ 보호관찰 정지 중인 사람이 제39조 또는 제40조에 따라 구인된 경우에는 구인된 날에 정지해제결정을 한 것으로 본다.
④ 형기 또는 보호관찰 기간은 정지결정을 한 날부터 그 진행이 정지되고, 정지해제결정을 한 날부터 다시 진행된다.
⑤ 심사위원회는 제1항에 따라 정지결정을 한 후 소재 불명이 천재지변이나 그 밖의 부득이한 사정 등 보호관찰 대상자에게 책임이 있는 사유로 인한 것이 아닌 것으로 밝혀진 경우에는 그 정지결정을 취소하여야 한다. 이 경우 정지결정은 없었던 것으로 본다. |

제7절 보호관찰사건의 이송 등

제54조	직무상 비밀과 증언 거부	심사위원회 및 보호관찰소의 직원이거나 직원이었던 사람이 다른 법률에 따라 증인으로 신문(訊問)을 받는 경우에는 그 직무상 알게 된 다른 사람의 비밀에 대하여 증언을 거부할 수 있다. 다만, 본인의 승낙이 있거나 중대한 공익상 필요가 있는 경우에는 그러하지 아니하다.
제55조	보호관찰사건의 이송	보호관찰소의 장은 보호관찰 대상자가 주거지를 이동한 경우에는 새 주거지를 관할하는 보호관찰소의 장에게 보호관찰사건을 이송할 수 있다.
제56조	군법적용 대상자에 대한 특례	「군사법원법」 제2조 제1항 각 호의 어느 하나에 해당하는 사람에게는 이 법을 적용하지 아니한다.
제57조	「형사소송법」의 준용	보호관찰에 관하여 이 법에 특별한 규정이 있는 경우를 제외하고는 그 성질에 반하지 아니하는 범위에서 「형사소송법」을 준용한다.
제58조	「형의 집행 및 수용자의 처우에 관한 법률」 적용의 일부배제	이 법(제28조는 제외한다)에 따른 가석방에 관하여는 「형의 집행 및 수용자의 처우에 관한 법률」 제119조부터 제122조까지의 규정을 적용하지 아니한다.

제4장 사회봉사 및 수강

| 제59조 | 사회봉사 명령ㆍ수강명령의 범위 | ① 법원은 「형법」 제62조의2에 따른 사회봉사를 명할 때에는 500시간 수강을 명할 때에는 200시간의 범위에서 그 기간을 정하여야 한다. 다만, 다른 법률에 특별한 규정이 있는 경우에는 그 법률에서 정하는 바에 따른다.
② 법원은 제1항의 경우에 사회봉사ㆍ수강명령 대상자가 사회봉사를 하거나 수강할 분야와 장소 등을 지정할 수 있다. |

제60조	판결의 통지 등	① 법원은 「형법」 제62조의2에 따른 사회봉사 또는 수강을 명하는 판결이 확정된 때부터 3일 이내에 판결문 등본 및 준수사항을 적은 서면을 피고인의 주거지를 관할하는 보호관찰소의 장에게 보내야 한다. ② 제1항의 경우에 법원은 그 의견이나 그 밖에 사회봉사명령 또는 수강명령의 집행에 참고가 될 만한 자료를 첨부할 수 있다. ③ 법원 또는 법원의 장은 제1항의 통지를 받은 보호관찰소의 장에게 사회봉사명령 또는 수강명령의 집행상황에 관한 보고를 요구할 수 있다.
제61조	사회 봉사 · 수강명령 집행 담당자	① 사회봉사명령 또는 수강명령은 보호관찰관이 집행한다. 다만, 보호관찰관은 국공립기관이나 그 밖의 단체에 그 집행의 전부 또는 일부를 위탁할 수 있다. ② 보호관찰관은 사회봉사명령 또는 수강명령의 집행을 국공립기관이나 그 밖의 단체에 위탁한 때에는 이를 법원 또는 법원의 장에게 통보하여야 한다. ③ 법원은 법원 소속 공무원으로 하여금 사회봉사 또는 수강할 시설 또는 강의가 사회봉사 · 수강명령 대상자의 교화 · 개선에 적당한지 여부와 그 운영 실태를 조사 · 보고하도록 하고, 부적당하다고 인정하면 그 집행의 위탁을 취소할 수 있다. ④ 보호관찰관은 사회봉사명령 또는 수강명령의 집행을 위하여 필요하다고 인정하면 국공립기관이나 그 밖의 단체에 협조를 요청할 수 있다.
제62조	사회 봉사 · 수강명령 대상자의 준수사항	① 사회봉사 · 수강명령 대상자는 대통령령으로 정하는 바에 따라 주거, 직업, 그 밖에 필요한 사항을 관할 보호관찰소의 장에게 신고하여야 한다. ② 사회봉사 · 수강명령 대상자는 다음 각 호의 사항을 준수하여야 한다. 1. 보호관찰관의 집행에 관한 지시에 따를 것 2. 주거를 이전하거나 1개월 이상 국내외여행을 할 때에는 미리 보호관찰관에게 신고할 것 ③ 법원은 판결의 선고를 할 때 제2항의 준수사항 외에 대통령령으로 정하는 범위에서 본인의 특성 등을 고려하여 특별히 지켜야 할 사항을 딸 과(科)할 수 있다. ④ 제2항과 제3항의 준수사항은 서면으로 고지하여야 한다.
제63조	사회 봉사 · 수강의 종료	사회봉사 · 수강은 사회봉사 · 수강명령 대상자가 다음 각 호의 어느 하나에 해당하는 때에 종료한다. 1. 사회봉사명령 또는 수강명령의 집행을 완료한 때 2. 형의 집행유예기간이 지난 때 3. 「형법」 제64조 제2항에 따라 집행유예의 선고가 취소된 때 4. 사회봉사 · 수강명령 집행기간 중 금고 이상의 형의 집행을 받게 된 때 5. 제49조에 따라 보호처분이 변경된 때
제64조	준용 규정	① 사회봉사 · 수강명령 대상자에 대하여는 제34조부터 제36조까지 및 제54조부터 제57조까지의 규정을 준용한다. ② 사회봉사 · 수강명령 대상자의 준수사항이나 명령 위반에 따른 경고, 구인, 유치, 집행유예 취소 및 보호처분 변경 등에 관하여는 제37조부터 제45조까지, 제45조의2, 제46조, 제47조 및 제49조를 준용한다.

제5장 갱생보호

제1절 갱생보호의 방법 및 개시

제65조	갱생보호 의 방법	① 갱생보호는 다음 각 호의 방법으로 한다. 1. 숙식 제공 2. 여비 지급 3. 생업도구, 생업조성금품의 지급 또는 대여 4. 직업훈련 및 취업 알선 5. 갱생보호 대상자에 대한 자립 지원 6. 제1호부터 제5호까지의 보호에 딸린 선행지도 ② 제1항 각 호의 구체적인 내용은 대통령령으로 정한다. ③ 제71조에 따른 한국법무보호복지공단 또는 제67조에 따라 갱생보호사업의 허가를 받은 자는 제1항 각 호의 갱생보호활동을 위하여 갱생보호시설을 설치·운영할 수 있다. ④ 제3항의 갱생보호시설의 기준은 법무부령으로 정한다.
제66조	갱생보호 의 신청 및 조치	① 갱생보호 대상자와 관계 기관은 보호관찰소의 장, 제67조 제1항에 따라 갱생보호사업 허가를 받은 자 또는 제71조에 따른 한국법무보호복지공단에 갱생보호 신청을 할 수 있다. ② 제1항의 신청을 받은 자는 지체 없이 보호가 필요한지 결정하고 보호하기로 한 경우에는 그 방법을 결정하여야 한다. ③ 제1항의 신청을 받은 자가 제2항에 따라 보호결정을 한 경우에는 지체 없이 갱생보호에 필요한 조치를 하여야 한다.

제2절 갱생보호사업자

제67조	갱생보호사 업의 허가	① 갱생보호사업을 하려는 자는 법무부령으로 정하는 바에 따라 법무부장관의 허가를 받아야 한다. 허가받은 사항을 변경하려는 경우에도 또한 같다. ② 법무부장관은 갱생보호사업의 허가를 할 때에는 사업의 범위와 허가의 기간을 정하거나 그 밖에 필요한 조건을 붙일 수 있다.
제68조	허가의 기준	법무부장관은 다음 각 호의 기준에 맞지 아니할 때에는 갱생보호사업의 허가를 하여서는 아니 된다. 1. 갱생보호사업에 필요한 경제적 능력을 가질 것 2. 갱생보호사업의 허가신청자가 사회적 신망이 있을 것 3. 갱생보호사업의 조직 및 회계처리 기준이 공개적일 것
제69조	보고의무	갱생보호사업의 허가를 받은 자(이하 "사업자"라 한다)는 법무부령으로 정하는 바에 따라 다음 해의 사업계획과 전년도의 회계 상황 및 사업 실적을 법무부장관에게 보고하여야 한다.

| 제70조 | 갱생보호사
업의 허가
취소 등 | 법무부장관은 사업자가 다음 각 호의 어느 하나에 해당할 때에는 그 허가를 취소하거나 6개월 이내의 기간을 정하여 그 사업의 전부 또는 일부의 정지를 명할 수 있다. 다만, 제1호 또는 제4호에 해당하는 때에는 그 허가를 취소하여야 한다.
1. 부정한 방법으로 갱생보호사업의 허가를 받은 경우
2. 갱생보호사업의 허가 조건을 위반한 경우
3. 목적사업 외의 사업을 한 경우
4. 정당한 이유 없이 갱생보호사업의 허가를 받은 후 6개월 이내에 갱생보호사업을 시작하지 아니하거나 1년 이상 갱생보호사업의 실적이 없는 경우
5. 제69조에 따른 보고를 거짓으로 한 경우
6. 이 법 또는 이 법에 따른 명령을 위반한 경우 |
| 제70조의2 | 청문 | 법무부장관은 제70조에 따라 갱생보호사업자의 허가를 취소하려면 청문을 하여야 한다. |

제3절 한국법무보호복지공단

제71조	한국법무보 호복지공단	갱생보호사업을 효율적으로 추진하기 위하여 한국법무보호복지공단(이하 "공단"이라 한다)을 설립한다.
제72조	법인격	공단은 법인으로 한다.
제73조	사무소	① 공단의 주된 사무소의 소재지는 정관으로 정한다. ② 공단은 정관으로 정하는 바에 따라 필요한 곳에 지부와 지소를 둘 수 있다.
제74조	정관	① 공단의 정관에는 다음 각 호의 사항이 포함되어야 한다. 1. 목적 2. 명칭 3. 주된 사무소 및 지부·지소에 관한 사항 4. 기금에 관한 사항 5. 임직원에 관한 사항 6. 이사회에 관한 사항 7. 업무에 관한 사항 8. 재산 및 회계에 관한 사항 9. 공고에 관한 사항 10. 정관의 변경에 관한 사항 11. 내부규정의 제정·개정 및 폐지에 관한 사항 ② 공단은 정관을 변경하려면 법무부장관의 인가를 받아야 한다.
제75조	등기	공단은 그 주된 사무소의 소재지에서 설립등기를 함으로써 성립한다.
제76조	임원 및 그 임기	① 공단에 이사장 1명을 포함한 10명 이내의 이사와 감사 1명을 둔다. ② 이사장은 법무부장관이 임명하고, 그 임기는 2년으로 하되 연임할 수 있다. 다만, 임기가 만료된 이사장은 그 후임자가 임명될 때까지 그 직무를 행한다. ③ 이사는 갱생보호사업에 열성이 있고, 학식과 덕망이 있는 사람 중에서 이사장의 재청에 의하여 법무부장관이 임명하거나 위촉하며, 임기는 3년으로 하되 연임할 수 있다. 다만, 공무원인 이사의 임기는 그 직위에 있는 동안으로 한다. ④ 감사는 이사장의 제청에 의하여 법무부장관이 임명하며, 임기는 2년으로 하되 연임할 수 있다.

제77조	임원의 직무	① 이사장은 공단을 대표하고 공단의 업무를 총괄한다. ② 가마는 공단의 업무 및 회계를 감사한다. ③ 이사장 아닌 이사와 감사는 비상근으로 할 수 있다.
제78조	임원의 결격사유	다음 각 호의 어느 하나에 해당하는 사람은 공단의 임원이 될 수 없다. 1. 대한민국 국민이 아닌 사람 2. 「국가공무원법」 제33조 각 호의 어느 하나에 해당하는 사람
제79조	임원의 해임	① 임원이 제78조 각 호의 어느 하나에 해당하게 되면 당연히 퇴직한다. ② 법무부장관은 임원이 다음 각 호의 어느 하나에 해당할 때에는 그 임원을 해임하거나 해촉할 수 있다. 1. 갱생보호사업에 열성이 없다고 인정될 때 2. 직무상의 의무를 위반하거나 직무수행을 게을리하였을 때 3. 그 밖의 사유로 인하여 임원으로서 부적당하다고 인정될 때
제80조	이사회	① 공단의 업무에 관한 주요 사항을 심의·의결하기 위하여 공단에 이사회를 둔다. ② 이사회는 이사장과 이사로 구성한다. ③ 이사장은 이사회를 소집하고 그 의장이 된다. ④ 감사는 이사회에 출석하여 의견을 진술할 수 있다.
제81조	직원의 임면	공단의 직원은 정관으로 정하는 바에 따라 이사장이 임면(任免)한다.
제82조	공단의 사업	공단은 그 목적을 달성하기 위하여 다음 각 호의 사업을 한다. 1. 갱생보호 2. 갱생보호제도의 조사·연구 및 보급·홍보 3. 갱생보호사업을 위한 수익사업 4. 공단의 목적 달성에 필요한 사업
제83조	공단의 자산	공단은 다음 각 호의 재산을 그 자산으로 한다. 1. 공단이 소유하고 있는 부동산과 그 밖의 재산 2. 국고보조금 3. 자산으로부터 생기는 과실(果實) 4. 그 밖의 수입
제84조	공단의 사업계획 등	① 공단의 회계연도는 정부의 회계연도에 따른다. ② 공단은 법무부령으로 정하는 바에 따라 매 회계연도가 시작되기 전에 다음 회계연도에 실시할 공단의 사업계획 및 예산을 법무부장관에게 제출하여 그 승인을 받아야 한다. 이를 변경할 때에도 또한 같다. ③ 공단은 법무부령으로 정하는 바에 따라 매 회계연도의 종료 후 전년도의 사업실적과 결산을 법무부장관에게 제출하여야 한다.
제85조	기부금품의 보고	공단은 갱생보호사업을 위하여 기증받은 금품이 있을 때에는 그 접수 상황 및 처리 상황을 법무부장관에게 보고하여야 한다.
제86조	갱생보호기 금의 설치	갱생보호사업의 추진에 필요한 재원을 확보하기 위하여 공단에 갱생보호기금(이하 "기금"이라 한다)을 설치한다.
제87조	기금의 재원	기금은 다음 각 호의 재원으로 조성한다. 1. 기금의 운용으로 생기는 수익금 2. 공단의 사업으로 생기는 수입금 3. 관계 법령에 따른 기부금
제88조	기금의 운용·관리	① 기금은 공단이 운용·관리한다. ② 기금의 운용·관리에 필요한 사항은 대통령령으로 정한다.
제89조	기금의 사용	기금은 제82조 각 호의 사업을 위하여 사용한다.

제90조	자금의 차입	공단은 기금 운용에 필요하다고 인정하면 법무부장관의 승인을 받아 기금의 부담으로 자금을 차입할 수 있다.
제91조	이익금의 처리	공단은 매 사업연도의 결산 결과 이익금이 생기면 이월손실금의 보전(補塡)에 충당하고, 그 나머지는 기금으로 적립하여야 한다.
제92조	준용 규정	공단에 관하여 이 법에서 규정한 것을 제외하고는 「민법」 중 재단법인에 관한 규정을 준용한다.
제93조	벌칙적용 시의 공무원 의제	공단의 임직원은 「형법」과 그 밖의 법률에 따른 벌칙을 적용할 때에는 공무원으로 본다.

제4절 갱생보호사업의 지원 및 감독

제94조	보조금	국가나 지방자치단체는 사업자와 공단에 대하여 보조할 수 있다.
제95조	조세감면	국가나 지방자치단체는 갱생보호사업에 대하여 「조세특례제한법」 및 「지방세특례제한법」에서 정하는 바에 따라 국세 또는 지방세를 감면할 수 있다.
제96조	수익사업	① 사업자 또는 공단은 갱생보호사업을 위하여 수익사업을 하려면 사업마다 법무부장관의 승인을 받아야 한다. 이를 변경할 때에도 또한 같다. ② 법무부장관은 수익사업을 하는 사업자 또는 공단이 수익을 갱생보호사업 외의 사업에 사용한 경우에는 수익사업의 시정이나 정지를 명할 수 있다.
제97조	감독	① 법무부장관은 사업자와 공단을 지휘·감독한다. ② 법무부장관은 사업자와 공단에 대하여 감독상 필요한 경우에는 그 업무에 관한 사항을 보고하게 하거나 자료의 제출이나 그 밖에 필요한 명령을 할 수 있으며, 소속 공무원에게 사업자 및 공단의 운영 실태를 조사하게 할 수 있다. ③ 제2항에 따라 조사를 하는 공무원은 그 권한을 나타내는 증표를 지니고 이를 관계인에게 내보여야 한다.
제98조	유사명칭의 사용금지	① 이 법에 따른 공단이 아닌 자는 한국법무보호복지공단 또는 이와 유사한 명칭을 사용하지 못한다. ② 이 법에 따른 사업자가 아닌 자는 갱생보호회 또는 이와 유사한 명칭을 사용하지 못한다.

제6장 벌칙

| 제99조 | 벌칙 | 다음 각 호의 어느 하나에 해당하는 자는 1년 이하의 징역 또는 300만 원 이하의 벌금에 처한다.
1. 갱생보호사업의 허가를 받지 아니하고 갱생보호사업 명목으로 영리행위를 한 자
2. 갱생보호사업의허가를 받은 후 이를 이용하여 갱생보호사업의 목적에 반하여 영리행위를 한 자
3. 제70조에 따른 정지명령을 위반한 자
4. 제96조 제2항에 따른 명령을 위반한 자 |

| 제100조 | 양벌규정 | 법인의 대표자나 법인 또는 개인의 대리인, 사용인, 그 밖의 종업원이 그 법인 또는 개인의 업무에 관하여 제99조의 위반행위를 하면 그 행위자를 벌하는 외에 그 법인 또는 개인에게도 해당 조문의 벌금형을 과(科)한다. 다만, 법인 또는 개인이 그 위반행위를 방지하기 위하여 해당 업무에 관하여 상당한 주의와 감독을 게을리 하지 아니한 경우에는 그러하지 아니하다. |
| 제101조 | 과태료 | ① 제98조를 위반한 자에게는 200만 원 이하의 과태료를 부과한다.
 ② 제1항에 따른 과태료는 대통령령으로 정하는 바에 따라 법무부장관이 부과·징수한다. |

제15편 치료감호법

[시행 2010.4.15] [법률 제10258호, 2010.4.15, 타법개정]

제1조	목적	이 법은 심신장애 상태, 마약류·알코올이나 그 밖의 약물중독 상태, 정신성적 장애가 있는 상태 등에서 범죄행위를 한 자로서 재범의 위험성이 있고 특수한 교육·개선 및 치료가 필요하다고 인정되는 자에 대하여 적절한 보호와 치료를 함으로써 재범을 방지하고 사회복귀를 촉진하는 것을 목적으로 한다.
제2조	치료감호 대상자	① 이 법에서 "치료감호대상자"란 다음 각 호의 어느 하나에 해당하는 자로서 치료감호시설에서 치료를 받을 필요가 있고 재범의 위험성이 있는 자를 말한다. 1. 「형법」 제10조 제1항에 따라 벌할 수 없거나 같은 조 제2항에 따라 형이 감경되는 심신장애자로서 금고 이상의 형에 해당하는 죄를 지은 자 2. 마약·향정신성의약품·대마, 그 밖에 남용되거나 해독을 끼칠 우려가 있는 물질이나 알코올을 식음·섭취·흡입·흡연 또는 주입받는 습벽이 있거나 그에 중독된 자로서 금고 이상의 형에 해당하는 죄를 지은 자 3. 소아성기호증, 성적가학증 등 성적 성벽이 있는 정신성적 장애자로서 금고 이상의 형에 해당하는 성폭력범죄를 지은 자 ② 제1항 제2호의 남용되거나 해독을 끼칠 우려가 있는 물질에 관한 자세한 사항은 대통령령으로 정한다.
제2조 의2	치료감호 대상 성폭력범 죄의 범위	제2조 제1항, 제3호의 성폭력범죄는 다음 각 호의 범죄를 말한다. 1. 「형법」 제297조(강간)·제298조(강제추행)·제299조(준강간, 준강제추행)·제300조(미수범)·제301조(강간 등 상해·치상)·제301조의2(강간 등 살인·치사)·제302조(미성년자 등에 대한 간음)·제303조(업무상위력 등에 의한 간음)·제305조(미성년자에 대한 간음, 추행) 및 제339조(강도강간)의 죄 2. 「성폭력범죄의 처벌 등에 관한 특례법」 제3조부터 제10조까지 및 제14조(제3조부터 제9조까지의 미수범으로 한정한다)의 죄 3. 「청소년의 성보호에 관한 법률」 제7조(청소년에 대한 강간·강제추행 등)의 죄 4. 제1호부터 제3호가지의 죄로서 다른 법률에 따라 가중 처벌되는 죄

| 제3조 | 관할 | ① 치료감호사건의 토지관할은 치료감호사건과 동시에 심리하거나 심리할 수 있었던 사건의 관할에 따른다.
② 치료감호사건의 제1심 재판관할은 지방법원합의부 및 지방법원지원 합의부로 한다. 이 경우 치료감호가 청구된 치료감호대상자(이하 "피치료감호청구인"이라 한다)에 대한 치료감호사건과 피고사건의 관할이 다른 때에는 치료감호사건의 관할에 따른다. |

제2장 치료감호사건의 절차 등

제4조	검사의 치료감로 청구	① 검사는 치료감호대상자가 치료감호를 받을 필요가 있는 경우 관할 법원에 치료감호를 청구할 수 있다. ② 치료감호대상자에 대한 치료감호를 청구할 때에는 정신과 등의 전문의의 진단이나 감정을 참고하여야 한다. 다만, 제2조 제1항 제3호에 따른 치료감호대상자에 대하여는 정신과 등의 전문의의 진단이나 감정을 받은 후 치료감호를 청구하여야 한다. ③ 치료감호를 청구할 때에는 검사가 치료감호청구서를 관할 법원에 제출하여야 한다. 치료감호청구서에는 피치료감호청구인 수만큼의 부본을 첨부하여야 한다. ④ 치료감호청구서에는 다음 각 호의 사항을 적어야 한다. 1. 피치료감호청구인의 성명과 그 밖에 피치료감호청구인을 특정할 수 있는 사항 2. 청구의 원인이 되는 사실 3. 적용 법 조문 4. 그 밖에 대통령령으로 정하는 사항 ⑤ 검사는 공소제기한 사건의 항소심 변론종결 시까지 치료감호를 청구할 수 있다. ⑥ 법원은 치료감호 청구를 받으면 지체 없이 치료감호청구서의 부본을 받았을 때에는 제1회 공판기일 전 5일까지, 피고사건 심리 중에 치료감호 청구를 받았을 때에는 다음 공판기일 5일까지 송달하여야 한다. ⑦ 법원은 공소제기된 사건의 심리결과 치료감호를 할 필요가 있다고 인정할 때에는 검사에게 치료감호 청구를 요구할 수 있다.
제5조	조사	① 검사는 범죄를 수사할 때 범죄경력이나 심신장애 등을 고려하여 치료감호를 청구함이 상당하다고 인정되는 자에 대하여는 치료감호 청구에 필요한 자료를 조사하여야 한다. ② 사법경찰관리(특별사법경찰관리를 포함한다. 이하 같다)는 검사의 지휘를 받아 제1항에 따른 조사를 하여야 한다.
제6조	치료감호 영장	① 치료감호대상자에 대하여 치료감호를 할 필요가 있다고 인정되고 다음 각 호의 어느 하나에 해당하는 사유가 있을 때에는 검사는 관할 지방법원 판사에게 청구하여 치료감호영장을 발부받아 치료감호대상자를 보호구속(보호구금과 보호구인을 포함한다. 이하 같다)할 수 있다. 1. 일정한 주거가 없을 때 2. 증거를 인멸할 염려가 있을 때 3. 도망하거나 도망할 염려가 있을 때 ② 사법경찰관은 제1항의 요건에 해당하는 치료감호대상자에 대하여 검사에게 신청하여 검사의 청구로 관할 지방법원 판사의 치료감호영장을 발부받아 보호구속할 수 있다.

제6조	치료감호의 독립 청구	③ 제1항과 제2항에 따른 보호구속에 관하여는 「형사소송법」 제201조 제2항부터 제4항까지, 제201조의2부터 제205조까지, 제208조, 제209조 및 제214조의2부터 제214조의4까지의 규정을 준용한다.
		검사는 다음 각 호의 어느 하나에 해당하는 경우에는 공소를 제기하지 아니하고 치료감호만을 청구할 수 있다. 1. 피의자가 「형법」 제10조 제1항에 해당하여 벌할 수 없는 경우 2. 고소·고발이 있어야 존할 수 있는 죄에서 그 고소·고발이 없거나 취소된 경우 또는 피해자의 명시적인 의사에 반하여 논할 수 없는 죄에서 피해자가 처벌을 원하지 아니한다는 의사표시를 하거나 처벌을 원한다는 의사표시를 철회한 경우 3. 피의자에 대하여 「형사소송법」 제247조에 따라 공소를 제기하지 아니하는 결정을 한 경우
제8조	치료감호 청구와 구속영장의 효력	구속영장에 의하여 구속된 피의자에 대하여 검사가 공소를 제기하지 아니하는 결정을 하고 치료감호 청구만을 하는 때에는 구속영장은 치료감호영장으로 보며 그 효력을 잃지 아니한다.
제9조	피치료감호청 구인의 불출석	법원은 피치료감호청구인이 「형법」 제10조 제1항에 따른 심신장애로 공판기일에의 출석이 불가능한 경우에는 피치료감호청구인의 출석 없이 개정할 수 있다.
제10조	공판절차로의 이행	① 제7조 제1호에 따른 치료감호청구사건의 공판을 시작한 후 피치료감호청구인이 「형법」 제10조 제1항에 따른 심신장애에 해당되지 아니한다는 명백한 증거가 발견되고 검사의 청구가 있을 때에는 법원은 「형사소송법」에 따른 공판절차로 이행하여야 한다. ② 제1항에 따라 공판절차로 이행한 경우에는 치료감호를 청구하였던 때에 공소를 제기한 것으로 본다. 이 경우 치료감호청구서는 공소장과 같은 효력을 가지며, 공판절차로 이행하기 전의 심리는 공판절차에 따른 심리로 본다. 공소장에 적어야 할 사항은 「형사소송법」 제298조의 절차에 따라 변경할 수 있다. ③ 약식명령이 청구된 후 치료감호가 청구되었을 때에는 약식명령청구는 그 치료감호가 청구되었을 때부터 공판절차에 따라 심판하여야 한다.
제11조	공판내용의 고지	제10조에 따라 공판절차로 이행하는 경우 피고인의 출석 없이 진행된 공판의 내용은 공판조서의 낭독이나 그 밖의 적당한 방법으로 피고인에게 고지하여야 한다.
제12조	치료감호의 판결 등	① 법원은 치료감호사건을 심리하여 그 청구가 이유 있다고 인정할 때에는 판결로써 치료감호를 선고하여야 하고, 이유 없다고 인정할 때 또는 피고사건에 대하여 심신상실 외의 사유로 무죄를 선고하거나 사형을 선고할 때에는 판결로써 청구기각을 선고하여야 한다. ② 치료감호사건의 판결은 피고사건의 판결과 동시에 선고하여야 한다. 다만, 제7조에 따라 고소를 제기하지 아니하고 치료감호만을 청구한 경우에는 그러하지 아니하다. ③ 치료감호선고의 판결이유에는 요건으로 되는 사실, 증거의 요지와 적용 법조문을 구체적으로 밝혀야 한다. ④ 법원은 피고사건에 대하여 「형사소송법」 제326조 각 호, 제327조 제1호부터 제4호까지 및 제328조 제1항 각 호(제2호 중 피고인인 법인이 존속하지 아니하게 되었을 때는 제외한다)의 사유가 있을 때에는 치료감호청구사건에 대하여도 청구기각의 판결 또는 결정을 하여야 한다. 치료감호청구사건에 대하여 위와 같은 사유가 있을 때에도 또한 같다.

제13조	전문가의 감정 등	법원은 제4조 제2항에 따른 정신과 전문의 등의 지난 또는 감정의견만으로 피치료감호청구인의 심신장애 또는 정신성적 장애가 있는지의 여부를 판단하기 어려울 때에는 정신과 전문의 등에게 다시 감정을 명할 수 있다.
제14조	항소 등	① 검사 또는 피치료감호청구인과 「형사소송법」 제339조부터 제341조까지에 규정된 자는 「형사소송법」의 절차에 따라 상소할 수 있다. ② 피고사건의 판결에 대하여 상소 및 상소의 포기·취하가 있을 때에는 치료감호청구사건의 판결에 대하여도 상소 및 상소의 포기·취하가 있는 것으로 본다. 상소권회복 또는 재심의 청구나 비상상고가 있을 때에도 또한 같다.
제15조	준용규정	① 법원에 피치료감호청구인을 보호구속하는 경우의 치료감호영장에 관하여는 제6조 제1항을 준용한다. ② 제2조 제1항 각 호의 어느 하나에 해당하는 치료감호대상자에 대한 치료감호청구사건에 관하여는 「형사소송법」 제282조 및 제283조를 준용한다.

제3장 치료감호의 집행

제16조	치료감호의 내용	① 치료감호를 선고받은 자(이하 "피치료감호자"라 한다)에 대하여는 치료감호시설에 수용하여 치료를 위한 조치를 한다. ② 피치료감호자를 치료감호시설에 수용하는 기간은 다음 각 호의 구분에 따른 기간을 초과할 수 없다. 1. 제2조 제1항 제1호 및 제3호에 해당하는 자: 15년 2. 제2조 제1항 제2호에 해당하는 자: 2년 ③ 제1항에 따른 치료감호시설과 치료, 그 밖에 필요한 사항은 대통령령으로 정한다.
제17조	집행 지위	① 치료감호의 집행은 검사가 지휘한다. ② 제1항에 따른 지휘는 판결서등본을 첨부한 서면으로 한다.
제18조	집행순서 및 방법	치료감호와 형이 병과 된 경우에는 치료감호를 먼저 집행한다. 이 경우 치료감호의 집행기간은 형 집행기간에 포함한다.
제19조	구분 수용	피치료감호자는 특별한 사정이 없으면 제2조 제1항 각 호의 구분에 따라 구분하여 수용하여야 한다.
제20조	치료감호내 용 등의 공개	이 법에 따른 치료감호의 내용과 실태는 대통령령으로 정하는 바에 따라 공개하여야 한다. 이 경우 피치료감호자나 그의 보호자가 동의한 경우 외에는 피치료감호자의 개인신상에 관한 것은 공개하지 아니한다.
제21조	소환 및 치료감호 집행	① 검사는 보호구금되어 있지 아니한 피치료감호자에 대한 치료감호를 집행하기 위하여 피치료감호자를 소환할 수 있다. ② 피치료감호자가 제1항에 따른 소환에 응하지 아니하면 검사는 치료감호집행장을 발부하여 보호구인할 수 있다. ③ 피치료감호자가 도망하거나 도망할 염려가 있을 때 또는 피치료감호자의 현재지를 알 수 없을 때에는 제2항에도 불구하고 소환 절차를 생략하고 치료감호집행장을 발부하여 보호구인할 수 있다. ④ 치료감호집행장은 치료감호영장과 같은 효력이 있다.

제22조	가종료 등의 심사·결정	제37조에 따른 치료감호심의위원회는 피치료감호자에 대하여 치료감호 집행을 시작한 후 매 6개월마다 치료감호의 종료 또는 가종료 여부를 심사·결정하고, 가종료 또는 치료위탁된 피치료감호자에 대하여는 가종료 또는 치료위탁 후 매 6개월마다 종료 여부를 심사·결정한다.
제23조	치료의 위탁	① 제37조에 따른 치료감호심의위원회는 치료감호만을 선고받은 피치료감호자에 대한 집행이 시작된 후 1년이 지났을 때에는 상당한 기간을 정하여 그의 법정대리인, 배우자, 직계친족, 형제자매(이하 "법정대리인 등"이라 한다)에게 치료감호시설 외에서의 치료를 위탁할 수 있다. ② 제37조에 따른 치료감호심의위원회는 치료감호와 형이 병과되어 형기에 상당하는 치료감호를 집행받은 자에 대하여는 상당한 기간을 정하여 그 법정대리인 등에게 치료감호시설 외에서의 치료를 위탁할 수 있다. ③ 제1항이나 제2항에 따라 치료위탁을 결정하는 경우 치료감호심의위원회는 법정대리인 등으로부터 치료감호시설 외에서의 입원·치료를 보증하는 내용의 서약서를 받아야 한다.
제24조	치료감호의 집행정지	피치료감호자에 대하여 「형사소송법」 제471조 제1항 각 호의 어느 하나에 해당하는 사유가 있을 때에는 같은 조에 따라 검사는 치료감호의 집행을 정지할 수 있다. 이 경우 치료감호의 집행이 정지된 자에 대한 관찰은 형집행정지자에 대한 관찰의 예에 따른다.

제4장 피치료감호자의 처우와 권리

제25조	처우	① 치료감호시설의 장은 피치료감호자의 건강한 생활이 보장될 수 있도록 쾌적하고 위생적인 시설을 갖추고 의류, 침구, 그 밖에 처우에 필요한 물품을 제공하여야 한다. ② 피치료감호자에 대한 의료적 처우는 정신병원에 준하여 의사의 조치에 따르도록 한다. ③ 치료감호시설의 장은 피치료감호자의 사회복귀에 도움이 될 수 있도록 치료와 개선 정도에 따라 점진적으로 개방적이고 완화된 처우를 하여야 한다.
제26조	면회 등	치료감호시설의 장은 수용질서 유지나 치료를 위하여 필요한 경우 외에는 피치료감호자의 면회, 편지의 수신·발신, 전화통화 등을 보장하여야 한다.
제27조	텔레비전 시청 등	피치료감호자의 텔레비전 시청, 라디오 청취, 신문·도서의 열람은 일과시간이나 취침시간 등을 제외하고는 자유롭게 보장된다.
제28조	환자의 치료	① 치료감호시설의 장은 피치료감호자가 치료감호시설에서 치료하기 곤란한 질병에 걸렸을 때에는 외부의료기관에서 치료를 받게 할 수 있다. ② 치료감호시설의 장은 제1항의 경우 본인이나 보호자 등이 직접 비용을 부담하여 치료 받기를 원하면 이를 허가할 수 있다.
제29조	근로보상금 등의 지급	근로에 종사하는 피치료감호자에게는 근로의욕을 북돋우고 석방 후 사회정착에 도움이 될 수 있도록 법무부장관이 정하는 바에 따라 근로보상금을 지급하여야 한다.

제30조	처우개선의 청원	① 피치료감호자나 법정대리인 등은 법무부장관에게 피치료감호자의 처우개선에 관한 청원을 할 수 있다. ② 제1항에 따른 청원의 제기, 청원의 심사, 그 밖에 필요한 사항에 관하여는 대통령령으로 정한다.
제31조	운영실태 등 점검	법무부장관은 연 2회 이상 치료감호시설의 운영실태 및 피치료보호자에 대한 처우상태를 점검하여야 한다.

제5장 보호관찰

제32조	보호관찰	① 피치료감호자가 다음 각 호의 어느 하나에 해당하게 되면 보호관찰이 시작된다. 1. 피치료감호자에 대한 치료감호가 가종료되었을 때 2. 피치료감호자가 치료감호시설 외에서 치료받도록 법정대리인 등에게 위탁되었을 때 ② 보호관찰의 기간은 3년으로 한다. ③ 보호관찰을 받기 시작한 자(이하 "피보호관찰자"라 한다)가 다음 각 호의 어느 하나에 해당하게 되면 보호관찰이 종료된다. 1. 보호관찰기간이 끝났을 때 2. 보호관찰기간이 끝나기 전이라도 제37조에 따른 치료감호심의위원회의 치료감호의 종료결정이 있을 때 3. 보호관찰기간이 끝나기 전이라도 피보호관찰자가 다시 치료감호 집행을 받게 되어 재수용되거나 새로운 범죄로 금고 이상의 형의 집행을 받게 되었을 때
제33조	피보호관찰자의 준수사항	① 피보호관찰자는 「보호관찰 등에 관한 법률」 제32조 제2항에 따른 준수사항을 성실히 이행하여야 한다. ② 제37조에 따른 치료감호심의위원회는 피보호관찰자의 특성을 고려하여 제1항에 따른 준수사항 외에 치료나 그 밖에 특별히 지켜야 할 사항을 부과할 수 있다.
제34조	피보호관찰자 등의 신고 의무	① 피보호관찰자나 법정대리인 등은 대통령령으로 정하는 바에 따라 출소 후의 거주예정지나 그 밖에 필요한 사항을 미리 치료감호시설의 장에게 신고하여야 한다. ② 피보호관찰자나 법정대리인등은 출소 후 10일 이내에 주거, 직업, 치료를 받는 병원, 그 밖에 필요한 사항을 보호관찰관에게 서면으로 신고하여야 한다.
제35조	치료감호의 종료	① 보호관찰기간이 끝나면 피보호관찰자에 대한 치료감호가 끝난다. ② 제37조에 따른 치료감호심의위원회는 피보호관찰자의 관찰성적 및 치료경과가 양호하면 보호관찰기간이 끝나기 전에 보호관찰의 종료를 결정할 수 있다.
제36조	가종료 취소와 치료감호의 재집행	제37조에 따른 치료감호심의위원회는 피보호관찰자가 다음 각 호의 어느 하나에 해당할 때에는 결정으로 가종료나 치료의 위탁을 취소하고 다시 치료감호를 집행할 수 있다. 1. 금고 이상의 형에 해당하는 죄를 지은 때. 다만, 과실범은 제외한다. 2. 제33조의 준수사항이나 그 밖에 보호관찰에 관한 지시·감독을 위반하였을 때 3. 제32조 제1항 제1호에 따라 보호관찰이 시작된 피보호관찰자가 증상이 악화되어 치료감호가 필요하다고 인정될 때

제6장 치료감호심의위원회

조	제목	내용
제37조	치료감호심의위원회	① 치료감호 및 보호관찰의 관리와 집행에 관한 사항을 심사·결정하기 위하여 법무부에 치료감호심의위원회(이하 "위원회"라 한다)를 둔다. ② 위원회는 판사·검사 또는 변호사의 자격이 있는 6명 이내의 위원과 정신과 등 전문의의 자격이 있는 3명 이내의 위원으로 구성하고, 위원장은 법무부차관으로 한다. ③ 위원회는 다음 각 호의 사항을 심사·결정한다. 1. 피치료감호자에 대한 치료의 위탁·가종료 및 그 취소와 치료감호 종료 여부에 관한 사항 2. 피보호관찰자에 대한 준수사항의 부과 및 지시·감독과 그 위반 시의 제재에 관한 사항 3. 그 밖에 제1호와 제2호에 관련된 사항 ④ 위원회에는 전문적 학식과 덕망이 있는 자 중에서 위원장의 제청으로 법무부장관이 위촉하는 자문위원을 둘 수 있다. ⑤ 위원회의 구성·운영·서무 및 자문위원의 위촉과 그 밖에 필요한 사항은 대통령령으로 정한다.
제38조	결격사유	다음 각 호의 어느 하나에 해당하는 자는 위원회의 위원이 될 수 없다. 1. 「국가공무원법」 제33조 각 호의 결격사유 어느 하나에 해당하는 자 2. 제39조에 따라 위원에서 해촉된 후 3년이 지나지 아니한 자
제39조	위원의 해촉	법무부장관은 위원회의 위원이 다음 각 호의 어느 하나 해당하면 그 위원을 해촉할 수 있다. 1. 심신장애로 인하여 직무수행을 할 수 없거나 직무를 수행하기가 현저히 곤란하다고 인정될 때 2. 직무태만·품위손상 그 밖의 사유로 위원으로서 적당하지 아니하다고 인정되는 때
제40조	심사	① 위원회는 심의자료에 따라 제37조 제3항에 규정된 사항을 심사한다. ② 위원회는 제1항에 따른 심사를 위하여 필요하면 법무부 소속 공무원으로 하여금 결정에 필요한 사항을 조사하게 하거나 피치료감호자 및 피보호관찰자(이하 "피보호자"라 한다)나 그 밖의 관계자를 직접 소환·심문하거나 조사할 수 있다. ③ 제2항에 따라 조사 명령을 받은 공무원은 다음 각 호의 권한을 가진다. 1. 피보호자나 그 밖의 관계자의 소환·심문 및 조사 2. 국공립기관이나 그 밖의 공공단체·민간단체에 대한 조회 및 관계 자료의 제출요구 ④ 피보호자나 그 밖의 관계자는 제2항과 제3항의 소환·심문 및 조사에 응하여야 하며, 국공립기관이나 그 밖의 공공단체·민간단체는 제3항에 따라 조회나 자료제출을 요구받았을 때에는 국가기밀 또는 공공의 안녕질서에 해를 끼치는 것이 아니면 이를 거부할 수 없다.
제41조	의결 및 결정	① 위원회는 위원장을 포함한 재적위원 과반수의 출석으로 개의하고, 출석위원 과반수의 찬성으로 의결한다. 다만, 찬성과 반대의 수가 같을 때에는 위원장이 결정한다. ② 결정은 이유를 붙이고 출석한 위원들이 기명날인한 문서로 한다. ③ 위원회는 제1항에 따른 의결을 할 때 필요하면 치료감호시설의 장이나 보호관찰관에게 의견서를 제출하도록 할 수 있다. ④ 치료감호시설의 장은 제3항에 따른 의견서를 제출할 때에는 피보호자의 상태 및 예후, 치료감호 종료의 타당성 등에 관한 피보호자 담당 의사의 의견을 참조하여야 한다.

| 제42조 | 위원의
기피 | ① 피보호자와 그 법정대리인 등은 위원회의 위원에게 공정한 심사·의결을 기대하기 어려운 사정이 있으면 위원장에게 기피신청을 할 수 있다.
② 위원장은 제1항에 따른 기피신청에 대하여 위원회의 의결을 거치지 아니하고 신청이 타당한지를 결정한다. 다만, 위원장이 결정하기에 적절하지 아니한 경우에는 위원회의 의결로 결정할 수 있다.
③ 제1항에 따라 기피신청을 받은 위원은 제2항 단서의 의결에 참여하지 못한다. |
| 제44조 | 피치료
감호자
등의
심사
신청 | ① 피치료감호자와 그 법정대리인 등은 피치료감호자가 치료감호를 받을 필요가 없을 정도로 치유되었음을 이유로 치료감호의 종료 여부를 심사·결정을 신청할 수 있다.
② 제1항에 따른 신청을 할 때에는 심사신청서와 심사신청이유에 대한 자료를 제출하여야 한다.
③ 제1항에 따른 신청은 치료감호의 집행이 시작된 날부터 6개월이 지난 후에 하여야 한다. 신청이 기각된 경우에는 6개월이 지난 후에 다시 신청할 수 있다.
④ 위원회가 제1항에 따른 신청을 기각하는 경우에는 결정서에 그 이유를 구체적으로 밝혀야 한다. |

제7장 보칙

제45조	치료감호 청구의 시효	① 치료감호 청구의 시효는 치료감호가 청구된 사건과 동시에 심리하거나 심리할 수 있었던 죄에 대한 공소시효기간이 지나면 완성된다. ② 치료감호가 청구된 사건은 판결의 확정 없이 치료감호가 청구되었을 때부터 15년이 지나면 청구의 시효가 완성된 것으로 본다.
제46조	치료감호 의 시효	① 피치료감호자는 그 판결이 확정된 후 집행을 받지 아니하고 다음 각 호의 구분에 따른 기간이 지나면 시효가 완성되어 집행이 면제된다. 1. 제2조 제1항 제1호 및 제3호에 해당하는 자의 치료감호: 10년 2. 제2조 제1항 제2호에 해당하는 자의 치료감호: 7년 ② 시효는 치료감호의 집행정지 기간 또는 가종료 기간이나 그 밖에 집행할 수 없는 기간에는 진행되지 아니한다. ③ 시효는 피치료감호자를 체포함으로써 중단된다.
제47조	치료감호 의 선고와 자격정지	피치료감호자는 그 치료감호의 집행이 종료되거나 면제될 때까지 다음 각 호의 자격이 정지된다. 1. 공무원이 될 자격 2. 공법상의 선거권과 피선거권 3. 법률로 요건을 정한 공법상 업무에 관한 자격
제48조	치료감호 의 실효	① 치료감호의 집행을 종료하거나 집행이 면제된 자가 피해자의 피해를 보상하고 자격정지 이상의 형이나 치료가모를 선고받지 아니하고 7년이 지났을 때에는 본인이나 검사의 신청에 의하여 그 재판의 실효를 선고할 수 있다. 이 경우 「형사소송법」 제337조를 준용한다. ② 치료감호의 집행을 종료하거나 집행이 면제된 자가 자격정지 이상의 형이나 치료감호를 선고받지 아니하고 10년이 지났을 때에는 그 재판이 실효된 것으로 본다.

| 제49조 | 기간의 계산 | ① 치료감호의 기간은 치료감호를 집행한 날부터 기산한다. 이 경우 치료감호 집행을 시작한 첫날은 시간으로 계산하지 아니하고 1일로 산정한다.
② 치료감호의 집행을 위반한 기간은 그 치료감호의 집행기간에 포함하지 아니한다. |

제8장 벌칙

| 제52조 | 벌칙 | ① 피치료감호자가 치료감호 집행자의 치료감호를 위한 명령에 정당한 사유 없이 복종하지 아니하거나 도주한 경우에는 1년 이하의 징역에 처한다.
② 피치료감호자 2명 이상이 공동으로 제1항의 죄를 지은 경우에는 3년 이하의 징역에 처한다.
③ 치료감호를 집행하는 자가 피치료감호자를 도주하게 하거나 도주를 용이하게 한 경우에는 1년 이상의 유기징역에 처한다.
④ 치료감호를 집행하는 자가 뇌물을 수수·요구 또는 약속하고 제3항의 죄를 지은 경우에는 2년 이상의 유기징역에 처한다.
⑤ 타인으로 하여금 치료감호처분을 받게 할 목적으로 공공기관이나 공무원에게 거짓의 사실을 신고한 자는 10년 이하의 징역 또는 1천500만 원 이하의 벌금에 처한다.
⑥ 치료감호청구사건에 관하여 피치료감호청구인을 모함하여 해칠 목적으로 「형법」 제152조 제1항의 위증죄를 지은 자는 10년 이하의 징역에 처한다.
⑦ 치료감호청구사건에 관하여 「형법」 제154조의 죄를 지은 자는 10년 이하의 징역에 처한다.
⑧ 치료감호청구사건에 관하여 「형법」 제233조 또는 제234조(허위작성진단서의 행사로 한정한다)의 죄를 지은 자는 5년 이하의 징역이나 금고, 10년 이하의 자격정지 또는 5천만 원 이하의 벌금에 처한다.
⑨ 제23조 제3항에 따라 치료의 위탁을 받은 법정대리인 등이 그 서약을 위반하여 피치료감호자를 도주하게 하거나 도주를 용이하게 한 경우에는 3년 이하의 징역 또는 500만 원 이하의 벌금에 처한다. |

부칙 <제7655호, 2005.8.4>

제2조	치료감호 판결을 받은 자에 대한 경과조치	이 법 시행 전에 종전의 「사회보호법」에 의하여 치료감호 판결을 받은 자는 이 법에 의하여 치료감호 판결을 받은 것으로 본다.
제4조	사회보호위원회의 심사·결정 등에 관한 경과조치	이 법 시행 전에 행하여진 「사회보호법」의 사회보호위원회 심사·결정은 이 법에 의한 치료감호심의위원회의 심사·결정으로 본다.
제6조	재판계속 중인 치료감호사건에 관한 경과조치	이 법 시행 당시 「사회보호법」에 따라 치료감호가 청구되어 재판계속 중인 사건은 이 법에 따라 치료 감호가 청구되어 재판계속 중인 것으로 본다.

제16편 보안관찰법

[시행 2008. 1. 1][법률 제8435호, 2007.5.17, 타법개정]

제1조	목적	이 법은 특정범죄를 범한 자에 대하여 재범의 위험성을 예방하고 건전한 사회복귀를 촉진하기 위하여 보안관찰처분을 함으로써 국가의 안전과 사회의 안녕을 유지함을 목적으로 한다.
제2조	보안관찰 해당범죄	이 법에서 "보안관찰해당범죄"라 함은 다음 각 호의 1에 해당하는 죄를 말한다. 1. 형법 제88조·제89조(제87조의 미수범을 제외한다)·제90조(제87조에 해당하는 죄를 제외한다)·제92조 내지 제98조·제100조(제99조의 미수범을 제외한다) 및 제101조(제99조에 해당하는 죄를 제외한다) 2. 군형법 제5조 내지 제8조·제9조 제2항 및 제11조 내지 제16조 3. 국가보안법 제4조, 제5조(제1항 중 제4조 제1항 제6호에 해당하는 행위를 제외한다), 제6조, 제9조 제1항·제3항(제2항의 미수범을 제외한다)·제4항
제3조	보안관찰처 분대상자	이 법에서 "보안관찰처분대상자"라 함은 보안관찰해당범지 또는 이와 경합된 범죄로 금고 이상의 형의 선고를 받고 그 형기합계가 3년 이상인 자로서 형의 전부 또는 일부의 집행을 받은 사실이 있는 자를 말한다.
제4조	보안관찰 처분	① 제3조에 해당하는 자중 보안관찰해당범죄를 다시 범할 위험성이 있다고 인정할 충분한 이유가 있어 재범의 방지를 위한 관찰이 필요한 자에 대하여는 보안관찰처분을 한다. ② 보안관찰처분을 받은 자는 이 법이 정하는 바에 따라 소정의 사항을 주거지 관할경찰서장(이하 "관할경찰서장"이라 한다)에게 신고하고, 재범방지에 필요한 범위 안에서 그 지시에 따라 보안관찰을 받아야 한다.
제5조	보안관찰 처분의 기간	① 보안관찰처분의 기간은 2년으로 한다. ② 법무부장관은 검사의 청구가 있는 때에는 보안관찰처분심의위원회의 의결을 거쳐 그 기간을 갱신할 수 있다.
제6조	보안관찰 처분대상 자의 신고	① 보안관찰처분대상자는 대통령령이 정하는 바에 따라 그 형의 집행을 받고 있는 교도소, 소년교도소, 구치소, 유치장, 군교도소 또는 영창(이하 "교도소 등"이라 한다)에서 출소 전에 거주예정지 기타 대통령령으로 정하는 사항을 교도소 등의 장을 경유하여 거주예정지 관할경찰서장에게 신고하고, 출소 후 7일 이내에 그 거주예정지 관할경찰서장에게 출소사실을 신고하여야 한다. 제20조 제3항에 해당하는 경우에는 법무부장관이 제공하는 거주할 장소(이하 "거소"라 한다)를 거주예정지로 신고하여야 한다. ② 보안관찰처분대상자는 교도소 등에서 출소한 후 제1항의 신고사항에 변동이 있을 때에는 변동이 있는 날부터 7일 이내에 그 변동된 사항을 관할경찰서장에게 신고하여야 한다. 다만, 제20조 제3항에 의하여 거소제공을 받은 자가 주거지를 이전하고자 할 때에는 미리 관할경찰서장에게 제18조 제4항 단서에 의한 신고를 하여야 한다. ③ 교도소 등의 장은 제3조에 해당하는 자가 생길 때에는 지체 없이 보안관찰처분심의위원회와 거주예정지를 관할하는 검사 및 경찰서장에게 통고하여야 한다.
제7조	보안관찰처 분의 청구	보안관찰처분청구는 검사가 행한다.

제8조	청구의 방법	① 제7조의 규정에 의한 보안관찰처분청구는 검사가 보안관찰처분청구서(이하 "처분청구서"라 한다)를 법무부장관에게 제출함으로써 행한다. ② 처분청구서에는 다음 사항을 기재하여야 한다. 1. 보안관찰처분을 청구받은 자(이하 "피청구자"라 한다)의 성명 기타 피청구자를 특정할 수 있는 사항 2. 청구의 원인이 되는 사실 3. 기타 대통령령으로 정하는 사항 ③ 검사가 처분청구서를 제출할 때에는 청구의 원인이 되는 사실을 증명할 수 있는 자료의 의견서를 첨부하여야 한다. ④ 검사는 보안관찰처분청구를 한 때에는 지체 없이 처분청구서등본을 피청구자에게 송달하여야 한다. 이 경우 송달에 관하여는 민사소송법 중 송달에 관한 규정을 준용한다.
제9조	조사	① 검사는 제7조의 규정에 의한 보안관찰처분청구를 위하여 필요한 때에는 보안관찰처분대상자, 청구의 원인이 되는 사실과 보안관찰처분을 필요로 하는 자료를 조사할 수 있다. ② 사법경찰관리와 특별사법경찰관리(이하 "사법경찰관리"라 한다)는 검사의 지휘를 받아 제1항의 규정에 의한 조사를 할 수 있다.
제10조	심사	① 법무부장관은 처분청구서와 자료에 의하여 청구된 사안을 심사한다. ② 법무부장관은 제1항의 규정에 의한 심사를 위하여 필요한 때에는 법무부소속공무원으로 하여금 조사하게 할 수 있다. ③ 제2항의 규정에 의하여 조사의 명을 받은 공무원은 다음 각호의 권한을 가진다. 1. 피청구자 기타 관계자의 소환·심문·조사 2. 국가기관 기타 공·사단체에의 조회 및 관계자료의 제출요구
제11조	보안관찰처분의 면제	① 법무부장관은 보안관찰처분대상자중 다음 각 호의 요건을 갖춘 자에 대하여는 보안관찰처분을 하지 아니하는 결정(이하 "면제결정"이라 한다)을 할 수 있다. 1. 준법정신이 확립되어 있을 것 2. 일정한 주거와 생업이 있을 것 3. 대통령령이 정하는 신원보증이 있을 것 ② 법무부장관은 제1항의 요건을 갖춘 보안관찰처분대상자의 신청이 있을 때에는 부득이한 사유가 있는 경우를 제외하고는 3월 내에 보안관찰처분면제여부를 결정하여야 한다. ③ 검사는 제1항 제1호 및 제2호의 요건을 갖춘 보안관찰처분대상자의 정상을 참작하여 위험성이 없다고 인정되는 때에는 법무부장관에게 면제결정을 청구할 수 있다. ④ 면제결정을 받은 자가 그 면제결정요건에 해당하지 아니하게 된 때에는 검사의 청구에 의하여 법무부장관은 면제결정을 취소할 수 있다. ⑤ 면제결정과 면제결정청구, 면제결정취소청구 및 그 결정에 대하여는 보안관찰처분청구 및 심사결정에 관한 규정을 준용한다. ⑥ 보안관찰처분의 면제결정을 받은 자는 그때부터 이 법에 의한 보안관찰처분대상자 또는 피보안관찰자로서의 의무를 면한다.
제12조	보안관찰처분심의위원회	① 보안관찰처분에 관한 사안을 심의·의결하기 위하여 법무부에 보안관찰처분심의위원회(이하 "위원회"라 한다)를 둔다. ② 위원회는 위원장 1인과 6인의 위원으로 구성한다. ③ 위원장은 법무부차관이 되고, 위원은 학식과 덕망이 있는 자로 하되, 그 과반수는 변호사의 자격이 있는 자이어야 한다.

		④ 위원은 법무부장관의 제청으로 대통령이 임명 또는 위촉한다. ⑤ 위촉된 위원의 임기는 2년으로 한다. 다만, 공무원인 위원은 그 직을 면한 때에는 위원의 자격을 상실한다. ⑥ 위원 중 공무원이 아닌 위원도 이 법 기타 다른 법률의 규정에 의한 벌칙의 적용에 있어서는 공무원으로 본다. ⑦ 위원장은 위원회의 회무를 통리하고 위원회를 대표하며, 위원회의 회의를 소집하고 그 의장이 된다. ⑧ 위원장이 사고가 있을 때에는 미리 그가 지정한 위원이 그 직무를 대행한다. ⑨ 위원회는 다음 각호의 사안을 심의·의결한다. 1. 보안관찰처분 또는 그 기각의 결정 2. 면제 또는 그 취소결정 3. 보안관찰처분의 취소 또는 기간의 갱신결정 ⑩ 위원회의 회의는 위원장을 포함한 재적위원 과반수의 출석으로 개의하고 출석위원 과반수의 찬성으로 의결한다. ⑪ 위원회의 운영·서무 기타 필요한 사항은 대통령령으로 정한다.
제13조	피청구자의 자료제출 등	① 피청구자는 처분청구서등본을 송달받은 날부터 7일 이내에 법무부장관 또는 위원회에 서면으로 자기에게 이익된 사실을 진술하고 자료를 제출할 수 있다. ② 위원회는 필요하다고 인정하는 경우에는 피청구자 및 기타 관계자를 출석시켜 심문·조사하거나 공무소 기타 공·사단체에 대하여 조회할 수 있으며, 관계자료의 제출을 요구할 수 있다.
제14조	결정	① 보안관찰처분에 관한 결정은 위원회의 의결을 거쳐 법무부장관이 행한다. ② 법무부장관은 위원회의 의결과 다른 결정을 할 수 없다. 다만, 보안관찰처분대상자에 대하여 위원회의 의결보다 유리한 결정을 하는 때에는 그러하지 아니하다.
제15조	의결서 등	① 위원회의 의결은 이유를 붙이고 위원장과 출석위원이 기명날인하는 문서로써 행한다. ② 법무부장관의 결정은 이유를 붙이고 법무부장관이 기명날인하는 문서로써 행한다.
제16조	결정의 취소 등	① 검사는 법무부장관에게 보안관찰처분의 취소 또는 기간의 갱신을 청구할 수 있다. ② 법무부장관은 제1항의 규정에 의한 청구를 받은 때에는 위원회의 의결을 거쳐 이를 심사·결정하여야 한다. ③ 제1항 및 제2항의 규정에 의한 청구와 그 청구의 심사·결정에 대하여는 보안관찰처분청구 및 심사결정에 관한 규정을 준용한다.
제17조	보안관찰처분의 집행	① 보안관찰처분의 집행은 검사가 지휘한다. ② 제1항의 지휘는 결정서등본을 첨부한 서면으로 하여야 한다.③ 검사는 피보안관찰자가 도주하거나 1월 이상 그 소재가 불명한 때에는 보안관찰처분의 집행중지결정을 할 수 있다. 그 사유가 소멸된 때에는 지체 없이 그 결정을 취소하여야 한다.
제18조	신고사항	① 보안관찰처분을 받은 자(이하 "피보안관찰자"라 한다)는 보안관찰처분결정고지를 받은 날부터 7일 이내에 다음 각 호의 사항을 주거지를 관할하는 지구대 또는 파출소의 장(이하 "지구대·파출소장"이라 한다)을 거쳐 관할경찰서장에게 신고하여야 한다. 제20조 제3항에 해당하는 경우에는 법무부장관이 제공하는 거소를 주거지로 신고하여야 한다. 1. 등록기준지, 주거(실제로 생활하는 거처), 성명, 생년월일, 성별, 주민등록번호 2. 가족 및 동거인 상황과 교우관계 3. 직업, 월수, 본인 및 가족의 재산상황

		4. 학력, 경력
		5. 종교 및 가입한 단체
		6. 직장의 소재지 및 연락처
		7. 보안관찰처분대상자 신고를 행한 관할경찰서 및 신고일자
		8. 기타 대통령령이 정하는 사항
		② 피보안관찰자는 보안관찰처분결정고지를 받은 날이 속한 달부터 매3월이 되는 달의 말일까지 다음 각호의 사항을 지구대·파출소장을 거쳐 관할경찰서장에게 신고하여야 한다.
		1. 3월간의 주요활동사항
		2. 통신·회합한 다른 보안관찰처분대상자의 인적사항과 그 일시, 장소 및 내용
		3. 3월간에 행한 여행에 관한 사항(신고를 마치고 중지한 여행에 관한 사항을 포함한다)
		4. 관할경찰서장이 보안관찰과 관련하여 신고하도록 지시한 사항
		③ 피보안관찰자는 제1항의 신고사항에 변동이 있을 때에는 7일 이내에 지구대·파출소장을 거쳐 관할경찰서장에게 신고하여야 한다. 피보안관찰자가 제1항의 신고를 한 후 제20조 제3항에 의하여 거소제공을 받거나 제20조 제5항에 의하여 거소가 변경된 때에는 제공 또는 변경된 거소로 이전한 후 7일 이내에 지구대·파출소장을 거쳐 관할경찰서장에게 신고하여야 한다.
		④ 피보안관찰자가 주거지를 이전하거나 국외여행 또는 10일 이상 주거를 이탈하여 여행하고자 할 때에는 미리 거주예정지, 여행예정지 기타 대통령령이 정하는 사항을 지구대·파출소장을 거쳐 관할경찰서장에게 신고하여야 한다. 다만, 제20조 제3항에 의하여 거소제공을 받은 자가 주거지를 이전 하고자 할 때에는 제20조 제5항에 의하여 거소변경을 신청하여 변경결정된 거소를 거주예정지로 신고하여야 한다.
		⑤ 관할경찰서장은 제1항 내지 제4항의 규정에 의한 신고를 받은 때에는 신고필증을 교부하여야 한다.
제19조	지도	① 검사 및 사법경찰관리는 피보안관찰자의 재범을 방지하고 건전한 사회복귀를 촉진하기 위하여 다음 각 호의 지도를 할 수 있다.
		1. 피보안관찰자와 긴밀한 접촉을 가지고 항상 그 행동 및 환경 등을 관찰하는 것
		2. 피보안관찰자에 대하여 신고사항을 이행함에 적절한 지시를 하는 것
		3. 기타 피보안관찰자가 사회의 선량한 일원이 되는데 필요한 조치를 취하는 것
		② 검사 및 사법경찰관은 피보안관찰자의 재범방지를 위하여 특히 필요한 경우에는 다음 각호의 조치를 할 수 있다.
		1. 보안관찰해당범죄를 범한 자와의 회합·통신을 금지하는 것
		2. 집단적인 폭행, 협박, 손괴, 방화등으로 공공이 안녕질서에 직접적인 위협을 가할 것이 명백한 집회 또는 시위장소에의 출입을 금지하는 것
		3. 피보안관찰자의 보호 또는 조사를 위하여 특정장소에의 출석을 요구하는 것
제20조	보호	① 검사 및 사법경찰관리는 피보안관찰자가 자조의 노력을 함에 있어 그의 개선과 자위를 위하여 필요하다고 인정되는 적절한 보호를 할 수 있다
		② 제1항의 보호의 방법은 다음과 같다.
		1. 주거 또는 취업을 알선하는 것
		2. 직업훈련의 기회를 제공하는 것
		3. 환경을 개선하는 것
		4. 기타 본인의 건전한 사회복귀를 위하여 필요한 원조를 하는 것
		③ 법무부장관은 보안관찰처분대상자 또는 피보안관찰자 중 국내에 가족이 없거나 가족이 있어도 인수를 거절하는 자에 대하여는 대통령령이 정하는 바에 의하여 거소를 제공할 수 있다.

		④ 사회복지사업법에 의한 사회복지시설로서 대통령령이 정하는 시설의 장은 법무부장관으로부터 보안관찰처분대상자 또는 피보안관찰자에 대한 거소제공의 요청을 받은 때에는 정당한 이유 없이 이를 거부하여서는 아니 된다. ⑤ 법무부장관은 제3항에 의하여 거소제공을 받은 자에게 국내에 인수를 희망하는 가족이 생기거나 거소변경의 필요가 있는 때에는 본인의 신청 또는 검사의 청구에 의하여 이미 제공한 거소를 변경할 수 있다. 이 경우 법무부장관은 3월 이내에 거소의 변경 여부를 결정하여야 한다.
제21조	응급구호	검사 및 사법경찰관리는 피보안관찰자에게 부상·질병 기타 긴급한 사유가 발생하였을 때에는 대통령령이 정하는 바에 따라 필요한 구호를 할 수 있다.
제22조	경고	검사 및 사법경찰관리는 피보안관찰자가 의무를 위반하였거나 위반할 위험성이 있다고 의심할 상당한 이유가 있는 때에는 그 이행을 촉구하고 형사처벌 등 불이익한 처분을 받을 수 있음을 경고할 수 있다.
제23조	행정소송	이 법에 의한 법무부장관의 결정을 받은 자가 그 결정에 이의가 있을 때에는 행정소송법이 정하는 바에 따라 그 결정이 집행된 날부터 60일 이내에 서울고등법원에 소를 제기할 수 있다. 다만, 제11조의 규정에 의한 면제결정신청에 대한 기각결정을 받은 자가 그 결정에 이의가 있을 때에는 그 결정이 있는 날부터 60일 이내에 서울고등법원에 소를 제기할 수 있다.
제24조	행정소송법의 준용	제23조의 소송에 관하여 이 법에 규정한 것을 제외하고는 행정소송법을 준용한다. 다만, 행정소송법 제18조의 규정은 준용하지 아니한다.
제25조	기간의 계산	① 보안관찰처분의 기간은 보안관찰처분 결정을 집행하는 날부터 계산한다. 이 경우 초일은 산입한다. ② 제18조 제1항 내지 제4항의 규정에 의한 신고를 하지 아니한 기간은 보안관찰처분 기간에 산입하지 아니한다. ③ 보안관찰처분의 집행중지결정이 있거나 징역·금고·구류·노역장유치 중에 있는 때, 「사회보호법」에 의한 감호의 집행 중에 있는 때 또는 「치료감호법」에 의한 치료감호의 집행 중에 있는 때에는 보안관찰처분의 기간은 그 진행이 정지된다.
제26조	군법피적용자에 대한 특칙 등	① 군사법원법 제2조 제1항 각호의 1에 게기된 자에 대한 보안관찰처분에 관하여는 국방부장관은 법무부장관의, 군사법원검찰관은 검사의, 군사법경찰관리는 사법경찰관리의 이 법에 의한 직무를 행한다. ② 군사법원법 제2조 제1항 각호의 1에 게기된 자에 대한 보안관찰처분을 심의·의결하기 위하여 국방부에 군보안관찰처분심의위원회를 둔다. ③ 군보안관찰처분심의위원회의 구성과 운영에 관하여는 제12조의 규정을 준용한다. ④ 국방부장관 또는 군사법원검찰관은 보안관찰처분대상자가 군사법원법 제2조 제1항 각호의 1에 게기된 자가 아님이 명백한 때에는 당해 사안을 법무부장관 또는 검사에게 이송한다. 이 경우 이송 전에 한 심사 또는 조사는 이송 후에도 그 효력에 영향이 없다. ⑤ 법무부장관 또는 검사는 보안관찰처분대상자가 군사법원법 제2조 제1항 각호의 1에 게기된 자임이 명백한 때에는 당해 사안을 국방부장관 또는 군사법원검찰관에게 이송한다. 이 경우 이송 전에 한 심사 또는 조사는 이송 후에도 그 효력에 영향이 없다.

| 제27조 | 벌칙 | ① 보안관찰처분대상자 또는 피보안관찰자가 보안관찰처분 또는 보안관찰을 면탈할 목적으로 은신 또는 도주한 때에는 3년 이하의 징역에 처한다.
② 정당한 이유없이 제6조 제1항·제2항 및 제18조 내지 제4항의 규정에 의한 신고를 하지 아니하거나 허위의 신고를 한 자 또는 그 신고를 함에 있어서 거주예정지나 주거지를 명시하지 아니한 자는 2년 이하의 징역 또는 100만 원 이하의 벌금에 처한다.
③ 정당한 이유 없이 제19조 제2항의 조치에 위반한 자는 1년 이하의 징역 또는 50만 원 이하의 벌금에 처한다.
④ 제20조 제4항에 위반한 자는 6월 이하의 징역 또는 50만 원 이하의 벌금에 처한다.
⑤ 보안관찰처분에 관한 업무에 종사하는 공무원이 정당한 이유 없이 그 직무수행을 거부 또는 그 직무를 유기하거나 허위의 보고를 한 때에는 2년 이하의 징역 또는 5년 이하의 자격정지에 처한다.
⑥ 보안관찰처분대상자 또는 피보안관찰자를 은닉하거나 도주하게 한 자는 2년 이하의 징역에 처한다. 다만, 친족이 본인을 위하여 본문의 죄를 범한 때에는 벌하지 아니한다.
⑦ 보안관찰처분의 업무에 종사하는 공무원 또는 제11조의 신원보증을 한 자가 정당한 사유 없이 보안관찰처분대상자에 관하여 이 법에 의하여 지득한 사실을 공표하거나 누설한 때에는 2년 이하의 징역 또는 5년 이하의 자격정지에 처한다. |

제17편 범죄피해자 보호법

[시행 2010.8.15][법률 제10283호, 2010.5.14, 전부개정]

제1장 총칙

제1조	목적	이 법은 범죄피해자 보호·지원의 기본 정책 등을 정하고 타인의범죄행위로 인하여 생명·신체에 피해를 받은 사람을 구조(救助)함으로써 범죄피해자의 복지 증진에 기여함을 목적으로 한다.
제2조	기본이념	① 범죄피해자는 범죄피해 상황에서 빨리 벗어나 인간의 존엄성을 보장받을 권리가 있다. ② 범죄피해자의 명예와 사생활의 평온은 보호되어야 한다. ③ 범죄피해자는 해당 사건과 관련하여 각종 법적 절차에 참여할 권리가 있다.
제3조	정의	① 이 법에서 사용하는 용어의 뜻은 다음과 같다. 1. "범죄피해자"란 타인의 범죄행위로 피해를 당한 사람과 그 배우자(사실상의 혼인관계를 포함한다), 직계친족 및 형제자매를 말한다. 2. "범죄피해자 보호·지원"이란 범죄피해자의 손실 복구, 정당한 권리 행사 및 복지 증진에 기여하는 행위를 말한다. 다만, 수사·변호 또는 재판에 부당한 영향을 미치는 행위는 포함되지 아니한다.

		3. "범죄피해자 지원법인"이란 범죄피해자 보호·지원을 주된 목적으로 설립된 비영리법인을 말한다. 4. "구조대상 범죄피해"란 대한민국의 영역 안에서 또는 대한민국의 영역 밖에 있는 대한민국의 선박이나 항공기 안에서 행하여진 사람의 생명 또는 신체를 해치는 죄에 해당하는 행위(「형법」 제9조, 제10조 제1항, 제12조, 제22조 제1항에 따라 처벌되지 아니하는 행위를 포함한다)된 후에 남은 신체의 장해로서 대통령령으로 정하는 경우를 말한다. 5. "장해"란 범죄행위로 입은 부상이나 질병이 치료(그 증상이 고정된 때를 포함한다)된 후에 남은 신체의 장해로서 대통령으로 정하는 경우를 말한다. 6. "중상해"란 범죄행위로 인하여 신체나 그 생리적 기능에 손상을 입은 것으로서 대통령령으로 정하는 경우를 말한다. ② 제1항 제1호에 해당하는 사람 외에 범죄피해 방지 및 범죄피해자 구조 활동으로 피해를 당한 사람도 범죄피해자로 본다.
제4조	국가의 책무	국가는 범죄피해자 보호·지원을 위하여 다음 각 호의 조치를 취하고 이에 필요한 재원을 조달할 책무를 진다. 1. 범죄피해자 보호·지원 체제의 구축 및 운영 2. 범죄피해자 보호·지원을 위한 실태조사, 연구, 교육, 홍보 3. 범죄피해자 보호·지원을 위한 관계 법령의 정비 및 각종 정책의 수립·시행
제5조	지방자치단 체의 책무	지방자치단체는 범죄피해자 보호·지원을 위하여 적극적으로 노력하고, 국가의 범죄피해자 보호·지원 시책이 원활하게 시행되도록 협력하여야 한다.
제6조	국민의 책무	국민은 범죄피해자의 명예와 사생활의 평온을 해치지 아니하도록 유의하여야 하고, 국가 및 지방자치단체가 실시하는 범죄피해자를 위한 정책의 수립과 추진에 최대한 협력하여야 한다.

제2장 범죄피해자 보호·지원의 기본 정책

제7조	손실 복구 지원 등	① 국가 및 지방자치단체는 범죄피해자의 피해정도 및 보호·지원의 필요성 등에 따라 상담, 의료 제공, 구조금 지급, 법률구조, 취업 관련 지원, 주거지원, 그 밖에 범죄피해자의 보호에 필요한 대책을 마련하여야 한다. ② 국가는 범죄피해자와 그 가족에게 신체적·정신적 안정을 제공하고 사회복귀를 돕기 위하여 일시적 보호시설(이하 "보호시설"이라 한다)을 설치·운영하여야 한다. 이 경우 국가는 보호시설의 운영을 범죄피해자 지원법인에 위탁할 수 있다. ③ 국가는 범죄피해자와 그 가족의 정신적 회복을 위한 상담 및 치료 프로그램을 운영하여야 한다. ④ 보호시설의 설치·운영 기준, 입소·퇴소의 기준 및 절차, 위탁운영의 절차, 감독의 기준 및 절차와 제3항에 따른 상담 및 치료 프로그램의 운영 등에 관한 사항은 대통령령으로 정한다.

제8조	형사절차 참여 보장 등	① 국가는 범죄피해자가 해당 사건과 관련하여 수사담당자와 상담하거나 재판절차에 참여하여 진술하는 등 형사절차상의 권리를 행사할 수 있도록 보장하여야 한다. ② 국가는 범죄피해자가 요청하면 가해자에 대한 수사 결과, 공판기일, 재판 결과, 형 집행 및 보호관찰 집행 상황 등 형사절차 관련 정보를 대통령령으로 정하는 바에 따라 제공할 수 있다.
제9조	사생활의 평온과 신변의 보호 등	① 국가 및 지방자치단체는 범죄피해자의 명예와 사생활의 평온을 보호하기 위하여 필요한 조치를 하여야 한다. ② 국가 및 지방자치단체는 범죄피해자가 형사소송절차에서 한 진술이나 증언과 관련하여 보복을 당할 우려가 있는 등 범죄피해자를 보호할 필요가 있을 경우에는 적절한 조치를 마련하여야 한다.
제10조	교육· 훈련	국가 및 지방자치단체는 범죄피해자에 대한 이해 증진과 효율적 보호·지원 업무 수행을 위하여 범죄 수사에 종사하는 자, 범죄피해자에 관한 상담·의료 제공 등의 업무에 종사하는 자, 그 밖에 범죄피해자 보호·지원활동과 관계가 있는 자에 대하여 필요한 교육과 훈련을 실시하여야 한다.
제11조	홍보 및 조사연구	① 국가 및 지방자치단체는 범지피해자에 대한 이해와 관심을 높이기 위하여 필요한 홍보를 하여야 한다. ② 국가 및 지방자치단체는 범죄해자에 대하여 전문적 지식과 경험을 바탕으로 한 적절한 지원이 이루어질 수 있도록 범죄피해의 실태 조사, 지원정책 개발 등을 위하여 노력하여야 한다.

제3장 범죄피해자 보호·지원의 기본계획 등

제12조	기본계획 수립	① 법무부장관은 제15조에 따른 범죄피해자 보호위원회의 심의를 거쳐 범죄피해자 보호·지원에 관한 기본계획(이하 "기본계획"이라 한다)을 5년마다 수립하여야 한다. ② 기본계획에는 다음 각 호의 사항이 포함되어야 한다. 1. 범죄피해자 보호·지원 정책의 기본방향과 추진목표 2. 범죄피해자 보호·지원을 위한 실태조사, 연구, 교육과 홍보 3. 범죄피해자 보호·지원 단체에 대한 지원과 감독 4. 범죄피해자 보호·지원과 관련된 재원의 조달과 운용 5. 그 밖에 범죄피해자 보호·지원하기 위하여 법무부장관이 필요하다고 인정한 사항
제13조	연도별 시행계획의 수립	① 법무부장관, 관계 중앙행정기관의 장과 특별시장·광역시장·도지사·특별자치도지사(이하 "시·도지사"라 한다)는 기본계획에 따라 연도별 시행계획(이하 "시행계획"이라 한다)을 수립·시행하여야 한다. ② 관계 중앙행정기관의 장과 시·도지사는 다음 연도의 시행계획과 전년도 추진 실적을 매년 법무부장관에게 제출하여야 한다. 이 경우 법무부장관은 그 시해 예획이 부적합하다고 판단할 때에는 그 시행계획을 수립한 장에게 시행계획의 보완·조정을 요구할 수 있다. ③ 제1항 및 제2항에서 정한 사항 외에 시행계획의 수립과 시행에 필요한 사항은 대통령령으로 정한다.

제14조	관계 기관의 협조	① 법무부장관은 기본계획과 시행계획을 수립·시행하기 위하여 필요하면 관계 중앙행정기관의 장, 지방자치단체의 장 또는 관계 공공기관의 장에게 협조를 요청할 수 있다. ② 중앙행정기관의 장 또는 시·도지사는 시행계획을 수립·시행하기 위하여 필요하면 관계 중앙행정기관의 장, 지방자치단체의 장 또는 공공기관의 장에게 협조를 요청할 수 있다. ③ 제1항과 제2항에 따른 협조요청을 받은 기관의 장이나 지방자치단체의 장은 특별한 사유가 없으면 협조하여야 한다.
제15조	범죄피해자 보호위원회	① 범죄피해자 보호·지원에 관한 기본계획 및 주요 사항 등을 심의하기 위하여 법무부장관 소속으로 범죄피해자보호위원회(이하 "보호위원회"라 한다)를 둔다. ② 보호위원회는 다음 각 호의 사항을 심의한다. 1. 기본계획 및 시행계획에 관한 사항 2. 범죄피해자 보호·지원을 위한 주요 정책의 수립·조정에 관한 사항 3. 범죄피해자 보호·지원 단체에 대한 지원·감독에 관한 사항 4. 그 밖에 위원장이 심의를 요청한 사항 ③ 보호위원회는 위원장을 포함하여 20명 이내의 위원으로 구성한다. ④ 제1항부터 제3항까지의 규정에서 정한 사항 외에 보호위원회의 구성 및 운영 등에 관한 사항은 대통령령으로 정한다.

제4장 구조대상 범죄피해에 대한 구조

제16조	구조금의 지급요건	국가는 구조대상 범죄피해를 입은 사람(이하 "구조피해자"라 한다)이 다음 각 호의 어느 하나에 해당하면 구조피해자 또는 그 유족에게 범죄피해 구조금(이하 "구조금"이라 한다)을 지급한다. 1. 구조피해자가 피해의 전부 또는 일부를 배상받지 못하는 경우 2. 자기 또는 타인의 형사사건의 수사 또는 재판에서 고소·고발 등 수사단서를 제공하거나 진술, 증언 또는 자료제출을 하다가 구조피해자가 된 경우
제17조	구조금의 종류 등	① 구조금은 유족구조금·장해구조금 및 중상해구조금으로 구분하며, 일시금으로 지급한다. ② 유족구조금은 구조피해자가 사망하였을 때 제18조에 따라 맨 앞의 순위인 유족에게 지급한다. 다만, 순위가 같은 유족이 2명 이상이면 똑같이 나누어 지급한다. ③ 장해구조금 및 중상해구조금은 해당 구조피해자에게 지급한다.
제18조	유족의 범위 및 순위	① 유족구조금을 지급받을 수 있는 유족은 다음 각 호의 어느 하나에 해당하는 사람으로 한다. 1. 배우자(사실상 혼인관계를 포함한다) 및 구조피해자의 사망 당시 구조피해자의 수입으로 생계를 유지하고 있는 구조피해자의 자녀 2. 구조피해자의 사망 당시 구조피해자의 수입으로 생계를 유지하고 있는 구조피해자의 부모, 손자·손녀, 조부모 및 형제자매 3. 제1호 및 제2호에 해당하지 아니하는 구조피해자의 자녀, 부모, 손자·손녀, 조부모 및 형제자매

		② 제1항에 따른 유족의 범위에서 태아는 구조피해자가 사망할 때 이미 출생한 것으로 본다. ③ 유족구조금을 받을 유족의 순위는 제1항 각 호에 열거한 순서로 하고, 같은 항 제2호 및 제3호에 열거한 사람 사이에서는 해당 각 호에 열거한 순서로 하며, 부모의 경우에는 양부모를 선순위로 하고 친부모를 후순위로 한다. ④ 유족이 다음 각 호의 어느 하나에 해당하면 유족구조금을 받을 수 있는 유족으로 보지 아니한다. 1. 구조피해자를 고의로 사망하게 한 경우 2. 구조피해자가 사망하기 전에 그가 사망하면 유족구조금을 받을 수 있는 선순위 또는 같은 순위의 유족이 될 사람을 고의로 사망하게 한 경우 3. 구조피해자가 사망한 후 유족구조금을 받을 수 있는 선순위 또는 같은 순위의 유족을 고의로 사망하게 한 경우
제19조	구조금을 지급하지 아니할 수 있는 경우	① 범죄행위 당시 구조피해자와 가해자 사이에 다음 각 호의 어느 하나에 해당하는 친족관계가 있는 경우에는 구조금을 지급하지 아니한다. 1. 부부(사실상의 혼인관계를 포함한다) 2. 직계혈족 3. 4촌 이내의 친족 4. 동거친족 ② 범죄행위 당시 구조피해자와 가해자 사이에 제1항 각 호의 어느 하나에 해당하지 아니하는 친족관계가 있는 경우에는 구조금의 일부를 지급하지 아니한다. ③ 구조피해자가 다음 각 호의 어느 하나에 해당하는 행위를 한 때에는 구조금을 지급하지 아니한다. 1. 해당 범죄행위를 교사 또는 방조하는 행위 2. 과도한 폭행·협박 또는 중대한 모욕 등 해당 범죄행위를 유발하는 행위 3. 해당 범죄행위와 관련하여 현저하게 부정한 행위 4. 해당 범죄행위를 용인하는 행위 5. 집단적 또는 상습적으로 불법행위를 행할 우려가 있는 조직에 속하는 행위(다만, 그 조직에 속하고 있는 것이 해당 범죄피해를 당한 것과 관련이 없다고 인정되는 경우는 제외한다) 6. 범죄행위에 대한 보복으로 가해자 또는 그 친족이나 그 밖에 가해자와 밀접한 관계가 있는 사람의 생명을 해치거나 신체를 중대하게 침해하는 행위 ④ 구조피해자가 다음 각 호의 어느 하나에 해당하는 행위를 한 때에는 구조금의 일부를 지급하지 아니한다. 1. 폭행·협박 또는 모욕 등 해당 범죄행위를 유발하는 행위 2. 해당 범죄피해의 발생 또는 증대에 가공(加功)한 부주의한 행위 또는 부적절한 행위 ⑤ 유족구조금을 지급할 때에는 제1항부터 제4항까지의 규정을 적용할 때 "구조피해자"는 구조피해자 또는 맨 앞의 순위인 유족으로 본다. ⑥ 구조피해자 또는 그 유족과 가해자 사이의 관계, 그 밖의 사정을 고려하여 구조금의 전부 또는 일부를 지급하는 것이 사회통념에 위배된다고 인정될 때에는 구조금의 전부 또는 일부를 지급하지 아니할 수 있다. ⑦ 제1항부터 제6항까지의 규정에도 불구하고 구조금을 지급하지 아니하는 것이 사회통념에 위배된다고 인정할 만한 특별한 사정이 있는 경우에는 구조금의 일부를 지급할 수 있다.

제20조	다른 법령에 따른 급여 등과의 관계	구조피해자나 유족이 해당 구조대상 범죄피해를 원인으로 하여 「국가배상법」이나 그 밖의 법령에 따른 급여 등을 받을 수 있는 경우에는 대통령령으로 정하는 바에 따라 구조금을 지급하지 아니한다.
제21조	손해배상과의 관계	① 국가는 구조피해자나 유족이 해당 구조대상 범죄피해를 원인으로 하여 손해배상을 받았으면 그 범위에서 구조금을 지급하지 아니한다. ② 국가는 지급한 구조금의 범위에서 해당 구조금을 받은 사람이 구조대상 범죄피해를 원인으로 하여 가지고 있는 손해배상청구권을 대위한다. ③ 국가는 제2항에 따라 손해배상청구권을 대위할 때 대통령령으로 정하는 바에 따라 가해자인 수형자나 보호감호대상자의 작업장려금 또는 근로보상금에서 손해배상금을 받을 수 있다.
제22조	구조금액	① 유족구조금은 구조피해자의 사망 당시(신체에 손상을 입고 그로 인하여 사망한 경우에는 신체에 손상을 입은 당시를 말한다)의 월급액이나 월실수입액 또는 평균임금에 18개월 이상 36개월 이하의 범위에서 유족의 수와 연령 및 생계유지상황 등을 고려하여 대통령령으로 정하는 개월 수를 곱한 금액으로 한다. ② 장해구조금가 중상해구조금은 구조피해자가 신체에 손상을 입은 당시의 월급액이나 월실수입액 또는 평균임금에 2개월 이상 36개월 이하의 범위에서 피해자의 장해 또는 중상해의 정도와 부양가족의 수 및 생계유지상황 등을 고려하여 대통령령으로 정한 개월 수를 곱한 금액으로 한다. ③ 제1항 및 제2항에 따른 월급액이나 월실수입액 또는 평균임금 등은 피해자의 주소지를 관할하는 세무서장, 시장·군수·구청장(자치구의 구청장을 말한다) 또는 피해자의 근무기관의 장(長)의 증명이나 그 밖에 대통령령으로 정하는 공신력 있는 증명에 따른다. ④ 제1항 및 제2항에서 구조피해자의 월급액이나 월실수입액이 평균임금의 2배를 넘는 경우에는 평균임금의 2배에 해당하는 금액을 구조피해자의 월급액이나 월실수입액으로 본다.
제23조	외국인에 대한 구조	이 법은 외국인이 구조피해자이거나 유족인 경우에는 해당 국가의 상호보증이 있는 경우에만 적용한다.
제24조	범죄피해구조심의회 등	① 구조금 지급에 관한 사항을 심의·결정하기 위하여 각 지방검찰청에 범죄피해구조심의회(이하 "지구심의회"라 한다)를 두고 법무부에 범죄피해구조본부심의회(이하 "본부심의회"라 한다)를 둔다. ② 지구심의회는 설치된 지방검찰청 관할 구역(지청이 있는 경우에는 지청의 관할 구역을 포함한다)의 구조금 지급에 관한 사항을 심의·결정한다. ③ 본부심의회는 다음 각 호의 사항을 심의·결정한다. 1. 제27조에 따른 재심신청사건 2. 그 밖에 법령에 따라 그 소관에 속하는 사항 ④ 지구심의회 및 본부심의회는 법무부장관의 지휘·감독을 받는다. ⑤ 지구심의회 및 본부심의회의 구성 및 운영 등에 관한 사항은 대통령령으로 정한다.
제25조	구조금의 지급신청	① 구조금을 받으려는 사람은 법무부령으로 정하는 바에 따라 그 주소지, 거주지 또는 범죄 발생지를 관할하는 지구심의회에 신청하여야 한다. ② 제1항에 따른 신청은 해당 구조대상 범죄피해의 발생을 안 날부터 3년이 지나거나 해당 구조대상 범죄피해가 발생한 날부터 10년이 지나면 할 수 없다.
제26조	구조결정	지구심의회는 제25조 제1항에 따른 신청을 받으면 신속하게 구조금을 지급하거나 지급하지 아니한다는 결정(지급한다는 결정을 하는 경우에는 그 금액을 정하는 것을 포함한다)을 하여야 한다.

제27조	재심신청	① 지구심의회에서 구조금 지급신청을 기각(일부기각된 경우를 포함한다) 또는 각하하면 신청인은 결정의 정본이 송달된 날부터 2주일 이내에 그 지구심의회를 거쳐 본부심의회에 재심을 신청할 수 있다. ② 제1항의 재심신청이 있으면 지구심의회는 1주일 이내에 구조금 지급신청 기록 일체를 본부심의회에 송부하여야 한다. ③ 본부심의회는 제1항의 신청에 대하여 심의를 거쳐 4주일 이내에 다시 구조결정을 하여야 한다. ④ 본부심의회는 구조금 지급신청을 각하한 지구심의회의 결정이 법령에 위반되면 사건을 그 지구심의회에 환송할 수 있다. ⑤ 본부심의회는 구조금 지급신청이 각하된 신청인이 잘못된 부분을 보정하여 재심신청을 하면 사건을 해당 지구심의회에 환송할 수 있다.
제28조	긴급구조금의 지급 등	① 지구심의회는 제25조 제1항에 따른 신청을 받았을 때 구조피해자의 장해 또는 중상해 정도가 명확하지 아니하거나 그 밖의 사유로 인하여 신속하게 결정을 할 수 없는 사정이 있으면 신청 또는 직권으로 대통령령으로 정하는 금액의 범위에서 긴급구조금을 지급하는 결정을 할 수 있다. ② 제1항에 따른 긴급구조금 지급신청은 법무부령으로 정하는 바에 따라 그 주소지, 거주지 또는 범죄 발생지를 관할하는 지구심의회에 할 수 있다. ③ 국가는 지구심의회가 긴급구조금 지급 결정을 하면 긴급구조금을 지급한다. ④ 긴급구조금을 받은 사람에 대하여 구조금을 지급하는 결정이 있으면 국가는 긴급구조금으로 지급된 금액 내에서 구조금을 지급할 책임을 면한다. ⑤ 긴급구조금을 받은 사람은 지구심의회에서 결정된 구조금의 금액이 긴급구조금으로 받은 금액보다 적을 때에는 그 차액을 국가에 반환하여야 하며, 지구심의회에서 구조금을 지급하지 아니한다는 결정을 하면 긴급구조금으로 받은 금액을 모두 반환하여야 한다.
제29조	결정을 위한 조사 등	① 지구심의회는 구조금 지급에 관한 사항을 심의하기 위하여 필요하면 신청인이나 그 밖의 관계인을 조사하거나 의사의 진단을 받게 할 수 있고 행정기관, 공공기관이나 그 밖의 단체에 조회하여 필요한 사항을 보고하게 할 수 있다. ② 지구심의회는 신청인이 정당한 이유 없이 제1항에 따른 조사에 따르지 아니하거나 의사의 진단을 거부하면 그 신청을 기각할 수 있다.
제30조	구조금의 환수	① 국가는 이 법에 따라 구조금을 받은 사람이 다음 각 호의 어느 하나에 해당하면 지구심의회 또는 본부심의회의 결정을 거쳐 그가 받은 구조금의 전부 또는 일부를 환수할 수 있다. 1. 거짓이나 그 밖의 부정한 방법으로 구조금을 받은 경우 2. 구조금을 받은 후 제19조에 규정된 사유가 발견된 경우 3. 구조금이 잘못 지급된 경우 ② 국가가 제1항에 따라 환수를 할 때에는 국세징수의 예에 따르고, 그 환수의 우선순위는 국세 및 지방세 다음으로 한다.
제31조	소멸시효	구조금을 받을 권리는 그 구조결정이 해당 신청인에게 송달된 날부터 2년간 행사하지 아니하면 시효로 인하여 소멸된다.
제32조	구조금 수급권의 보호	구조금을 받을 권리는 양도하거나 담보로 제공하거나 압류할 수 없다.

제5장 범죄피해자 지원법인

제33조	범죄피해자 지원법인의 등록 등	① 범죄피해자 지원법인이 이 법에 따른 지원을 받으려면 자산 및 인적 구성 등 대통령령으로 정하는 요건을 갖추고 대통령령으로 정하는 절차에 따라 법무부장관에게 등록하여야 한다. ② 범죄피해자 지원법인의 설립·운영에 관하여 이 법에 규정이 없는 사항에 대하여는 「민법」과 「공익법인의 설립·운영에 관한 법률」을 적용한다.
제34조	보조금의 교부	① 국가 또는 지방자치단체는 제33조에 따라 등록한 범죄피해자 지원법인(이하 "등록법인"이라 한다)의 건전한 육성과 발전을 위하여 필요하다고 인정하면 예산의범위에서 등록법인에 보조금을 교부할 수 있다. ② 법무부장관으로부터 보조금을 받으려는 등록법인은 대통령령으로 정하는 바에 따라 사업의 목적과 내용, 보조사업에 드는 경비 등 필요한 사항을 적은 신청서와 첨부서류를 법무부장관에게 제출하여야 한다. ③ 제2항에 따른 보조금의 지급 기준 및 절차에 관한 사항은 대통령령으로 정한다.
제35조	보조금의 목적 이 사용금지 및 반환	① 등록법인은 제34조에 따라 교부받은 보조금을 범죄피해자를 보호하거나 지원하는 용도로만 사용할 수 있다. ② 법무부장관은등록법인이 제34조 제2항에 따른 신청서 등에 거짓 사실을 적거나 그 밖의 부정한 방법으로 보조금을 받은 경우 또는 교부받은 보조금을 다른 용도에 사용한 경우에는 교부한 보조금의 전부 또는 일부를 반환하게 할 수 있다. ③ 보조금의 반환에 관하여는 「보조금의 예산 및 관리에 관한 법률」을 준용한다.
제36조	감독 등	① 법무부장관은 필요하다고 인정하면 등록법인에 대하여 그 업무·회계 및 재산에 관한 사항을 보고하게 하거나 소속 공무원으로 하여금 등록법인의 장부·서류 등의 물건을 검사하게 할 수 있다. ② 법무부장관은 등록법인의 임직원이다음 각 호의 어느 하나에 해당하면 해당 법인이 대표자에게 이를 시정하게 하거나 해당 임원이 직무정지 또는 직언의 징계를 요구할 수 있으며, 해당 법인의 등록을 취소할 수 있다. 1. 제1항에 따라 법무부장관이 요구하는 보고서 또는 자료를 거짓으로 작성하거나 그 보고 또는 제출을 거부한 경우 2. 제1항에 따른 검사를 거부, 방해 또는 기피한 경우 3. 법무부장관의 시정명령, 직무정지 또는 징계요구에 대한 이행을 게을리 한 경우 ③ 법무부장관은 제2항에 따라 등록법인의 등록을 취소할 경우 청문을 하여야 한다.
제37조	등록법인 오인 표시의 금지	누구든지 등록법인이 아니면서 등록법인으로 표시하거나 등록법인으로 오인하게 할 수 있는 명칭을 사용하여서는 아니 된다.
제38조	재판 등에 대한 영향력 행사 금지	범죄피해자 보호·지원 업무에 종사하는 자는 형사절차에서 가해자에 대한 처벌을 요구하거나 소송 관계인에게 위력을 가하는 등 수사, 변호 또는 재판에 부당한 영향을 미치기 위한 행위를 하여서는 아니 된다.
제39조	비밀누설의 금지	범죄피해자 보호·지원 업무에 종사하고 있거나 종사하였던 자는 그 업무를 수행하는 과정에서 알게 된 타인의 사생활에 관한 비밀을 누설하여서는 아니 되며, 범죄피해자를 보호하고 지원하는 목적으로만 그 비밀을 사용하여야 한다.
제40조	수수료 등의 금품 수수 금지	범죄피해자 지원법인에서 범죄피해자 보호·지원 업무에 종사하고 있거나 종사하였던 자는 범죄피해자를 보호·지원한다는 이유로 수수료 등의 명목으로 금품을 요구하거나 받아서는 아니 된다. 다만, 다른 법률에 규정이 있는 경우에는 그러하지 아니하다.

제6장 형사조정

제41조	형사조정 회부	① 검사는 피의자와 범죄피해자(이하 "당사자"라 한다) 사이에 형사분쟁을 공정하고 원만하게 해결하여 범죄피해자가 입은 피해를 실질적으로 회복하는 데 필요하다고 인정하면 당사자의 신청 또는 직권으로 수사 중인 형사사건을 형사조정에 회부할 수 있다. ② 형사조정에 회부할 수 있는 형사사건의 구체적인 범위는 대통령령으로 정한다. 다만, 다음 각 호의 어느 하나에 해당하는 경우에는 형사조정에 회부하여서는 아니 된다. 1. 피의자가 도주하거나 증거를 인멸할 염려가 있는 경우 2. 공소시효의 완성이 임박한 경우 3. 불기소처분의 사유에 해당함이 명백한 경우(다만, 기소유예처분의 사유에 해당하는 경우는 제외한다)
제42조	형사조정 위원회	① 제41조에 다른 형사조정을 담당하기 위하여 각급 지방검찰청 및 지청에 형사조정위원회를 둔다. ② 형사조정위원회는 2명 이상의 형사조정위원으로 구성한다. ③ 형사조정위원은 형사조정에 필요한 법적 지식 등 전문성과 덕망을 갖춘 사람 중에서 관할 지방검찰청 또는 지청의 장이 미리위촉한다. ④ 「국가공무원법」 제33조 각 호의 어느 하나에 해당하는 사람은 형사조정위원으로 위촉될 수 없다 ⑤ 형사조정위원의 임기는 2년으로 하며, 연임할 수 있다. ⑥ 형사조정위원회의 위원장은 관할 지방검찰청 또는 지청의 장이 형사조정위원 중에서 위촉한다. ⑦ 형사조정위원에게는 예산의 범위에서 법무부령으로 정하는 바에 따라 수당을 지급할 수 있으며, 필요한 경우에는 여비, 일당 및 숙박료를 지급할 수 있다. ⑧ 제1항부터 제7항까지에서 정한 사항 외에 형사조정위원회의 구성과 운영 및 형사조정위원의 임면(任免) 등에 관한 사항은 대통령령으로 정한다.
제43조	형사조정 의 절차	① 형사조정위원회는 당사자 사이의 공정하고 원만한 화해와 범죄피해자가 입은 피해의 실질적인 회복을 위하여 노력하여야 한다. ② 형사조정위원회는 형사조정이 회부되면 지체 없이 형사조정 절차를 진행하여야 한다. ③ 형사조정위원회는 필요하다고 인정하면 형사조정의 결과에 이해관계가 있는 사람의 신청 또는 직권으로 이해관계인을 형사조정에 참여하게 할 수 있다. ④ 제1항부터 제3항까지에서 정한 사항 외에 형사조정의 절차에 관한 사항은 대통령령으로 정한다.
제44조	관련 자료의 송부 등	① 형사조정위원회는 형사사건을 형사조정에 회부한 검사에게 해당 형사사건에 관하여 당사자가 제출한 서류, 수사서류 및 증거물 등 관련 자료의 사본을 보내 줄 것을 요청할 수 있다. ② 제1항의 요청을 받은 검사는 그 관련 자료가 형사조정에 필요하다고 판단하면 형사조정위원회에 보낼 수 있다. 다만, 당사자 또는 제3자의 사생활의 비밀이나 명예를 침해할 우려가 있거나 수사상 비밀을 유지할 필요가 있다고 인정하는 부분은 제외할 수 있다.

		③ 당사자는 해당 형사사건에 관한 사실의 주장과 관련된 자료를 형사조정위원회에 제출할 수 있다.
		④ 형사조정위원회는 제1항부터 제3항까지의 규정에 따른 자료의 제출자 또는 진술자의 동의를 받아 그 자료를 상대방 당사자에게 열람하게 하거나 사본을 교부 또는 송부할 수 있다.
		⑤ 관련 자료의 송부나 제출 절차 및 열람 등에 대한 동의의 확인 방법 등에 관한 사항은 대통령령으로 정한다.
제45조	형사조정 절차의 종료	① 형사조정위원회는 조정기일마다 형사조정의 과정을 서면으로 작성하고, 형사조정이 성립되면 그 결과를 서면으로 작성하여야 한다.
		② 형사조정위원회는 조정 과정에서 증거위조나 거짓 진술 등의 사유로 명백히 혐의가 없는 것으로 인정하는 경우에는 조정을 중단하고 담당 검사에게 회송하여야 한다.
		③ 형사조정위원회는 형사조정 절차가 끝나면 제1항의 서면을 붙여 해당 형사사건을 형사조정에 회부한 검사에게 보내야 한다.
		④ 검사는 형사사건을 수사하고 처리할 때 형사조정 결과를 고려할 수 있다. 다만, 형사조정이 성립되지 아니하였다는 사정을 피의자에게 불리하게 고려하여서는 아니 된다.
제46조	준용규정	형사조정위원이나 형사조정위원이었던 사람에 관하여는 제38조부터 제40조까지의 규정을 준용한다.

제7장 벌칙

제47조	벌칙	① 거짓이나 그 밖의 부정한 방법으로 제34조에 따른 보조금을 받은 자는 5년 이하의 징역 또는 2천만 원 이하의 벌금에 처한다.
		② 제35조 제1항을 위반하여 보조금을 범죄피해자 보호·지원 외의 다른 용도로 사용한 자는 3년 이하의 징역 또는 1천만 원 이하의 벌금에 처한다.
제48조	벌칙	다음 각 호의 어느 하나에 해당하는 자는 1년 이하의 징역 또는 500만 원 이하의 벌금에 처한다.
		1. 제39조 또는 제46조를 위반하여 타인의 비밀을 누설하거나 범죄피해자 보호·지원 또는 형사조정 업무 외의 목적에 사용한 자
		2. 제40조 또는 제46조를 위반하여 금품을 요구하거나 받은 자
제49조	양벌규정	법인의 대표자나 법인 또는 개인의 대리인, 사용인, 그 밖의 종업원이 그 법인 또는 개인의 업무에 관하여 제47조 또는 제48조의 위반행위를 하면 그 행위자를 벌하는 외에 그 법인 또는 개인에게도 해당 조문의 벌금형을 과(科)한다. 다만, 법인 또는 개인이 그 위반행위를 방지하기 위하여 해당 업무에 관하여 상당한 주의와 감독을 게을리 하지 아니한 경우에는 그러하지 아니하다.
제50조	과태료	① 다음 각 호의 어느 하나에 해당하는 자에게는 300만 원 이하의 과태료를 부과한다.
		1. 제36조 제2항 각 호의 어느 하나에 해당하는 자

		2. 제37조를 위반하여 등록법인으로 표시하거나 등록법인으로 오인하게 할 수 있는 명칭을 사용한 자
		3. 제38조 또는 제46조를 위반하여 수사, 변호 또는 재판에 부당한 영향을 미치기 위한 행위를 한 자
		② 제1항에 따른 과태료는 대통령령으로 정하는 바에 따라 법무부장관이 부과·징수한다.

부칙 〈제10283호, 2010.5.14〉

제1조	시행일	이 법은 공포 후 3개월이 경과한 날부터 시행한다.
제2조	다른 법률의 폐지	범죄피해자구조법은 폐지한다.
제3조	일반적 경과조치	이 법 시행 당시 종전의 「범죄피해자구조법」에 따른 처분이나 절차, 그 밖의 행위는 이 법에 따라 한 것으로 본다.
제4조	구조에 관한 경과조치	이 법 시행 전에 발생한 범죄피해에 대한 구조는 종전의 「범죄피해자구조법」에 따른다.
제5조	다른 법령과의 관계	이 법 시행 당시 다른 법령에 종전의 「범죄피해자구조법」이나 종전의 「범죄피해자보호법」 또는 그 규정을 인용한 경우 이 법 가운데 그에 해당하는 규정이 있으면 종전의 규정을 갈음하여 이 법 또는 이 법의 해당 규정을 인용한 것으로 본다.

제18편 성폭력범죄의 처벌 등에 관한 특례법

[시행 2010.4.15][법률 제10258호, 2010.4.15, 제정]

제1장 총칙

제1조	목적	이 법은 성폭력범죄의 처벌 및 그 절차에 관한 특례를 규정함으로써 성폭력범죄 피해자의 생명과 신체의 안전을 보장하고 건강한 사회질서의 확립에 이바지함을 목적으로 한다.
제2조	정의	① 이 법에서 "성폭력범죄"란 다음 각 호의 어느 하나에 해당하는 죄를 말한다. 1. 「형법」 제2편 제22장 성풍속에 관한 죄 중 제242조(음행매개), 제243조(음화반포 등), 제244조(음화제조 등) 및 제245조(공연음란)의 죄

2. 「형법」 제2편 제31장 약취와 유인의 죄 중 추행 또는 간음을 목적으로 하거나 추업(醜業)에 사용할 목적으로 범한 제288조(영리 등을 위한 약취, 유인, 매매 등), 제292조(약취, 유인, 매매된 자의 수수 또는 은닉. 다만, 제288조의 약취, 유인이나 매매된 사람을 수수 또는 은닉한 죄로 한정한다) 제293조(상습범. 다만, 제288조의 약취, 유인이나 매매된 사람 또는 제289조의 이송된 사람을 수수 또는 은닉한 죄의 상습범으로 한정한다) 및 제294조(미수범. 다만, 제288조의 미수범 및 제292조의 미수범 중 제288조의 약취, 유인이나 매매된 사람을 수수 또는 은닉한 죄의 미수범과 제293조의 상습범의 미수범 중 제288조의 약취, 유인이나 매매된 사람을 수수 도는 은닉한 죄의 상습범의 미수범으로 한정한다)의 죄

3. 「형법」 제2편 제32장 강간과 추행의 죄 중 제297조(강간), 제298조(강제추행), 제299조(준강간, 준강제추행), 제300조(미수범), 제301조(강간 등 상해·치상), 제301조의2(강간 등 살인·치사), 제302조(미성년자 등에 대한 간음), 제303조(업무상위력 등에 의한 간음) 및 제305조(미성년자에 대한 간음, 추행)의 죄

4. 「형법」 제339조(강도강간)의 죄

5. 이 법 제3조(특수강도강간 등)부터 제14조(미수범)까지의 죄

② 제1항 각 호의 범죄로서 다른 법률에 따라 가중처벌되는 죄는 성폭력범죄로 본다.

제2장 성폭력범죄의 처벌 및 절차에 관한 특례

제3조	특수강도 강간 등	① 「형법」 제319조 제1항(주거침입), 제330조(야간주거침입절도), 제331조(특수절도) 또는 제342조(미수범. 다만, 제330조 및 제331조의 미수범으로 한정한다)의 죄를 범한 사람이 같은 법 제297조(강간)부터 제299조(준강간, 준강제추행)까지의 죄를 범한 경우에는 무기징역 또는 5년 이상의 징역에 처한다. ② 「형법」 제334조(특수강도) 또는 제342조(미수범. 다만, 제334조의 미수범으로 한정한다)의 죄를 범한 사람이 같은 법 제297조(강간)부터 제299조(준강간, 준강제추행)까지의 죄를 범한 경우에는 사형 무기징역 또는 10년 이상의 징역에 처한다.
제4조	특수강간 등	① 흉기나 그 밖의 위험한 물건을 지닌 채 또는 2명 이상이 합동하여 「형법」 제297조(강간)의 죄를 범한 사람은 무기징역 또는 5년 이상의 징역에 처한다. ② 제1항의 방법으로 「형법」 제298조(강제추행)의 죄를 범한 사람은 3년 이상의 유기징역에 처한다. ③ 제1항의 방법으로 「형법」 제299조(준강간, 준강제추행)의 죄를 범한 사람은 제1항 또는 제2항의 예에 따라 처벌한다.
제5조	친족관계 에 의한 강간 등	① 친족관계인 사람이 「형법」 제297조(강간)의 죄를 범한 경우에는 7년 이상의 유기징역에 처한다. ② 친족관계인 사람이 「형법」 제298조(강제추행)의 죄를 범한 경우에는 5년 이상의 유기징역에 처한다. ③ 친족관계인 사람이 「형법」 제299조(준강간, 준강제추행)의 죄를 범한 경우에는 제1항 또는 제2항의 예에 따라 처벌한다. ④ 제1항부터 제3항까지의 친족의 범위는 4촌 이내의 혈족 및 인척으로 한다. ⑤ 제1항부터 제3항까지의 친족은 사실상의 관계에 의한 친족을 포함한다.

제6조	장애인에 대한 간음 등	신체적인 또는 정신적인 장애로 항거불능인 상태에 있음을 이용하여 여자를 간음하거나 사람에 대하여 추행을 한 사람은 「형법」 제297조(강간) 또는 제298조(강제추행)에서 정한 형(刑)으로 처벌한다.
제7조	13세 미만의 미성년자에 대한 강간 강제추행 등	① 13세 미만의 여자에 대하여 「형법」 제297조(강간)의 죄를 범한 사람은 10년 이상의 유기징역에 처한다. ② 13세 미만의 사람에 대하여 폭행이나 협박으로 다음 각 호의 어느 하나에 해당하는 행위를 한 사람은 7년 이상의 유기징역에 처한다. 1. 구강, 항문 등 신체(성기는 제외한다)의 내부에 성기를 넣는 행위 2. 성기, 항문에 손가락 등 신체(성기는 제외한다)의 일부나 도구를 넣는 행위 ③ 13세 미만의 사람에 대하여 「형법」 제298조(강제추행)의 죄를 범한 사람은 5년 이상의 유기징역 또는 3천만 원 이상 5천만 원 이하의 벌금에 처한다. ④ 13세 미만의 사람에 대하여 「형법」 제299조(준강간, 준강제추행)의 죄를 범한 사람은 제1항부터 제3항까지의 예에 따라 처벌한다. ⑤ 위계(僞計) 또는 위력(威力)으로써 13세 미만의 여자를 간음하거나 13세 미만의 사람에 대하여 추행한 사람은 제1항부터 제3항까지의 예에 따라 처벌한다.
제8조	강간 등 상해 · 치상	① 제3조 제1항, 제4조, 제7조 또는 제14조(제3조 제1항, 제4조 또는 제7조의 미수범으로 한정한다)의 죄를 범한 사람이 다른 사람을 상해하거나 상해에 이르게 한 때에는 무기징역 또는 10년 이상의 징역에 처한다. ② 제5조, 제6조 또는 제14조(제5조 또는 제6조의 미수범으로 한정한다)의 죄를 범한 사람이 다른 사람을 상해하거나 상해에 이르게 한 때에는 무기 또는 7년 이상의 징역에 처한다.
제9조	강간 등 살인 · 치사	① 제3조부터 제7조까지, 제14조(제3조부터 제7조까지의 미수범으로 한정한다)의 죄 또는 「형법」 제297조(강간)부터 제300조(미수범)까지의 죄를 범한 사람이 다른 사람을 살해한 때에는 사형 또는 무기징역에 처한다. ② 제4조부터 제6조까지 또는 제14조(제4조부터 제6조까지의 미수범으로 한정한다)의 죄를 범한 사람이 다른 사람을 사망에 이르게 한 때에는 무기징역 또는 10년 이상의 징역에 처한다. ③ 제7조 또는 제14조(제7조의 미수범으로 한정한다)의 죄를 범한 사람이 다른 사람을 사망에 이르게 한 때에는 사형, 무기징역 또는 10년 이상의 징역에 처한다.
제10조	업무상 위력 등에 의한 추행	① 업무, 고용이나 그 밖의 관계로 인하여 자기의 보호, 감독을 받는 사람에 대하여 위계 또는 위력으로 추행한 사람은 2년 이하의 징역 또는 500만 원 이하의 벌금에 처한다. ② 법률에 따라 구금된 사람을 감호하는 사람이 그 사람을 추행한 때에는 3년 이하의 징역 또는 1천500만 원 이하의 벌금에 처한다. ③ 장애인의 보호, 교육 등을 목적으로 하는 시설의 장 또는 종사자가 보호, 감독의 대상인 장애인에 대하여 위계 또는 위력으로 간음한 때에는 7년 이하의 징역에 처하고, 추행한 때에는 5년 이하의 징역 또는 3천만 원 이하의 벌금에 처한다.
제11조	공중 밀집 장소에서의 추행	대중교통수단, 공연 · 집회장소, 그 밖에 공중(公衆)이 밀집하는 장소에서 사람을 추행한 사람은 1년 이하의 징역 또는 300만 원 이하의 벌금에 처한다.
제12조	통신매체를 이용한 음란행위	자기 또는 다른 사람의 성적 욕망을 유발하거나 만족시킬 목적으로 전화, 우편, 컴퓨터, 그 밖의 통신매체를 통하여 성적 수치심이나 혐오감을 일으키는 말, 음향, 글, 그림, 영상 또는 물건을 상대방에게 도달하게 한 사람은 2년 이하의 징역 또는 500만 원 이하의 벌금에 처한다.

제13조	카메라 등을 이용한 촬영	① 카메라나 그 밖에 이와 유사한 기능을 갖춘 기계장치를 이용하여 성적 욕망 또는 수치심을 유발할 수 있는 다른 사람의 신체를 그 의사에 반하여 촬영하거나 그 촬영물을 반포·판매·임대 또는 공공연하게 전시·상영한 자는 5년 이하의 징역 또는 1천만 원 이하의 벌금에 처한다. ② 영리를 목적으로 제1항의 촬영물을 「정보통신망 이용촉진 및 정보보호 등에 관한 법률」 제2조 제1항 제1호의 정보통신망(이하 "정보통신망"이라 한다)을 이용하여 유포한 자는 7년 이하의 징역 또는 3천만 원 이하의 벌금에 처한다.
제14조	미수범	제3조부터 제9조까지 및 제13조의 미수범은 처벌한다.
제15조	고소	제10조 제1항, 제11조 및 제12조의 죄는 고소가 있어야 공소를 제기할 수 있다.
제16조	보호관찰 등	① 법원이 성폭력범죄를 범한 사람에 대하여 형의 선고를 유예하는 경우에는 1년 동안 보호관찰을 받을 것을 명할 수 있다. 다만, 성폭력범죄를 범한 사람이 소년인 경우에는 반드시 보호관찰을 명하여야 한다. ② 법원이 성폭력범죄를 범한 사람에 대하여 형의 집행을 유예하는 경우에는 그 집행유예기간 내에서 일정 기간 보호관찰을 받을 것을 명하거나 사회봉사 또는 수강(受講)을 명할 수 있다. 이 경우 둘 이상의 처분을 병과할 수 있되, 성폭력범죄를 범한 사람이 소년인 경우에는 반드시 보호관찰, 사회봉사 또는 수강을 명하여야 한다. ③ 성폭력범죄를 범한 사람으로서 형의 집행 중에 가석방된 사람은 가석방기간 동안 보호관찰을 받는다. 다만, 가석방을 허가한 행정관청이 보호관찰을 할 필요가 없다고 인정한 경우에는 그러하지 아니하다. ④ 보호관찰, 사회봉사 및 수강에 관하여 이 법에서 규정한 사항 외의 사항에 대하여는 「보호관찰 등에 관한 법률」을 준용한다.
제17조	고소 제한에 대한 예외	성폭력범죄에 대하여는 「형사소송법」 제224조(고소의 제한)에도 불구하고 자기 또는 배우자의 직계존속을 고소할 수 있다.
제18조	고소기간	① 성폭력범죄 중 친고죄(親告罪)에 대하여는 「형사소송법」 제230조(고소기간) 제1항에도 불구하고 범인을 알게 된 날부터 1년이 지나면 고소하지 못한다. 다만, 고소할 수 없는 불가항력의 사유가 있는 경우에는 그 사유가 없어진 날부터 기산한다. ② 제1항의 경우에는 「형사소송법」 제230조(고소기간) 제2항을 준용한다.
제19조	「형법」상 감 경규정에 관 한 특례	음주 또는 약물로 인한 심신장애 상태에서 제3조부터 제11조까지의 죄를 범한 때에는 「형법」 제10조 제1항·제2항 및 제11조를 적용하지 아니할 수 있다.
제20조	공소시효 기산에 관한 특례	① 미성년자에 대한 성폭력범죄의 공소시효는 「형사소송법」 제252조 제1항에도 불구하고 해당 성폭력범죄로 피해를 당한 미성년자가 성년에 달한 날부터 진행한다. ② 제2조 제3호 및 제4호의 죄와 제3조부터 제9조까지의 죄는 디엔에이(DNA) 증거 등 그 죄를 증명할 수 있는 과학적인 증거가 있는 때에는 공소시효가 10년 연장된다.
제21조	「특정강력범 죄의 처벌에 관한 특례법」 의 준용	성폭력범죄에 대한 처벌절차에는 「특정강력범죄의 처벌에 관한 특례법」 제7조(증인에 대한 신변안전 조치), 제8조(출판물 게재 등으로부터의 피해자 보호), 제9조(소송 진행의 협의), 제12조(간이공판절차의 결정) 및 제13조(판결선고)를 준용한다.

제22조	피해자의 신원과 사생활 비밀 누설 금지	① 성폭력범죄의 수사 또는 재판을 담당하거나 이에 관여하는 공무원은 피해자의 주소, 성명, 나이, 직업, 용모, 그 밖에 피해자를 특정하여 파악할 수 있게 하는 인적사항과 사진 등을 공개하거나 다른 사람에게 누설하여서는 아니 된다. ② 제1항에 규정된 사람은 성폭력범죄의 소추(訴追)에 필요한 범죄구성사실을 제외한 피해자의 사생활에 관한 비밀을 공개하거나 다른 사람에게 누설하여서는 아니 된다. ③ 누구든지 제1항에 따른 피해자의 인적사항과 사진 등을 피해자의 동의를 받지 아니하고 출판물에 싣거나 방송매체 또는 정보통신망을 이용하여 공개하여서는 아니 된다.
제23조	피의자의 얼굴 등 공개	① 검사와 사법경찰관은 성폭력범죄의 피의자가 죄를 범하였다고 믿을 만한 충분한 증거가 있고, 국민의 알권리 보장, 피의자의 재범 방지 및 범죄예방 등 오로지 공공의 이익을 위하여 필요할 때에는 얼굴, 성명 및 나이 등 피의자의 신상에 관한 정보를 공개할 수 있다. 다만, 피의자가 「청소년보호법」 제2조 제1호의 청소년에 해당하는 경우에는 공개하지 아니한다. ② 제1항에 따라 공개를 할 때에는 피의자의 인권을 고려하여 신중하게 결정하고 이를 남용하여서는 아니 된다.
제24조	성폭력범죄의 피해자에 대한 전담조사제	① 검찰총장은 각 지방검찰청 검사장으로 하여금 성폭력범죄 전담 검사를 지정하도록 하여 특별한 사정이 없으면 이들로 하여금 피해자를 조사하게 하여야 한다. ② 경찰청장은 각 경찰서장으로 하여금 성폭력범죄 전담 사법경찰관을 지정하도록 하여 특별한 사정이 없으면 이들로 하여금 피해자를 조사하게 하여야 한다. ③ 국가는 제1항의 검사 및 제2항의 사법경찰관에게 성폭력범죄의 수사에 필요한 전문지식과 피해자 보호를 위한 수사방법 등에 관한 교육을 실시하여야 한다.
제25조	성폭력범죄에 대한 전담재판부	지방법원장 또는 고등법원장은 특별한 사정이 없으면 성폭력범죄 전담재판부를 지정하여 성폭력범죄에 대하여 재판하게 하여야 한다.
제26조	영상물의 촬영·보존 등	① 검사 또는 사법경찰관은 성폭력범죄를 당한 피해자의 나이, 심리 상태 또는 후유장애의 유무 등을 신중하게 고려하여 조사 과정에서 피해자의 인격이나 명예가 손상되거나 사적인 비밀이 침해되지 아니하도록 주의하여야 한다. ② 검사 또는 사법경찰관은 성폭력범죄의 피해자를 조사할 때 피해자가 편안한 상태에서 진술할 수 있는 조사 환경을 조성하여야 하며, 조사 횟수는 필요한 범위에서 최소한으로 하여야 한다. ③ 제1항의 피해자가 16세 미만이거나 신체적인 또는 정신적인 장애로 사물을 변별하거나 의사를 결정할 능력이 미약한 경우에는 피해자의 진술 내용과 조사 과정을 비디오녹화기 등 영상물 녹화장치로 촬영·보존하여야 한다. 다만, 피해자 또는 법정대리인이 이를 원하지 아니하는 의사를 표시한 경우에는 촬영을 하여서는 아니 된다. ④ 제3항에 따라 촬영한 영상물에 수록된 피해자의 진술은 공판준비기일 또는 공판기일에 피해자나 조사 과정에 동석하였던 신뢰관계에 있는 사람의 진술에 의하여 그 성립의 진정함이 인정된 경우에 증거로 할 수 있다. ⑤ 수사기관은 제3항의 요건에 해당하는 피해자 또는 법정대리인으로부터 신청이 있으면 영상물 촬영 과정에서 작성한 조서의 사본을 신청인에게 발급하여야 한다. ⑥ 누구든지 제3항에 따라 촬영한 영상물을 수사 및 재판의 용도 외에 다른 목적으로 사용하여서는 아니 된다.

제27조	심리의 비공개	① 성폭력범죄에 대한 심리는 그 피해자의 사생활을 보호하기 위하여 결정으로써 공개하지 아니할 수 있다. ② 증인으로 소환받은 성폭력범죄의 피해자와 그 가족은 사생활보호 등의 사유로 증인신문의 비공개를 신청할 수 있다. ③ 재판장은 제2항에 따른 신청을 받으면 그 허가 및 공개 여부, 법정 외의 장소에서의 신문 등 증인의 신문 방식 및 장소에 관하여 결정할 수 있다. ④ 제1항 및 제3항의 경우에는 「법원조직법」 제57조(재판의 공개) 제2항 및 제3항을 준용한다.
제28조	전문가의 의견 조회	① 법원은 정신과의사, 심리학자, 사회복지학자, 그 밖의 관련 전문가로부터 행위자 또는 피해자의 정신·심리 상태에 대한 진단 소견 및 피해자의 진술 내용에 관한 의견을 조회할 수 있다. ② 법원은 성폭력범죄를 조사·심리할 때에는 제1항에 따른 의견 조회의 결과를 고려하여야 한다. ③ 법원은 법원행정처장이 정하는 관련 전문가 후보자 중에서 제1항에 따른 전문가를 지정하여야 한다. ④ 제1항부터 제3항까지의 규정은 수사기관이 성폭력범죄를 수사하는 경우에 준용한다. 다만, 피해자가 13세 미만이거나 신체적인 또는 정신적인 장애로 사물을 변별하거나 의사를 결정할 능력이 미약한 경우에는 관련 전문가에게 피해자의 정신·심리 상태에 대한 진단 소견 및 진술 내용에 관한 의견을 조회하여야 한다. ⑤ 제4항에 따라 준용할 경우 "법원행정처장"은 "검찰총장 또는 경찰서장"으로 본다.
제29조	신뢰관계에 있는 사람의 동석	법원은 제3조부터 제8조까지, 제10조 및 제14조(제9조의 미수범은 제외한다)의 범죄의 피해자를 증인으로 신문하는 경우에 검사, 피해자 또는 법정대리인이 신청할 때에는 재판에 지장을 줄 우려가 있는 등 부득이한 경우가 아니면 피해자와 신뢰관계에 있는 사람을 동석하게 하여야 한다. 수사기관이 전단의 피해자를 조사하는 경우에도 이와 같다.
제30조	비디오 등 중계장치에 의한 증인신문	① 법원은 제2조 제1항 제3호부터 제5호까지의 범죄의 피해자를 증인으로 신문하는 경우 검사와 피고인 또는 변호인의 의견을 들어 비디오 등 중계장치에 의한 중계를 통하여 신문할 수 있다. ② 제1항에 따른 증인신문의 절차·방법 등에 관하여 필요한 사항은 대법원규칙으로 정한다.
제31조	증거보전의 특례	① 피해자나 그 법정대리인은 피해자가 공판기일에 출석하여 증언하는 것에 현저히 곤란한 사정이 있을 때에는 그 사유를 소명(疏明)하여 해당 성폭력범죄를 수사하는 검사에게 「형사소송법」 제184조(증거보전의 청구와 그 절차) 제1항에 따른 증거보전의 청구를 할 것을 요청할 수 있다. 이 경우 피해자가 제26조 제3항의 요건에 해당하면 공판기일에 출석하여 증언하는 것에 현저히 곤란한 사정이 있는 것으로 본다. ② 제1항의 요청을 받은 검사는 그 요청이 타당하다고 인정할 때에는 증거보전의 청구를 할 수 있다.

제3장 신상정보 등록 및 등록정보의 공개 등

제32조	신상정보 등록 대상자	① 제2조 제1항 제3호·제4호, 같은 조 제2항(같은 조 제1항 제3호·제4호만 한정한다), 제3조부터 제10조까지 및 제14조의 범죄(이하 "등록대상 성폭력범죄"라 한다)로 유죄판결이 확정된 자 또는 제37조 제1항 제2호에 따라 공개명령이 확정된 자는 신상정보 등록대상자(「아동·청소년의 성보호에 관한 법률」 제33조에 따른 신상정보 등록대상자는 제외한다. 이하 "등록대상자"라 한다)가 된다. ② 법원은 등록대상 성폭력범죄로 제1항의 판결을 선고할 경우에 등록대상자라는 사실과 제33조에 따른 신상정보 제출 의무가 있음을 등록대상자에게 알려 주어야 한다. ③ 법원은 제1항의 판결이 확정된 날부터 14일 이내에 제2항의 고지사항을 서면으로 판결문 등본에 첨부하여 법무부장관에게 송달하여야 한다.
제33조	신상정보의 제출 의무	① 등록대상자는 제32조 제1항의 판결이 확정된 날부터 60일 이내에 다음 각 호의 신상정보를 자신의 주소지를 관할하는 경찰관서장(이하 "관할경찰관서의 장"이라 한다)에게 제출하여야 한다. 다만, 등록대상자가 교정시설 또는 치료감호시설에 수용된 경우에는 그 교정시설의장 또는 치료감호시설의 장(이하 "교정시설 등의 장"이라 한다)에게 신상정보를 제출함으로써 이를 갈음할 수 있다. 1. 성명 2. 주민등록번호 3. 주소 및 실제거주지 4. 직업 및 직장 등의 소재지 5. 신체정보(키와 몸무게) 6. 사진(등록일 기준으로 6개월 이내에 촬영된 것) 7. 소유차량의 등록번호 ② 등록대상자는 제1항에 따라 제출한 신상정보(이하 "제출정보"라 한다)가 변경된 경우에는 그 사유와 변경내용(이하 "변경정보"라 한다)을 변경사유가 발생한 날부터 30일 이내에 제1항에 따라 제출하여야 한다. 다만, 사진은 최초 등록일부터 1년마다 새로 촬영한 사진을 제출하되, 교정시설 또는 치료감호시설에 수용된 자의경우에는 석방 또는 치료감호 종료 전에 새로 촬영한 사진을 교정시설 등의 장에게 제출하여야 한다. ③ 등록대상자로부터 제출정보 및 변경정보를 제출받은 관할경찰관서의장 또는 교정시설등의 장은 지체 없이 이를 법무부장관에게 송달하여야 한다. ④ 제출정보 및 변경정보의 송달, 등록에 관한 세부절차와 방법은 대통령령으로 정한다.
제34조	등록대상 성폭력범죄 자의 신상정보 등록 등	① 법무부장관은 제33조 제3항에 따라 송달받은 정보와 등록대상자의 등록대상 성폭력범죄 경력정보를 등록하여야 한다. ② 법무부장관은 제1항에 따라 등록한 정보(이하 "등록정보"라 한다)에 대하여는 등록일자를 밝혀 등록대상자에게 통지하여야 한다. ③ 법무부장관은 제1항에 따른 등록에 필요한 정보의 조회를 관계 행정기관의 장에게 요청할 수 있다. ④ 법무부장관은 등록대상자가 제출정보 또는 변경정보를 정당한 사유 없이 제출하지 아니한 경우에는 신상정보의 등록에 필요한 사항을 관계 행정기관의 장에게 조회를 요청하여 등록할 수 있다.

제35조	등록정보 의 관리	① 법무부장관은 등록정보를 최초 등록일(등록대상자에게 통지한 등록일을 말한다)부터 10년간 보존·관리하여야 한다. ② 제1항의 기간(이하 "등록기간"이라 한다)이 끝나면 등록정보를 즉시 폐기하고 그 사실을 동록대상자에게 통지하여야 한다. 이 경우 등록대상자가 등록 원인이 된 등록대상 성폭력범죄로 교정시설에 수용된 기간은 등록기간에 넣어 계산하지 아니한다.③ 관할경찰관서의 장은 등록기간 중 매년 1회 등록정보의 변경 여부를 확인하여야 한다.
제36조	등록정보 의 활용 등	① 법무부장관은 등록정보를 등록대상 성폭력범죄와 관련한 범죄예방 및 수사에 활용하게 하기 위하여 검사 또는 각급 경찰관서의 장에게 배포할 수 있다. ② 제1항에 따른 등록정보의 배포절차 및 관리 등에 관한 사항은 대통령령으로 정한다.
제37조	등록정보 의 공개	① 법원은 다음 각 호의 어느 하나에 해당하는 자(「아동·청소년의 성보호에 관한 법률」 제38조에 따른 공개대상자는 제외한다. 이하 "공개대상자"라 한다)에 대하여 판결로 제3항의 공개정보를 등록기간 동안 정보통신망을 이용하여 공개하도록 하는 명령(이하 "공개명령"이라 한다)을 등록대상 성폭력범죄 사건의 판결과 동시에 선고하여야 한다. 다만, 신상정보를 공개하여서는 아니 될 특별한 사정이 있다고 판단되는 경우에는 그러하지 아니하다. 1. 등록대상 성폭력범죄를 저지른 자 2. 등록대상 성폭력범죄를 범하였으나 「형법」 제10조 제1항에 따라 처벌할 수 없는 자로서 등록대상 성폭력범죄를 다시 범할 위험성이 있다고 인정되는 자 ② 제1항에 따른 등록정보의 공개기간(「형의 실효 등에 관한 법률」 제7조에 따른 기간을 초가하지 못한다)은 판결이 확정된 때부터 기산한다. 다만, 공개명령을 받은 자가 실형 또는 치료감호를 선고받은 경우에는 그 형 또는 치료감호의 전부 또는 일부의 집행을 종료하거나 집행이 면제된 때부터 기산한다. ③ 제1항에 따라 공개하도로 제공되는 등록정보(이하 "공개정보"라 한다)는 다음 각 호와 같다. 1. 성명 2. 나이 3. 주소 및 실제거주지(읍·면·동까지로 한다) 4. 신체정보(키와 몸무게) 5. 사진 6. 등록대상 성폭력범죄 요지 ④ 공개정보의 구체적인 형태와 내용에 관하여는 대통령령으로 정한다. ⑤ 공개정보를 정보통신망을 이용하여 열람하려는 자는 「민법」 제4조에 따른 성년자로서 실명인증 절차를 거쳐야 한다. ⑥ 실명인증, 공개정보 유출 방지를 위한 기술 및 관리에 관한 구체적인 방법과 절차는 대통령령으로 정한다.
제38조	공개명령 의 집행	① 공개명령은 법무부장관이 정보통신망을 이용하여 집행한다. ② 법원은 제37조의 판결이 확정되면 판결문 등본을 지체 없이 법무부장관에게 송달하여야 한다. ③ 공개명령의 집행·공개절차·관리 등에 관한 세부사항은 대통령령으로 정한다.
제39조	비밀준수	등록대상 성폭력범죄자의 신상정보의 등록·공개·보존 및 관리 업무에 종사하거나 종사하였던 자는 직무상 알게 된 등록정보를 누설하여서는 아니 된다.

제40조	공개정보의 악용금지	① 공개정보는 등록대상 성폭력범죄로부터 보호하기 위하여 등록대상 성폭력범죄 우려가 있는 자를 확인할 목적으로만 사용되어야 한다. ② 공개정보를 확인한 자는 공개정보를 활용하여 다음 각 호의 행위를 하여서는 아니 된다. 1. 신문·잡지 등 출판물, 방송 또는 정보통신망을 이용한 공개 2. 공개정보의 수정 또는 삭제 ③ 공개정보를 확인한 자는 공개정보를 등록대상 성폭력범죄로부터 보호할 목적 외에 다음 각 호와 관련된 목적으로 사용하여 공개대상자를 차별하여서는 아니 된다. 1. 고용(다만 「아동·청소년의 성보호에 관한 법률」 제44조 제1항의 아동·청소년 관련 교육기관 등에의 고용은 제외한다) 2. 주택 또는 사회복지시설의 이용 3. 교육기관의 교육 및 직업훈련
제41조	등록정보의 고지	① 법원은 공개대상자 중 다음 각 호의 어느 하나에 해당하는 자(이하 "고지대상자"라 한다)에 대하여 판결로 제37조에 따른 공개명령 기간 동안 제3항에 따른 고지정보를 고지대상자가 거주하는 읍·면·동의 지역주민에게 고지하도록 하는 명령(이하 "고지명령"이라 한다)을 등록대상 성폭력범죄 사건의 판결과 동시에 선고하여야 한다. 다만, 신상정보를 공개하여서는 아니 될 특별한 사정이 있다고 판단하는 경우에는 그러하지 아니하다. 1. 등록대상 성폭력범죄를 저지른 자 2. 등록대상 성폭력범죄를 범하였으나 「형법」 제10조 제1항에 따라 처벌할 수 없는 자로서 등록대상 성폭력범죄를 다시 범할 위험성이 있다고 인정되는 자 ② 제1항에 따른 고지명령은 다음 각 호의 기간 이내에 고지하여야 한다. 1. 집행유예를 선고받은 고지대상자는 신상정보 최초 등록일부터 1개월 이내 2. 금고 이상의 실형을 선고받은 고지대상자는 출소 후 거주할 지역에 전입한 날부터 1개월 이내 3. 고지대상자가 다른 지역으로 전출하는 경우에는 변경정보 등록일부터 1개월 이내 ③ 제1항에 따라 고지하여야 하는 고지정보는 다음 각 호와 같다. 1. 고지대상자가 이미 거주하고 있거나 전입하는 경우에는 제37조 제3항의 공개정보. 다만, 제37조 제3항 제3호에 따른 주소 및 실제거주지는 상세주소를 포함한다. 2. 고지대상자가 전출하는 경우에는 제1호의 고지정보와 그 대상자의 전출 정보 ④ 제1항에 따른 고지명령을 선고받은 자는 제37조 제1항에 따른 공개명령을 선고받은 자로 본다.
제42조	고지명령의 집행	① 고지명령의 집행은 법무부장관이 한다. ② 법원은 고지명령의 판결이 확정되면 판결문 등본을 지체 없이 법무부장관에게 송달하여야 한다. ③ 법무부장관은 고지명령의 집행에 관한 업무 중 제41조 제3항에 따른 고지정보의 우편송부에 관한 업무를 고지대상자가 실제 거주하는 읍·면·동의 장에게 위임할 수 있다. ④ 제3항에 따른 위임을 받은 고지대상자가 거주하는 읍·면사무소의 장 또는 동 주민자치센터의 장은 제41조 제3항에 따른 고지정보를 관할구역에 거주하는 아동·청소년(「아동·청소년의 성보호에 관한 법률」 제2조 제1호의 "아동·청소년"을 말한다)의 친권자 또는 법정대리인이 있는 가구에 우편으로 송부하여야 한다. ⑤ 고지명령의 집행 및 고지절차 등에 필요한 사항은 법무부령으로 정한다.

제4장 벌칙

| 제43조 | 벌칙 | ① 다음 각 호의 어느 하나에 해당하는 자는 5년 이하의 징역 또는 5천만 원 이하의 벌금에 처한다.
1. 제39조를 위반하여 직무상 알게 된 등록정보를 누설한 자
2. 제40조 제1항 또는 제2항을 위반한 자
3. 정당한 권한 없이 등록정보를 변경하거나 말소한 자
② 다음 각 호의 어느 하나에 해당하는 자는 2년 이하의 징역 또는 500만 원 이하의 벌금에 처한다.
1. 제22조 제1항 또는 제2항에 따른 피해자의 신원과 사생활 비밀 누설 금지 의무를 위반한 자
2. 제22조 제3항을 위반하여 피해자의 인적사항과 사진 등을 공개한 자
③ 다음 각 호의 어느 하나에 해당하는 자는 1년 이하의 징역 또는 500만 원 이하의 벌금에 처한다.
1. 제33조 제1항 및 제2항을 위반하여 등록대상자가 정당한 사유 없이 제출정보 또는 변경정보를 제출하지 아니하거나 거짓 정보를 제출한 자
2. 제40조 제3항을 위반한 자
④ 제2항 제2호의 죄는 피해자의 명시한 의사에 반하여 공소를 제기할 수 없다. |
| 제44조 | 양벌규정 | 법인의 대표자나 법인 또는 개인의 대리인, 사용인, 그 밖의 종업원이 그 법인 또는 개인의 업무에 관하여 제13조 또는 제43조의 위반행위를 하면, 그 행위자를 벌하는 외에 그 법인 또는 개인에게도 해당 조문의 벌금형을 과(科)한다. 다만, 법인 또는 개인이 그 위반행위를 방지하기 위하여 해당 업무에 관하여 상당한 주의와 감독을 게을리 하지 아니한 경우에는 그러하지 아니하다. |

제19편 특정 범죄자에 대한 위치추적 전자장치부착 등에 관한 법률

[시행 2010.7.16][법률 10257호, 2010.4.15, 일부개정]

| 제1조 | 목적 | 이 법은 특정 범죄자의 재범 방지와 성행(性行)교정을 통한 재사회화를 위하여 그의 행적을 추적하여 위치를 확인할 수 있는 전자장치를 신체에 부착하게 하는 부가적인 조치를 취함으로써 특정범죄로부터 국민을 보호함을 목적으로 한다. 〈개정 2009.5.9〉 |
| 제2조 | 정의 | 이 법에서 사용하는 용어의 정의는 다음과 같다.
1. "특정범죄"란 성폭력범죄, 미성년자 대상 유괴범죄와 살인범죄를 말한다.
2. "성폭력범죄"란 다음 각 목의 범죄를 말한다. |

		가. 「형법」 제2편 제32장 강간과 추행의 죄 중 제297조(강간)·제298조(강제추행)·제299조(준강간, 준강제추행)·제300조(미수범)·제301조(강간 등 상해·치상)·제301조의2(강간 등 살인·치사)·제302조(미성년자 등에 대한 간음)·제303조(업무상위력 등에 의한 간음)·제305조(미성년자에 대한 간음, 추행), 제2편 제38장 절도와 강도의죄 중 제339조(강도강간) 및 제340조(해상강도) 제3항(부녀를 강간한 죄만을 말한다)의 죄 나. 「성폭력범죄의 처벌 등에 관한 특례법」 제3조(특수강도강간 등)부터 제10조(업무상 위력 등에 의한 추행)까지의 죄 및 제14조(미수범)의 죄(제3조부터 제9조까지의 미수범만을 말한다) 다. 「아동·청소년의 성보호에 관한 법률」 제7조(아동·청소년에 대한 강간, 강제추행 등)의 죄 라. 가목부터 다목까지의 죄로서 다른 법률에 따라 가중 처벌되는 죄 3. "미성년자 대상 유괴범죄"란 다음 각 목의 범죄를 말한다. 가. 미성년자에 대한 「형법」 제287조(미성년자의 약취, 유인)·제288조(영리 등을 위한 약취, 유인, 매매 등)·제289조(국외이송을 위한 약취, 유인, 매매)·제290조(예비, 음모)·제291조(결혼을 위한 약취, 유인)·제292조(약취, 유인, 매매된 자의 수수 또는 은닉)·제293조(상습범)·제294조(미수범)·제324조의2(인질강요) 및 제336조(인질강도)의 죄 나. 미성년자에 대한 「특정범죄가중처벌 등에 관한 법률」 제5조의2(약취·유인죄의 가중처벌)의 죄 다. 가목과 나목의 죄로서 다른 법률에 따라 가중처벌되는 죄 3의2. "살인범죄"란 다음 각 목의 범죄를 말한다. 가. 「형법」 제2편 제1장 내란의 죄 중 제88조(내란목적의 살인), 제2편 제24장 살인의 죄 중 제250조(살인, 존속살해)·제251조(영아살해)·제252조(촉탁, 승낙에 의한 살인 등)·제253조(위계 등에 의한 촉탁살인 등)·제254조(미수범)·제255조(예비, 음모), 제2편 제32장 강간과 추행의 죄 중 제301조의2(강간 등 살인·치사) 전단, 제2편 제37장 권리행사를 방해하는 죄 중 제324조의4(인질살해·치사) 전단, 제2편 제38장 절도와 강도의 죄 중 제388조(강도살인·치사) 전단 및 제340조(해상강도) 제3항(사람을 살해한 죄만을 말한다)의 죄 나. 「성폭력범죄의 처벌 등에 관한 특례법」 제9조(강간 등 살인·치사) 제1항의 죄 및 제14조(미수범)의 죄(제9조 제1항의 미수범만을 말한다) 다. 「특정범죄 가중처벌 등에 관한 법률」 제5조의2(약취·유인죄의 가중처벌) 제2항 제2호의 죄 및 같은 조 제6항의 죄(같은 조 제2항 제2호의 미수범만을 말한다) 라. 가목부터 다목까지의 죄로서 다른 법률에 따라 가중처벌되는 죄 4. "위치추적 전자장치(이하 "전자장치"라 한다)"란 전자파를 발신하고 추적하는 원리를 이용하여 위치를 확인하거나 이동경로를 탐지하는 일련의 기계적 설비로서 대통령령으로 정하는 것을 말한다.
제3조	국가의 책무	국가는 이 법의집행과정에서 국민의 인권이 부당하게 침해되지 아니하도록 주의하여야 한다.
제4조	적용 범위	만 19세 미만의 자에 대하여 부착명령을 선고한 때에는 19세에 이르기까지 이 법에 따른 전자장치를 부착할 수 없다. 〈개정2009.5.8〉

제2장 징역형 종료 이후의 전자장치 부착

제5조	전자장치 부착명령 의 청구	① 검사는 다음 각 호의 어느 하나에 해당하고, 성폭력범죄를 다시 범할 위험성이 있다고 인정된ㄴ 사람에 대하여 전자장치를 부착하도록 하는 명령(이하 "부착명령"이라 한다)을 법원에 청구할 수 있다. 〈개정 2008.6.13, 2010.4.15〉 1. 성폭력범죄로 징역형의 실형을 선고받은 사람이 그 집행을 종료한 후 또는 집행이 면제된 후 10년 이내에 성폭력범죄를 저지른 때 2. 성폭력범죄로 이 법에 따른 전자장치를 부착받은 전력이 있는 사람이 다시 성폭력범죄를 저지른때 3. 성폭력범죄를 2회 이상 범하여(유죄의 확정판결을 받은 경우를 포함한다) 그 습벽이 인정된 때 4. 16세 미만의 사람에 대하여 성폭력범죄를 저지른 때 ② 검사는 미성년자 대상 유괴범죄를 저지른 사람으로서 미성년자 대상 유괴범죄를 다시 범할 위험성이 있다고 인정되는 사람에 대하여 부착명령을 법원에 청구할 수 있다. 다만, 유괴범죄로 징역형의 실형 이상의 형을 선고받아 그 집행이 종료 또는 면제된 후 다시 유괴범죄를 저지른 경우에는 부착명령을 청구하여야 한다. 〈신설 2009.5.8, 200.4.15〉 ③ 검사는 살인범죄를 저지른 사람으로서 살인범죄를 다시 범할 위험성이 있다고 인정되는 사람에 대하여 부착명령을 법원에 청구할 수 있다. 다만, 살인범죄로 징역형의 실형 이상의 형을 선고받아 그 집행이 종료 또는 면제된 후 다시 살인범죄를 저지른 경우에는 부착명령을 청구하여야 한다. 〈신설 2010.4.15〉 ④ 제1항부터 제3항까지의 규정에 따른 부착명령의 청구는 공소가 제기된 특정범죄사건의 항소심 변론종결 시까지 하여야 한다. 〈개정2009.5.8, 2010.4.15〉 ⑤ 법원은 공소가 제기된 특정범죄사건을 심리한 결과 부착명령을 선고할 필요가 있다고 인정하는 때에는 검사에게 부착명령의 청구를 요구할 수 있다. 〈개정 2009.5.8, 2010.4.15〉 ⑥ 제1항부터 제3항까지의 규정에 따른 특정범죄사건에 대하여 판결의 확정 없이 공소가 제기된 때부터 15년이 경과한 경우에는 부착명령을 청구할 수 없다. 〈개정 2009.5.8, 2010.4.15〉
제6조	조사	① 검사는 부착명령을 청구하기 위하여 필요하다고 인정하는 때에는 피의자의 주거지 또는 소속 검찰청(지청을 포함한다. 이하 같다) 소재지를 관할하는 보호관찰소(지소를 포함한다. 이하 같다)의 장에게 범죄의 동기, 피해자와의 관계, 심리상태, 재범의 위험성 등 피의자에 관하여 필요한 사항의 조사를 요청할 수 있다. ② 제1항의 요청을 받은 보호관찰소의 장은 조사할 보호관찰관을 지명하여야 한다. ③ 제2항에 따라 지명된 보호관찰관은 검사의 지휘를 받아 지체 없이 필요한 사항을 조사한 후 검사에게 조사보고서를 제출하여야 한다. ④ 검사는 부착명령을 청구함에 있어서 필요한 경우에는 피의자에 대한 정신감정이나 그 밖에 전문가의 진단 등의 결과를 참고하여야 한다.
제7조	부착명령 청구사건 의 관할	① 부착명령 청구사건의 관할은 부착명령 청구사건과 동시에 심리하는 특정범죄사건의 관할에 따른다. 〈개정 2009.5.8〉 ② 부착명령 청구사건의 제1심 재판은 지방법원 합의부(지방법원지원 합의부를 포함한다. 이하 같다)의 관할로 한다.

제8조	부착명령 청구서의 기재사항 등	① 부착명령 청구사건의 관할은 부착명령 청구사건과 동시에 심리하는 특정범죄사건의 관할에 따른다. 〈개정2009.5.8〉 1. 부착명령 청구대상자(이하 "피부착명령청구자"라 한다)의 성명과 그 밖에 피부착명령청구자를 특정할 수 있는 사항 2. 청구의 원인이 되는 사실 3. 적용 법조 4. 그 밖에 대통령령으로 정하는 사항 ② 법원은 부착명령 청구가 있는 때에는 지체 없이 부착명령 청구서의 부본을 피부착명령청구자 또는 그의 변호인에게 송부하여야 한다. 이 경우 특정범죄사건에 대한 공소제기와 동시에 부착명령 청구가 있는 때에는 제1회 공판기일 5일 전까지, 특정범죄사건의 심리 중에 부착명령 청구가 있는 때에는 다음 공판기일 5일 전까지 송부하여야 한다. 〈개정 2009. 5. 8〉
제9조	부착명령의 판결 등	① 법원은 부착명령 청구가 이유 있다고 인정하는 때에는 다음 각 호에 따른 기간의 범위 내에서 부착기간을 정하여 판결로 부착명령을 선고하여야 한다. 다만, 13세 미만의 사람에 대하여 특정범죄를 저지른 경우에는 부착기간 하한을 다음 각 호에 따른 부착기간 하한의 2배로 한다. 〈개정2008.6.13,2010.4.15〉 1. 법정형의 상한이 사형 또는 무기징역인 특정범죄: 10년 이상 30년 이하 2. 법정형 중 징역형의 하한이 3년 이상의 유기징역인 특정범죄(제1호에 해당하는 특정범죄는 제외한다): 3년 이상 20년 이하 3. 법정형 중 징역형의 하한이 3년 미만의 유기징역인 특정범죄(제1호에 해당하는 특정범죄는 제외한다): 3년 이상 20년 이하 ② 여러 개의 특정범죄에 대하여 동시에 부착명령을 선고할 때에는 법정형이 가장 중한 죄의 부착기간 상한의 2분의 1까지 가중하되, 각 죄의 부착기간의 상한을 합산한 기간을 초과할 수 없다. 다만, 하나의 행위가 여러 특정범죄에 해당하는 경우에는 가장 중한 죄의 부착기간을 부착기간으로 한다. 〈신설 2010.4.15〉 ③ 부착명령을 선고받은 사람은 부착기간 동안 「보호관찰 등에 관한 법률」에 따른 보호관찰을 받는 다. 〈신설 2010.4.15〉 ④ 법원은 다음 각 호의 어느 하나에 해당하는 때에는 판결로 부착명령 청구를 기각하여야 한다. 〈개정 2008.6.13, 2009.5.8, 2010.4.15〉 1. 부착명령 청구가 이유 없다고 인정하는 때 2. 특정범죄사건에 대하여 무죄(심신상실을 이유로 치료감호가 선고된 경우는 제외한다)·면소·공소기각의 판결 또는 결정을 선고하는 때 3. 특정범죄사건에 대하여 벌금형을 선고하는 때 4. 특정범죄사건에 대하여 선고유예 또는 집행유예를 선고하는 때(제28조 제1항에 따라 전자장치 부착을 명하는 때를 제외한다) ⑤ 부착명령 청구사건의 판결은 특정범죄사건의 판결과 동시에 선고하여야 한다. ⑥ 부착명령 선고의 판결이유에는 요건으로 되는 사실, 증거의 요지 및 적용 협조를 명시하여야 한다. 〈개정 2010.4.15〉 ⑦ 부착명령의 선고는 특정범죄사건의 양형에 유리하게 참작되어서는 아니 된다. ⑧ 특정범죄사건의 판결에 대하여 상소 및 상소의 포기·취하가 있는 때에는 부착명령 청구사건의 판결에 대하여도 상소 및 상소의 포기·취하가 있는 것으로 본다. 상소권회복 또는 재심의 청구나 비상상고가 있는 때에도 또한 같다. 〈개정 2009.5.8, 2010.4.15〉

		⑨ 제8항에도 불구하고 검사 또는 피부착명령청구자 및 「형사소송법」 제340조ㆍ제341조에 규정된 자는 부착명령에 대하여 독립하여 상소 및 상소의 포기ㆍ취하를 할 수 있다. 상소권회복 또는 재심의 청구나 비상상고의 경우에도 또한 같다. 〈개정 2010.4.15〉
제9조 의2	준수사항	① 법원은 제9조 제1항에 따라 부착명령을 선고하는 경우 부착기간의 범위에서 준수기간을 정하여 다음 각 호의준수사항 중 하나 이상을 부과할 수 있다. 다만, 제4호의 준수사항은 500시간의 범위에서 그 기간을 정하여야 한다. 〈개정 2010.4.15〉 1. 야간 등 특정 시간대의 외출제한 2. 특정지역ㆍ장소에의 출입금지 2의2. 주거지역의 제한 3. 피해자 등 특정인에의 접근금지 4. 특정범죄 치료 프로그램의 이수 5. 그 밖에 부착명령을 선고받은 사람의 재범방지와 성행교정을 위하여 필요한 사항 ② 삭제 〈2010.4.15〉
제10조	부착명 령 판결 등의 통지	① 법원은 제9조에 따라 부착명령을 선고한 대에는 그 판결이 확정된 날부터 3일 이내에 부착명령을 선고받은 자(이하 "피부착명령자"라 한다)의 주거지를 관할하는 보호관찰소의 장에게 판결문의 등본을 송부하여야 한다. ② 교도소, 소년교도소, 구치소, 치료감호소 및 군교도소의 장(이하 "교도소장등"이라 한다)은 피부착명령자가 석방되기 5일 전까지 피부착명령자의 주거지를 관할하는 보호관찰소의 장에게 그 사실을 통보하여야 한다. 〈개정 2008.6.13〉
제11조	국선변 호인 등	부착명령 청구사건에 관하여는 「형사소송법」 제282조 및 제283조를 준용한다. 〈개정 2010.4.15〉
제12조	집행 지휘	① 부착명령은 검사의 지휘를 받아 보호관찰관이 집행한다. ② 제1항에 따른 지휘는 판결문 등본을 첨부한 서면으로 한다.
제13조	부착명 령의 집행	① 부착명령은 특정범죄사건에 대한 형의 집행이 종료되거나 면제ㆍ가석방되는 날 또는 치료감호의 집행이 종료ㆍ가종료되는 날 석방 직전에 피부착명령자의 신체에 전자장치를 부착함으로써 집행한다. 〈개정 2008.6.13, 2009.5.8〉 ② 부착명령의 집행은 신체의 완전성을 해하지 아니하는 범위 내에서 이루어져야 한다. ③ 부착명령이 여러 개의 경우 확정된 순서에 따라 집행한다. 〈신설 2010.4.15〉 ④ 다음 각 호의 어느 하나에 해당하는 때에는 부착명령의 집행이 정지된다. 1. 부착명령의 집행 중 다른 죄를 범하여 구속영장의 집행을 받아 구금된 때 2. 부착명령의 집행 중 다른 죄를 범하여 금고 이상의 형의 집행을 받게 된 때 3. 가석방 또는 가종료된 자에 대하여 전자장치 부착기간 동안 가석방 또는 가종료가 취소되거나 실효된 때 ⑤ 제4항에 따라 집행이 정지된 부착명령의 잔여기간에 대하여는 다음 각 호의 구분에 따라 집행한다. 〈개정 2008.6.13, 2010.4.15〉 1. 제4항 제1호의 경우에는 구금이 해제되거나 금고 이상의 형의 집행을 받지 아니하게 확정된 때부터 그 잔여기간을 집행한다. 2. 제4항 제2호의 경우에는 그 형의 집행이 종료되거나 면제된 후 또는 가석방된 때부터 그 잔여기간을 집행한다. 3. 제4항 제3호의 경우에는 그 형이나 치료감호의 집행이 종료되거나 면제된 후 그 잔여기간을 집행한다. ⑥ 그 밖에 부착명령의 집행 및 정지에 관하여 필요한 사항은 대통령령으로 정한다. 〈개정 2010.4.15〉

제14조	피부착자 의 의무	① 전자장치가 부착된 자(이하 "피부착자"라 한다)는 전자장치의 부착기간 중 전자장치를 신체에서 임의로 분리·손상, 전파 방해 또는 수신자료의 변조, 그 밖의 방법으로 그 효용을 해하여서는 아니 된다. ② 피부착자는 특정범죄사건에 대한 형의 집행이 종료되거나 면제·가석방되는 날부터 10일 이내에 주거지를 관할하는 보호관찰소에 출석하여 서면으로 신고하여야 한다. 〈신설 2010.4.15〉 ③ 피부착자는 주거를 이전하거나 7일 이상의 국내여행을 하거나 출국할 때에는 미리 보호관찰관의 허가를 받아야 한다. 〈개정 2010.4.15〉
제14조 의2	부착기간 의 연장 등	① 피부착자가 다음 각 호의 어느 하나에 해당하는 경우에는 법원은 보호관찰소의 장의 신청에 따른 검사의 청구로 1년의 범위에서 부착기간을 연장하거나 제9조의2 제1항의 준수사항을 추가 또는 변경하는 결정을 할 수 있다. 1. 정당한 사유 없이 「보호관찰 등에 관한 법률」 제32조에 따른 준수사항을 위반한 경우 2. 정당한 사유 없이 제14조 제2항을 위반하여 신고하지 아니한 경우 3. 정당한 사유 없이 제14조 제3항을 위반하여 허가를 받지 아니하고 주거 이전·국내여행 또는 출국을 하거나, 거짓으로 허가를 받은 경우 ② 제1항 각 호에 규정된 사항 외의 사정변경이 있는 경우에도 법원은 상당한 이유가 있다고 인정되면 보호관찰소의 장의 신청에 따른 검사의 청구로 제9조의2 제1항의 준수사항을 추가, 변경 또는 삭제하는 결정을 할 수 있다.
제15조	보호관찰 관의 임무	① 보호관찰관은 피부착자의 재범방지와 건전한 사회복귀를 위하여 필요한 지도와 원호를 한다. ② 보호관찰관은 전자장치부착기간 중 피부착자의소재지 인근 의료기관에서의 치료, 상담시설에서의 상담치료 등 피부착자의 재범방지를 위하여 필요한 조치를 할 수 있다.
제16조	수신 자료의 보존· 사용· 폐기 등	① 보호관찰소의 장은 피부착자의 전자장치로부터 발신되는 전자파를 수신하여 그 자료(이하 "수신자료"라 한다)를 보존하여야 한다. ② 수신자료는 다음 각 호의 경우 외에는 열람·조회 또는 공개할 수 없다. 〈개정 2009.5.8〉 1. 피부착자의 특정범죄 혐의에 대한 수사 또는 재판자료로 사용하는 경우 2. 보호관찰관이 지도·원호를 목적으로 사용하는 경우 3. 「보호관찰 등에 관한 법률」 제5조에 따른 보호관찰심사위원회(이하 "심사위원회"라 한다)의 부착명령 가해제와 그 취소에 관한 심사를 위하여 사용하는 경우 ③ 보호관찰소의 장은 피부착자가 특정범죄를 저질렀다고 의심할 만한 상당한 이유가 있는 때에는 관할 검찰청에 통보하여야 한다. 〈개정 2009.5.8〉 ④ 검사 또는 사법경찰관은 수신자료를 열람 또는 조회하는 경우 법관이 발부한 압수수색영장을 제시하여야 한다. ⑤ 보호관찰소의 장은 다음 각 호의 어느 하나에 해당하는 때에는 수신자료를 폐기하여야 한다. 〈개정 2010.4.15〉 1. 부착명령과 함께 선고된 형이 「형법」 제81조에 따라 실효된 때 2. 부착명령과 함께 선고된 형이 사면으로 인하여 그 효력을 상실한 때 3. 전자장치 부착이 종료된 자가 자격정지 이상의 형 또는 이 법에 따른 전자장치 부착을 받음이 없이 전자장치 부착을 종료한 날부터 5년이 경과한 때 ⑥ 그 밖에 수신자료의 보존·사용·폐기 등에 관하여 필요한 사항은 대통령령으로 정한다.

제17조	부착 명령의 가해제 신청 등	① 보호관찰소의 장 또는 피부착자 및 그 법정대리인은 해당 보호관찰소를 관할하는 심사위원회에 부착명령의 가해제를 신청할 수 있다. ② 제1항의 신청은 부착명령의 집행이 개시된 날부터 3개월이 경과한 후에 하여야 한다. 신청이 기각된 경우에는 기각된 날부터 3개월이 경과한 후에 다시 신청할 수 있다. ③ 제2항에 따라 가해제의 신청을 할 때에는 신청서에 가해제의심사에 참고가 될 자료를 첨부하여 제출하여야 한다.
제18조	부착명령 가해제의 심사 및 결정	① 심사위원회는 가해제를 심사할 때에는 피부착자의 인격, 생활태도, 부착명령 이행 상황 및 재범의 위험성에 대한 전문가의 의견 등을 고려하여야 한다. ② 심사위원회는 가해제의 심사를 위하여 필요한 때에는 보호관찰소의 장으로 하여금 필요한 사항을 조사하게 하거나 피부착자나 그 밖의 관계인을 직접 소환·심문 또는 조사할 수 있다. ③ 제2항의 요구를 받은 보호관찰소의 장은 필요한 사항을 조사하여 심사위원회에 통보하여야 한다. ④ 심사위원회는 피부착자가 부착명령이 계속 집행될 필요가 없을 정도로 개선되어 재범의 위험성이 없다고 인정하는 때에는 부착명령의 가해제를 결정할 수 있다. 이 경우 피부착자로 하여금 주거이전 상황 등을 보호관찰소의 장에게 정기적으로 보고하도록 할 수 있다. ⑤ 심사위원회는 부착명령의 가해제를 하지 아니하기로 결정한 때에는 결정서에 그 이유를 명시하여야 한다. ⑥ 제4항에 따라 부착명령이 가해제된 경우에는 제9조 제3항에 따른 보호관찰과 제9조의2에 따른 준수사항이 가해제된 것으로 본다. 〈신설 2008.6.13, 2010.4.15〉
제19조	가해제의 취소 등	① 보호관찰소의 장은 부착명령이 가해제된 자가 특정범죄를 저지르거나 주거이전 상황 등의 보고에 불응하는 등 재범의 위험성이 있다고 판단되는 때에는 심사위원회에 가해제의 취소를 신청할 수 있다. 이 경우 심사위원회는 가해제된 자의 재범의 위험성이 현저하다고 인정될 때에는 가해제를 취소하여야 하다. 〈개정 2009.5.9〉 ② 제1항에 따라 가해제가 취소된 자는 잔여 부착명령기간 동안 전자장치를 부착하여야 한다. 이 경우 가해제기간은 부착명령기간에 산입하지 아니한다.
제20조	부착명령 집행의 종료	제9조에 따라 선고된 부착명령은 다음 각 호의 어느 하나에 해당하는 때에 그 집행이 종료된다. 1. 부착명령기간이 경과한 때 2. 부착명령과 함께 선고한 형이 사면되어 그 선고의 효력을 상실하게 된 때 3. 삭제 〈2008.6.13〉 4. 부착명령이 가해제된 자가 그 가해제가 취소됨이 없이 잔여 부착명령기간을 경과한 때
제21조	부착명령 의 시효	① 피부착명령자는 그 판결이 확정된 후 집행을 받지 아니하고 함께 선고된 특정범죄사건의 형의 시효가 완성되면 그 집행이 면제된다. 〈개정 2009.5.8〉 ② 부착명령의 시효는 피부착명령자를 체포함으로써 중단된다.

제3장 가석방 및 가종료 등과 전자장치 부착

제22조	가석방과 전자장치 부착	① 제9조에 따른 부착명령 판결을 선고받지 아니한 특정 범죄자로서 형의 집행 중 가석방되어 보호관찰을 받게 되는 자는 준수사항 이행 여부 확인 등을 위하여 가석방기간 동안 전자장치를 부착하여야 한다. 〈개정 2009.5.8〉 ② 심사위원회는 제1항에 따라 전자장치를 부착하게 되는 자의 주거지를 관할하는 보호관찰소의 장에게 가석방자의 인적사항 등 전자장치 부착에 필요한 사항을 즉시 통보하여야 한다. ③ 교도소장 등은 가석방 예정자가 석방되기 5일 전까지 그의 주거지를 관할하는 보호관찰소의 장에게 그 사실을 통보하여야 한다.
제23조	가종료 등과 전자장치 부착	① 「치료감호법」 제37조에 따른 치료감호 시의 위원회(이하 "치료감호심의위원회"라 한다)는 제9조에 따른 부착명령 판결을 선고받지 아니한 특정 범죄자로서 치료감호의 집행 중 가종료 또는 치료위탁 되는 피치료감호자나 보호감호의 집행 중 가출소되는 피보호감호자(이하 "가종료자 등"이라 한다)에 대하여 「치료감호법」 또는 「사회보호법」(법률 제7656호로 폐지되기 전의 법률을 말한다)에 따른 준수사항 이행 여부 확인 등을 위하여 보호관찰기간의 범위에서 기간을 정하여 전자장치를 부착하게 할 수 있다. 〈개정 2008.6.13, 2009.5.8, 2010.4.15〉 ② 치료감호심의위원회는 제1항에 따라 전자장치 부착을 결정한 경우에는 즉시 피부착결정자의 주거지를 관할하는 보호관찰소의 장에게 통보하여야 한다. ③ 치료감호시설의 장·보호감호시설의 장 또는 교도소의 장은 가종료자 등이 가종료 또는 치료위탁 되거나 가출소되기 5일 전까지 가종료자 등의 주거지를 관할하는 보호관찰소의 장에게 그 사실을 통보하여야 한다. 〈개정 2010.4.15〉
제24조	전자장치의 부착	① 전자장치 부착은 보호관찰관이 집행한다. ② 전자장치는 다음 각 호의 어느 하나에 해당하는 때 석방 직전에 부착한다. 〈개정 2010.4.15〉 1. 가석방되는 날 2. 가종료 또는 치료위탁되거나 가출소되는 날. 다만, 치료감호와 형이 병과된 가종료자의 경우 집행 할 잔여 형기가 있는 때에는 그 형의 집행이 종료되거나 면제되는 날 부착한다. ③ 전자장치 부착집행 중 보호관찰 준수사항 위반으로 유치허가장의 집행을 받아 유치된 때에는 부착집행이 정지된다. 이 경우 심사위원회가 보호관찰소의 장의 가석방 취소신청을 기각한 날 또는 법무부장관이 심사위원회의 허가신청을 불허한 날부터 그 잔여기간을 집행한다.
제25조	부착집행의 종료	제22조 및 제23조에 따른 전자장치 부착은 다음 각 호의 어느 하나에 해당하는 때에 그 집행이 종료된다. 〈개정 2010.4.15〉 1. 가석방 기간이 경과하거나 가석방이 실효 또는 취소된 때 2. 가종료자 등의 부착기간이 경과하거나 보호관찰이 종료된 때 3. 가석방된 형이 사면되어 형의 선고의 효력을 상실하게 된 때 4. 삭제 〈2010.4.15〉
제26조	수신자료의 활용	보호관찰관은 수신자료를 준수사항 이행 여부 확인 등 「보호관찰 등에 관한 법률」에 따른 보호관찰대상자의 지도·감독 및 원호에 활용할 수 있다.
제27조	준용	이 장에 따른 전자장치 부착에 관하여는 제13조 제2항·제4항 제1호·제6항, 제14조 및 제15조부터 19조까지의 규정을 준용한다. 〈개정 2010.4.15〉

제4장 형의 집행유예와 부착명령

제28조	형의 집행 유예와 부착명령	① 법원은 특정범죄를 범한 자에 대하여 형의집행을 유예하면서 보호관찰을 받을 것을 명할 때에는 보호관찰기간의 범위 내에서 기간을 정하여 준수사항의 이행여부 확인 등을 위하여 전자장치를 부착할 것을 명할 수 있다. 〈개정 2009.5.8〉 ② 법원은 제1항에 따른 부착명령기간 중 소재지 인근 의료기관에서의 치료, 지정 상담시설에서의 상담치료 등 대상자의 재범방지를 위하여 필요한 조치들을 과할 수 있다. ③ 법원은 제1항에 따른 전자장치 부착을 명하기 위하여 필요하다고 인정하는 때에는 피고인의 주거지 또는 그 법원의 소재지를 관할하는 보호관찰소의 장에게 범죄의 동기, 피해자와의 관계, 심리상태, 재범의 위험성 등 피고인에 관하여 필요한 사항의 조사를 요청할 수 있다.
제29조	부착명령의 집행	① 부착명령은 전자장치 부착을 명하는 법원의 판결이 확정된 때부터 집행한다. ② 부착명령의 집행 중 보호관찰 준수사항 위반으로 유치허가장의 집행을 받아 유치된 때에는 부착명령 집행이 정지된다. 이 경우 검사가 보호관찰소의 장의 집행유예 취소신청을 기각한 날 또는 법원이 검사의 집행유예취소청구를 기각한 날부터 그 잔여기간을 집행한다.
제30조	부착명령 집행의 종료	제28조의 부착명령은 다음 각 호의 어느 하나에 해당하는 때에 그 집행이 종료된다. 1. 부착명령기간이 경과한 때 2. 집행유예가 실효 또는 취소된 때 3. 집행유예된 형이 사면되어 형의 선고의 효력을 상실하게 된 때 4. 삭제 〈2010.4.15〉
제31조	준용	이 장에 따른 부착명령에 관하여는 제6조, 제9조 제5항부터 제7항까지, 제10조 제1항, 제12조, 제13조 제2항·제4항 제1호·제6항, 제14조, 제15조 제1항, 제16조부터 제19조까지 및 제26조를 준용한다. 〈개정 2010.4.15〉

제5장 보칙

제32조	전자장치 부착기간의 계산	① 전자장치 부착기간은 이를 집행한 날부터 기산하되, 초일은 시간을 계산함이 없이 1일로 산정한다. ② 피부착자가 전자장치를 그의 신체로부터 분리하거나 손상하는 등 그 효용을 해한 기간은 그 전자장치 부착기간에 산입하지 아니한다. 다만, 보호관찰이 부과된 자의 전자장치 부착기간은 보호관찰 기간을 초과할 수 없다.
제32조의2	부착명령 등 집행전담 보호관찰관의 지정	보호관찰소의 장은 소속 보호관찰관 중에서 다음 각 호의 사항을 전담하는 보호관찰관을 지정하여야 한다. 1. 부착명령을 청구하기 위하여 필요한 피의자에 대한 조사 2. 부착명령의 집행 3. 피부착자의 재범방지와 건전한 사회복귀를 위한 치료 등 필요한 조치의 부과

		4. 그 밖에 피부착자의 「보호관찰 등에 관한 법률」 등에 따른 준수사항 이행 여부 확인 등 피부착자에 대한 지도·감독 및 원호
제33조	전자장치 부착 가해제의 의제	보호관찰이 가해제된 경우에는 전자장치 부착이 가해제된 것으로 본다.
제34조	군법 피적용자에 대한 특칙	이 법을 적용함에 있어서 「군사법원법」 제2조 제1항 각 호의 어느 하나에 해당하는 자에 대하여는 군사법원은 법원의, 군검찰관은 검사의, 군사법경찰관리는 사법경찰관리의, 군교도소장은 교도소장의 이 법에 다른 직무를 각각 행한다.
제35조	다른 법률의 준용	이 법을 적용함에 있어서 이 법에 규정이 있는 경우를 제외하고는 그 성질에 반하지 아니하는 범위 안에서 「형사소송법」 및 「보호관찰 등에 관한 법률」의 규정을 준용한다.

제6장 벌칙

제36조	벌칙	① 전자장치 부착 업무를 담당하는 자가 정당한 사유 없이 피부착자의 전자장치를 해제하거나 손상한 때에는 1년 이상의 유기징역에 처한다. ② 전자장치 부착 업무를 담당하는 자가 금품을 수수·요구 또는 약속하고 제1항의 죄를 범한 대에는 2년 이상의 유기징역에 처한다. ③ 수신자료를 관리하는 자가 제16조 제2항을 위반한 때에는 1년 이상의 유기징역에 처한다.
제37조	벌칙	① 타인으로 하여금 부착명령을 받게 할 목적으로 공무소 또는 공무원에 대하여 허위의 사실을 신고하거나 「형법」 제152조 제1항의 죄를 범한 때에는 10년 이하의 징역에 처한다. ② 제2장의 부착명령 청구사건에 관하여 피부착명령청구지를 모해할 목적으로 「형법」 제154조·제233조 또는 제234조(허위작성진단서의 행사에 한한다)의 죄를 범한 때에는 10년 이하의 징역 또는 금고에 처한다. 이 경우 10년 이하의 자격정지를 병과한다.
제38조	벌칙	피부착자가 제14조(제27조 및 제31조에 따라 준용되는 경우를 포함한다)를 위반하여 전자장치의 부착기간 중 전자장치를 신체에서 임의로 분리·손상, 전파 방해 또는 수신자료의 변조, 그 밖의 방법으로 그 효용을 해한 때에는 7년 이하의 징역 또는 2천만 원 이하의 벌금에 처한다.
제39조	벌칙	① 피부착자가 제9조의2 제1항 제3호 또는 제4호의 준수사항을 정당한 사유 없이 위반한 때에는 3년 이하의 징역 또는 1천만 원 이하의 벌금에 처한다. ② 피부착자가 제9조의2 제1항 제1호·제2호·제2호의2 또는 제5호의 준수사항을 정당한 사유 없이 위반한 때에는 1천만 원 이하의 벌금에 처한다.

부칙 〈제10257, 2010.4.15〉

제1조	시행일	이 법은 공포 후 3개월이 경과한 날부터 시행한다. 다만, 제2조 제2호 가목, 제5조 제4항, 제9조 제1항·제2항 및 제23조 제1항·제3항의 개정규정은 공포한 날부터 시행한다.
제2조	부착명령 청구에 관한 적용례 및 경과조치	① 제5조 제1항의 개정규정에 따른 부착명령 청구는 이 법 시행 전에 저지른 성폭력범죄에 대하여도 적용한다. 다만, 법률 제9112호 특정 성폭력범죄자에 대한 위치추적 전자장치 부착에 관한 법률 일부 개정법률 부칙 제2조의 개정규정에 따라 부착명령 청구의 대상이 되는 성폭력범죄의 경우에는 적용하지 아니한다. ② 이 법 시행 전에 미성년자 대상 유괴범죄를 저질러 징역형의 실형 이상의 형을 선고받은 사람은 제5조 제2항의 개정규정에 따른 실형 이상의 형을 선고받은 것으로 본다. ③ 제5조 제3항의 개정규정에 따른 부착명령 청구는 이 법 시행 전에 저지른 살인범죄에 대하여도 적용한다. ④ 이 법 시행 전에 살인범죄를 저질러 징역형의 실형 이상의 형을 선고받은 사람은 제5조 제3항의 개정규정에 따른 실형 이상의 형을 선고받은 것으로 본다.
제3조	부착기간에 관한 적용례	제9조 제1항의 개정규정에 따른 보호관찰은 이 법 시행 전에 제9조 제1항에 따른 부착명령이 확정되었거나 부착명령의 집행이 개시된 사람에 대하여도 적용한다.
제4조	보호관찰에 관한 적용례	제9조 제3항의 개정규정에 따른 보호관찰은 이 법 시행 전에 제9조 제1항에 따른 부착명령이 확정되었거나 부착명령의 집행이 개시된 사람에 대하여도 적용한다.
제5조	피부착자의 신고 의무 등에 관한 적용례	① 제14조 제2항의 개정규정에 따른 신고의무는 이 법 시행 전에 제9조 제1항에 다른 부착명령이 확정되었거나 부착명령의 집행이 개시된 사람에 대하여도 적용한다. ② 제14조 제3항의 개정규정에 따른 허가를 받을 의무는 이 법 시행 당시 전자장치 부착명령이 확정되었거나 전자장치를 부착 중인 사람에 대하여도 적용한다.
제6조	부착기간 연장, 준수사항 추가·변경 등에 관한 적용례	① 제14조의2 제1항의 개정규정에 따른 부착기간의 연장이나 준수사항의 추가 또는 변경은 이 법 시행 전에 제9조 제1항에 따른 부착명령이 확정되었거나 부착명령의 집행이 개시된 사람에 대하여도 적용한다. ② 제14조의2 제2항의 개정규정에 따른 준수사항의 추가, 변경 또는 삭제는 이 법 시행 전에 제9조 제1항에 따른 부착명령이 확정되었거나 부착명령의 집행이 개시된 사람에 대하여도 적용한다.
제7조	가석방, 가출소 또는 가종료 시 전자장치 부착에 관한 적용례	제22조 및 제23조의 개정규정에 따른 전자장치 부착은 살인범죄를 저질러 이 법 시행 당시 형의 집행, 보호감호 또는 치료감호 중에 있는 사람에 대하여도 적용한다.
제8조	집행유예 선고 시 전자장치 부착명령에 관한 적용례	제28조는 살인범죄를 저질러 이 법 시행 당시 재판 중인 사람에 대하여도 적용한다.

제20편 가정폭력범죄의 처벌 등에 관한 특례법

[시행 2008. 1.1][법률 제8434호, 2007.5.17, 일부개정]

제1장 총칙

제1조	목적	이 법은 가정폭력범죄의 형사처벌절차에 관한 특례를 정하고 가정폭력범죄를 범한 자에 대하여 환경의 조정과 성행의 교정을 위한 보호처분을 행함으로써 가정폭력범죄로 파괴된 가정의 평화와 안정을 회복하고 건강한 가정을 가꾸며 피해자와 가족구성원의 인권을 보호함을 목적으로 한다. 〈개정 2002.12.18〉
제2조	정의	이 법에서 사용하는 용어의 정의는 다음과 같다. 〈개정 1999.1.21, 2001.1.12〉 1. "가정폭력"이라 함은 가정구성원 사이의 신체적, 정신적 또는 재산상 피해를 수반하는 행위를 말한다. 2. 자기 또는 배우자와 직계존비속 관계(사실상의 양친자관계를 포함한다. 이하 같다)에 있거나 있었던 자 가. 배우자(사실상 혼인관계에 있는 자를 포함한다. 이하 같다) 또는 배우자관계에 있었던 자 나. 자기 또는 배우자와 직계존비속 관계(사실상의 양친자관계를 포함한다. 이하 같다)에 있거나 있었던 자 다. 계부모와 자의 관계 또는 적모와 서자의 관계에 있거나 있었던 자 라. 동거하는 친족관계에 있는 자 3. "가정폭력범죄"라 함은 가정폭력으로서 다음 각 목의 1에 해당하는 죄를 말한다. 가. 형법 제2편 제25장 상해와 폭행의 죄 중 제257조(상해, 존속상해), 제258조(중상해, 존속중상해), 제260조(폭행, 존속폭행) 제1항·제2항, 제261조(특수폭행) 및 제264조(상습범)의 죄 나. 형법 제2편 제28장 유기와 학대의 죄 중 제271조(유기, 존속유기) 제1항·제2항, 제272조(영아유기), 제273조(학대, 존속학대) 및 제274조(아동혹사)의 죄 다. 형법 제2편 제29장 체포와 감금의 죄 중 제276조(체포, 감금, 존속체포, 존속감금), 제277조(중체포, 중감금, 존속중체포, 존속중감금), 제278조(특수체포, 특수감금), 제279조(상습범)(제276조, 제277조의 죄에 한한다) 및 제280조(미수범)(제276조 내지 제279조의 죄에 한한다)의 죄 라. 형법 제2편 제30장 협박의 죄 중 제283조(협박, 존속협박) 제1항·제2항, 제284조(특수협박), 제285조(상습범)(제283조의 죄에 한한다) 및 제286조(미수범)의 죄 마. 형법 제2편 제33장 명예에 관한 죄 중 제307조(명예훼손), 제308조(사자의 명예훼손), 제309조(출판물 등에 의한 명예훼손) 및 제311조(모욕)의 죄 바. 형법 제2편 제36장 주거침입의 죄 중 제321조(주거·신체 수색)의 죄 사. 형법 제2편 제37장 권리행사를 방해하는 죄 중 제324조(강요) 및 제324조의5(미수범)(제324조의 죄에 한한다)의 죄 아. 형법 제2편 제39장 사기와 공갈의 죄 중 제350조(공갈) 및 제352조(미수범)(제350조의 죄에 한한다)의 죄

		자. 형법 제2편 제42장 손괴의 죄 중 제366조(재물손괴 등)의 죄 차. 삭제 〈2007.8.3〉 카. 가목 내지 자목의 죄로서 다른 법률에 의하여 가중처벌되는 죄 4. "가정폭력행위자"라 함은 가정폭력범죄를 범한 자 및 가정구성원인 공범(이하 "행위자"라 한다)을 말한다. 5. "피해자"라 함은 가정폭력범죄로 인하여 직접적으로 피해를 입은 자를 말한다. 6. "가정보호사건"이라 함은 가정폭력범죄로 인하여 이 법에 의한 보호처분의 대상이 되는 사건을 말한다. 7. "보호처분"이라 함은 법원이 가정 보호사건에 대하여 심리를 거쳐 행위자에게 과하는 제40조의 규정에 의한 처분을 말한다. 8. "아동"이라 함은 아동복지법 제2조 제1호에 규정된 자를 말한다.
제3조	다른 법률과의 관계	가정폭력범죄에 대하여는 이 법을 우선 적용한다.

제2장 가정보호사건

제1절 통칙

제4조	신고의무 등	① 누구든지 가정폭력범죄를 알게 된 때에는 이를 수사기관에 신고할 수 있다. ② 다음 각 호의 1에 해당하는 자가 직무를 수행하면서 가정폭력범죄를 알게 된 경우에는 정당한 사유가 없는 한 이를 즉시 수사기관에 신고하여야 한다. 1. 아동의 교육과 보호를 담당하는 기관의 종사자와 그 장 2. 아동, 60세 이상의 노인 기타 정상적인 판단능력이 결여된 자의 치료 등을 담당하는 의료인 및 의료기관의 장 3. 노인복지법에 따른 노인복지시설, 아동복지법에 따른 아동복지시설, 장애인복지법에 따른 장애인 복지시설의 종사자와 그 장 ③ 아동복지법에 따른 아동상담소, 가정폭력방지 및 피해자보호 등에 관한 법률에 따른 가정폭력관련상담소 및 보호시설, 성폭력범죄의 처벌 및 피해자 보호 등에 관한 법률에 따른 성폭력피해상담소 및 보호시설(이하 "상담소 등"이라 한다)에 근무하는 상담원과 그 장은 피해자 또는 피해자의 법정대리인 등과의 상담을 통하여 가정폭력범죄를 알게 된 경우에는 이를 즉시 신고하여야 한다. ④ 누구든지 제1항 내지 제3항의 규정에 의하여 가정폭력범죄를 신고한 자(이하 "신고자"라 한다)에 대하여 그 신고행위를 이유로 불이익을 주어서는 아니 된다.
제5조	가정폭력범죄에 대한 응급조치	진행 중인 가정폭력범죄에 대하여 신고를 받은 사법경찰관리는 즉시 현장에 임하여 다음 각 호의 조치를 취하여야 한다. 〈개정 2002.12.18〉 1. 폭력행위의 제지, 행위자·피해자의 분리 및 범죄수사 2. 피해자의 가정폭력관련상담소 또는 보호시설 인도(피해자의 동의가 있는 경우에 한한다) 3. 긴급치료가 필요한 피해자의 의료기관 인도 4. 폭력행위의 재발시 제8조의 규정에 의하여 임시조치를 신청할 수 있음을 통보

제6조	고소에 관한 특례	① 피해자 또는 그 법정대리인은 행위자를 고소할 수 있다. 피해자의 법정대리인이 행위자인 경우 또는 행위자와 공동하여 가정폭력범죄를 범한 경우에는 피해자의 친족이 고소할 수 있다. ② 피해자는 형사소송법 제224조의 규정에 불구하고 행위자가 자기 또는 배우자의 직계존속인 경우에도 고소할 수 있다. 법정대리인이 고소하는 경우에도 또한 같다. ③ 피해자에게 고소할 법정대리인이나 친족이 없는 경우에 이해관계인의 신청이 있으면 검사는 10일 이내에 고소할 수 있는 자를 지정하여야 한다.
제7조	사법경찰관의 사건송치	사법경찰관은 가정폭력범죄를 신속히 수사하여 사건을 검사에게 송치하여야 한다. 이 경우 사법경찰관은 당해 사건이 가정보호사건으로 처리함이 상당한지 여부에 관한 의견을 제시할 수 있다.
제8조	임시조치의 청구 등	① 검사는 가정폭력범죄가 재발될 우려가 있다고 인정하는 때에는 직권 또는 사법경찰관의 신청에 의하여 법원에 제29조 제1항 제1호, 제2호 또는 제3호의 임시조치를 청구할 수 있다. 〈개정 2007.8.3〉 ② 검사는 행위자가 제1항의 청구에 의하여 결정된 임시조치를 위반하여 가정폭력범죄가 재발될 우려가 있다고 인정하는 때에는 직권 또는 사법경찰관의 신청에 의하여 법원에 제29조 제1항 제5호의 임시조치를 청구할 수 있다. 〈개정 2007.8.3〉 ③ 제1항 및 제2항의 경우 피해자 또는 그 법정대리인은 검사 또는 사법경찰관에게 제1항 및 제2항의 규정에 의한 임시조치의 청구 또는 그 신청을 요청하거나 이에 관하여 의견을 진술할 수 있다. 〈개정 2007.8.3〉 ④ 제3항에 따른 요청을 받은 사법경찰관이 제1항 및 제2항에 따른 임시조치를 신청하지 아니하는 경우에는 검사에게 그 사유를 보고하여야 한다. 〈신설 2007.8.3〉
제9조	가정보호 사건의 처리	① 검사는 가정폭력범죄로서 사건의 성질·동기 및 결과, 행위자의 성행 등을 고려하여 이 법에 의한 보호처분에 처함이 상당하다고 인정할 때에는 가정보호사건으로 처리할 수 있다. 이 경우 검사는 피해자의 의사를 존중하여야 한다. ② 제1항의 규정은 다음 각 호의 경우 이를 적용할 수 있다. 〈신설 2005.1.27〉 1. 피해자의 고소가 있어야 공소를 제기 할 수 있는 가정폭력범죄에서 고소가 없거나 취소된 경우 2. 피해자의 명시한 의사에 반하여 공소를 제기할 수 없는 가정폭력범죄에 피해자가 처벌을 희망하지 아니하는 명시적 의사표시가 있거나 처벌을 희망하는 의사표시가 철회된 경우
제9조 의2	상담조건부 기소유예	검사는 가정폭력사건을 수사한 결과 행위자의 성행교정을 위하여 필요하다고 인정하는 때에는 상담조건부 기소유예를 할 수 있다.
제10조	관할	① 가정보호사건의 관할은 행위자의 행위지·거주지 또는 현재지를 관할하는 가정법원으로 한다. 다만, 가정법원이 설치되지 아니한 지역에 있어서는 해당지역의 지방법원(지원을 포함한다. 이하 같다)으로 한다. ② 가정보호사건의 심리와 결정은 단독판사(이하 "판사"라 한다)가 행한다.
제11조	검사의 송치	① 검사는 제9조의 규정에 의하여 가정보호사건으로 처리하는 경우에는 그 사건을 관할 가정법원 또는 지방법원(이하 "법원"이라 한다)에 송치하여야 한다. ② 검사는 가정폭력범죄와 그 외의 범죄가 경합하는 때에는 가정폭력범죄에 대한 사건만을 분리하여 관할 법원에 송치할 수 있다.
제12조	법원의 송치	법원은 행위자에 대한 피고사건을 심리한 결과 이 법에 의한 보호처분에 처함이 상당하다고 인정하는 때에는 결정으로 사건을 가정보호사건의 관할 법원에 송치할 수 있다. 이 경우 법원은 피해자의 의사를 존중하여야 한다.

제13조	송치 시의 신병처리	① 제11조 제1항 또는 제12조의 규정에 의한 송치결정이 있는 경우 행위자를 구금하고 있는 시설의 장은 검사의 이송 지휘를 받은 때로부터 제10조의 규정에 의한 관할 법원이 있는 시(특별시 및 광역시를 포함한다. 이하 같다)·군에서는 24시간 이내에, 기타 시·군에서는 48시간 이내에 행위자를 관할 법원에 인도하여야 한다. 이 경우 법원은 행위자에 대하여 제29조의 규정에 의한 임시조치 여부를 결정하여야 한다. ② 제1항의 규정에 의한 인도와 결정은 형사소송법 제92조, 제205조 또는 제205조의 구속기간 내에 이루어져야 한다. ③ 구속영장의 효력은 제1항 후단의 규정에 의하여 임시조치 여부를 결정한 때에 상실된 것으로 본다.
제14조	송치서	① 제11조 및 제12조의 규정에 의하여 사건을 가정보호사건으로 송치하는 경우에는 송치서를 보내야 한다. ② 제1항의 송치서에는 행위자의 성명·주소·생년월일·직업·피해자와의 관계 및 행위의 개요와 가정상황을 기재하고 기타 참고자료를 첨부하여야 한다.
제15조	이송	① 가정보호사건을 송치받은 법원은 사건이 그 관할에 속하지 아니하거나 적정한 조사·심리를 위하여 필요하다고 인정한 때에는 결정으로 당해 사건을 즉시 다른 관할 법원에 이송하여야 한다. ② 법원은 제1항 규정에 의한 이송결정을 한 때에는 지체 없이 그 사유를 첨부하여 행위자와 피해자 및 검사에게 통지하여야 한다.
제16조	보호처분의 효력	제40조의 규정에 의한 보호처분이 확정된 때에는 그 행위자에 대하여 동일한 범죄 사실로 다시 공소를 제기할 수 없다. 다만, 제46조의 규정에 의하여 송치된 경우에는 그러하지 아니하다.
제17조	공소시효의 정지와 효력	① 가정폭력범죄에 대한 공소시효는 당해 가정보호사건이 법원에 송치된 때로부터 시효진행이 정지되고 그 사건에 대한 제37조 제1항의 불처분의 결정(제1호 및 제2호의 사유에 의한 결정에 한한다)이 확정된 때 또는 제27조 제2항·제37조 제2항 및 제46조의 규정에 의하여 송치된 때로부터 진행한다. ② 공범의 1인에 대한 제1항의 시효정지는 다른 공범자에 대하여 효력을 미친다.
제18조	비밀엄수 등의 의무	① 가정폭력범죄의 수사 또는 가정보호사건의 조사·심리 및 그 집행을 담당하거나 이에 관여하는 공무원, 보조인 또는 상담소 등에 근무하는 상담원과 그 장 및 제4조 제2항 제1호에 규정된 자(그 직에 있었던 자를 포함한다)는 그 직무상 알게 된 비밀을 누설하여서는 아니 된다. ② 이 법에 의한 가정보호사건에 대하여는 행위자, 피해자, 고소인·고발인 또는 신고인의 주소·성명·연령·직업·용모 기타 이들을 특정하여 파악할 수 있는 인적사항이나 사진 등을 신문 등 출판물에 게재하거나 방송매체를 통하여 방송할 수 없다. ③ 피해자의 보호하에 있는 아동이나 피해자인 아동의 교육 또는 보육을 담당하는 학교의 교직원 또는 보육시설의 종사자는 정당한 사유가 없는 한 해당 아동의 취학·진학·전학 또는 입소(그 변경을 포함한다)의 사실을 행위자인 친권자를 포함하여 누구에게든지 누설하여서는 아니 된다. 〈신설 2002.12.18〉
제18조 의2	형사소송법 의 준용	이 장에서 따라 정하지 아니한 사항에 대하여는 가정보호사건의 성질에 위반되지 아니하는 범위 내에서 형사소송법의 규정을 준용한다.

제2절 조사 · 심리

조	제목	내용
제19조	조사 · 심리의 방향	법원이 가정보호사건을 조사 · 심리함에 있어서는 의학 · 심리학 · 사회학 · 사회복지학 기타 전문적인 지식을 활용하여 행위자 · 피해자 기타 가정구성원의 성행 · 가정상황과 가정폭력범죄의 동기 · 원인 및 실태 등을 밝혀서 이 법의 목적을 달성할 수 있는 적정한 처분이 이루어지도록 노력하여야 한다.
제20조	가정보호사건조사관	① 가정보호사건의 조사 · 심리를 위하여 법원에 가정보호사건조사관(이하 "조사관"이라 한다)을 둔다. ② 조사관의 자격 · 임면 기타 필요한 사항은 대법원규칙으로 정한다.
제21조	조사명령 등	① 판사는 조사관, 그 법원의 소재지 또는 행위자의 주거지를 관할하는 보호관찰소의 장에게 행위자, 피해자 및 가정구성원에 대한 심문이나 그들의 정신 · 심리상태, 가정폭력범죄의 동기 · 원인 및 실태 등의 조사를 명하거나 요구할 수 있다. ② 제1항에 따른 판사의 보호관찰소의 장에 대한 조사요구에 관하여는 「보호관찰 등에 관한 법률」 제19조 제2항 및 제3항을 준용한다.
제22조	전문가의 의견조회	① 법원은 정신과의사 · 심리학자 · 사회학자 · 사회복지학자 기타 관련 전문가에게 행위자 · 피해자 또는 가정구성원의 정신 · 심리상태에 대한 진단소견 및 가정폭력범죄의 원인에 관한 의견을 조회할 수 있다. ② 법원은 가정보호사건을 조사 · 심리함에 있어서 제1항의 규정에 의한 의견조회의 결과를 참작하여야 한다.
제23조	진술거부권의 고지	판사 또는 조사관은 가정보호사건을 조사할 때에 미리 행위자에 대하여 불리한 진술을 거부할 수 있음을 알려야 한다.
제24조	소환 및 동행영장	① 판사는 조사 · 심리에 필요하다고 인정한 때에는 기일을 지정하여 행위자 · 피해자 · 가정구성원 기타 참고인을 소환할 수 있다. ② 판사는 행위자가 정당한 이유없이 제1항의 규정에 의한 소환에 응하지 아니한 때에는 동행영장을 발부할 수 있다.
제25조	긴급동행영장	판사는 행위자가 소환에 응하지 아니할 우려가 있거나 피해자의 보호를 위하여 긴급히 필요하다고 인정하는 경우에는 제24조 제1항의 규정에 의한 소환 없이 동행영장을 발부할 수 있다.
제26조	동행영장의 방식	동행영장에는 행위자의 성명 · 생년월일 · 주거, 행위의 개요, 인치 또는 수용할 장소, 유효기간 및 그 기간 경과 후에는 집행에 착수하지 못하여 영장을 반환하여야 한다는 취지와 발부연월일을 기재하고 판사가 서명 · 날인하여야 한다.
제27조	동행영장의 집행 등	① 동행영장은 조사관이나 법원의 법원서기관 · 법원사무관 · 법원주사 · 법원주사보(이하 "법원공무원"이라 한다) 또는 사법경찰관리로 하여금 이를 집행하게 할 수 있다. ② 법원은 행위자의 소재불명으로 인하여 1년 이상 동행영장을 집행하지 못한 경우 사건을 관할 법원에 대응하는 검찰청 검사에게 송치할 수 있다. ③ 법원은 동행영장을 집행한 때에는 그 사실을 즉시 행위자의 법정대리인 또는 보조인에게 통지하여야 한다.
제28조	보조인	① 행위자는 자신의 가정보호사건에 대하여 보조인을 선임할 수 있다. ② 변호사, 행위자의 법정대리인 · 배우자 · 직계친족 · 형제자매, 상담소등의 상담원과 그 장은 보조인이 될 수 있다. 다만, 변호사가 아닌 자를 보조인으로 선임하고자 할 때에는 법원의 허가를 얻어야 한다. 〈개정 2005.3.31〉

③ 제2항의 규정에 의하여 선임된 변호사가 아닌 보조인은 금품·향응 기타 이익을 받거나 받을 것을 약속하거나 또는 제삼자에게 이를 공여하게 하거나 공여하게 할 것을 약속하여서는 아니 된다.

④ 법원은 행위자가 형사소송법 제33조 각 호의 1에 해당하는 때에는 직권으로 변호사를 행위자의 보조인으로 선임할 수 있다.

⑤ 제4항의 규정에 의하여 선임된 보조인에게 지급하는 비용에 대하여는 형사소송비용 등에 관한법률을 준용한다. 〈개정 1999.12.31〉

제29조 임시조치	

① 판사는 가정보호사건의 원활한 조사·심리 또는 피해자의 보호를 위하여 필요하다고 인정한 때에는 결정으로 행위자에게 다음 각 호의 1에 해당하는 임시조치를 할 수 있다. 〈개정 2006.2.21, 2007.8.3〉

1. 피해자 또는 가정구성원의 주거, 또는 점유하는 방실로부터의 퇴거 등 격리
2. 피해자 또는 가정구성원의 주거, 직장 등에서 100미터 이내의 접근금지
3. 피해자 또는 가정구성원에 대한 「전기통신기본법」 제2조 제1호의 전기통신을 이용한 접근금지
4. 의료기관 기타 요양소에의 위탁
5. 국가경찰관서의 유치장 또는 구치소에의 유치

② 동행영장에 의하여 동행된 행위자 또는 제13조의 규정에 의하여 인도된 행위자에 대하여는 행위자가 법원에 인치된 때로부터 24시간 이내에 제1항의 조치 여부를 결정하여야 한다.

③ 법원은 제1항의 규정에 의한 조치를 결정한 때에는 이를 검사 및 피해자에게 통지하여야 한다. 〈개정 2002.12.18〉

④ 법원은 제1항 제4호 또는 제5호의 조치를 한 때에는 그 사실을 행위자의 보조인이 있는 경우에는 보조인에게, 보조인이 없는 경우에는 법정대리인 또는 행위자가 지정한 자에게 통지하여야 한다. 이 경우 제1항 제5호의 조치를 한 때에 행위자에게 변호사 등 보조인을 선임할 수 있으며 제49조 제1항의 항고를 제기할 수 있음을 고지하여야 한다. 〈개정 2007.8.3〉

⑤ 제1항 제1호부터 제3호까지의 임시조치기간은 2개월, 같은 항 제4호 및 제5호의 임시조치기간은 1개월을 초과할 수 없다. 다만, 피해자의 보호를 위하여 그 기간의 연장이 필요하다고 인정하는 경우에는 결정으로 제1항 제1호부터 제3호까지의 임시조치는 2회에 한하여 같은 항 제4호 및 제5호의 임시조치는 1회에 한하여 각 기간의 범위 내에서 이를 연장할 수 있다. 〈개정 2007.8.3〉

⑥ 제1항 제4호의 위탁을 하는 경우에는 의료기관 등의 장에게 행위자를 보호하는 데 필요한 사항을 부과할 수 있다. 〈개정 2007.8.3〉

⑦ 민간이 운영하는 의료기관등에 대하여 위탁하고자 하는 때에는 제6항의 규정에 의하여 부과할 사항을 그 의료기관등의 장에게 미리 고지하고 동의를 얻어야 한다.

⑧ 판사는 제1항 각호에 규정된 임시조치의 결정을 한 때에는 조사관, 법원공무원, 사법경찰관리 또는 구치소 소속 교정직공무원으로 하여금 이를 집행하게 할 수 있다.

⑨ 행위자, 그 법정대리인이나 보조인은 제1항의 규정에 의한 임시조치결정의 취소 또는 그 종류의 변경을 신청할 수 있다.

⑩ 판사는 직권 또는 제9항의 규정에 의한 신청에 상당한 이유가 있다고 인정하는 때에는 결정으로 당해 임시조치를 취소하거나 그 종류를 변경할 수 있다.

⑪ 제1항 제4호의 위탁의 대상이 되는 의료기관 및 요양소의 기준 기타 필요한 사항은 대법원규칙으로 정한다. 〈개정 2008.8.3〉

제29조의2	임시조치의 집행 등	① 제29조 제8항에 따라 임시조치결정을 집행하는 자는 행위자에게 임시조치의 내용, 불복방법 등을 고지하여야 한다. ② 피해자 또는 가정구성원은 제29조 제1항 제1호 및 제2호의 임시조치 후 주거나 직장 등을 옮긴 때에는 관할 법원에 임시조치결정의 변경을 신청할 수 있다.
제30조	심리기일의 지정	① 판사는 심리기일을 지정하고 행위자를 소환하여야 한다. 이 경우 판사는 가정보호사건의 요지 및 보조인을 선임할 수 있다는 취지를 미리 고지하여야 한다. ② 제1항의 심리기일은 보조인과 피해자에게 통지하여야 한다.
제31조	심리기일의 변경	판사는 직권 또는 행위자나 보조인의 청구에 의하여 심리기일을 변경할 수 있다. 이 경우 변경된 기일을 행위자·피해자 및 보조인에게 통지하여야 한다.
제32조	심리의 비공개	① 판사는 가정보호사건을 심리함에 있어서 사생활보호나 가정의 평화와 안정을 위하여 필요하거나 선량한 풍속을 해할 우려가 있다고 인정할 때에는 결정으로 이를 공개하지 아니할 수 있다. ② 증인으로 소환된 피해자 또는 가정구성원은 사생활보호나 가정의 평화와 안정을 회복을 이유로 하여 판사에 대하여 증인신문의 비공개를 신청할 수 있다. 이 경우 판사는 그 허가 여부와 공개법정외의 장소에서의 신문 등 증인신문의 방식 및 장소에 관하여 결정을 할 수 있다.
제33조	피해자의 진술권 등	① 법원은 피해자의 신청이 있는 경우에는 그 피해자를 증인으로 신문하여야 한다. 다만, 다음 각 호의 1에 해당하는 경우에는 그러하지 아니하다. 1. 신청인이 이미 심리절차에서 충분히 진술하여 다시 진술할 필요가 없다고 인정되는 경우 2. 신청인의 진술로 인하여 심리절차가 현저하게 지연될 우려가 없다고 인정되는 경우 ② 법원은 제1항의 규정에 의하여 피해자를 신문하는 경우에는 당해 가정보호사건에 관한 의견을 진술할 기회를 주어야 한다. ③ 법원은 심리에 있어서 필요하다고 인정한 때에는 피해자 또는 조사관에게 의견을 진술하거나 자료의 제출을 요구할 수 있다. 이 경우 판사는 공정한 의견진술 등을 위하여 필요하다고 인정한 때에는 행위자의 퇴장을 명할 수 있다. ④ 제1항 내지 제3항의 경우 피해자는 변호사, 법정대리인·배우자·직계친족·형제자매, 상담소 등의 상담원 또는 그 장으로 하여금 대리하여 의견을 진술하게 할 수 있다. ⑤ 제1항의 규정에 의한 신청인이 소환을 받고도 정당한 이유 없이 출석하지 아니한 때에는 그 신청을 철회한 것으로 본다.
제34조	증인신문·감정·통역·번역	① 법원은 증인을 신문하고 감정을 명하며 통역 또는 번역을 하게 할 수 있다. ② 형사소송법 중 법원의 증인신문과 감정·통역 및 번역에 관한 규정은 가정보호사건의 성질에 위반되지 아니하는 범위 내에서 제1항의 경우에 이를 준용한다. ③ 증인·감정인·통역인·번역인에게 지급하는 비용·숙박료 기타 비용에 대하여는 형사소송법중 비용에 관한 규정 및 형사소송비용 등에 관한 법률을 준용한다. 〈개정 1999.12.31〉
제35조	검증·압수·수색	① 법원은 검증·압수 및 수색을 할 수 있다. ② 형사소송법 중 법원의 검증·압수 및 수색에 관한 규정은 가정보호사건의 성질에 위반하지 아니하는 범위 내에서 제1항의 경우에 이를 준용한다.
제36조	협조·원조	① 법원은 가정보호사건의 조사·심리에 필요한 경우 관계 행정기관, 상담소등 또는 의료기관 기타 단체에 대하여 협조와 원조를 요청할 수 있다. ② 제1항의 요청을 받은 관계 행정기관, 상담소등 또는 의료기관 기타 단체가 그 요청을 거부할 때에는 정당한 이유를 제시하여야 한다.

제37조	불처분의 결정	① 판사는 가정보호사건을 심리한 결과 다음 각 호의 1에 해당하는 때에는 처분을 하지 아니한다는 결정을 하여야 한다. 1. 삭제 〈2005.1.27〉 2. 보호처분을 할 수 없거나 할 필요가 없다고 인정한 때 3. 사건의 성질·동기 및 결과, 행위자의 성행·습벽 등에 비추어 가정보호사건으로 처리함이 적당하지 아니하다고 인정한 때 ② 법원은 제1항 제3호의 사유에 의하여 불처분의 결정을 한 때에는 다음 각 호의 구분에 따라 처리하여야 한다. 〈개정 2002.12.18〉 1. 제11조의 규정에 의하여 검사가 송치한 사건인 경우에는 관할 법원에 대응하는 검찰청의 검사에게 송치 2. 제12조의 규정에 의하여 법원이 송치한 사건인 경우에는 송치한 법원에 이송 ③ 제1항의 규정에 의한 결정을 한 때에는 이를 행위자, 피해자 및 검사에게 통지 하여야 한다.
제38조	처분의 기간 등	가정보호사건에 대하여는 다른 쟁송에 우선하여 신속히 처리하여야 한다. 이 경우 처분의 결정은 특별한 사유가 없는 한 송치받은 날부터 3월 이내에, 이송받은 경우 에는 이송받은 날부터 3월 이내에 하여야 한다.
제39조	위임규정	가정보호사건의 조사·심리에 관하여 필요한 사항은 대법원규칙으로 정한다.

제3절 보호처분

제40조	보호처 분의 결정 등	① 판사는 심리의 결과 보호처분이 필요하다고 인정한 때에는 결정으로 다음 각 호의 1에 해당하는 처분을 할 수 있다. 〈개정 2007.8.3〉 1. 행위자가 피해자 또는 가정구성원에게 접근하는 행위의 제한 2. 행위자가 피해자 또는 가정구성원에게 「전기통신기본법」 제2조 제1호의 전기통신 을 이용하여 접근하는 행위의 제한 3. 친권자인 행위자의 피해자에 대한 친권행사의 제한 4. 보호관찰 등에 관한 법률에 의한 사회봉사·수강명령 5. 보호관찰 등에 관한 법률에 의한 보호관찰 6. 가정폭력방지 및 피해자보호 등에 관한 법률이 정하는 보호시설에의 감호위탁 7. 의료기관에의 치료위탁 8. 상담소 등에의 상담위탁 ② 제1항 각호의 처분은 이를 병과할 수 있다. ③ 제1항 제3호의 처분을 하는 경우에는 피해자를 다른 친권자나 친족 또는 적당한 시설로 인도할 수 있다. 〈개정 2008.8.3〉 ④ 법원은 보호처분의 결정을 한 때에는 지체 없이 그 사실을 검사, 행위자, 피해자, 보 호관찰관 및 보호처분을 위탁받아 행하는 보호시설, 의료기관 또는 상담소등(이하 "수탁기관"이라 한다)의 장에게 통지하여야 한다. 다만, 수탁기관이 민간에 의하여 운영되는 기관인 경우에는 그 기관의 장으로부터 수탁에 대한 동의를 얻어야 한다. ⑤ 제1항 제4호부터 제8호까지의 처분을 한 때에는 행위자의 교정에 필요한 참고자료 를 보호관찰관 또는 수탁기관의 장에게 송부하여야 한다. 〈개정 2007.8.3〉 ⑥ 제1항 제6호의 감호위탁기관은 행위자에 대하여 그 성행의 교정을 위한 교육을 실 시하여야 한다. 〈신설 2007.8.3〉

제41조	보호처분의 기간	제40조 제1항 제1호부터 제3호까지 및 제5호부터 제8호까지의 보호처분의 기간은 6개월을 초과할 수 없으며, 같은 항 제4호의 사회봉사·수강명령의 시간은 200시간을 각각 초과할 수 없다.
제42조	몰수	판사는 보호처분을 하는 경우에 결정으로 가정폭력범죄에 제공하거나 제공하려고 한 물건으로서 행위자외의 자의 소유에 속하지 아니하는 물건을 몰수할 수 있다.
제43조	보호처분결정의 집행	① 법원은 조사관, 법원공무원, 사법경찰관리, 보호관찰관 또는 수탁기관소속 직원으로 하여금 보호처분의 결정을 집행하게 할 수 있다. ② 보호처분의 집행에 있어 이 법에서 정하지 아니한 사항에 대하여는 가정보호사건의 성질에 위반되지 아니하는 범위 내에서 형사소송법, 보호관찰 등에 관한 법률 및 정신보건법을 준용한다.
제44조	보고와 의견제출 등	법원은 제40조 제1항 제4호부터 제8호까지의 보호처분을 결정한 대에는 보호관찰관 또는 수탁기관의 장에 대하여 행위자에 관한 보고서 또는 의견서의 제출을 요구할 수 있고, 그 집행에 대하여 필요한 지시를 할 수 있다. 〈개정 2007.8.3〉
제45조	보호처분의 변경	① 법원은 보호처분이 진행되는 동안 필요하다고 인정하는 때에는 직권, 검사·보호관찰관 또는 수탁기관의 장의 청구에 따라 결정으로 1회에 한하여 보호처분의 종류와 기간을 변경할 수 있다. 〈개정 2002.12.18〉 ② 제1항의 규정에 의하여 보호처분의 종류와 기간을 변경하는 경우 종전의 처분기간을 합산하여 제40조 제1항 제1호부터 제3호까지 및 제5호부터 제8호까지의 보호처분의 기간은 1년을, 같은 항 제4호의 사회봉사·수강명령의 시간은 400시간을 각각 초과할 수 없다. 〈개정 2007.8.3〉 ③ 제1항의 처분변경의 결정이 있는 때에는 지체 없이 그 사실을 검사, 행위자, 법정대리인, 보조인, 피해자, 보호관찰관 및 수탁기관에 통지하여야 한다. 〈개정 2002.12.18〉
제46조	보호처분의 취소	법원은 보호처분을 받은 행위자나 제40조 제1항 제4호부터 제8호까지의 보호처분의 결정을 이행하지 아니하거나 그 집행에 따르지 아니하는 때에는 직권, 검사·피해자·보호관찰관 또는 수탁기관의 장의 청구에 의하여 결정으로 그 보호처분을 취소하고 다음 각 호의 구분에 따라 처리하여야 한다. 〈개정 2007.8.3〉 1. 제11조의 규정에 의하여 검사가 송치한 사건인 경우에는 관할 법원에 대응하는 검찰청의 검사에게 송치 2. 제12조의 규정에 의하여 법원이 송치한 사건인 경우에는 송치한 법원에 이송
제47조	보호처분의 종료	법원은 행위자의 성행이 교정되어 정상적인 가정생활이 유지될 수 있다고 판단되거나 기타 보호처분을 계속할 필요가 없다고 인정한 때에는 직권, 검사·피해자·보호관찰관 또는 수탁기관의 장의 청구에 의하여 결정으로 보호처분의 전부 또는 일부를 종료할 수 있다. 〈개정 2002.12.18〉
제48조	비용의 부담	① 제29조 제1항 제4호의 위탁결정 또는 제40조 제1항 제7호 및 제8호의 보호처분을 받은 행위자는 위탁 또는 보호처분에 필요한 비용을 부담한다. 다만, 행위자가 지급할 능력이 없는 때에는 국가가 이를 부담할 수 있다. 〈개정 2007.8.3〉 ② 판사는 행위자에 대하여 제1항 본문의 규정에 의한 비용의 예납을 명할 수 있다. ③ 제1항의 규정에 의하여 행위자가 부담할 비용의 계산, 청구 및 지급절차 기타 필요한 사항은 대법원규칙으로 정한다.

제4절 항고와 재항고

제49조	항고	① 제8조 또는 제29조의 규정에 의한 임시조치(연장 또는 변경의 결정을 포함한다. 이하 같다), 제40조의 보호처분, 제45조의 보호처분의 변경 및 제46조의 보호처분의 취소에 있어서 그 결정에 영향을 미칠 법령위반이 있거나 중대한 사실오인이 있는 때 또는 그 결정이 현저히 부당한 때에는 검사, 행위자, 법정대리인 또는 보조인은 가정법원본원합의부에 항고할 수 있다. 다만, 가정법원이 설치되지 아니한 지역에서는 지방법원본원합의부에 하여야 한다. 〈개정 2002.12.18〉 ② 법원이 제37조의 규정에 의하여 불처분의 결정을 한 경우 그 결정이 현저히 부당한 때에는 검사, 피해자 또는 그 법정대리인은 항고할 수 있다. 이 경우 항고법원에 관하여는 제1항의 규정을 준용한다. 〈개정 2002.12.18〉 ③ 항고의 제기기간은 그 결정을 고지받은 날부터 7일로 한다.
제50조	항고장의 제출	① 항고를 함에 있어서는 항고장을 원심 법원에 제출하여야 한다. ② 항고장을 제출받은 법원은 3일 이내에 의견서를 첨부하여 기록을 항고법원에 송부하여야 한다.
제51조	항고의 재판	① 항고법원은 항고의 절차가 법률에 위반되거나 항고가 이유 없다고 인정한 때에는 결정으로 항고를 기각하여야 한다. ② 항고법원은 항고가 이유 있다고 인정한 때에는 원결정을 취소하고 사건을 원심법원에 환송하거나 다른 관할 법원에 이송하여야 한다. 이 경우 환송 또는 이송하기에 급박하거나 기타 필요하다고 인정 한 때에는 원결정을 파기하고 스스로 상당한 임시조치, 불처분 또는 보호처분의 결정을 할 수 있다.
제52조	재항고	① 항고의 기각 결정에 대하여는 그 결정이 법령에 위반된 때에 한하여 대법원에 재항고를 할 수 있다. ② 제49조 제3항의 규정은 제1항의 재항고에 이를 준용한다.
제53조	집행의 부정지	항고와 재항고는 결정의 집행을 정지하는 효력이 없다.
제54조	종결된 사건 기록 등의 송부	법원은 가정보호사건이 종결된 때에는 지체 없이 사건기록과 결정서를 대응하는 검찰청 검사에게 송부하여야 한다.
제55조	삭제	〈2007.8.3〉

제3장 민사처리에 관한 특례

제56조	배상신청	① 피해자는 가정보호사건이 계속된 제1심 법원에 제57조의 배상명령을 신청할 수 있다. 이 경우 인지의 첨부는 요하지 아니한다. ② 「소송촉진 등에 관한 특례법」 제26조 제2항 내지 제8항은 제1항의 경우 이를 준용한다.

제57조	배상명령	① 법원은 제1심의 가정보호사건 심리절차에서 보호처분을 선고할 경우 직권 또는 피해자의 신청에 의하여 다음 각 호의 금전지급이나 배상(이하 "배상"이라 한다)을 명할 수 있다. 1. 피해자 또는 가정구성원의 부양에 필요한 금전의 지급 2. 가정보호사건으로 인하여 발생한 직접적인 물적 피해 및 치료비손해의 배상 ② 법원은 가정보호사건에 있어서 행위자와 피해자 사이에 합의된 배상액에 관하여도 제1항의 규정에 따라 배상을 명할 수 있다. ③ 「소송촉진 등에 관한 특례법」 제25조 제3항(제2호의 경우를 제외한다)은 제1항의 경우 이를 준용한다.
제58조	배상명령 의 선고	① 배상명령은 보호처분의 결정과 동시에 하여야 한다. ② 배상명령은 일정액의 금전지급을 명함으로써 하고 배상의 대상과 금액을 보호처분결정서의 주문에 표시하여야 한다. 이 경우 배상명령의 이유는 특히 필요하다고 인정되는 경우가 아니면 이를 기재하지 아니할 수 있다. ③ 배상명령은 가집행할 수 있음을 선고할 수 있다. ④ 「민사소송법」 제213조 제3항·제215조·제500조 및 제501조의 규정은 제3항의 경우에 이를 준용한다. 〈개정 2002.1.26〉 ⑤ 배상명령을 한 때에는 보호처분결정서의 정본을 행위자 및 피해자에게 지체 없이 송달하여야 한다.
제59조	신청의 각하	① 배상신청이 부적법한 때 또는 그 신청이 이유 없거나 배상명령을 함이 상당하지 아니하다고 인정될 때에는 결정으로 이를 각하하여야 한다. ② 보호처분의 결정과 동시에 제1항의 재판을 할 때에는 이를 보호처분결정서의 주문에 표시할 수 있다. ③ 신청을 각하하거나 그 일부를 인용한 재판에 대하여 신청인은 불복을 신청하지 못하며 다시 동일한 배상신청을 할 수 없다.
제60조	불복	① 보호처분에 대한 항고제기가 있는 때에는 배상명령은 가정보호사건과 함께 항고심에 이심된다. 보호처분에 대한 재항고가 있는 경우에도 또한 같다. ② 항고심에 제1심 결정을 유지하는 경우에도 배상명령에 대하여는 이를 취소·변경할 수 있다. ③ 행위자는 보호처분결정에 대하여 항고를 제기함이 없이 배상명령에 대하여만 항고할 수 있다. 이 경우 항고는 7일 이내에 제기하여야 한다. ④ 제3항의 규정에 의한 항고의 기각결정에 대하여는 그 결정이 법령에 위반된 때에 한하여 대법원에 7일 이내에 재항고할 수 있다. 제1항 전단의 규정에 의한 항고심결정에 대하여 배상명령에 대하여만 재항고하는 경우에도 또한 같다. ⑤ 제1항, 제3항 및 제4항에 의한 항고와 재항고는 배상명령의 집행을 정지하는 효력이 없다.
제61조	배상 명령의 효력과 강제집행	① 확정된 배상명령 또는 가집행선고 있는 배상명령이 기재된 보호처분결정서의 정본은 민사집행법에 의한 강제집행에 관하여는 집행력 있는 민사판결 정보과 동일한 효력이 있다. 〈개정 2002.1.26〉 ② 이 법에 의한 배상명령이 확정된 때에는 그 인용금액의 범위 안에서 피해자는 다른 절차에 의한 손해배상을 청구할 수 없다.
제62조	다른 법률의 준용	이 장에서 정하지 아니한 사항에 대하여는 「소송촉진 등에 관한 특례법」과 「민사소송법」의 관련 규정(「민사소송법」 제162조 제2항을 제외한다)을 준용한다. 〈개정 2007.5.17〉

제4장 벌칙

제63조	보호 처분의 불이행죄	제40조 제1항 제1호, 제2호 또는 제3호의 보호처분이 확정된 후에 이를 이행하지 아니한 행위자는 2년 이하의 징역이나 2천만 원 이하의 벌금 또는 구류에 처한다. 〈개정 2007.8.3〉
제64조	비밀 엄수 등 의무의 위반죄	① 제18조 제1항의 규정에 의한 비밀엄수의무를 위반한 보조인(변호사를 제외한다), 상담소 등의 상담원 또는 그 장(그 직에 있었던 자를 포함한다)은 1년 이하 징역이나 2년 이하 자격정지 또는 1천만 원 이하의 벌금에 처한다. ② 제18조 제2항의 보도금지의무를 위반한 신문의 편집인, 발행인 또는 그 종사자, 방송사의 편집책임자, 그 장 또는 종사자 기타 출판물의 저작자와 발행인은 500만 원 이하의 벌금에 처한다.
제65조	과태료	다음 각 호의 1에 해당하는 자는 500만 원 이하의 과태료에 처한다. 〈개정 2007.8.3〉 1. 정당한 사유 없이 제24조 제1항의 규정에 의한 소환에 불응한 자 2. 정당한 사유 없이 제44조의 규정에 의한 보고서 또는 의견서의 제출요구에 불응한 자 3. 정당한 사유 없이 검사나 법원이 가정보호사건으로 송치한 제9조 또는 제12조의 규정에 의한 가정보호사건으로서 제40조 제1항 제4호부터 제8호까지의 보호처분이 확정된 후 이를 이행하지 아니하거나 집행에 따르지 아니한 자

참고문헌

1. 국내문헌

1) 단행본

강맹진, 범죄수사론, 대왕사, 2011.
______, 현대사회의 범죄, 대왕사, 2011.
강맹진 · 장세석, 논점교정학, 패스앤패스, 2004.
강희숙 · 강병우 · 김정선 · 강은정 · 김정희, 보건의료사회학, 신광출판사, 2011.
강희숙 · 김상곤 · 이재호 · 길귀숙 · 천덕희, 사회복지실천론, 양서원, 2010.
공정식, 교정학개론, 웅진패스원, 2009.
권인천, 사회복지학개론, 서원각, 2010.
경찰청, 경찰백서, 2009.
인권위, 유치장 시설환경 인권실태 조사보고서, 2003.
김남순, 상담심리학의 이해, 교육과학사, 2001.
김남식, 헌법학강의, 유스티니우뉴스, 2001.
김만수, 현대사회복지총론, 홍익제, 1990.
김봉순 · 김향선 · 오정옥 · 김현호 · 박영국, 사회복지실천론, 창지사, 2010.
김상균, 범죄학개론, 청목출판사, 2010.
김용우 · 최재천, 형사정책, 박영사, 1998.
김용준, 교정법학, 박영사, 2001.
______, 교정학, 고시원, 2001.
김재중, 형벌제도 개선방안, 한국학술정보(주), 2008.
______, 형사재판론, 진원사, 2010.
김정헌, 복지정책, 대명출판사, 2002.
김철수, 헌법학개론, 박영사, 1997.
______, 헌법학신론, 박영사, 2001.
김태계, 경제형법강의, 경상대출판사, 2009.
김형태, 상담의 이론과 실제, 동문사, 2000.
김화수, 교정총론, 시사법률, 1991.
______, 행형법학, 동민출판사, 1991.
남세진, 집단지도 방법론, 서울대 출판부, 1990.
미셀 푸고(김부용 역), 광기의 역사, 도서출판 인간사랑, 2011.
박동서, 한국행정론, 법문사, 1998.
박상기 · 손동권 · 이순래, 형사정책, 형사정책연구원, 1990.
박재윤, 수형자의 권리와 권리구제제도, 국민대출판부, 1996.
박용치, 행정학연습, 고려원, 1987.
배종대, 형사정책, 홍문사, 2009.

배종대 · 정승환, 행형학, 홍문사, 2006.

백완기, 한국행정학의 제 문제, 나남, 1996.

법무부, 교정현장상담, 2002

_____, 교화활동 어떻게 할 것인가?, 2000.

_____, 외국의 교정제도, 1996.

변동윤, 교정공무원과 스트레스, 삼화문화사, 1999.

송광섭, 범죄학과 형사정책, 유스티니아뉴스, 1998.

신진규, 범죄학 겸 형사정책, 법문사, 1995.

신왕식, 새행형학, 법조문화사, 1988

유종해, 현대행정학, 박영사, 2001.

윤홍섭, 환경심리학, 도서출판 성원사, 1995.

이경식, 메카교정학, 한국교육문화원, 2008.

이광노, 건축계획, 문운당, 2005.

_____, 건축계획과 설계강론, 대우출판사, 2008,

이광종, 행정책임론, 대영문화사, 1991.

이민규, 현대생활의 적응과 정신건강, 교육과학사, 2001.

이보영, 형사정책, 제일법규, 1997.

이상돈, 법이론, 법문사, 1996.

이수성, 형사정책, 방송대, 1998.

이순길, 교도소 사람들, 찬섬, 2003.

이승호, 한국 감옥의 현실, 사람생각, 1998.

이언담 · 최은하, 아담교정관계법령, 가람북스, 2011.

이원희, 열린행정학, 고시연구사, 2002.

이윤호, 교정학, 법률행정 연구원, 2000.

_____, 범죄학, 박영사, 2010.

_____, 형사정책, 박문각, 1999.

_____, 교정학개론, 박영사, 2002.

이윤호 · 공정식, 분류처우론-교도소의 범죄심리, 동현출판사, 2000.

이적, 민통선예수(상), 아이디어북스, 2008.

___, 청송감호소 죽음의 그림자, 전예원, 1988.

이정찬, 한국행형사, 선민출판사, 1984.

이종갑 · 천정환, (신판)교정학, 대왕사, 2006.

이창무, 패러독스 범죄학, 메디치미디어, 2009.

이훈구, 사회심리학, 법문사, 1999.

장세석, 테마형사정책, 도서출판한뫼, 2000.

_____, 범죄심리학, 한국민간조사교육원, 1999.

_____, 지문감식학, 한국민간조사교육원, 1999.

_____, 에바페론 에비타,도서출판 책과선택(번역서), 1990

장세석 · 고광도, 교정학개론, 서울고시각, 2008.

장세석 · 박상규, 포커스경찰학개론, 서울고시각, 2007.

장세석 · 이수환 · 김동완 · 남재우, 부동산 공법, 서울고시각, 2003.

장세석, 형사정책, 한국고시회, 2005.

______, 경찰수사1, 한국고시회, 2004.

______, 범죄학, 한국경비지도사협회, 2003.

______, 범죄학, 한국고시회, 2004.

______, 교정학, 도서출판 패스앤패스, 2003.

______, 어낼러시스형법, 고시연구원, 2002.

______, 어낼러시스형사소송법, 고시연구원, 2002.

______, 고시형사정책, 고시연구원, 2002.

______, 시스템형법, 고시연구원, 2001.

______, 시스템형사소송법, 고시연구원, 2001.

______, 시스템교정학, 고시연구원, 2001.

______, 시스템농축형사정책, 고시연구원, 2000.

______, 경찰학개론, 도서출판 한뫼, 2000.

______, 경찰관계법령, 도서출판 한뫼, 2000.

전수영, 교정제도개선과 민간참여방안, 한국학술정보(주), 2009.

정갑섭, 교정학, 을지서적, 1990.

______, 교정심리학, 경기도서, 1995.

______, 최신교정학, 경기도사, 1995.

정영석 · 신양균, 형사정책, 법문사, 1996.

정희철, 헌법, 한울출판사, 2002.

지광준, 형사정책, 경인, 1998.

진계호, 형사정책, 대왕사, 2002.

천정환, 신교정학, 한국고시회, 2004.

______, 신판교정학, 대왕사, 2006.

천정환 · 장세석, 교정학개론, 교육개발연구원, 2006.

최옥채, 교정복지론, 아시아미디어리서치, 2001.

최종고, 한국법사상사, 서울대학교출판부, 2001.

최창호, 지방자치학, 삼영사, 2002.

한영수, 행형과 형사사법, 세창출판사, 2000.

허경미, 현대사회와 범죄학, 박영사, 2009.

허영, 한국헌법론, 박영사, 2010.

허주욱, 교정보호학, 박영사, 2010.

2) 국내논문

강맹진, "미국의 지역사회경찰활동 프로그램 운용 사례": 캘리포니아 주 산마테오 카운티를 중심으로, 한국콘텐츠학회논문지 제10권 제2호(2010년 2월), 한국콘텐츠학회, 2010.

강희숙, "가정폭력쉼터 퇴소여성의 가정 복귀 성공 경험", 한국가족복지학 제14권 제1호, 한국가족복지학회, 2009.

강희숙 · 이진헌, "쉼터 거주 가정폭력피해여성의 사티어집단 프로그램의 효과성", 예술심리치료연구 제6권 제3호, 한국예술심리치료학회, 2010.

강희숙 · 이진헌, "자기성장프로그램이 대학생의 자아존중감과 자기지각에 미치는 효과", 청소년복지연구 제11권 제2호, 한국청소년복지학회, 2009.

고동민, "경비교도의 관리방안", 교정, 2002. 3.

곽병선, "보호관찰제도의 현황과 문제점 및 개선방안", 법학연구 제7집, 한국법학회, 2001,

금용명, "일본 감옥법 개정의 연혁과 '형사수용시설 및 피수용자 처우 등에 관한 법률'의 개요 및 그 과제", 교정 제52권 제6호(통권 제386호), 교정협회, 2008.

권태정, "이스라엘의 교정제도", 교정 1991. 5.

권혁무, "지역사회교정의 이론과 효율성 제고방안", 한국행정과 정책연구 제2권 2호, 강원행정학회, 2004,

금용명, "일본교정연구소 고등과 연수기", 교정 2000. 7.

김동수, "우리나라 수형인을 위한 교정복지의 개선방안에 관한 연구", 대전대학교 석사학위논문, 2007,

김병주, "독일 중부지역 헷센(Hessen)주(Land)의 교정", 교정, 1997. 4.

김병주, "미국의 사회복지이념의 전개", 교정교화 제22호, 교정교화사업연구소, 1989.

김봉순・안우상, "노인장기요양보험의 현황과 과제", 영상大논문집 제14집(2007년), 공주영상대학, 2007.

김성화, "중국여성수형자 교정사업에 대한 신방법론연구", 교정연구 제18호, 2003.

김영남, "호주의 교정제도", 교정, 1995. 5.

김용준, "구미선진교정제도", 교정, 1997. 6.

김용준, "행형법개정에 관한 연구", 한양대 박사학위논문, 1996.

김재중, "형벌의 다양화를 통한 형벌제도 개선방안", 충북대학교, 박사학위논문, 2004.

김종운, "교정상담의 이론과 실제", 2011 춘계워크숍, 한국교정상담학회, 2011.

김중기, "영국의 교정제도", 교정, 1998. 4.

김진혁, "교정사고의 대응방안에 관한 연구", 법학연구 제26집, 한국법학회, 2007.

김태계, "기초질서관련 법률개정을 통한 법적 실효성 확보방안", 한양법학회 춘계 학술대회, 2008.

김택, "공무원 윤리의 책임과 가치, 윤리적 딜레마", 한국부패학회보, 제15권 제3호(2010. 9.), 한국부패학회, 2010.

김차동, "공정거래법상 양벌규정 개선방안에 관한 검토" -헌법재판소 2007. 11. 29, 2005헌가10 결정을 중심으로-, 경제법연구 제9권 제1호, 한국경제법학회, 2010.

김학봉, "영국 교정의 보건 서비스", 교정, 2002. 6.

김학태, "범죄와 형벌에 관한 형벌 이론적 고찰", 외법논집(제9집), 외대출판사, 2000.

김혜경, "과밀수용의 해소방안에 관한 연구", 경기大 석사학위 논문, 2002.

김화수, "구미선진교정제도", 교정, 1997. 5.

김효정, "문화적인 교정시설 조성방안 연구", 한국문화관광정책연구원, 2004.

강동범, "형법개정과 형사제재제도의 개선방안" -재산형의 문제와 개선방향 - 벌금형을 중심으로-, 형사정책 제5권, 한국형사정책학회, 1990.

나상수, "필리핀 교정시찰기", 교정, 2001. 12.

나상수, "홍콩 교정시찰기", 교정, 2001. 12

남상철, "개방처우의 방안", 교정연구, 2002. 7.

______, "교정의 역사적 궤적과 발전적 전망에 관한 연구", 경기대학교 박사학위논문, 1998.

도중진・원혜욱, "보호관찰단계에서 회복적 사법이념의 실천방안", 연구총서, 한국형사정책연구원, 2006.

라도삼, "가상공간에 대한 국가 권력" -욕망론적 접근: 들뢰즈(Z. Deleze)・가타리(F. Guattari)의 욕망과 코드화이론을 중심으로-, 1998 봄철학술대회, 한국언론학회, 1998.

모선희, "초고령사회 농촌노인의 안전관리에 관한 고찰", 한국지역사회생활과학회 2010년도 추계학술대회 및 심포지엄, 한국지역사회생활과학회, 2010.

모선희・강신옥, "노인인력활용 프로그램에 관한 한・일 비교연구" -시니어클럽과 실버인재센터를 중심으로-, 노인복지연구 제38권, 한국노인복지학회, 2007.

모선희 · 김동선, "국가인권위원회 판정 사례를 통해 살펴본 고용상 연령차별의 요인탐구", 노인복지연구 제51권, 한국노인복지학회, 2011.

문영삼, "교정시설의 거주공간 계획에 관한 연구", 홍익대학교 박사학위논문, 2006.

박기석, "수형자의 기본권 보장과 특별예방", 한국법정책학회, 법과 정책연구(제8집), 2008.

박상식, "교정공무원의 설문조사를 통한 교정의 발전방향에 관한 연구", 한국교정학회, 교정연구(제30호), 2006.

______, "성폭력범죄의 공소시효 연장 · 배제에 대한 고찰", 법학연구 제18집 제1호(2010년 4월) 경상대학교 법학연구소, 2010.

______, "회복적 사법에 관한 연구", 경상대학교 박사학위논문, 2004.

박양빈, "교정처우의 개선책", 교정, 1994. 2.

박병용, "외국의 민영교도소 시찰기", 교정, 2001. 10.

박성근, "영국의 교정제도", 교정, 1989. 12.

박영규, "전자감시제도와 가택구금연구", 교정연구 제12호, 2001.

박은정, "형사정책에 있어서 최근동향과 수형자의 사회복귀 문제", 사법행정 219호(20권 3호), 1979.

박재윤, "수형자의 권리와 권리구제제도", 국민대출판부, 1996.

박현조, "경비교도대 관리방안", 교정, 1991. 2.

변동윤, "대만의 교정", 교정, 1988. 7.

변동윤, "태국의 교정", 교정, 1988. 2.

서보학, "벌금형제도 소고": 비판과 입법론적 대안, 형사정책 제10호, 한국형사정책학회, 1998.

손용주, "싱가포르 교정 연수기", 교정, 2001. 11.

송경효, "종교교육효과가 교화에 미치는 영향에 관한 연구", 교정, 2002. 12.

신양균, "현행 수형자 분류 제도에 관한 검토", 교정연구 제3호, 한국교정학회, 1993.

신진규, "범죄의 원인과 대책의 기본이론" 法大論叢 제19집, 경북대출판사, 1981.

심영희, "재소자의 생활실태 및 의식에 관한 연구", 1992년 3권 4호(통권 12호), 한국형사정책연구원, 1992.

이창호, "최근 국가보안법 남용사례와 형사법적 대응", 민주법학 제43권, 민주주의법학연구회, 2010.

전정주, "교정발전의 전제조건으로서의 과밀수용해소에 관한 연구", **교정연구** 제29호, 한국교정학회, 2005.

정진수 · 박양빈 · 이윤호 · 임재표 · 김종정 · 홍남식 · 이종택, "21세기 교정비전과 처우의 선진화방안", 연구총서, 한국형사정책연구원, 2003.

정진연, "수형자의 인권에 관한 문제와 법적 구제", 오선주 정년기념『한국형사법학의 새로운 지평』, 도서출판 형설, 2001.

양봉태, "구미교정제도", 교정, 1995. 10.

______, "구미교정제도", 교정, 1995. 11.

______, "구미교정제도", 교정, 1995. 09.

양화식, "행형법상수용자 접견", 교정, 제13호, 2001.

______, 개정 행형법(제7차 개정)에 대한 비판적 검토, 교정연구 제11호, 2001.

오광운, "미국텍사스 교정 연수기", 교정, 2003. 2.

오쇼(윤구용 역), 느껴라 논리를 넘어선 깨달음, 소담출판사, 2007.

연성진, "교도소의 과밀수용 해소방안", 범죄방지포럼 통권 제23호, 한국범죄방지재단, 2008.

유혜정, "수용자 의료권 보장을 위한 심포지엄", 인권운동사랑방, 2002. 4. 24.

윤재권, "홍콩, 태국, 교정시찰기" 교정, 2000. 1.

이기현, "형법 및 형사특별법상 유사처벌조항 정비방안", 형사정책연구 6권 3호(통권 제23호), 한국형사정책연구원, 1995.

이민아, "노인요양시설 활동공간의 구성유형과 형태별 위계적 특성 연구", 한국가정관리학회지 제26권 제5호(통권 제95호), 한국가정관리학회, 2008.

이백철, "세계교정이념의 흐름과 한국교정", **교정연구**(제21호), 한국교정학회, 2003.

______, "철학적 범죄학의 정착을 위한 시론": 교정학의 지향점, 교정연구 제41호, 한국교정학회, 2009.

이상국, "독일과 교정시설 참관기", 교정, 2000. 7.

이성우, "독일 교정시설 시찰기", 교정, 2000. 12.

이순길, "교정환경변화와 미래대응전략", 교정, 2002. 10.

이승호, "보안처분에 관한 이데올로기 비판", 충북大 법학연구, 제7권, 1995.

이용배, "미국의 교정제도", 교정 1996. 4.

이정규, "영국의 행형법", 교정, 1992. 4.

이정찬, "내 인생 교도소와 함께", 한국교정선교회, 1997.

이주희, "단기자유형의 대체수단", 한양법학 제21집, 한양법학회, 2007.

이화자, "비폭력대화, 경찰(교정)상담을 위한 심화교육", 한국상담전문가연합회, 2011.

이현림·강화자, "가정폭력 재발방지를 위한 행위자 교정집단상담이 가해자의 폭력행동, 공격성 및 자아존중감에 미치는 효과", 한국심리학회지: 여성 제13권 제2호(2008년 6월) 한국여성심리학회, 2008.

이흥진, "무예전공 청소년의 무예수련정도와 자기효능감 수준이 진로결정유형에 미치는 영향 분석", 명지대학교 박사학위논문, 2006.

임웅, "누범에 관한 연구", 형사정책연구 제3권 제1호, 한국형사정책연구원, 1992.

장노순·남재성, "한국적 신(新)안보 패러다임과 보안경찰의 역할", 한국경찰연구 제8권 제2호, 한국경찰연구학회, 2009.

장세석, "미비행청소년에 관한 고찰", 국제경호협회, 제5차 정기학술발표회, 2006.

______, "사회보호법상 보호감호에 관한 연구", 연세대학교 석사학위논문, 1995.

______, "성폭력범죄에 관한 고찰", 교정복지연구 제1호, 한국교정복지학회, 2005.

______, "통합범죄론에 관한 연구", 교정복지연구 제1호, 한국교정복지학회, 2005.

______, "미국소년법원운동에 관한 고찰", 교정복지연구 제4호, 한국교정복지학회, 2006.

장익평, "경비교도대의 합리적 관리방안", 교정, 1996. 1.

장필덕, "경비교도대 정체성 확립을 위한 제언", 교정, 2000. 11.

전영일, "북한교도관의 근무", 교정, 2000. 6.

정봉영, "출소자에 대한 취업알선의 중요성",갱생보호 제20호: 9-15. 2000.

조경미, "소년원 퇴원생의 재사회화 과정에 관한 연구", 공주대학교박사학위논문, 2010.

조성룡, "시민과 수용자가 함께하는 문화 교정", 교정 통권(제337호), 2004.

조준현, "행형의 이념·목적과 행형법 개정방향", 교정연구(제29호), 교정학회, 2005.

주영은·양승두·최양수·김영삼·석희태·한견우, "연세인(延世人) 법현인(法賢人) 균재(均齋) 양승두(梁承斗)", 연세법학연구 제3권 제1호, 연세법학회, 1995.

주희종, "교정이념의 변천과정과 교정정책의 방향", 교정연구 9호, 1999.

______, "교정시설의 과밀수용 문제와 향후 교정정책의 방향", 교정연구 제8호, 한국교정학회, 1998,

지영배, "증오범죄에 관한 연구", 경상대학교 박사학위논문, 2010.

천정환, "우리나라 교정의 발전방안에 관한 연구", 경상대학교 박사학위논문, 2004.

최응렬, "교정시설 과밀수용 실태와 형사법적 대응방안에 관한 연구", 교정연구 제18호, 한국교정학회, 2003.

최강주, "오세아니아 교정", 교정, 1996. 3.

최원준, "대법원 2008다54877호 판결에 대한 평석", 법학연구 제16집 제2호(2008년 12월), 경상대학교 법학연구소, 2008.

하영훈, "뉴질랜드 교정연수기", 교정, 1996. 9.

한상훈, "외국의 교정현황에 관한 연구", 형사정책연구(제43호), 한국형사정책연구원, 2000.

한지영, "불법행위의 구제방안으로서의 원상회복에 대한 검토", 창작과 권리제61호, 세창출판사, 2010

한영수, "과밀수용 해소방안의 모색", 형사정책 12-1, 한국형사정책학회, 2000.

한인섭, "교화분야의 민간인 참여에 관한 연구", 형사정책연구 제1권, 한국형사정책연구원, 1991.

_______, "미국의 교정시설과 그 운용상의 딜레마", 교정, 2002. 2.

_______, "스웨덴 교정시찰기", 신동아, 1997. 4.

_______, "자본주의 국가의 감옥과 사회통제연구", 서울대 박사논문, 1989.

한인식, "창조적 병영문화를 위한 경비교도관리", 교정, 1997. 12.

허영희, "성범죄자 신상공개제도에 관한 소고" -아동 성폭력을 중심으로- 한국치안행정논집 제5권 제1호, 한국치안행정학회, 2008.

허주욱, "교정조직·기구의 발전적 개편방안", 교정연구 19호, 2003.

홍성열, "교정에 대한 실존주의 심리학의 접근", 교정, 2002. 7.

홍정원, "성인 보호관찰대상자 지도, 감독, 원호 등 보호관찰기법에 관한 연구", 법무연구 제25호, 법무연수원, 1998.

4) 참고 웹사이트

교정공제회 www.cmaa.or.kr

교정본부 www.moj.go.kr/corrections

국가인권위원회 www.humanrights.go.kr

국민권익위원회 www.acrc.go.kr

국민연금공단 www.npc.or.kr

금연운동협의회 www.kash.or.kr

김자영 www.kmcweb.or.kr/mag/cw

노동부 www.work.go.kr

노동부고용센터 www.work.go.kr/jobcenter

대법원 www.scourt.go.kr

대한영양사협회 www.diectitian.or.kr

미국교정협회 www.corrections.com/aca

미국법무부 www.usdoj.gov

민주사회를 위한 변호사 모임 www.minbyun.org

박병선사이버교정연구소 http/members,tripod.lycos.kr/bobesum

법무부 검찰2과 www.pros.go.kr

법무부 보호국 www.moj.go.kr

법무부 인권국 www.hr.go.kr

법무연수원 교정연수부 www.meleg.go.kr

법제처 www.meleg.go.kr
보건복지부 www.mohw.go.kr
사이버경찰청 www.police.go.kr
서울천주교 교정사목 위원회 www.caritasseoul.or.kr
세계교도소개요 www.prisonstudies.org
아가페소망교도소 www.agapeprison.org
의정부교도소 www.ujbcorr.go.kr
인권운동 사랑방 감옥팀 www.antiprisom.org
인도주의 의사회 www.kmcweb.or.kr/mag.cw.2203
일본법무성 www.moj.go.jp
재소자인권협의회 www.prisonrights.org
청와대 www.president.go.kr
한국법무보호복지공단 www.mojra.org.kr
학술정보데이터베이스 www.ndsl.or.kr
한국교육학술정보서비스 www.riss4u.net
한국학술정보(주) http://search.koreanstudies.net
행정안전부 www.mopas.go.kr
형사정책연구원 www.kic.re.kr

2. 외국문헌

1) 영미문헌

A. J. Foules, prisoners', Rights in England and the United States, Avebury, 1989.

Andrew coyle, A human rights approach to prison management, International center for prison studies (London King's College), 2002.

Andrew Karmen, Crime Victims: An Introduction to Victimology, 3nd Edition, 1996.

Beck Ann C and Mary K, Stohr "Sexual Harassment and support for Affirmative Action in the county level Protective Services" American jails, nov/dec, 1991.

Burgess, Ann W., Regehr. C. and Roberts, Albert R. Victimology, Sudbury, Massachusetts: Jones and Barlett Publishers, 2010.

Clemens Bartollas, Correctional treatment, prentice-Hall, Inc, Englewood cliffs, New Jersey, 1985.

Clemens Bartollas, Introduction to Correction, New York; Harper and Row, 1981.

Clemens Bartollas and Stuart J. miller, Correctional Administration, New York McGraw-Hill, 1978.

Dr. Wayne Weiten, Pshchology Applied th Modem Life Adjustment in the 90s', 2th edition, Brooks / cole publishing Company Monterey, California, 1986.

David E. Duffee, Corrections; Practice and Policy, New York; Random House. 1989.

Dean J Champion, Corrections in the united states, Prentice Hall, 2001.

Hans Toch, Living in prison, American Psychological Association Washington, DC, 1992.

Harold E. Pepinsky · Richard Quinney, Criminology as Peacemaking, Indiana University Press,1991.

John A fliter, Prisoners Rights, Green Wood Press, 1996.

Kenneth E. kerle, American Jails Looking to the Future Butterworth-Heinenmann. 1998.

Leech. M, The prisoner Handbook, Oxford university press, 1995.

Lee H. Bowker, Correction; The Science and The Art. Macmillan, 1982.

Louis P. charney, Introduction to correctional science (2nd ed.) McGraw-Hill Book company, 1979.

Michel Foucault, Discipline and Punishmenr; The Birth of the Prison. 3nd edition, Translated by Alan Sheridan in 1978, NY: Vintage Books, A Division of Random House, Inc. 1995,

Paige M, Harrison and Allen J. Beck, ph. D. BJS Statisticians, American Prisoners in 2002, the United States Department of Justice office of Justice programs, 2003. 6.

Thomas, D. A., The Criminal Justice Bill: "New Issues in Sentencing Policy", Criminal Law Review, 1967.

Thomas Kuhn, The Structure of Scientific Revolutions, Chicago: Hery Hort and Company, 1998.

Tobolowsky, Peggy M., Gaboury, Mario T., Jackson, Arrick L., and Blackburn, Ashley G. Crime Victim rights and Remedies. 2nd ed. Durham,　North Carolina: Carolina Academic Press, 2010.

Todd R. Clear and George　F. Cole, American Corrections, Brooks / Cole Publishing Co. 1990.

Whittaker, J., & Schinke, S., & Gilchrest, L. The ecological paradigm in child, youth, and family service: Implications for policy and practice. Social Service Review. 1986.

2) 독일문헌

Arbin Eser, Zur Renaisance des Opfers im Strafverfahren: Nationale und internationale Tendenzen Gedächtnisschrift für Armin Kaufmann, 1989.

Bernd Schünemann, Zur Stellung des Opfer im System der Strafrechetspflege, NStZ 1986.

C. Roxin, Strafverfahrensrecht, AT, 3. Auflage., 2003.

_______, Strafverfahrensrecht, 20. Aufl., 1987.

Chünemann · von Hirsch · Jareborg (Hrsg.), Positive Generalprävention, 1998.

D. Salas, Le retour des victimes, Le Monde des débats, 2000.

Dölling, u.a., Täter-Opfer-Ausgleich in Deutschland, 1998.

Eb. Schmidt, Einführung in die Geschichte der deutschen Strafrechtspflge, 1983.

Elmar G. M. Weitekamp · Hans-JürgenKerner, Restorative Justice: Theoretical foundations, Willan Publishing, 2002.

Frommel, Präventionsmodelle in der deutschen StrafZweckdiskussion, 1987.

G. Jakobs, Schuld und Prävention, 1976.

Günther Kaiser, Kriminologie, 3. Aufl., C.F. Müller, 1996.

Hassemer, EinfÜhrung in die Grundlagen des Strafrechts, 2.Aufl., 1990.

Heike Jung, Die Stellung des Verletzten im Strafprozeß, ZStW 93, 1981.

Heiz Schöch Die Stellung des Verletzten im Strafverfahren, ZStW 96, 1984.

H. Schöch(Hrsg.), Widergutmachung und Strafrecht, 1987.

Howard Zehr, Changing Lenses, Scottale, Pennsylvania: Herald Press, 1990.

H. Welzel, Das deutsche Strafrecht, 11, Aufl., Berlin 1969.

Jan Philipp Reemtsma, Das Recht des Opfers auf die Bestrafung des Täters-als Problem, C. H. Beck, München, 1999.

J.-M. Chaumont, Du Culte des héros à la concurrence des victimes, Criminologie, No.1, Montréal, 2000.

Kirchner, Abkürzungsverzeichnis der Rechtssprache, 3. Auflage.

Klaus Günther, Die symbolisch-expressive Bedeutung der Straf-Eine neue Strafyheorie von Vergeltung und Prävention?, 1997.

Lüderssen, Opfer im Zwielicht, Festschrift für Hirsch, 1999.

Lesch, Zur Einführung in das Strafecht: Über den Sinn und Zweck staatlichen Strafrechts, JA 1994.

______, Der Verbrechensbegriff-Grundlinien einer funktionalen Revision, 1999.

P. Rieß, Die Rechtsstellung des Verletzen im Strafverfahren. Gutachten C für den 55. Deutschen Juristentag, 1984.

______, Der Strafprozeß und Verletzte eine Zwischenbilanz, Jura 9, 1987.

Rössner, Wiedergutmachen statt Übelvergelten, in: Marks · Rössner (Hrsg.), Täter-Opfer-Ausgleish, 2. Aufl., 1990.

Streng, Sculd ohne Freiheit - Derfunktionale Schuldbegriff auf dem prüfstand, ZStW 101, 1989.

Schünemann/von Hirsh/Jareborg(Hrsg.), Positive Generalprävention, 1998.

Thomas Weigend, Viktimologische und kriminapolitische Überlegungen zur Stellung des Verletzten im Strafverfahren, ZStW 96, 1984.

______________, Das Opferschutzgesetz - Kleine Schritte zu welchem Zweck? NWJ 1987.

T. Trenczek, Täter-Opfer-Ausgleich. Grundgedanken und Mindeststandards, ZRP, 25(1992).

W. Hassemar, Einführung in die Grundlagen des Strafrechts, 1990.

3) 중·일문헌

高橋則夫, 規範論と刑法解釋論, 2007.

______, **刑法各論**, 成文堂, 2011.

菊田辛一外, 犯罪學, 北樹出版, 2003.

矯正硏究所, 矯正心理學, 財團法人 矯正協會, 2000.

金昌俊, 中韓兩國刑事法中的保護被害人制度比較, 延辺党校學報(弟16卷 弟5旗), 2001.

大久保治男, 江戶の犯罪と刑罰, 高文堂, 1988.

木村龜二,「體系 刑法事典」東京: 靑林書院新社, 1969.

法務省 矯正硏究所, 矯正總論, 財團法人 矯正協會, 1997.

法務省 矯正硏究所, 矯正社會學, 財團法人 矯正協會, 1996.

法務省 矯正硏修所, 行刑法, 1997.

法務省 矯政局, 矯正の現狀, 法曹時報, 第55券 第5号, 2003.

石原一彦外, 現代刑罰大系 弟7券, 犯罪者の社會復歸, 日本評論社,1982.

森下忠, 國際刑事裁判所の硏究, 成文堂, 2009.

______, 犯罪者處遇論の課題, 成文堂, 1988.

______, 刑事政策入門, 成文堂, 1989.

______, 刑事政策大綱, 成文堂, 1993.

船山泰範, 刑法學講話 總論, 成文堂, 2010.

龍川辛辰,「刑事法事典」東京 有斐閣, 1958.

日本辯護士連合會編, 監獄と人權, 東京日本評論社, 1977.

日本辯護士連合會, 自由と正義, 1993.

趙秉志, 刑法總論, **中國**人民大學出版社, 2007.

正木亮, 刑事政策汎論, 第一文化社, 1949.

______, 刑法と刑事政策, 有斐閣, 1960.

______, 消えゆく最後の野蠻, 日本評論社, 1968.

______, 行刑上の諸問題, 有斐閣, 1948.

刑事立法研究會, 21世紀の刑事政策, 日本評論社, 2003.

康樹華, 犯罪學通論, 北京出版社, 1999.

劉萬奇, 刑事被害人論綱, 法制與社會發展, 第2期(弟38旗), 2001.

下村康正, 森下忠, 佐藤司, 刑事法學の新展開 : 八木國之博士追悼論文集, 酒井書店, 2009.

장세석

연세대학교 형사법 법학석사
국립경상대학교 형사법 법학박사
국립공주대학교 사회복지학박사(과정)
국제신학대학원 대학교 외래교수(전)
극동대학교 글로벌대학원 사회복지학과 외래교수
한라대학교 경찰행정학과 겸임교수
한영대학교 경찰행정학과 전임교수
한국민간조사교육원 교수
경비지도사 범죄학 검토위원(2001)
에듀스파 위성방송 교정학 출제위원(2002)
한국노총 위원장정책특보(2004)
한국노총 지명총선후보(2004)
통일부 통일교육위원(2005)
한국부패학회 일반이사(2005)
현) 한국경찰복지학회 회장
　　한국교정복지학회 이사

『교정학개론』(공편, 2008)
『포커스경찰학개론』(공편, 2007)
『형사소송법개론』(공편, 2006)
『교정학개론』(공편, 2006)
『형사정책』(공편, 2005)
『경찰수사 1』(공편, 2004)
『범죄학』(공편, 2004)
『범죄학』(편저, 2003)
『교정학』(공편, 2002)
『어낼러시스형법』(2002)
『어낼러시스형사소송법』(공편, 2002)
『고시형사정책』(공편, 2002)
『시스템형법』(공편, 2001)
『시스템형사소송법』(공편, 2001)
『시스템교정학』(공편, 2001)
『테마형사정책』(편저, 2000)
『시스템농축형사정책』(공편, 2000)
『객관식 경찰학개론』(공편, 2000)
『경찰관계법령』(공편, 2000)
『범죄심리학』(공편저, 1999)
『지문감식학』(공편저, 1999)
『에바페론 에비타』(번역서, 1990)

「미국 비행청소년에 관한 경계와 보호적 관점에서의 고찰」(2007)
「청소년복지적 관점에서 접근을 통한 미국소년법원운동에 관한 고찰」(2006)
「성폭력 범죄에 관한 고찰」(2005)
「통합범죄론에 관한 연구」(2005, 한국교정복지학회 학술상 수상)
「청소년복지적 관점에서 접근을 통한 미국소년법원운동에 관한 고찰」(2006)
「성폭력 범죄에 관한 고찰」(2005)
「통합범죄론에 관한 연구」(2005, 한국교정복지학회 학술상 수상)

한국교정발전론

초판인쇄 | 2011년 12월 5일
초판발행 | 2011년 12월 5일

지 은 이 | 장세석
펴 낸 이 | 채종준
펴 낸 곳 | 한국학술정보㈜
주   소 | 경기도 파주시 문발동 파주출판문화정보산업단지 513-5
전   화 | 031) 908-3181(대표)
팩   스 | 031) 908-3189
홈페이지 | http://ebook.kstudy.com
E-mail | 출판사업부 publish@kstudy.com
등   록 | 제일산-115호(2000. 6. 19)

ISBN   978-89-268-2820-5 93360 (Paper Book)
          978-89-268-2821-2 98360 (e-Book)